실용 최적화 알고리즘

Algorithms for Optimization by Mykel J. Kochenderfer, Tim A. Wheeler

실용 최적화 알고리즘

줄리아로 이해하는 최적화 알고리즘 솔루션

마이켈 J. 코첸더퍼 · 팀 A. 윌러 지음 이기홍 옮김

에이콘

에이콘출판의 기틀을 마련하신 故 정완재 선생님 (1935-2004)

나의 가족에게 이 책을 바칩니다.

지은이 소개

마이켈 J. 코첸더퍼 Mykel J. Kochenderfer

스탠퍼드대학교의 우주항공과의 조교수이며, 『Decision Making Under Uncertainty: Theory and Application(불확실성하의 의사결정: 이론과 응용)』(MIT Press, 2015)의 저자다.

팀 A. 윌러 Tim A. Wheeler

자율 주행 자동차에 대한 안전 검증으로 박사 논문을 썼으며, 지금은 업계에서 비행 택시를 연구하고 있다.

감사의 글

이 책은 스탠퍼드대학교에서 가르친 공학 설계 최적화Engineering Design Optimization 강의로부터 탄생했다. 과거 5년간 수업의 모양새를 잡아 준 학생들과 조교들에게 감사한다. Joaquim Martins, Juan Alonso, Ilan Kroo, Dev Rajnarayan과 Jason Hicken의 강의 노트를 기반으로 하였기에 우리 학과에서 유사한 수업을 가르친 이들 교수진에게도 감사한다. 이 책에서 논의된 많은 주제가 이들의 강의 노트에서 고취된 것이다.

초안에 많은 피드백을 준 여러 사람에게 감사의 말을 전하고 싶은데, 이들은 Mohamed Abdelaty, Atish Agarwala, Piergiorgio Alotto, David Ata, Rishi Bedi, Felix Berkenkamp, Raunak Bhattacharyya, Hans Borchers, Maxime Bouton, Abhishek Cauligi, Mo Chen, Vince Chiu, Jonathan Cox, Katherine Driggs-Campbell, Thai Duong, Hamza El-Saawy, Sofiane Ennadir, Tamas Gal, Christopher Lazarus Garcia, Michael Gobble,Robert Goedman, Jayesh Gupta, Aaron Havens, Bogumił Kamiński, Walker Kehoe, Petr Krysl, Jessie Lauzon, Ruilin Li, Iblis Lin, Edward Londner, Charles Lu, Miles Lubin, Marcus Luebke, Jacqueline Machesky, Ashe Magalhaes, Zouhair Mahboubi, Jeremy Morton, Robert Moss, Santiago Padrón, Harsh Patel, Derek Phillips, Sidd Rao, Andreas Reschka, Alex Reynell, Per Rutquist, Orson Sandoval, Jeffrey Sarnoff, Sumeet Singh, Nathan Stacey, Alex Toews, Pamela Toman, Rachael Tompa, Zacharia Tuten, Yuri Vishnevsky, Julie Walker, Zijian Wang, Patrick Washington, Adam Wiktor, Robert

Young, Andrea Zanette이다. 또한 출판을 위한 원고를 준비하는 과정에서 MIT Press의 Marie Lufkin Lee와 Christine Bridget Savage와 함께 작업한 것은 큰 즐거움이었다.

이 책의 스타일은 Edward Tufte로부터 영감을 받았다. 여러 스타일 요소 중 특히 넓은 여백과 스몰 멀티플small multiple(여러 개의 차트를 매트릭스 형태로 비교하는 방법 - 옮긴이)을 사용했다. 활자체는 Keving Godby, Bil Kleb, Bill wood의 Tufte-LaTex 패키지에 많이 의존하고 있다. 또한 Donald Knuth와 Stephen Boyd의 교과서의 간결한 구성에서도 영감을 받았다.

과거 몇 년 동안 Jeff Bezanson, Stefan Kapinski, Viral Shah를 포함하는 핵심 줄리아 개발자들과의 논의로부터 도움을 받았다. 이 책이 의존하는 여러 오픈 소스 패키지(부록 A.4 참고)의 도움도 받았다. 코드의 활자체는 Geoffrey Poore가 유지 관리하는 파이썬텍스pythontex를 사용했다. 그래프는 Christian Feuersanger가 유지 관리하는 pgfplots로 만들었다. 색상은 서브라임 텍스트Sublinme Text 편집기의 Jon Skinner에 의한 모노카이Monokai 배경색을 채용했다. 그래프를 위해서 Stephan der Walt와 Nethaniel Smith에 의해 정의된 비리디스viridis 색상맵을 사용했다.

옮긴이 소개

이기홍(keerhee@gmail.com)

카네기멜론대학교에서 석사학위를 받았고, 피츠버그대학교 Finance Ph.D, CFA, FRM이며 금융, 투자 및 경제분석 전문가다. 삼성생명, HSBC, 새마을금고 중앙회, 한국투자공사 등의 국내 유수 금융기관, 금융 공기업에서 자산운용 포트폴리오 매니저로 근무했으며, 현재 딥러닝과 강화학습을 금융에 접목시켜 이의 전파와 저변확대를 보람으로 삼고 있다. 저서(공저)로는 『금융공학프로그래밍』(한빛미디어, 2009)이 있으며, 번역서로는 『포트폴리오 성공 운용』(미래에셋투자교육연구소, 2010), 『딥러닝 부트캠프 with 케라스』(길벗, 2017), 『프로그래머를 위한 기초해석학』(길벗, 2018), 『핸즈온 머신러닝ㆍ딥러닝 알고리즘 트레이딩』(에이콘, 2019) 등이 있다. 누구나 자유롭게 머신러닝과 딥러닝을 자신의 연구나 업무에 적용해 활용하는 그날이 오기를 바라며 매진하고 있다.

옮긴이의 말

이 책은 실용적 알고리즘에 초점을 맞춰 최적화를 포괄적으로 소개한다. 공학적인 관점에서 최적화에 접근하는데, 목적은 제약조건에 따라 일련의 목적을 최적화하는 시스템을 설계하는 것이므로 다른 분야에서도 충분히 활용할 수 있다. 더 나아가 이를 이용해 다학제적 관점에서 새로운 영역을 개척할 수 있으리라고 본다. 다차원 공간 탐색, 여러 개의 경쟁적 목적이 있는 문제, 척도의 측정 불확실성 등 현실적인 상황에서 직면하는 다양한 문제를 해결하는 여러 알고리즘을 배우는데, 각 알고리즘의 유래, 동기, 장단점을 완벽하게 설명한다. 수치, 예시, 연습문제는 수학 개념 뒤에 숨겨진 통찰력을 시각적으로 또는 예제를 통해서 직관적으로 전달한다. 또한 줄리아 언어로 구체적인 구현을 제공해 이해를 더욱 제고함으로써 이해를 돕고 예시를 보여 주고자 어느 한 부분도 놓치지 않고 제공한다.

다루는 주제는 일반적으로 거론되는 거의 모든 최적화가 망라될 정도로 광범위한데, 일차원의 최적화로 시작해서 다차원으로의 일반화, 국지적 하강법과 1계와 2계 방법, 최적화에 무작위성을 도입하는 확률적 방법, 목적 함수와 제약 조건이 모두 선형인 선형 제약적 최적화 및 대리 모델, 확률론적 대리 모델 및 불확실성 전파, 유전 알고리즘, 표현식 최적화, 다학제적 설계 최적화들을 포함한다. 최적화의 다양한 기법을 숙지함으로써 최근 유행하는 머신러닝 및 딥러닝의 이론과 실무에 유용하게 적용할 수 있을 것이다.

부록은 본문에서 논의된 최적화 방법의 도출과 분석에 사용되는 줄리아 언어, 알고리즘 성능 평가를 위한 테스트 함수와 수학 개념을 소개한다. 이 책은 수학, 통계, 컴퓨터 공학, 모든 공학 분야(전기 공학, 항공우주 공학 포함), 운영 연구 분야의 고급 학부생과 대학원생들이 사용할 수 있으며, 전문가들을 위한 참고 자료로 사용할 수 있다. 특히 고급 단계로 넘어가고자 하는 공학도, 경영과학도, 경제학도에게는 필수 서적이라고 할 수 있다.

이 책이 나오는 데 많은 도움을 주신 에이콘 출판사 권성준 사장님, 조유나 편집자님께 진심으로 감사드린다.

차례

들어가며

엔지니어링 시스템 설계를 위한 실용적인 알고리즘에 중점을 둔 최적화를 광범위하게 소개한다. 기본적인 수학 문제 공식과 이를 해결하려는 알고리즘을 소개하는 다양한 최적화 주제를 다룬다. 다양한 접근법의 직관을 전달하고자 그림, 예제, 연습문제를 제공한다. 상급반 학부생, 대학원생, 전문가를 대상으로 한다. 수학 지식이 필요하며, 다변수 미적분학, 선형 대수, 확률 개념을 이미 알고 있다고 가정한다. 일부 리뷰 자료는 부록에 제공된다. 특히 수학, 통계, 컴퓨터 과학, 우주 항공, 전기 공학, 운영 연구 등의 분야에 유용할 것이다.

알고리즘은 이 책의 기본이며, 알고리즘은 모두 줄리아Julia 프로그래밍 언어로 구현된다. 줄리아 언어는 사람이 읽을 수 있는 형태로 알고리즘을 구축하는 데 이상적이다. 코드의 출처를 인정하는 조건으로 이 책과 관련된 코드 스니펫snippet을 사용할 수 있는 권한이 무료로 부여된다. 다른 사람들이 이 알고리즘을 다른 프로그래밍 언어로 전환하는 데 기여하고자 하리라 예상한다. 다른 언어로 전환된 알고리즘이 공개되면 책의 웹 페이지에 이를 링크할 것이다.

2018년 10월 30일

미국 캘리포니아 주 스탠퍼드대학교

마이클 J. 코첸더퍼

팀 A. 윌러

■ 다음 웹 사이트에서 보조 자료를 사용할 수 있다.
http://mitpress.mit.edu/algorithms-for-optimization

■ 이 책에 관해 질문이 있다면 옮긴이나 에이콘출판사 편집 팀(editor@acornpub.co.kr)으로 문의해 주길 바란다.

01 소개

최적화는 많은 학문에서 핵심으로 다뤄진다. 물리학에서는 시스템이 물리적 법칙하에 가장 낮은 에너지 상태로 작동하도록 한다. 경영에서 기업은 주주 가치를 극대화하는 것이 목적이다. 생물학에서는 적자가 더욱더 잘 생존한다. 이 책은 공학적 관점에서 최적화에 집중한다. 즉 제약조건하에 일련의 척도를 최적화하는 시스템을 설계하는 것이 목적이다. 시스템은 항공기처럼 복잡한 물리적 시스템일 수도 있고, 자전거 프레임처럼 단순한 시스템일 수도 있다. 시스템은 심지어 물리적일 필요도 없다. 예를 들어, 자율 주행 자동차를 위한 통제 시스템 또는 종양 조직 검사 영상이 암을 의미하는지 탐지하는 컴퓨터 비전 시스템에 적용될 수도 있다. 목적은 이러한 시스템들이 가능한 한 잘 작동할 수 있게 하는 것이다. 응용 분야에 따라서 척도는 효율성, 안전성, 정확성을 포함할 수 있다. 설계는 비용, 하중, 구조적 건전성 등에 제약을 받는다.

이 책은 최적화를 위한 알고리즘, 즉 계산 과정에 관한 책이다. 예를 들어, 항공기의 단면 형상을 나타내는 일련의 수치로 표현된 시스템 설계가 주어졌을 때 이들 알고리즘은 잠재 대상 설계 공간을 어떻게 탐색해 최적의 설계를 발견할 수 있는지 가르쳐 준다. 응용 분야에 따라 탐색 작업은 풍동 테스트와 같이 물리적 실험을 실행하는 것이 될 수도 있고, 분석적 실험을 평가하거나 컴퓨터 시뮬레이션을 실행하는 것이 될 수도 있다. 이 책에서는 고차원 공간을 어떻게 탐색하고, 여러 개의 상충하는 목적이 존재할 때 문제를 어떻게 다루는지와 불확실한 척도들을 어떻게 조정하는지 같은 다양한 문제를 다루는 계산 방법을 논의한다.

1.1 역사

고대 그리스 철학자로부터 최적화 알고리즘의 역사[1]를 논의하겠다. 피타고라스 정리의 창시자인 사모스Samos의 피타고라스(Pythagoras, 기원전 569~475)는 "수학의 원리는 모든 사물의 원리다"[2]라고 주장했고, 이는 수학이 세계를 모델화할 수 있다는 사상을 널리 펼치게 했다. 플라톤(Platōn, 기원전 427~327)과 아리스토텔레스(Aristoteles, 기원전 384~322)는 사회를 최적화하기 위한 논리로 사용했다.[3] 이들은 개인의 생활 방식과 국가의 기능을 모두 최적화하는 인간 생활의 최적 방식에 대해서 생각했다. 이러한 아리스토텔레스의 논리는 연역법deduction을 이용하는 초기의 정립된 프로세스, 즉 알고리즘이었다.

수학적 추상화로서의 최적화 역시 수천 년 전으로 거슬러 올라간다. 알렉산드리아Alexandria의 유클리드(Euclid, 기원전 325~265)는 기하학에서의 초기 최적화 문제를 풀었는데, 이는 어떤 점에서 원주로 가는 가장 짧거나 긴 선을 발견하는 문제를 포함한다. 또한 그는 정사각형은 고정된 둘레로 최대의 넓이를 갖는 사각형이라는 것을 보였다.[4] 그리스의 수학자인 제노도루스(Zenodorus, 기원전 200~140년)는 그림 1.1에 있는 디도의 문제Dido's problem를 연구했다.

1 여기서의 논의는 포괄적인 것을 의미하지 않는다. 더 자세한 역사는 X. S. Yang, "A Brief History of Optimization," in *Engineering Optimization*, Wiley, 2010, pp. 1–13에 제공된다.

2 Aristotle, *Metaphysics*, trans. by W.D. Ross, 350 BCE, Book I, Part 5.

3 S. Kiranyaz, T. Ince, and M. Gabbouj, *Multidimensional Practice Swarm Optimization for Machine Learning and Pattern Recognition*, Springer, 2014, Section 2.1.를 참고하라.

4 books III and IV of Euclid, The *Elements*, trans. by D. E. Joyce, 300 BCE를 보라.

다른 학자들은 자연이 최적화하는 경향이 있다는 것을 보여 줬다. 알렉산드리아의 헤론(Heron, 기원전 10~75)은 빛이 두 점 사이의 가장 짧은 거리로 이동한다는 것을 보여 줬다. 알렉산드리아의 파푸스(Pappus, 기원전 290~350)는 최적화에 많은 공헌을 했는데 특히 벌집에 반복되는 육각형은 꿀을 저장하는 데 최적의 정규적 다각형이라고 주장했다. 즉 육각형 구조는 평면에서 벌집 구멍을 형성하는 격자를 만드는 데 있어 가장 작은 재료를 사용한다.[5]

▲ **그림 1.1** 카르타고의 발견자인 디도 여왕은 황소가죽끈으로 둘러쌀 수 있는 만큼의 토지를 수여받았다. 그녀는 가죽끈의 양끝으로 지중해에 대해 반원을 만들어 최대 가능 면적을 둘러쌌다. 이 문제는 로마 시인 베르길리우스(Vergilius)의 장편 서사시 『아이네이스(Aeneis)』에 언급된다.

5 T. C. Hales, "The Honeycob Conjecture," *Discrete & Computational Geometry*, vol. 25, pp. 1–22, 2001.

최적화 연구의 중심에는 대수학algebra의 사용이 있으며, 대수학은 수학 기호를 다루는 규칙을 연구한다. 대수학은 「al-Kitāb al'jabr wal-muqābal」 또는 「완성과 균형에 의해 계산에 대한 간략한 책」이란 논문으로 페르시아의 수학자인 알콰리즈미(al-Khwārizmī, 기원전 290~350)의 공로가 인정된다. 대수학은 기본 표기에 0의 사용을 포함한 힌두-아랍 숫자를 사용하는 이점을 갖고 있었다. al'jabr라는 단어는 복원이라는 페르시아어이고, algebra라는 단어의 원천이다. 알고리즘algorithm이란 단어는 알콰리즈미의 이름을 라틴어로 번역하고, 발음을 한 알고리티미algoritimi로부터 나왔다.

최적화 문제는 흔히 좌표셋set of coordinates으로 정의되는 공간의 탐색으로 제시된다. 좌표의 사용은 르네 데카르트(René Descartes, 1596~1650)에서 유래하는데 그는 2차원 평면에서 한 점을 묘사하고자 2개의 숫자를 사용했다. 그의 통찰력은 대수학을 분석적 방정식과 기하학의 기술적, 시각적 분야에 연결시켰다.[6] 그의 연구는 또한 방정식이 알려진 어떤 곡선에 대해서도 접선tangent을 발견하는 방법을 포함한다. 접선은 함수의 극소점과 최대점을 식별하는 데 유용하다. 피에르 드 페르마(Pierre de Fermat, 1601~1665)은 잠재적 최적점을 식별하고자 미분값이 0이 되는 점을 풀기 시작했다.

6 R. Descartes, "La Geometris," in *Discours de la Methode*, 1637.

미적분calculus의 개념, 즉 연속 변화에 대한 학문은 최적화 논의에 중요한 역할을 한다. 현대 미적분은 고트프리트 빌헬름 라이프니츠(Gottfried Wilheim Leibniz, 1646~1716)와 아이작 뉴턴 경(Sir Isaac Newton, 1642~1727)의 개발에 기인한다. 미분과 적분은 모두 무한 급수infinite series가 잘 정의된 극한에 수렴하는 개념을 이용한다.

20세기 중반에 전자공학이 부상했으며, 이는 최적화를 위한 수치적 알고리즘의 흥미를 크게 유발했다. 계산의 용이성은 최적화가 다양한 분야의 더 광범위한 문제들에 적용될 수 있도록 한다. 중요한 돌파구는 선형 목적과 선형 제약식을 갖는 최적화 문제인 선형 계획법Linear Programming의 도입과 같이 왔다. 레오니드 칸토로비치(Lenonid Kantorovich, 1912~1986)는 선형 계획법을 위한 공식과 이를 푸는 알고리즘을 제시했다.[7] 이는 제2차 세계대전 동안 최적 자원배분 문제에 적용됐다. 조지 단치그(George Dantzig, 1914~2005)는 선형 계획법을 효율적으로 푸는 데 중요한 발전인 심플렉스simplex 알고리즘을 개발했다.[8] 리처드 벨만(Richard Bellman, 1920~1984)은 동적 계획법dynamic programming의 개념을 개발했는데 이는 복잡한 문제를 더욱 단순한 문제로 분해해서 최적 해를 구하는 방법으로 일반적으로 흔히 사용된다.[9] 동적 계획법은 최적 제어optimal control에 광범위하게 사용되고 있다. 이 책에서는 다양한 공학 설계 최적화 문제를 위해 사용돼 온 디지털 컴퓨터용으로 개발된 많은 중요 알고리즘의 개요를 설명한다.

수십 년에 걸친 대규모 계산의 발전은 혁신적인 물리적 공학 설계뿐 아니라 인공지능 시스템의 설계를 가능하게 했다. 인공지능 시스템의 지능은 체스chess, 제퍼디!Jeopardy, 바둑 같은 게임에서 보여 줬다. IBM의 딥블루Deep Blue는 수백만 포지션을 평가함으로써 수를 최적화해 1996년에 세계 체스 챔피언인 게리 카스파로프Gary Kasprov를 물리쳤다. 2011년에 IBM의 왓슨Watson은 전 승리자인 브래드 퍼터Brad Futter와 켄 제닝스Ken Jennings를 상대로 제퍼디!에서 경쟁했다. 왓슨은 약 2억 페이지의 정형화, 비정형화된 데이터를 기반으로 한 확률적 추론에 대한 반응을 최적화함으로써 100만 달러의 1등상을 차지했다. 이 대회 이후, 왓슨 시스템은 의료 결정과 일기예보를 돕는 시스템으로 개발됐다. 2017년 구글의 알파고Alpha Go는 바둑 세계 제1인자인 커제Ke Jie를 대파했다. 이 시스템은 자가 대국self-play과 인간 대국의 데이터로부터 최적화된 수백만 개의 파라미터를 가진 신경망을 사용했다.

7 L. V. Kantorovich, "A New Method of Solving Some Classes of Extreme Problems," in *Proceedings of the USSR Academy of Sciences*, vol. 28, 1940.

8 심플렉스 알고리즘은 11장에서 다룰 것이다.

9 R. Bellman, "On the Theory of Dynamic Programming," *Proceedings of the National Academy of Sciences of the United States of America*, vol. 38, no. 8, pp. 716–719, 1952.

심층 신경망의 최적화는 앞으로도 계속될 인공지능의 중요 혁신을 촉진하고 있다.[10]

10 I. Goodfellow, Y. Bengio, and A. Courville, *Deep Leraning*, MIT Press, 2016.

1.2 최적화 프로세스

전형적인 공학 설계 최적화 프로세스가 그림 1.2에 있다.[11] 설계자의 역할은 달성하려는 파라미터, 상수, 목적식, 제약식들의 세부 사항에 대한 문제 설정을 제공하는 것이다. 설계자는 문제를 작성하고, 잠재적 대상이 되는 설계의 이점을 계량화한다. 설계자는 또한 최적화 알고리즘에 대한 베이스라인 설계 또는 초기 설계 포인트를 제공한다.

11 공학에서의 설계 프로세스에 대한 더 자세한 논의는 J. Arora, *Introduction to Optimum Design*, 4h ed Academic Press, 2016에 있다.

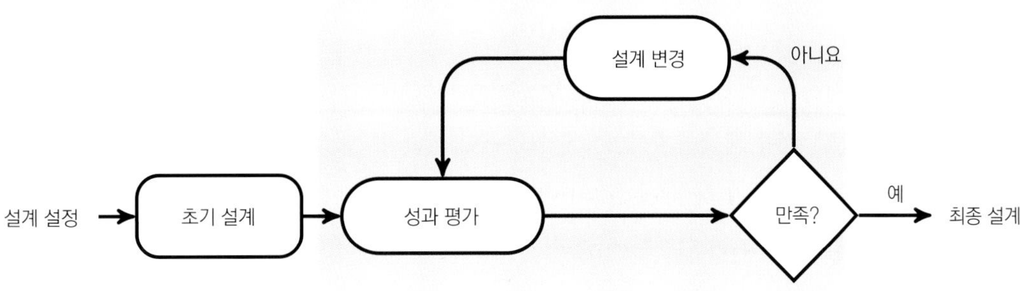

▲ **그림 1.2** 설계 최적화 프로세스. 파란색으로 칠한 최적화 절차를 자동화하고자 한다.

이 책은 성과를 올리기 위한 설계를 개선하는 프로세스를 자동화하는 것에 관한 책이다. 최적화 알고리즘은 더 이상 개선이 되지 않을 때까지 또는 예산으로 배정된 시간이나 비용에 도달할 때까지 설계를 점진적으로 개선하는 데 사용된다. 설계자는 최적화 프로세스의 결과를 분석해 최종 응용에 대한 적합성을 보장하는 책임을 갖는다. 잘못된 문제 설정, 조악한 베이스라인 설계, 부적절하게 구현되거나 부적합한 최적화 알고리즘, 이러한 것들은 모두 최적이 아니거나 위험한 설계로 이르게 한다.

공학설계를 최적화로 접근하는 것은 여러 가지 이점이 있다. 무엇보다도 첫째, 최적화 프로세스는 체계적이고 논리적인 설계 절차를 제공한다. 적절히 따른다면 최적화 알고리즘은 설계에서 인적 오류의 가능성을 줄이는 데 도움이 된다. 종종 공학설계에서 직관은 잘못된 결과를 낳는다. 데이터로 최적화하는 것이 더 좋을 수 있다. 최적화는 특히 절차가 일단 기술되고 나서 다른 문제에 대해 적용될 때 설계 프로세스의 속도를 증가시킨다. 전통적인 공학기법은 흔히 인간에 의해 2차원 또는 3차원으로 시각화되고 설명된다. 그러나 현대의 최적화 기법은 수백만 개의 변수와 제약식을 가진 문제에 적용된다.

최적화를 설계에 사용하는 데 관련된 문제 역시 존재한다. 우리는 일반적으로 연산 자원과 시간에 제약되므로 알고리즘은 설계 공간을 어떻게 탐색할 것인지 선택해야 한다. 기본적으로 최적화 알고리즘은 문제를 설정하는 설계자의 능력에 제한된다. 어떤 경우에는 최적화 알고리즘은 모델링 오류를 이용하거나, 의도된 문제를 푸는 데 적절하지 않은 해를 제공할 수 있다. 알고리즘이 직관적이지 않지만, 최적으로 보이는 설계를 내놓을 때 해석하는 것이 어려울 수 있다. 또 다른 제약점은 다수의 최적화 알고리즘이 최적 설계를 산출하는 것을 항상 보장하지 않는다는 것이다.

1.3 기본 최적화 문제

기본 최적화 문제는 다음과 같다.

$$\begin{aligned} \underset{\mathbf{x}}{\text{minimize}} \quad & f(\mathbf{x}) \\ \text{subject to} \quad & \mathbf{x} \in \mathcal{X} \end{aligned} \tag{1.1}$$

여기서 $\mathbf{x}$는 설계 포인트[12]다. 설계 포인트는 상이한 설계변수에 상응하는 벡터값으로 제시된다. n-차원의 설계 포인트는 다음과 같이 쓰여진다.[13]

12 설계점 또는 설계변수라고도 표기한다. – 옮긴이

13 줄리아(Julia)에서처럼 쉼표로 구분된 원소를 가진 꺾인 괄호는 열벡터를 표현하고자 사용된다. 설계 포인트들은 열벡터다.

$$[x_1, x_2, \cdots, x_n] \tag{1.2}$$

여기서 설계변수는 x_i로 표기됐다. 이 벡터의 원소는 목적함수 f를 극소화하고자 조정될 수 있다. 실현 가능 집합 $\mathcal{X}$의 모든 점들 중 목적함수를 극소화하는 $\mathbf{x}$의 어떤 값을 해 또는 극소해라고 한다. 특정 해를 $\mathbf{x}^*$로 표기한다. 그림 1.3은 1차원 최적화 문제의 예를 보여 준다.

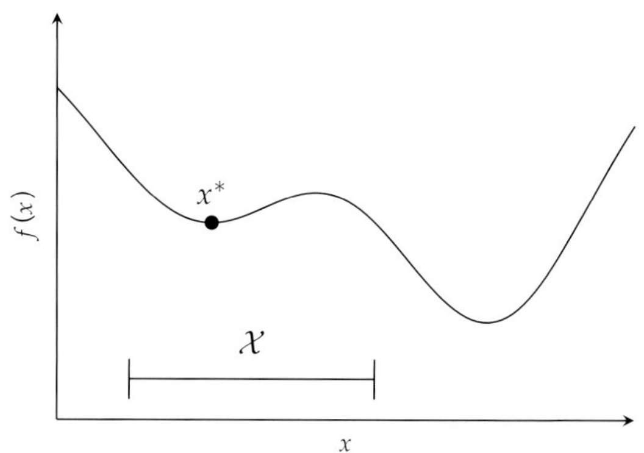

그림 1.3 1차원 최적화 문제. 극소점이 실현 가능 집합에서만 최적이다. 실현 가능 집합을 벗어나면 더 낮은 점이 존재할 수 있다는 것을 주의한다.

이러한 공식화는 일반적이며, 어떤 최적화 문제도 식 (1.1)에 따라서 다시 써질 수 있다는 것을 의미한다. 특히 문제

$$\underset{\mathbf{x}}{\text{maximize}}\, f(\mathbf{x}) \text{ subject to } \mathbf{x} \in \mathcal{X} \tag{1.3}$$

는 다음으로 대체될 수 있다.

$$\underset{\mathbf{x}}{\text{minimize}}\, -f(\mathbf{x}) \text{ subject to } \mathbf{x} \in \mathcal{X} \tag{1.4}$$

새 형태는 동일한 해집합을 가진다는 점에서 동일한 문제다.

공학 문제를 이러한 수학적 공식으로 모델링하는 것은 도전적인 문제다. 어떻게 최적화 문제를 공식화하는가에 따라 해를 푸는 과정이 쉬워질 수도 어려워질 수도 있다.[14] 여기서는 문제가 적절히 공식화된 후에 일어나는 최적화의 알고리즘

14 S. Boyd and L. Vandenberghe, *Convex Optimization*, Cambridge University Press, 2004의 논의를 참고하라.

적 측면에 초점을 맞춘다.[15]

이 책은 광범위하고 상이한 최적화 문제를 논의하기 때문에 어떤 알고리즘이 최적일까 의문이 들 수 있다. 울퍼트Wolpert와 마크리디Marcready의 **공짜 점심이 없다는 정리**no free lunch theorem가 잘 설명하듯이 가능한 목적함수의 공간에 대한 확률 분포를 가정하지 않으면 어떤 알고리즘을 다른 알고리즘보다 더 선호할 이유가 없다. 만약 한 알고리즘이 어떤 클래스의 문제에서 다른 알고리즘보다 성과가 더 좋더라도 다른 클래스의 문제에서는 성과가 더 나쁠 수 있다.[16] 다수의 알고리즘이 효과적으로 작동하려면 립시츠 연속성Lipschitz continuity이나 볼록성convexity 같은 목적함수에 대한 정규성이 필요하다. 두 주제 모두 뒤에서 다룰 예정이다. 상이한 알고리즘을 논의하면서 각각의 가정, 메커니즘의 동기, 장점, 단점을 설명할 것이다.

15 많은 교과서는 실제 세계 최적화 문제를 최적화 문제로 바꾸는 법의 예제를 제공한다. 예를 들어, 다음을 참고하라. R. K. Arora, Optimization, *Algorithm and Applications*. Chapman and Hall/CRC, 2015. A.D. Belegundu and T. R. Chandrupatla, *Optimization Concepts and Application in Engineering*, 2nd ed. Cambridge University Press, 2011. A Keane and P. Nair, *Computational Apporaches for Aerospace Design*, Wiley, 2005. P. Y. Papalambros and D. J. Wilde, *Principles of Optimal Design*. Cambridge University Press, 2017.

16 '공짜 점심이 없다' 정리의 가정과 결과는 D. H. Wolpert and W. G. Macready, "No Free Lunch Theorems for Optimization," IEEE *Transactions on Evolutionary Computation*, vol. 1, no.1, pp. 67–82, 1997에 의해 제공된다.

1.4 제약식

많은 문제가 **제약식**constraint을 갖고 있다. 각각의 제약식은 가능한 해의 집합을 제약하고, 합쳐서 제약식은 실현 가능 집합 $\mathcal{X}$를 정의한다. 실현 가능한 설계 포인트는 어떠한 제약식도 벗어나지 않는다. 예를 들어, 다음 최적화 문제를 고려하자.

$$\begin{aligned} \underset{x_1, x_2}{\text{minimize}} \quad & f(x_1, x_2) \\ \text{subject to} \quad & x_1 \geq 0 \\ & x_2 \geq 0 \\ & x_1 + x_2 \leq 1 \end{aligned} \tag{1.5}$$

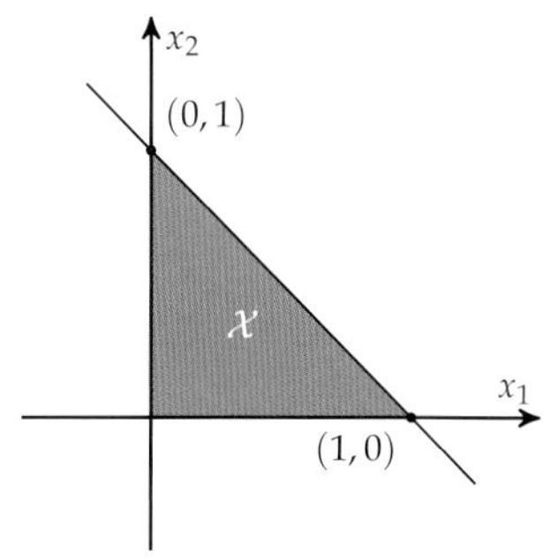

▲ **그림 1.4** 식 (1.5)와 연관된 가능 집합 $\mathcal{X}$

실현 가능 집합은 그림 1.4에 그려져 있다.

제약식은 일반적으로 $\leq$, $\geq$, 또는 $=$로 표기된다. 만약 제약식이 $<$ 또는 $>$ (즉 엄격한 부등식)이면 실현 가능 집합은 제약식 경계를 포함하지 않는다. 경계를 포함하지 않음으로써 발생할 수 있는 잠재적 문제는 다음 문제로 설명될 수 있다.

$$\begin{aligned} \underset{x}{\text{minimize}} \quad & x \\ \text{subject to} \quad & x > 1 \end{aligned} \tag{1.6}$$

실현 가능 집합은 그림 1.5에 보여진다. $x = 1$인 점은 1보다 큰 어떤 점보다도 작은 값을 산출하지만, $x = 1$은 실현 가능하지 않다. 1에 가까운 큰 점을 선택할 수 있으나, 아무리 큰 수를 선택해도 그보다 더 1에 가까운 무한개수의 수를 발견할 수 있다. 결론적으로 문제는 해가 없다. 이러한 문제를 피하고자 제약식 경계를 실현 가능 집합에 포함하는 것이 종종 최선의 방법이다.

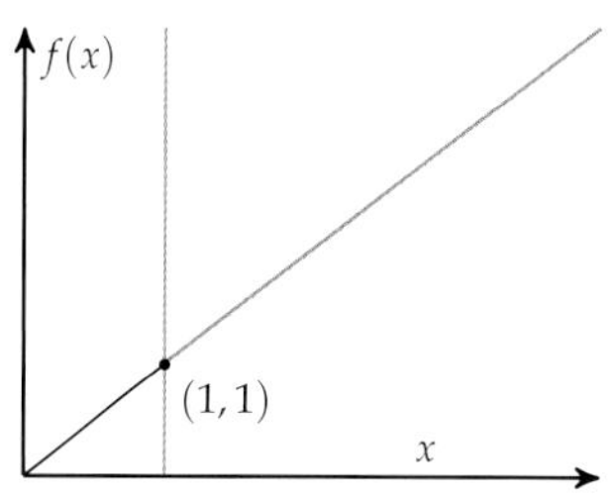

▲ **그림 1.5** 식 (1.6)의 문제는 제약식 경계가 실현 가능하지 않으므로 해가 없다.

1.5 임계점

그림 1.6은 **일변수 함수**univariate function[17] $f(x)$의 그림인데 각 점에서의 미분값이 0인 여러 개의 **임계점**critical point을 레이블label과 함께 보여 주고 있다. 이 점들은 최적화 문제를 논의하는 데 관심을 갖는 점들이다. f를 극소화할 때 **전역적 극소해**global minimizer, 즉 $f(x)$가 극소화되는 x를 찾고자 한다. 함수는 많아야 하나의 전역적 극소점을 가질 것이나, 극소해는 여럿이 될 수 있다.

17 일변수 함수는 단일 스칼라의 함수다. 일변수라는 용어는 1개의 변수와 관련된 객체를 묘사한다.

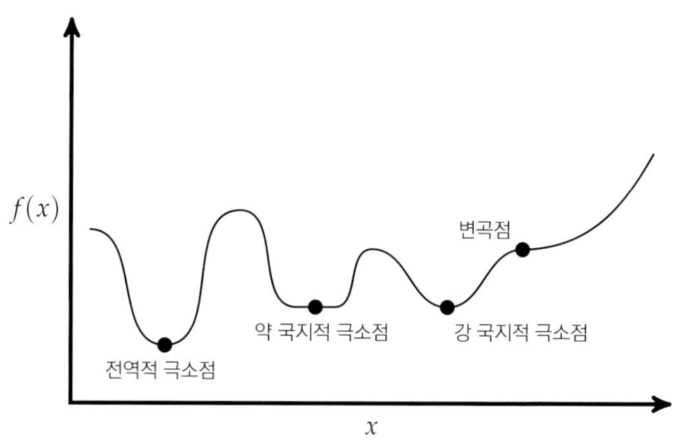

◀ **그림 1.6** 일변수 함수에서 최적화 알고리즘이 대상이 되는 (미분이 0인) 임계점들의 예

아쉽게도 일반적으로 후보 대상으로 주어진 점이 전역적 극소점에 있는지를 증명하기가 힘들다. 흔히 우리가 할 수 있는 최선은 이것이 **국지적 극소점**local minimum에 있는지를 체크하는 것이다. 만약 $|x - x^*| < \delta$를 만족하는 모든 x에 대해서 $f(x^*) \leq f(x)$가 되는 $\delta > 0$가 존재한다면 점 x^*가 국지점 극소점에 있다(또는 극소해다). 다변수 맥락에서 정의는 $\|x - x^*\| < \delta$일 때는 언제나 $f(x^*) \leq f(x)$를 만족하는 $\delta > 0$가 존재하는 것으로 일반화될 수 있다.

그림 1.6은 두 가지 종류의 국지적 극소점, 즉 **강 국지적 극소점**strong local minima과 **약 국지적 극소점**weak local minima을 보여 주고 있다. 엄격한 국지적 극소해로도 알려져 있는 강 국지적 극소해는 주변 내에서 f를 유일하게 극소화하는 점이다. 다른 말로 하면 $x^* \neq x$이고, $|x - x^*| < \delta$일 때는 언제나 $f(x^*) < f(x)$가 되는 $\delta > 0$가 존재한다면 x^*는 엄격한 국지적 극소해다. 다변수 맥락에서 정의는 만약 $x^* \neq x$이고, $\|x - x^*\| < \delta$일 때는 언제나 $f(x^*) \leq f(x)$를 만족하는 $\delta > 0$가 존재하는 것으로 일반화될 수 있다. 약 국지적 극소해는 강 국지적 극소해가 아닌 국지적 극소해다.

연속이고, 무계unbound인 목적함수의 모든 국지적 극소점과 전역적 극소점에서 미분은 0이다. 미분값을 0으로 갖는 것은 국지적 극소점을 위한 필요조건이지[18] 충분조건은 아니다.

18 비영(nonzero) 미분값을 갖는 점은 결코 극소점이 아니다.

또한 그림 1.6은 **변곡점**inflection point을 갖는데 여기서의 미분은 0이지만, f를 극소화하지는 않는다. 변곡점은 f의 2차 미분의 부호가 바뀌는 점이며, 이는 f'의 국지적 극소점 또는 극대점에 상응한다. 변곡점은 반드시 미분값을 0으로 갖지는 않는다.

1.6 국지적 극소점의 조건

많은 수치적 최적화 방법은 국지적 극소점을 찾는다. 국지적 극소점은 국지적으로 최적이지만, 일반적으로 국지적 극소점이 전역적 극소점인지는 모른다. 1.6절에서 논의하는 조건은 목적함수가 미분 가능하다는 것을 가정한다. 미분, 그래디언트gradient, 헤시안Hessian이 2장에서 설명될 것이다. 1.6절에서는 문제가 제약식을 갖지 않는다고 가정한다. 제약식을 가진 최적화의 조건은 10장에서 소개된다.

1.6.1 일변수

만약 국지적 미분값이 0이고, 2차 미분값이 양이면 설계 포인트는 강 국지적 극소점을 갖는 것이 보장된다.

1. $f'(x^*) = 0$
2. $f''(x^*) > 0$

0의 미분값은 작은 값을 이동하는 것이 함숫값에 영향을 미치지 않는 것을 보장한다. 양의 2차 미분값은 0인 1차 미분이 접시bowl의 바닥에서 일어나는 것을 보장한다.[19]

19 만약 $f'(x) = 0$이고, $f''(x) < 0$이면 x는 국지적 극대점이다.

만약 어떤 점이 0의 미분값을 갖고 2차 미분이 단지 음이 아니어도 국지적 국소점이 될 수 있다.

1. $f'(x^*) = 0$, 1계 필요조건FONC, First-Order Necessary Condition[20]
2. $f''(x^*) \geq 0$, 2계 필요조건SONC, Second-Order Necessary Condition

20 1계 필요조건을 만족하는 점은 종종 정상점(stationary point)이라고 불린다.

이들 조건들은 필요조건이라 부른다. 왜냐하면 모든 국지적 극소점은 이들 두 조건을 만족해야 하기 때문이다. 불행하게도 그림 1.7에 보이듯이 0의 미분값과 0의 2차 미분값을 가진 모든 점이 국지적 극소점은 아니다.

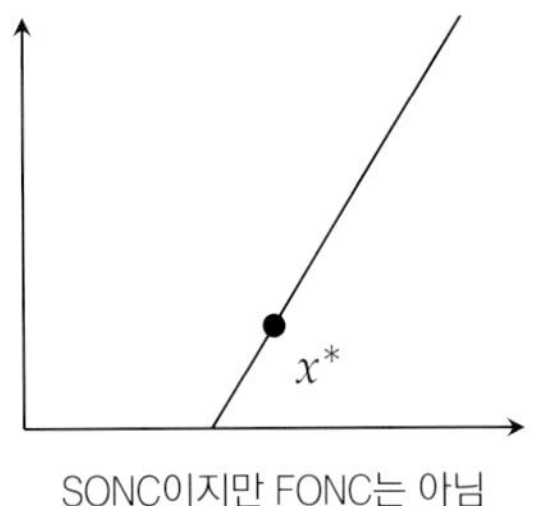

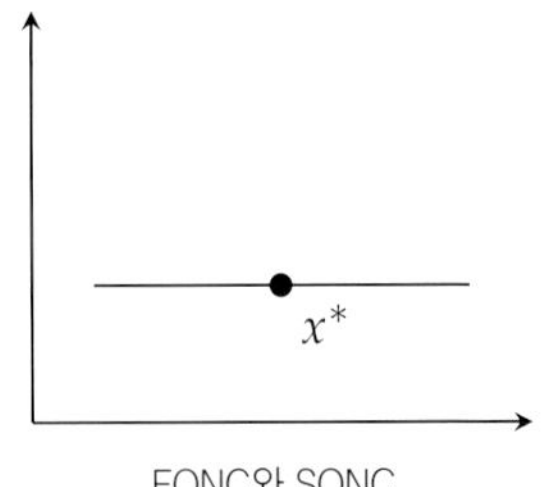

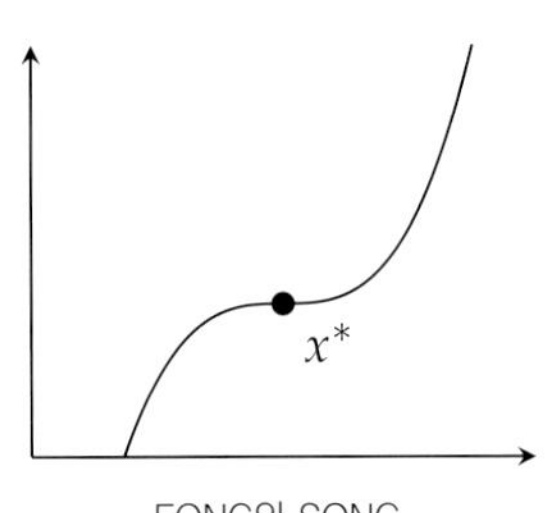

▲ **그림 1.7** 강 국지적 극소점에 대한 필요조건이지만 충분하지 못한 조건들의 예시

1계 필요조건은 후보 점 x^*에 대한 테일러 전개Taylor expansion[21] 공식을 이용해 도출할 수 있다.

$$f(x^* + h) = f(x^*) + hf'(x^*) + O(h^2) \tag{1.7}$$

$$f(x^* - h) = f(x^*) - hf'(x^*) + O(h^2) \tag{1.8}$$

$$f(x^* + h) \geq f(x^*) \implies hf'(x^*) \geq 0 \tag{1.9}$$

$$f(x^* - h) \geq f(x^*) \implies hf'(x^*) \leq 0 \tag{1.10}$$

$$\implies f'(x^*) = 0 \tag{1.11}$$

여기서 근삿값의 표기 $O(h^2)$은 부록 C에서 다룬다.

2계 필요조건 역시 테일러 전개로부터 얻을 수 있다.

$$f(x^* + h) = f(x^*) + \underbrace{hf'(x^*)}_{=0} + \frac{h^2}{2}f''(x^*) + O(h^3) \tag{1.12}$$

1계 필요조건이 적용되면 $h > 0$이므로 다음 식이 성립한다.

$$f(x^* + h) \geq f(x^*) \implies \frac{h^2}{2}f''(x^*) \geq 0 \tag{1.13}$$

따라서 x^*가 극소점이 되려면 반드시 $f''(x^*) > 0$가 성립해야 한다.

21 테일러 전개는 부록 C에서 도출된다.

1.6.2 다변수

$\mathbf{x}$가 f의 국지적 극소점이 되기 위한 필요조건은 다음과 같다.

1. $\nabla f(\mathbf{x}) = 0$, 1계 필요조건FONC
2. $\nabla^2 f(\mathbf{x})$는 준양정부호positive semidefinite다(이 정의의 설명은 부록 C.6 참고). 2계 필요조건SONC

위의 FONC와 SONC는 일변수 경우의 일반화다. FONC는 함수가 $\mathbf{x}$에서 변화하지 않는다는 것을 뜻한다. 그림 1.8은 FONC가 만족되는 다변수 함수의 예를 보여 준다. SONC는 $\mathbf{x}$가 접시 안에 있다는 것을 말한다.

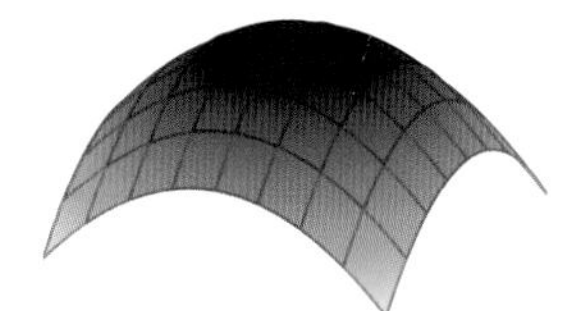

국지적 극대점. 중앙의 그래디언트는 0이지만, 그 헤시안은 음정부호다.

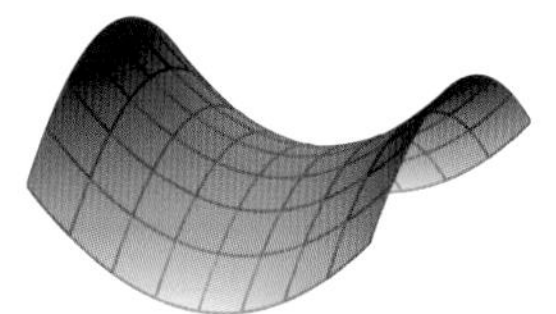

안장. 중앙의 그래디언트는 0이지만 국지적 극소점이 아니다.

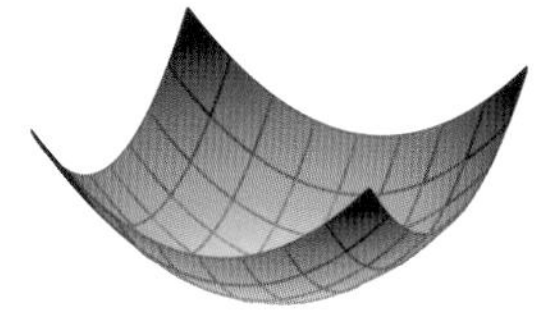

접시. 중앙의 그래디언트는 0이고, 그 헤시안은 양정부호이다. 이는 국지적 극소점이다.

▲ **그림 1.8** 그래디언트가 0인 3개의 국지적 영역

FONC와 SONC는 단순 분석으로부터 얻을 수 있다. $\mathbf{x}^*$가 국지적 극소점이 되려면 주변의 값들보다 작아야 한다.

$$f(\mathbf{x}^*) \leq f(\mathbf{x} + h\mathbf{y}) \quad \Leftrightarrow \quad f(\mathbf{x} + h\mathbf{y}) - f(\mathbf{x}^*) \geq 0 \tag{1.14}$$

만약 $f(\mathbf{x}^*)$에 대한 2계 근사식을 적으면 다음을 얻는다.

$$f(\mathbf{x}^* + h\mathbf{y}) = f(\mathbf{x}^*) + h\nabla f(\mathbf{x}^*)^\top \mathbf{y} + \frac{1}{2}h^2\mathbf{y}^\top \nabla^2 f(\mathbf{x}^*)\mathbf{y} + O(h^3) \tag{1.15}$$

극소점에서 1차 미분은 0이고, 고차항을 무시하고, 재조정하면 다음을 얻는다.

$$\frac{1}{2}h^2\mathbf{y}^\top\nabla^2 f(\mathbf{x}^*)\mathbf{y} = f(\mathbf{x}+h\mathbf{y}) - f(\mathbf{x}^*) \geq 0 \tag{1.16}$$

이는 양정부호 행렬의 정의이므로 SONC를 갖게 된다. 예제 1.1은 이들 조건이 어떻게 로젠브록[Rosenbrock] 바나나 함수에 적용되는지 설명한다.

예제 1.1 한 점에서 로젠브록 함수의 1계 및 2계 필요조건을 체크한다. 최소점은 아래 그림에서의 점으로 표시된다.

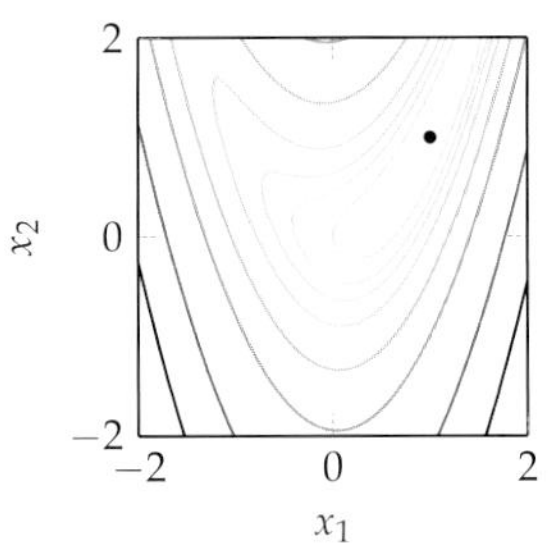

로젠브록 바나나 함수를 고려하자.

$$f(\mathbf{x}) = (1 - x_1)^2 + 5(x_2 - x_1^2)^2$$

점 (1, 1)은 FONC와 SONC를 충족하는가?

그래디언트[gradient]는 다음과 같다.

$$\nabla f(\mathbf{x}) = \begin{bmatrix} \frac{\partial f}{\partial x_1} \\ \frac{\partial f}{\partial x_2} \end{bmatrix} = \begin{bmatrix} 2\left(10x_1^3 - 10x_1x_2 + x_1 - 1\right) \\ 10(x_2 - x_1^2) \end{bmatrix}$$

헤시안은 다음과 같다.

$$\nabla^2 f(\mathbf{x}) = \begin{bmatrix} \frac{\partial^2 f}{\partial x_1 \partial x_1} & \frac{\partial^2 f}{\partial x_1 \partial x_2} \\ \frac{\partial^2 f}{\partial x_2 \partial x_1} & \frac{\partial^2 f}{\partial x_2 \partial x_2} \end{bmatrix} = \begin{bmatrix} -20(x_2 - x_1^2) + 40x_1^2 + 2 & -20x_1 \\ -20x_1 & 10 \end{bmatrix}$$

계산하면 $\nabla(f)([1, 1]) = 0$이므로 FONC는 만족한다. [1, 1]에서의 헤시안은

$$\begin{bmatrix} 42 & -20 \\ -20 & 10 \end{bmatrix}$$

이므로 양정부호[positive definite]이고, SONC를 만족한다.

FONC와 SONC는 최적화의 필요조건이긴 하지만, 최적화의 충분조건은 아니다. 2차 미분 가능 함수의 제약식이 없는 최적화의 경우 어떤 점이 FONC을 만족하고, $\nabla^2 f(\mathbf{x})$가 양정부호이면 강 국지적 극소점이 되는 것이 보장된다. 이들 조건은 합쳐서 2계 충분조건SOSC, Second-Order Sufficient Condition으로 알려져 있다.

1.7 등고선 그래프

이 책은 다양한 차원수의 문제를 포함하므로 정보를 1차원, 2차원 또는 3차원으로 보여 줘야 한다. $f(x_1, x_2) = y$ 형태의 함수들은 3차원 공간에서 표현할 수 있지만, 모든 방향에서 정의역에 대한 완벽한 그래프를 그릴 수는 없다. 등고선 그래프는 고정된 y값을 가진 영역, 즉 등고선을 x_1과 x_2로 표시된 축을 가진 2차원 그래프 위에 그림으로써 3차원 표면을 시각적으로 나타낼 수 있다. 예제 1.2는 어떻게 등고선 그래프가 해석될 수 있는지 설명한다.

예제 1.2 3차원 시각화와 연관된 등고선 그래프의 예

함수 $f(x_1, x_2) = x_1^2 - x_2^2$를 3차원 공간에서 2개의 입력과 1개의 출력으로 시각화할 수 있다. 또한 일정한 y값의 선을 보이는 등고선 그래프를 사용해 시각화할 수 있다. 3차원 시각화와 등고선 그래프가 다음에 보인다.

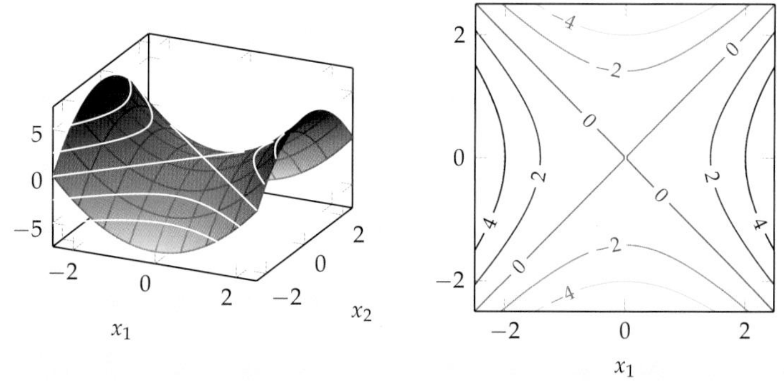

1.8 개요

1.8절은 이 책의 장별 개요를 제공한다. 각 장 간의 개념적 상관관계를 그림 1.9에 보여 준다.

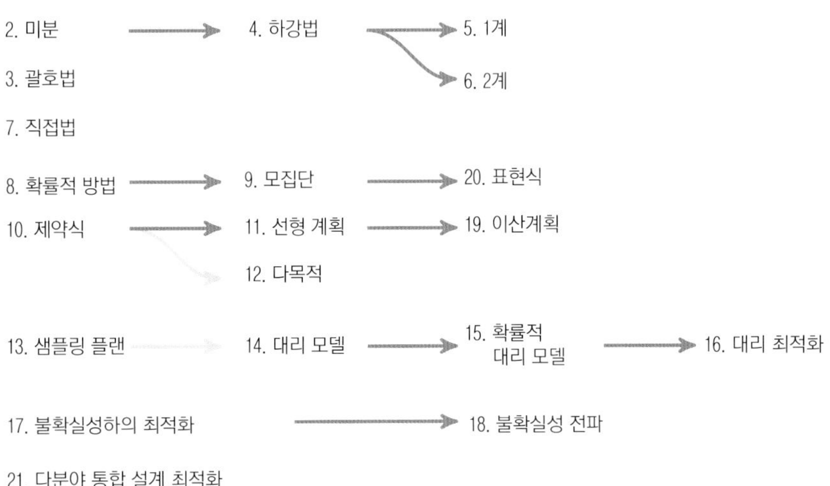

◀ **그림 1.9** 이 책 각 장의 의존성. 얕은 색의 화살표는 약한 의존성을 가리킨다.

2장은 미분과 미분의 다차원 적용으로 논의를 시작한다. 미분은 많은 알고리즘에서 사용되며, 최적점을 찾는 방향 선택의 정보를 준다. 흔히 미분은 분석적으로 알려져 있지 않으므로 이를 수치적으로 추정하는 법과 자동 미분 기법의 사용법을 논의한다.

3장은 단일 함수에 대해 국지적 극소점이 놓여 있는 구간을 식별하는 괄호법 bracketing을 논의한다. 상이한 괄호법 알고리즘은 함수 평가를 기반으로 구간을 연속적으로 줄이는 데 상이한 방법을 사용한다. 여기서 논의할 한 가지 방법은 립시츠 상수의 지식을 사용해 괄호법 프로세스를 지도하는 것이다. 이 괄호법 알고리즘은 나중에 논의할 최적화 알고리즘 내의 서브루틴으로 흔히 사용된다.

4장은 다변수 함수를 최적화하는 일반적인 접근으로 국지적 하강local descent을 소개한다. 국지적 하강은 하나의 하강 방향을 반복적으로 선택해 그 방향으로 스텝을 취하는 데 수렴되거나 어떤 종료 조건이 만족될 때까지 이 과정을 반복한다. 스텝의 길이를 선택하는 여러 가지 방법이 있다. 스텝 크기를 국지적 모델의 신뢰성이 있는 영역에 적응적으로 제약하는 방법들을 논의할 것이다.

5장은 이전 장을 기반으로 하는데 국지적 모델에 대한 그래디언트 추정값을 통해 얻은 1계 미분 정보를 이용해 하강 방향을 알아내는 것이다. 경사가 가장 깊은 방향으로 나가는 것은 극소점을 찾는 항상 최적의 전략은 아니다. 5장에서 더 좋은 탐색을 알고자 과거 일련의 그래디언트 추정값을 사용하는 다양한 여러 가지 방법을 논의한다.

6장은 2계 근사를 기반으로 하는 국지적 모델을 사용해 국지적 하강을 발견하는 법을 보인다. 이 모델들은 목적 함수의 헤시안 추정값을 기반으로 한다. 2계 근사의 장점은 방향과 스텝 크기를 동시에 알 수 있다는 것이다.

7장은 탐색 방향을 알고자 그래디언트를 사용하지 않고 최적점을 찾는 여러 가지 직접적 방법을 제공한다. 여러 방향을 따라 라인 탐색을 반복적으로 수행하는 방법의 논의부터 시작한다. 그러고 나서 라인 탐색을 하지 않고, 여러 방향을 따라 현재 점으로부터 일정 스텝 크기 떨어진 곳의 평가를 수행하는 패턴 탐색 방법을 논의한다. 스텝 크기는 탐색이 진행됨에 따라 점진적으로 조정된다. 또 하나의 방법은 명백히 개선되는 방향으로 설계 공간을 가로지름에 따라 적응적으로 확대 또는 수축하는 심플렉스를 사용한다. 마지막으로 립시츠 연속성에 의해 고무된 방법을 논의하는데 이는 전역적 극소점을 포함하리라고 예상되는 영역에 더욱 잘 도달하도록 한다.

8장은 랜덤성이 최적화 과정에 도입되는 확률적 방법을 소개한다. 어떻게 확률성이 1~7장에서 논의했던 최대 그래디언트 하강법과 패턴 탐색과 같은 알고리즘들을 개선하는지 보인다. 어떤 방법들은 설계 공간을 점진적으로 가로지르지만,

어떤 방법들은 설계 공간의 대한 확률 분포를 학습해 최적점을 포함할 가능성이 더 큰 영역에 더 큰 가중치를 할당한다.

9장은 모집단population법을 논의하는데 이는 설계 공간을 탐색하고자 점들의 집합을 이용한다. 공간에 분포된 많은 수의 점들은 국지적 극소점에 갇히는 위험을 줄이는 데 도움이 된다. 모집단 방법은 일반적으로 모집단의 다양성 사용을 극대화하고자 확률성에 의존하며, 국지적 하강법과 결합될 수 있다.

10장은 최적화 문제에 제약식constraints을 도입한다. 먼저 제약식을 가진 최적화에 대한 수학적 조건을 논의한다. 다음 페널티 함수를 통해 이전에 논의했던 최적화 알고리즘에 제약식을 결합하는 방법을 소개한다. 또한 만약 실현 가능한 점으로 시작하면 탐색이 계속 실현 가능하도록 머무는 것이 보장되는 방법들을 논의한다.

11장은 목적 함수와 제약식이 모두 선형linear이라는 가정을 한다. 선형성은 강한 가정이지만, 많은 공학적 문제는 선형 제약 최적화 문제로 구성할 수 있다. 이러한 선형 구조를 이용할 수 있는 여러 가지 방법이 개발됐다. 11장은 전역적 극소점이 나오도록 보장하는 심플렉스 알고리즘에 초점을 맞춘다.

12장은 동시에 최적화하고자 하는 목적이 여러 개 있는 다목적 최적화 문제를 다루는 법을 소개한다. 공학에서 흔히 여러 목적 간에 트레이드오프tradeoff를 갖고, 어떻게 상이한 목적들의 우선순위를 정할지 명확하지 않다. 1~11장에서 논의한 알고리즘들을 사용하고자 다목적 문제를 스칼라값의 목적 함수로 바꾸는 방법을 논의한다. 또한 목적 간의 최적 트레이드오프를 표현하는 설계 점들의 집합을 찾는 알고리즘을 논의한다.

13장은 설계 공간을 커버하는 점들로 구성된 샘플링 플랜sampling plan을 만드는 법을 논의한다. 설계 공산의 랜덤 샘플링은 흔히 적절한 커버리지를 제공하지 않는다. 각 설계 차원을 따라 균등 커버리지uniform coverage를 보장하는 방법과 공간의 커버리지를 측정하고 최적화하는 방법을 논의한다.

14장은 목적 함수의 대리 모델surrogate model을 구축하는 법을 설명한다. 대용 모델은 목적 함수를 평가하는 비용이 매우 큰 문제를 위해서 흔히 사용된다. 최적화 문제는 설계를 개선하고자 실제 목적 함수를 사용하는 대신 대용 모델의 평가를 사용한다. 평가는 13장에서 소개한 샘플링 플랜의 사용을 통해 획득한 역사적 데이터를 기반으로 할 수 있다. 상이한 종류의 대리 모델과 이를 어떻게 데이터에 적합화하는가와 어떻게 적절한 대용 모델을 식별하는지 논의한다.

15장은 모델 예측의 신뢰도를 계량화할 수 있는 **확률적 대용 모델**probabilistic surrogate model을 소개한다. 15장은 가우시안 프로세스라고 불리는 특정한 종류의 대용 모델에 초점을 맞춘다. 어떻게 가우시안 프로세스를 예측에 사용하고, 그래디언트의 측정과 잡음을 어떻게 결합하는지와 가우시안 프로세스를 지배하는 파라미터들을 데이터로부터 어떻게 추정하는가를 보인다.

16장은 **대리 최적화**surrogate optimization를 지도하고자 이전 장들의 확률 모델을 어떻게 사용하는가를 보여 준다. 16장은 어떤 설계 포인트를 다음에 평가할지를 선택하는 여러 가지 기법을 설명한다. 또한 안전하게 목적 척도를 최적화하고자 어떻게 대리 모델이 사용될 수 있는지를 논의한다.

17장은 목적 함수가 설계 변수들의 결정적 함수라는 16장에서의 가정을 완화한 **불확실성하의 최적화**를 수행하는 법을 설명한다. 불확실성을 표현하는 집합 기반과 확률적 접근을 포함한 상이한 방법들을 논의하고, 어떻게 문제를 변환해 불확실성에 강건성robustness을 제공하는지 설명한다.

18장은 **불확실성 전파**uncertainty propagation에 대한 접근법을 설명한다. 이는 알려진 입력 분포를 사용해 출력 분포에 연관된 통계적 수치를 추정하는 것이다. 목적 함수의 출력 분포를 이해하는 것은 불확실성하의 최적화에 중요하다. 다양한 접근법을 논의하는데 몇몇은 몬테카를로, 테일러 급수 근사, 직교 다항식, 가우시안 프로세스 같은 수학적 개념에 기반을 두고 있다. 이들은 가정과 추정치의 질에 따라 다르다.

19장은 설계 변수들이 이산적discrete으로 제약된 경우 문제를 다루는 법을 보인다. 일반적인 방법은 변수가 이산적이라는 가정을 완화하는 것이지만, 이는 실현 가능하지 않은 설계를 초래한다. 다른 접근은 최적점이 이산적이 될 때까지 선형 제약을 점진적으로 더하는 것이다. 또한 동적 계획법과 함께 분기 한정법branch and bound을 논의하는데 모두 최적성을 보장한다. 19장은 또한 모집단 기반의 방법을 언급하는데 이 방법은 흔히 대규모 설계 공간으로 확장할 수 있지만, 최적성을 보장하지는 못한다.

20장은 문법에 의해 정의된 표현식expression으로 구성된 설계 공간을 어떻게 탐색하는지 논의한다. 많은 문제에 대해서 그래프 구조 또는 컴퓨터 프로그램의 최적화에서처럼 변수의 개수는 알려져 있지 않다. 설계 공간의 문법적 구조를 설명해 탐색을 더 효율적으로 만드는 여러 알고리즘을 논의한다.

21장은 다분야 통합 설계 최적화multidisciplinary design optimization에 어떻게 접근하는지 설명한다. 많은 공학 문제는 여러 분야 간의 상호작용과 관계되므로 개별적으로 분야를 최적화하는 것이 최적해를 낳지 못할 수 있다. 21장은 다분야 문제의 구조를 이용해 좋은 설계를 발견하는 데 필요한 노력을 줄이는 다양한 기법을 논의한다.

부록에는 보조 자료를 소개한다. 부록 A는 줄리아 프로그램 언어에 대한 간략한 소개로부터 시작하는데, 이 책의 열거된 알고리즘을 구체화하는 데 사용된 개념에 초점을 맞춘다. 부록 B는 상이한 알고리즘의 성과를 평가하는 데 사용된 다양한 테스트 함수를 구체화한다. 부록 C는 이 책에서 논의한 최적화 방법의 도출과 분석에 사용된 수학적 개념을 다룬다.

1.9 요약

- 공학에서의 최적화는 일련의 제약식하에 최적 시스템 설계를 발견하는 프로세스다.
- 최적화는 함수의 전역적 극소점을 찾는 것을 목적으로 한다.
- 극소점은 그래디언트가 0인 점에서 일어나는데 0의 그래디언트가 항상 최적성을 의미하는 것은 아니다.

1.10 연습문제

연습 1.1 전역적 극소점이 아닌 국지적 극소점을 가진 함수의 예를 보여라.

연습 1.2 함수 $f(x) = x^3 - x$의 극소점은 무엇인가?

연습 1.3 x가 제약식을 가진 문제의 최적해일 때 1계 조건 $f'(x) = 0$이 성립하는가?

연습 1.4 $f(x,y) = x^2 + y$ s.t. $x > y \geq 1$은 몇 개의 극소점을 갖는가?

연습 1.5 $x^3 - 10$은 몇 개의 변곡점을 갖는가?

02 미분과 그래디언트

최적화는 목적 함수를 최소화(또는 최대화)하는 설계점을 찾는 것이다. 입력이 변화함에 따라 함수의 값이 어떻게 변하는 것을 아는 것은 유용하다. 왜냐하면 이는 이전 점보다 더 개선되도록 움직일 방향을 알려 주기 때문이다. 함숫값의 변화는 1차원의 미분과 다차원의 그래디언트로 측정된다. 2장은 미적분의 필수적인 몇몇 요소를 간략하게 살펴본다.[1]

1 더 포괄적인 리뷰는 다음을 참고하라. S.J. Colley, *Vector Calculus*, 4th ed. Pearson, 2011.

2.1 미분

단일 변수의 함수 f의 미분derivative $f'(x)$는 x에서 f값이 변화하는 비율이다. x에서의 함수의 그래프에 대한 탄젠트선을 사용해 그림 2.1에 보여지는 바와 같이 흔히 시각화된다.

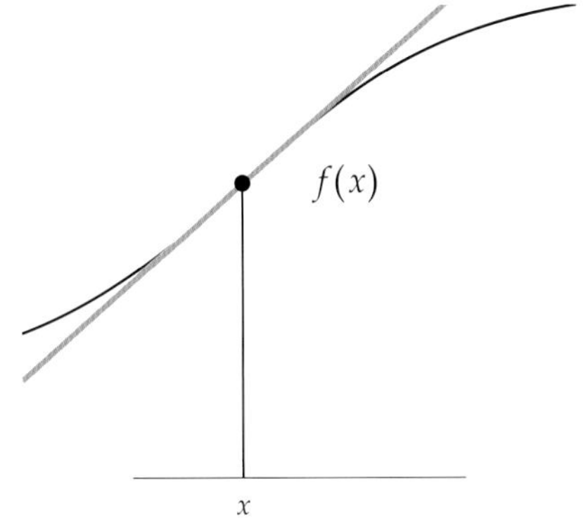

◀ **그림 2.1** 함수 f가 검은 색으로 그려져 있고, $f(x)$에 대한 탄젠트선은 파란색으로 그려져 있다. x에서 f의 미분은 탄젠트선의 기울기다.

미분을 사용해 x 주변 함수의 선형적 근사를 다음과 같이 제공할 수 있다.

$$f(x + \Delta x) \approx f(x) + f'(x)\Delta x \tag{2.1}$$

미분은 x점에서 f의 변화와 x의 변화 간의 비율이다.

$$f'(x) = \frac{\Delta f(x)}{\Delta x} \tag{2.2}$$

즉 그림 2.2에서 예시되는 바와 같이 스텝을 무한히 작게 하면서 $f(x)$의 변화를 x의 변화로 나눈 것이다.

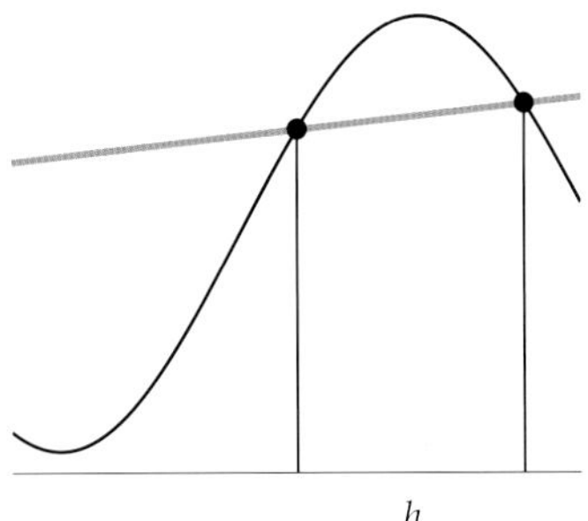

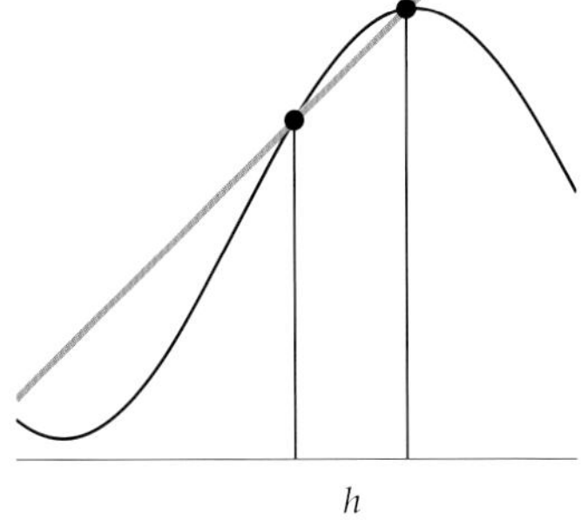

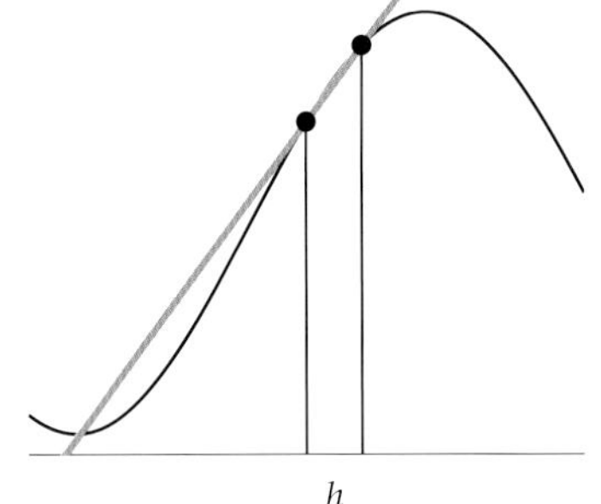

▲ **그림 2.2** 접선은 충분히 작은 차이의 스텝으로 점을 연결하면서 얻어진다.

$f'(x)$라는 표기법은 라그랑주Lagrange에 의해 시작됐다. 하지만 라이프니츠Leibniz에 의해 만들어진 다음과 같은 표기법도 자주 사용된다.

$$f'(x) \equiv \frac{df(x)}{dx} \tag{2.3}$$

이는 x점에서 x의 변화에 대한 f의 변화 비율이라는 사실을 강조한다.

미분을 정의하는 극한 방정식은 3개의 상이한 방식, 즉 **전방차분**forward difference, **중앙차분**central difference, **후방차분**backward difference으로 표현될 수 있다. 각 방법은 무한히 작은 스텝 크기 h를 사용한다.

$$f'(x) \equiv \underbrace{\lim_{h\to 0}\frac{f(x+h)-f(x)}{h}}_{\text{전방차분}} = \underbrace{\lim_{h\to 0}\frac{f(x+h/2)-f(x-h/2)}{h}}_{\text{중앙차분}} = \underbrace{\lim_{h\to 0}\frac{f(x)-f(x-h)}{h}}_{\text{후방차분}} \tag{2.4}$$

f가 기호로 표현될 수 있다면 **기호 미분**symbolic differentiation은 미적분으로부터의 미분 규칙을 적용함으로써 f'에 대한 정확한 분석적 표현을 제공할 수 있다. 분석적 표현은 어떤 x점에서도 평가될 수 있다. 이 프로세스는 예제 2.1에서 설명된다.

예제 2.1 기호 미분은 분석적 미분을 제공한다.

기호 미분의 구현 세부 사항은 이 책의 범위를 넘는다. 줄리아의 `SymEngin.jl`과 파이썬의 `SymPy` 같은 다양한 소프트웨어 패키지는 구현을 제공한다. 여기서 `SymEngine.jl`을 사용해 $x^2 + x/2 - \sin(x)/x$의 미분을 계산한다.

```
julia> using SymEngine
julia> @vars x; # x를 기호 변수로 정의한다.
julia> f = x^2 + x/2 - sin(x)/x;
julia> diff(f, x)
1/2 + 2*x + sin(x)/x^2 - cos(x)/x
```

2.2 다차원에서의 미분

그래디언트는 미분의 다차원에 대한 일반화다. 함수의 국지적 기울기를 포착해 어떤 점에서 어떠한 방향으로 작은 스텝을 취할 때의 효과를 예측할 수 있도록 한다. 미분의 접선tangent line 기울기라는 것을 상기하자. 그래디언트는 그림 2.3에서 보여진 **접초평면**tangent hyperplane의 오르막 경사가 가장 가파른 방향을 가리킨다. n차원의 초평면은 벡터 $\mathbf{w}$와 스칼라 b에 대해 다음을 만족하는 점들의 집합이다.

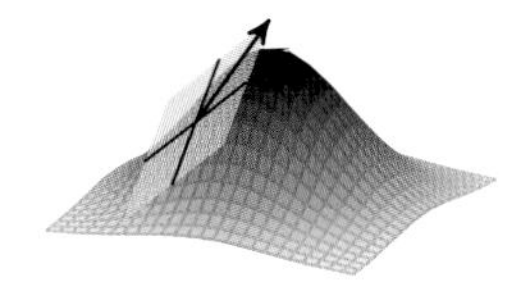

▲ **그림 2.3** 그래디언트의 각 요소는 국지적 접선을 정의한다. 이들 접선들은 접초평면을 정의한다. 그래디언트 벡터는 가장 큰 증가의 방향으로 향한다.

$$w_1 x_1 + \cdots + w_n x_n = b \tag{2.5}$$

초평면은 $n-1$차원을 갖는다.

$\mathbf{x}$에서의 f의 그래디언트는 $\nabla f(\mathbf{x})$로 표기되며, 벡터다. 벡터의 각 구성 요소는 각 요소에 대한 f의 **편미분**partial derivative[2]이다.

$$\nabla f(\mathbf{x}) = \left[\frac{\partial f(\mathbf{x})}{\partial x_1}, \quad \frac{\partial f(\mathbf{x})}{\partial x_2}, \quad \ldots, \quad \frac{\partial f(\mathbf{x})}{\partial x_n}\right] \tag{2.6}$$

관행적으로 쉼표로 구분된 벡터는 열벡터다. 예를 들어, $[a, b, c] = [a\ b\ c]^\top$다. 예제 2.2는 특정 점particular point에서 함수의 그래디언트를 계산하는 법을 보여 준다.

다변수 함수의 **헤시안**Hessian은 입력에 대한 모든 2계 미분을 포함하는 행렬이다.[3] 2계 미분은 함수의 국지적 곡면에 대한 정보를 포착한다.

$$\nabla^2 f(\mathbf{x}) = \begin{bmatrix} \frac{\partial^2 f(\mathbf{x})}{\partial x_1 \partial x_1} & \frac{\partial^2 f(\mathbf{x})}{\partial x_1 \partial x_2} & \cdots & \frac{\partial^2 f(\mathbf{x})}{\partial x_1 \partial x_n} \\ & \vdots & & \\ \frac{\partial^2 f(\mathbf{x})}{\partial x_n \partial x_1} & \frac{\partial^2 f(\mathbf{x})}{\partial x_n \partial x_2} & \cdots & \frac{\partial^2 f(\mathbf{x})}{\partial x_n \partial x_n} \end{bmatrix} \tag{2.7}$$

2 어떤 변수에 대한 어떤 함수의 편미분은 모든 다른 변수가 고정됐다고 가정할 때의 미분이다. 이는 $\partial f/\partial x$로 표기한다.

3 헤시안은 f의 2계 미분이 평가되는 점의 주변에서 모두 연속이면 대칭이다. 즉 $\frac{\partial^2 f}{\partial x_1 \partial x_2} = \frac{\partial^2 f}{\partial x_2 \partial x_1}$이다.

예제 2.2 특정 점에서 그래디언트의 계산

$f(\mathbf{x}) = x_1 \sin(x_2) + 1$의 $\mathbf{c} = [2, 0]$에서의 그래디언트 계산

$$f(\mathbf{x}) = x_1 \sin(x_2) + 1$$
$$\nabla f(\mathbf{x}) = \left[\frac{\partial f}{\partial x_1}, \frac{\partial f}{\partial x_2}\right] = [\sin(x_2), x_1 \cos(x_2)]$$
$$\nabla f(\mathbf{c}) = [0, 2]$$

다변수 함수 f의 방향성 미분 $\nabla_{\mathbf{s}} f(\mathbf{x})$는 $\mathbf{x}$가 $\mathbf{s}$의 속도로 움직일 때 $f(\mathbf{x})$의 순간 변화율이다. 정의는 일변수 함수의 미분의 정의와 밀접한 관련을 갖는다.[4]

4 어떤 교과서는 $\mathbf{s}$가 단위 벡터(unit vector)임을 요구한다. 예를 들어, G.B. Thomas, *Calculus and Analytic Geometry*, 9th. ed. Addison-Wesley, 1968.을 보라.

$$\nabla_{\mathbf{s}} f(\mathbf{x}) \equiv \underbrace{\lim_{h \to 0} \frac{f(\mathbf{x} + h\mathbf{s}) - f(\mathbf{x})}{h}}_{\text{전방차분}} = \underbrace{\lim_{h \to 0} \frac{f(\mathbf{x} + h\mathbf{s}/2) - f(\mathbf{x} - h\mathbf{s}/2)}{h}}_{\text{중앙차분}} = \underbrace{\lim_{h \to 0} \frac{f(\mathbf{x}) - f(\mathbf{x} - h\mathbf{s})}{h}}_{\text{후방차분}} \tag{2.8}$$

방향성 미분은 함수의 그래디언트를 이용해 계산할 수 있다.

$$\nabla_{\mathbf{s}} f(\mathbf{x}) = \nabla f(\mathbf{x})^\top \mathbf{s} \tag{2.9}$$

방향성 미분 $\nabla_{\mathbf{s}} f(\mathbf{x})$을 계산하는 또 다른 방법은 예제 2.3에서 예시된 바와 같이 $g(\alpha) = f(\mathbf{x} + \alpha\mathbf{s})$를 정의하고, $g'(0)$를 계산하는 것이다. 방향성 미분은 그래디언트 방향에서 가장 높으며, 그래디언트와 반대되는 방향에서 가장 낮다. 방향성의 의존성은 방향성 미분 점곱 정의와 그래디언트가 국지적 탄젠트 초평면이라는 사실에 기인한다.

예제 2.3 방향성 벡터의 계산

$f(x) = x_1 x_2$의 $\mathbf{x} = [1, 0]$에서 $\mathbf{s} = [-1, 1]$ 방향의 방향성 미분을 계산하고자 한다.

$$\nabla f(\mathbf{x}) = \left[\frac{\partial f}{\partial x_1}, \quad \frac{\partial f}{\partial x_2}\right] = [x_2, x_1]$$

$$\nabla_{\mathbf{s}} f(\mathbf{x}) = \nabla f(\mathbf{x})^\top \mathbf{s} = \begin{bmatrix} 0 & 1 \end{bmatrix} \begin{bmatrix} -1 \\ -1 \end{bmatrix} = -1$$

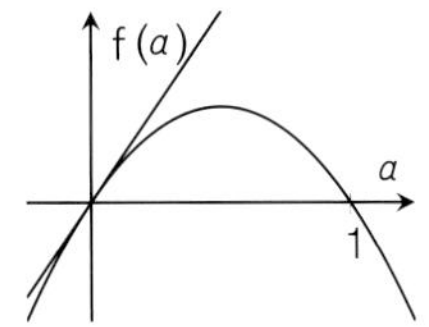

또한 방향성 미분을 다음과 같이 계산할 수도 있다.

$$g(\alpha) = f(\mathbf{x} + \alpha \mathbf{s}) = (1 - \alpha)(-\alpha) = \alpha^2 - \alpha$$
$$g'(\alpha) = 2\alpha - 1$$
$$g'(0) = -1$$

2.3 수치 미분

미분을 수치적으로 추정하는 프로세스를 수치 미분numerical differentiation이라고 한다. 추정값은 함수의 평가로부터 여러 가지 방법으로 도출될 수 있다. 2.3절은 유한차분법finite difference methods과 복소수 스텝법complex step methods을 논의한다.[5]

5 2장의 나머지 부분에서 논의한 주제의 더 포괄적인 취급을 위해서는 다음을 보라. A. Griewank andA. Walther, Evaluating Derivatives: *Principles and Techniques of Algorithmic Differentiation*, 2nd ed. SIAM, 2008.

2.3.1 유한차분법

이름이 의미하듯이 유한차분법finite difference method은 유한한 스텝 크기만큼 다른 두 값 간의 차이를 계산한다. 이는 작은 차이를 이용해 식 (2.4)의 미분 정의를 근사한다.

$$f'(x) \approx \underbrace{\frac{f(x+h) - f(x)}{h}}_{\text{전방차분}} \approx \underbrace{\frac{f(x+h/2) - f(x-h/2)}{h}}_{\text{중앙차분}} \approx \underbrace{\frac{f(x) - f(x-h)}{h}}_{\text{후방차분}} \tag{2.10}$$

수학적으로 더 작은 스텝 크기 h로 미분 추정값은 더 좋아진다. 실무적으로 너무 작은 h값은 수치적 약분 오차를 초래할 수 있다. 이러한 효과는 나중에 그림 2.4에서 보여진다. 알고리즘 2.1은 이러한 방법들의 구현을 제공한다.

```
diff_forward(f, x; h=sqrt(eps(Float64))) = (f(x+h) - f(x))/h
diff_central(f, x; h=cbrt(eps(Float64))) = (f(x+h/2) - f(x-h/2))/h
diff_backward(f, x; h=sqrt(eps(Float64))) = (f(x) - f(x-h))/h
```

알고리즘 2.1 유한차분 h로 x에서의 f함수의 미분을 추정하는 유한차분법. 스텝 크기의 자동초깃값(default)은 부동소수점에 대한 기계적 정밀도의 제곱근 또는 세제곱근이다. 스텝 크기는 기계의 절삭 오차의 균형을 스텝 크기의 오차로 맞춘다.

`eps` 함수는 `1.0`과 다음으로 큰 표현 가능한 부동소수점 값 사이의 스텝 크기를 제공한다.

유한차분법은 테일러 전개를 사용해 도출될 수 있다. x 주변 f의 테일러 표현으로 시작해 전방차분 미분값을 도출한다.

$$f(x+h) = f(x) + \frac{f'(x)}{1!}h + \frac{f''(x)}{2!}h^2 + \frac{f'''(x)}{3!}h^3 + \cdots \tag{2.11}$$

식을 조정해 1계 미분을 취한다.

$$f'(x)h = f(x+h) - f(x) - \frac{f''(x)}{2!}h^2 - \frac{f'''(x)}{3!}h^3 - \cdots \tag{2.12}$$

$$f'(x) = \frac{f(x+h) - f(x)}{h} - \frac{f''(x)}{2!}h - \frac{f'''(x)}{3!}h^2 - \cdots \tag{2.13}$$

$$f'(x) \approx \frac{f(x+h) - f(x)}{h} \tag{2.14}$$

전방차분은 작은 h에 대해서 참미분에 근사하며, 오차는 $\frac{f''(x)}{2!}h + \frac{f'''(x)}{3!}h^2 + \cdots$에 의존한다. 오차항은 $O(h)$인데 이는 h가 0에 근접하면서 전방차분이 선형 오차를 가진다는 것을 의미한다.[6]

중앙차분법은 $O(h^2)$의 오차항을 갖는다.[7] 테일러 전개를 사용해 오차항을 도출할 수 있다. x 주변에서 $f(x+h/2)$와 $f(x-h/2)$에 대한 테일러 전개는 다음과 같다.

6 점근 표기법은 부록 C에서 설명한다.

7 J. H. Mathews and K. D. Fink, *Numerical Mehods Using MATLAB*, 4th ed. Pearson, 2004.

$$f(x+h/2) = f(x) + f'(x)\frac{h}{2} + \frac{f''(x)}{2!}\left(\frac{h}{2}\right)^2 + \frac{f'''(x)}{3!}\left(\frac{h}{2}\right)^3 + \cdots \tag{2.15}$$

$$f(x-h/2) = f(x) - f'(x)\frac{h}{2} + \frac{f''(x)}{2!}\left(\frac{h}{2}\right)^2 - \frac{f'''(x)}{3!}\left(\frac{h}{2}\right)^3 + \cdots \tag{2.16}$$

전개식을 차감하면 다음을 얻는다.

$$f(x+h/2) - f(x-h/2) \approx 2f'(x)\frac{h}{2} + \frac{2}{3!}f'''(x)\left(\frac{h}{2}\right)^3 \tag{2.17}$$

식을 조정해 다음을 얻는다.

$$f'(x) \approx \frac{f(x+h/2) - f(x-h/2)}{h} - \frac{f'''(x)h^2}{24} \tag{2.18}$$

이는 근사식이 제곱 오차를 가짐을 보여 준다.

2.3.2 복소수 스텝법

흔히 좋은 근사식을 얻기 위해 충분히 작지만, 너무 작아서 수치적 차분을 할 때 분모가 0이 되는 문제를 야기하지 않도록 h를 선택해야 하는 문제에 당면한다. 복소수 스텝법complex step method은 단일 함수 평가를 사용해 차분 약분 효과 문제를 회피한다. 복소수 방향으로 한 스텝을 취한 후 함수를 평가한다.[8]

복소수 스텝에 대해 테일러 전개를 하면 다음과 같다.

$$f(x+ih) = f(x) + ihf'(x) - h^2\frac{f''(x)}{2!} - ih^3\frac{f'''(x)}{3!} + \cdots \tag{2.19}$$

각 스텝의 복소수 부분만을 취해 다음과 같은 미분 근사값을 얻는다.

$$\text{Im}(f(x+ih)) = hf'(x) - h^3\frac{f'''(x)}{3!} + \cdots \tag{2.20}$$

8 J. R. R. A. Martins, P. Sturdza, and J.J. Alonso, "The Complex-Step Derivative Approximation," *ACM Transactions on Mathematical Software*, vol. 29, no. 3, pp. 245–262, 2003. 함수 f의 구현이 적절히 복소수를 입력으로 지원하도록 특별히 주의해야 한다.

$$\Rightarrow f'(x) = \frac{\text{Im}(f(x+ih))}{h} + h^2\frac{f'''(x)}{3!} - \cdots \tag{2.21}$$

$$= \frac{\text{Im}(f(x+ih))}{h} + O(h^2) \text{ as } h \to 0 \tag{2.22}$$

구현은 알고리즘 2.2에 의해 제공된다. 실수 부분은 $h \to 0$에 접근함에 따라 $f(x)$를 $O(h^2)$ 내로 근사한다.

$$\text{Re}(f(x+ih)) = f(x) - h^2\frac{f''(x)}{2!} + \ldots \tag{2.23}$$

$$\Rightarrow f(x) = \text{Re}(f(x+ih)) + h^2\frac{f''(x)}{2!} - \cdots \tag{2.24}$$

따라서 복소수 이자로 f를 한 번만 평가해 $f(x)$와 $f'(x)$ 모두를 평가할 수 있다. 예제 2.4는 특정 점에서 함수의 미분을 추정하는 계산을 보여 준다. 알고리즘 2.2는 복소수 스텝법을 구현한다. 그림 2.4는 스텝 크기의 변화에 따른 복소수 스텝법의 수치 오차와 전방 및 중앙차분법의 수치 오차와 비교한다.

```
diff_complex(f, x; h=1e-20) = imag(f(x + h*im)) / h
```

알고리즘 2.2 유한차분 h로 x에서의 f의 미분을 추정하는 복소수 스텝법

예제 2.4 복소수 스텝법을 사용한 미분 추정

$f(x) = \sin(x^2)$을 고려하자. $x = \pi/2$에서의 함숫값은 근사적으로 0.624266이고, 미분은 $\pi\cos(\pi 2/4) \approx -2.45425$다. 복소수 스텝법을 사용해 이것에 도달할 수 있다.

```
julia> f = x -> sin(x^2);
julia> v = f(π/2 + 0.001im);
julia> real(v) # f(x)
0.6242698144866649
julia> imag(v)/0.001 # f'(x)
-2.4542516170381785
```

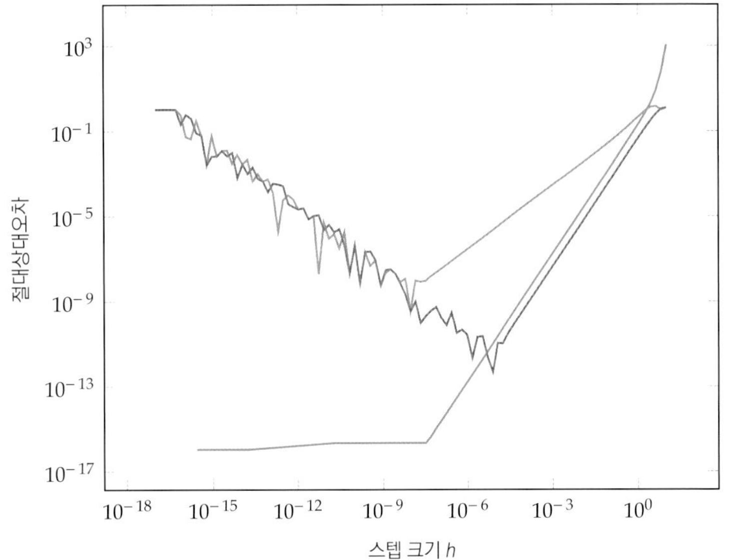

◀ **그림 2.4** 스텝 크기의 변화에 따라 $x = 1/2$에서의 $\sin(x)$ 함수에 대한 미분 추정에 있어서 오차의 비교. 전방차분법의 선형 오차와 중앙차분법과 복소수 스텝법의 제곱 오차는 오른쪽의 상수 기울기에 의해 보여진다. 복소수 스텝법은 값이 유사한 두 함수를 차분할 때의 차분 약분 오차를 회피한다.

2.4 자동미분

2.4절은 컴퓨터 프로그램에 의해 설정된 함수의 미분의 수치적 평가를 위한 알고리즘을 소개한다. 이러한 자동미분 기법의 핵심은 체인룰의 적용이다.

$$\frac{d}{dx}f(g(x)) = \frac{d}{dx}(f \circ g)(x) = \frac{df}{dg}\frac{dg}{dx} \tag{2.25}$$

프로그램은 더하기, 빼기, 곱하기, 나누기 같은 기본 연산으로 구성된다.

함수 $f(a, b) = \ln(ab + \max(a, 2))$를 고려해 보자. 어떤 점에서 a에 대한 편미분을 계산하고자 한다면 체인 룰chain rule을 여러 번 적용하면 된다.[9]

$$\frac{\partial f}{\partial a} = \frac{\partial}{\partial a}\ln(ab + \max(a, 2)) \tag{2.26}$$

9 $(2 < \alpha)$와 같은 불리언(Boolean) 표현식은 참이면 1이고 거짓이면 0인 관행을 따른다.

$$= \frac{1}{ab + \max(a,2)} \frac{\partial}{\partial a}(ab + \max(a,2)) \tag{2.27}$$

$$= \frac{1}{ab + \max(a,2)} \left[\frac{\partial(ab)}{\partial a} + \frac{\partial \max(a,2)}{\partial a} \right] \tag{2.28}$$

$$= \frac{1}{ab + \max(a,2)} \left[\left(b\frac{\partial a}{\partial a} + a\frac{\partial b}{\partial a} \right) + \left((2 > a)\frac{\partial 2}{\partial a} + (2 < a)\frac{\partial a}{\partial a} \right) \right] \tag{2.29}$$

$$= \frac{1}{ab + \max(a,2)} [b + (2 < a)] \tag{2.30}$$

이 과정은 연산 그래프[computational graph]를 사용해 자동화할 수 있다. 연산 그래프는 노드[node]가 연산을 나타내고, 에지[edge]가 입력-출력 관계를 나타냄으로써 함수를 표현한다. 리프 노드[leaf node]는 입력변수 또는 상수이며, 종단 노드[terminal node]는 함수에 의해 출력된 값이다. 연산 그래프는 그림 2.5에서 보여 준다.

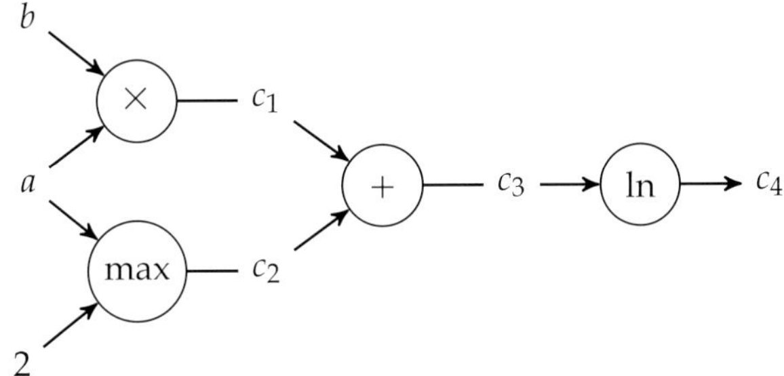

◀ **그림 2.5** $\ln(ab + \max(a, 2))$에 대한 연산 그래프

연산 그래프를 이용해 f를 자동미분하는 방법은 두 가지가 있다. 이원수[dual numbers]에 의해 사용되는 전방누적법[forward accumulation method]은 입력에서 출력으로 트리를 가로지르고, 반면 후방누적법[reverse accumulation]은 그래프를 반대로 역전파한다.

2.4.1 전방누적법

전방누적법은 함수의 연산 그래프를 통해 하나의 전방전파를 사용해 함수를 자동

미분한다. 이 방법은 체인 룰의 안쪽에 있는 연산inner operation을 반복적으로 다음과 같이 전개하는 것과 동일하다.

$$\frac{df}{dx} = \frac{df}{dc_4}\frac{dc_4}{dx} = \frac{df}{dc_4}\left(\frac{dc_4}{dc_3}\frac{dc_3}{dx}\right) = \frac{df}{dc_4}\left(\frac{dc_4}{dc_3}\left(\frac{dc_3}{dc_2}\frac{dc_2}{dx} + \frac{dc_3}{dc_1}\frac{dc_1}{dx}\right)\right) \quad (2.31)$$

전방누적법을 예시하고자 예제 함수 $f(a,\ b) = \ln(ab + \max(a,\ 2))$에 이를 적용해 $a = 3,\ b = 2$에서 a에 대한 편미분을 계산한다.

1. 절차는 함수 입력과 다른 어떤 상숫값으로 구성된 그래프의 원천 노드에서 시작한다. 이들 노드 각각에 대해서 노드의 값과 타깃변수에 대한 편미분 모두가 그림 2.6에서 보여지고 있다.[10]
2. 다음 트리를 따라 한 번에 한 노드씩 아래로 진행하는데 입력이 이미 계산이 된 것을 다음 노드로 선택한다. 이전 노드값을 전달받아 값을 계산할 수 있고, 이전 노드의 값과 편미분을 이용해 a에 대한 국지적 편미분을 계산할 수 있다. 계산은 그림 2.7에 보여진다.

$f(3,\ 2) = \ln 9$와 $\partial f/\partial a = 1/3$의 올바른 결과가 얻어진다. 이것이 연산 그래프를 통한 전파를 사용해 구해진다.

이 과정은 프로그램 언어를 이용해 컴퓨터에 의해 편리하게 자동화될 수 있으며, 각 연산을 덮어씀으로써 값과 미분을 생성한다. 이와 같은 쌍을 이원수dual numbers라고 한다.

10 그림의 간결성을 위해 점 표기법(dot notation) 또는 뉴턴 표기법(Newton's notation)을 사용한다. 예를 들어, a에 대해 미분을 취하는 것이 명백하므로 $\partial b/\partial a$를 $\dot{b}$로 표기한다.

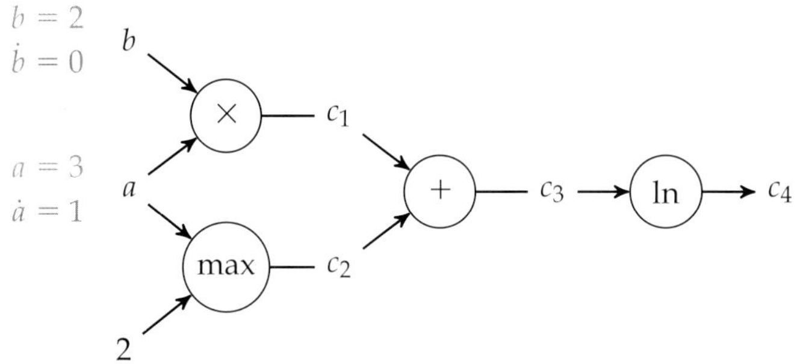

◀ **그림 2.6** $\ln(ab + \max(a,\ 2))$에 대한 연산 그래프로서 전방누적법을 사용해 $a = 3$과 $b = 2$에서 $\partial f/\partial a$를 계산한다.

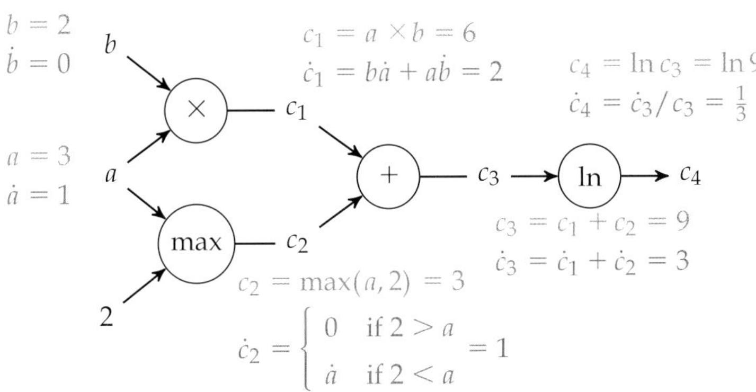

◀ **그림 2.7** $a = 3$과 $b = 2$에서 $\partial f / \partial a$를 계산하고자 전방누적법이 적용된 후의 $\ln(ab + \max(a, 2))$에 대한 연산 그래프

이원수는 ϵ^2이 0으로 정의되는 추상 수량 ϵ를 포함해 수학적으로 표현할 수 있다. 복소수와 같이 이원수는 $a + b\epsilon$로 표현될 수 있다. 여기서 a와 b는 모두 실숫값이다. 다음을 얻는다.

$$(a + b\epsilon) + (c + d\epsilon) = (a + c) + (b + d)\epsilon \tag{2.32}$$

$$(a + b\epsilon) \times (c + d\epsilon) = (ac) + (ad + bc)\epsilon \tag{2.33}$$

실제로 이원수를 어떠한 평활한 함수 f에 전달함으로써 그 값과 미분을 얻을 수 있다. 테일러 전개를 사용해 이를 보일 수 있다.

$$f(x) = \sum_{k=0}^{\infty} \frac{f^{(k)}(a)}{k!}(x - a)^k \tag{2.34}$$

$$f(a + b\epsilon) = \sum_{k=0}^{\infty} \frac{f^{(k)}(a)}{k!}(a + b\epsilon - a)^k \tag{2.35}$$

$$= \sum_{k=0}^{\infty} \frac{f^{(k)}(a) b^k \epsilon^k}{k!} \tag{2.36}$$

$$= f(a) + bf'(a)\epsilon + \epsilon^2 \sum_{k=2}^{\infty} \frac{f^{(k)}(a) b^k}{k!} \epsilon^{(k-2)} \tag{2.37}$$

$$= f(a) + bf'(a)\epsilon \tag{2.38}$$

예제 2.5는 이것의 구현을 보여 준다.

예제 2.5 이원수의 구현은 자동 전방 누적법을 가능하게 한다.

이원수는 v값과 ∂ 미분 2개의 필드를 포함하는 struct Dual을 정의함으로써 구현될 수 있다.

```
struct Dual
    v
    ∂
end
```

요구되는 각각의 기본 연산 방법을 구현해야만 한다. 이 방법은 이원수를 취하고, 대상 연산의 체인 룰 논리를 이용해 새로운 이원수를 생성한다.

```
Base.:+(a::Dual, b::Dual) = Dual(a.v + b.v, a.∂ + b.∂)
Base.:*(a::Dual, b::Dual) = Dual(a.v * b.v, a.v*b.∂ + b.v*a.∂)
Base.log(a::Dual) = Dual(log(a.v), a.∂/a.v)
function Base.max(a::Dual, b::Dual)
    v = max(a.v, b.v)
    ∂ = a.v > b.v ? a.∂ : a.v < b.v ? b.∂  : NaN
    return Dual(v, ∂)
end
function Base.max(a::Dual, b::Int)
    v = max(a.v, b)
    ∂ = a.v > b ? a.∂ : a.v < b ? 0 : NaN
    return Dual(v, ∂)
end
```

ForwardDiff.jl 패키지는 광범위한 집합의 수학 연산을 지원하고, 추가적으로 그래디언트와 헤시언을 제공한다.

```
julia> using ForwardDiff
julia> a = ForwardDiff.Dual(3,1);
julia> b = ForwardDiff.Dual(2,0);
julia> log(a*b + max(a,2))
Dual{Nothing}(2.1972245773362196,0.3333333333333333)
```

2.4.2 역누적법

전방누적법은 n차원의 그래디언트를 계산하고자 n개의 전파가 필요하다. 역누적법reverse accumulation[11]은 완전한 그래디언트를 계산하고자 단 한 번의 실행을 요구한다. 하지만 그래프를 통한 2개의 전파를 요구한다. 즉 필요한 중간값이 계산되는 전방전파와 그래디언트를 계산하는 후방전파다. 역누적법은 흔히 그래디언트가 필요한 전방누적법보다 선호된다. 물론 연산 그래프가 매우 큰 경우에는 시스템의 메모리 제약에 주의를 기울여야 한다.[12]

11 S. Linnainmaa, "The Representation of the Cumulative Rounding Error of an Algorithm as a Taylor Expansion of the Local Rounding Errors," Master's thesis, University of Helsinki, 1970.

12 역누적법은 신경망을 훈련시킬 때 사용하는 역전파(backpropagation) 알고리즘의 중심이다. D. E. Rumelhart, G. E. Hinton, and R. J. Williams, "Learning Representations by Back-Propagating Errors," *Nature*, vol. 323, pp. 533–536, 1986.

전방누적법과 같이 역누적법은 주어진 타깃변수에 대한 편미분을 계산하지만, 여기서 바깥에 있는 함수outer function를 반복적으로 대체한다.

$$\frac{df}{dx} = \frac{df}{dc_4}\frac{dc_4}{dx} = \left(\frac{df}{dc_3}\frac{dc_3}{dc_4}\right)\frac{dc_4}{dx} = \left(\left(\frac{df}{dc_2}\frac{dc_2}{dc_3} + \frac{df}{dc_1}\frac{dc_1}{dc_3}\right)\frac{dc_3}{dc_4}\right)\frac{dc_4}{dx} \tag{2.39}$$

이 프로세스는 역전파이며, 이 값의 평가는 전방전파 동안 얻어진 중간값을 요구한다.

역누적법은 전방누적법을 구현하고자 이원수가 사용된 방식과 유사하게 연산 과부하operational overloading[13]를 통해 구현될 수 있다. 2개의 함수가 각 연산에 대해서 정의돼야 한다. 즉 전방전파 동안 국지적 그래디언트 정보를 저장하고자 연산을 과부하하는 전방연산과 그래디언트를 역전파하고자 정보를 사용하는 후방연산이다. 텐서플로Tensorflow[14]나 `Zygote.jl`과 같은 패키지는 연산 그래프와 관련된 전방 및 후방전파연산을 자동적으로 구축할 수 있다. 예제 2.6은 `Zygot.jl`이 어떻게 사용되는가를 보여 준다.

13 연산 과부하는 사용자 변수 타입에 대해 +, −, = 같은 공통연산의 구현을 제공하는 것을 가리킨다. 과부하는 부록 A.2.5에서 논의한다.

14 텐서플로는 데이터 플로 그래프를 이용한 수치 계산을 위한 공개소스 소프트웨어 라이브러리이며, 딥러닝 응용에 흔히 사용된다. `tensorflow.org`에서 얻을 수 있다.

Zygote.jl 패키지는 역누적법의 형태로 자동미분을 제공한다. 여기서 그래디언트 함수는 f의 소스 코드를 통해 그래디언트를 얻고자 역전파를 자동적으로 생성하는 데 사용된다.

```
julia> import Zygote: gradient
julia> f(a, b) = log(a*b + max(a,2));
julia> gradient(f, 3.0, 2.0)
(0.3333333333333333, 0.3333333333333333)
```

예제 2.6 Zygote.jl 패키지를 사용한 자동미분. [3, 2]에서의 그래디언트가 [1/3, 1/3]임을 알 수 있다.

2.5 요약

- 미분은 목적함수를 개선하고자 주어진 점을 어떻게 변화해야 하는가에 대한 정보를 제공하기 때문에 최적화에 유용하다.
- 그래디언트, 헤시안, 방향성 미분을 포함한 다차원 함수에 대한 다양한 미분 기반의 개념은 최대점을 찾는 탐색의 방향을 지도하는 데 유용하다.
- 수치적 미분 중 하나의 방법은 유한차분근사법이다.
- 복소수 스텝법은 작은 스텝을 취할 때의 차분 약분 오차의 효과를 제거할 수 있어, 고품질의 그래디언트 추정값을 낸다.
- 분석적 미분법은 연산 그래프에 대한 전방 및 역누적법을 포함한다.

2.6 연습문제

연습문제 2.1 그래디언트 $\nabla f(\mathbf{x})$를 사용해 $f(\mathbf{x})$의 헤시안을 근하고자 전방 미분을 취하라.

연습문제 2.2 만약 $f(\mathbf{x})$를 이미 안다면 다른 유한차분법들에 비교해 중앙차분법의 단점이 무엇인가?

연습문제 2.3 0 근처의 x에 대한 $f(x) = \ln x + e^x + \frac{1}{x}$의 그래디언트를 계산하라.

연습문제 2.4 $f(x)$가 복수점에 대해 정의된 실수함수라고 가정하자. 만약 $f(3 + ih) = 2 + 4ih$이라면, $f'(3)$이 무엇인가?

연습문제 2.5 $f(x, y) = \sin(x + y^2)$에 대한 연산 그래프를 그려라. 전방누적법과 연산 그래프를 사용해 $(x,y) = (1,1)$에서의 $\partial f/\partial y$를 계산하라. 중간값과 편미분이 그래프를 전파해 나갈 때의 레이블을 붙여라.

연습문제 2.6 전방과 후방차분법을 결합하고, 3개의 함수 평가를 이용해 x에서의 어떤 함수 f의 2계 미분을 추정하라.

03
괄호법

3장에서 일변수 함수, 즉 단일변수에 관련된 함수를 위한 다양한 괄호법bracketing method을 소개한다. 괄호법은 국지적 극소점이 놓여 있는 구간을 식별하고 나서 계속해서 그 구간을 줄여 나가는 프로세스다. 대다수의 함수에 대해 미분 정보는 최적점의 탐색을 인도하는 데 도움이 되지만, 어떤 함수에 대해서는 이 정보가 가능하지 않거나 심지어 존재하지 않는 경우가 있다. 3장은 여러 가지 가정을 이용하는 다양한 접근법들을 설명한다. 다변수 최적화를 고려하는 이후의 장들 역시 3장에서 소개된 개념을 기반으로 구축한다.

3.1 단봉성

3장에서 제시되는 여러 알고리즘은 목적 함수의 단봉성unimodality을 가정한다. 단봉함수unimodal function는 f가 $x \leq x^*$에 대해서는 단조감소하고 $x \geq x^*$에 대해서 단조증가하는 유일한unique x^*가 존재하는 함수다. 유일한 전역적 극소점이 x^*에 있으며, 다른 국지적 극소점들이 없다는 정의에 기인한다.[1]

단봉 함수가 주어졌을 때 만약 $f(a) > f(b) < f(c)$가 되는 세 점 $a < b < c$를 찾을 수 있으면 전역적 극소점을 포함하는 구간 $[a, c]$를 괄호로 묶을 수 있다. 그림 3.1이 예를 보여 준다.

1 극소점보다는 유일한 전역적 극대점이 존재한다는 식으로 반대로 단봉 함수를 정의하는 것이 더 관행적이다. 그러나 이 책에서는 함수를 최소화하고자 하며, 이에 따라 문장에 있는 정의를 사용한다.

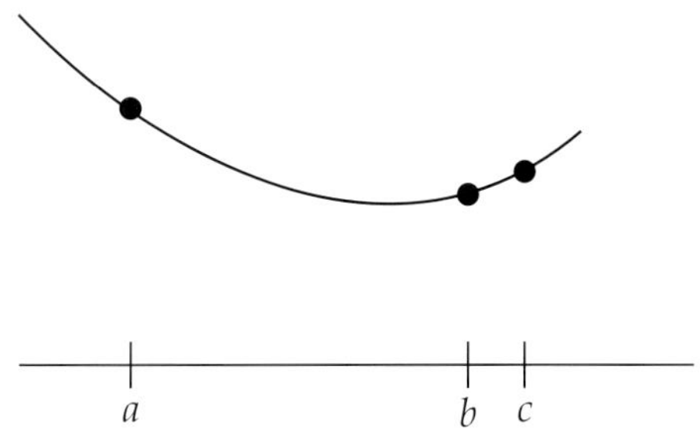

◀ **그림 3.1** 극소점을 괄호로 묶는 3점의 예시

3.2 최초의 괄호를 발견하는 법

함수를 최적화할 때 일반적으로 먼저 국지적 극소점을 포함하는 구간을 괄호로 묶으면서 시작한다. 그러고 나서 계속해서 괄호된 구간의 크기를 줄여 나가면서 국지적 극소점에 수렴한다. 단순한 절차(알고리즘 3.1)가 최초의 괄호를 찾는 데 사용될 수 있다. 일정 점으로 시작해서 양의 방향으로 스텝을 취한다. 취하는 거리는 이 알고리즘의 하이퍼파라미터hyperparameter이지만,[2] 알고리즘은 자동초깃값default으로 1×10^{-2}으로 설정한다. 그러고 나서 가장 낮은 값을 초과하는 새로운 점을 찾고자 하강 방향으로 탐색을 한다. 각 스텝마다 스텝 크기를 일정 인수factor만큼 증가시킨다. 이 인수 역시 또 하나의 하이퍼파라미터인데 흔히 2로 설정된다. 그림 3.2에서 예를 보인다. $\exp(x)$와 같이 국지적 극소점이 없는 함수는 괄호로 묶을 수 없으며, `bracket_minimum`이 작동하지 못할 수 있다.

2 하이퍼파라미터는 알고리즘의 함수를 지배하는 파라미터다. 전문가에 의해 설정될 수도 있고, 최적화 알고리즘을 사용해 조절될 수도 있다. 이 책의 많은 알고리즘은 하이퍼파라미터를 가진다. 우리는 주로 문헌에서 제시된 자동초깃값을 제공한다. 알고리즘의 성공은 하이퍼파라미터의 선택에 매우 민감할 수 있다.

```
function bracket_minimum(f, x=0; s=1e-2, k=2.0)
    a, ya = x, f(x)
    b, yb = a + s, f(a + s)
    if yb > ya
        a, b = b, a
        ya, yb = yb, ya
        s = -s
    end
    while true
        c, yc = b + s, f(b + s)
        if yc > yb
            return a < c ? (a, c) : (c, a)
        end
        a, ya, b, yb = b, yb, c, yc
        s *= k
    end
end
```

알고리즘 3.1 국지적 극소점이 반드시 존재하는 구간을 괄호를 묶는 알고리즘. 입력으로 일변수 함수 f와 자동초깃값이 0인 시작 위치 x, 시작 스텝 크기 s와 확대 인수 k는 설정될 수 있다. 이는 새로운 구간 $[a, b]$를 포함하는 튜플을 돌려준다.

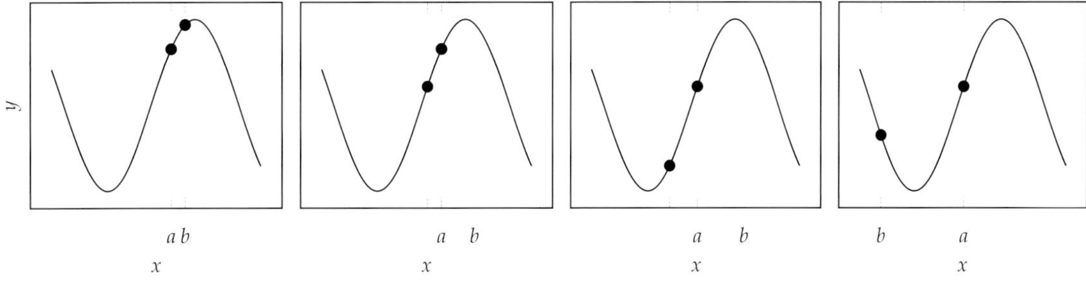

▲ **그림 3.2** 예시된 함수에 대해서 bracket_minium을 돌린 예. 알고리즘은 첫째와 둘째 반복 시행에서 방향을 바꾸고 나서 네 번째 반복 시행에서 극소점이 괄호 안에 들어올 때까지 확대한다.

3.3 피보나치 탐색

단봉 함수 f가 구간 $[a, b]$에 의해 괄호화된다고 가정하자. 목적 함수의 값에 접근하는 횟수에 제한이 있을 때 피보나치 탐색Finonacci search(알고리즘 3.2)은 괄호 구간을 최대한 줄일 수 있도록 보장한다.

f의 값을 단지 두 번 접근할 수 있다고 가정하자. 만약 f의 값을 구간의 1/3과 2/3 지점에서만 접근할 수 있다면 그림 3.3에서 보이는 것처럼 f에 관계 없이 구간의 1/3을 제거할 수 있다.

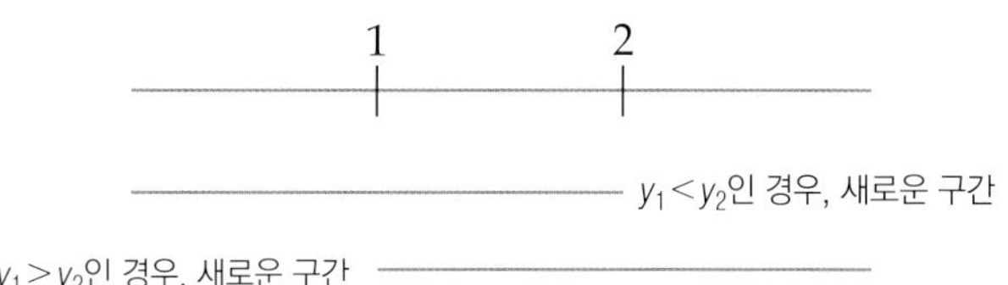

◀ **그림 3.3** 2개의 접근에 대한 최초의 추측이 최초 구간의 1/3을 제거할 수 있다.

추측을 중앙으로 이동할수록 더 좁은 괄호를 보장할 수 있다. $\epsilon \to 0$으로 가는 극한에서 그림 3.4에서 보이는 바와 같이 인수 2로 추측을 줄일 수 있다.

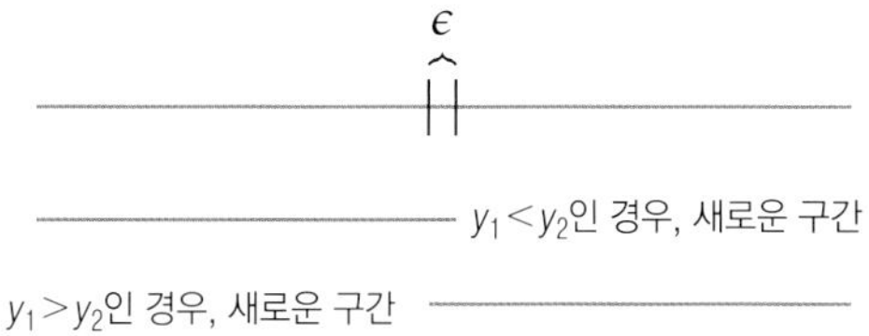

◀ **그림 3.4** 구간을 줄일 수 있는 최대는 인수 2 바로 아래의 수다.

세 군데에서 접근이 가능할 때 구간을 인수 3으로 줄일 수 있다. 먼저 구간의 1/3과 2/3 지점에서 f값을 알아보고 구간의 1/3을 버린다. 그러고 나서 그림 3.5에서처럼 남은 샘플의 바로 옆에서 샘플을 채취한다.

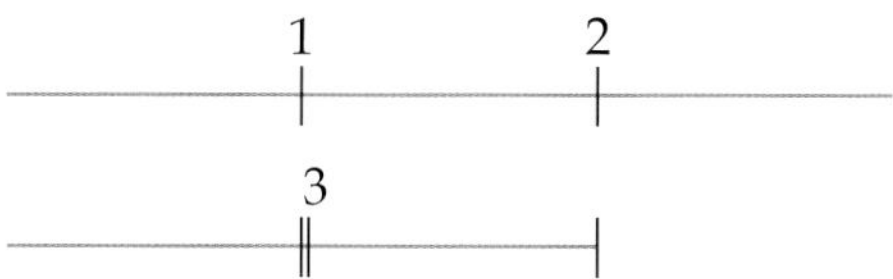

◀ **그림 3.5** 3번의 f값 접근으로 도메인을 1/3로 줄일 수 있다. 세 번째 값을 알아보는 것은 처음 두 번의 결과를 기반으로 한다.

n 접근에 대해서 구간의 길이는 1, 1, 2, 3, 5, 8, ⋯ 등으로 나가는 피보나치 수열과 연관된다. 처음 2개 항은 1이고 다음 항은 항상 이전 2개항의 합이다.

$$F_n = \begin{cases} 1 & n \leq 2\text{인 경우} \\ F_{n-1} + F_{n-2} & \text{그렇지 않은 경우} \end{cases} \tag{3.1}$$

그림 3.6은 구간 간의 관계를 보인다. 예제 3.1은 일변수 함수에 적용 예를 스텝별로 보여 준다.

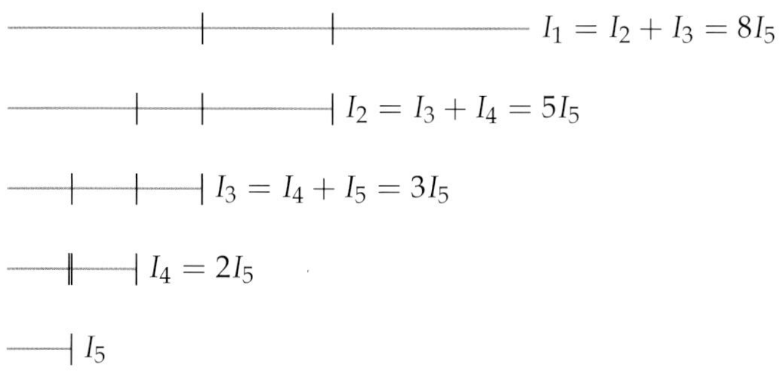

◀ **그림 3.6** n접근에 대해서 구간을 F_{n+1} 인수로 확실하게 줄일 수 있다. 피보나치 탐색 시 구축되는 각 구간의 길이는 마지막 구간 곱하기 피보나치 숫자라는 식으로 표현할 수 있다. 만약 마지막 가장 작은 구간의 길이가 I_n이면, 두 번째 작은 구간의 길이 $I_{n-1} = F_2 I_n$이며, 세 번째로 작은 구간의 길이는 $I_{n-2} = F_3 I_n$ 등등으로 된다.

피보나치 수열은 비네의 공식Binet's formula을 사용해 해석적으로 결정될 수 있다.

$$F_n = \frac{\varphi^n - (1-\varphi)^n}{\sqrt{5}}, \tag{3.2}$$

여기서 $\varphi = (1+\sqrt{5})/2 \approx 1.61803$는 황금 비율golden ratio이다.

피보나치 수열에서의 연속값 간의 비율은 다음과 같다.

$$\frac{F_n}{F_{n-1}} = \varphi \frac{1 - s^{n+1}}{1 - s^n} \tag{3.3}$$

여기서 $s = (1 - \sqrt{5})/(1 + \sqrt{5}) \approx -0.382$다.

```
function fibonacci_search(f, a, b, n; ϵ=0.01)
    s = (1-√5)/(1+√5)
    ρ = 1 / (ϕ*(1-s^(n+1))/(1-s^n))
    d = ρ*b + (1-ρ)*a
    yd = f(d)
    for i in 1 : n-1
        if i == n-1
            c = ϵ*a + (1-ϵ)*d
        else
            c = ρ*a + (1-ρ)*b
        end
        yc = f(c)
        if yc < yd
            b, d, yd = d, c, yc
        else
            a, b = b, c
        end
        ρ = 1 / (ϕ*(1-s^(n-i+1))/(1-s^(n-i)))
    end
    return a < b ? (a, b) : (b, a)
end
```

알고리즘 3.2 n번(n > 1)의 함숫값 평가의 경우 $[a, b]$ 구간의 일변수 함수 f에 대해 실행되는 피보나치 탐색. 새로운 구간 (a, b)를 돌려준다. 옵션 파라미터 ϵ은 가장 낮은 레벨의 구간을 조절한다.

3.4 황금분할 탐색

n의 크기에 대한 극한을 취하면 피보나치 수열의 연속값 간의 비율이 황금 비율에 접근하는 것을 알 수 있다.

$$\lim_{n\to\infty} \frac{F_n}{F_{n-1}} = \varphi. \tag{3.4}$$

황금분할 탐색golden section search(알고리즘 3.3)은 황금분할을 사용해 피보나치 탐색을 점근하는 것이다. 그림 3.7은 구간 간의 관계를 보인다. 그림 3.8과 그림 3.9는 단봉 함수와 비단봉 함수 각각에 대해 피보나치 탐색과 황금분할 탐색을 비교한다.

예제 3.1 5개의 함숫값 평가가 가능한 경우 일변수 함수를 최적화하고자 피보나치 탐색을 사용

구간 $[a, b] = [-2, 6]$에서 $f(x) = \exp(x-2) - x$를 최소화고자 5번의 함숫값 평가가 가능한 경우 피보나치 탐색의 사용을 고려해 보자. 처음 2번의 함수 평가는 처음 괄호 구간 길이의 $\frac{F_5}{F_6}$과 $1 - \frac{F_5}{F_6}$ 지점에서 한다.

$$\begin{aligned} f(x^{(1)}) &= f\left(a + (b-a)\left(1 - \frac{F_5}{F_6}\right)\right) & &= f(1) = -0.632 \\ f(x^{(2)}) &= f\left(a + (b-a)\frac{F_5}{F_6}\right) & &= f(3) = -0.282 \end{aligned}$$

$x^{(1)}$에서의 평가가 낮으므로 새로운 구간 $[a, b] = [-2, 3]$을 산출한다. 다음 구간 분할을 위해서 2개의 평가가 필요하다.

$$\begin{aligned} x_{\text{left}} &= a + (b-a)\left(1 - \frac{F_4}{F_5}\right) = 0 \\ x_{\text{right}} &= a + (b-a)\frac{F_4}{F_5} = 1 \end{aligned}$$

x_{right}는 이미 평가됐으므로 세 번째 함수의 평가를 x_{left}에서 한다.

$$f(x^{(3)}) = f(0) = 0.135$$

$x^{(1)}$의 평가가 낮으므로 새로운 구간 $[a, b] = [0, 3]$을 산출한다. 다음 구간 분할을 위해 2개의 평가가 필요하다.

$$x_{\text{left}} = a + (b - a)\left(1 - \frac{F_3}{F_4}\right) = 1$$

$$x_{\text{right}} = a + (b - a)\frac{F_3}{F_4} = 2$$

x_{left}는 이미 평가됐으므로 네 번째 함수 평가를 x_{right}에서 한다.

$$f(x^{(4)}) = f(2) = -1$$

새로운 구간은 $[a, b] = [1, 3]$이다. 마지막 평가는 구간 중앙의 바로 옆 $2 + \epsilon$에서 하고, $f(2)$값보다 약간 크다는 것을 안다. 이에 따라 마지막 구간은 $[1, 2 + \epsilon]$이다.

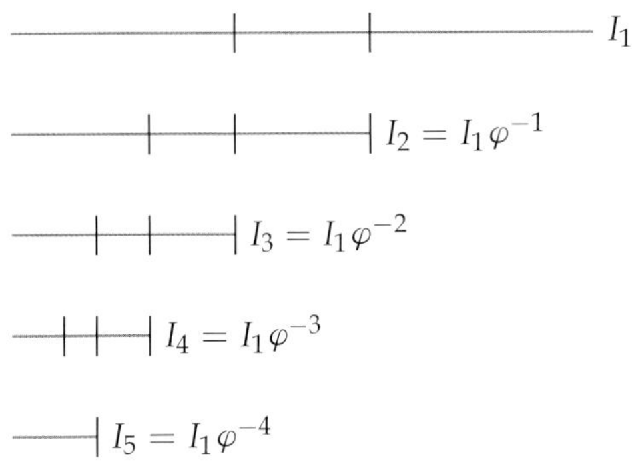

◀ **그림 3.7** 일변수의 함숫값의 n번 접근이 가능한 경우 괄호 구간을 φ^{n-1}의 인수로 줄일 수 있다.

```
function golden_section_search(f, a, b, n)
    ρ = φ-1
    d = ρ * b + (1 - ρ)*a
    yd = f(d)
    for i = 1 : n-1
        c = ρ*a + (1 - ρ)*b
        yc = f(c)
        if yc < yd
            b, d, yd = d, c, yc
        else
            a, b = b, c
        end
    end
    return a < b ? (a, b) : (b, a)
end
```

알고리즘 3.3 n번(n > 1)의 함숫값 평가의 경우 $[a, b]$ 구간의 일변수 함수 f에 대해 실행되는 황금분할 탐색. 새로운 구간 (a, b)를 돌려 준다. 줄리아는 이미 정의된 황금분할 φ을 갖고 있다. ϵ 이내로 수렴을 보장하고자 $n = (b - a)/(\epsilon \ln \varphi)$의 반복 시행을 요구한다.

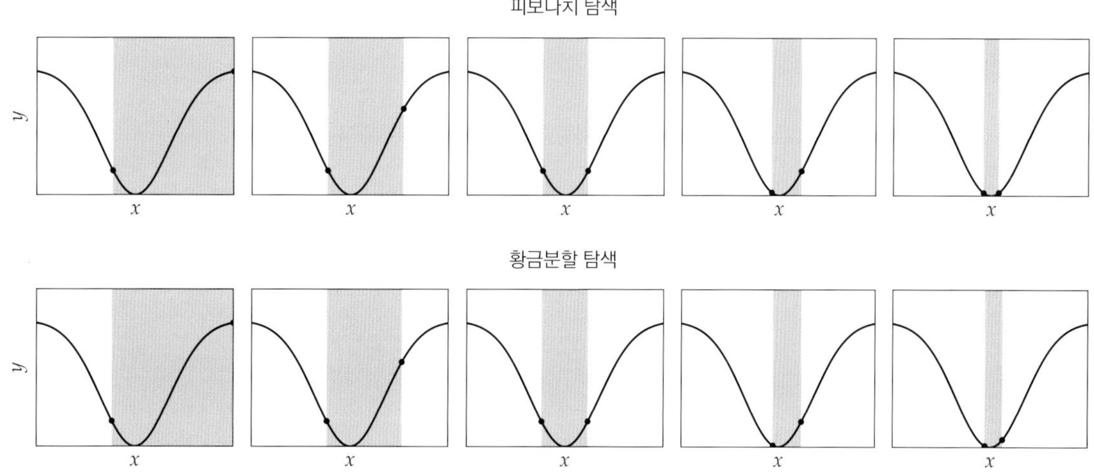

▲ **그림 3.8** 단봉 함수에 대한 피보나치 탐색과 황금분할 탐색

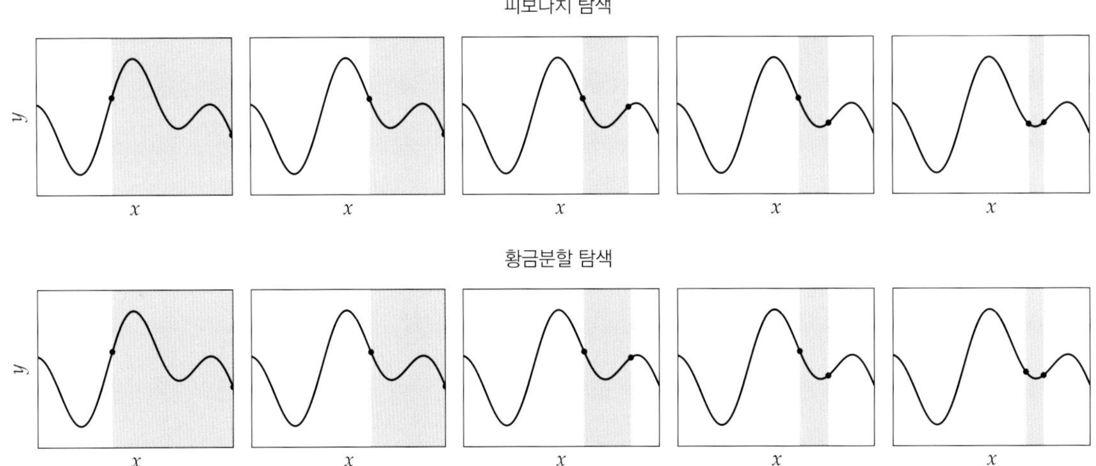

▲ **그림 3.9** 비단봉 함수에 대한 피보나치 탐색과 황금분할 탐색

3.5 2차 적합 탐색

2차 적합 탐색quadratic fit search은 2차 함수의 극소점을 해석적으로 풀 수 있다는 사실을 이용한다. 대다수의 국지적 극소점은 충분히 확대해 볼 때 2차적이라는 것을 알 수 있다. 2차 적합 탐색은 그림 3.10에서 보이는 바와 같이 반복적으로 2차 함수를 3개의 괄호점에 대해 적합화해 극소점을 풀고, 새로운 괄호점 3개를 선택한다.

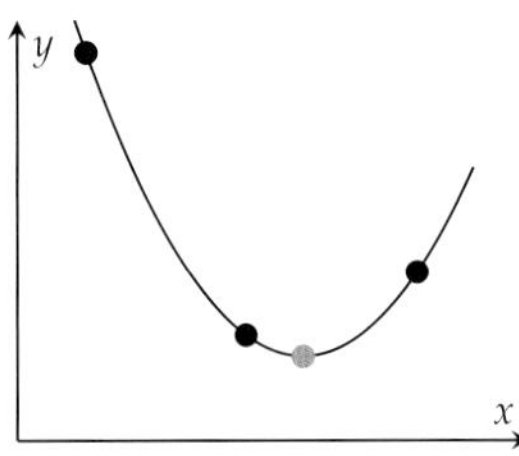

▲ **그림 3.10** 2차 적합 탐색은 2차 함수를 3개의 점(검은 점)에 적합화하고, 해석적 극소점(파란점)을 사용해 다음 괄호점 3개를 결정한다.

괄호점 $a < b < c$가 주어졌을 때 (a, y_a), (b, y_b)와 (c, y_c)를 통과하는 2차 함수 q에 대한 계수 p_1, p_2, p_3를 발견하고자 한다.

$$q(x) = p_1 + p_2 x + p_3 x^2 \tag{3.5}$$

$$y_a = p_1 + p_2 a + p_3 a^2 \tag{3.6}$$

$$y_b = p_1 + p_2 b + p_3 b^2 \tag{3.7}$$

$$y_c = p_1 + p_2 c + p_3 c^2 \tag{3.8}$$

이를 행렬 형태로 표현하면 다음과 같다.

$$\begin{bmatrix} y_a \\ y_b \\ y_c \end{bmatrix} = \begin{bmatrix} 1 & a & a^2 \\ 1 & b & b^2 \\ 1 & c & c^2 \end{bmatrix} \begin{bmatrix} p_1 \\ p_2 \\ p_3 \end{bmatrix} \tag{3.9}$$

역행렬을 이용해 계수를 풀 수 있다.

$$\begin{bmatrix} p_1 \\ p_2 \\ p_3 \end{bmatrix} = \begin{bmatrix} 1 & a & a^2 \\ 1 & b & b^2 \\ 1 & c & c^2 \end{bmatrix}^{-1} \begin{bmatrix} y_a \\ y_b \\ y_c \end{bmatrix} \tag{3.10}$$

그러면 2차 함수는 다음과 같이 된다.

$$q(x) = y_a \frac{(x-b)(x-c)}{(a-b)(a-c)} + y_b \frac{(x-a)(x-c)}{(b-a)(b-c)} + y_c \frac{(x-a)(x-b)}{(c-a)(c-b)} \tag{3.11}$$

미분이 0인 점을 발견함으로써 유일한 극소점을 풀 수 있다.

$$x^* = \frac{1}{2} \frac{y_a(b^2-c^2) + y_b(c^2-a^2) + y_c(a^2-b^2)}{y_a(b-c) + y_b(c-a) + y_c(a-b)} \tag{3.12}$$

2차 적합 탐색은 일반적으로 황금분할 탐색보다 빠르다. 다음 점이 다른 점들과 매우 가까운 경우에는 보호 장치가 필요할 수 있다. 기본 구현은 알고리즘 3.4에 제공된다. 그림 3.11은 알고리즘의 시행별 결과를 보여 준다.

```
function quadratic_fit_search(f, a, b, c, n)
    ya, yb, yc = f(a), f(b), f(c)
    for i in 1:n-3
        x = 0.5*(ya*(b^2-c^2)+yb*(c^2-a^2)+yc*(a^2-b^2)) /
                (ya*(b-c)    +yb*(c-a)    +yc*(a-b))
        yx = f(x)
        if x > b
            if yx > yb
                c, yc = x, yx
            else
                a, ya, b, yb = b, yb, x, yx
            end
        elseif x < b
            if yx > yb
                a, ya = x, yx
            else
                c, yc, b, yb = b, yb, x, yx
            end
        end
    end
    return (a, b, c)
end
```

알고리즘 3.4 a<b<c의 $[a, c]$ 구간의 일변수 함수 f에 대해 실행되는 2차 적합 탐색. 이 방법은 n 함숫값 평가에 대해 실행된다. 이는 새로운 괄호값을 (a, b, c)의 튜플로 돌려 준다.

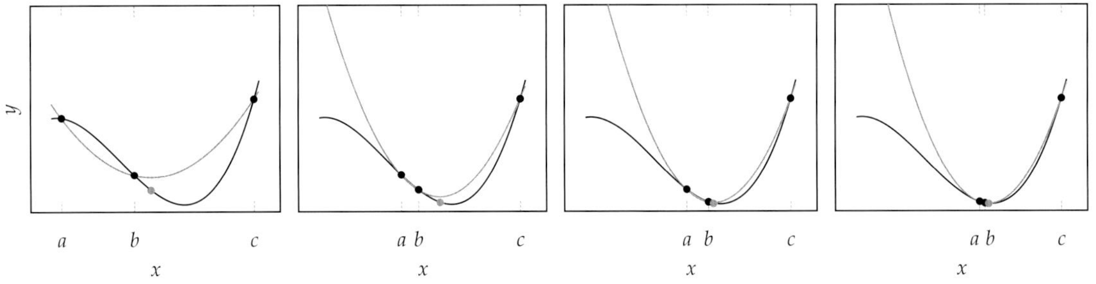

▲ **그림 3.11** 2차 적합 방법의 네 번의 시행별 결과

3.6 슈베르트-피야브스키법

3장에서 이전 방법들과 대조적으로 **슈베르트-피야브스키법**Shubert-Piyavskii Method[3]은 정의역 [a, b]에 대한 **전역적 최적화 방법**이다. 즉 어떠한 국지적 극소점이나 함수가 단봉이냐에 관계 없이 전역적 극소점에 수렴하는 것을 보장한다. 기본적 구현법이 알고리즘 3.5에 의해 제공된다.

3 S. Plyavskii, "An Algorithm for Finding the Absolute Extremum of a Function," *USSR Computational Matematics and Mathematical Phsyics*, vol. 12, no. 4, pp. 57–67, 1972. B. O. Shubert, "A Sequential Method Seeking the Global Maximum of a Function," *SIAM Journal on Numerical Analysis*, vol. 9, no. 3, pp. 379–388, 1972.

슈베르트-피야브스키법은 함수가 **립시츠 연속**Lipschitz continuous임을 요구한다. 즉 함수가 연속이고 미분의 크기에 상계가 존재해야 한다는 것을 의미한다. 어떤 함수 f는 다음과 같은 $\ell > 0$이 존재한다면 $[a, b]$에서 립시츠 연속이다.[4]

4 립시츠 연속성의 정의를 다변수 함수로 확대할 수 있다. 여기서 $\mathbf{x}$와 $\mathbf{y}$는 벡터이고, 절댓값은 어떤 벡터놈(vector norm)에 의해 대체된다.

$$|f(x) - f(y)| \leq \ell |x - y| \text{ for all } x, y \in [a, b] \tag{3.12}$$

직관적으로 ℓ은 구간 $[a, b]$에서 얻어지는 절대 순간변화율 중 가장 큰 것만큼 크다. 점 $(x_0, f(x_0))$가 주어졌을 때 $x > x_0$에 대해서 $f(x_0) - \ell(x - x_0)$, $x < x_0$에 대해서 $f(x_0) + \ell(x - x_0)$로 구성되는 선들이 f의 하계를 형성한다는 것을 알 수 있다.

슈베르트-피야브스키법은 함수에 대한 더욱 빽빽하고 좁은 하계를 반복적으로 형성한다. 유효 립시츠 상수valid Lipschitz constant ℓ이 주어질 때 알고리즘은 중간점 $x^{(1)} = (a + b)/2$를 추출하면서 시작한다. 이 점에서 기울기가 $\pm\ell$인 선을 이용해 톱니 모양의 하계가 구축된다. 그림 3.12에서 보이는 바와 같이 ℓ이 유효 립시츠 상수이라면 이 선은 항상 f의 아래에 놓이게 된다.

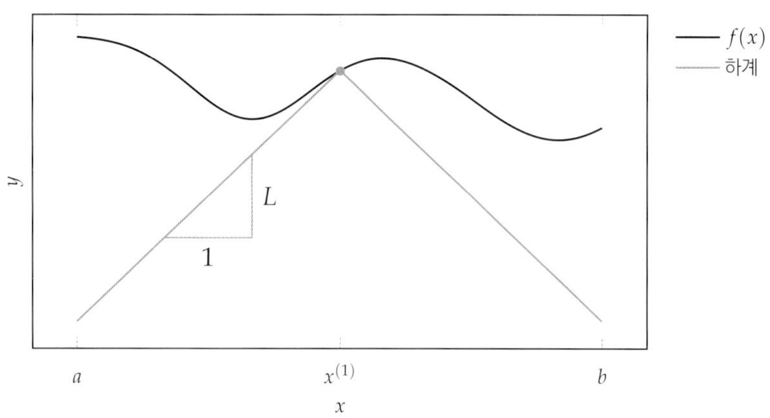

◀ **그림 3.12** 슈베르트-피야브스키법의 첫 번째 시행 결과

톱니의 위 꼭짓점은 추출한 점에 해당한다. 아래 꼭짓점은 각 추출된 점으로부터 나온 립시츠 선 간의 교차점에 해당한다. 계속 반복하면 x값에서 평가된 톱니에서의 극소점을 발견할 수 있고 이 결과를 이용해 톱니를 업데이트한다. 그림 3.13이 이러한 프로세스를 예시한다.

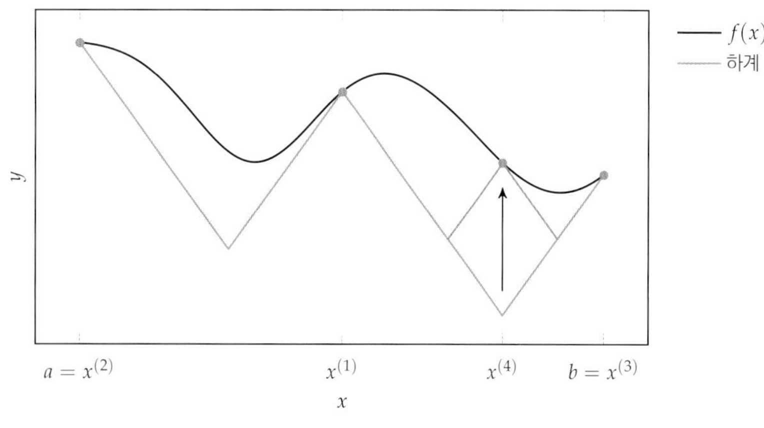

◀ **그림 3.13** 새로운 점을 추출하고, 기존 톱니와 새로운 선이 교차하면서 하계가 업데이트된다.

일반적으로 알고리즘은 최소 톱니값과 그 점에서 평가된 함숫값의 높이 차이가 주어진 허용 오차 ϵ보다 작을 때 멈춘다. 극소정점 $(x^{(n)}, y^{(n)})$과 함숫값 평가 $f(x^{(n)})$에 대해서 만약 $y^{(n)} - f(x^{(n)}) < \epsilon$이면 종료한다.

극소점이 놓여 있는 영역은 업데이트 정보를 사용해 계산될 수 있다. 각 정점에 대해 불확실성 영역이 다음에 따라 계산될 수 있다.

$$\left[x^{(i)} - \frac{1}{\ell}(f(x_{\min}) - y^{(i)}), x^{(i)} + \frac{1}{\ell}(y^{(i)} - y_{\min})\right] \tag{3.14}$$

각 톱니의 아래 꼭짓점 ($x^{(i)}$, $y^{(i)}$)와 최소 톱니 위 꼭짓점 ($x_{\min}$, $y_{\min}$)에 대해서 정의된다. 특정 점은 $y^{(i)} < y_{\min}$인 경우에만 불확실성 영역에 기여할 것이다. 극소점은 이 정점 불확실성 영역 중 하나에 놓여 있다.

슈베르트-피야브스키법의 주요 단점은 유효 립시츠 상수를 알아야 한다는 것이다. 큰 립시츠 상수는 좋지 않은 하계를 초래한다. 그림 3.14는 슈베르트-피야브스키법의 반복 시행 결과를 보여 준다.

```
struct Pt
    x
    y
end
function _get_sp_intersection(A, B, l)
    t = ((A.y - B.y) - l*(A.x - B.x)) / 2l
    return Pt(A.x + t, A.y - t*l)
end
function shubert_piyavskii(f, a, b, l, ϵ, δ=0.01)
    m = (a+b)/2
    A, M, B = Pt(a, f(a)), Pt(m, f(m)), Pt(b, f(b))
    pts = [A, _get_sp_intersection(A, M, l),
           M, _get_sp_intersection(M, B, l), B]
    Δ = Inf
    while Δ > ϵ
        i = argmin([P.y for P in pts])
        P = Pt(pts[i].x, f(pts[i].x))
        Δ = P.y - pts[i].y

        P_prev = _get_sp_intersection(pts[i-1], P, l)
        P_next = _get_sp_intersection(P, pts[i+1], l)
```

알고리즘 3.5 괄호 구간이 a<b, 립시츠 상수 l을 가진 일변수 함수 f에 대해 실행된 슈베르트-피야브스키법. 알고리즘은 업데이트가 허용 오차 ϵ보다 작을 때까지 실행된다. 최적점과 일련의 불확실성 구간 모두를 돌려준다. 불확실성 구간은 (a, b) 튜플의 배열로 돌려진다. 파라미터 δ는 불확실성 구간을 결합하고자 사용되는 허용 오차다.

```
        deleteat!(pts, i)
        insert!(pts, i, P_next)
        insert!(pts, i, P)
        insert!(pts, i, P_prev)
    end

    intervals = []
    i = 2*(argmin([P.y for P in pts[1:2:end]])) - 1
    for j in 2:2:length(pts)
        if pts[j].y < pts[i].y
            dy = pts[i].y - pts[j].y
            x_lo = max(a, pts[j].x - dy/l)
            x_hi = min(b, pts[j].x + dy/l)
            if !isempty(intervals) && intervals[end][2] + δ ≥ x_lo
                intervals[end] = (intervals[end][1], x_hi)
            else
                push!(intervals, (x_lo, x_hi))
            end
        end
    end
    return (pts[i], intervals)
end
```

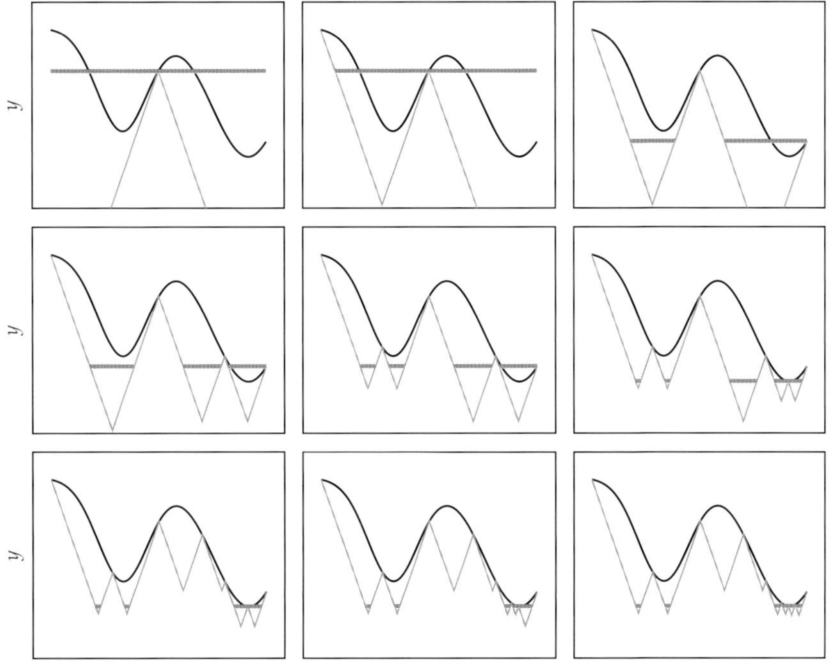

◀ **그림 3.14** 새로운 점을 추출하고, 기존 톱니와 새로운 선이 교차하면서 하계가 업데이트된다.

3.7 이진 탐색

이진 탐색법bisection method(알고리즘 3.6)은 함수의 근, 즉 함수가 0이 되는 점들을 찾는 데 사용될 수 있다. 이와 같은 근찾기 방법root-finding method은 이를 목적 함수의 미분에 적용해 $f'(x) = 0$인 점을 찾음으로써 최적화에 사용될 수 있다. 일반적으로 결과로 찾은 점들이 실제로 국지적 극소점인지를 보장해야만 한다.

```
function bisection(f′, a, b, ϵ)
    if a > b; a,b = b,a; end # a<b를 보장

    ya, yb = f′(a), f′(b)
    if ya == 0; b = a; end
    if yb == 0; a = b; end

    while b - a > ϵ
        x = (a+b)/2
        y = f′(x)
        if y == 0
            a, b = x, x
        elseif sign(y) == sign(ya)
            a = x
        else
            b = x
        end
    end

    return (a,b)
end
```

알고리즘 3.6 이진 탐색법 알고리즘. 여기서 f′는 최적화하고자 하는 일변수의 미분이다. f′의 0을 묶는 a<b를 갖는다. 구간 너비 허용치는 ϵ다. bisection을 호출하면 새로운 괄호 구간 $[a, b]$를 튜플로 반환한다.

윗첨자인 ′는 인용부호가 아니다. 따라서 f′는 전치 벡터 f가 아니라 변수명이다. 심벌은 \pirme을 타이프하고 탭을 엔터함으로써 만들 수 있다.

이진 탐색법은 적어도 하나의 근이 존재한다고 알려져 있는 괄호 $[a, b]$를 유지한다. 만약 f가 $[a, b]$에서 연속이고, $y \in [f(a), f(b)]$가 존재하면 중간값 정리 intermediate value theorem는 그림 3.15에서 보이듯이 $f(x) = y$가 성립하는 적어도 하나의 $x \in [a, b]$가 존재한다고 규정하고 있다. $f(a)$와 $f(b)$가 반대 부호를 가지면 괄호 $[a, b]$는 0을 포함함을 보장한다.

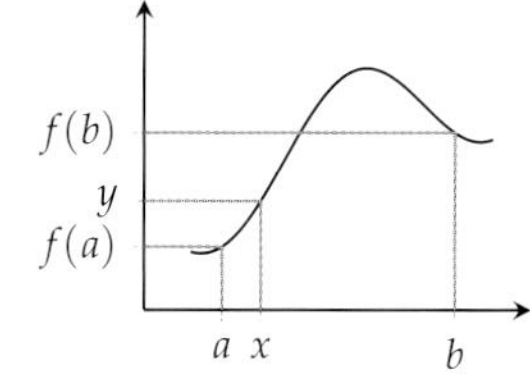

▲ **그림 3.15** 어떤 y로부터 그려진 수평선은 반드시 적어도 한 번 그래프를 교차해야 한다.

이진 탐색법은 시행할 때마다 괄호 영역을 둘로 자른다. 중간점 $(a + b)/2$가 평가되고, 중간점과 어떤 쪽이든 0을 포함할 쪽으로부터 새로운 괄호가 형성된다. 중간점이 0으로 평가되면 즉시 종료한다. 아니면 일정 수 시행 후에 종료한다. 그림 3.16은 이진 탐색법의 네 번 반복 시행을 보이고 있다. 방법은 $\lg\left(\frac{|b-a|}{\epsilon}\right)$번의 시행 내에서 x^*의 ϵ 내로 수렴하는 것을 보장한다.

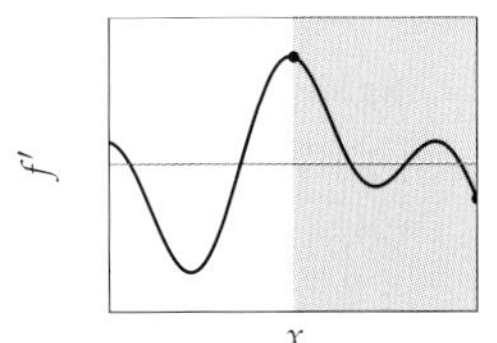
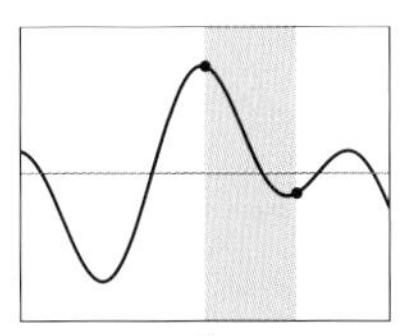
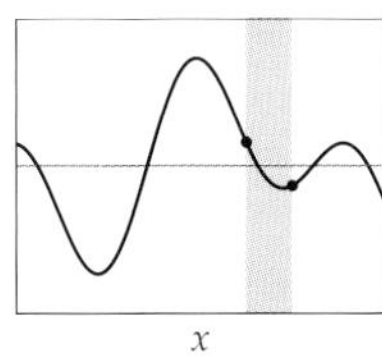
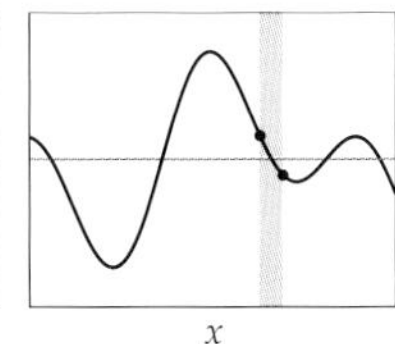

◀ **그림 3.16** 이진 탐색의 네 번 반복 시행 결과. 수평선은 $f'(x)=0$에 해당한다. 최초의 괄호 안에 여러 개의 근이 존재함을 주의하라.

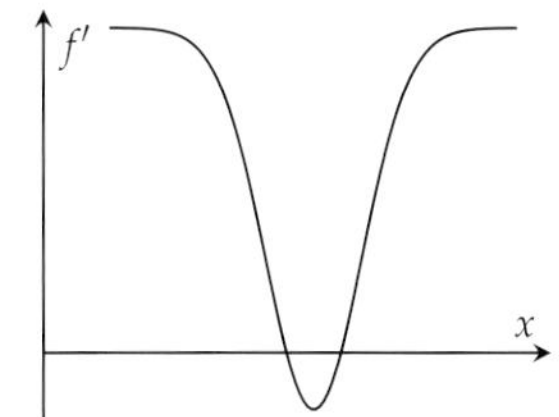

▲ **그림 3.17** 이 그림에서와 같이 괄호법이 2개의 근을 모두 걸치도록 초기화하면 영원히 발산하고 부호가 변하는 것을 볼 수 없다. 또한 최초의 구간이 두 근 사이에 있으면 구간을 2배로 할 때 양쪽 끝이 모두 두 근을 넘어 버린다.

이진 탐색법과 같은 근찾기 알고리즘에서 초기 구간 $[a, b]$가 0의 각각 반대편에 있어야 한다. 즉 $\text{sign}(f'(a)) \neq \text{sign}(f'(b))$이거나 동일하게 $f'(a)f'(b) \leq 0$여야 한다. 알고리즘 3.17은 자동적으로 이러한 구간을 결정하는 방법을 제공한다. 이 방법은 추측 구간 $[a, b]$로 시작한다. 구간이 유효하지 않는 한 너비가 일정 인수만큼 증가한다. 구간 크기를 2배로 하는 것이 공통적인 선택이다. 이 방법은 그림 3.17에서 보인 바와 같이 항상 성공하는 것은 아니다. 2개의 접근하는 근을 가진 함수를 놓칠 수 있으며, 따라서 종료 없이 구간이 무한히 증가할 수 있다.

```
function bracket_sign_change(f′, a, b; k=2)
    if a > b; a,b = b,a; end # a < b가 되도록 보장

    center, half_width = (b+a)/2, (b-a)/2
    while f′(a)*f′(b) > 0
        half_width *= k
        a = center - half_width
        b = center + half_width
    end

    return (a,b)
end
```

알고리즘 3.7 부호가 바뀌는 구간을 찾는 알고리즘. 입력은 실수에 정의되고, 시작 구간이 $[a, b]$인 실수 함수 `f′`다. 이는 구간 경계에서 평가된 함숫값 사이에 부호 변화가 있을 때까지 구간 너비를 확대함으로써 새로운 구간을 튜플로 반환한다. 확대 팩터(expansion factor) k는 기본적으로 2로 지정된다.

브렌트-데커법^Brent-Dekker method^은 이진 탐색법을 확장한 것이다. 시컨트법^scant method^(6.2절)의 요소들과 역2차 보간법^inverse quadratic interpolation^을 결합하는 근찾기 알고리즘이다. 이는 신뢰성 있는 빠른 수렴의 특성을 지니며, 많은 인기 있는 수치 최적화 패키지에서 선택지로 존재하는 일변수 최적화 알고리즘이다.[5]

5 이 알고리즘의 세부 사항은 다음에서 볼 수 있다. R. P. Brent, *Algorithm for Minimization Without Derivatives*, Prentice Hall, 1973. 알고리즘은 T. J. Dekker, "Finding a Zero by Means of Successive Linear Interpolation," in *Constructive Aspects of the Fundamental Theorem of Algebra*, B. Dejon and P. Henrici, eds, Interscience, 1969에 의한 연구를 확장한 것이다.

3.8 요약

- 대다수의 최적화 방법은 괄호 구간을 줄이는 방법을 사용하는데 이는 피보나치 탐색, 황금분할 탐색, 2차 적합 탐색을 포함한다.
- 슈베르트-피야브스키법은 주어진 립시츠 상수에 대해 전역적 극소를 포함하는 일련의 괄호 구간을 산출한다.
- 이진 탐색법과 같은 근찾기 방법은 함수의 미분이 0이 되는 점을 찾는 데 사용된다.

3.9 연습문제

연습문제 3.1 피보나치 탐색이 이진 탐색법보다 선호되는 문제 예를 제시하라.

연습문제 3.2 슈베르트-피야브스키법의 단점은 무엇인가?

연습문제 3.3 3개의 상이한 점에서 함숫값을 구할 수 있으면 2차 적합 탐색이 극소점을 정확하게 식별할 수 있는 (당연하지 않은) 함수의 예를 들라.

연습문제 3.4 $f(x) = x^2/2 - x$를 가정하자. 구간 [0, 1000]으로 시작하는 이진 탐색법을 적용해 f의 극소점을 포함하는 구간을 찾아라. 알고리즘을 3스텝 실행하라.

연습문제 3.5 구간 [0, 1] 위의 함수 $f(x) = (x + 2)$을 가정하자. 2가 그 구간 위의 f에 대한 유효 립시츠 상수인가?

연습문제 3.6 구간 [1, 32] 위에 정의된 단봉 함수를 가정하자. 3개의 점에서 함숫값을 평가한 후 가장 큰 길이가 10인 구간으로 최적점을 좁힐 수 있는지? 만약 그렇다면 이유를 설명하라.

04
국지적 경사

이제까지 한 개의 설계변수에 관련된 최적화에 초점을 맞추었다. 4장은 다변수 함수^multivariate function^, 즉 하나 이상의 변수를 가진 함수에 관련된 최적화에 초점을 맞춘다. 4장의 초점은 어떻게 국지적 모델^local model^을 사용해 어떤 수렴 조건이 만족될 때까지 설계 포인트를 점차적으로 개선해 나가는가다. 국지적 모델을 기반으로 반복 시행마다 경사 방향을 선정하고 나서 스텝 크기를 선정하는 방법의 논의로 시작한다. 그 다음 스텝이 국지적 모델이 유효하다고 신뢰하는 영역 내에 있도록 제약하는 모델을 논의한다. 이후 수렴 조건의 논의로 4장을 마감한다. 5~6장은 그래디언트 또는 헤시안 정보로부터 구축된 1계 또는 2계 모델을 사용하는 법을 논의한다.

4.1 경사 방향 반복 시행

최적화의 가장 일반적인 접근법은 국지적 모델을 기반으로 목적값을 최소화하는 스텝을 취함으로써 설계 포인트 $\mathbf{x}$를 점차적으로 개선하는 것이다. 예를 들어 국지적 모델은 1계 또는 2계 테일러 근사식으로부터 얻어질 수 있다. 이러한 일반적인 방법을 따르는 최적화 알고리즘은 경사 방향 방법descent direction method이라 일컬어진다. 이들은 설계 포인트 $\mathbf{x}^{(1)}$로 시작해서 국지적 극소점에 수렴하고자 반복 시행점iterates이라는 일련의 포인트를 생성한다.[1]

반복적 경사 방향 절차는 다음과 같은 스텝을 밟는다.

1. $\mathbf{x}^{(k)}$가 종료 조건을 만족하는지 체크한다. 만약 그렇다면 종료하고, 아니면 다음 스텝으로 진행한다.
2. 그래디언트 또는 헤시안과 같은 국지적 정보를 사용해 경사 방향 $\mathbf{d}^{(k)}$를 결정한다. 어떤 알고리즘은 $\|\mathbf{d}^{(k)}\| = 1$을 가정하지만, 항상 그런 것은 아니다.
3. 스텝 크기 또는 학습률 $\alpha^{(k)}$를 결정한다. 어떤 알고리즘은 스텝이 f를 최대한 감소시키고자 스텝 크기를 최적화한다.[2]
4. 다음 설계 포인트를 다음 식에 따라 계산한다.

$$\mathbf{x}^{(k+1)} \leftarrow \mathbf{x}^{(k)} + \alpha^{(k)}\mathbf{d}^{(k)} \tag{4.1}$$

서로 다른 최적화 방법이 많이 있으며, 각각 α와 $\mathbf{d}$를 독자적인 방법으로 결정한다.

1 $\mathbf{x}^{(1)}$의 선택은 극소점을 찾는 알고리즘의 성공에 영향을 줄 수 있다. 도메인 지식이 흔히 사용돼 합리적인 값을 선택한다. 이것이 가능하지 않을 때 13장에서 다룰 기법들을 사용해 설계 공간을 탐색한다.

2 여기서 스텝 크기는 전체 스텝 크기를 언급한다. 스텝 크기가 $\alpha^{(k)}$일 때 식 (4.1)을 사용해 새로운 반복값을 얻는다는 것은 하강 방향 $\mathbf{d}^{(k)}$가 단위길이(unit length)를 갖고 있음을 의미한다. 단위길이를 갖지 않는 하강 방향 벡터에 대해서 사용한 스칼라 배수를 가리키고자 학습률(learning rate)을 사용한다.

4.2 라인 탐색

현재로서는 이후의 장에서 논의되는 방법 가운데 하나를 사용해 경사 방향 $\mathbf{d}$를 선정했다고 가정하자. 다음 설계 포인트를 얻고자 스텝 팩터 α를 선정해야 한다.

한 방법은 라인 탐색line search을 사용하는 것이며, 이는 다음과 같은 1차원 함수를 최소화하는 스텝 팩터를 선택하는 것이다.

$$\underset{\alpha}{\text{minimize}}\, f(\mathbf{x} + \alpha \mathbf{d}) \tag{4.2}$$

라인 탐색은 3장에서 다룬 일변수 최적화 문제다. 일변수 최적화 방법을 선택해서 적용할 수 있다.[3] 탐색을 위한 정보로 라인 탐색 목적 함수의 미분을 사용할 수 있는데 이는 단지 $\mathbf{x} + \alpha\mathbf{d}$에서 $\mathbf{d}$를 따른 방향성 미분이다. 라인 탐색은 예 4.1에 예시돼 있고, 알고리즘 4.1로 구현한다.

3 3장에서 언급한 브렌트-데커(Brent-Dekker)법이 일반적으로 많이 사용하는 일변수 최적화법이다. 이는 이진 탐색법의 강건성과 시컨트법의 속도를 결합한다.

```
function line_search(f, x, d)
    objective = α -> f(x + α*d)
    a, b = bracket_minimum(objective)
    α = minimize(objective, a, b)
    return x + α*d
end
```

알고리즘 4.1 설계점 x에서 함수 f를 최소화하고자 경사 방향 d를 따라 최적 스텝 팩터를 찾는 라인 탐색을 실행하는 방법. minimize 함수 브렌트-데커 방법과 같은 일변수 최적화 알고리즘을 사용해 구현할 수 있다.

각 스텝에서 라인 탐색을 할 때의 단점은 α를 높은 정밀도로 최적화하는 계산 비용이다. 대신 합리적인 값을 빨리 발견하고 나서 다음으로 넘어가서 새로운 방향 $\mathbf{d}^{(k+1)}$을 선택하는 것이 일반적이다.

일부 알고리즘은 고정 스텝 팩터를 사용한다. 큰 스텝은 빠른 수렴을 갖다주나 극소점을 지나칠 위험이 있다. 작은 스텝은 더욱 안정적이나 수렴이 느리다. 고정 스텝 팩터 α는 종종 학습률learning rate이라고 일컬어진다.

또 다른 알고리즘은 감쇠 스텝 팩터decaying step factor를 사용하는 것이다.

$$\alpha^{(k)} = \alpha^{(1)}\gamma^{k-1} \quad \text{for } \gamma \in (0, 1] \tag{4.3}$$

감쇠 스텝 팩터는 잡음이 가미된 목적 함수를 최소화할 때 특히 인기가 좋으며,[4] 머신러닝 응용에 주로 사용된다.

4 잡음과 다른 형태의 불확실성이 존재할 때의 최적화를 17장에서 논의한다.

$\mathbf{x} = [1, 2, 3]$으로부터 $\mathbf{d} = [0, -1, -1]$의 방향으로 $f(x_1, x_2, x_3) = \sin(x_1 x_2) + \exp(x_2 + x_3) - x_3$에 대해 라인 탐색을 실행해 보자. 상응하는 최적화 문제는 다음과 같다.

$$\underset{\alpha}{\text{minimize}} \sin((1 + 0\alpha)(2 - \alpha)) + \exp((2 - \alpha) + (3 - \alpha)) - (3 - \alpha)$$

이것을 단순화하면 다음과 같다.

$$\underset{\alpha}{\text{minimize}} \sin(2 - \alpha) + \exp(5 - 2\alpha) + \alpha - 3$$

극소점은 $\alpha \approx 3.127$으로 $\mathbf{x} \approx [1, -1.126, -0.126]$에서 존재한다.

예제 4.1 하강 방향을 따라 함수를 최소화하는 데 사용된 라인 탐색

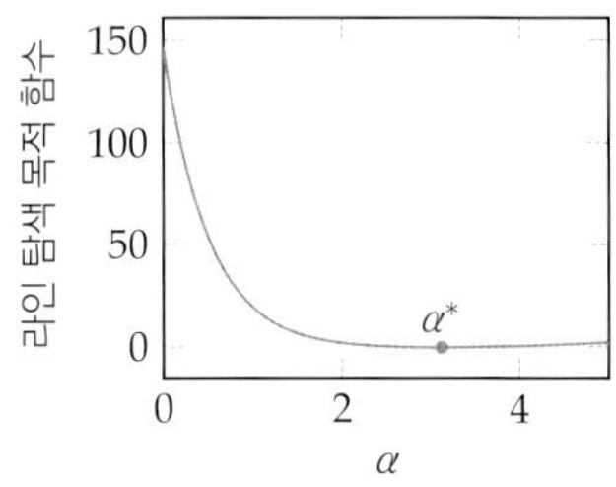

4.3 근사적 라인 탐색

많은 경우 특히 함수와 미분 계산의 비용이 크면 반복 시행마다 정확한 라인 탐색을 하는 것보다 그래디언트 하강법을 더 많이 반복 실행함으로써 더욱 효율적으로 계산할 수 있다. 이제까지 논의한 많은 방법들은 근사적 라인 탐색approximate line search을 사용해 적은 수의 평가로 적절한 스텝 크기를 발견함으로써 혜택을 볼 수 있다. 그래디언트 하강법은 반드시 하강하므로 스텝 크기 α가 목적 함수의 값을 감소하게 한다면 이는 적절할 것이다. 여기에 더 나아가 다른 다양한 조건을 부여해 더 빨리 수렴하게 할 수 있다.

다음의 충분한 감소sufficient decrease의 조건[5]은 스텝 크기가 목적 함수의 값이 충분히 감소하도록 한다.

$$f(\mathbf{x}^{(k+1)}) \leq f(\mathbf{x}^{(k)}) + \beta\alpha\nabla_{\mathbf{d}^{(k)}} f(\mathbf{x}^{(k)}) \tag{4.4}$$

5 이 조건은 종종 아르미요 조건(Armijo condition)이라 불린다.

여기서 $\beta \in [0, 1]$는 $\beta = 1 \times 10^{-4}$로 설정된다. 그림 4.1은 이 조건을 예시한다. 만약 $\beta = 0$이면 어떤 감소도 받아들일 수 있다. 만약 $\beta = 1$이면 감소는 적어도 1계 조건 근사에 의해 예측되는 정도가 될 것이다.

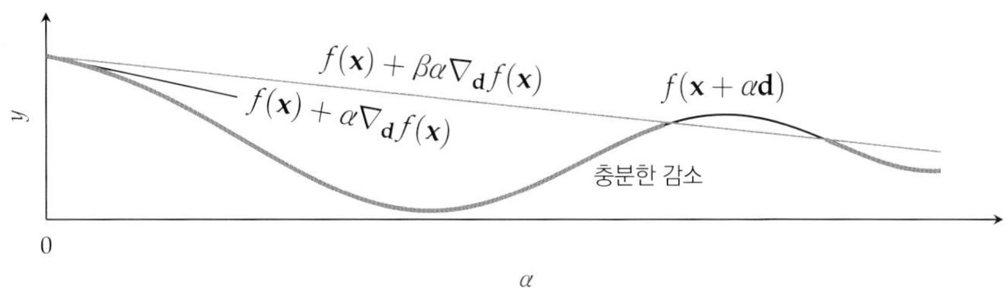

◀ **그림 4.1** 충분한 감소 조건, 즉 1차 울프(Wolfe) 조건은 그래디언트 하강 방향을 따르는 충분히 작은 스텝 크기에 의해 항상 만족된다.

만약 $\mathbf{d}$가 유효한 그래디언트 하강 방향이면 충분한 감소 조건을 만족하는 작은 스텝 크기가 존재해야만 한다. 따라서 큰 스텝 크기로 시작해서 충분한 감소 조건이 만족될 때까지 일정 감소 팩터로 스텝 크기를 줄여 나가면 된다. 이 알고리즘은 그래디언트 하강 방향으로 백트래킹[6]하므로 **백트래킹 라인 탐색**backtracking line search[7]으로 알려져 있다. 백트래킹 라인 탐색은 그림 4.2에 보이고 있으며, 알고리즘 4.2에 의해 구현된다. 예제 4.2를 차근히 살펴보자.

6 조건을 만족하는 해를 모두 탐색. – 옮긴이

7 또한 아르미요 라인 서치(armijo line search)로 알려져 있다. L. Armijo, "Minimization of Functions Having Lipschitz Continuous First Partial Derivatives," *Pacific Journal of Mathematics*, vol. 16, no. 1, pp. 1–3, 1966.

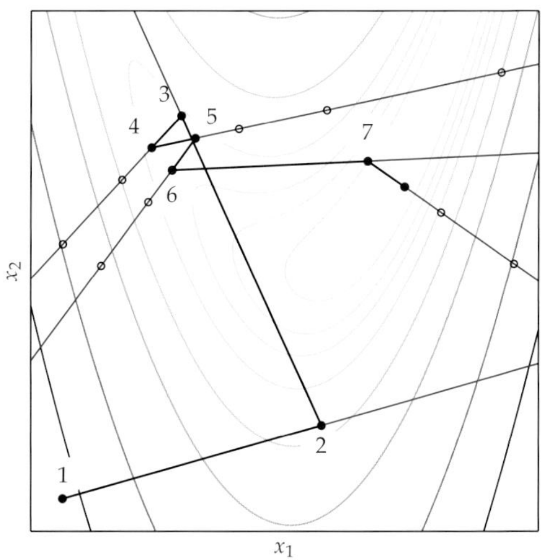

◀ **그림 4.2** 로젠브록(Rosenbrock) 함수(부록 B.6)에 사용된 백트래킹 선형 탐색. 검은 선은 7번의 반복 시행을 보여 주고 있고, 빨간 선은 매 번의 선형 탐색 동안 고려된 점들을 보여 준다.

```
function backtracking_line_search(f, ∇f, x, d, α; p=0.5, β=1e-4)
    y, g = f(x), ∇f(x)
    while f(x + α*d) > y + β*α*(g⋅d)
        α *= p
    end
    α
end
```

알고리즘 4.2 백트랙킹 라인탐색 알고리즘은 목적 함수 f, 이 그래디언트 ∇f 현재의 설계점 x, 하강 방향 d와 최대 스텝 크기 α를 취한다. 선택적으로 감소 팩터 p와 첫째 울프 조건 파라미터 β를 지정할 수 있다.

cdot 문자 ⋅는 점곱 함수의 다른 명칭이므로 a⋅b는 dot(a,b)와 같다. 심벌은 \cdot을 타이프하고 탭을 엔터해 생성할 수 있다.

예제 4.2 백트래킹 선형 탐색의 예: 근사적 선형 탐색

$\mathbf{x} = [1,2]$에서 $\mathbf{d} = [-1,-1]$의 방향으로 최대 스텝 크기 10, 감소 팩터 0.5, 1차 울프 조건 파라미터 $\beta = 1 \times 10^{-4}$와 2차 울프 조건 파라미터 $\sigma = 0.9$를 사용해 $f(x_1, x_2) = x_1^2 + x_1x_2 + x_2^2$에 대한 근사적 선형 탐색을 고려하자.

$\mathbf{x}$에서의 그래디언트 $\mathbf{g} = [4,5]$일 때 최대 스텝 크기가 1차 울프 조건을 만족하는지 체크하자.

$$
\begin{aligned}
f(\mathbf{x} + \mathbf{d}) &\leq f(\mathbf{x}) + (\mathbf{g}^\top \mathbf{d}) \\
f([1,2] + 10 \cdot [-1,-1]) &\leq 7 + 1 \times 10^{-4} \cdot 10 \cdot [4,5]^\top [-1,-1] \\
217 &\leq 6.991
\end{aligned}
$$

이는 만족되지 않는다.

스텝 크기에 0.5를 곱해서 5로 만들고 나서 1차 울프 조건을 다시 체크하자.

$$
\begin{aligned}
f([1,2] + 5 \cdot [-1,-1]) &\leq 7 + 1 \times 10^{-4} \cdot 5 \cdot [4,5]^\top [-1,-1] \\
37 &\leq 6.996
\end{aligned}
$$

이는 만족되지 않는다.

다시 0.5를 곱해서 2.5를 얻고, 1차 울프 조건을 다시 체크한다.

$$
\begin{aligned}
f([1,2] + 2.5 \cdot [-1,-1]) &\leq 7 + 1 \times 10^{-4} \cdot 2.5 \cdot [4,5]^\top [-1,-1] \\
3.25 &\leq 6.998
\end{aligned}
$$

1차 울프 조건이 만족된다.

대상 가능 설계 포인트인 $\mathbf{x}' = \mathbf{x} + \alpha\mathbf{d} = [-1.5, -0.5]$를 2차 울프 조건에 대해서 체크한다.

$$\begin{aligned} \nabla_{\mathbf{d}} f(\mathbf{x}') &\geq \sigma \nabla_{\mathbf{d}} f(\mathbf{x}) \\ [-3.5, -2.5]^{\top}[-1, -1] &\geq \sigma\, [4, 5]^{\top}[-1, -1] \\ 6 &\geq -8.1 \end{aligned}$$

2차 울프 조건이 만족된다.

근사적 선형 탐색은 $\mathbf{x} = [-1.5, -0.5]$에서 종료된다.

1차 조건은 국지 극소점으로의 수렴을 보장하기 불충분하다. 매우 작은 스텝 크기는 1차 조건을 만족할 것이나, 너무 빨리 수렴할 수 있다. 백트래킹 선형 탐색은 순차적 크기 감소로 얻어지는 만족할 만한 스텝 크기 중 가장 큰 것을 받아들임으로써 너무 빠른 수렴을 회피할 수 있으며, 따라서 국지적 극소점으로의 수렴을 보장할 수 있다.

곡률 조건curvature condition으로 알려져 있는 또 하나의 조건은 다음 반복 시행에서의 방향성 미분값이 더 작아지는 것을 요구한다.

$$\nabla_{\mathbf{d}^{(k)}} f(\mathbf{x}^{(k+1)}) \geq \sigma \nabla_{\mathbf{d}^{(k)}} f(\mathbf{x}^{(k)}) \tag{4.5}$$

여기서 σ는 다음 방향성 미분이 얼마나 작아지는가를 통제한다. 그림 4.3과 그림 4.4가 이 조건을 보여 준다. 일반적으로 $\beta < \sigma < 1$이며, 켤레 그래디언트법conjugate gradient method과 같이 사용될 때는 $\sigma = 0.1$로 설정하며, 뉴턴법Newton's method과 같이 사용될 때에는 $\sigma = 0.9$로 설정한다.[8]

8 켤레 그래디언트법은 5.2절에 소개되며, 뉴턴법은 6.1절에서 소개된다.

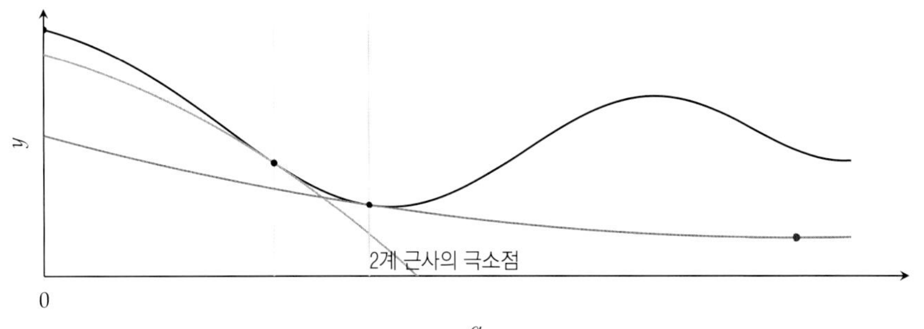

그림 4.3 2차 울프 조건인 곡률 조건은 함수의 2계 근사가 양의 곡률을 가져서 유일한 전역적 극소점을 갖도록 보장하는 데 필요하다.

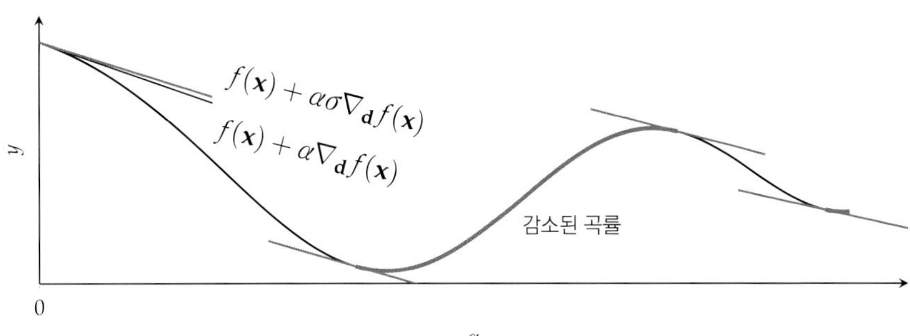

그림 4.4 곡률 조건이 만족되는 영역

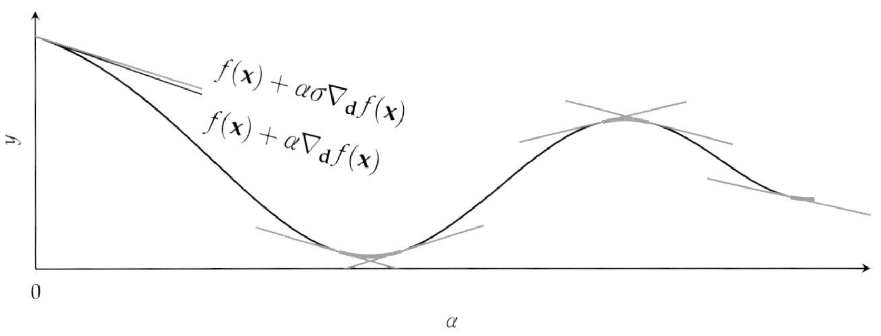

그림 4.5 강곡률 조건이 만족되는 영역

곡률 조건을 대체하는 다른 조건은 강울프 조건strong Wolfe condition인데 기울기가 너무 큰 양수가 아닐 것을 요구한다는 점에서 더욱 제약적인 조건이다.

$$|\nabla_{\mathbf{d}^{(k)}} f(\mathbf{x}^{(k+1)})| \leq -\sigma\nabla_{\mathbf{d}^{(k)}} f(\mathbf{x}^{(k)}) \tag{4.6}$$

그림 4.5에서 이 조건을 예시한다.

충분한 감소 조건과 1차 곡률 조건 모두 합쳐서 울프 조건을 형성한다. 충분한 감소 조건은 종종 1차 울프 조건이라고도 불리며, 곡률 조건은 2차 울프 조건으로 불린다. 2차 곡률 조건과 함께 충분한 감소 조건은 강울프 조건을 형성한다.

강울프 조건은 만족하는 것은 더 복잡한 알고리즘인 강백트래킹 라인 탐색(알고리즘 4.3)[9]을 요구한다. 이 방법은 2단계로 작동한다. 첫째 단계는 괄호bracketing 단계로서 울프 조건을 만족하는 스텝 길이가 포함되는 것이 보장된 $[\alpha^{(k-1)}, \alpha^{(k)}]$의 구간을 감싸도록 순차적으로 더 큰 스텝 크기를 테스트한다.

9 J. Nocedal and S. J. Wright, *Numerical Optimization*, 2nd ed. Springer, 2006.

울프 조건을 만족하는 스텝 길이를 포함하는 것이 보장된 구간은 다음 조건 중 하나가 만족될 때 찾아진다.

$$f(\mathbf{x} + \alpha^{(k)}\mathbf{d}) \geq f(\mathbf{x}) \tag{4.7}$$

$$f(\mathbf{x}^{(k)} + \alpha^{(k)}\mathbf{d}^{(k)}) > f(\mathbf{x}^{(k)}) + \beta\alpha^{(k)}\nabla_{\mathbf{d}^{(k)}} f(\mathbf{x}^{(k)}) \tag{4.8}$$

$$\nabla f(\mathbf{x} + \alpha^{(k)}\mathbf{d}) \geq \mathbf{0} \tag{4.9}$$

식 (4.8)을 만족하는 것은 1차 울프 조건을 어기는 것과 동일하며, 스텝 길이를 줄여서 만족스러운 스텝 길이로 만드는 것이 보장된다. 유사하게 식 (4.7)과 식 (4.9)는 확실히 그래디언트 하강 스텝이 국지적 극소점을 지나치게 하므로 이 사이의 영역은 분명히 만족스러운 스텝 길이를 포함한다.

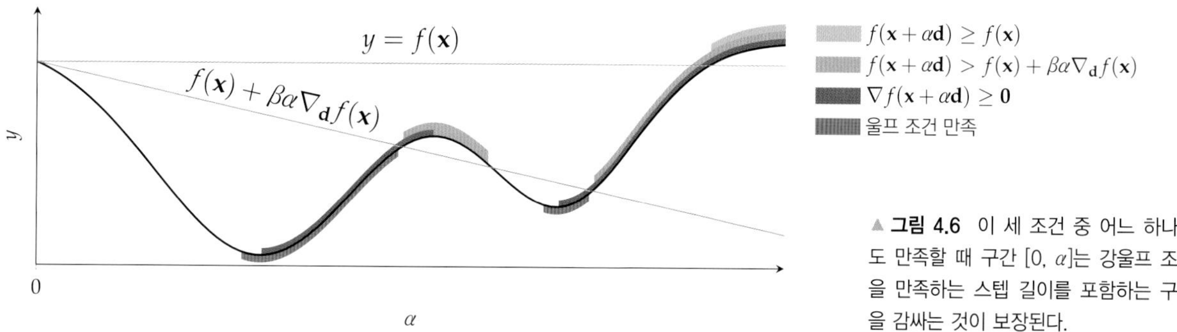

▲ **그림 4.6** 이 세 조건 중 어느 하나라도 만족할 때 구간 $[0, \alpha]$는 강울프 조건을 만족하는 스텝 길이를 포함하는 구간을 감싸는 것이 보장된다.

그림 4.6은 각 괄호 조건이 예제의 라인 탐색에 대해서 어디서 만족되는지를 보여 준다. 그림은 괄호 구간 [0, α]를 보여 준다. 반면 고급 백트래킹 라인 탐색은 순차적으로 스텝 길이를 증가시켜 괄호 구간 $[\alpha^{(k-1)}, \alpha^{(k)}]$를 얻는다.

줌zoom 단계에서 구간을 줄여서 강울프 조건을 만족하는 스텝 크기를 찾는다. 구간 축소는 양분법bisection method(3.7절)을 이용하며, 동일한 구간 조건에 따라서 구간 경계를 업데이트한다. 이 과정은 그림 4.7에서 보인다.

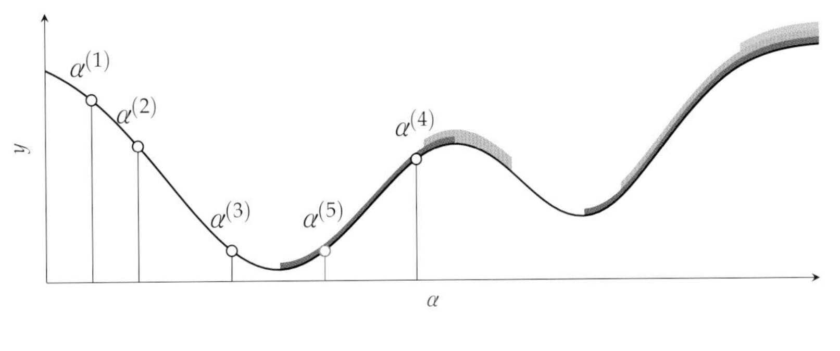

▲ **그림 4.7** 검은 빈 원으로 표시되는 강백트래킹 라인 탐색의 첫 번째 괄호 단계는 구간을 감싸는 데 사용된다. 이 경우 $\nabla f(\mathbf{x}+\alpha^{(4)}\mathbf{d}) \geq 0$의 조건을 만족해 괄호 구간이 $[\alpha^{(3)}, \alpha^{(4)}]$가 된다. 그러고 나서 빨간 빈 원으로 표시되는 줌 단계에서 적절한 스텝 길이를 찾을 때까지 괄호 영역을 줄여 나간다.

알고리즘 4.3 강울프 조건을 만족하는 근사적 라인 탐색인 강백트래킹. 이는 목적 함수 f, 목적 함수의 그래디언트 ∇, 설계점 x, 라인 탐색이 실행되는 그래디언트 하강 방향 d, 최초 스텝 크기 α와 1차 울프 조건 파라미터인 β와 σ를 입력으로 한다. 알고리즘의 괄호 단계는 우선 강울프 조건을 만족하는 스텝 크기를 포함하는 구간을 감싼다. 다음 이 감싸는 구간을 줌 단계에서 적절한 스텝 크기가 찾아질 때까지 줄인다. 여기서 양단법으로 보간하는 방법을 사용하지만, 다른 방법들도 사용될 수 있다.

```
function strong_backtracking(f, ∇, x, d; α=1, β=1e-4, σ=0.1)
    y0, g0, y_prev, α_prev = f(x), ∇(x)⋅d, NaN, 0
    αlo, αhi = NaN, NaN

    # 괄호(bracket) 단계
    while true
        y = f(x + α*d)
        if y > y0 + β*α*g0 || (!isnan(y_prev) && y ≥ y_prev)
            αlo, αhi = α_prev, α
            break
        end
        g = ∇(x + α*d)⋅d
        if abs(g) ≤ -σ*g0
            return α
        elseif g ≥ 0
```

```
            αlo, αhi = α, α_prev
            break
        end
        y_prev, α_prev, α = y, α, 2α
    end

    # 줌(zoom) 단계
    ylo = f(x + αlo*d)
    while true
        α = (αlo + αhi)/2
        y = f(x + α*d)
        if y > y0 + β*α*g0 || y ≥ ylo
            αhi = α
        else
            g = ∇(x + α*d)⋅d
            if abs(g) ≤ -σ*g0
                return α
            elseif g*(αhi - αlo) ≥ 0
                αhi = αlo
            end
            αlo = α
        end
    end
end
```

4.4 신뢰 영역법

그래디언트 하강법은 1계 정보와 2계 정보에 너무 많은 신뢰를 둬서 지나치게 큰 스텝 또는 너무 빠른 수렴을 초래할 수 있다. **신뢰 영역**trust region[10]은 국지적 모델을 신뢰할 수 있는 설계 공간의 국지적 영역이다. 신뢰 영역법 또는 **제약적 스텝법**restrictive step method은 전통적 라인 탐색에 의해 취해지는 스텝을 제약하고, 스텝을 취함으로써 얻어지는 개선된 값을 예측하는 신뢰 영역의 국지적 모델을 유지한

10 K. Levenberg, "A Method for the Solution of Certain Non-Linear Problems in Least Squares," *Quarterly of Applied Mathematics*, vol. 2, no. 2, pp. 184–168, 1944.

다. 만약 개선값이 예측값과 거의 일치한다면 신뢰 영역이 확대된다. 만약 개선값이 예측값을 벗어나면 신뢰 영역은 줄어든다.[11] 신뢰 영역 그림 4.8은 원형의 신뢰 영역 내에 중심을 가진 설계점을 보여 준다.

11 신뢰영역법에 대한 최근 리뷰는 다음에서 제공된다. Y. X. Yuan, "Recent Advances in Trust Region Algorithms," Mathematical Programming, vol. 151, no. 1, pp. 249–281, 2015.

신뢰 영역법은 우선 극대 스텝 크기를 선택하고 다음 스텝 방향을 정하므로 처음에 스텝 방향을 선택하고 나서 스텝 크기를 최적화하는 라인 탐색법과 대조된다. 신뢰 영역법은 설계점 $\mathbf{x}$를 중심으로 하는 신뢰 영역에 대해서 목적 함수의 모델 $\hat{f}$를 최소화함으로써 다음 스텝을 찾는다. $\hat{f}$의 한 예는 2계 테일러 근사식(부록 C.2 참고)이다. 신뢰 영역의 반지름 δ는 모델이 함숫값을 얼마나 잘 예측하는가를 기반으로 확대 또는 축소된다. 다음 설계점 $\mathbf{x}'$는 다음의 해를 구함으로써 얻어진다.

$$\begin{aligned} \underset{\mathbf{x}'}{\text{minimize}} \quad & \hat{f}(\mathbf{x}') \\ \text{subject to} \quad & \|\mathbf{x} - \mathbf{x}'\| \leq \delta \end{aligned} \tag{4.10}$$

여기서 신뢰 영역은 양의 반지름 δ와 벡터 놈vector norm[12]에 의해 정의된다. 위의 식은 10장에서 다루는 최적화 문제에 포함된다.

12 식 (4.10)을 효율적으로 푸는 여러 가지 효율적인 방법이 존재한다. 2차 함수 모델에 적용된 신뢰 영역법의 개요는 다음을 참고하자. D. C. Sorensen, "Newton's Method with a Model Trust Region Modification," SIAM *Journal on Numerical Analysis*, vol. 19, no. 2, pp. 409–416, 1982.

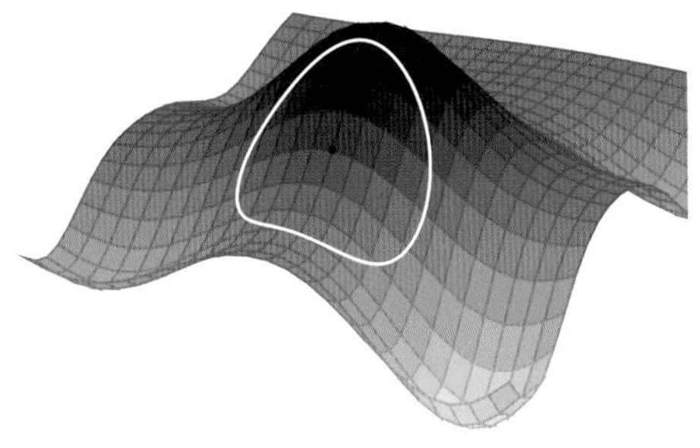

◀ **그림 4.8** 신뢰 영역법은 다음 스텝이 국지적 영역 내에 놓이도록 제약한다. 신뢰 영역은 목적 함수에 대한 예측 모델의 성과를 기반으로 확대 또는 축소된다.

신뢰 영역 반경 δ는 국지적 모델의 예측 성과를 기반으로 확대 또는 축소된다. 신뢰 영역법은 예측된 개선의 크기 $\Delta y_{\text{pred}} = f(\mathbf{x}) - \hat{f}(\mathbf{x}')$와 실제 개선의 크기 $\Delta y_{\text{act}} = f(\mathbf{x}) - f(\mathbf{x}')$을 비교한다.

$$\eta = \frac{\text{실제 개선의 크기}}{\text{예측된 개선의 크기}} = \frac{f(\mathbf{x}) - f(\mathbf{x}')}{f(\mathbf{x}) - \hat{f}(\mathbf{x}')} \tag{4.11}$$

비율 η는 예측된 스텝 크기가 실제 스텝 크기와 같을 때 1에 근접한다. 만약 비율이 너무 작으면, 예를 들어 η_1의 임곗값 이하이면 개선의 크기가 예측보다 현저히 작은 것이며, 신뢰 영역 반경이 $\gamma_1 < 1$의 비율로 줄어든다. 만약 비율이 충분히 크면, 예를 들어 γ_2의 임곗값 이상이면 예측은 정확하다고 간주되며, 따라서 신뢰 영역은 $\gamma_2 > 1$의 비율로 확대된다. 알고리즘 4.4는 구현법을 제공하고, 그림 4.9는 최적화 절차를 시각화한다. 예제 4.3은 비원형 신뢰 영역을 구축하는 법을 보여 준다.

```
function trust_region_descent(f, ∇f, H, x, k_max;
    η1=0.25, η2=0.5, γ1=0.5, γ2=2.0, δ=1.0)
    y = f(x)
    for k in 1 : k_max
        x′, y′ = solve_trust_region_subproblem(∇f, H, x, δ)
        r = (y - f(x′)) / (y - y′)
        if r < η1
            δ *= γ1
        else
            x, y = x′, y′
            if r > η2
                δ *= γ2
            end
        end
    end
    return x
end

using Convex
function solve_trust_region_subproblem(∇f, H, x0, δ)
    x = Variable(length(x0))
    p = minimize(∇f(x0)⋅(x-x0) + quadform(x-x0, H(x0))/2)
```

알고리즘 4.4 신뢰 영역 하강법. 여기서 f는 목적 함수, ∇f는 미분을 생성하고, H는 헤시안을 생성하고, x는 초기 설계점, k_max는 반복 시행 수다. 선택적 파라미터 η1과 η2는 언제 신뢰 영역 반경 δ이 증가하거나 감소하는지를 결정하고, γ1과 γ2는 변화의 크기를 제어한다. solve_trust_region_subproblem에 대한 구현은 식 (4.10)을 풀고자 제공된다. 여기서 원형 신뢰 영역으로 x0 주변의 2계 테일러 근사를 사용하는 예제 구현을 제공했다.

```
    p.constraints += norm(x-x0) <= δ
    solve!(p)
    return (x.value, p.optval)
end
```

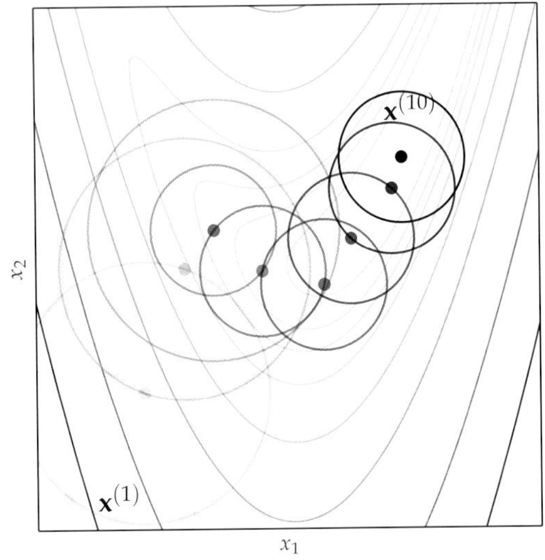

◀ **그림 4.9** 로젠브록 함수(부록 B.6)에 대해 사용한 신뢰 영역 최적화

신뢰 영역은 반드시 원형일 필요는 없다. 어떤 경우에는 특정 방향이 다른 방향보다 커다란 신뢰를 갖는다.

놈이 타원형 영역을 갖도록 구축될 수 있다.

$$\|\mathbf{x} - \mathbf{x}_0\|_{\mathbf{E}} = (\mathbf{x} - \mathbf{x}_0)^\top \mathbf{E}(\mathbf{x} - \mathbf{x}_0)$$

여기서 $\|\mathbf{x} - \mathbf{x}_0\|_{\mathbf{E}} \leq 1$이며, $\mathbf{E}$는 타원을 정의하는 대칭 행렬이다.

예제 4.3 신뢰 영역 최적화는 반드시 원형 신뢰 영역을 사용할 필요 없다. 추가적인 세부 사항은 다음을 참고하자. J. Nocedal and S. J. Wright의 *Numerical Optimization* Springer, 2006, pp 66–100.

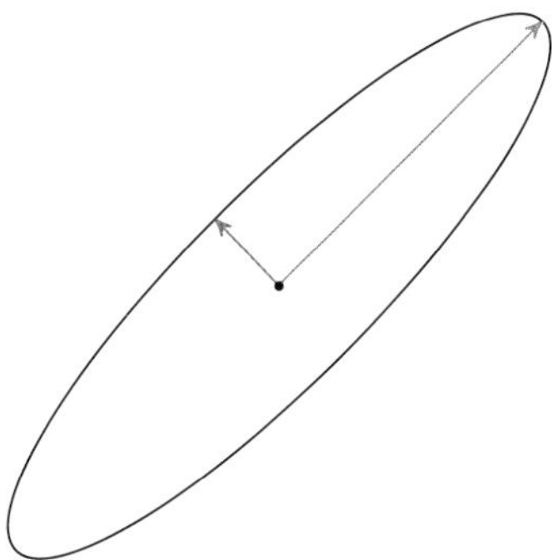

타원 행렬 E는 그래디언트 하강 반복 시행마다 업데이트될 수 있으며, 이는 신뢰 영역의 크기를 조정하는 것보다 더욱 복잡한 조정이 될 수도 있다.

4.5 종료 조건

그래디언트 하강법에 대해서 4가지 종료 조건이 있다.

- 최대 반복 시행: 반복 시행의 수 k가 일정 임곗값 $k_{\max}$를 초과할 때 종료한다. 다른 방법으로는 최대 경과 시간이 초과되면 종료를 원할 수도 있다.

$$k > k_{\max} \tag{4.12}$$

- 절대 개선의 크기: 종료 조건은 다음 스텝으로 넘어가면서 함숫값의 변화를 본다. 만약 변화가 주어진 임곗값보다 작으면 종료한다.

$$f(\mathbf{x}^{(k)}) - f(\mathbf{x}^{(k+1)}) < \epsilon_a \tag{4.13}$$

- 상대 개선의 크기: 종료 조건은 함숫값의 변화를 보지만, 현재 함숫값에 상대적인 스텝 팩터를 사용한다.

$$f(\mathbf{x}^{(k)}) - f(\mathbf{x}^{(k+1)}) < \epsilon_r |f(\mathbf{x}^{(k)})| \tag{4.14}$$

- 그래디언트 크기: 그래디언트 크기를 기반으로 종료한다.

$$\|\nabla f(\mathbf{x}^{(k+1)})\| < \epsilon_g \tag{4.15}$$

여러 국지적 극소점이 존재하는 경우 종료 조건 이후에 무작위로 선택한 초기점으로부터 국지적 그래디언트 하강법을 다시 시작하는 **랜덤 재시작**random restarts을 포함하는 것이 도움이 될 수 있다.

4.6 요약

- 그래디언트 하강법은 점차적으로 국지적 극소점을 향해 하강한다.
- 라인 탐색을 위해 1차 최적화를 적용할 수 있다.
- 근사적 라인 탐색은 적절한 그래디언트 하강 스텝 크기를 식별하고자 사용될 수 있다.
- 신뢰 영역법은 스텝이 국지적 영역 내로 있도록 제약하며, 예측 정확도를 기반으로 확대 또는 축소된다.
- 그래디언트 하강법에 대한 종료 조건은 목적 함수 값의 변화 또는 그래디언트의 크기와 같은 기준을 기반으로 한다.

4.7 연습문제

연습문제 4.1 하나 이상의 종료 조건을 갖는 것이 중요한 이유는 무엇인가?

연습문제 4.2 1계 울프 조건은 다음을 요구한다.

$$f(\mathbf{x}^{(k)} + \alpha\mathbf{d}^{(k)}) \leq f(\mathbf{x}^{(k)}) + \beta\alpha\nabla_{\mathbf{d}^{(k)}} f(\mathbf{x}^{(k)}) \tag{4.16}$$

다음과 같이 $f(\mathbf{x})$가 주어졌을 때 위의 조건을 만족하는 최대 스텝 길이 α는 무엇인가?

$$f(\mathbf{x}) = 5 + x_1^2 + x_2^2,\ \mathbf{x}^{(k)} = [-1, -1],\ \mathbf{d} = [1,\ 0],\ \beta = 10^{-4}$$

05
1계 도함수법

4장에서 하강 방향 방법의 일반적인 개념을 소개했다. 5장에서는 적절한 하강 방향을 찾는 1계 도함수법을 사용하는 다양한 알고리즘을 논의한다. 1계 도함수법은 2장에서 설명한 방법을 이용해서 얻을 수 있는 극소점을 기울기 정보에 의존해서 찾도록 한다.

5.1 그래디언트 하강

그래디언트 하강 $\mathbf{d}$에 대한 직관적인 선택은 가장 경사가 가파른 하강 방향이다. 목적 함수가 평활하고smooth, 스텝 크기가 작고, 그래디언트가 0인 점[1]에 도달하지 못한 상태, 경사가 가장 가파른 방향을 따르면 점차 개선되는 것이 보장된다. 가장 가파른 경사의 방향은 그래디언트 Δf와 반대되는 방향이며, 그래디언트 하강gradient descent 또는 경사 하강이라는 이름을 갖는다.

1 그래디언트가 0인 점을 정상점 또는 정류점(stationary point)이라고 한다.

$$\mathbf{g}^{(k)} = \nabla f(\mathbf{x}^{(k)}) \tag{5.1}$$

여기서 $\mathbf{x}^{(k)}$는 k번째 하강에서의 점이다.

그래디언트 하강에서 일반적으로 가장 가파른 경사의 방향을 정규화한다 (예제 5.1 참고).

$$\mathbf{d}^{(k)} = -\frac{\mathbf{g}^{(k)}}{\|\mathbf{g}^{(k)}\|} \tag{5.2}$$

f의 감소가 최대가 되도록 스텝 크기를 선택하면 지그재그한 탐색 경로가 초래된다. 실제로 다음 방향은 항상 현재의 방향과 직교orthogonal한다. 이것을 다음과 같이 보여 줄 수 있다.

예제 5.1 그래디언트 하강 방향의 계산

$f(\mathbf{x}) = x_1 x_2^2$라고 하자. 그래디언트는 $\nabla f = [x_2^2,\ 2x_1x_2]$이다. 그러면 $\mathbf{x}^{(k)} = [1, 2]$에 대해서 가장 가파른 하강의 방향은 정규화되지 않았을 때 $\mathbf{d} = [-4, 4]$고, 정규화하면 $\mathbf{d} = [-\frac{1}{\sqrt{2}}, -\frac{1}{\sqrt{2}}]$다.

만약 각 스텝에서 스텝 크기를 최적화한다면 다음과 같이 된다.

$$\alpha^{(k)} = \arg\min_{\alpha} f(\mathbf{x}^{(k)} + \alpha\mathbf{d}^{(k)}) \tag{5.3}$$

위의 최적화는 방향 도함수directional derivative가 0이라는 것을 뜻한다. 식 (2.9)를 사용하면 다음을 얻는다.

$$\nabla f(\mathbf{x}^{(k)} + \alpha\mathbf{d}^{(k)})^\top \mathbf{d}^{(k)} = 0 \tag{5.4}$$

그런데 다음이 성립함을 안다.

$$\mathbf{d}^{(k+1)} = -\frac{\nabla f(\mathbf{x}^{(k)} + \alpha\mathbf{d}^{(k)})}{\|\nabla f(\mathbf{x}^{(k)} + \alpha\mathbf{d}^{(k)})\|} \tag{5.5}$$

따라서

$$\mathbf{d}^{(k+1)\top}\mathbf{d}^{(k)} = 0 \tag{5.6}$$

이것은 $\mathbf{d}^{(k+1)}$과 $\mathbf{d}^{(k)}$가 직교한다는 것을 의미한다.

하강 방향과 방향이 일치하는 좁은 골짜기는 문제가 되지 않는다. 하강 방향이 골짜기를 가로지를 때 그림 5.1에서 보이는 바와 같이 골짜기의 바닥을 따라서 진행하려면 많은 스텝을 밟아야 한다. 그래디언트 하강법은 알고리즘 5.1로 구현할 수 있다.

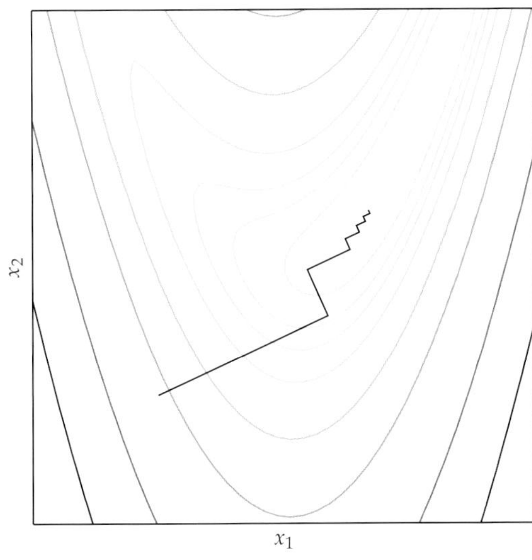

◀ **그림 5.1** 그래디언트 하강법은 좁은 골짜기에서 지그재그한 움직임을 초래할 수 있다. 여기서 로젠브록(Rosenbrock) 함수(부록 B.6)에 대한 효과를 볼 수 있다.

```
abstract type DescentMethod end
struct GradientDescent <: DescentMethod
    α
end
init!(M::GradientDescent, f, ∇f, x) = M
function step!(M::GradientDescent, f, ∇f, x)
    α, g = M.α, ∇f(x)
    return x - α*g
end
```

알고리즘 5.1 주어진 학습률로 그래디언트 하강 방향을 따른 그래디언트 하강법. 여기서 `init` 함수가 아무것도 하지 않는 반면 step 함수는 다음 반복을 만들어 낸다.

5.2 켤레 그래디언트법

그래디언트 하강법은 좁은 골짜기에서 성과가 나쁠 수 있다. 켤레 그래디언트법 conjugate gradient은 다음과 같이 2차함수를 최적화하는 방법을 활용해 이러한 문제를 극복한다.

$$\underset{\mathbf{x}}{\text{minimize}}\, f(\mathbf{x}) = \frac{1}{2}\mathbf{x}^\top \mathbf{A}\mathbf{x} + \mathbf{b}^\top \mathbf{x} + c \tag{5.7}$$

여기서 $\mathbf{A}$는 양정부호positive definite 대칭 행렬이고, 따라서 f는 유일한 국지적 극솟값을 갖는다.

켤레 그래디언트법은 그림 5.2에서 보인 바와 같이 n스텝으로 n차원의 2차함수를 최적화할 수 있다. 그 방향들은 $\mathbf{A}$에 대해서 다음과 같이 상호 켤레mutually conjugate다.

$$\mathbf{d}^{(i)\top} \mathbf{A}\, \mathbf{d}^{(j)} = 0 \;\text{ for all }\; i \neq j \tag{5.8}$$

상호 켤레인 벡터는 $\mathbf{A}$의 기저 벡터basis vector다. 이들을 일반적으로 서로 직교하지 않는다.

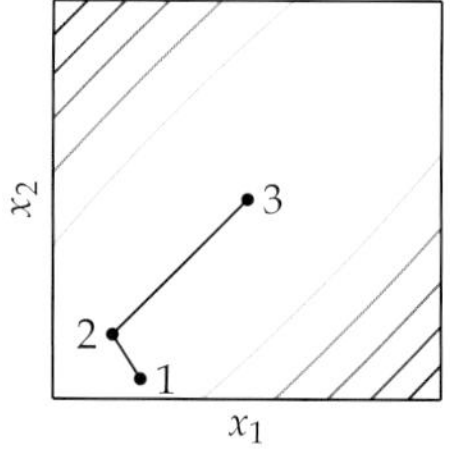

▲ **그림 5.2** 켤레 그래디언트 하강은 n차원 2차함수에 적용될 때 n스텝으로 수렴한다.

연속적인 켤레 방향은 그래디언트 정보와 직전 하강 방향을 이용해 계산된다. 알고리즘은 다음과 같이 가장 가파른 하강 방향에서 시작한다.

$$\mathbf{d}^{(1)} = -\mathbf{g}^{(1)} \tag{5.9}$$

라인 탐색을 사용해 다음 점을 찾는다. 2차함수에 대해서 스텝 팩터 α는 정확히 계산될 수 있다(예제 5.2). 그러면 업데이트는 다음과 같이 된다.

$$\mathbf{x}^{(2)} = \mathbf{x}^{(1)} + \alpha^{(1)}\mathbf{d}^{(1)} \tag{5.10}$$

예제 5.2 2차함수에 대한 라인 탐색을 위한 최적 스텝 팩터

다음과 같은 2차함수에 라인 탐색을 위한 최적의 스텝 팩터를 도출하고 싶다고 가정하자.

$$\underset{\alpha}{\text{minimize}}\, f(\mathbf{x} + \alpha\mathbf{d})$$

α에 대해서 미분을 하면 다음과 같다.

$$\begin{aligned}
\frac{\partial f(\mathbf{x} + \alpha\mathbf{d})}{\partial\alpha} &= \frac{\partial}{\partial\alpha}\left[\frac{1}{2}(\mathbf{x} + \alpha\mathbf{d})^\top\mathbf{A}(\mathbf{x} + \alpha\mathbf{d}) + \mathbf{b}^\top(\mathbf{x} + \alpha\mathbf{d}) + c\right] \\
&= \mathbf{d}^\top\mathbf{A}(\mathbf{x} + \alpha\mathbf{d}) + \mathbf{d}^\top\mathbf{b} \\
&= \mathbf{d}^\top(\mathbf{A}\mathbf{x} + \mathbf{b}) + \alpha\mathbf{d}^\top\mathbf{A}\mathbf{d}
\end{aligned}$$

$\frac{\partial f(\mathbf{x}+\alpha\mathbf{d})}{\partial\alpha} = 0$으로 놓으면 다음을 얻는다.

$$\alpha = -\frac{\mathbf{d}^\top(\mathbf{A}\mathbf{x} + \mathbf{b})}{\mathbf{d}^\top\mathbf{A}\mathbf{d}}$$

다음 그래디언트와 현재 하강 방향으로부터의 공헌도를 기반으로 연속적으로 반복해서 $\mathbf{d}^{(k+1)}$를 선택한다.

$$\mathbf{d}^{(k+1)} = -\mathbf{g}^{(k+1)} + \beta^{(k)}\mathbf{d}^{(k)} \tag{5.11}$$

여기서 β는 스칼라값이다. 더 큰 값의 β는 이전의 그래디언트 하강 방향의 공헌도가 더 크다는 것을 나타낸다.

$\mathbf{d}^{(k+1)}$이 $\mathbf{d}^{(k)}$와 켤레라는 사실을 이용해 $\mathbf{A}$가 알려져 있다면 $\mathbf{A}$에 대해 β의 최적값을 도출할 수 있다.

$$\mathbf{d}^{(k+1)\top}\mathbf{A}\mathbf{d}^{(k)} = 0 \tag{5.12}$$

$$\Rightarrow (-\mathbf{g}^{(k+1)} + \beta^{(k)}\mathbf{d}^{(k)})^{\top}\mathbf{A}\mathbf{d}^{(k)} = 0 \tag{5.13}$$

$$\Rightarrow -\mathbf{g}^{(k+1)^{\top}}\mathbf{A}\mathbf{d}^{(k)} + \beta^{(k)}\mathbf{d}^{(k)\top}\mathbf{A}\mathbf{d}^{(k)} = 0 \tag{5.14}$$

$$\Rightarrow \beta^{(k)} = \frac{\mathbf{g}^{(k+1)^{\top}}\mathbf{A}\mathbf{d}^{(k)}}{\mathbf{d}^{(k)\top}\mathbf{A}\mathbf{d}^{(k)}} \tag{5.15}$$

켤레 그래디언트법은 2차함수가 아닌 경우에도 적용될 수 있다. 평활한 연속함수는 국지적 극소점 주변에서 2차함수의 행태를 보이며, 켤레 그래디언트법은 이와 같은 영역에서 매우 빠르게 수렴할 것이다.

불행하게도 $\mathbf{x}^{(k)}$ 주변에서 f를 가장 잘 근사하는 $\mathbf{A}$의 값을 알지 못한다. 그 대신 $\beta^{(k)}$에 대한 여러 선택이 잘 작동한다.

플레처-리브스Fletcher-Reeves:[2]

$$\beta^{(k)} = \frac{\mathbf{g}^{(k)\top}\mathbf{g}^{(k)}}{\mathbf{g}^{(k-1)\top}\mathbf{g}^{(k-1)}} \tag{5.16}$$

폴락-리비에르Polak-Ribiere:[3]

$$\beta^{(k)} = \frac{\mathbf{g}^{(k)\top}\left(\mathbf{g}^{(k)} - \mathbf{g}^{(k-1)}\right)}{\mathbf{g}^{(k-1)\top}\mathbf{g}^{(k-1)}} \tag{5.17}$$

만약 다음과 같이 자동적으로 재설정되게 한다면 폴락-리비에르법(알고리즘 5.2)에 대한 수렴은 보장될 수 있다.

$$\beta \leftarrow \max(\beta, 0) \tag{5.18}$$

2 R. Fletcher and C. M. Reeves, "Function Minimization by Conjugate Gradients," *The Computer Journal*, vol. 7, no. 2, pp. 149–154, 1064.

3 E. Polak and G. Ribiere, "Note sure al Convergence de Methodes de Directions Conjugates," *Revue Francaise d'informatique et de Recherche Operationnelle, Serie Rouge*, vol. 3, no. 1, pp. 35–43, 1969.

그림 5.3은 이 방법을 사용해 탐색 예를 보여 준다.

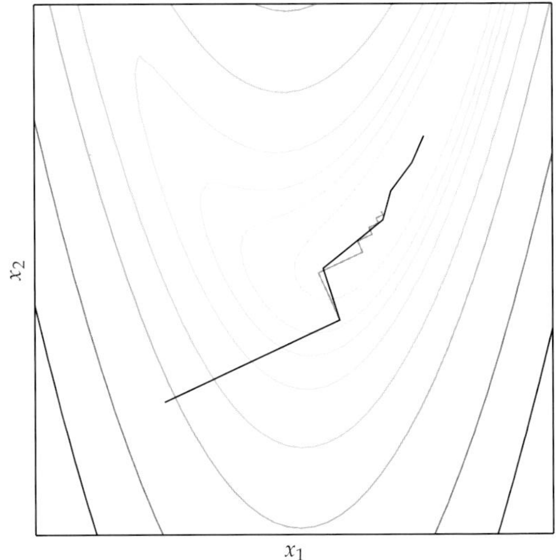

◀ **그림 5.3** 폴락-리비에르 업데이트를 사용하는 켤레 그래디언트법. 그래디언트 하강이 회색으로 보인다.

알고리즘 5.2 폴락-리비에르 업데이트를 사용하는 켤레 그래디언트법. 여기서 d는 이전 탐색 방향이고, g는 이전 그래디언트다.

```
mutable struct ConjugateGradientDescent <: DescentMethod
    d
    g
end
function init!(M::ConjugateGradientDescent, f, ∇f, x)
    M.g = ∇f(x)
    M.d = -M.g
    return M
end
function step!(M::ConjugateGradientDescent, f, ∇f, x)
    d, g = M.d, M.g
    g′ = ∇f(x)
    β = max(0, dot(g′, g′-g)/(g⋅g))
    d′ = -g′ + β*d
    x′ = line_search(f, x, d′)
    M.d, M.g = d′, g′
    return x′
end
```

5.3 모멘텀

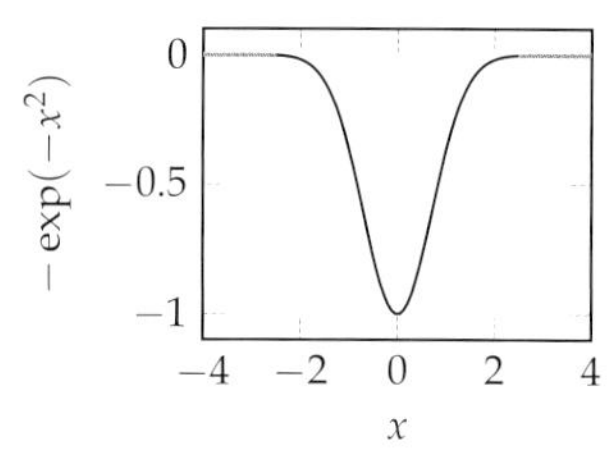

▲ **그림 5.4** 거의 평평한 영역은 작은 크기의 그래디언트를 가지므로 그래디언트 하강이 가로지르려면 많은 반복 시행을 해야 한다.

그래디언트 하강법은 그림 5.4에 보이는 바와 같이 거의 평평한 표면을 가로지를 때는 시간이 많이 걸린다. 모멘텀이 쌓이는 것을 허용하는 것이 진행을 빠르게 하는 한 방법이다. 모멘텀을 통합하고자 그래디언트 경사를 수정한다.

모멘텀momentum 업데이트 식은 다음과 같다.

$$\mathbf{v}^{(k+1)} = \beta\mathbf{v}^{(k)} - \alpha\mathbf{g}^{(k)} \tag{5.19}$$

$$\mathbf{x}^{(k+1)} = \mathbf{x}^{(k)} + \mathbf{v}^{(k+1)} \tag{5.20}$$

$\beta = 0$인 경우 그래디언트 하강이 다시 된다. 모멘텀은 공이 거의 수평인 경사를 따라 굴러 내려가는 것으로 해석할 수 있다. 중력이 공의 속도를 가속함에 따라 공이 자연히 모멘텀을 얻게 되는 것처럼 그래디언트는 그래디언트 하강법에서 모멘텀이 누적되게 한다. 구현법은 알고리즘 5.3에 제공된다. 그림 5.5에 모멘텀 하강은 그래디언트 하강과 비교되고 있다.

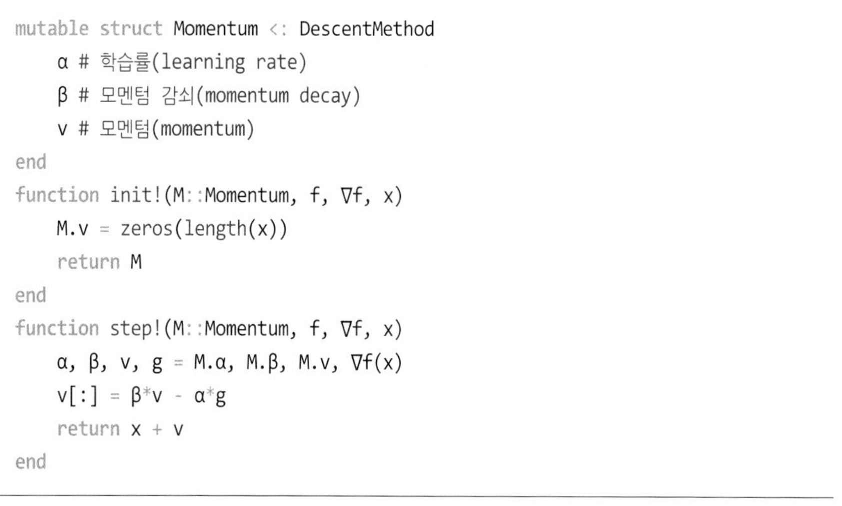

```
mutable struct Momentum <: DescentMethod
    α # 학습률(learning rate)
    β # 모멘텀 감쇠(momentum decay)
    v # 모멘텀(momentum)
end
function init!(M::Momentum, f, ∇f, x)
    M.v = zeros(length(x))
    return M
end
function step!(M::Momentum, f, ∇f, x)
    α, β, v, g = M.α, M.β, M.v, ∇f(x)
    v[:] = β*v - α*g
    return x + v
end
```

알고리즘 5.3 가속 하강을 위한 모멘텀법. `step!`의 첫 번째 줄은 스칼라값 α와 β를 복사하지만, 벡터 v에 대한 참조를 만든다. 따라서 다음 줄 `v[:] = b*v-a*g`이 struct M의 원모멘텀 벡터를 수정한다.

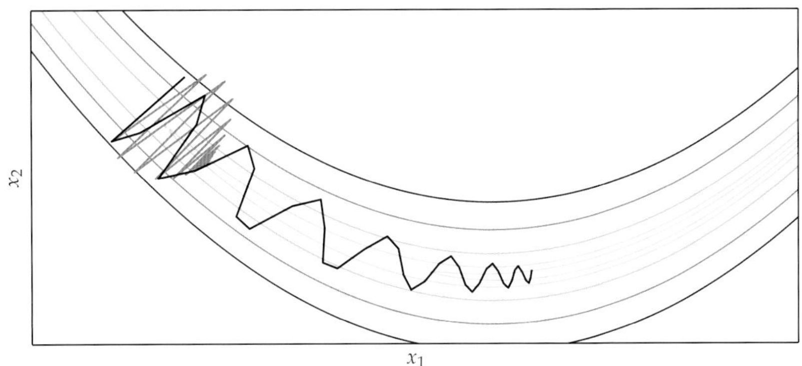

▲ **그림 5.5** $b = 100$인 로젠브록 함수(부록 B.6 참고)에 대해 비교된 그래디언트 하강법과 모멘텀법

5.4 네스테로프 모멘텀

모멘텀의 문제 하나는 스텝이 골짜기의 바닥에서 충분히 속도가 줄지 않으며, 골짜기의 바닥을 지나치는 경향이 있다는 것이다. 네스테로프 모멘텀Nesterov momentum[4]은 투영된 미래 위치에서의 그래디언트를 사용하도록 모멘텀 알고리즘을 수정한다.

$$\mathbf{v}^{(k+1)} = \beta\mathbf{v}^{(k)} - \alpha\nabla f(\mathbf{x}^{(k)} + \beta\mathbf{v}^{(k)}) \tag{5.21}$$

$$\mathbf{x}^{(k+1)} = \mathbf{x}^{(k)} + \mathbf{v}^{(k+1)} \tag{5.22}$$

구현법은 알고리즘 5.4에 의해 제공된다. 네스테로프 모멘텀과 모멘텀 하강법은 그림 5.6에서 비교되고 있다.

4 Y. Nesterov, "A Method of Solving a Convex Programming Problem with Convergence Rate O(1/k2)," *Soviet Mathematics Doklady*, vol. 27, no. 2, pp. 543–547, 1983.

```julia
mutable struct NesterovMomentum <: DescentMethod
    α # 학습률(learning rate)
    β # 모멘텀 감쇠(momentum decay)
    v # 모멘텀(momentum)
end
function init!(M::NesterovMomentum, f, ∇f, x)
    M.v = zeros(length(x))
    return M
end
function step!(M::NesterovMomentum, f, ∇f, x)
    α, β, v = M.α, M.β, M.v
    v[:] = β*v - α*∇f(x + β*v)
    return x + v
end
```

알고리즘 5.4 가속 하강의 네스테로프 모멘텀법

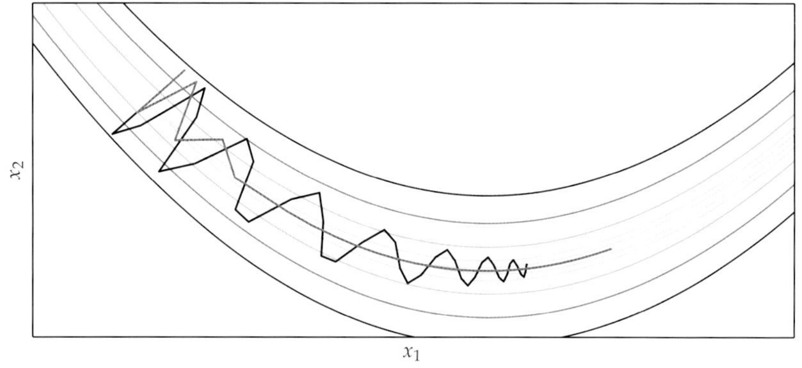

▲ **그림 5.6** $b = 100$인 로젠브록 함수(부록 B.6 참고)에 대해 비교된 모멘텀과 네스테로프 모멘텀법

5.5 아다그라드

모멘텀과 네스테로프 모멘텀은 동일한 학습률로 모든 $\mathbf{x}$의 구성 요소들을 업데이트한다. 적응적 하위 그래디언트adaptive subgradient 또는 아다그라드Adagrad[5]는 $\mathbf{x}$의 각 구성 요소에 대해 학습률을 적응한다. 아다그라드는 일관성 있게 높은 그래디언트

5 J. Duchi, E. Hazan, and Y. Singer, "Adaptive Subgradient Methods for Online Learning and Stochastic Optimization," *Journal of Machine Learning Research*, vol. 12, pp. 2121–2159, 2011.

로 파라미터의 영향을 줄이고, 그것에 의해 업데이트의 빈도를 낮춤으로써 파라미터의 영향을 증가시킨다.[6]

아다그라드 업데이트 스텝은 다음과 같다.

$$x_i^{(k+1)} = x_i^{(k)} - \frac{\alpha}{\epsilon + \sqrt{s_i^{(k)}}} g_i^{(k)} \tag{5.23}$$

여기서 $s^{(k)}$는 i번째 원소가 x_i에 대한 미분의 제곱의 k시간 스텝까지의 합인 벡터다.

$$s_i^{(k)} = \sum_{j=1}^{k} \left(g_i^{(j)}\right)^2 \tag{5.24}$$

ϵ는 1×10^{-8} 차수의 작은 값이며, 0으로 나뉘는 것을 방지하려는 것이다.

아다그라드는 학습률 α에 대해 훨씬 덜 민감하다. 학습률 파라미터는 일반적으로 0.01의 자동설정값으로 설정된다. 아다그라드의 원초적인 약점은 **s**의 원소가 각각 강하게 비감소하는 것이다. 누적합은 유효 학습률을 학습 동안 감소하게 하는데, 종종 수렴하기 이전에 무한히 작아진다. 구현은 알고리즘 5.5에 의해 제공된다.

6 아다그라드는 그래디언트가 희소(sparse)할 때 성능이 뛰어나다. 원논문은 그래디언트를 계산하기 위한 매 반복 시행 동안 훈련셋에서 랜덤 배치를 추출하는 확률적 그래디언트 하강법에 의해 영감을 얻었다. 실제 세계 문제에 대한 많은 딥러닝 데이터셋은 어떤 특성이 다른 특성들보다 훨씬 드물게 일어나는 희소한 그래디언트를 산출한다.

알고리즘 5.5 아다그라드 가속 하강법

```
mutable struct Adagrad <: DescentMethod
    α # 학습률(learning rate)
    ϵ # 작은 값(small value)
    s # 그래디언트 제곱의 합
end
function init!(M::Adagrad, f, ∇f, x)
    M.s = zeros(length(x))
    return M
end
function step!(M::Adagrad, f, ∇f, x)
    α, ϵ, s, g = M.α, M.ϵ, M.s, ∇f(x)
    s[:] += g.*g
    return x - α*g ./ (sqrt.(s) .+ ϵ)
end
```

5.6 알엠에스프롭

알엠에스프롭RMSProp[7]은 아다그라드를 확장해 학습률이 단조 감소하는 효과를 피한다. 알엠에스프롭은 그래디언트 제곱의 감쇠 평균을 유지한다. 이 평균은 다음에 따라서 업데이트된다.[8]

$$\hat{\mathbf{s}}^{(k+1)} = \gamma\hat{\mathbf{s}}^{(k)} + (1-\gamma)\left(\mathbf{g}^{(k)} \odot \mathbf{g}^{(k)}\right) \tag{5.25}$$

여기서 감쇠율 $\gamma \in [0, 1]$은 일반적으로 0.9에 가깝다.

과거 그래디언트 제곱들의 감쇠 평균이 알엠에스프롭의 업데이트 식에 대입된다.[9]

$$x_i^{(k+1)} = x_i^{(k)} - \frac{\alpha}{\epsilon + \sqrt{\hat{s}_i^{(k)}}} g_i^{(k)} \tag{5.26}$$

$$= x_i^{(k)} - \frac{\alpha}{\epsilon + \mathrm{RMS}(g_i)} g_i^{(k)} \tag{5.27}$$

구현법이 알고리즘 5.6에 제공된다.

알고리즘 5.6 알엠에스프롭 가속 하강법

```
mutable struct RMSProp <: DescentMethod
    α # 학습률(learning rate)
    γ # 감쇠율(decay)
    ϵ # 작은 값(small value)
    s # 그래디언트 제곱의 합
end
function init!(M::RMSProp, f, ∇f, x)
    M.s = zeros(length(x))
    return M
end
function step!(M::RMSProp, f, ∇f, x)
    α, γ, ϵ, s, g = M.α, M.γ, M.ϵ, M.s, ∇f(x)
    s[:] = γ*s + (1-γ)*(g.*g)
    return x - α*g ./ (sqrt.(s) .+ ϵ)
end
```

7 RMSProp은 논문으로 발표된 것이 아니라 제프리 힌턴(Geoff Hinton)의 코세라(Coursera) 클래스 강의로부터 나왔다.

8 연산 $\mathbf{a} \odot \mathbf{b}$는 벡터 $\mathbf{a}$와 $\mathbf{b}$의 원소별 곱이다.

9 분모는 그래디언트 요소의 제곱근 평균 제곱(RMS)과 유사하다. 5장에서 RMS(x)를 사용해 시계열 x의 감쇠 제곱근 평균 제곱(decaying root mean square)을 가리킨다.

5.7 아다델타

아다델타Adadelta[10]는 아다그라드의 단조 감소 학습률을 극복하는 또 다른 방법이다. 알엠에스프롭 업데이트를 독립적으로 도출한 후, 저자들은 업데이트식의 그래디언트 하강, 모멘텀과 아다그라드Adagrad의 단위가 일치하지 않는 것을 주목한다. 이를 고치고자 이들은 제곱 업데이트의 지수 감쇠 평균exponentially decaying average을 사용한다.

$$x_i^{(k+1)} = x_i^{(k)} - \frac{\text{RMS}(\Delta x_i)}{\epsilon + \text{RMS}(g_i)} g_i^{(k)} \tag{5.28}$$

이것은 학습률을 완전히 제거한다. 구현법은 알고리즘 5.7에 의해 제공된다.

10 M.D. Zeller, "ADADELTA: An Adaptive Learning Rate Method," *ArXiv*, no. 1212-5701, 2012.

```
mutable struct Adadelta <: DescentMethod
    γs # 그래디언트 감쇠(gradient decay)
    γx # 업데이트 감쇠(update decay)
    ϵ # 작은 값(small value)
    s # 그래디언트 제곱의 합
    u # 업데이트 제곱의 합
end
function init!(M::Adadelta, f, ∇f, x)
    M.s = zeros(length(x))
    M.u = zeros(length(x))
    return M
end
function step!(M::Adadelta, f, ∇f, x)
    γs, γx, ϵ, s, u, g = M.γs, M.γx, M.ϵ, M.s, M.u, ∇f(x)
    s[:] = γs*s + (1-γs)*g.*g
    Δx = - (sqrt.(u) .+ ϵ) ./ (sqrt.(s) .+ ϵ) .* g
    u[:] = γx*u + (1-γx)*Δx.*Δx
    return x + Δx
end
```

알고리즘 5.7 아다델타 가속 하강 방법. 작은 상수 ϵ가 더해지는데 이는 $\Delta x = 0$인 경우 변화가 완전히 0으로 감쇠되는 것을 방지하고, 첫 번째 반복 시행을 시행할 수 있도록 하려는 것이다.

5.8 아담

적응적 모멘텀 추정 방법Adaptive Momentum Estimation Method 즉 아담Adam[11] 또한 학습률을 각 파라미터에 적응한다(알고리즘 5.8). 이 방법은 알엠에스프롭과 아다델터처럼 지수 감쇠 제곱 그래디언트를 저장하지만, 또한 모멘텀처럼 지수 감쇠 그래디언트도 저장한다.

11 D. Kingma and J. Ba, "Adam: A Method for Stochastic Optimization," in *International Conference on Learning Representation (ICLR)*, 2015.

그래디언트와 그래디언트 제곱을 0으로 초기화하는 것은 편향을 갖게 한다.[12] 편향 수정 스텝bias correction step은 이러한 문제를 완화하는 데 도움이 된다. 아담에 대한 각 반복 시행 시 적용되는 식은 다음과 같다.

12 원논문에 따르면 좋은 기본 설정은 $\alpha = 0.001$, $\gamma_v = 0.9$, $\gamma_s = 0.999$, 그리고 $\epsilon = 1 \times 10^{-8}$이다.

$$\text{편향 감쇠 모멘텀: } \mathbf{v}^{(k+1)} = \gamma_v \mathbf{v}^{(k)} + (1 - \gamma_v)\mathbf{g}^{(k)} \tag{5.29}$$

$$\text{편향 감쇠 제곱 그래디언트: } \mathbf{s}^{(k+1)} = \gamma_s \mathbf{s}^{(k)} + (1 - \gamma_s)\left(\mathbf{g}^{(k)} \odot \mathbf{g}^{(k)}\right) \tag{5.30}$$

$$\text{수정 감쇠 모멘텀: } \hat{\mathbf{v}}^{(k+1)} = \mathbf{v}^{(k+1)} / (1 - \gamma_v^k) \tag{5.31}$$

$$\text{수정 감쇠 제곱 그래디언트: } \hat{\mathbf{s}}^{(k+1)} = \mathbf{s}^{(k+1)} / (1 - \gamma_s^k) \tag{5.32}$$

$$\text{다음 반복값: } \mathbf{x}^{(k+1)} = \mathbf{x}^{(k)} - \alpha \hat{\mathbf{v}}^{(k+1)} / \left(\epsilon + \sqrt{\hat{\mathbf{s}}^{(k+1)}}\right) \tag{5.33}$$

알고리즘 5.8 아담 가속 하강법

```
mutable struct Adam <: DescentMethod
    α # 학습률
    γv # 감쇠율
    γs # 감쇠율
    ϵ # 작은 값
    k # 스텝 계수(step counter)
    v # 첫 번째 모멘텀 추정값(1st moment estimate)
    s # 두 번째 모멘텀 추정값(2nd moment estimate)
end
function init!(M::Adam, f, ∇f, x)
    M.k = 0
    M.v = zeros(length(x))
```

```
    M.s = zeros(length(x))
    return M
end
function step!(M::Adam, f, ∇f, x)
    α, γv, γs, ϵ, k = M.α, M.γv, M.γs, M.ϵ, M.k
    s, v, g = M.s, M.v, ∇f(x)
    v[:] = γv*v + (1-γv)*g
    s[:] = γs*s + (1-γs)*g.*g
    M.k = k += 1
    v_hat = v ./ (1 - γv^k)
    s_hat = s ./ (1 - γs^k)
    return x - α*v_hat ./ (sqrt.(s_hat) .+ ϵ)
end
```

5.9 하이퍼그래디언트 하강

가속 하강법은 학습률에 극단적으로 민감하거나 실행 동안 학습률을 최대한 적응시킨다. 학습률은 방법이 그래디언트 시그널에 얼마나 민감한지를 말한다. 너무 높거나 낮은 학습률은 종종 성과에 매우 영향을 미친다.

하이퍼그래디언트 하강hypergradient descent[13]은 학습률의 미분이 최적화 기법의 성과를 향상시키는 데 유용하다는 이해를 바탕으로 개발됐다. 하이퍼그래디언트는 하이퍼파라미터에 대해서 취해진 미분이다. 하이퍼그래디언트 알고리즘은 하이퍼파라미터에 대한 민감도를 감소시켜 더 빨리 적응하게 만든다.

13 A. G. Baydin, R. Cornish, D. M. Rubio, M. Schmidt, and F. Wood, "Online Learning Rate Adaptation with Hypergradient Descent," in Interenational Conference on Learning Representation(ICLR), 2018.

하이퍼그래디언트 하강은 그래디언트 하강을 내재된 하강법의 학습률에 적용하는 것이다. 이 방법은 학습률에 대한 목적 함수의 편미분을 요구한다. 그래디언트 하강에 대해서 이 편미분은 다음과 같다.

$$\frac{\partial f(\mathbf{x}^{(k)})}{\partial \alpha} = (\mathbf{g}^{(k)})^\top \frac{\partial}{\partial \alpha}\left(\mathbf{x}^{(k-1)} - \alpha \mathbf{g}^{(k-1)}\right) \tag{5.34}$$

$$= (\mathbf{g}^{(k)})^\top \left(-\mathbf{g}^{(k-1)}\right) \tag{5.35}$$

따라서 하이퍼그래디언트를 계산하는 것은 마지막 그래디언트를 추적하는 것을 요구한다. 결과되는 업데이트 규칙은 다음과 같다.

$$\alpha^{(k+1)} = \alpha^{(k)} - \mu \frac{\partial f(\mathbf{x}^{(k)})}{\partial \alpha} \tag{5.36}$$

$$= \alpha^{(k)} + \mu (\mathbf{g}^{(k)})^\top \mathbf{g}^{(k-1)} \tag{5.37}$$

여기서 μ는 하이퍼그래디언트 학습률이다.

이러한 도출은 식 (4.1)을 따르는 어떤 그래디언트 기반의 하강법에도 적용될 수 있다. 구현법은 그래디언트 하강의 하이퍼그래디언트 버전(알고리즘 5.9)과 네스테로프 모멘텀(알고리즘 5.10)에 대해서 제공된다. 이들 방법들은 그림 5.7에 시각화돼 있다.

알고리즘 5.9 그래디언트 하강의 하이퍼그래디언트 형태

```
mutable struct HyperGradientDescent <: DescentMethod
    α0 # 초기 학습률
    μ # 학습률의 학습률
    α # 현재의 학습률
    g_prev # 이전 그래디언트
end
function init!(M::HyperGradientDescent, f, ∇f, x)
    M.α = M.α0
    M.g_prev = zeros(length(x))
    return M
end
function step!(M::HyperGradientDescent, f, ∇f, x)
    α, μ, g, g_prev = M.α, M.μ, ∇f(x), M.g_prev
    α = α + μ*(g⋅g_prev)
    M.g_prev, M.α = g, α
    return x - α*g
end
```

알고리즘 5.10 네스테로프 모멘텀 하강법의 하이퍼그래디언트 형태

```
mutable struct HyperNesterovMomentum <: DescentMethod
    α0 # 초기 학습률
    μ # 학습률의 학습률
    β # 모멘텀 감쇠
    v # 모멘텀
    α # 현재의 학습률
    g_prev # 이전 그래디언트
end
function init!(M::HyperNesterovMomentum, f, ∇f, x)
    M.α = M.α0
    M.v = zeros(length(x))
    M.g_prev = zeros(length(x))
    return M
end
function step!(M::HyperNesterovMomentum, f, ∇f, x)
    α, β, μ = M.α, M.β, M.μ
    v, g, g_prev = M.v, ∇f(x), M.g_prev
    α = α - μ*(g⋅(-g_prev - β*v))
    v[:] = β*v + g
    M.g_prev, M.α = g, α
    return x - α*(g + β*v)
end
```

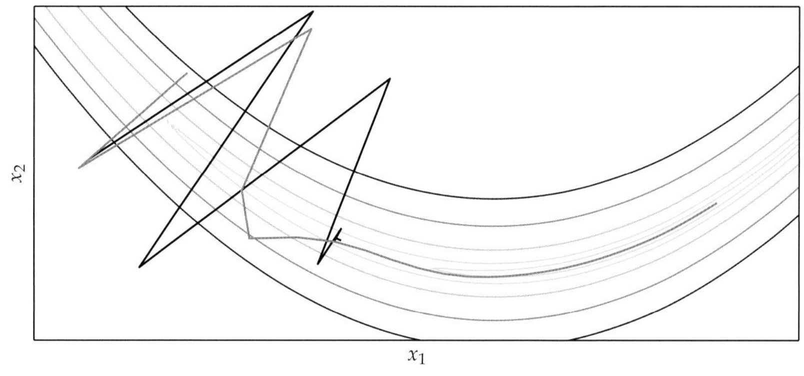

▲ **그림 5.7** $b = 100$인 로젠브록 함수(부록 B.6 참고)를 이용한 하이퍼모멘텀과 하이퍼-네스테로프 모멘텀법의 비교

5.10 요약

- 그래디언트 하강은 가장 가파른 하강의 방향을 따른다.
- 켤레 그래디언트법은 국지적 골짜기에 자동적으로 적응한다.
- 모멘텀을 가진 하강법은 유리한 방향으로의 진행을 증강한다.
- 광범위하고 다양한 가속 하강법은 하강을 가속하는 특별한 기법들을 사용한다.
- 하이퍼그래디언트 하강은 그래디언트 하강을 내재된 하강법의 학습률에 적용한다.

5.11 연습문제

연습 5.1 $\mathbf{A}$가 대칭 행렬일 때 $\mathbf{x}^\top \mathbf{A}\mathbf{x} + \mathbf{b}^\top \mathbf{x}$의 그래디언트를 계산하라.

연습 5.2 시작점을 선택해 단위 스텝 크기의 그래디언트 하강법을 $f(x) = x^4$에 적용하라. 반복 시행을 두 번 계산하라.

연습 5.3 단위 스텝 크기와 정확한 라인 탐색으로 $x^{(1)} = 10$에서 그래디언트 하강법을 $f(x) = e^x + e^{-x}$에 한 스텝 적용하라.

연습 5.4 현재의 점에서 국지적 2차함수 모델을 갖고 있을 때 켤레 그래디언트법을 사용해 탐색 방향 $\mathbf{d}$를 찾을 수 있다. $\mathbf{d}$를 탐색 방향이라고 하고, 모델을 다음과 같다고 하자.

$$q(\mathbf{d}) = \mathbf{d}^\top \mathbf{H}\mathbf{d} + \mathbf{b}^\top \mathbf{d} + \mathbf{c}$$

여기서 $\mathbf{H}$는 어떤 대칭 행렬이다. 이 경우 헤시안 행렬은 무엇인가? $\mathbf{d} = 0$일 때, q의 그래디언트는 무엇인가? 탐색 방향 $\mathbf{d}$를 얻고자 2차함수 모델에 켤레 그래디언트법을 적용할 때 무엇이 잘못될 수 있나?

연습 5.5 네스테로프 모멘텀이 모멘텀보다 개선된 점이 무엇인가?

연습 5.6 켤레 그래디언트법은 최대 그래디언트 하강법에 비해 어떤 점이 개선된 것인가?

연습 5.7 켤레 그래디언트에서 함수 $f(x,y) = x^2 + xy + y^2 + 5$가 $(x,y) = (1,\ 1)$에서 초기화할 때 한 번 반복 시행 시 정규화된 경사 방향은 무엇인가?

연습 5.8 3차원 유클리디언 공간에서 모든 $\mathbf{x}$에 대해 $f(\mathbf{x}) > 2$와 같은 고차함수 f를 갖고 있다고 하자. 각 스텝에서 최적화된 스텝 길이로 최대 그래디언트 하강을 사용해 f의 국지적 극소점을 찾고자 한다. 만약 비정규화된 하강 방향이 스텝 k에서 $[1,\ 2,\ 3]$이라면 스텝 $k+1$에서 비정규화된 하강 방향이 $[0,\ 0,\ -3]$이 될 수 있는지? 왜 또는 왜 아닌지?

06 2계 도함수법

5장에서 그래디언트를 사용해 목적 함수의 1계 근사를 하는 최적화 방법에 초점을 맞췄다. 6장은 탐색을 지도하고자 일변수 최적화에서 2차 미분 또는 다변수 최적화에서 헤시안을 사용하는 2계 근사법을 이용하는 것에 초점을 맞춘다. 이 추가적인 정보는 하강 알고리즘의 방향과 스텝 길이의 선택에 유용하게 사용될 수 있어 국지적 모델의 성능을 향상시킬 수 있다.

6.1 뉴턴법

설계점에 대한 함숫값과 그래디언트를 아는 것은 진행 방향을 결정하는 데 도움이 되지만, 1계 정보는 국지적 극소점에 도달하는 데 얼마나 멀리 스텝을 택해야 하는지를 결정하는 데는 직접적으로 도움이 되지 않는다. 2계 정보는 반면 목적 함수의 2차식 근사를 가능하게 해 그림 6.1에 보이는 바와 같이 국지적 극소점에 도달하는 데 올바른 스텝 크기를 근사할 수 있도록 한다. 3장에서 2차 적합 탐색에서 본 바와 같이 2차식 근사가 0 그래디언트를 갖는 위치를 분석적으로 구할 수 있다. 그러면 이 위치를 다음 반복 시행으로 사용해 국지적 극소점에 도달할 수 있다.

일변수 최적화에서 $x^{(k)}$ 주변에서의 2차식 근사는 2계 테일러 전개로부터 얻어진다.

$$q(x) = f(x^{(k)}) + (x - x^{(k)})f'(x^{(k)}) + \frac{(x - x^{(k)})^2}{2} f''(x^{(k)}) \tag{6.1}$$

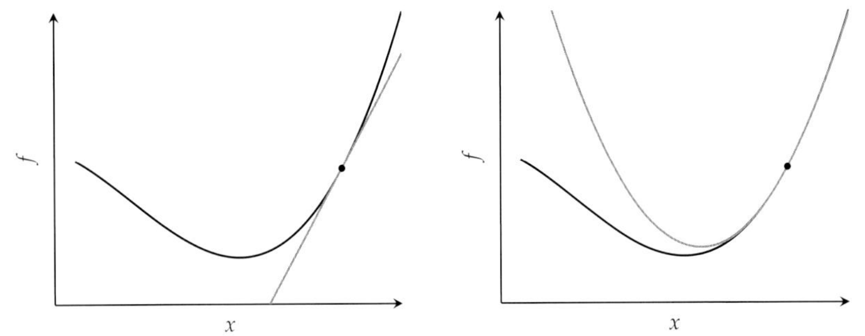

◀ **그림 6.1** 1계 근사와 2계 근사의 비교. 접시 모양의 2차 근사는 미분이 0이 되는 유일한 위치를 갖는다.

미분을 0으로 놓고 근의 해를 구하면 뉴턴법의 업데이트식을 구할 수 있다.

$$\frac{\partial}{\partial x} q(x) = f'(x^{(k)}) + (x - x^{(k)})f''(x^{(k)}) = 0 \tag{6.2}$$

$$x^{(k+1)} = x^{(k)} - \frac{f'(x^{(k)})}{f''(x^{(k)})} \tag{6.3}$$

이 업데이트는 그림 6.2에서 볼 수 있다.

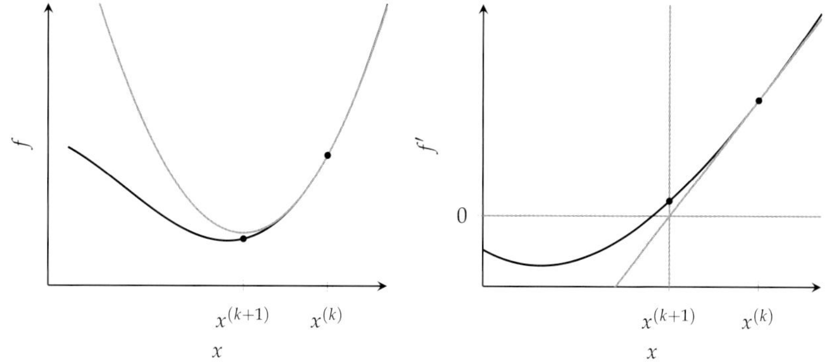

◀ **그림 6.2** 뉴턴법은 $(x, f'(x))$에서 접선을 취해서 x축과의 교차점을 찾고, 그 x를 다음 설계점의 x값으로 사용함으로써 반복적으로 일변수 설계점을 개선하는 근찾기 방법(root-finding method)을 f'에 적용하는 것으로 해석할 수 있다.

뉴턴법의 업데이트 법칙은 2차 도함수로 나누는 것이 포함된다. 만약 2차 미분이 0이면 업데이트가 정의되지 않는다. 이러한 경우는 수평선에서 2차 근사를 할 때 발생한다. 또한 2차 미분이 0에 가까울 때 불안정적이 된다. 이러한 경우는 다음 반복점이 현재의 설계점으로부터 매우 멀리, 즉 국지적 2차 근사가 유효한 곳으로부터 매우 멀리 떨어져 있을 때 발생한다. 국지적 근사가 나쁘면 뉴턴법의 성과도 나빠진다. 그림 6.3은 이러한 종류의 실패 경우를 보여 준다.

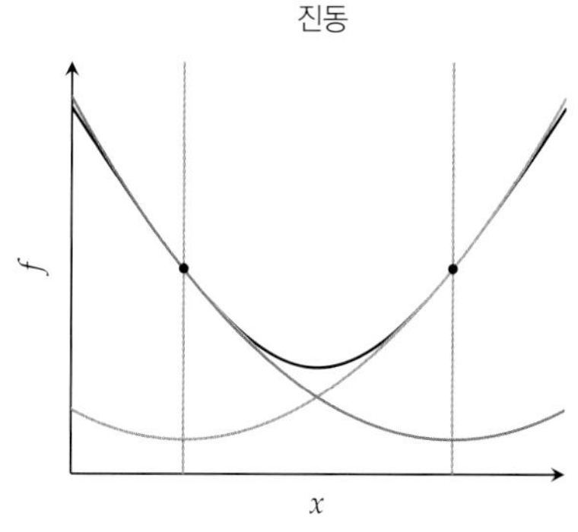

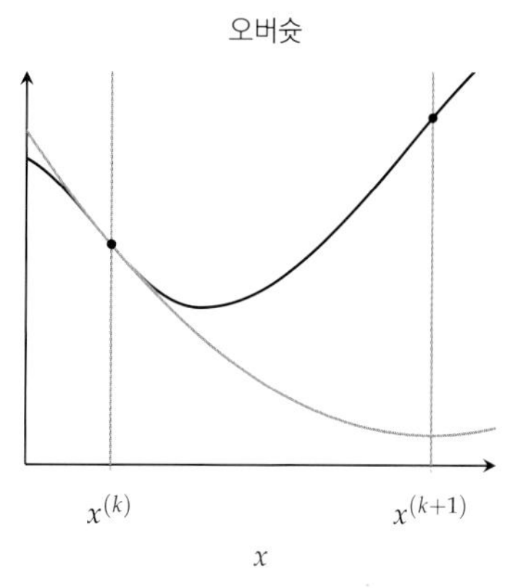

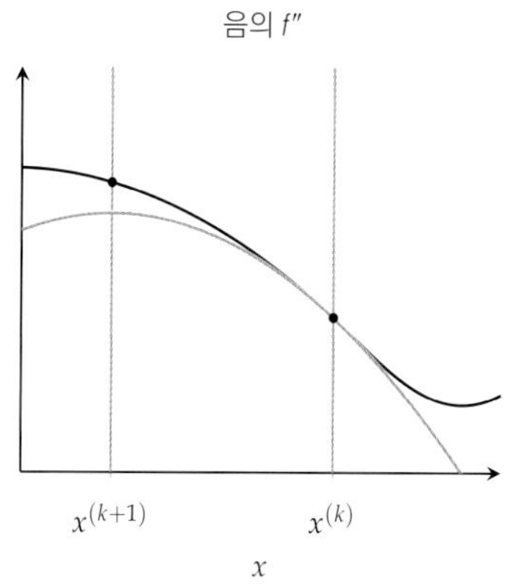

▲ **그림 6.3** 뉴턴법의 실패 경우

뉴턴법은 국지적 극소점에 충분히 근접한 접시와 같은 영역에 있을 때 빠르게 수렴하는 경향이 있다. 극소점과 시행점 간의 차이가 매 반복 시행에 제곱으로 근사되는 것을 의미하는 2차 수렴성quadratic convergence을 갖는다. 이 수렴 속도는 근 x^*의 δ 거리 내에 있는 $x^{(1)}$에서 시작하는 뉴턴법에서 다음 조건을 만족할 때 성립한다.[1]

- I 내의 모든 점에 대해서 $f''(x) \neq 0$
- $f'''(x)$가 I에서 연속이고,
- 어떤 $c < \infty$에 대해서 $\frac{1}{2}\left|\frac{f'''(x^{(1)})}{f''(x^{(1)})}\right| < c\left|\frac{f'''(x^*)}{f''(x^*)}\right|$

여기서 $I = [x^* - \delta, x^* + \delta]$인 구간이다. 마지막 조건은 오버슛을 방지한다.

1 마지막 조건은 충분한 근접성(sufficient closeness)을 부과함으로써 함수가 테일러 전개에 의해 충분히 근사되도록 한다. J. Stoer and R. Bulirsch, *Introduction to Numerical Analysis*, 3rd ed. Springer, 2002.

뉴턴법은 다변수 최적화에 확장될 수 있다(알고리즘 6.1). $\mathbf{x}^{(k)}$에서 다변수 2계 테일러 전개는 다음과 같다.

$$f(\mathbf{x}) \approx q(\mathbf{x}) = f(\mathbf{x}^{(k)}) + (\mathbf{g}^{(k)})^\top(\mathbf{x} - \mathbf{x}^{(k)}) + \frac{1}{2}(\mathbf{x} - \mathbf{x}^{(k)})^\top \mathbf{H}^{(k)}(\mathbf{x} - \mathbf{x}^{(k)}) \tag{6.4}$$

여기서 $\mathbf{g}^{(k)}$와 $\mathbf{H}^{(k)}$는 각각 $\mathbf{x}^{(k)}$에서의 그래디언트와 헤시안이다.

그래디언트를 평가하고 0으로 설정한다.

$$\nabla q(\mathbf{x}^{(k)}) = \mathbf{g}^{(k)} + \mathbf{H}^{(k)}(\mathbf{x} - \mathbf{x}^{(k)}) = \mathbf{0} \tag{6.5}$$

다음 반복 시행점을 계산하고, 다변수 형태의 뉴턴법을 얻는다.

$$\mathbf{x}^{(k+1)} = \mathbf{x}^{(k)} - (\mathbf{H}^{(k)})^{-1}\mathbf{g}^{(k)} \tag{6.6}$$

만약 f가 2차식이고, 그 헤시안이 양정부호 행렬이라면 업데이트는 한 번에 전역적 극소점에 수렴한다. 일반적인 함수에 대해서 뉴턴법은 종종 x가 주어진 허용값 이상으로 변화하지 않으면 종료된다.[2] 예제 6.1은 함수를 최소화하려면 뉴턴법이 어떻게 사용될 수 있는지 보여 준다.

2 하강법에 대한 종료 조건은 5장에서 소개한다.

예제 6.1 부스(Booth) 함수(부록 B.6 참고)를 최소화하고자 사용된 뉴턴법

$\mathbf{x}^{(1)} = [9, 8]$로 하고, 뉴턴법을 사용해 다음과 같은 부스 함수를 최소화하고자 한다.

$$f(\mathbf{x}) = (x_1 + 2x_2 - 7)^2 + (2x_1 + x_2 - 5)^2$$

부스 함수의 그래디언트는 다음과 같다.

$$\nabla f(\mathbf{x}) = [10x_1 + 8x_2 - 34, 8x_1 + 10x_2 - 38]$$

부스 함수의 헤시안은 다음과 같다.

$$\mathbf{H}(\mathbf{x}) = \begin{bmatrix} 10 & 8 \\ 8 & 10 \end{bmatrix}$$

뉴턴법의 첫 번째 반복 시행은 다음을 산출한다.

$$\begin{aligned} \mathbf{x}^{(2)} = \mathbf{x}^{(1)} - \left(\mathbf{H}^{(1)}\right)^{-1}\mathbf{g}^{(1)} &= \begin{bmatrix} 9 \\ 8 \end{bmatrix} - \begin{bmatrix} 10 & 8 \\ 8 & 10 \end{bmatrix}^{-1} \begin{bmatrix} 10 \cdot 9 + 8 \cdot 8 - 34 \\ 8 \cdot 9 + 10 \cdot 8 - 38 \end{bmatrix} \\ &= \begin{bmatrix} 9 \\ 8 \end{bmatrix} - \begin{bmatrix} 10 & 8 \\ 8 & 10 \end{bmatrix}^{-1} \begin{bmatrix} 120 \\ 114 \end{bmatrix} = \begin{bmatrix} 1 \\ 3 \end{bmatrix} \end{aligned}$$

$\mathbf{x}^{(2)}$에서의 그래디언트는 0이므로 한 번 반복 시행 후 수렴을 달성한 것이다. 헤시안은 모든 곳에서 양정부호다. 따라서 $\mathbf{x}^{(2)}$는 전역적 극소점이다.

뉴턴법은 라인 탐색에 하강 방향을 제공하고자 사용될 수도 있고, 스텝 팩터를 사용하도록 수정될 수도 있다.[3] 극소점으로의 더 작은 스텝 또는 하강 방향을 따르는 라인 탐색은 방법을 더욱 강건robust하게 만든다. 하강 방향은 다음과 같다.[4]

$$\mathbf{d}^{(k)} = -(\mathbf{H}^{(k)})^{-1}\mathbf{g}^{(k)} \tag{6.7}$$

3 5장 참고.

4 뉴턴법에 의해 주어지는 하강 방향은 자연 그래디언트(natural gradient) 또는 공변 그래디언트(covariant gradient)와 유사하다. S. Amari, "Natural Gradient Works Efficiently in Learning," *Neural Computation*, vol. 10, no. 2, pp. 251–276, 1998.

```
function newtons_method(∇f, H, x, ϵ, k_max)
    k, Δ = 1, fill(Inf, length(x))
    while norm(Δ) > ϵ && k ≤ k_max
        Δ = H(x) \ ∇f(x)
        x -= Δ
        k += 1
    end
    return x
end
```

알고리즘 6.1 뉴턴법은 함수의 그래디언트 ∇f, 목적 함수의 헤시안 H, 초기점 x, 스텝 크기 허용값 ϵ와 최대 반복수 k_max를 인수로 취한다.

6.2 시컨트법

일변수 함수 최적화를 위한 뉴턴법 1계 미분과 2계 미분인 f'과 f''가 필요하다. 많은 경우 f'는 알려져 있지만, 2계 미분은 그렇지 못하다. 시컨트법secant method은 2계 미분의 추정값을 사용해 뉴턴법을 적용하므로 f'만 필요하다(알고리즘 6.2). 이러한 특성은 시컨트법이 실무에 사용하기 더욱 편리하게 한다.

시컨트법은 2계 미분을 근사하고자 마지막 2개의 반복 시행점을 사용한다.

$$f''(x^{(k)}) \approx \frac{f'(x^{(k)}) - f'(x^{(k-1)})}{x^{(k)} - x^{(k-1)}} \tag{6.8}$$

이 추정값을 뉴턴법에 대입한다.

$$x^{(k+1)} \leftarrow x^{(k)} - \frac{x^{(k)} - x^{(k-1)}}{f'(x^{(k)}) - f'(x^{(k-1)})} f'(x^{(k)}) \tag{6.9}$$

시컨트법은 추가적인 초기 설계점을 요구한다. 2계 미분을 근사하기 때문에 뉴턴법과 동일한 문제를 겪으며, 수렴하는 데 더 많은 반복 시행을 취할 수 있다.

```
function secant_method(f′, x0, x1, ϵ)
    g0 = f′(x0)
    Δ = Inf
    while abs(Δ) > ϵ
        g1 = f′(x1)
        Δ = (x1 - x0)/(g1 - g0)*g1
        x0, x1, g0 = x1, x1 - Δ, g1
    end
    return x1
end
```

알고리즘 6.2 일변수 함수 최소화를 위한 시컨트법. 입력은 목표 함수의 1계 미분 `f′`, 2개의 초기점 `x0`과 `x1`과 희망 허용값 `ϵ`이다. 마지막 x-좌표가 반환된다.

6.3 준뉴턴법

시컨트법이 일변수 경우에 f''를 근사하는 것과 똑같이 준뉴턴법quasi-Newton method은 역헤시안을 근사한다. 준뉴턴법 업데이트는 다음과 같은 형태를 갖는다.

$$\mathbf{x}^{(k+1)} \leftarrow \mathbf{x}^{(k)} - \alpha^{(k)}\mathbf{Q}^{(k)}\mathbf{g}^{(k)} \tag{6.10}$$

여기서 $\alpha^{(k)}$는 스칼라 스텝 팩터이고, $\mathbf{Q}^{(k)}$는 $\mathbf{x}^{(k)}$에서의 헤시안의 역수를 근사한다.

이 종류의 방법들은 일반적으로 $\mathbf{Q}^{(1)}$을 단위 행렬identity matrix로 설정하고 나서 각 반복 시행 시 학습된 정보를 반영하는 업데이트를 한다. 여러 준뉴턴법의 수식을 단순화하고자 다음을 정의한다.

$$\boldsymbol{\gamma}^{(k+1)} \equiv \mathbf{g}^{(k+1)} - \mathbf{g}^{(k)} \tag{6.11}$$

$$\boldsymbol{\delta}^{(k+1)} \equiv \mathbf{x}^{(k+1)} - \mathbf{x}^{(k)} \tag{6.12}$$

데이비돈-플렛처-파월DFP, Davidon-Fletcher-Powell법(알고리즘 6.3)은 다음을 이용한다.[5]

5 원래의 개념은 기술보고서 W. C. Davidon, "Variable Metric Method for Minimization," Argonne National laboratory, Tech. Rep. ANL-5990, 1959에 게재됐다. 나중에 W. C. Davidon, "Variable Metric Method for Minimization," *SIAM Journal on Optimization*, vol. 1, no. 1, pp. 1–17, 1991에 발표된다. 이 방법은 R. Fletcher and M. J. D. Powell, "A Rapidly Convergent Descent Method for Minimization," *The Computer Journal*, vol. 6, no. 2, pp. 163–168, 1963에 의해 수정된다.

$$\mathbf{Q} \leftarrow \mathbf{Q} - \frac{\mathbf{Q}\boldsymbol{\gamma}\boldsymbol{\gamma}^\top\mathbf{Q}}{\boldsymbol{\gamma}^\top\mathbf{Q}\boldsymbol{\gamma}} + \frac{\boldsymbol{\delta}\boldsymbol{\delta}^\top}{\boldsymbol{\delta}^\top\boldsymbol{\gamma}} \tag{6.13}$$

여기서 오른쪽의 모든 항은 반복 시행 k에서 평가된다.

DFP에서 $\mathbf{Q}$에 대한 업데이트는 다음 세 가지 특성을 갖는다.

1. $\mathbf{Q}$는 대칭이고 양정부호 행렬을 유지한다.
2. 만약 $f^{(x)} = \frac{1}{2}\mathbf{x}^\top\mathbf{A}\mathbf{x} + \mathbf{b}^\top\mathbf{x} + c$이면, $\mathbf{Q} = \mathbf{A}^{-1}$이다. 따라서 DFP는 켤레 그래디언트법과 동일한 수렴 특성을 지닌다.
3. 고차원 문제의 경우 켤레 그래디언트법과 같은 다른 문제에 비해서 $\mathbf{Q}$를 저장하고 업데이트하는 것이 중요하다.

알고리즘 6.3 DFP 하강법

```
mutable struct DFP <: DescentMethod
    Q
end
function init!(M::DFP, f, ∇f, x)
    m = length(x)
    M.Q = Matrix(1.0I, m, m)
    return M
end
function step!(M::DFP, f, ∇f, x)
    Q, g = M.Q, ∇f(x)
    x′ = line_search(f, x, -Q*g)
    g′ = ∇f(x′)
    δ = x′ - x
    γ = g′ - g
    Q[:] = Q - Q*γ*γ'*Q/(γ'*Q*γ) + δ*δ'/(δ'*γ)
    return x′
end
```

DFP에 대응 방법인 브로이던-플렛처-골드파브-샤노BFGS, Broyden-Fletcher-Goldfarb-Shanno법(알고리즘 6.4)은 다음을 사용한다.[6]

6 R. Fletcher, Practical Methods of Optimization, 2nd ed. Wiley, 1987.

$$\mathbf{Q} \leftarrow \mathbf{Q} - \left(\frac{\boldsymbol{\delta}\boldsymbol{\gamma}^\top\mathbf{Q} + \mathbf{Q}\boldsymbol{\gamma}\boldsymbol{\delta}^\top}{\boldsymbol{\delta}^\top\boldsymbol{\gamma}}\right) + \left(1 + \frac{\boldsymbol{\gamma}^\top\mathbf{Q}\boldsymbol{\gamma}}{\boldsymbol{\delta}^\top\boldsymbol{\gamma}}\right)\frac{\boldsymbol{\delta}\boldsymbol{\delta}^\top}{\boldsymbol{\delta}^\top\boldsymbol{\gamma}} \tag{6.14}$$

알고리즘 6.4 BFGS 하강법

```
mutable struct BFGS <: DescentMethod
    Q
end
function init!(M::BFGS, f, ∇f, x)
    m = length(x)
    M.Q = Matrix(1.0I, m, m)
    return M
end
function step!(M::BFGS, f, ∇f, x)
    Q, g = M.Q, ∇f(x)
    x′ = line_search(f, x, -Q*g)
    g′ = ∇f(x′)
    δ = x′ - x
    γ = g′ - g
    Q[:] = Q - (δ*γ'*Q + Q*γ*δ')/(δ'*γ) +
               (1 + (γ'*Q*γ)/(δ'*γ))[1]*(δ*δ')/(δ'*γ)
    return x′
end
```

BFGS는 근사적 라인 탐색으로 DFP보다 성과가 더 좋지만, 여전히 $n \times n$의 밀집 행렬dense matrix을 사용한다. 공간이 문제되는 매우 큰 문제에 대해서 BFGS를 근사하고자 메모리 제한Limited-memory BFGS법(알고리즘 6.5) 또는 L-BFGS를 사용할 수 있다.[7] L-BFGS는 전체 헤시안의 역행렬이 아니라 $\boldsymbol{\delta}$와 $\boldsymbol{\gamma}$에 대한 마지막 m 값만을 저장한다. 여기서 $i=1$은 가장 오래된 값의 인덱스이며, $i=m$은 가장 최근의 인덱스다.

7 J. Nocedal, "Updating Quasi-Newton Matrices with Limited Storage," *Mathematics of Computation*, vol. 35, no. 151, pp. 773–782, 1980.

$\mathbf{x}$에서 하강 방향 $\mathbf{d}$를 계산하는 과정은 $\mathbf{q}^{(m)} = \Delta f(\mathbf{x})$를 계산하는 것으로부터 시작한다. $m-1$에서부터 1로 내려가는 i에 대한 나머지 벡터 $\mathbf{q}^{(i)}$는 다음을 사용해 계산된다.

$$\mathbf{q}^{(i)} = \mathbf{q}^{(i+1)} - \frac{\left(\boldsymbol{\delta}^{(i+1)}\right)^\top \mathbf{q}^{(i+1)}}{\left(\boldsymbol{\gamma}^{(i+1)}\right)^\top \boldsymbol{\delta}^{(i+1)}} \boldsymbol{\gamma}^{(i+1)} \tag{6.15}$$

이들 벡터는 다른 m+1개의 벡터를 계산하고자 사용된다. 이는 다음에서부터 시작한다.

$$\mathbf{z}^{(0)} = \frac{\boldsymbol{\gamma}^{(m)} \odot \boldsymbol{\delta}^{(m)} \odot \mathbf{q}^{(m)}}{\left(\boldsymbol{\gamma}^{(m)}\right)^\top \boldsymbol{\gamma}^{(m)}} \tag{6.16}$$

이후 다음에 따라 i에 대한 $\mathbf{z}^{(i)}$를 1부터 m까지 진행된다.

$$\mathbf{z}^{(i)} = \mathbf{z}^{(i-1)} + \boldsymbol{\delta}^{(i-1)} \left(\frac{\left(\boldsymbol{\delta}^{(i-1)}\right)^\top \mathbf{q}^{(i-1)}}{\left(\boldsymbol{\gamma}^{(i-1)}\right)^\top \boldsymbol{\delta}^{(i-1)}} - \frac{\left(\boldsymbol{\gamma}^{(i-1)}\right)^\top \mathbf{z}^{(i-1)}}{\left(\boldsymbol{\gamma}^{(i-1)}\right)^\top \boldsymbol{\delta}^{(i-1)}} \right) \tag{6.17}$$

하강 방향은 $\mathbf{d} = -\mathbf{z}^{(m)}$이다.

최소화를 위해 역헤시안 $\mathbf{Q}$는 반드시 양정부호여야 한다. 최초의 헤시안은 흔히 다음의 대각 행렬로 설정된다.

$$\mathbf{Q}^{(1)} = \frac{\boldsymbol{\gamma}^{(1)} \left(\boldsymbol{\delta}^{(1)}\right)^\top}{\left(\boldsymbol{\gamma}^{(1)}\right)^\top \boldsymbol{\gamma}^{(1)}} \tag{6.18}$$

위 표현의 대각 행렬을 계산해 그 결과를 $\mathbf{z}^{(1)} = \mathbf{Q}^{(1)}\mathbf{q}^{(1)}$을 대입하면 $\mathbf{z}^{(1)}$에 대한 식을 얻을 수 있다.

```
mutable struct LimitedMemoryBFGS <: DescentMethod
    m
    δs
    γs
    qs
end
function init!(M::LimitedMemoryBFGS, f, ∇f, x)
    M.δs = []
    M.γs = []
    M.qs = []
    return M
end
function step!(M::LimitedMemoryBFGS, f, ∇f, x)
    δs, γs, qs, g = M.δs, M.γs, M.qs, ∇f(x)
    m = length(δs)
    if m > 0
        q = g
        for i in m : -1 : 1
            qs[i] = copy(q)
            q -= (δs[i]⋅q)/(γs[i]⋅δs[i])*γs[i]
        end
        z = (γs[m] .* δs[m] .* q) / (γs[m]⋅γs[m])
        for i in 1 : m
            z += δs[i]*(δs[i]⋅qs[i] - γs[i]⋅z)/(γs[i]⋅δs[i])
        end
        x′ = line_search(f, x, -z)
    else
        x′ = line_search(f, x, -g)
    end
    g′ = ∇f(x′)
    push!(δs, x′ - x); push!(γs, g′ - g)
    push!(qs, zeros(length(x)))
    while length(δs) > M.m
        popfirst!(δs); popfirst!(γs); popfirst!(qs)
    end
    return x′
end
```

알고리즘 6.5 메모리 제한 BFGS 하강법은 근사된 역헤시안 전체를 저장하는 것을 피한다. 파라미터 m은 샘플 크기를 결정한다. `LimitedMeoryBFGS` 타입도 스텝 차이 δs, 그래디언트 변화 γs와 저장 벡터 qs를 저장한다.

6.3절에서 논의한 준뉴턴법들이 그림 6.4에서 비교되고 있다. 이들은 흔히 매우 유사한 성과를 보인다.

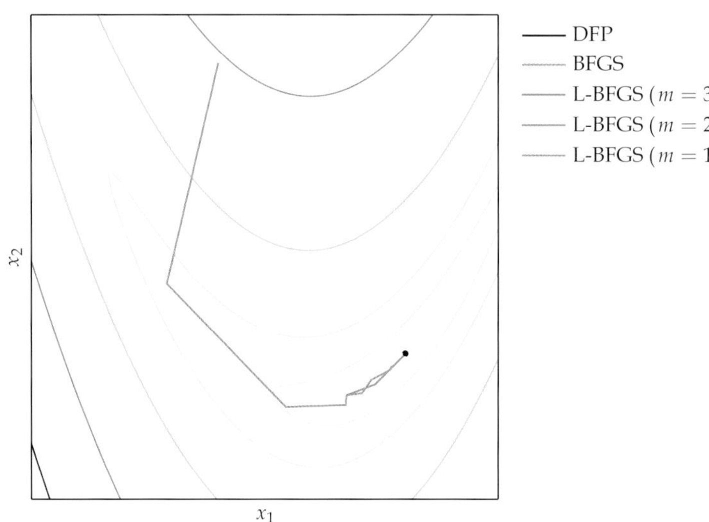

그림 6.4 로젠브록 함수(부록 B.6 참고)에 적용된 여러 준뉴턴법의 비교. L-BFGS만이 샘플 크기 m이 1일 때 벗어나는 것을 제외하고는 모든 방법들이 거의 동일한 업데이트를 갖는다.

6.4 요약

- 2계 정보를 더하면 흔히 수렴의 속도를 향상시킬 수 있다.
- 뉴턴법은 국지적 극소점에 빠르게 하강하고자 2계 정보를 이용하는 근찾기 방법이다.
- 시컨트법과 준뉴턴법은 2계 정보를 직접 구할 수 없을 때 뉴턴법을 근사한다.

6.5 연습문제

연습 6.1 1계 정보로 부족한 수렴에 대해서 2계 정보가 어떤 이점을 제공하는가?

연습 6.2 1차원에서 근을 구할 때 언제 양단법^bisection method^ 대신 뉴턴법^Newton's method^을 사용하는가?

연습 6.3 시작점은 임의로 선택하고, $f(x) = x^2$에 대해 뉴턴법을 적용해 보라. 수렴하려면 몇 스텝이 필요한가?

연습 6.4 시작점 $\mathbf{x}^{(1)} = [1, 1]$로 하고, $f(x) = \frac{1}{2}\mathbf{x}^\top\mathbf{H}\mathbf{x}$에 대해 뉴턴법을 적용해 보라. 어떤 것이 관찰되는가? $\mathbf{H}$를 다음과 같이 사용하라.

$$\mathbf{H} = \begin{bmatrix} 1 & 0 \\ 0 & 1000 \end{bmatrix} \tag{6.19}$$

다음 동일한 문제에 대해 비정규화된 그래디언트로 스텝을 진행하는 그래디언트 하강법을 적용하라. 알고리즘의 2스텝을 실행하라. 어떤 것을 관찰할 수 있는가? 마지막으로 켤레 그래디언트법을 적용하라. 수렴하려면 몇 스텝이 필요한가?

연습 6.5 $x^{(1)} = -3$이고 $x^{(0)} = -4$일 때 $f(x) = x^2 + x^4$에 대해 뉴턴법과 시컨트법을 비교하라. 각 방법을 10번 반복 시행하라. 2개의 그래프를 그려라.

1. 각 방법에서 반복 시행에 대한 f의 그래프를 그려라.
2. x에 대한 f'의 그래프. 각 방법의 진행을 겹쳐서 그려라. 이행 시마다 $(x^{(i)}, f'(x^{(i)}))$에서 $(x^{(i+1)}, 0)$을 그리고 여기서 $(x^{(i+1)}, f'(x^{(i+1)}))$로의 선[8]을 그려라.

이러한 비교로 어떤 결론을 낼 수 있는가?

8 지그재그로 선이 그려질 것이다. – 옮긴이

연습 6.6 점들의 순서열 $x^{(1)}$, $x^{(2)}$, …과 $f(x^{(1)}) > f(x^{(2)}) > \cdots$ 같은 함수 f, 하지만 순서열이 국지적 극소점에 수렴하지 않는 예를 들어라. f는 아래로 유계bounded from below라고 가정한다.

연습 6.7 준뉴턴법이 뉴턴법보다 우월한 점이 무엇인가?

연습 6.8 BFGS 업데이트가 존재하지 않는 경우의 예를 들어라. 이 경우 어떻게 할 것인가?

연습 6.9 함수 $f(\mathbf{x}) = (x_1 + 1)^2 + (x_2 + 3)^2 + 4$가 있다고 가정하자. 원점origin에서 시작한다면 뉴턴법으로 한 스텝 진행했을 때 결과되는 점은 무엇인가?

연습 6.10 이 문제에서 DFP 업데이트가 얻어지는 최적화 문제를 도출할 것이다. $\mathbf{x}^{(k)}$에서의 2차 근사식으로 시작하자.

$$f^{(k)}(\mathbf{x}) = y^{(k)} + \left(\mathbf{g}^{(k)}\right)^\top \left(\mathbf{x} - \mathbf{x}^{(k)}\right) + \frac{1}{2}\left(\mathbf{x} - \mathbf{x}^{(k)}\right)^\top \mathbf{H}^{(k)} \left(\mathbf{x} - \mathbf{x}^{(k)}\right)$$

여기서 $y^{(k)}$, $\mathbf{g}^{(k)}$와 $\mathbf{H}^{(k)}$는 $\mathbf{x}^{(k)}$에서의 목적 함숫값, 실제 그래디언트와 양정부호 헤시안 근사 행렬이다.

다음 반복 시행점이 라인 탐색을 통해 다음과 같이 얻어진다.

$$\mathbf{x}^{(k+1)} \leftarrow \mathbf{x}^{(k)} - \alpha^{(k)} \left(\mathbf{H}^{(k)}\right)^{-1} \mathbf{g}^{(k)}$$

$\mathbf{x}^{(k+1)}$에서 새로운 2차 근사식 $f^{(k+1)}$을 만들 수 있다. 근사식은 다음과 같이 국지적 함수 평가가 올바른 것이어야 하고,

$$f^{(k+1)}(\mathbf{x}^{(k+1)}) = y^{(k+1)}$$

국지적 그래디언트가 올바르고,

$$\nabla f^{(k+1)}(\mathbf{x}^{(k+1)}) = \mathbf{g}^{(k+1)}$$

이전의 그래디언트가 올바른 것이어야 한다.

$$\nabla f^{(k+1)}(\mathbf{x}^{(k)}) = \mathbf{g}^{(k)}$$

헤시안 근사식을 업데이트해서 $\mathbf{H}^{(k+1)}$을 얻으려면 다음이 필요하다는 것을 보여라.[9]

$$\mathbf{H}^{(k+1)}\boldsymbol{\delta}^{(k+1)} = \boldsymbol{\gamma}^{(k+1)}$$

그리고 나서 $\mathbf{H}^{(k+1)}$이 양정부호가 되려면 다음이 필요하다는 것을 보여라.[10]

$$\left(\boldsymbol{\delta}^{(k+1)}\right)^{\top}\boldsymbol{\gamma}^{(k+1)} > 0$$

마지막으로 곡률 곡선을 충족한다고 가정할 때 H(k+1)을 얻고자 다음 최적화 문제를 풀어야 하는 이유를 설명하라.[11]

$$\begin{aligned} \underset{\mathbf{H}}{\text{minimize}} \quad & \left\|\mathbf{H} - \mathbf{H}^{(k)}\right\| \\ \text{subject to} \quad & \mathbf{H} = \mathbf{H}^{\top} \\ & \mathbf{H}\delta^{(k+1)} = \gamma^{(k+1)} \end{aligned}$$

여기서 $\|\mathbf{H} - \mathbf{H}^{(k)}\|$는 $\mathbf{H}$와 $\mathbf{H}^{(k)}$의 거리를 정의하는 행렬놈matrix norm이다.

9 이 조건은 시컨트 방정식(Secant equation)이라 불린다. 벡터 δ와 γ는 식 (6.11)에 정의된다.

10 이 조건은 곡률 조건(curvature condition)이라 불린다. 라인 탐색 동안 울프 조건을 사용해 부과될 수 있다.

11 데이비돈-플레처-파월 업데이트는 해석적 해를 구하기 위한 이와 같은 최적화 문제를 풀고, 이에 상응하는 역헤시안의 근사를 위한 업데이트 방정식을 발견함으로써 얻어진다.

07 직접법

직접법direct method은 오로지 목적 함수 f에만 의존한다. 이 방법은 0계zero-order, 블랙박스black box, 패턴 탐색pattern search, 미분 프리derivative free 방법이라고 불린다. 직접법은 국지적 극소점으로 인도하고자 또는 국지적 극소점에 도달한 것을 식별하고자 미분 정보에 의존하지 않는다. 다음 탐색 방향을 선택하고 수렴된 것을 판단하고자 다른 기준을 사용한다.

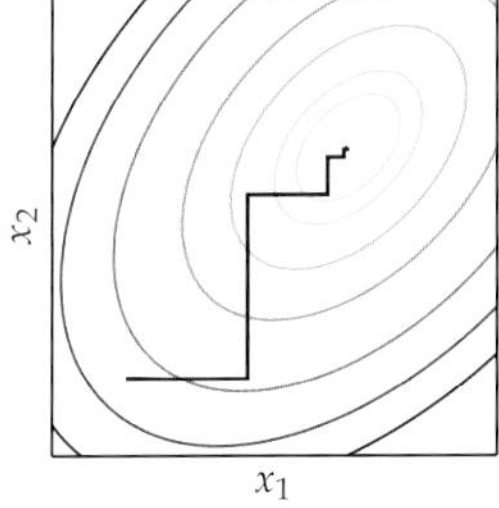

▲ **그림 7.1** 순환 좌표 하강법은 좌표 방향을 번갈아 바꾼다.

7.1 순환적 좌표 탐색

순환적 좌표 탐색cyclic coordinate search은 좌표 하강coordinate descent 또는 택시캡 탐색taxicab search으로도 알려져 있으며, 단순히 좌표 방향을 번갈아가면서 라인 탐색을 하는 것이다. 탐색은 초깃값 $\mathbf{x}^{(1)}$에서 시작하고, 첫 번째 입력을 최적화한다.

$$\mathbf{x}^{(2)} = \underset{x_1}{\arg\min} f(x_1, x_2^{(1)}, x_3^{(1)}, \ldots, x_n^{(1)}) \tag{7.1}$$

이를 풀고 나서, 다음 좌표에 대해서 최적화한다.

$$\mathbf{x}^{(3)} = \underset{x_2}{\arg\min} f(x_1^{(2)}, x_2, x_3^{(2)}, \ldots, x_n^{(2)}) \tag{7.2}$$

이 과정은 n 기저 벡터basis vector의 집합을 따라서 일련의 라인 탐색을 실행하는 것과 동일하다. 여기서 i번째 기저 벡터는 값을 1로 갖는 i번째 원소를 제외하고 모든 원소가 0인 벡터다(알고리즘 7.1). 예를 들어, 4차원 공간에서 $\mathbf{e}^{(3)}$으로 표기되는 3번째 기저 함수는 다음과 같다.

$$\mathbf{e}^{(3)} = [0, 0, 1, 0] \tag{7.3}$$

```
basis(i, n) = [k == i ? 1.0 : 0.0 for k in 1 : n]
```

알고리즘 7.1 길이 n의 i번째 기저 벡터를 만드는 함수

그림 7.1은 2차원 공간에 대한 탐색의 예를 보여 준다.

최대 하강경사와 같이 순환 좌표 탐색도 반복 시행마다 개선되거나 동일하게 남는 게 보장된다. 모든 좌표에 대한 전체 순환주기가 끝난 후에도 의미 있는 개선이 없다면 수렴됐다는 것을 가리킨다. 알고리즘 7.2는 구현법을 제공한다. 그림 7.2에서 보여 주는 바와 같이 순환적 좌표 탐색은 심지어 국지적 극소점을 찾지 못할 수도 있다.

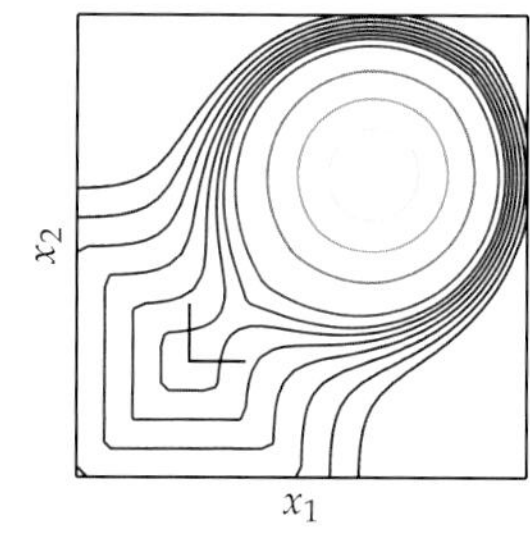

▲ **그림 7.2** 위 그림은 순환 좌표 탐색이 어떻게 정체될 수 있는가의 예다. 좌표 방향의 어느 쪽으로 움직여도 단지 f를 증가시킨다. 그러나 대각선으로 움직이면 f를 낮출 수 있는데 이는 순환 좌표 탐색에서는 허용되지 않는다.

```
function cyclic_coordinate_descent(f, x, ϵ)
    Δ, n = Inf, length(x)
    while abs(Δ) > ϵ
        x′ = copy(x)
        for i in 1 : n
            d = basis(i, n)
            x = line_search(f, x, d)
        end
        Δ = norm(x - x′)
    end
    return x
end
```

알고리즘 7.2 순환 좌표 하강법은 목적 함수 f와 시작점 x를 입력으로 취하며, 스텝 크기가 전체 순환주기에 걸쳐 주어진 허용값 ϵ보다 작아질 때까지 실행된다.

이 방법은 대각선 골짜기를 가로지르는 것을 돕고자 가속적 스텝으로 보강될 수 있다. $\mathbf{e}^{(1)}$을 따라 $\mathbf{x}^{(1)}$을 최적화하는 것으로 시작해서 $\mathbf{e}^{(n)}$을 따라 최적화한 후 $\mathbf{x}^{(n+1)}$로 끝나는 모든 전체 순환주기에 대해서 추가적인 라인 탐색이 $\mathbf{x}^{(n+1)} - \mathbf{x}^{(1)}$의 방향을 따라 실행될 수 있다. 구현은 알고리즘 7.3에 의해 제공되고, 예제 탐색 궤도는 그림 7.3에 보인다.

▲ **그림 7.3** 순화 좌표 하강법에 가속 스텝을 더하면 계곡을 가로지르는 것을 돕는다. 6개의 스텝이 원래 버전과 가속 버전에 대해서 보인다.

```
function cyclic_coordinate_descent_with_acceleration_step(f, x, ϵ)
    Δ, n = Inf, length(x)
    while abs(Δ) > ϵ
        x′ = copy(x)
        for i in 1 : n
            d = basis(i, n)
            x = line_search(f, x, d)
        end
        x = line_search(f, x, x - x′) # 가속 스텝(acceleration step)
        Δ = norm(x - x′)
    end
    return x
end
```

알고리즘 7.3 가속 스텝을 가진 순환적 좌표 하강법은 목적 함수 f와 시작점 x를 입력으로 취하며, 스텝 크기가 전체 순환주기에 걸쳐 주어진 허용값 ϵ보다 작아질 때까지 실행된다.

7.2 파월법

파월법Powell's method[1]은 서로 직교가 아닌 방향으로 탐색할 수 있다. 이 방법은 순환적 하강 또는 축과 일치하는 방향으로 탐색하는 다른 방법들에 대해 수많은 반복 시행을 요구하는 길고 좁은 골짜기에 대해서 자동적으로 조정할 수 있다.

1 파월법은 M. J. D. Powell, "An Efficient Method for Finding the Minimum of a Function of Several Variables Without Calculating Derivatives," *Computer Journal*, vol. 7, no. 2, pp 155–162, 1964에 의해 처음 도입됐으며, 그 개요는 WH. Press, S. A. Teukolsky, W. T. Vetterling, and B. P. Flannery, *Numerical Recipes in C: The Art of Scientific Computing*, Cambridge University, 1982. vol.2에 의해 소개되고 있다.

알고리즘은 $\mathbf{u}^{(1)}$, ⋯, $\mathbf{u}^{(n)}$의 탐색 방향 리스트를 유지하는데 이들의 초깃값은 좌표 기저 벡터, 즉 모든 i에 대해서 $\mathbf{u}^{(i)} = \mathbf{e}^{(i)}$다. $\mathbf{x}^{(1)}$에서 시작해서 파월법은 각 탐색 방향에 대해서 연속적으로 라인 탐색을 실행해 매번 설계점을 다음과 같이 업데이트한다.

$$\mathbf{x}^{(i+1)} \leftarrow \texttt{line\_search}(f, \mathbf{x}^{(i)}, \mathbf{u}^{(i)}) \ \{1, \ldots, n\}\text{의 모든 } i\text{에 대해서} \tag{7.4}$$

다음 모든 탐색 방향은 한 인덱스 아래로 내려서 가장 오래된 탐색 방향 $\mathbf{u}^{(1)}$을 떨어트린다.

$$\mathbf{u}^{(i)} \leftarrow \mathbf{u}^{(i+1)} \{1, \ldots, n-1\}\text{의 모든 } i\text{에 대해서} \tag{7.5}$$

마지막 탐색 방향은 $\mathbf{x}^{(1)}$로부터 $\mathbf{x}^{(n+1)}$로의 방향으로 대체하는데 이는 마지막 순환 주기에 걸친 전반적인 진행 방향이다.

$$\mathbf{u}^{(n)} \leftarrow \mathbf{x}^{(n+1)} - \mathbf{x}^{(1)} \tag{7.6}$$

그리고 새로운 방향을 따라 또 다른 라인 탐색을 실행해 새로운 $\mathbf{x}^{(1)}$을 얻는다. 이 과정이 수렴될 때까지 반복한다. 알고리즘 7.4는 구현법을 제공한다. 그림 7.4는 탐색 경로의 예를 보여 준다.

```
function powell(f, x, ϵ)
    n = length(x)
    U = [basis(i,n) for i in 1 : n]
    Δ = Inf
    while Δ > ϵ
        x′ = x
        for i in 1 : n
            d = U[i]
            x′ = line_search(f, x′, d)
        end
        for i in 1 : n-1
            U[i] = U[i+1]
        end
        U[n] = d = x′ - x
        x′ = line_search(f, x, d)
        Δ = norm(x′ - x)
        x = x′
    end
    return x
end
```

알고리즘 7.4 파월법은 목적 함수 f, 시작점 x와 허용값 ϵ를 취한다.

파월은 2차함수에 대해서 k의 완전 반복 시행을 끝낸 후, 마지막 k 방향은 상호 켤레 관계를 갖는다는 것을 증명했다. 상호 켤레인 방향을 따르는 n 라인 탐색은 2차함수를 최적화한다는 사실을 상기하라. 따라서 전체 $n(n+1)$개의 라인 탐색으로 이뤄지는 n 완전 반복 시행은 2차함수를 최소화한다.

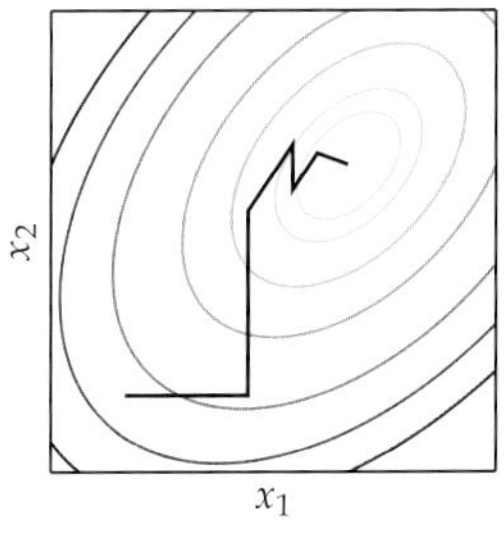

▲ **그림 7.4** 파월법은 순환 좌표 하강과 동일하게 시작하지만, 반복 시행을 통해 켤레 방향을 학습한다.

가장 오래된 탐색 방향을 떨어뜨리고, 전반적인 진행 방향으로 대체하는 절차는 탐색 방향이 선형 종속적이 되게 할 수 있다. 선형 독립적인 탐색 벡터 없이 탐색 방향은 더 이상 전체 설계 공간을 커버할 수 없고, 극소점을 발견하지 못할 수 있다. 이런 약점은 주기적으로 탐색 방향을 기저 벡터로 재설정함으로써 완화될 수 있다. n 또는 $n + 1$ 반복 시행마다 재설정하는 것을 추천한다.

7.3 후크-지브스법

후크-지브스법Hooke-Jeeves method(알고리즘 7.5)은 각 좌표 방향으로의 작은 스텝의 평가를 기반으로 탐색 공간을 가로지르는 것이다.[2] 반복 시행마다 후크-지브스법은 기준점anchoring point $\mathbf{x}$로부터의 모든 좌표 방향으로 주어진 작은 스텝 크기 α에 대해 $f(\mathbf{x})$와 $f(\mathbf{x} \pm \alpha \mathbf{e}^{(i)})$를 계산한다. 발견할 수 있는 모든 개선을 받아들인다. 만약 개선이 되지 않으면 스텝 크기를 줄인다. 스텝 크기가 충분히 작아질 때까지 이 과정을 반복한다. 그림 7.5는 알고리즘을 반복 시행한 결과를 보여 준다.

2 R. Hooke and T. A. Jeeves, "Direct Search Solution of Numerical and Statistical Problems," *Journal of the ACM(JACM)*, vol. 8, no. 2, pp. 212–229, 1961.

```
function hooke_jeeves(f, x, α, ϵ, γ=0.5)
    y, n = f(x), length(x)
    while α > ϵ
        improved = false
        x_best, y_best = x, y
        for i in 1 : n
            for sgn in (-1,1)
                x′ = x + sgn*α*basis(i, n)
                y′ = f(x′)
                if y′ < y_best
                    x_best, y_best, improved = x′, y′, true
                end
            end
        end
        x, y = x_best, y_best

        if !improved
            α *= γ
        end
    end
    return x
end
```

알고리즘 7.5 후크-지브스법은 목적 함수 f, 시작점 x, 초기 스텝 크기 α, 허용값 ϵ와 스텝 감쇠 γ을 취한다. 이 방법은 스텝 크기가 ϵ보다 작고, 좌표 방향을 따라 샘플링된 점들이 개선을 보이지 않을 때까지 실행한다. A. F. Kaupe Jr.의 "Algorithm 178: Direct Search", *Communication of the ACM*, vol6, no6, pp 313–314, 1963의 구현법을 기반으로 한다.

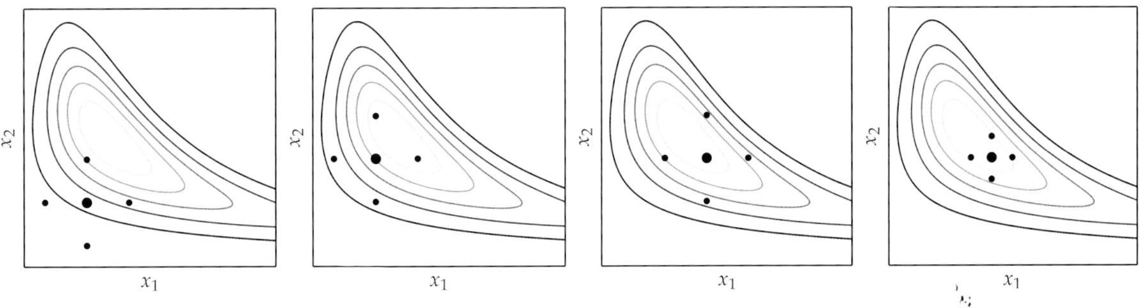

▲ **그림 7.5** 후크-지브스법으로 왼쪽에서 오른쪽으로 진행한다. 큰 스텝 크기로 시작해 어떤 방향으로 스텝을 취해도 개선되지 않는 경우 스텝 크기를 줄인다.

후크-지브스법의 한 스텝은 n차원 문제에 대해 $2n$ 함숫값 계산을 요구하는데 이는 차원이 큰 문제의 경우 매우 큰 비용이다. 후크-지브스법은 국지적 극소점에 민감하다. 이 방법은 일정 클래스의 함수들에 대해서 수렴하는 것이 증명됐다.[3]

3 E. D. Dolan, R. M. Lewis, and V. Torczon, "On the Local Convergence of Pattern Search," *SIAM Journal on Optimization*, vol. 14, no. 2, pp. 567–583, 2003.

7.4 일반화 패턴 탐색

좌표 방향으로 탐색하는 후크-지브스법과 대조적으로 일반화 패턴 탐색generalized pattern search은 임의의 방향으로 탐색할 수 있다. 스텝 크기 α로 기준점 $\mathbf{x}$ 주변에서 $\mathcal{D}$ 방향 집합으로부터 패턴 $\mathcal{P}$가 구축될 수 있다.

$$\mathcal{P} = \{\mathbf{x} + \alpha\mathbf{d} \text{ for each } \mathbf{d} \text{ in } \mathcal{D}\} \tag{7.7}$$

후크-지브스법은 n차원의 문제에 대해서 $2n$ 방향을 사용하지만, 일반화 패턴 탐색은 $n+1$밖에 사용하지 않는다.

일반화 패턴 탐색이 국지적 극소점에 수렴하려면 일정 조건이 만족돼야만 한다. 방향 집합이 반드시 양의 생성 집합positive spanning set이어야 하는데 이는 $\mathcal{D}$ 안의 방향들의 비음 선형 결합을 사용해 $\mathbb{R}^n$ 내의 어떤 점도 구축할 수 있다는 것을 뜻한다. 양의 생성 집합은 적어도 하나의 방향이 어떤 위치로부터 0이 아닌 그래디언트를 가진 하강 방향이라는 것을 보장한다.[4]

4 일반화 패턴 탐색에 대한 수렴 보장은 모든 샘플된 점들이 스케일된 격자에 떨어져야 하는 것을 요구한다. 따라서 각 방향은 고정된 비특이 $n \times n$ 행렬 $\mathbf{G}$에 대해 곱, 즉 $\mathbf{d}^{(j)} = \mathbf{G}\mathbf{z}^{(j)}$여야 한다. V. Torczon, "On the Convergence of Pattern Search Algorithms," *SIAM Journal of Optimization*, vol. 7, no. 1, pp. 1–25, 1997.

$\mathbb{R}^n$ 내의 주어진 방향 집합 $\mathcal{D} = \{\mathbf{d}^{(1)}, \mathbf{d}^{(2)}, \cdots, \mathbf{d}^{(m)}\}$이 양의 생성 집합인지를 결정할 수 있다. 먼저 열이 $\mathcal{D}$ 안에 있는 방향인 행렬 $\mathbf{D}$를 구축한다(그림 7.6 참고). $\mathcal{D}$의 행 랭크가 완전full rank하고 $\mathbf{x} \geq \mathbf{0}$일 때 $\mathbf{Dx} = -\mathbf{D1}$가 해를 가지면 방향 집합 $\mathbf{D}$는 양의 생성 집합positive spanning set이다.[5] 이 최적화 문제는 11장에서 다루는 선형 문제의 초기 단계와 동일하다.

5 R. G. Regis, "On the Properties of Positive Spanning Sets and Positive Bases," *Optimization and Engineering*, vol. 17, no. 1, pp. 229–262, 2016.

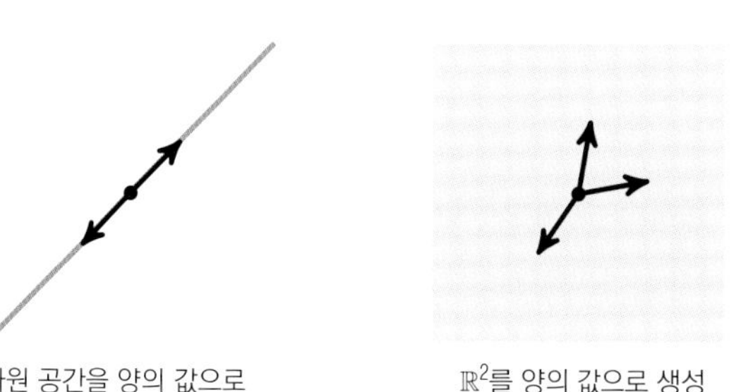

◀ **그림 7.6** 일반화 패턴 탐색의 유효한 패턴은 양의 생성 집합을 요구한다.이러한 방향들은 집합 D에 저장된다.

알고리즘 7.6의 일반화 패턴 탐색의 구현은 원래의 후크-지브스법을 추가적으로 개선한 것이다.[6] 첫째, 구현이 기회적opportunistic이다. 즉 평가되는 점이 현재 최적의 설계를 개선하면 즉시 다음 반복 시행을 위해 기준 설계점으로 받아들인다. 둘째, 수렴을 가속하고자 동적 순서dynamic ordering를 사용해 구현한다. 즉 개선을 이끄는 방향이 방향 리스트의 시작으로 승격된다. 그림 7.7은 알고리즘의 반복 시행을 보여 준다.

6 이 개선은 C. Audet and J. E. Dennis Jr., "Mesh Adaptive Direct Search Algorithms for Constrained Optimization," *SIAM Journal on Optimization*, vol. 17, no. 1, pp. 188–217, 2006에 제시됐다.

```
function generalized_pattern_search(f, x, α, D, ϵ, γ=0.5)
    y, n = f(x), length(x)
    while α > ϵ
        improved = false
        for (i,d) in enumerate(D)
            x′ = x + α*d
            y′ = f(x′)
            if y′ < y
                x, y, improved = x′, y′, true
                D = pushfirst!(deleteat!(D, i), d)
                break
            end
        end
        if !improved
            α *= γ
        end
    end
    return x
end
```

알고리즘 7.6 일반화 패턴 탐색법은 목적 함수 f, 시작점 x, 초기 스텝 크기 α, 탐색 방향 집합 D, 허용값 ϵ와 스텝 감쇠 γ을 취한다. 이 방법은 스텝 크기가 ϵ보다 작고, 좌표 방향을 따라 샘플링된 점들이 개선을 보이지 않을 때까지 실행한다.

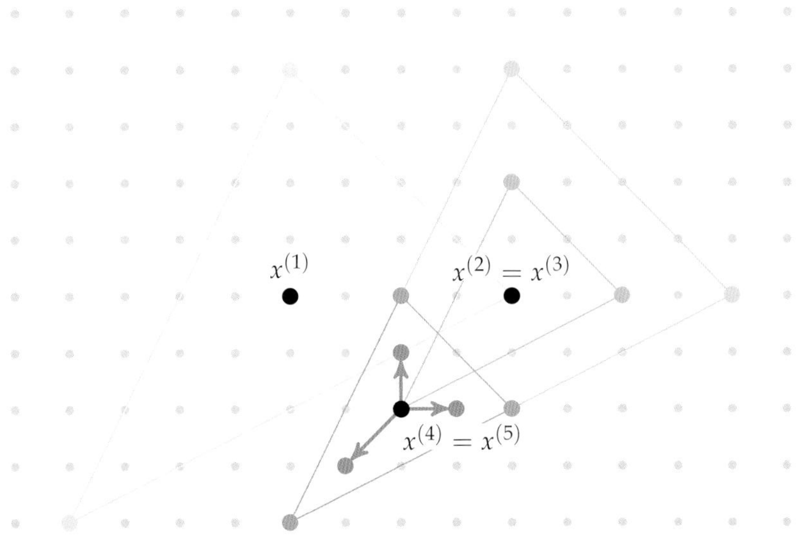

◀ **그림 7.7** 일반화 패턴 탐색의 모든 이전 점들은 크기가 조정된(scaled) 격자(lattice) 또는 그물망(mesh)에 놓인다. 격자는 명시적으로 구축되지 않았으며, 축에 일치할 필요도 없다.

7.5 넬더-미드 심플렉스법

넬더-미드 심플렉스법Nelder-Mead simplex method[7]은 심플렉스를 사용해 공간을 가로질러 극소점을 탐색한다. 심플렉스simplex는 사면체tetrahedron를 n차원으로 일반화한 것이다. 1차원의 심플렉스는 직선이고, 2차원에서는 삼각형이다(그림 7.8). 심플렉스는 주어진 공간에서 가장 가능한 간단한 다면체라는 사실로부터 그 이름이 나왔다.

넬더-미드법은 각 꼭짓점에서의 목적 함수의 평가를 기반으로 심플렉스가 업데이트되는 법을 규정하는 일련의 규칙을 사용한다. 그림 7.9에서 순서도flowchart가 절차의 개요를 보여 주고 있고, 알고리즘 7.7은 구현법을 제공한다. 후크-지브스법처럼 심플렉스는 대략 크기를 유지하면서 돌아다닐 수 있고, 최적점에 도달함에 따라 크기를 줄일 수 있다.

7 원 심플렉스법은 J. A. Nelder and R. Mead, "A Simplex Method for Function Minimization," *The Computer Journal*, vol. 7, no. 4, pp. 308–313, 1965에 다뤄졌다. 여기서는 다음의 문헌에서 개선된 것을 포함한다. J. C. Lagarias, J. A. Reeds, M. H. Wright, and P. E. Wright, "Convergence Properties of the Nelder–Mead Simplex Method in Low Dimensions," *SIAM Journal of Optimization*, vol. 9, no. 1, pp. 112–147, 1998.

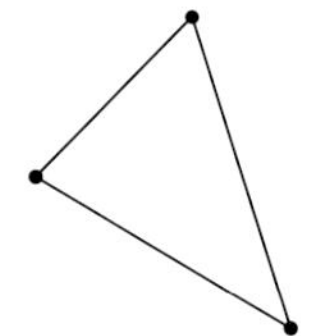

▲ **그림 7.8** 2차원에서의 심플렉스는 삼각형이다. 유효한 심플렉스는 비영의 영역을 가져야 한다.

심플렉스는 $\mathbf{x}^{(1)}, \cdots, \mathbf{x}^{(n+1)}$의 점들로 구성된다. $\mathbf{x}_h$를 함숫값이 가장 높은 꼭짓점이라고 하고, $\mathbf{x}_s$를 그 다음으로 함숫값이 높은 꼭짓점, $\mathbf{x}_\ell$을 함숫값이 가장 낮은 점이라고 하자. $\bar{\mathbf{x}}$를 가장 높은 점 $\mathbf{x}_h$를 제외한 나머지 모든 꼭짓점의 평균이라고 하자. 마지막으로 어떤 설계점 $\mathbf{x}_\theta$에 대해서 $y_\theta = f(\mathbf{x}_\theta)$를 목적 함숫값으로 한다. 그러고 나서 한 번의 반복 시행으로 4개의 심플렉스 연산을 평가한다.

반사reflection: $\mathbf{x}_r = \bar{\mathbf{x}} + \alpha(\bar{\mathbf{x}} - \mathbf{x}_h)$이며, 가장 큰 값의 점을 중심 위에서 반사한다. 이는 일반적으로 심플렉스를 높은 영역으로부터 낮은 영역으로 이동시킨다. 여기서 $\alpha > 0$이고, 일반적으로 1로 설정한다.

확장expansion: $\mathbf{x}_e = \bar{\mathbf{x}} + \beta(\mathbf{x}_r - \bar{\mathbf{x}})$이며, 이는 반사와 같으나, 반사점이 더욱 멀리 보내진다. 반사점이 심플렉스 내의 모든 점들보다 작은 목적 함숫값을 가질 때 행해진다. 여기서 $\beta > \max(1, \alpha)$이며, 일반적으로 2로 설정된다.

축소contraction: $\mathbf{x}_c = \bar{\mathbf{x}} + \gamma(\mathbf{x}h - \bar{\mathbf{x}})$이며, 심플렉스가 가장 나쁜 점으로부터 멀리 이동함으로써 축소된다. γ을 파라미터로 갖는데 일반적으로 0.5로 설정된다.

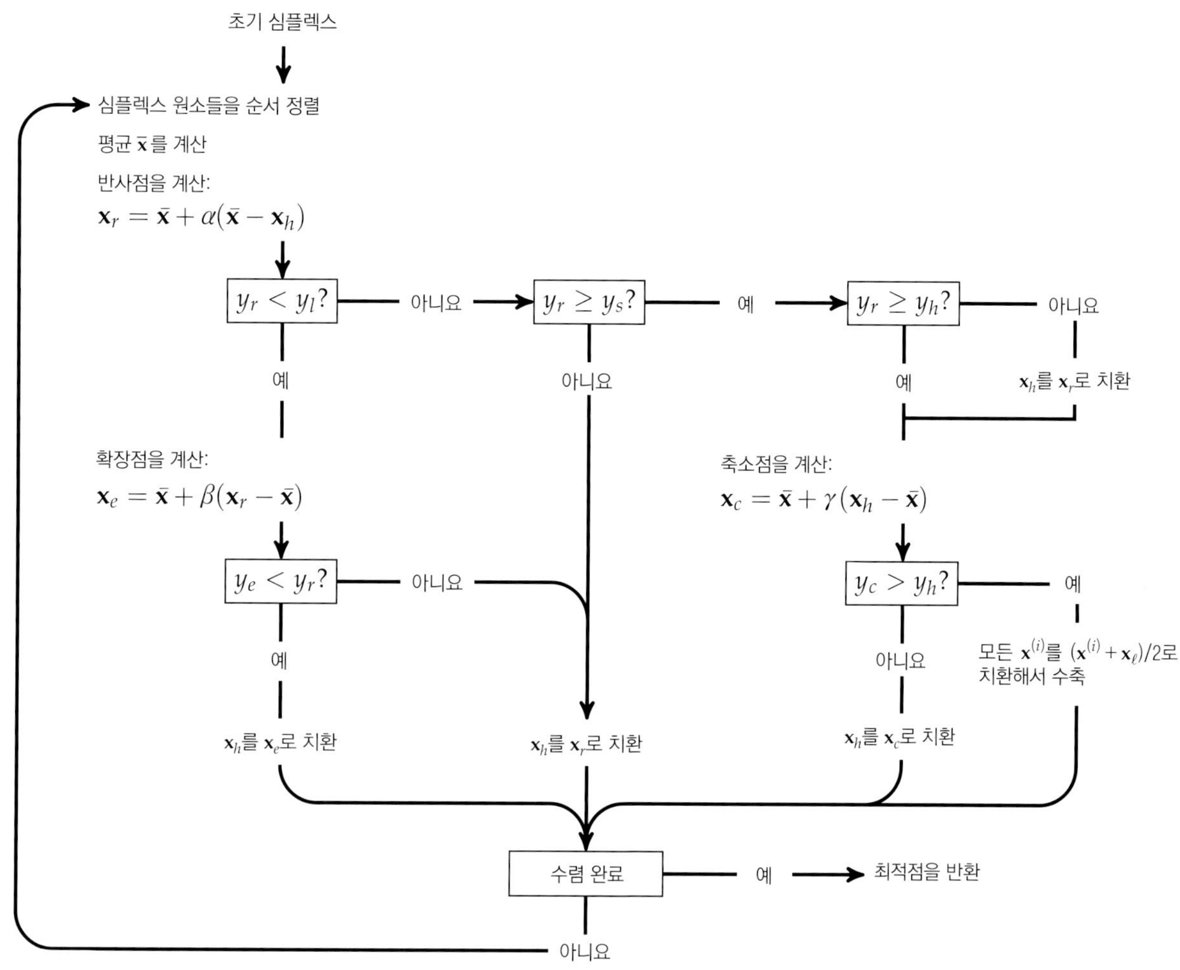

▲ **그림 7.9** 넬더-미드 알고리즘의 순서도

수축shrinkage: 모든 점이 최적점으로 이동한다. 일반적으로 분리 거리를 이등분한다.

그림 7.10은 네 심플렉스 연산을 보여 준다. 그림 7.11은 알고리즘의 반복 시행의 진행 결과를 보여 준다.

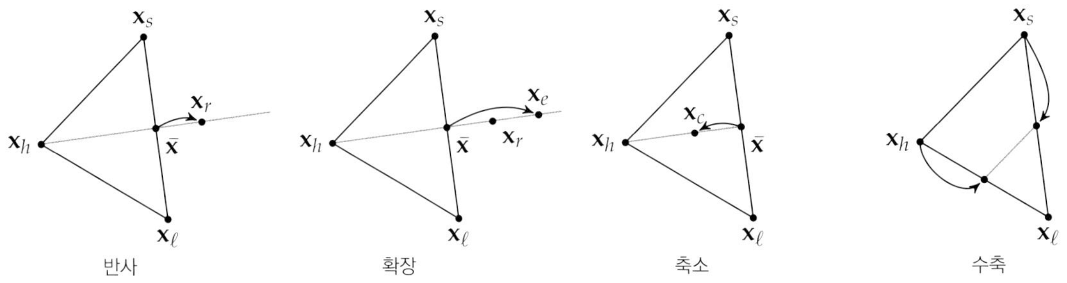

▲ **그림 7.10** 2차원으로 시각화한 넬더-미드 심플렉스 연산

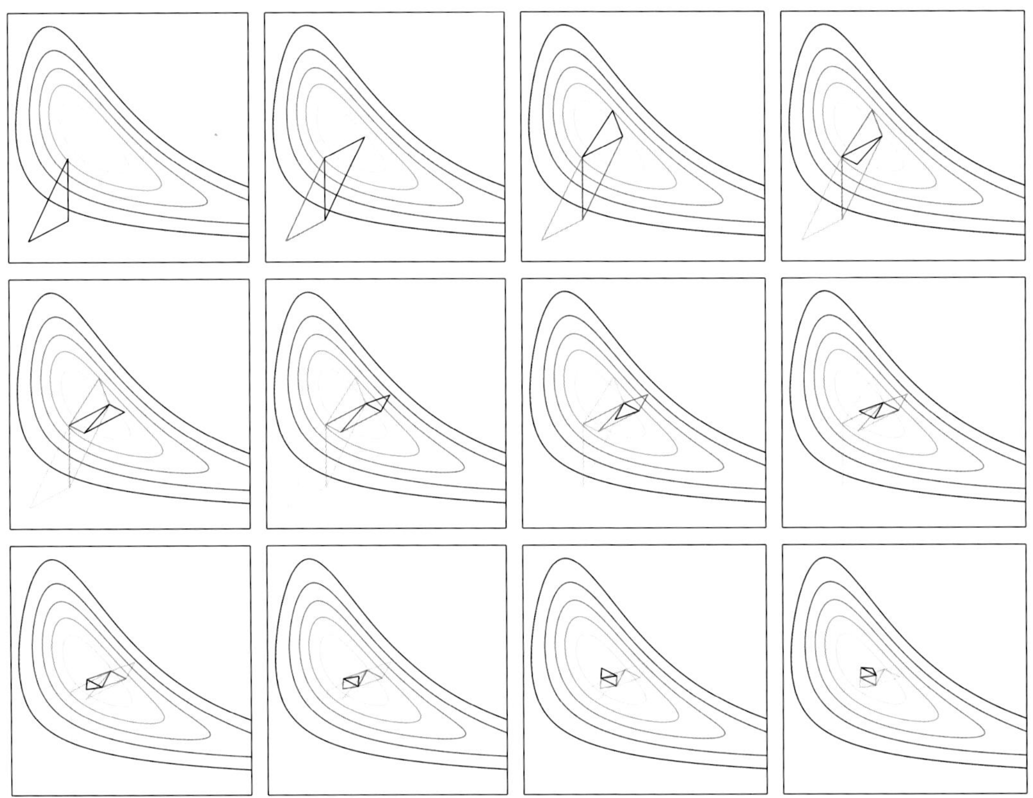

▲ **그림 7.11** 넬더-미드법으로 왼쪽에서 오른쪽으로 위에서 밑으로 진행한다.

넬더-미드 심플렉스법의 수렴 조건은 설계 공간의 점들에 대한 변화보다는 함숫값의 변화를 고려한다는 점에서 파월법과는 다르다. 이는 심플렉스 $y^{(1)}, \cdots, y^{(n+1)}$의 표준편차[8]를 허용값 ϵ와 비교한다. 심플렉스에 대한 이 값은 곡률이 큰 영역에 대해서 크고, 평평한 영역에 대해서는 작다. 곡률이 큰 영역은 최적화가 여전히 가능하다는 것을 의미한다.

8 샘플의 표준편차는 또한 무상관 샘플 표준편차라고도 불린다. 이 책의 경우 이는 $\sqrt{\frac{1}{n+1}\sum_{i=1}^{n+1}\left(y^{(i)}-\bar{y}\right)^2}$이고, 여기서 $\bar{y}$는 $y^{(1)}, \cdots, y^{(n+1)}$의 평균이다.

```
function nelder_mead(f, S, ϵ; α=1.0, β=2.0, γ=0.5)
    Δ, y_arr = Inf, f.(S)
    while Δ > ϵ
        p = sortperm(y_arr) # 가장 낮은 점에서 가장 높은 점으로 정렬
        S, y_arr = S[p], y_arr[p]
        xl, yl = S[1], y_arr[1] # 가장 낮은 점
        xh, yh = S[end], y_arr[end] # 가장 높은 점
        xs, ys = S[end-1], y_arr[end-1] # 두 번째 높은 것
        xm = mean(S[1:end-1]) # 중심
        xr = xm + α*(xm - xh) # 반사점(reflection point)
        yr = f(xr)

        if yr < yl
            xe = xm + β*(xr-xm) # 확장점(expansion point)
            ye = f(xe)
            S[end],y_arr[end] = ye < yr ? (xe, ye) : (xr, yr)
        elseif yr > ys
            if yr ≤ yh
                xh, yh, S[end], y_arr[end] = xr, yr, xr, yr
            end
            xc = xm + γ*(xh - xm) # 축소점(contraction point)
            yc = f(xc)
            if yc > yh
                for i in 2 : length(y_arr)
                    S[i] = (S[i] + xl)/2
                    y_arr[i] = f(S[i])
                end
            else
                S[end], y_arr[end] = xc, yc
```

알고리즘 7.7 넬더-미드 심플렉스법. 이는 목적 함수 f, 벡터 리스트를 포함하는 시작 심플렉스 S과 허용값 ϵ를 취한다. 넬더-미드 파라미터들은 설정될 수도 있고, 권고값으로 자동설정될 수도 있다.

```
            end
        else
            S[end], y_arr[end] = xr, yr
        end

        Δ = std(y_arr, corrected=false)
    end
    return S[argmin(y_arr)]
end
```

7.6 사각형 분할

사각형 분할divided rectangle 알고리즘 또는 디바이디드 렉탱글Divided RECTangle의 약자인 디렉트DIRECT로 불리는 이 알고리즘은 립시츠류의 알고리즘이며, 어떤 의미에서 3.6절에서 다룬 슈베르트-피야브스키법과 유사하다.[9] 그러나 이 알고리즘은 립시츠 상수를 지정할 필요가 없으며, 다차원으로 더욱 효율적으로 확장될 수 있다.

9 D. R. Perttunen, and B. E. Stuckman, "Lipschitzian Optimization Without the Lipschitz Constant," *Journal of Optimization Theory and Application*, vol. 79, no. 1, pp. 157–181, 1993.

립시츠 연속성의 개념은 다차원으로 확장될 수 있다. 만약 f가 정의역 $\mathcal{X}$에 대해서 립시츠 연속이고 립시츠 상수 $\ell > 0$이라면, 주어진 설계 $\mathbf{x}^{(1)}$와 $y = f(\mathbf{x}^{(1)})$에 대해서 다음과 같은 원형콘circular cone이

$$f(\mathbf{x}^{(1)}) - \ell \|\mathbf{x} - \mathbf{x}^{(1)}\|_2 \tag{7.8}$$

f의 하계를 형성한다. 설계점들 $\{\mathbf{x}^{(1)}, \ldots, \mathbf{x}^{(m)}\}$으로 m 함수의 평가가 주어졌을 때 다음과 같이 이들의 극대점을 취함으로써 이들 하계의 중첩superposition을 구축할 수 있다.

$$\underset{i}{\text{maximize}}\, f(\mathbf{x}^{(i)}) - \ell \|\mathbf{x} - \mathbf{x}^{(i)}\|_2 \tag{7.9}$$

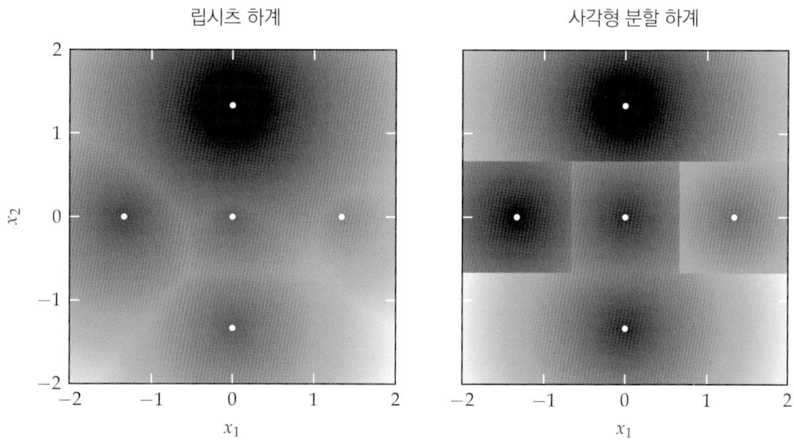

그림 7.12 립시츠 하계는 콘의 교차점이며, 다차원의 경우 복잡한 표면을 형성한다. 사각형 분할 하계는 각 하계 콘을 각각의 초사각형 영역으로 분리해서 립시츠 상수가 주어졌을 때 각 영역에서 극솟값을 계산하는 것을 쉽게 한다.

슈베르트-피야브스키법은 주어진 립시츠 상수로부터 도출된 하계가 가장 작은 점에서 샘플링한다. 불행하게도 립시츠 하계는 설계 공간의 차원이 증가할수록 복잡성도 증가하는 기하학적 성질을 갖는다. 그림 7.12의 왼쪽 등고선 그림은 5개 함수의 평가를 이용한 하계를 보여 준다. 오른쪽 등고선 그림은 디렉트법에 의한 근사를 보여 주는데 이는 각 설계점이 중심을 이루는 초사각형hyper-rectangular으로 영역을 나눈다. 이 가정은 하계의 극소점을 빠르게 계산할 수 있게 한다.

디렉트법은 립시츠 상수가 주어지는 것을 가정하지 않는다. 그림 7.13과 그림 7.14는 립시츠 연속성을 사용해 구축한 하계와 디렉트 가정을 사용해 구축한 하계를 각각 보여 주고 있다. 립시츠 상수가 변화함에 따라 극소점의 위치가 변화함에 주의하라. 여기서 작은 값의 ℓ은 가장 작은 함수 평가 근처의 설계점들로 인도하고, 큰 값의 ℓ은 이전 함수 평가로부터 가장 먼 설계점으로 인도한다.

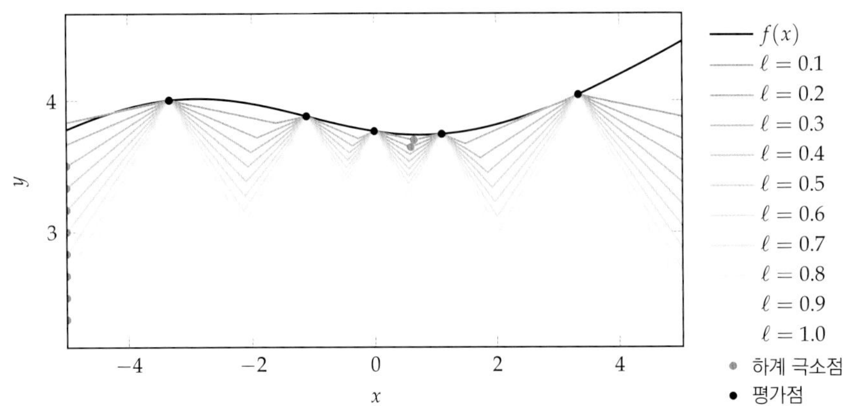

◀ **그림 7.13** 다른 립시츠 상수 ℓ에 대한 립시츠 하계. 립시츠 상수가 변함에 따라 추정된 극소점이 변화할 뿐 아니라 극소점이 놓여 있는 영역 역시 변화할 수 있다.

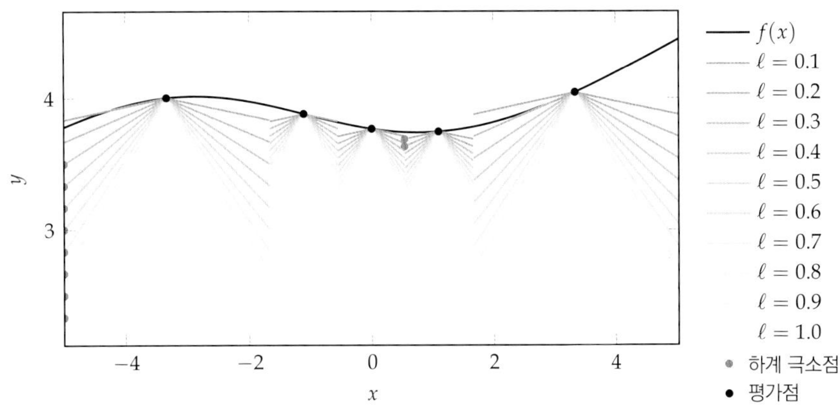

◀ **그림 7.14** 다른 립시츠 상수 ℓ에 대한 디렉트 하계. 하계가 연속이 아니다. 립시츠 상수가 변화함에 따라 극소점이 국지적으로 변화하지 않으나, 영역적으로는 변화할 수 있다.

7.6.1 일변수 디렉트

1차원에서 디렉트는 구간을 3개로 재귀적으로 나누고, 그림 7.5에서처럼 구간의 중심에서 목적 함수를 샘플링한다. 이 방법은 주어진 립시츠 상수로부터 도출된 하계가 가장 낮은 곳에서 샘플링이 일어나는 슈베르트-피야브스키법과 대조된다.

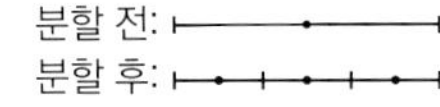

▲ **그림 7.15** 디렉트법을 사용한 중심점 샘플링은 구간을 3등분한다.

중심이 $c = (a + b)/2$인 구간 $[a, b]$에 대해서 $f(c)$를 기반으로 하는 하계는 다음과 같다.

$$f(x) \geq f(c) - \ell|x - c| \tag{7.10}$$

여기서 ℓ은 미지의 립시츠 상수다. 이 구간에서 하계가 얻는 최솟값은 $f(c) - \ell(b - a)/2$이며, 구간의 모서리에서 일어난다.

ℓ을 몰라도 구간의 하계가 다른 것들보다 더 작은지를 추론할 수 있다. 예를 들어, 만약 같은 길이의 2개의 구간을 갖고, 첫 번째 구간이 중앙에서 낮은 값을 갖는다면 첫 번째 구간의 하계는 두 번째 구간의 하계보다 낮다. 이렇다고 첫째 구간이 극소점을 포함한다는 것을 뜻하지는 않으나, 이 구간에 탐색의 초점을 맞출 것을 나타낸다.

탐색 시 다른 너비의 여러 구간 $[a_1, b_1], \cdots, [a_n, b_n]$을 갖는다. 이들의 중심값과 너비에 따라 구간을 그림 7.16에서처럼 그릴 수 있다. 각 구간의 하계는 중심점을 통과하는 기울기 ℓ의 직선의 수직 절편이다. 최저 하계를 가진 구간의 중심은 기울기 ℓ의 직선을 밑에서 위로 이동함에 따라 교차하는 첫 번째 점일 것이다.

그림 7.17에서처럼 디렉트는 립시츠 상수가 존재해 최저 하계를 갖는 모든 구간을 분할한다. 이들 선택된 구간들이 잠재적으로 최적이라고 간주한다. 직감적으로 선택된 점들이 최적점을 포함할 최고의 확률을 갖고 있더라도 기술적으로는 어떤 구간도 최적점을 포함할 수 있다.

1차원 디렉트 알고리즘의 1번 반복 시행은 잠재적으로 최적점을 포함할 구간들의 집합을 식별하고, 각 구간을 3등분한다. 예제 7.1는 일변수 디렉트법을 예시한다.

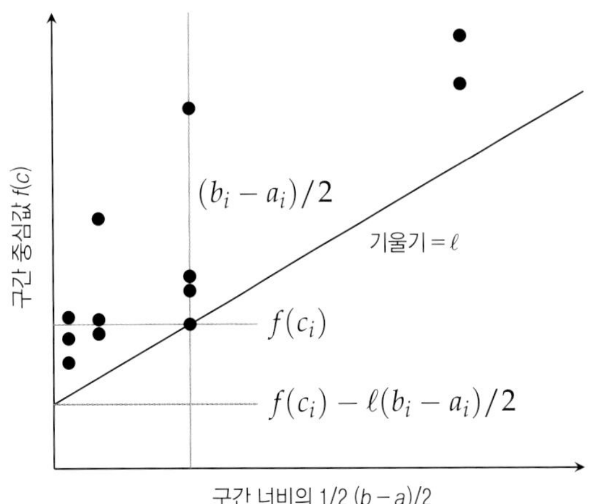

◀ **그림 7.16** 특정 립시츠 상수 ℓ에 대한 구간 선택. 검은 점은 디렉트 구간들과 그에 상응하는 중심에서의 함숫값들을 나타낸다. 기울기 ℓ의 검은 선은 선택된 구간에 속한 점을 통과하도록 그려진다. 모든 다른 점들은 반드시 이 선 또는 그 위에 놓여 있어야만 한다.

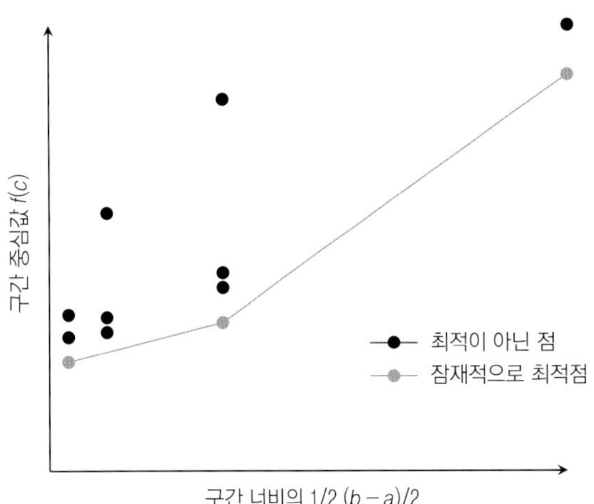

◀ **그림 7.17** 디렉트법에 대한 잠재적 최적 구간은 오른쪽 하단을 따르는 구간을 둘러싸는 부분 구간별 경계를 형성한다.

예제 7.1 일변수 함수에 적용된 디렉트법

전역적 최솟값이 -0.272 주변인 구간 $[-2, 2]$ 위의 함수 $f(x) = \sin(x) + \sin(2x) + \sin(4x) + \sin(8x)$를 고려하자. 국지적 극소점들이 여러 개 존재하므로 최적화가 어렵다.

아래의 그림은 선택된 구간에 대한 분할을 파란색으로 나타냄으로써 디렉트법의 진행을 보여 주고 있다. 왼쪽 슬라이드는 목적 함수 위에 덮어씌운 구간을 보여 준다. 오른쪽 슬라이드는 구간을 구간 너비의 반과 중심값의 공간에서의 산포점으로 보여 준다.

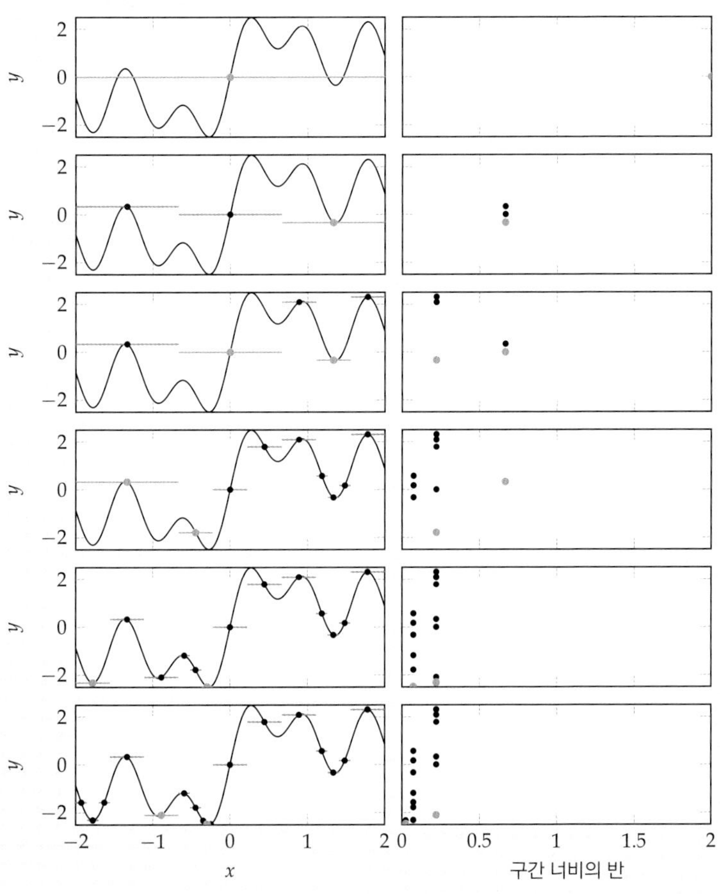

7.6.2 다변수 디렉트법

고차원에서 구간 대신 사각형(또는 2차원 이상에서의 초사각형)을 나눈다. 일변수의 경우와 유사하게 축방향을 따라서 사각형을 3등분한다. 사각형의 분할을 시작하기 전에 디렉트법은 탐색 공간을 단위 초공간으로 정규화한다.

그림 7.18에서 예시하는 바와 같이 단위 초입방체를 분할할 때 방향의 순서 선택은 중요하다. 디렉트법은 낮은 함숫값을 가진 점들에 대해서 우선적으로 더 커다란 사각형을 할당한다. 더 큰 사각형은 우선적으로 추가적 분할이 실행된다.

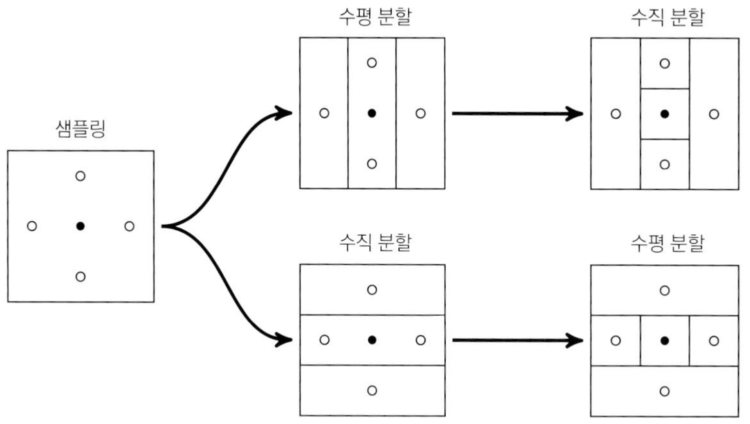

◀ **그림 7.18** 고차원에서의 구간 분할은 분할 차원에 대한 순서 선택을 요구한다.

변의 길이가 동일하지 않은 영역을 분할할 때 단지 가장 긴 차원들만 분할한다(그림 7.19). 그러고 나서 초입방체와 동일한 방법으로 이들 차원에 대해서 분할을 진행한다.

1차원의 경우와 마찬가지로 잠재적으로 최적인 구간들의 집합이 얻어진다. 각 초사각형에 대한 하계는 가장 긴 변의 길이와 중심의 값을 기반으로 계산될 수 있다. 잠재적으로 최적인 사각형을 알아내고자 그림 7.16과 유사한 도표를 작성할 수 있다.[10]

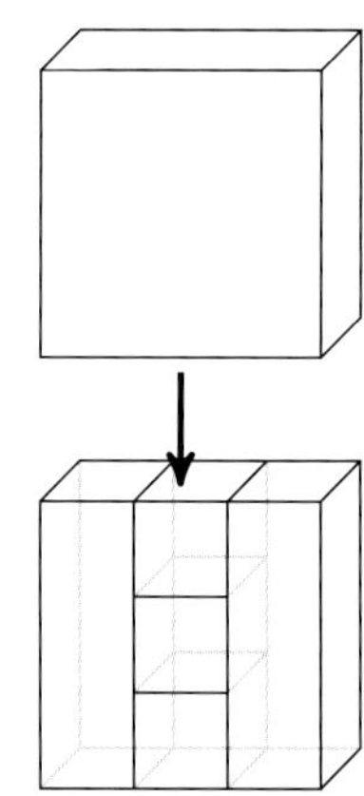

▲ **그림 7.19** 디렉트법은 단지 가장 긴 차원의 초사각형을 분할한다.

10 선택을 위한 추가적인 요구 조건으로, 디렉트법은 구간의 하계가 유의한 양으로 현재의 최적값을 개선하는 것이 필요하다.

7.6.3 구현

디렉트법(알고리즘 7.8)은 서브루틴으로 나눌 때 가장 이해하기 쉽다. 이러한 서브루틴을 아래에 제시한다.

단위 초입방체로의 정규화는 알고리즘 7.9에 의해 이뤄진다.

```
function direct(f, a, b, ϵ, k_max)
    g = reparameterize_to_unit_hypercube(f, a, b)
    intervals = Intervals()
    n = length(a)
    c = fill(0.5, n)
    interval = Interval(c, g(c), fill(0, n))
    add_interval!(intervals, interval)
    c_best, y_best = copy(interval.c), interval.y

    for k in 1 : k_max
        S = get_opt_intervals(intervals, ϵ, y_best)
        to_add = Interval[]
        for interval in S
            append!(to_add, divide(g, interval))
            dequeue!(intervals[min_depth(interval)])
        end
        for interval in to_add
            add_interval!(intervals, interval)
            if interval.y < y_best
                c_best, y_best = copy(interval.c), interval.y
            end
        end
    end

    return rev_unit_hypercube_parameterization(c_best, a, b)
end
```

알고리즘 7.8 디렉트법은 다차원 목적함수 f, 하계 벡터 a, 상계 벡터 b, 허용인수 ϵ와 반복 시행수 k_max를 취한다. 최적의 좌표를 반환한다.

```
rev_unit_hypercube_parameterization(x, a, b) = x.*(b-a) + a
function reparameterize_to_unit_hypercube(f, a, b)
    Δ = b-a
    return x->f(x.*Δ + a)
end
```

알고리즘 7.9 하계와 상계, a와 b를 가진 초입방체 위에 정의된 함수 f의 파라미터가 재설정된 버전인 단위 초입방체 위에 정의된 함수를 만드는 함수.

잠재적으로 최적인 사각형의 집합을 효율적으로 계산할 수 있다(알고리즘 7.10). 구간의 길이는 1/3의 거듭제곱수power만을 취할 수 있어서 많은 점들이 동일한 x좌표를 공유한다는 사실을 이용한다. 어떤 주어진 x좌표에 대해서 가장 작은 y값을 가진 것만이 잠재적 최적 구간이 될 수 있다. 깊이에 따라서 사각형 구간을 저장하는데 중심점 값에 따라 우선순위 큐priority queue에 저장한다.

```
using DataStructures
struct Interval
    c
    y
    depths
end
min_depth(interval) = minimum(interval.depths)
const Intervals = Dict{Int,PriorityQueue{Interval, Float64}}
function add_interval!(intervals, interval)
    d = min_depth(interval)
    if !haskey(intervals, d)
        intervals[d] = PriorityQueue{Interval, Float64}()
    end
    return enqueue!(intervals[d], interval, interval.y)
end
```

알고리즘 7.10 디렉트법에서 사용되는 데이터 구조. 여기서 Interval은 구간 중심인 c, 중심점 값인 y = f(c)와 각 차원에서의 분할수인 depths의 3개의 필드를 갖는다. add_interval 함수는 새로운 Interval을 데이터 구조에 넣는다.

이 데이터 구조를 이용해 모든 잠재적 최적 구간을 얻을 수 있다(알고리즘 7.11). 알고리즘은 작은 구간 너비로부터 큰 구간 너비로 진행한다. 각 점에 대해 먼저 각 점이 이전의 두 점을 잇는 선 위 또는 아래에 있는가를 결정한다. 만약 아래에 있다면 생략한다. 그러고 나서 동일한 결정이 다음 점에 대해서 이뤄진다.

마지막으로 구간을 나누는 방법이 필요하다. 이것은 divide 방법(알고리즘 7.12)에 의해 구현된다.

2차원에서 디렉트법을 실행할 때 얻어지는 구간들이 그림 7.20에 시각화된다. 예제 7.2에서 디렉트법을 2차원의 경우 2회 실행하고 있다.

```
function get_opt_intervals(intervals, ϵ, y_best)
    max_depth = maximum(keys(intervals))
    stack = [DataStructures.peek(intervals[max_depth])[1]]
    d = max_depth-1
    while d ≥ 0
        if haskey(intervals, d) && !isempty(intervals[d])
            interval = DataStructures.peek(intervals[d])[1]
            x, y = 0.5*3.0^(-min_depth(interval)), interval.y

            while !isempty(stack)
                interval1 = stack[end]
                x1 = 0.5*3.0^(-min_depth(interval1))
                y1 = interval1.y
                l1 = (y - y1)/(x - x1)
                if y1 - l1*x1 > y_best - ϵ || y < y1
                    pop!(stack)
                elseif length(stack) > 1
                    interval2 = stack[end-1]
                    x2 = 0.5*3.0^(-min_depth(interval2))
                    y2 = interval2.y
                    l2 = (y1 - y2)/(x1 - x2)
                    if l2 > l1
                        pop!(stack)
                    else
                        break
                    end
                else
                    break
                end
```

알고리즘 7.11 잠재적 최적 구간들을 얻기 위한 루틴. 여기서 intervals는 Intervals 타입이고, ϵ는 허용 인수이고, y_best는 최적 함숫값이다.

```
            end

            push!(stack, interval) # 새로운 점을 더한다.
        end
        d -= 1
    end
    return stack
end
```

알고리즘 7.12 구간을 나누는 `divide` 루틴. 여기서 `f`는 목적 함수, `interval`은 분할될 구간이다. 결과로 나오는 더 작은 구간들을 반환한다.

```
function divide(f, interval)
    c, d, n = interval.c, min_depth(interval), length(interval.c)
    dirs = findall(interval.depths .== d)
    cs = [(c + 3.0^(-d-1)*basis(i,n),
           c - 3.0^(-d-1)*basis(i,n)) for i in dirs]
    vs = [(f(C[1]), f(C[2])) for C in cs]
    minvals = [min(V[1], V[2]) for V in vs]

    intervals = Interval[]
    depths = copy(interval.depths)
    for j in sortperm(minvals)
        depths[dirs[j]] += 1
        C, V = cs[j], vs[j]
        push!(intervals, Interval(C[1], V[1], copy(depths)))
        push!(intervals, Interval(C[2], V[2], copy(depths)))
    end
    push!(intervals, Interval(c, interval.y, copy(depths)))
    return intervals
end
```

◀ **그림 7.20** 브라닌(Branin) 함수(부록 B.3)에 대해 16번 실행한 후의 디렉트법 결과. 각 셀은 백색선으로 경계를 갖는다. 디렉트법이 점차적으로 이들 영역의 해상도를 증가시킴에 따라 브라닌 함수의 극소점들 주변에서 셀이 더욱 짙은 색을 띤다.

예제 7.2 디렉트법을 최초 2회 실행한 내용에 대한 자세한 설명

디렉트법을 사용해 $x_1 \in [-1, 3]$, $x_2 \in [-2, 1]$ 위에서 플라워[flower] 함수(부록 B.4)를 최적하는 것을 고려하자. 함수는 우선 단위 입방체로 정규화해 다음과 같이 $x_1', x_2' \in [0, 1]$을 최적화하도록 한다.

$$f(x_1', x_2') = \text{flower}(4x_1' - 1, 3x_2' - 2)$$

목적 함수는 [0.5, 0.5]에서 샘플되어, 0.158을 얻는다. 중심점 [0.5, 0.5]와 변의 길이 [1, 1]을 가진 하나의 구간을 가진다. 이 구간은 두 번 분할된다. 첫 번째는 x_1'로 3등분, 그리고 나서 중앙의 구간이 x_2'로 3등분된다.

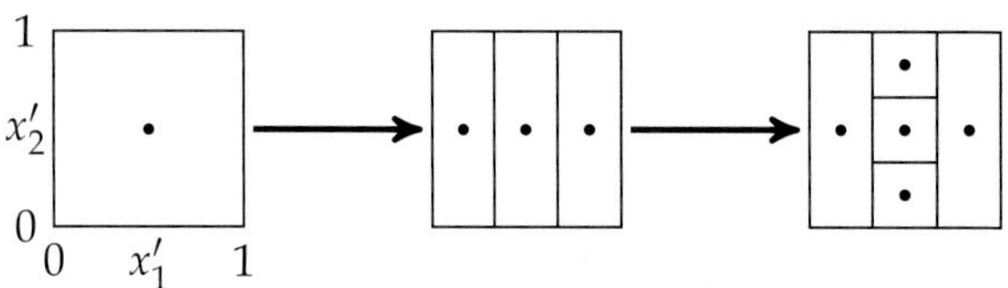

이제 5개의 구간을 갖는다.

구간	중심점	변 길이	너비의 반	중심값
1	[0.25, 0.50]	[1/3, 1]	1/2	0.500
2	[0.75, 0.50]	[1/3, 1]	1/2	1.231
3	[0.50, 0.50]	[1/3, 1/3]	1/6	0.158
4	[0.50, 0.25]	[1/3, 1/3]	1/6	2.029
5	[0.50, 0.75]	[1/3, 1/3]	1/6	1.861

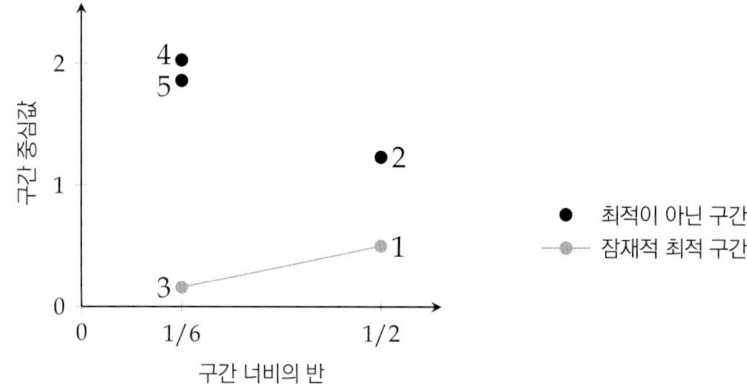

다음 [0.25, 0.5]와 [0.5, 0.5]를 중심으로 하는 2개의 구간을 분할한다.

7.7 요약

- 직접법은 목적 함수에만 의존하고 미분 함수를 사용하지 않는다.
- 순환적 좌표 탐색은 한 번에 한 좌표 방향을 최적화한다.
- 파월법은 개선의 방향을 기반으로 탐색 방향 집합을 조정한다.
- 후크-지브스법은 시간에 따라 적응되는 스텝 크기를 사용해 현재의 점으로부터 각 좌표 방향으로 탐색한다.
- 일반화 패턴 탐색은 후크-지브스법과 유사하지만, 설계 공간을 양의 계수로 생성하는 더 적은 탐색 방향을 사용한다.
- 넬더-미드 심플렉스법은 심플렉스를 사용해 설계 공간을 탐색한다. 목적 함수의 평가에 따라 심플렉스의 크기를 적절히 확장 및 축소한다.
- 사각형 분할 알고리즘은 슈베르트-피야브스키법을 다차원으로 확장하며, 유효 립시츠 상수를 설정하지 않아도 된다.

7.8 연습문제

연습 7.1 1~6장에서는 미분을 사용해 극소점으로 하강하는 방법들을 다뤘다. 직접법은 단지 0계의 정보, 즉 f값만을 사용한다. 유한차분법을 사용하면 다차원 목적 함수의 미분과 헤시안을 근사하는 데 얼마나 많은 평가가 필요한가? 0계의 방법이 중요하다고 생각하는가?

연습 7.2 후크-지브스법이 축약된 목적 함수를 얻지 못하는 목적 함수와 시작점 x_0을 설계하라. x_0이 국지적 극소점을 갖는 점이 되지 않도록 x_0을 선택해야 할 것이다.

연습 7.3 후크-지브스법을 사용해 얻어진 설계점이 국지적 극소점의 ϵ 내에 있도록 보장되는가?

연습 7.4 해석적analytic 미분을 계산할 수 없는 구체적인 공학 문제 예를 들어라.

연습 7.5 1차원에서의 사각형 분할 알고리즘과 슈베르트-피야브스키법의 차이를 기술하라.

연습 7.6 탐색 알고리즘이 $\mathbf{x}^{(k)} = [1, 2, 3, 4]$에서 $\mathbf{x}^{(k+1)} = [2, 2, 3, 4]$로의 전이를 갖는다고 가정하자. 이 알고리즘은 (a) 순환 좌표 탐색, (b) 파월법, (c) a와 b 모두 또는 (d) a도 아니고 b도 아니다? 그 이유는 무엇인가?

08

확률적 방법

8장에서는 설계공간의 탐험에 무작위 추출randomization을 전략적으로 사용해 최적점을 찾도록 하는 다양한 **확률적 방법**stochastic method을 제시한다. 무작위 추출은 국지적 최적점을 피하고 전역적 최적점을 찾을 가능성을 높인다. 확률적 방법은 일반적으로 반복성을 보장하고자 **유사난수 생성기**pseudo-random number generator를 사용한다.[1] 무작위성이 너무 크면 이전 평가를 이용해 탐색을 효과적으로 이끌 수 없기 때문에 효과적이지 않다. 8장은 탐색에 있어서 무작위성의 정도를 통제하는 여러 가지 방법을 논의한다.

1 유사난수 생성기가 랜덤하게 보이는 숫자를 생성하지만, 이는 결정론적 프로세스의 결과다. 유사난수는 `rand` 함수를 호출함으로써 생성될 수 있다. 이 프로세스는 `Random.jl` 패키지의 `seed!` 함수를 사용해 초기 상태로 재설정될 수 있다.

8.1 잡음 하강

확률성을 그래디언트 하강에 더하는 것은 대형 비선형 최적화 문제에 도움이 된다. 그래디언트가 거의 0에 가까운 안장점saddle point에서 하강법은 너무 작아서 쓸

모가 없는 스텝 크기를 선택할 수 있다. 이를 피하는 한 방법은 각 하강 스텝에서 가우시안Gaussian 잡음을 가하는 것이다.[2]

$$\mathbf{x}^{(k+1)} \leftarrow \mathbf{x}^{(k)} + \alpha \mathbf{g}^{(k)} + \boldsymbol{\epsilon}^{(k)} \tag{8.1}$$

여기서 $\boldsymbol{\epsilon}^{(k)}$는 평균이 0이고, 표준편차가 σ인 가우시안 잡음이다. 잡음의 양은 일반적으로 시간의 흐름에 따라 감소한다. 잡음의 표준편차는 일반적으로 1/k와 같은 감소 수열 $\sigma^{(k)}$이다.[3] 반복 시행 알고리즘 8.1은 이 방법의 구현법을 제공한다. 그림 8.1은 안장함수에 대해서 잡음이 있는 경우와 없는 경우의 하강법을 비교한다.

신경망을 학습하는 공통적 방법은 잡음 그래디언트 근사를 사용하는 **확률적 그래디언트 하강법**stochastic gradient descent이다. 안장점을 지나 가로지른 것을 도울 뿐 아니라 훈련 데이터에서 무작위로 선택한 부분 집합[4]을 사용해 잡음 그래디언트를 평가하는 것은 각 반복 시행마다 참 그래디언트를 계산하는 것보다 계산비용이 매우 적게 든다.

2 G. Hinton and S. Roweis, "Stochastic Neighbor Embedding," in *Advances in Neural Information Processing Systems(NIPS)*, 2003.

3 힌턴(Hinton)과 로와이스(Roweis)의 논문에서는 처음 3,500번의 반복 시행에 대해서 고정된 표준편차를 사용하고, 이후에 표준편차를 0으로 설정한다.

4 이 부분 집합을 배치(batch)라고 부른다.

```
mutable struct NoisyDescent <: DescentMethod
    submethod
    σ
    k
end
function init!(M::NoisyDescent, f, ∇f, x)
    init!(M.submethod, f, ∇f, x)
    M.k = 1
    return M
end
function step!(M::NoisyDescent, f, ∇f, x)
    x = step!(M.submethod, f, ∇f, x)
    σ = M.σ(M.k)
    x += σ.*randn(length(x))
    M.k += 1
    return x
end
```

알고리즘 8.1 가우시안 잡음을 주어진 하강법에 가산적으로 추가한 잡음 하강법. 이 방법은 주어진 하강법 DescentMethod submethod, 잡음수열 σ를 취하고, 반복 시행수 k를 저장한다.

확률적 그래디언트 하강법은 양의 스텝 크기가 다음과 같이 선택돼야 수렴이 보장된다.

$$\sum_{k=1}^{\infty} \alpha^{(k)} = \infty \qquad \sum_{k=1}^{\infty} \left(\alpha^{(k)}\right)^2 < \infty \tag{8.2}$$

이 조건들은 스텝 크기가 감소하는 것을 보장해 하강법이 수렴하도록 한다. 하지만 국지적 극소점으로부터 떨어져서 잔류되지 않게 너무 빨리 수렴하지 않도록 한다.

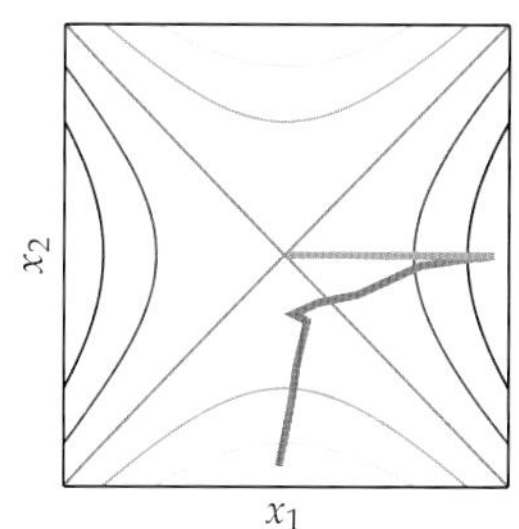

▲ **그림 8.1** 주어진 하강법에 확률성을 추가하는 것은 그림에서 보인 $f(\mathbf{x}) = x_1^2 - x_2^2$와 같은 안장점을 벗어나는 데 도움이 된다. 초기화로 인해 최대 그래디언트 하강법은 그래디언트가 0인 안장점으로 수렴할 수 있다.

8.2 메시 적응적 직접 탐색

7.4절에서 다룬 일반화 패턴 탐색법은 국지적 탐색을 고정된 집합의 방향에 국한한다. 반면 메시 적응적 직접 탐색mesh adaptive direct search은 무작위인 양의 생성 방향을 사용한다.[5]

양의 생성집합을 샘플링하고자 사용되는 절차(예제 8.1)는 처음에 하방 삼각 행렬 **L**의 형태도 설정된 초기의 선형 생성집합을 구축한다. **L**의 대각 행렬 항은 $\pm 1/\sqrt{\alpha^{(k)}}$로부터 추출되는데 여기서 $\alpha^{(k)}$는 반복 시행 k에서의 스텝 크기다. **L**의 하방 원소들은 다음에서 추출된다.

$$\left\{-1/\sqrt{\alpha^{(k)}} + 1, -1/\sqrt{\alpha^{(k)}} + 2, \ldots, 1/\sqrt{\alpha^{(k)}} - 1\right\} \tag{8.3}$$

이후 **L**의 행과 열을 랜덤하게 섞어서 행렬 **D**를 얻는데 **D**의 열은 $\mathbb{R}^n$을 선형적으로 생성하는 n개의 방향에 상응한다. 이들 방향 중 가장 큰 값은 $1/\sqrt{\alpha^{(k)}}$이다.

5 이번 절은 C. Audet and J. E. Dennis Jr., "Mesh Adatptive Direct Search Algorithm for Constrained Optimization," *SIAM Journal on Optimization*, vol. 17, no. 1, pp. 188–217, 2006에 의해 제시된 하방 삼각 메시 적응 직접 탐색(lower triangular mesh adaptive direct search)을 따른다.

예제 8.1 $\mathbb{R}^2$에 대해 단위 ℓ_1-길이의 방향을 가진 양의 생성집합

0이 아닌 방향 d_1, $d_2 \in \{-1, 0, 1\}$로부터 구축된 양의 생성집합을 고려하자. 이들은 이들 방향으로부터 구축될 수 있는 3개의 원소를 가진 양의 생성집합 8개다.

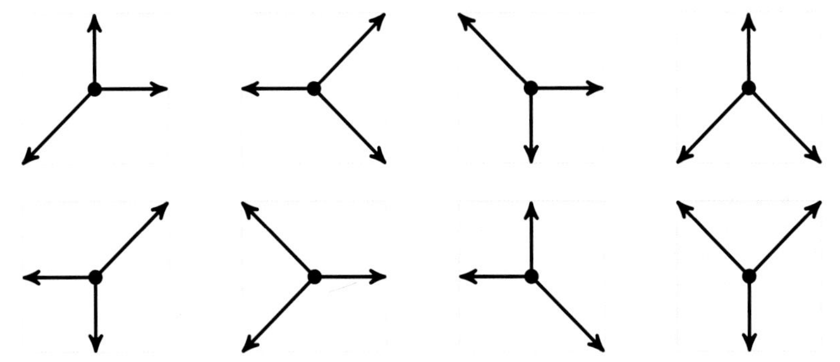

선형 생성집합으로부터 양의 생성집합을 얻는 일반적인 두 가지 방법은 추가적인 하나의 방향 $\mathbf{d}^{(n+1)} = -\sum_{i=1}^{n} \mathbf{d}^{(i)}$을 더하는 것과 n개의 추가적인 방향 $\mathbf{d}^{(n+j)} = -\mathbf{d}^{(j)}$을 $\{1, 2, \cdots, n\}$의 j에 대해서 더하는 것이다. 알고리즘 8.2에서는 첫 번째 방법을 사용한다.

스텝 크기 α는 1에서 시작하며, 항상 4의 거듭제곱이나 1을 넘지 않는다. 최대 스텝 크기 $\alpha/\sqrt{\alpha}$가 $m<1$인 정수에 대해 길이 $4^m/\sqrt{4^m} = 2^m$이 되는 것처럼 4의 거듭제곱은 매 반복 시행에서 취할 수 있는 가능한 한 최대 스텝 크기가 2의 팩터로 조정될 수 있게 한다. 스텝 크기는 다음에 의해 업데이트된다.

$$\alpha^{(k+1)} \leftarrow \begin{cases} \alpha^{(k)}/4 & \text{이 반복 시행에서 개선이 없다면} \\ \min(1, 4\alpha^{(k)}) & \text{그렇지 않으면} \end{cases} \tag{8.4}$$

메시 적응적 직접 탐색은 기회적이나 동적 순서dynamic ordering[6]를 지원하지 않는다. 왜냐하면 성공적인 반복 시행 후에 스텝 크기는 증가하고, 성공적인 방향으로

6 7.4절을 참고하자.

의 다음 스텝은 메시의 바깥에 놓이게 되기 때문이다. 알고리즘은 용인된 하강 방향을 따라서 새로운 설계점을 찾는다. 만약 $f(x^{(k)} = x^{(k-1)} + \alpha\mathbf{d}) < f(x^{(k-1)})$면 탐색되는 점은 $x^{(k-1)} + 4\alpha\mathbf{d} = x^{(k)} + 3\alpha\mathbf{d}$이다. 이 절차는 알고리즘 8.3에서 보이고 있다. 그림 8.2는 알고리즘이 탐색 공간을 어떻게 탐험하는가 예시한다.

```
function rand_positive_spanning_set(α, n)
    δ = round(Int, 1/sqrt(α))
    L = Matrix(Diagonal(δ*rand([1,-1], n)))
    for i in 1 : n-1
        for j in i+1:n
            L[i,j] = rand(-δ+1:δ-1)
        end
    end
    D = L[randperm(n),:]
    D = L[:,randperm(n)]
    D = hcat(D, -sum(D,dims=2))
    return [D[:,i] for i in 1 : n+1]
end
```

알고리즘 8.2 스텝 크기가 α이고 차원수가 n인 메시 적응적 직접 탐색을 따라서 무작위 추출된 $n+1$ 방향의 양의 생성집합.

```
function mesh_adaptive_direct_search(f, x, ϵ)
    α, y, n = 1, f(x), length(x)
    while α > ϵ
        improved = false
        for (i,d) in enumerate(rand_positive_spanning_set(α, n))
            x′ = x + α*d
            y′ = f(x′)
            if y′ < y
                x, y, improved = x′, y′, true
                x′ = x + 3α*d
                y′ = f(x′)
                if y′ < y
                    x, y = x′, y′
```

알고리즘 8.3 목적 함수 f, 초기 설계점 $\mathbf{x}$이고, 허용값이 ϵ인 메시 적응적 직접 탐색법.

```
                end
                break
            end
        end
        α = improved ? min(4α, 1) : α/4
    end
    return x
end
```

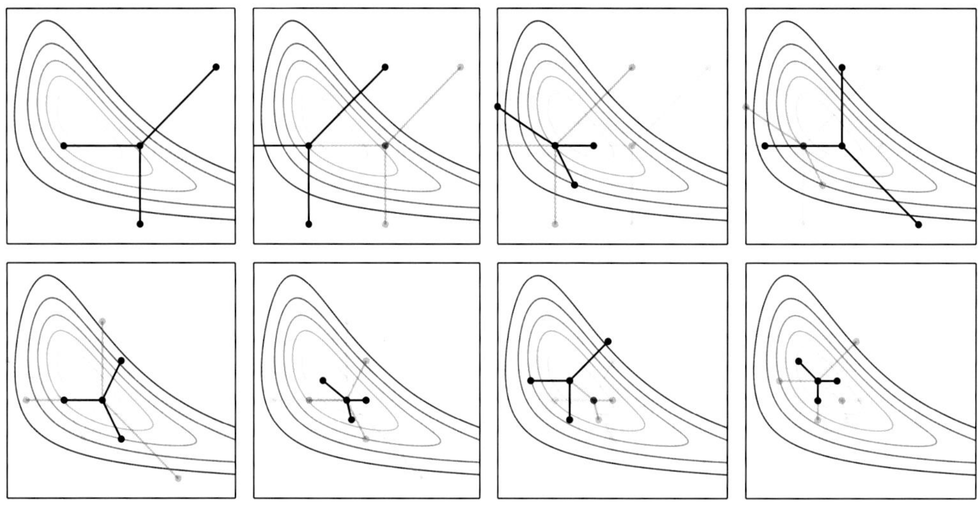

▲ **그림 8.2** 왼쪽에서 오른쪽으로, 그리고 위에서 아래로 진행하는 메시 적응적 직접 탐색.

8.3 모의 담금질

모의 담금질simulated annealing[7]은 야금술metallurgy로부터 영감을 얻었다.[8] 온도temperature는 무작위 탐색을 하는 동안 확률성의 정도를 조절하고자 사용된다. 이 과정은 온도가 높은 상태에서 출발하며, 이 단계에서 최적의 국지적 극소점을 가진 좋은 영역을 발견하도록 탐색공간을 자유로이 움직이는 것이 허용된다. 최적의 영역을 발견한 후 온도를 서서히 낮춰서 확률성을 줄이고 탐색이 극소점에 수렴하도록 한다. 모의 담금질은 국지적 극소점을 피하는 능력으로 국지적 극소점이 많이 존재하는 경우 흔히 사용된다.

7 S. Kirkpatrick, C. D. Gelatt Jr., and M. P. Vecchi, "Optimization by Simulated Annealing," *Science*, vol. 220, no. 4598, pp. 671–680, 1983.

8 담금질은 재료가 가열되고, 다시 냉각돼서 더욱 작동 가능하게 되는 프로세스다. 뜨거울 때 재료의 원자는 더 자유롭게 움직이고, 이러한 랜덤한 움직임을 통해 더 좋은 위치로 정착하게 될 가능성이 커진다. 느린 냉각은 재료가 정렬되고 결정화된 상태가 되게 한다. 빠르고 급작스러운 냉각은 재료가 현재 조건에 정착되도록 강제되기 때문에 결함을 야기한다.

각 반복 시행에서 $\mathbf{x}$에서 $\mathbf{x}'$로의 전이 후보 대상은 전이 분포transition distribution로부터 추출되며, 다음과 같은 확률로 수용accept된다.

$$\begin{cases} 1 & \Delta y \leq 0\text{인 경우} \\ \min(e^{-\Delta y/t}, 1) & \Delta y > 0\text{인 경우} \end{cases} \tag{8.5}$$

여기서 $\Delta y = f(\mathbf{x}') - f(\mathbf{x})$는 목적 함숫값의 차이이며, t는 온도다. 이것은 **메트로폴리스 기준**Metropolis criterion이라고 알려져 있는 수용 확률acceptance probability인데 알고리즘이 온도가 높을 때 국지적 극소점을 피하도록 한다.

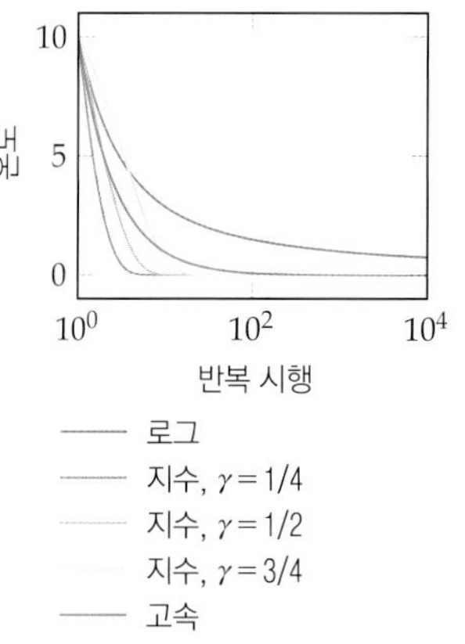

▲ **그림 8.3** 모의 담금질에서 흔히 사용되는 여러 담금질 스케줄. 초기 온도를 10으로 한다.

온도 파라미터 t는 수용 확률을 조절한다. 담금질 스케줄은 그림 8.3에서 예시된 바와 같이 알고리즘이 진행됨에 따라 온도를 서서히 낮추는 데 사용된다. 수렴을 보장하고자 온도는 반드시 낮춰져야 한다. 만약 너무 빨리 낮춰지면 탐색법이 전역적 극소점을 포함하는 탐색 공간의 부분을 지나칠 수 있다.

k 반복 시행에 대한 **로그 담금질 스케줄**logarithmic annealing schedule $t^{(k)} = t^{(1)} \ln(2)/\ln(k+1)$은 적절한 조건하에서 전역적 최적점에 점근적으로 도달하는 것이 보장된다.[9] 하지만 실제 적용 시 매우 느릴 수 있다. 더 일반적으로 사용되는 **지수 담금질 스케줄**exponential annealing schedule은 단순한 감쇠 팩터decay factor를 사용한다.

9 B. Hajek, "Cooling Schedules for Optimal Annealing," *Mathematics of Operations Research*, vol. 13, no. 2, pp. 311–329, 1988.

$$t^{(k+1)} = \gamma t^{(k)} \tag{8.6}$$

여기서 $\gamma \in (0, 1)$이다. 다른 흔히 사용되는 담금질 스케줄인 고속 담금질fast annealing[10]은 다음과 같은 온도temperature를 사용한다.

10 H. Szu and R. Harley, "Fast Simulated Annealing," *Physics Letters* A, vol. 122, no. 3–4, pp. 157–162, 1987.

$$t^{(k)} = \frac{t^{(1)}}{k} \tag{8.7}$$

모의 담금질의 기본 구현법은 알고리즘 8.4에 의해 제공된다. 예제 8.2는 여러 전이 분포와 담금질 스케줄이 최적화 과정에 갖는 효과를 보여 준다.

```
function simulated_annealing(f, x, T, t, k_max)
    y = f(x)
    x_best, y_best = x, y
    for k in 1 : k_max
        x′ = x + rand(T)
        y′ = f(x′)
        Δy = y′ - y
        if Δy ≤ 0 || rand() < exp(-Δy/t(k))
            x, y = x′, y′
        end
        if y′ < y_best
            x_best, y_best = x′, y′
        end
    end
    return x_best
end
```

알고리즘 8.4 모의 담금질은 목적 함수 f, 초기점 x, 전이 분포 T, 담금질 스케줄 t와 반복 시행 계수기를 취한다.

부록 B.1의 액클리 함수Ackley's function를 최적화하고자 모의 담금질을 사용할 수 있다. 액클리 함수는 많은 국지적 극소점을 갖고 있어 그래디언트 기반 방법이 고착되기 쉽다.

$x^{(1)} = [15, 15]$에서 시작해서 100번의 반복 시행을 실행한다고 가정하자. 아래에서 3개의 평균, 대각 공분산($\sigma\mathbf{I}$)의 가우시안 전이 분포transition distribution와 3개의 온도 스케줄 $t^{(k)} = t^{(1)}/k$의 여러 조합의 반복 시행에 따른 실행 분포를 보인다.

예제 8.2 모의 담금질의 성과에 대한 분포변수와 온도의 효과를 탐구한다. 파란색 영역은 목적 함숫값의 경험적(empirical) 가우시안 분포의 백분위 5%에서 95%와 25%에서 75%를 표시한다.

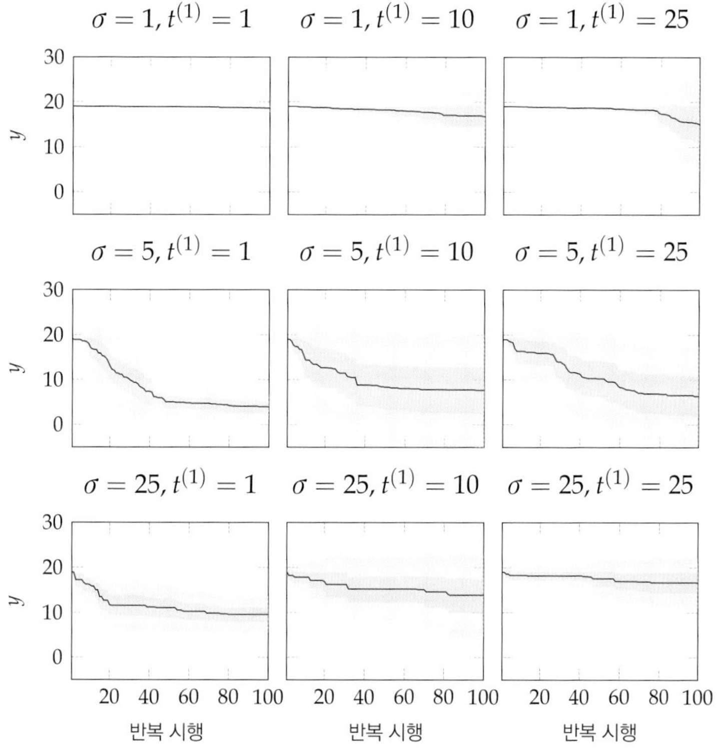

이 경우 전이 분포의 스프레드(σ)가 성과에 가장 영향을 준다.

1987년에 더욱 세련된 알고리즘이 코라나 외 3인Corana et al.에 의해 도입됐는데, 이는 탐색 동안 스텝 크기가 변할 수 있다.[11] 고정된 전이 분포를 사용하는 대신 적응적 모의 담금질법은 각 좌표 방향에 대해 각각의 스텝 크기 $\mathbf{v}$를 추적한다. 주어진 점 $\mathbf{x}$에 대해 다음 식에 따라서 무작위 움직임의 주기가 각 좌표 방향 i에 대해서 실행된다.

11 A. Corana, M. Marchest, C. Marini, and S. Ridella, "Minimizing Multimodal Functions of Continuous Variables with the 'Simulated Annealing' Algorithm," *ACM Transactions on Mathematical Software*, vol. 13, no. 3, pp. 262–280, 1987.

$$\mathbf{x}' = \mathbf{x} + rv_i\mathbf{e}_i \tag{8.8}$$

여기서 r은 $[1, -1]$의 균등 분포uniform distribution에서 무작위로 추출하며, v_i는 i번째 좌표 방향에서의 최대 스텝 크기다. 각 새로운 점이 메트로폴리스 기준에 따라 수용된다. 각 좌표 방향에서 수용점들의 수는 벡터 $\mathbf{a}$에 저장된다.

n_s 주기 이후 스텝 크기는 평균 수용률이 1/2에 가깝도록 수용되는 설계와 기각되는 설계가 대략 동일한 수가 되도록 유지된다. 너무 많은 움직임을 기각하는 것은 계산적 낭비이며, 반면 너무 많은 움직임을 수용하는 것은 후보 대상의 점들이 현재의 위치와 너무 유사해서 설계의 구성이 너무 느리게 진화한다는 것을 나타낸다. 코라나 등이 사용한 업데이트 공식은 다음과 같다.

$$v_i = \begin{cases} v_i\left(1 + c_i\frac{a_i/n_s - 0.6}{0.4}\right) & \text{if } a_i > 0.6n_s \\ v_i\left(1 + c_i\frac{0.4 - a_i/n_s}{0.4}\right)^{-1} & \text{if } a_i < 0.4n_s \quad 0 \\ v_i & \text{그 외의 경우} \end{cases} \tag{8.9}$$

c_i 파라미터는 각 방향을 따르는 스텝의 변화를 조절하며, 일반적으로 그림 8.4에 보인 바와 같이 2로 설정된다. 업데이트의 구현은 알고리즘 8.5에 보인다.

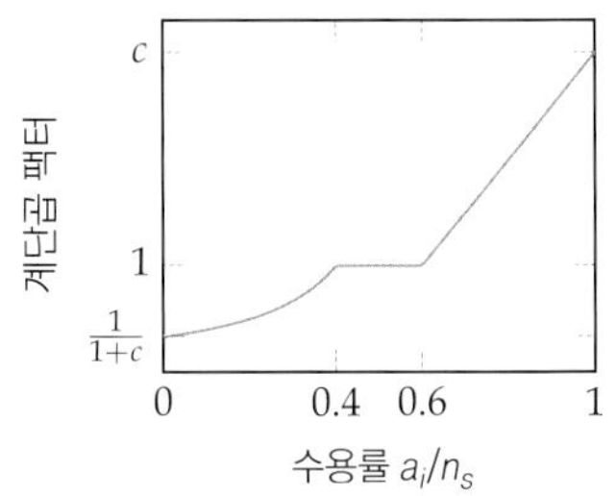

▲ **그림 8.4** $c = 2$인 경우 수용률의 함수로서 표시된 계단곱 팩터

```
function corana_update!(v, a, c, ns)
    for i in 1 : length(v)
        ai, ci = a[i], c[i]
        if ai > 0.6ns
            v[i] *= (1 + ci*(ai/ns - 0.6)/0.4)
        elseif ai < 0.4ns
            v[i] /= (1 + ci*(0.4-ai/ns)/0.4)
        end
    end
    return v
end
```

알고리즘 8.5 코라나 등(Corana et al.)에 의해 적응적 모의 담금질에 사용된 업데이트 공식. 여기서 v는 좌표 스텝 크기의 벡터, a는 각 좌표 방향에서 수용된 스텝의 수, c는 스텝 크기 조정 팩터(step scaling factor)이고, ns는 스텝 크기를 조정하기 이전 주기의 수다.

온도 감소는 n_t 스텝 조정마다 일어나는데 이는 매 $n_s \cdot n_t$ 주기다. 원래의 구현법은 단순히 온도에 감소 팩터[reduction factor]를 곱한다.

이 과정은 온도가 충분히 낮게 떨어져서 더 이상 개선이 되지 않을 때 종료된다. 가장 최근의 함숫값이 이전 n_ϵ 반복 시행으로부터의 ϵ보다 더 이상 멀어지지 않고, 최적 함숫값이 실행 도중 얻어질 때 종료가 일어난다. 알고리즘 8.6이 구현법을 제공하고, 그림 8.5에서 알고리즘을 시각화한다.

```
function adaptive_simulated_annealing(f, x, v, t, ϵ;
    ns=20, nϵ=4, nt=max(100,5length(x)),
    γ=0.85, c=fill(2,length(x)) )

    y = f(x)
    x_best, y_best = x, y
    y_arr, n, U = [], length(x), Uniform(-1.0,1.0)
    a,counts_cycles,counts_resets = zeros(n), 0, 0

    while true
        for i in 1:n
            x′ = x + basis(i,n)*rand(U)*v[i]
            y′ = f(x′)
            Δy = y′ - y
            if Δy < 0 || rand() < exp(-Δy/t)
                x, y = x′, y′
                a[i] += 1
                if y′ < y_best; x_best, y_best = x′, y′; end
            end
        end

        counts_cycles += 1
        counts_cycles ≥ ns || continue

        counts_cycles = 0
        corana_update!(v, a, c, ns)
        fill!(a, 0)
        counts_resets += 1
        counts_resets ≥ nt || continue

        t *= γ
        counts_resets = 0
        push!(y_arr, y)

        if !(length(y_arr) > nϵ && y_arr[end] - y_best ≤ ϵ &&
             all(abs(y_arr[end]-y_arr[end-u]) ≤ ϵ for u in 1:nϵ))
            x, y = x_best, y_best
        else
```

알고리즘 8.6 적응적 모의 담금질 알고리즘. 여기서 f는 다변수 목적 함수, x는 시작점, v는 시작 스텝 벡터, t는 시작 온도이고 ϵ는 종료 기준 파라미터이다. 추가될 수 있는 파라미터는 스텝 크기 조정을 실행하기 이전 주기의 수인 ns, 온도를 줄이기 이전 주기의 수인 nt, 종료를 테스트하기 위한 연속적인 온도 감소의 수인 nϵ, 온도 감소 계수인 γ과 방향에 따라 변하는 기준인 c이다.

원논문에 제시된 적응적 모의 담금질 알고리즘의 순서도는 아래와 같다.

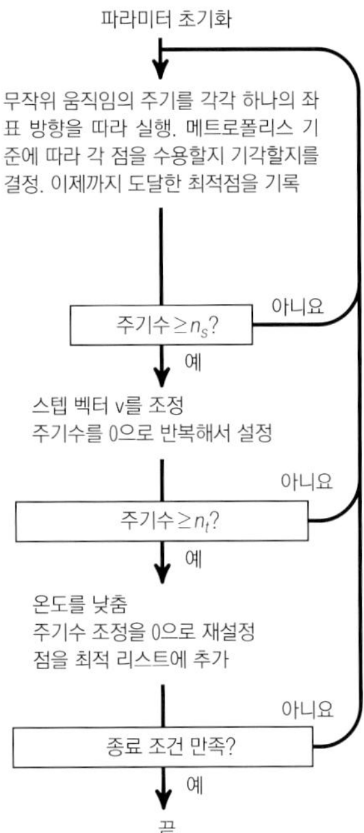

```
            break
        end
    end
    return x_best
end
```

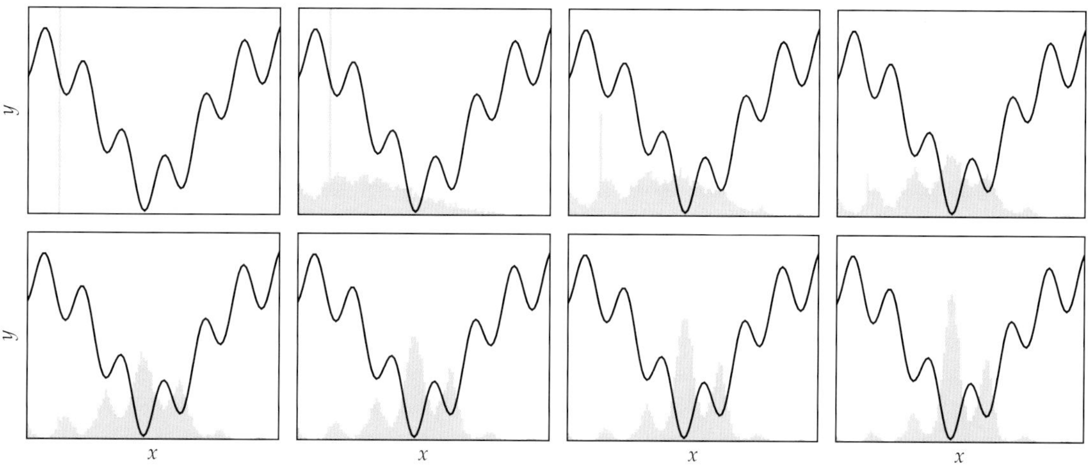

▲ **그림 8.5** 지수 감쇠 온도를 가진 모의 담금질. 여기서 도수분포도(histogram)는 모의 담금질이 일정 반복 시행에서 특정 위치에 있을 확률을 나타낸다.

8.4 교차 엔트로피법

교차 엔트로피법cross-entropy method[12]은 이제까지 논의한 방법과 대조적으로 설계 공간에 걸친 명시적인 확률 분포를 유지한다.[13] 이 확률 분포는 흔히 제안 분포proposal distribution로 불리는데 다음 반복 시행을 위한 새로운 샘플을 제안하는 데 사용된다. 매 반복 시행에서 제안 분포로부터 샘플링을 하고 나서 최적 샘플의 집합에 적합화되도록 제안 분포를 업데이트한다. 수렴은 제안 분포가 전역적 최적점에 초점을 맞추고자 한다. 알고리즘 8.7이 구현법을 제공한다.

12 R. Y. Rubinstein and D. P. Kroese, The Cross-Entropy Method: A Unified Approach to Combinatorial Optimization, Monte-Carlo Simulation, and Machine Learning, Springer, 2004.

13 이 방법의 이름은 어떤 분포를 적합화하는 과정이 또 달리 쿨백-라이블러 발산(Kullback-Leibler Divergence)이라고 불리는 교차 엔트로피를 최소화하는 것에 연관된다는 사실에 유래한다. 어떤 특정 조건하에 교차 엔트로피를 최소화하는 것은 그 분포의 최우 추정치(maximum likelihood estimates)를 찾는 것에 해당한다.

```julia
using Distributions
function cross_entropy_method(f, P, k_max, m=100, m_elite=10)
    for k in 1 : k_max
        samples = rand(P, m)
        order = sortperm([f(samples[:,i]) for i in 1:m])
        P = fit(typeof(P), samples[:,order[1:m_elite]])
    end
    return P
end
```

알고리즘 8.7 교차 엔트로피법은 최소화할 목적 함수 f, 제안 분포 P, 반복 시행 계수기 k_max, 샘플 크기 m과 분포를 재적합화할 때 사용할 샘플 크기 m_elite를 취한다. 전역적 극소점이 존재할 가능성이 있는 곳에 대한 분포를 업데이트해서 반환한다.

교차 엔트로피법에서는 θ에 의해 파라미터가 결정되는 분포군을 선택해야 한다. 흔한 선택 하나는 평균 벡터와 공분산 행렬에 의해 파라미터가 결정되는 다변수 정규 분포군이다. 또한 알고리즘은 정선된 샘플elite sample의 수인 m_{elite}를 설정해서 다음 반복 시행을 위한 파라미터를 적합화할 때 사용하도록 한다.

분포군의 선택에 따라 정선된 샘플에 분포를 적합화하는 과정은 해석적이 될 수 있다. 다변수 정규 분포의 경우 파라미터는 다음과 같은 최대 우도 추정값maximum likelihood estimate에 따라 업데이트된다.

$$\boldsymbol{\mu}^{(k+1)} = \frac{1}{m_{\text{elite}}} \sum_{i=1}^{m_{\text{elite}}} \mathbf{x}^{(i)} \tag{8.10}$$

$$\boldsymbol{\Sigma}^{(k+1)} = \frac{1}{m_{\text{elite}}} \sum_{i=1}^{m_{\text{elite}}} (\mathbf{x}^{(i)} - \boldsymbol{\mu}^{(k+1)})(\mathbf{x}^{(i)} - \boldsymbol{\mu}^{(k+1)})^{\top} \tag{8.11}$$

예제 8.3은 교차 엔트로피법을 간단한 함수에 적용한다. 그림 8.6은 더욱 복잡한 함수에 대해 반복 시행한 것을 보여 준다. 예제 8.4는 다변수 정규 분포를 사용해 정선된 샘플에 대해 적합화하는 것의 잠재적 한계점을 보여 준다.

예제 8.3 교차 엔트로피법을 사용하는 예제

Distribution.jl을 사용해 제안 분포를 표현하고, 그로부터 샘플링하고, 이를 적합화한다. 파라미터 벡터 θ는 분포 P에 의해 치환된다. rand(P,m)을 호출하면 P로부터의 n-차원 샘플의 m개의 샘플에 해당하는 $n \times m$ 행렬을 생성하고 fit을 호출하면, 주어진 입력 형태의 새로운 분포를 적합화한다.

```
import Random: seed!
import LinearAlgebra: norm
seed!(0) # 결과가 재현 가능하도록 랜덤 시드를 설정
f = x->norm(x)
μ = [0.5, 1.5]
Σ = [1.0 0.2; 0.2 2.0]
P = MvNormal(μ, Σ)
k_max = 10
P = cross_entropy_method(f, P, k_max)
@show P.μ

P.μ = [-6.13623e-7, -1.37216e-6]
```

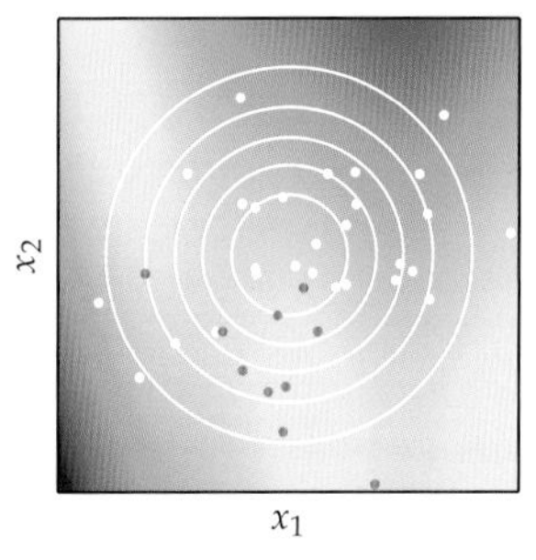

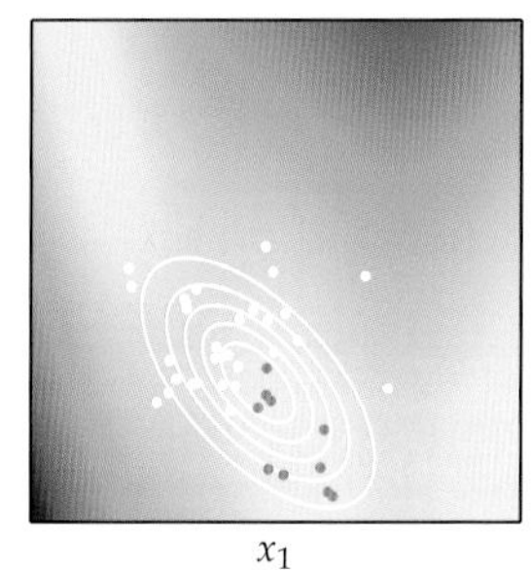

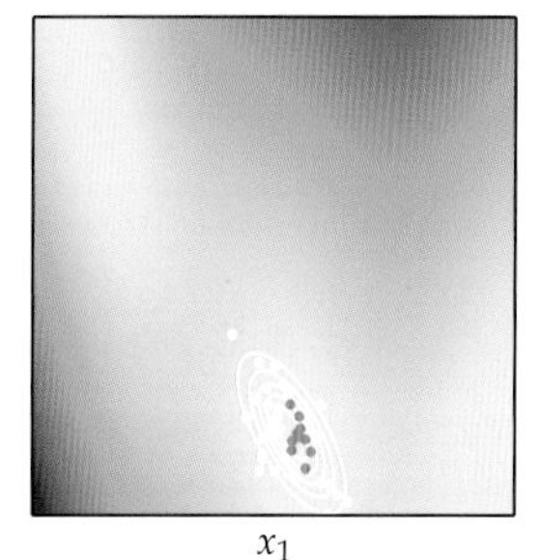

▲ **그림 8.6** 다변수 정규 분포를 사용해 $m = 40$의 교차 엔트로피법을 브라닌 함수(부록 B.3 참고)에 대해서 적용한 그림. 매 반복 시행에서의 10개의 정선된 샘플이 빨간색으로 표시되고 있다.

분포군은 목적 함수의 관련 특성을 포착하기에 충분히 유연해야만 한다. 여기에서 다차원 목적 함수에 대해서 정규 분포를 사용하는 한계를 보이는데, 두 극소점 상이에 더 커다란 밀도를 할당한다. 혼합 모델mixture model은 각각의 극소점에 대해 중심이 되게 할 수 있다.

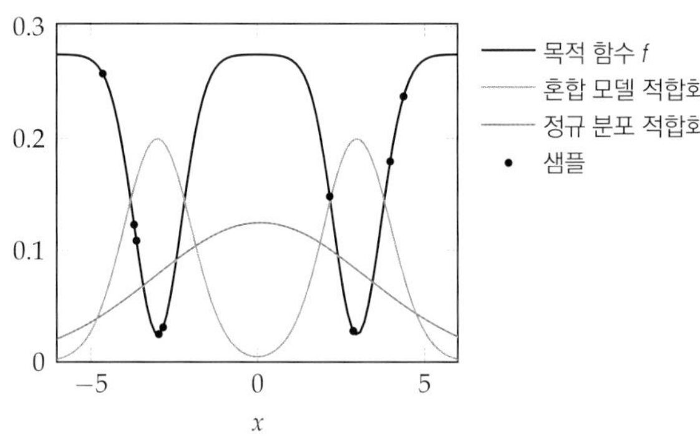

예제 8.4 정규 분포는 다수의 국지적 극소점을 포착할 수 없다. 반면 혼합 모델은 여러 개를 포착할 수 있다.

8.5 자연 진화 전략

교차 엔트로피법처럼 자연 진화 전략natural evolution strategies[14]도 θ에 의해 파라미터가 결정되는 제안 분포를 최적화한다. 제안 분포군과 샘플 수를 지정해야 하는데 목적은 $\mathbb{E}_{\mathbf{x}\sim p(\cdot|\theta)}[f(\mathbf{x})]$를 최소화하는 것이다. 정선된 샘플을 적합화하는 대신에 진화 전략은 그래디언트 하강을 적용한다. 그래디언트는 샘플로부터 추정된다.[15]

$$\nabla_\theta \mathbb{E}_{\mathbf{x}\sim p(\cdot|\theta)}[f(\mathbf{x})] = \int \nabla_\theta p(\mathbf{x} \mid \theta) f(\mathbf{x})\, d\mathbf{x} \tag{8.12}$$

$$= \int \frac{p(\mathbf{x} \mid \theta)}{p(\mathbf{x} \mid \theta)} \nabla_\theta p(\mathbf{x} \mid \theta) f(\mathbf{x})\, d\mathbf{x} \tag{8.13}$$

$$= \int p(\mathbf{x} \mid \theta) \nabla_\theta \log p(\mathbf{x} \mid \theta) f(\mathbf{x})\, d\mathbf{x} \tag{8.14}$$

14 I. Rechenberg, *Evolutionsstrategie Optimierung technischer Systeme nach Prinzipien der biologischen Evolution*, Frommann-Holzboog, 1973.

15 이 그래디언트 정보는 최근 성공적으로 딥 신경망으로 표현되는 제안 분포에 적용됐다. T. Salimane, J. Ho, X. Chen, and I. Sutskever, "Evolution Strategies as a Scalable Alternative to Reinforcement Learning," *ArXiv* no. 1703.03864, 2017.

$$= \mathbb{E}_{\mathbf{x} \sim p(\cdot \mid \boldsymbol{\theta})}[f(\mathbf{x}) \nabla_{\boldsymbol{\theta}} \log p(\mathbf{x} \mid \boldsymbol{\theta})] \tag{8.15}$$

$$\approx \frac{1}{m} \sum_{i=1}^{m} f(\mathbf{x}^{(i)}) \nabla_{\boldsymbol{\theta}} \log p(\mathbf{x}^{(i)} \mid \boldsymbol{\theta}) \tag{8.16}$$

목적 함수의 그래디언트를 필요로 하지 않지만, 로그 우도 함수 $\log p(\mathbf{x} | \boldsymbol{\theta})$의 그래디언트는 필요로 한다. 예제 8.5는 다변수 정규 분포에 대한 로그 우도 함수의 그래디언트를 계산하는 법을 보여 준다. 추정된 그래디언트는 $\boldsymbol{\theta}$를 개선하고자 1~7장에서 논의된 어떠한 하강법과도 같이 사용될 수 있다. 알고리즘 8.8은 고정된 스텝 크기의 그래디언트 하강법을 사용한다. 그림 8.7는 알고리즘이 몇 차례 반복 시행되는 것을 보여 준다.

```
using Distributions
function natural_evolution_strategies(f, θ, k_max; m=100, α=0.01)
    for k in 1 : k_max
        samples = [rand(θ) for i in 1 : m]
        θ -= α*sum(f(x)*∇logp(x, θ) for x in samples)/m
    end
    return θ
end
```

알고리즘 8.8 자연 진화 전략법은 최소화될 목적 함수 `f`, 초기 분포 파라미터 벡터 `θ`, 반복 시행 계수기 `k_max`, 샘플 크기 `m`과 스텝 팩터 `α`를 취한다. 최적화된 파라미터가 반환된다. 메소드 `rand(θ)`는 `θ`에 의해 파라미터가 결정되는 분포로부터 샘플링을 하며, `∇logp(x, θ)`는 로그 우도 그래디언트를 반환한다.

평균이 $\boldsymbol{\mu}$이고, 공분산이 Σ인 다변수 정규 분포 $\mathcal{N}(\boldsymbol{\mu}, \Sigma)$는 해석적 해를 갖고 있기 때문에 인기 있는 분포군이다. d차원의 우도는 다음 형태를 갖는다.

$$p(\mathbf{x} \mid \boldsymbol{\mu}, \boldsymbol{\Sigma}) = (2\pi)^{-\frac{d}{2}} |\boldsymbol{\Sigma}|^{-\frac{1}{2}} \exp\left(-\frac{1}{2}(\mathbf{x} - \boldsymbol{\mu})^\top \boldsymbol{\Sigma}^{-1} (\mathbf{x} - \boldsymbol{\mu}) \right)$$

여기서 $|\Sigma|$는 Σ의 행렬식determinant이다. 로그 우도는 다음과 같다.

$$\log p(\mathbf{x} \mid \boldsymbol{\mu}, \boldsymbol{\Sigma}) = -\frac{d}{2}\log(2\pi) - \frac{1}{2}\log|\boldsymbol{\Sigma}| - \frac{1}{2}(\mathbf{x} - \boldsymbol{\mu})^\top \boldsymbol{\Sigma}^{-1}(\mathbf{x} - \boldsymbol{\mu})$$

파라미터는 로그 우도 그래디언트를 사용해 업데이트될 수 있다.

$$\nabla_{(\boldsymbol{\mu})} \log p(\mathbf{x} \mid \boldsymbol{\mu}, \boldsymbol{\Sigma}) = \boldsymbol{\Sigma}^{-1}(\mathbf{x} - \boldsymbol{\mu})$$
$$\nabla_{(\boldsymbol{\Sigma})} \log p(\mathbf{x} \mid \boldsymbol{\mu}, \boldsymbol{\Sigma}) = \frac{1}{2}\boldsymbol{\Sigma}^{-1}(\mathbf{x} - \boldsymbol{\mu})(\mathbf{x} - \boldsymbol{\mu})^\top \boldsymbol{\Sigma}^{-1} - \frac{1}{2}\boldsymbol{\Sigma}^{-1}$$

$\nabla_{(\Sigma)}$ 항은 Σ의 각 원소의 로그 우도에 대한 편미분을 포함한다.

직접 Σ를 업데이트하면 공분산 행렬에 대해 요구되는 양정부호 행렬을 갖지 못할 수 있다. 한 가지 해법은 Σ를 $\mathbf{A}^\top\mathbf{A}$와 같은 곱으로 표현해서 Σ가 양의 준정부호로 유지한다. 그 다음 Σ 대신 $\mathbf{A}$를 업데이트한다. Σ를 $\mathbf{A}^\top\mathbf{A}$로 치환하고 그래디언트를 $\mathbf{A}$에 대해서 취하면 다음을 얻는다.

$$\nabla_{(\mathbf{A})} \log p(\mathbf{x} \mid \boldsymbol{\mu}, \mathbf{A}) = \mathbf{A}\left[\nabla_{(\boldsymbol{\Sigma})} \log p(\mathbf{x} \mid \boldsymbol{\mu}, \boldsymbol{\Sigma}) + \nabla_{(\boldsymbol{\Sigma})} \log p(\mathbf{x} \mid \boldsymbol{\mu}, \boldsymbol{\Sigma})^\top\right]$$

예제 8.5 다변수 가우시안 분포에 대한 우도 그래디언트식의 도출. 원논문의 도출법과 양의 정부호 공분산 행렬를 다루는 데 있어 원논문의 도출법과 더 세련된 해를 위해서는 다음을 참고하자. D. Wierstras, T. Schaul, T. Glasmachers, Y. Sun, and J. Schmidhuber, "Natural Evolution strategies", *ArXiv*, no. 1106.4487, 2011.

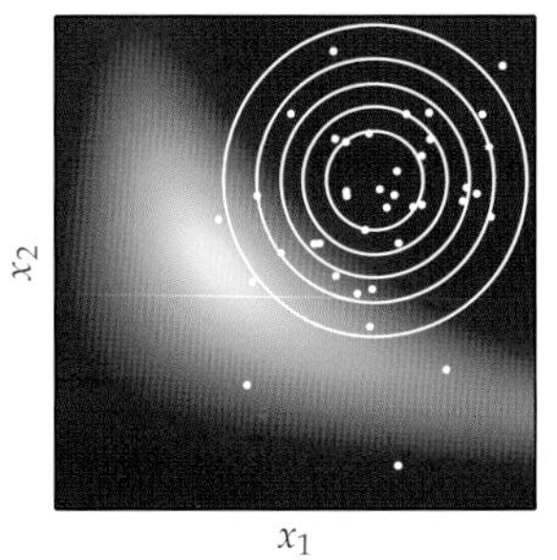
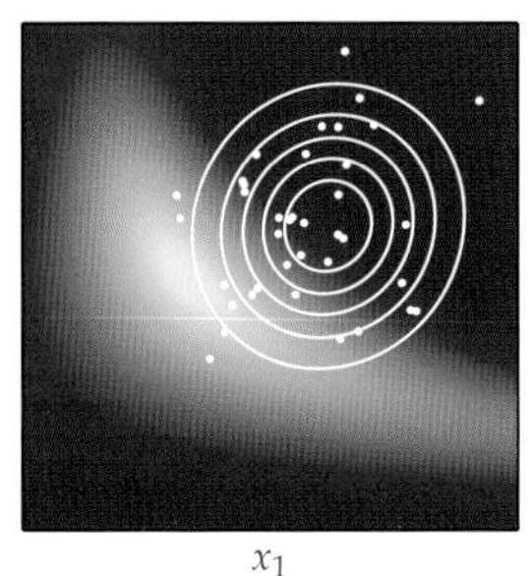
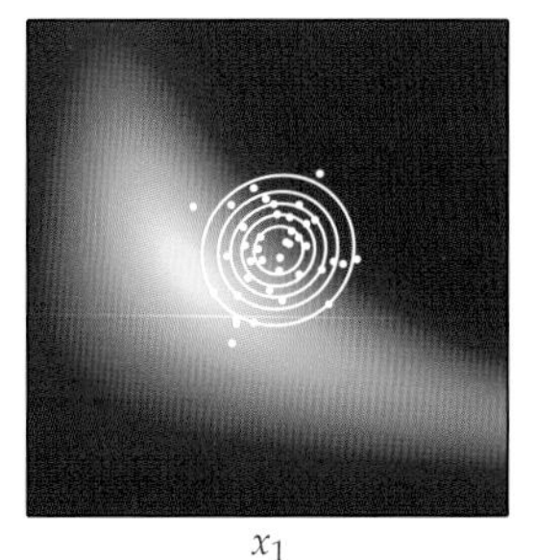

▲ **그림 8.7** 윌러의 능선(Wheeler's Ridge)(부록 B.7)에 적용된 다변수 정규 분포를 사용한 자연 진화 전략.

8.6 공분산 행렬 적응법

또 하나의 인기 있는 방법은 공분산 행렬 적응법covariance matrix adaptation[16]이며, 이는 공분산 행렬 적응 진화 전략covariance matrix adaptation evolutionary strategy의 영어 약자인 CMA-ES로도 불린다. 이 방법은 8.5절의 자연 진화 전략과도 유사성을 갖지만, 두 방법이 혼동돼서는 안 된다. 이 방법은 공분산 행렬을 유지하며, 강건robust하고, 샘플 효율적이다. 교차 엔트로피법과 자연 진화 전략처럼 샘플을 기반으로 시간이 지남에 따라 분포가 개선된다. 공분산 행렬 적응은 다변수 가우시안 분포를 사용한다.[17]

공분산 행렬 적응은 평균 벡터 $\boldsymbol{\mu}$, 공분산 행렬 $\boldsymbol{\Sigma}$와 추가적인 스텝 크기 스칼라 σ를 갖는다. 공분산 행렬은 매 반복 시행에서 한 방향으로만 증가 또는 감소한다. 반면 스텝 크기 스칼라는 전체적인 분포의 스프레드를 조절하고자 조정된다. 매 반복 시행에서 m개의 설계점이 다음과 같은 다변수 가우시안으로부터 샘플링된다.[18]

$$\mathbf{x} \sim \mathcal{N}(\boldsymbol{\mu}, \sigma^2\boldsymbol{\Sigma}) \tag{8.17}$$

16 특별히 공분산 행렬 적응법을 가리키고자 진화 전략(evolution strategy)이란 문구를 공통적으로 사용한다.

17 N. Hansen, "The CMA Evolution Strategy: A Tutorial," *ArXiv* no. 1604.00772, 2016.

18 $\mathbb{R}^n$에서의 최적화를 위해서 각 반복 시행마다 적어도 $m = 4 + \lfloor 3 \ln n \rfloor$개의 샘플과 $m_{\text{elite}} = \lfloor m/2 \rfloor$개의 엘리트 샘플을 사용하기를 권장한다.

다음 설계점들이 $f(\mathbf{x}^{(1)}) \leq f(\mathbf{x}^{(2)}) \leq \cdots \leq f(\mathbf{x}^{(m)})$와 같이 목적 함숫값에 따라서 정렬된다. 새 평균 벡터 $\mu^{(k+1)}$은 샘플링된 설계점들의 가중평균을 사용해서 얻는다.

$$\boldsymbol{\mu}^{(k+1)} \leftarrow \sum_{i=1}^{m} w_i \mathbf{x}^{(i)} \tag{8.18}$$

여기서 가중치의 합은 1이며, 가장 큰 것에서 가장 작은 것으로 정렬되고, 모두 비음이다.[19]

$$\sum_{i=1}^{m} w_i = 1 \qquad w_1 \geq w_2 \geq \cdots \geq w_m \geq 0 \tag{8.19}$$

19 The original paper (N. Hansen and A. Ostermeier, "Adapting Arbitrary Normal Mutation Distributions in Evolution Strategies: The Covariance Matrix Adaptation," in *IEEE International Conference on Evolutionary Computation*, 1996.) provides generalizations that need not adhere to these constraints, but their recommended implementation does adhere to them. Algorithm 8.9 adheres to these constraints.

처음 m_{elite}의 가중치들을 $1/m_{\text{elite}}$로 설정하고 나머지 가중치들을 0으로 설정함으로서 교차 엔트로피법에서 평균을 업데이트할 수 있다. 공분산 행렬 적응법도 역시 가중치를 단지 처음 m_{elite} 설계점들에게 주지만, 가중치를 똑같이 주지 않는다. 권고되는 가중치가 다음 같은 정규화를 통해서 얻어진다.

$$w_i' = \ln \frac{m+1}{2} - \ln i \;\; i \in \{1, \ldots, m\}\text{에 대해서} \tag{8.20}$$

이를 이용해 $\mathbf{w} = \mathbf{w}' / \sum_i w_i'$가 얻어진다. 그림 8.8은 공분산 행렬 적응법과 교차 엔트로피법의 평균 업데이트를 비교한다.

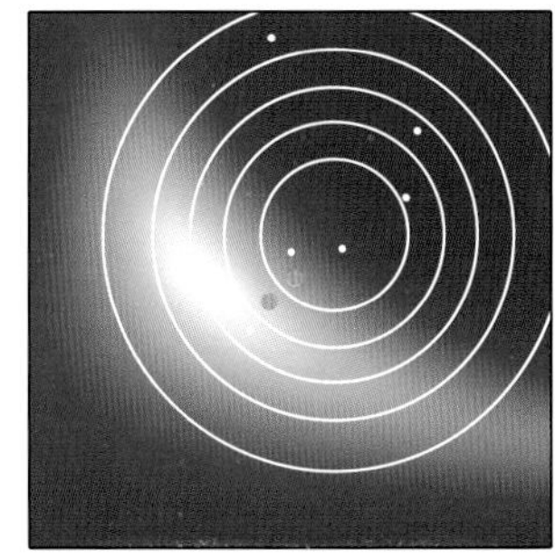

▲ **그림 8.8** 초기 제안된 분포(하얀 등고선), 6개의 샘플(하얀점)과 3개 엘리트 샘플을 사용한 공분산 행렬 적응(파란점)과 교차 엔트로피법(빨간점) 모두에 대한 새로운 업데이트 평균을 보이고 있다. 공분산 행렬 적응법은 더 좋게 샘플링된 설계에 더 높은 가중치를 할당하므로 교차 엔트로피법(빨간점)보다 더 공격적으로 평균을 업데이트하는 경향이 있다.

스텝 크기는 시간에 따라 스텝을 추적하는 누적 변수 $\mathbf{p}_\sigma$를 이용해 업데이트한다.

$$\begin{aligned} \mathbf{p}_\sigma^{(1)} &= \mathbf{0} \\ \mathbf{p}_\sigma^{(k+1)} &\leftarrow (1 - c_\sigma)\mathbf{p}_\sigma + \sqrt{c_\sigma(2 - c_\sigma)\mu_{\text{eff}}}\left(\boldsymbol{\Sigma}^{(k)}\right)^{-1/2} \boldsymbol{\delta}_w \end{aligned} \tag{8.21}$$

여기서 c_σ는 감쇠율을 조절하고 오른쪽 항은 관찰된 샘플들을 기반으로 분포의 현재 크기에 대해서 스텝 크기가 증가돼야 할지 감소돼야 할지를 결정한다. 분산유효 선택 질량variance effective selection mass은 다음과 같은 형태를 갖는다.

$$\mu_{\text{eff}} = \frac{1}{\sum_i w_i^2} \tag{8.22}$$

$\boldsymbol{\delta}_w$는 샘플링된 편차로부터 다음과 같이 계산된다.

$$\boldsymbol{\delta}_w = \sum_{i=1}^{m_{\text{elite}}} w_i \boldsymbol{\delta}^{(i)} \qquad \delta^{(i)} = \frac{\mathbf{x}^{(i)} - \boldsymbol{\mu}^{(k)}}{\sigma^{(k)}} \text{ 에 대해서} \tag{8.23}$$

새 스텝 크기는 다음에 따라서 얻어진다.

$$\sigma^{(k+1)} \leftarrow \sigma^{(k)} \exp\left(\frac{c_\sigma}{d_\sigma}\left(\frac{\|\mathbf{p}_\sigma\|}{\mathbb{E}\|\mathcal{N}(\mathbf{0}, \mathbf{I})\|} - 1\right)\right) \tag{8.24}$$

여기서

$$\mathbb{E}\|\mathcal{N}(\mathbf{0}, \mathbf{I})\| = \sqrt{2}\frac{\Gamma\left(\frac{n+1}{2}\right)}{\Gamma\left(\frac{n}{2}\right)} \approx \sqrt{n}\left(1 - \frac{1}{4n} + \frac{1}{21n^2}\right) \tag{8.25}$$

는 가우시안 분포로부터 추출된 벡터의 예상 길이다. $\mathbf{p}_\sigma$의 길이를 무작위로 선택하는 경우의 예상 길이와 비교하는 것은 σ를 증가하는지 감소하는지 결정하는 원리를 제공한다.

$$\begin{aligned} c_\sigma &= (\mu_{\text{eff}} + 2)/(n + \mu_{\text{eff}} + 5) \\ d_\sigma &= 1 + 2\max\left(0, \sqrt{(\mu_{\text{eff}} - 1)/(n + 1)} - 1\right) + c_\sigma \end{aligned} \tag{8.26}$$

또한 공분산 행렬은 다음과 같은 누적 벡터를 사용해 업데이트된다.

$$\begin{aligned}\mathbf{p}_\Sigma^{(1)} &= \mathbf{0}\\ \mathbf{p}_\Sigma^{(k+1)} &\leftarrow (1-c_\Sigma)\mathbf{p}_\Sigma^{(k)} + h_\sigma\sqrt{c_\Sigma(2-c_\Sigma)\mu_{\text{eff}}}\boldsymbol{\delta}_w\end{aligned} \tag{8.27}$$

여기서

$$h_\sigma = \begin{cases} 1 & \text{if } \frac{\|\mathbf{p}_\Sigma\|}{\sqrt{1-(1-c_\sigma)^{2(k+1)}}} < \left(1.4+\frac{2}{n+1}\right)\mathbb{E}\|\mathcal{N}(\mathbf{0},\mathbf{I})\| \\ 0 & \text{그렇지 않은 경우}\end{cases} \tag{8.28}$$

h_σ는 만약 $\|\mathbf{p}_\Sigma\|$이 너무 크면 $\mathbf{p}_\Sigma$의 업데이트를 멈추게 한다. 이것에 의해 스텝 크기가 너무 작을 때 Σ의 지나친 증가를 막는다.

업데이트는 다음과 같은 조정된 가중치 $\mathbf{w}^\circ$를 요구한다.

$$w_i^\circ = \begin{cases} w_i & \text{if } w_i \ge 0 \\ \frac{nw_i}{\left\|\Sigma^{-1/2}\boldsymbol{\delta}^{(i)}\right\|^2} & \text{그렇지 않은 경우}\end{cases} \tag{8.29}$$

그러고 나서 공분산 업데이트는 다음과 같다.

$$\boldsymbol{\Sigma}^{(k+1)} \leftarrow \left(1+\underbrace{c_1c_c(1-h_\sigma)(2-c_c)-c_1-c_\mu}_{\text{일반적으로 0}}\right)\boldsymbol{\Sigma}^{(k)} + \underbrace{c_1\mathbf{p}_\Sigma\mathbf{p}_\Sigma^\top}_{\text{랭크-1 업데이트}} \underbrace{+c_\mu\sum_{i=1}^{\mu}w_i^\circ\boldsymbol{\delta}^{(i)}\left(\boldsymbol{\delta}^{(i)}\right)^\top}_{\text{랭크-}\mu\text{ 업데이트}} \tag{8.30}$$

상수 c_Σ, c_1과 c_μ는 다음과 같은 값을 갖도록 권고된다.

$$\begin{aligned} c_\Sigma &= \frac{4+\mu_{\text{eff}}/n}{n+4+2\mu_{\text{eff}}/n}\\ c_1 &= \frac{2}{(n+1.3)^2+\mu_{\text{eff}}}\\ c_\mu &= \min\left(1-c_1, 2\frac{\mu_{\text{eff}}-2+1/\mu_{\text{eff}}}{(n+2)^2+\mu_{\text{eff}}}\right)\end{aligned} \tag{8.31}$$

공분산 행렬의 업데이트는 세 가지 요소, 즉 이전 공분산 $\Sigma^{(k)}$, 랭크-1 업데이트, 랭크-μ 업데이트를 갖는다. 랭크-1 업데이트는 $\mathbf{p}_\Sigma \mathbf{p}_\Sigma^\top$의 랭크가 1이라는 데서 그 이름을 얻었다. $\mathbf{p}_\Sigma$를 따라서 단지 하나의 고유 벡터eigenvector를 갖는다. 누적 벡터를 사용하는 랭크-1 업데이트는 연속적인 스텝 간의 상관관계를 이용할 수 있도록 해 공분산 행렬이 유리한 축에서 더욱 빨리 길어질 수 있도록 한다.

랭크-μ 업데이트는 $\sum_{i=1}^{\mu} w_i^\circ \boldsymbol{\delta}^{(i)}(\boldsymbol{\delta}^{(i)})^\top$의 랭크가 $\min(\mu, n)$이라는 사실로부터 그 이름을 얻었다. 교차 엔트로피가 사용하는 실증적 공분산 행렬과 랭크-μ의 중요한 차이 하나는 전자는 새 평균 $\boldsymbol{\mu}^{(k+1)}$에 대한 공분산을 추정하는 반면 후자는 원래의 평균 $\boldsymbol{\mu}^{(k)}$에 대한 공분산을 추정한다는 것이다. 따라서 $\boldsymbol{\delta}^{(i)}$값이 샘플링된 설계점들 내의 분산보다는 샘플링된 스텝 간의 분산을 추정하도록 돕는다.

공분산 행렬 적응법은 그림 8.9에서 소개한다.

```
function covariance_matrix_adaptation(f, x, k_max;
    σ = 1.0,
    m = 4 + floor(Int, 3*log(length(x))),
    m_elite = div(m,2))

    μ, n = copy(x), length(x)
    ws = normalize!(vcat(log((m+1)/2) .- log.(1:m_elite),
                    zeros(m - m_elite)), 1)
    μ_eff = 1 / sum(ws.^2)
    cσ = (μ_eff + 2)/(n + μ_eff + 5)
    dσ = 1 + 2max(0, sqrt((μ_eff-1)/(n+1))-1) + cσ
    cΣ = (4 + μ_eff/n)/(n + 4 + 2μ_eff/n)
    c1 = 2/((n+1.3)^2 + μ_eff)
    cμ = min(1-c1, 2*(μ_eff-2+1/μ_eff)/((n+2)^2 + μ_eff))
    E = n^0.5*(1-1/(4n)+1/(21*n^2))
    pσ, pΣ, Σ = zeros(n), zeros(n), Matrix(1.0I, n, n)
    for k in 1 : k_max
```

알고리즘 8.9 공분산 행렬 적응법은 최소화될 목적 함수 `f`, 초기 설계점 `x`와 반복 시행 계수기인 `k_max`를 취한다. 추가적으로 스텝 크기 스칼라 `σ`, 샘플 크기 `m`과 정선된 샘플의 수 `m_elite`를 지정할 수 있다.

최적의 후보대상 설계점이 반환되는데 이는 최종 샘플 분포의 평균이다.

공분산 행렬은 추가적인 연산을 거쳐 대칭성이 유지되도록 보장된다. 이렇지 않으면 작은 수치적 불일치로 인해 행렬이 양정부호가 되지 않을 수 있다.

```
        P = MvNormal(μ, σ^2*Σ)
        xs = [rand(P) for i in 1 : m]
        ys = [f(x) for x in xs]
        is = sortperm(ys) # 가장 좋은 것에서 나쁜 것으로 정렬

        # 선택과 평균 업데이트
        δs = [(x - μ)/σ for x in xs]
        δw = sum(ws[i]*δs[is[i]] for i in 1 : m_elite)
        μ += σ*δw

        # 스텝 크기 조절
        C = Σ^-0.5
        pσ = (1-cσ)*pσ + sqrt(cσ*(2-cσ)*μ_eff)*C*δw
        σ *= exp(cσ/dσ * (norm(pσ)/E - 1))

        # 공분산 적응
        hσ = Int(norm(pσ)/sqrt(1-(1-cσ)^(2k)) < (1.4+2/(n+1))*E)
        pΣ = (1-cΣ)*pΣ + hσ*sqrt(cΣ*(2-cΣ)*μ_eff)*δw
        w0 = [ws[i]≥0 ? ws[i] : n*ws[i]/norm(C*δs[is[i]])^2
              for i in 1:m]
        Σ = (1-c1-cμ) * Σ +
            c1*(pΣ*pΣ' + (1-hσ) * cΣ*(2-cΣ) * Σ) +
            cμ*sum(w0[i]*δs[is[i]]*δs[is[i]]' for i in 1 : m)
        Σ = triu(Σ)+triu(Σ,1)' # 대칭성 부여
    end
    return μ
end
```

▲ **그림 8.9** 플라워 함수(부록 B.4)에 대해 적용한 다변수 가우시안 분포를 사용한 공분산 행렬 적응법

8.7 요약

- 확률적 방법들은 최적화 과정에서 난수를 사용한다.
- 모의 담금질은 랜덤 탐험을 조절하는 온도를 사용하는데 이는 시간이 지남에 따라 감소해 국지적 극소점에 수렴한다.
- 교차 엔트로피법과 진화 전략은 업데이트의 정보를 얻고자 샘플링하는 제안 분포를 사용한다.
- 자연 진화 전략은 로그 우도에 대한 그래디언트를 사용해 제안 분포를 업데이트한다.
- 공분산 행렬 적응법은 강건하고 샘플 효율적인 최적화 방법으로 완전 공분산 행렬을 가진 가우시안 제안 분포를 사용한다.

8.8 연습문제

연습문제 8.1 혼합 제안 분포가 다중 극소점을 더 잘 포착한다는 것을 보였다. 왜 교차 엔트로피법에서 이들의 사용은 제한적인가?

연습문제 8.2 교차 엔트로피법에서 전체 샘플 크기와 매우 근접한 정선 샘플 크기를 사용할 때 발생할 수 있는 효과는 무엇인가?

연습문제 8.3 평균 μ, 분산 ν인 가우시안 분포로부터 샘플링한 값의 로그 우도는 다음과 같다.

$$\ell(x \mid \mu, \nu) = -\frac{1}{2}\ln 2\pi - \frac{1}{2}\ln \nu - \frac{(x-\mu)^2}{2\nu}$$

평균이 최적점에 있을 때, 즉 $\mu = x^*$일 때 하강 업데이트를 분산에 적용하면서 가우시안 분포를 사용하는 진화 전략이 왜 잘 작동하지 않는지를 보여라.

연습문제 8.4 다음의 다변수 정규 분포를 사용해 교차 엔트로피에 대한 최대 우도 추정치를 도출하라.

$$\boldsymbol{\mu}^{(k+1)} = \frac{1}{m}\sum_{i=1}^{m}\mathbf{x}^{(i)}$$
$$\boldsymbol{\Sigma}^{(k+1)} = \frac{1}{m}\sum_{i=1}^{m}(\mathbf{x}^{(i)} - \boldsymbol{\mu}^{(k+1)})(\mathbf{x}^{(i)} - \boldsymbol{\mu}^{(k+1)})^\top$$

여기서 최대 우도 추정치는 개별 설계점들, 즉 $\{\mathbf{x}^{(1)}, \cdots, \mathbf{x}^{(m)}\}$을 샘플링하는 우도를 최대화하는 파라미터다.

09
모집단 방법

8장에서 단일 설계점이 점차적으로 극소점을 향해 움직이는 방법들에 대해 초점을 맞췄다. 9장은 **개별점**individual이라 불리는 설계점들의 집합을 사용해 최적화를 하는 다양한 **모집단 방법**population method을 제시한다. 설계 공간에 걸쳐 분포된 수많은 개별점은 알고리즘이 국지적 극소점에 갇히지 않도록 돕는다. 설계 공간 안의 상이한 점들에서의 정보는 개별점 간에 공유될 수 있어 목적 함수를 전역적으로 최적화할 수 있도록 한다. 대부분의 모집단 방법들은 본질적으로 확률적이며, 일반적으로 병렬 연산이 용이하다.

9.1 초기화

모집단 방법은 하강 방법들이 초기 설계점을 요구하듯이 **초기 모집단**initial population에서 시작한다. 초기 모집단은 표본들이 최적 영역에 근접할 확률을 증가시키고자 설계 공간에 골고루 분포돼 있어야 한다. 9.1절은 여러 초기화 방법을 제시한다. 하지만 더 고급의 샘플링 방법들이 13장에서 더 자세히 다뤄질 것이다.

흔히 설계변수를 하한과 상한 **a**와 **b**에 의해 정의된 초사각형hyperrectangle으로 구성된 관심 영역으로 제한할 수 있다. 초기 모집단은 각 좌표에 대해서 균등 분포를 사용해 샘플링한다.[1]

$$x_i^{(j)} \sim U(a_i, b_i) \tag{9.1}$$

여기서 알고리즘 9.1에서 볼 수 있듯이 $\mathbf{x}^{(j)}$는 모집단 내의 j번째 개별점이다.

1 어떤 모집단 방법은 이후에 논의할 입자 군집 최적화(particle swarm optimization)의 경우에서의 속도(velocity)와 같은 추가적인 개별점들과 관련된 정보를 요구한다. 속도는 흔히 균등 또는 정규 분포에 따라서 초기화된다.

또 하나의 흔히 사용되는 방법은 관심 영역의 중심에 놓여 있는 다변수 정규 분포를 사용하는 것이다. 공분산 행렬은 일반적으로 대각 원소가 탐색 공간을 적절히 커버하도록 크기가 조정된 대각 행렬이다. 알고리즘 9.2가 구현법을 소개한다.

```
function rand_population_uniform(m, a, b)
    d = length(a)
    return [a+rand(d).*(b-a) for i in 1:m]
end
```

알고리즘 9.1 하계 벡터 a와 상계 벡터 b를 가진 일양 초사각형(uniform hyperrectangle)에 걸쳐 있는 m 설계점의 초기 모집단을 샘플링하는 방법

```
using Distributions
function rand_population_normal(m, μ, Σ)
    D = MvNormal(μ,Σ)
    return [rand(D) for i in 1:m]
end
```

알고리즘 9.2 평균 μ와 공분산 Σ의 다변수 정규 분포를 사용해 m 설계점의 초기 모집단을 샘플링하는 방법

균등 분포와 정규 분포는 커버되는 설계 공간이 집중된 영역으로 한정한다. 코시 분포Caushy distribution(그림 9.1)는 무계unbounded의 분산을 갖고 있어서 훨씬 더 넓은 공간을 커버한다. 알고리즘 9.3은 구현법을 제공한다. 그림 9.2는 서로 다른 방법들에 의해 생성된 최초 모집단 예들을 비교한다.

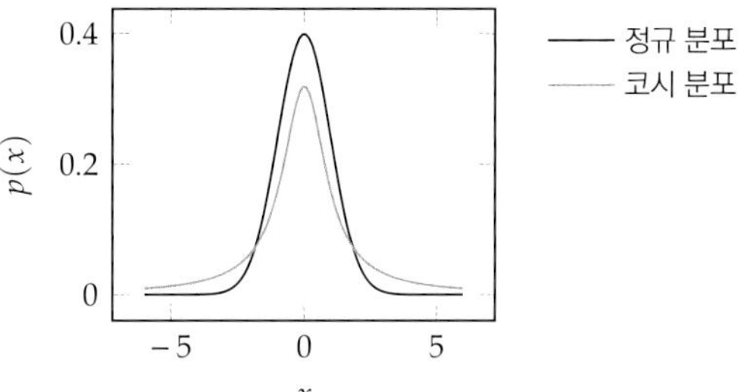

◀ **그림 9.1** 표준편차 1의 정규 분포와 척도(scale) 1의 코시 분포의 비교. σ가 종종 코시 분포의 척도 파라미터로 사용되지만, 코시 분포의 표준편차는 정의되지 않으므로 표준편차와 혼동돼서는 안 된다. 코시 분포의 테일은 두꺼우므로 설계 공간을 더욱 넓게 커버할 수 있다.

```
using Distributions
function rand_population_cauchy(m, μ, σ)
    n = length(μ)
    return [[rand(Cauchy(μ[j],σ[j])) for j in 1:n] for i in 1:m]
end
```

알고리즘 9.3 각 차원에 대한 위치(location) μ와 척도(scale) σ의 코시 분포를 사용해 m 설계점의 초기 모집단을 샘플링하는 방법. 위치와 척도는 정규 분포에서 사용되는 평균, 표준편차와 유사하다.

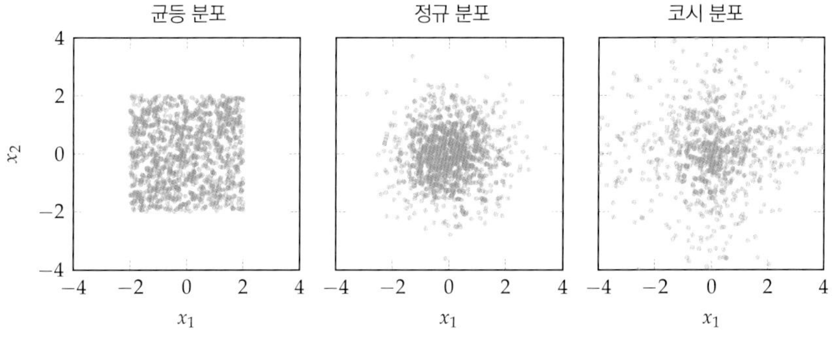

◀ **그림 9.2** $\mathbf{a} = [-2, -2]$와 $\mathbf{b} = [2, 2]$를 가진 일양 초사각형, 대각 공분산 $\Sigma = \mathbf{I}$의 0 평균의 정규 분포와 척도 $\sigma = 1$로 원점을 중심으로 하는 코시 분포를 사용해 크기 1,000개로 샘플한 최초 모집단들

9.2 유전 알고리즘

유전 알고리즘genetic algorithm(알고리즘 9.4)은 더 적합한 개체, 즉 적자fitter individuals가 그 유전자를 다음 세대로 전달할 가능성이 더 크다는 생물학적 진화로부터 그 영감을 얻었다.[2] 개체의 적합도는 그 시점의 목적 함수의 값과 역의 상관관계를 갖는다. 개체에 연관된 설계점은 염색체chromosome로 표현된다. 각 반복 시행에서 적자의 염색체는 교차crossover나 변이mutation와 같은 유전 연산을 거친 후 다음 세대로 전달된다.

2 D. E. Goldberg, *Genetic Algorithm in Search, Optimization, and Machine Leanrning*, Addison-Wesley, 1989.

```
function genetic_algorithm(f, population, k_max, S, C, M)
    for k in 1 : k_max
        parents = select(S, f.(population))
        children = [crossover(C,population[p[1]],population[p[2]])
                    for p in parents]
        population .= mutate.(Ref(M), children)
    end
    population[argmin(f.(population))]
end
```

알고리즘 9.4 유전 알고리즘으로 목적 함수 f, 초기 모집단, 반복 시행 카운터 k_max, SelectionMethod S, CrossoverMethod C와 MutationMethod M을 취한다.

9.2.1 염색체

염색체를 표현하는 여러 가지 방법이 있다. 가장 간단한 것이 이진 문자열 염색체binary string chromosome로 DNA가 코드화돼 있는 방법과 유사한 표현이다.[3] 길이 d의 랜덤 이진 문자열이 bitrand(d)를 사용해 생성될 수 있다. 이진 문자열 염색체는 그림 9.3에 묘사돼 있다.

3 이진 표현 대신 DNA는 흔히 A, T, C, G로 약자로 표기되는 아데닌(adenine), 티민(thymine), 사이토신(cytosine), 구아닌(guanine)의 4개의 핵염기를 포함한다.

그림 9.3 이진 문자열로 표현된 염색체

이진 문자열은 교차와 변이를 표현하기 쉽기 때문에 흔히 사용된다. 불행히 이진 문자열을 디코딩해 설계점을 생성하는 과정은 항상 간단하지는 않다. 종종 이진 문자열은 설계 공간의 유효한 점들을 표현하지 못하기도 한다. 실숫값 리스트를 사용해 염색체를 표현하는 것이 흔히 더 자연스럽다. 이와 같은 실수형 염색체real-valued chromosome는 설계 공간의 점에 더 직접적으로 대응되는 $\mathbb{R}^d$상의 벡터다.

9.2.2 초기화

유전 알고리즘은 무작위 추출한 초기 모집단으로 시작한다. 이진 문자열 염색체는 알고리즘 9.5에서 보듯이 전형적으로 랜덤 비트random bit의 문자열을 사용해 초기화된다. 실수형 염색체는 전형적으로 9.2.1절의 방법들을 사용해 초기화된다.

```
rand_population_binary(m, n) = [bitrand(n) for i in 1:m]
```

알고리즘 9.5 길이 n의 m 비트 문자 염색체의 무작위 추출 시작 모집단을 샘플링하는 방법

9.2.3 선택

선택selection은 다음 세대를 위한 부모로서 사용하기 위한 염색체를 선택하는 과정이다. m 염색체를 가진 모집단에 대해 선택 방법은 다음 세대의 m 자손을 위한 m 부모 쌍parental pairs[4]의 리스트를 생성한다. 선택된 쌍들은 중복될 수 있다.

4 어떤 경우 한 자식을 형성하려고 2명 이상의 부모를 결합하고자 하면 그룹(group)을 사용할 수도 있다.

선택을 최적자fittest로 더욱 향하게 하는 여러 가지 방법이 있다(알고리즘 9.6). 절단 선택truncation selection(그림 9.4)에서는 모집단에서 최적 k개의 염색체로부터 부모를 선택한다. 토너먼트 선택tournament selection(그림 9.5)에서 각 부모는 모집단에서 무작위로 추출된 k개의 염색체 중 최적자다(그림 9.6). 룰렛 휠 선택roulette wheel selection은 품질 비례 선택fitness proportion selection으로도 알려져 있으며, 각 부모가 모집단에 상대적인 성과에 비례하는 확률로 선택된다. 여기서 목적 함수 f를 최소화하는 것

이 목적이므로 i번째 개체 $x^{(i)}$의 적합도는 $y^{(i)}=f(x^{(i)})$와 역의 상관관계를 갖는다. $y^{(1)}, \cdots, y^{(m)}$를 적합도로 변환하는 여러 가지 방법이 있다. 간단한 방법은 $\max\{y^{(1)}, \cdots, y^{(m)}\}-y^{(i)}$에 따라서 개체 i의 적합도를 할당하는 것이다.

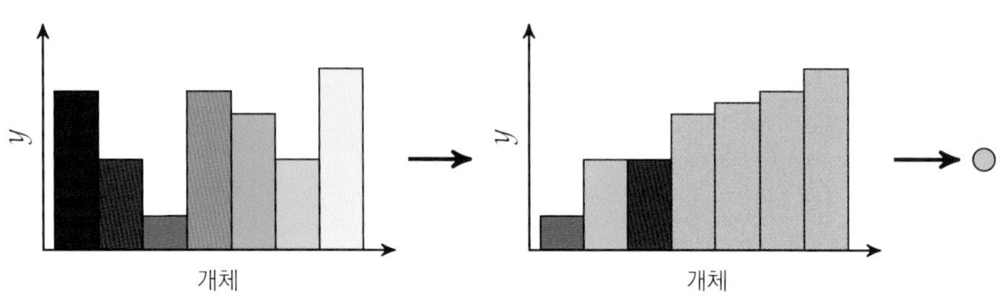

그림 9.4 모집단 크기 $m=7$이고, 샘플 크기 $k=3$인 경우의 절단 선택. 바의 높이는 목적 함숫값을 나타내며, 색깔은 바가 어떤 개체에 해당하는지를 나타낸다.

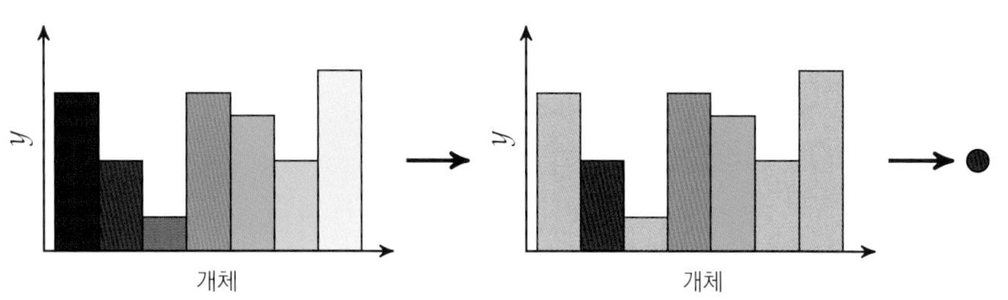

그림 9.5 모집단 크기 $m=7$이고, 샘플 크기 $k=3$인 경우의 토너먼트 선택으로 각 부모에 대해서 별도로 실행된다. 바의 높이는 목적 함숫값을 나타내며, 색깔은 바가 어떤 개체에 해당하는지를 나타낸다.

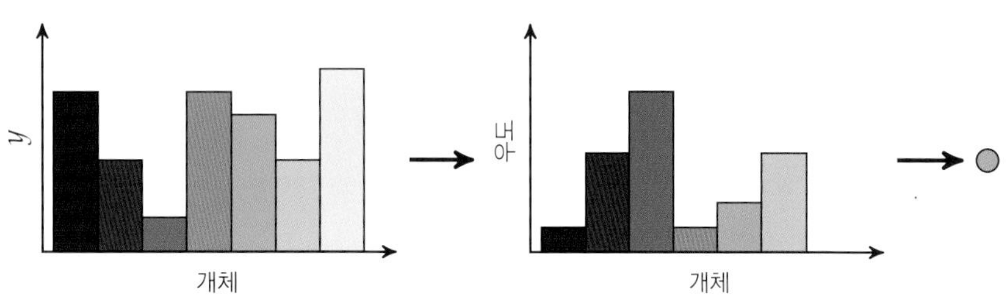

그림 9.6 모집단 크기 $m=7$인 경우의 룰렛 휠 선택으로 각 부모에 대해서 별도로 실행된다. 사용된 방법은 가장 나쁜 목적 함숫값을 개체가 선택될 확률이 0이 되도록 한다. 바의 높이는 목적 함숫값(왼쪽) 또는 우도(오른쪽)를 나타내며, 색깔은 각각이 어떤 개체에 해당하는지를 나타낸다.

```
abstract type SelectionMethod end

struct TruncationSelection <: SelectionMethod
    k # 적합도가 가장 높은 것 k를 남긴다.
end
function select(t::TruncationSelection, y)
    p = sortperm(y)
    return [p[rand(1:t.k, 2)] for i in y]
end

struct TournamentSelection <: SelectionMethod
    k
end
function select(t::TournamentSelection, y)
    getparent() = begin
        p = randperm(length(y))
        p[argmin(y[p[1:t.k]])]
    end
    return [[getparent(), getparent()] for i in y]
end

struct RouletteWheelSelection <: SelectionMethod end
function select(::RouletteWheelSelection, y)
    y = maximum(y) .- y
    cat = Categorical(normalize(y, 1))
    return [rand(cat, 2) for i in y]
end
```

알고리즘 9.6 유전 알고리즘의 여러 가지 선택 방법. SelectionMethod와 목적 함숫값 리스트로 선택을 호출하면 부모 쌍 리스트가 생성된다.

9.2.4 교차

교차crossover는 부모의 염색체를 결합해 자식을 형성한다. 선택과 같이 여러 교차 방법이 존재한다(알고리즘 9.7).

- **일점 교차**single-point crossover에서는 부모 A 염색체의 처음 부분이 자식 염색체의 처음 부분을 형성하며, 부모 B의 나중 부분이 자식 염색체의 나중 부분을 형성한다. 전이가 일어나는 교차점은 균등 분포를 따라 무작위로 결정된다.

그림 9.7 일점 교차

- **이점 교차**two-point crossover(그림 9.8)에서는 2개의 랜덤 교차점을 갖는다.

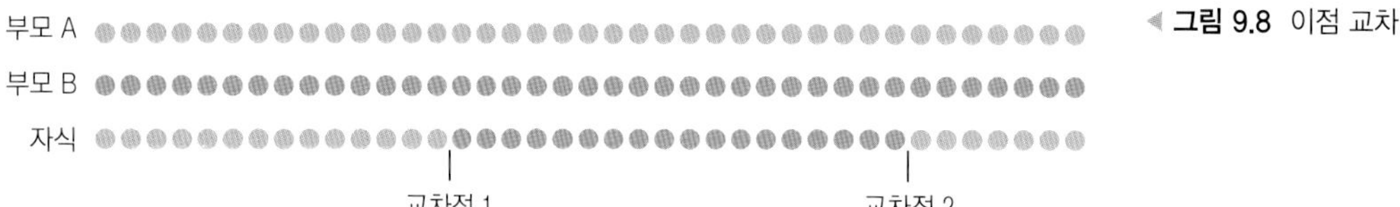

그림 9.8 이점 교차

- **균등 교차**uniform crossover(그림 9.9)에서는 각 비트가 두 부모의 어느 한쪽으로부터 올 가능성이 50%다. 이 방법은 각 점이 50%의 가능성으로 교차점이 된다는 것과 동일하다.

그림 9.9 균등 교차

이들 교차 방법들은 실수형 염색체에 대해서도 적용된다. 그러나 실숫값 사이를 보간하는 추가적인 교차 루틴을 정의해야 한다(알고리즘 9.8). 여기서 실숫값은 부모의 값 $\mathbf{x}_a$와 $\mathbf{x}_b$ 사이에 선형 보간법을 적용해 구한다.

$$\mathbf{x} \leftarrow (1-\lambda)\mathbf{x}_a + \lambda\mathbf{x}_b \tag{9.2}$$

여기서 λ는 일반적으로 1/2인 스칼라 파라미터다.

```
abstract type CrossoverMethod end
struct SinglePointCrossover <: CrossoverMethod end
function crossover(::SinglePointCrossover, a, b)
    i = rand(1:length(a))
    return vcat(a[1:i], b[i+1:end])
end

struct TwoPointCrossover <: CrossoverMethod end
function crossover(::TwoPointCrossover, a, b)
    n = length(a)
    i, j = rand(1:n, 2)
    if i > j
        (i,j) = (j,i)
    end
    return vcat(a[1:i], b[i+1:j], a[j+1:n])
end

struct UniformCrossover <: CrossoverMethod end
function crossover(::UniformCrossover, a, b)
    child = copy(a)
    for i in 1 : length(a)
        if rand() < 0.5
            child[i] = b[i]
        end
    end
    return child
end
```

알고리즘 9.7 유전 알고리즘의 여러 가지 교차 방법. CrossoverMethod와 2개의 부모 a와 b로 교차를 호출하면 부모의 혼합된 유전 코드를 갖는 자식의 염색체가 생성된다. 이 방법들은 이진 문자열과 실수형 염색체 모두에 적용될 수 있다.

```
struct InterpolationCrossover <: CrossoverMethod
    λ
end
crossover(C::InterpolationCrossover, a, b) = (1-C.λ)*a + C.λ*b
```

알고리즘 9.8 실수형 염색체에 대한 교차 방법으로 부모 간에 선형 보간법을 적용한다.

9.2.5 변이

새로운 염색체가 단지 교차를 통해서만 생성된다면 초기 랜덤 모집단에 존재하지 않는 많은 특징들이 절대로 일어날 수 없으며, 가장 적합한 유전자가 모집단을 포화시킬 수 있다. 변이는 새로운 특징이 자발적으로 일어나게 하고, 유전 알고리즘이 더 많은 상태 공간을 탐험할 수 있도록 한다. 자식 염색체는 교차 이후에 변이를 겪는다.

실수형 염색체에서의 각 비트는 전형적으로 작은 뒤집어질 확률을 갖는다(그림 9.10). m비트를 가진 염색체에 대해서 이 **변이율**mutation rate은 전형적으로 $1/m$으로 설정돼 자식 염색체당 평균 하나의 변이를 일으킨다. 실수형 염색체에 대한 변이는 비트별로 뒤집는 것bitwise flip으로 구현할 수 있으나, 평균 0의 가우시안 잡음을 추가하는 것이 더 일반적이다. 알고리즘 9.9가 구현법을 제공한다.

변이 이전 ●●

변이 이후 ●●

◀ **그림 9.10** 이진 문자열 염색체에 대한 변이는 각 비트에게 작은 뒤집어질 확률을 부여한다.

알고리즘 9.9 이진 문자열 염색체에 대한 비트별 변이 방법과 실수형 염색체에 대한 가우시안 변이 방법. 여기서 λ는 변이율이며, σ는 표준 편차다.

```
abstract type MutationMethod end
struct BitwiseMutation <: MutationMethod
    λ
end
function mutate(M::BitwiseMutation, child)
    return [rand() < M.λ ? !v : v for v in child]
end

struct GaussianMutation <: MutationMethod
    σ
end
function mutate(M::GaussianMutation, child)
    return child + randn(length(child))*M.σ
end
```

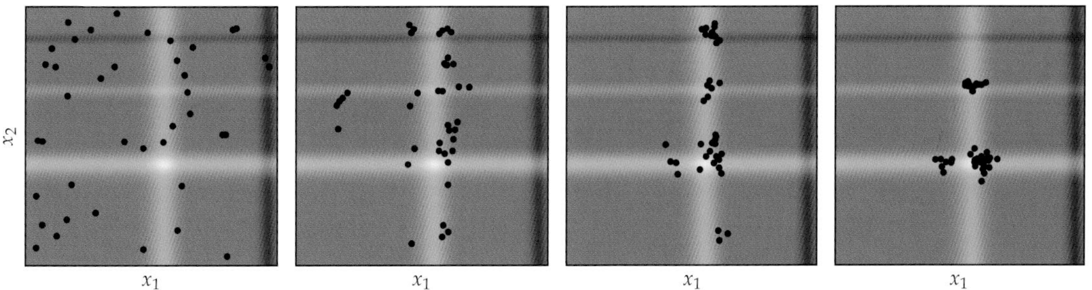

▲ **그림 9.11** 절단 선택, 일점 교차와 $\sigma = 0.1$의 가우시안 변이를 가진 유전 알고리즘이 부록 B.5에 정의된 미칼레비츠 함수(Michalewicz function)에 적용된 예시

그림 9.11은 유전 알고리즘의 여러 생성 방법을 예시한다. 예제 9.1은 9.2.5절에서 논의한 선택, 교차, 변이 전략들을 어떻게 결합하는지 보여 준다.

예제 9.1 간단한 함수의 최적화에 대해 유전 알고리즘을 사용한 데모

간단한 함수를 최적화하고자 유전 알고리즘을 사용하는 데모다.

```
import Random: seed!
import LinearAlgebra: norm
seed!(0) # 결과를 재현하고자 랜덤 시드를 설정
f = x->norm(x)
m = 100 # 모집단 크기
k_max = 10 # 반복 시행 수
population = rand_population_uniform(m, [-3, 3], [3,3])
S = TruncationSelection(10) # 최상 10을 선택
C = SinglePointCrossover()
M = GaussianMutation(0.5) # 작은 변이율
x = genetic_algorithm(f, population, k_max, S, C, M)
@show x

x = [0.0367471, -0.090237]
```

9.3 미분 진화

미분 진화differential evolution(알고리즘 9.10)는 간단한 공식에 따라 모집단의 다른 개별점들과 결합함으로써 모집단의 각 개별점을 개선하고자 한다.[5] 교차 확률 p와 미분 가중치 w가 미분 진화에 사용되는 파라미터다. 전형적으로 w는 0.4와 1 사이에 있다. 각 개별점 $\mathbf{x}$에 대해서 다음을 실행한다.

5 S. Das and P. N. Suganthan, "Differential Evolution: A Survey of the State-of-the-Art," *IEEE Transactions on Evolutionary Computation*, vol. 15, no. 1, pp. 4–31, 2011.

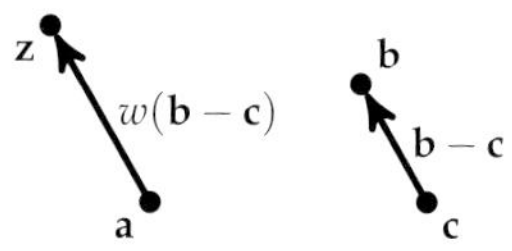

1. 무작위로 3개의 서로 다른 개별점 $\mathbf{a}$, $\mathbf{b}$, $\mathbf{c}$를 선택한다.
2. 그림 9.12에서 보이는 바와 같이 $\mathbf{z} = \mathbf{a} + w \cdot (\mathbf{b} - \mathbf{c})$의 중간 설계점을 구축한다.
3. n차원에서의 최적화를 위해 무작위로 차원 $j \in [1, \cdots, n]$를 선택한다.
4. 다음과 같은 이진 교차를 이용해 후보 개체 $\mathbf{x}'$를 구축한다.

$$x_i' = \begin{cases} z_i & \text{만약 } i = j\text{이거나 아니면 확률 } p\text{로} \\ x_i & \text{그 밖의 경우} \end{cases} \tag{9.3}$$

5. $\mathbf{x}$와 $\mathbf{x}'$ 사이의 더 좋은 설계점을 다음 세대로 삽입한다.

그림 9.13에 이 알고리즘이 보인다.

z
w(b − c)
a
b
b − c
c

▲ **그림 9.12** 미분 진화는 3개의 개별점 $\mathbf{a}$, $\mathbf{b}$, $\mathbf{c}$를 취하고, 이를 결합해 후보 개별점 $\mathbf{z}$를 형성한다.

```
using StatsBase
function differential_evolution(f, population, k_max; p=0.5, w=1)
    n, m = length(population[1]), length(population)
    for k in 1 : k_max
        for (k,x) in enumerate(population)
            a, b, c = sample(population,
                Weights([j!=k for j in 1:m]), 3, replace=false)
            z = a + w*(b-c)
            j = rand(1:n)
            x′ = [i == j || rand() < p ? z[i] : x[i] for i in 1:n]
            if f(x′) < f(x)
                x[:] = x′
            end
        end
    end
    return population[argmin(f.(population))]
end
```

알고리즘 9.10 미분 진화는 목적 함수 f, 모집단 population, 반복 시행 수 k_max, 교차 확률 p와 미분 가중치 w를 취한다. 최적 개별점이 반환된다.

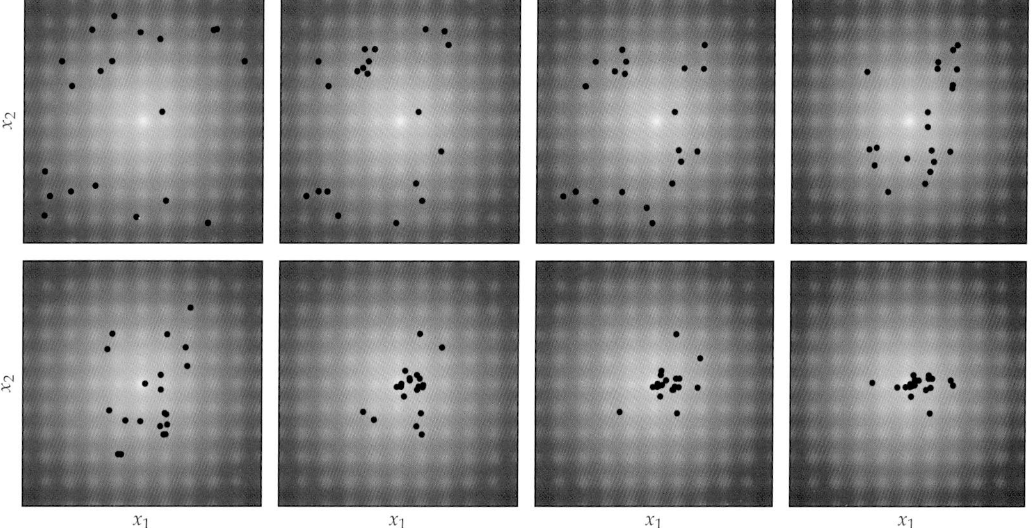

▲ **그림 9.13** $p = 0.5$이고 $w = 0.2$인 미분 진화가 부록 B.1에 정의된 액클리 함수에 적용된 예시

9.4 입자 군집 최적화

입자 군집 최적화particle swarm optimization는 극소점으로의 수렴을 가속하고자 모멘텀을 도입한다.[6] 모집단 내의 각 개별점 또는 입자는 현재의 위치, 속도, 이제까지 본 최적 위치를 기억한다(알고리즘 9.11). 모멘텀은 국지적 교란과 무관하게 개별점이 유리한 방향으로 속도를 누적할 수 있게 한다.

6 J. Kennedy, R. C. Eberhart, and Y. Shi, *Swarm Intelligence*, Morgan Kaufmann, 2001.

```
mutable struct Particle
    x
    v
    x_best
end
```

알고리즘 9.11 입자 군집 최적화에서의 각 입자는 설계 공간 내에서 위치 x와 속도 v를 갖고, 이제까지 발견한 최적 설계점 x_best를 기억한다.

매 반복 시행에서 각 개별점은 이제까지 본 최적 위치와 모든 개별점에 의해 이제까지 발견한 최적점으로 가속화된다. 각 가속도에 대해 별도의 난수가 생성되며, 가속도에 이 난수 항이 더해진다. 업데이트 식은 다음과 같다.

$$x^{(i)} \leftarrow x^{(i)} + v^{(i)} \tag{9.4}$$

$$v^{(i)} \leftarrow wv^{(i)} + c_1 r_1 \left(x_{\text{best}}^{(i)} - x^{(i)}\right) + c_2 r_2 \left(x_{\text{best}} - x^{(i)}\right) \tag{9.5}$$

여기서 $\mathbf{x}_{\text{best}}$는 모든 입자들에 대해서 이제까지 발견한 최적 위치다. w, c_1과 c_2는 파라미터이며, r_1과 r_2는 $U(0,\ 1)$에서 추출된 난수다.[7] 알고리즘 9.12는 구현법을 제공한다. 그림 9.14는 알고리즘의 반복 시행 일부를 보여 준다.

7 공통적인 전략은 관성 w가 시간에 따라 감쇠하도록 하는 것이다.

```
function particle_swarm_optimization(f, population, k_max;
    w=1, c1=1, c2=1)
    n = length(population[1].x)
    x_best, y_best = copy(population[1].x_best), Inf
    for P in population
        y = f(P.x)
        if y < y_best; x_best[:], y_best = P.x, y; end
    end
    for k in 1 : k_max
        for P in population
            r1, r2 = rand(n), rand(n)
            P.x += P.v
            P.v = w*P.v + c1*r1.*(P.x_best - P.x) +
                          c2*r2.*(x_best - P.x)
            y = f(P.x)
            if y < y_best; x_best[:], y_best = P.x, y; end
            if y < f(P.x_best); P.x_best[:] = P.x; end
        end
    end
    return population
end
```

알고리즘 9.12 입자 군집 최적화는 목적 함수 `f`, 입자 리스트 `population`, 반복 시행 수 `k_max`, 관성(inertia) `w`와 모멘텀 계수 `c1`과 `c2`를 취한다. 자동설정값들은 다음에서 사용한 값들이다. K. Eberhart and J. Kennedy, "A New Optimizer Using Particle Swarm Theory", in *International Syposium on Micro Machine and Human Science*, 1995.

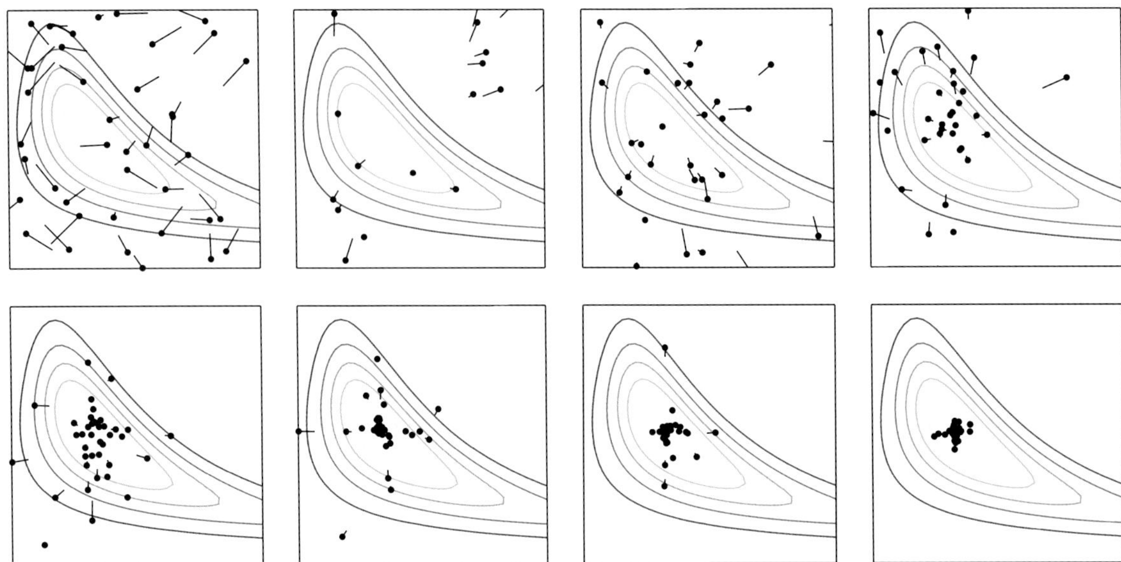

▲ **그림 9.14** $w = 0.1$, $c_1 = 0.25$와 $c_2 = 2$의 입자 군집 최적화가 휠러의 능선(Wheeler's Ridge)(부록 B.7)에 적용

9.5 반딧불이 알고리즘

반딧불이 알고리즘firefly algorithm(알고리즘 9.13)은 반딧불이가 짝을 끌고자 빛을 내는 방식에 영감을 얻었다.[8] 반딧불이 알고리즘에서 각 모집단의 각 개체는 반딧불이고 다른 반딧불이를 끌고자 반짝일 수 있다. 매 반복 시행에서 모든 반딧불이는 더욱 매력적인 반딧불이로 이동한다. 다음 식에 따라서 한 반딧불이 **a**가 더 매력을 지닌 반딧불이 **b**로 이동한다.

$$\mathbf{a} \leftarrow \mathbf{a} + \beta I(\|\mathbf{b} - \mathbf{a}\|)(\mathbf{b} - \mathbf{a}) + \alpha \boldsymbol{\epsilon} \tag{9.6}$$

여기서 I는 매력의 강도intensity of the attraction이고, β는 원천 강도source intensity다. 랜덤 워크random walk 요소도 포함되는데 ϵ는 평균 0, 단위 공분산의 다변수 가우시안 분

8 X.-S. Yang, Nature-Inspired Metaheuristic Algorithms, Luniver Press, 2008. 흥미롭게도 수컷 반딧불이는 같은 종의 암컷을 끌고자 불을 반짝이지만, 암컷 반딧불이는 종종 다른 종의 수컷을 끌고자 반짝이는데 이는 잡아먹기 위함이다.

포로부터 추출되고, α는 스텝 크기를 지정한다. 결과적인 업데이트는 더 밝은 반딧불이로 편향되는 랜덤 워크다.[9]

9 Yang은 $\beta = 1$와 $\alpha \in [0, 1]$를 권장한다. 만일 $\beta = 0$이면 그 행태는 랜덤워크다.

강도 I는 두 반딧불이의 거리 r이 증가함에 따라 감소하며, $r = 0$일 때 1로 정의된다. 이에 따른 한 가지 방법은 강도를 공간으로 발산하는 점의 원천으로 모델링하는 것인데, 이 경우 강도는 다음과 같은 역제곱inverse square 법칙에 따라서 감소한다.

$$I(r) = \frac{1}{r^2} \tag{9.7}$$

또 다른 방법으로, 만약 원천이 빛을 흡수하는 매체에 정지된다면 강도는 다음과 같은 지수 감쇠exponential decay에 따라 감소한다고 하는 것이다.

$$I(r) = e^{-\gamma r} \tag{9.8}$$

여기서 γ는 빛 흡수 계수absorption coefficient다.[10]

10 γ가 0에 접근하면서 반딧불이 간의 거리는 중요하지 않게 된다.

일반적으로 $r = 0$에서의 특이성singularity 때문에 실무에서 식 (9.8)은 회피한다. 역제곱 법칙과 흡수의 결합은 다음과 같은 가우시안 명도 소멸Gaussian brightness drop off로 근사할 수 있다.

$$I(r) = e^{-\gamma r^2} \tag{9.9}$$

반딧불이의 매력도는 성과에 비례한다. 매력도는 단지 한 반딧불이가 다른 반딧불이에 이끌리는지 여부에 영향을 준다. 반면 강도는 덜 매력적인 반딧불이가 얼마나 움직이는가에 영향을 준다. 그림 9.15는 알고리즘을 반복 시행한 일부를 보여 준다.

```
using Distributions
function firefly(f, population, k_max;
    β=1, α=0.1, brightness=r->exp(-r^2))

    m = length(population[1])
    N = MvNormal(Matrix(1.0I, m, m))
    for k in 1 : k_max
        for a in population, b in population
            if f(b) < f(a)
                r = norm(b-a)
                a[:] += β*brightness(r)*(b-a) + α*rand(N)
            end
        end
    end
    return population[argmin([f(x) for x in population])]
end
```

알고리즘 9.13 반딧불이 알고리즘은 목적 함수 `f`, 설계점들로 구성된 모집단 `flies`, 반복 시행 수 `k_max`, 원천 강도(source intensity) β, 랜덤 워크 스텝 크기 α와 강도 함수 `I`를 취한다. 최적 설계점이 반환된다.

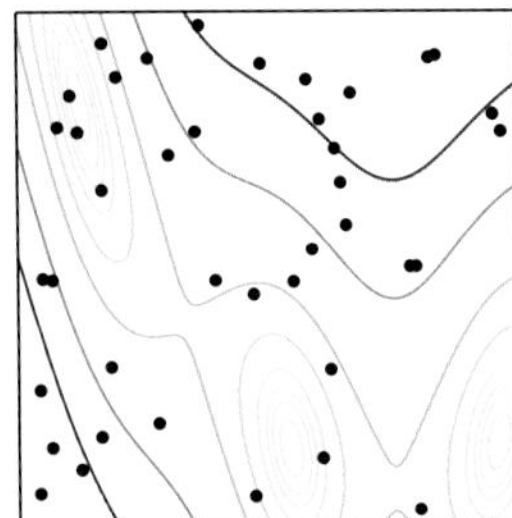
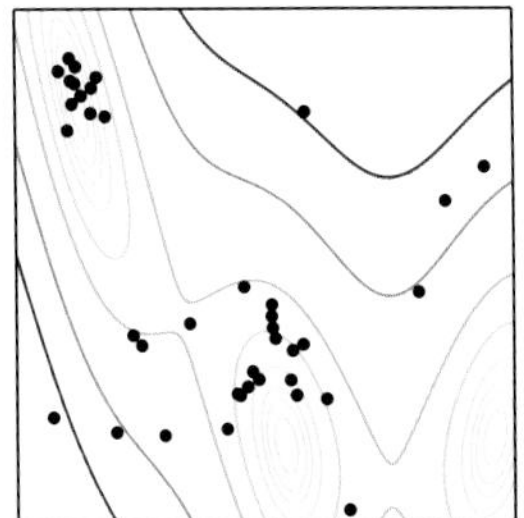

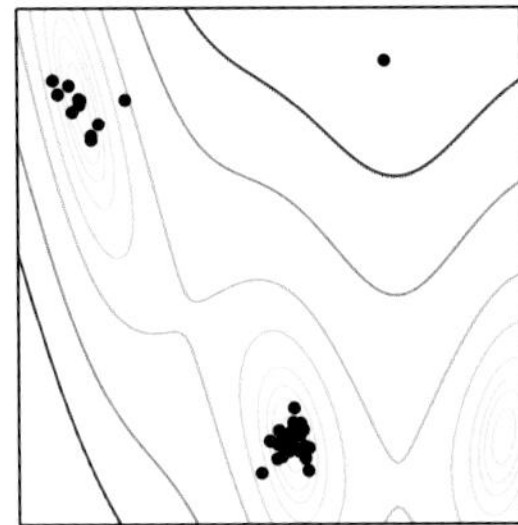

▲ **그림 9.15** $\alpha = 0.5$, $\beta = 1$과 $\gamma = 0.1$의 반딧불이 탐색이 브라닌 함수(부록 B.3)에 적용된 예시

9.6 뻐꾸기 탐색

뻐꾸기 탐색Cuckoo search(알고리즘 9.14)은 뻐꾸기를 따라 이름을 붙인 또 하나의 자연으로부터 영감을 받은 알고리즘으로, 탁란brood parasitism[11]과 관련이 있다.[12] 뻐꾸기는 다른 새, 종종 다른 종의 새의 둥지에 알을 놓는다. 이것이 일어나면 주인 새는 침입한 알을 발견하고 파괴하거나 다른 곳에 새로운 둥지를 만든다. 그러나 주인 새에 의해 알이 받아들여지고 양육될 가능성도 있다.[13]

뻐꾸기 탐색에서 각각의 둥지nest는 설계점을 대표한다. 새 설계점들이 둥지로부터 레비 비행Levy flights을 사용해 생성되는데 레비 비행은 꼬리가 두꺼운 분포로부터의 계단 길이step length를 가진 랜덤 워크다. 새 설계점은 더 좋은 목적 함숫값을 가진다면 둥지를 대체할 수 있으며, 이것은 뻐꾸기 알이 다른 종의 새의 알을 대신하는 것과 유사하다.

핵심 규칙은 다음과 같다.

1. 뻐꾸기는 무작위로 선택한 둥지에 알을 낳는다.
2. 가장 좋은 알을 가진 가장 좋은 둥지는 다음 세대까지 살아남는다.
3. 뻐꾸기 알은 주인 새에게 발견될 가능성이 있으며, 이 경우 알은 파괴된다.

뻐꾸기 탐색은 무작위 비행에 의존해 다음 둥지 위치를 생성한다. 이들 비행은 기존의 둥지로부터 시작해서 다음 위치로 무작위로 이동한다. 랜덤 워크에 대해 일양 또는 가우시안 분포를 사용할 수도 있지만, 이들은 탐색을 상대적으로 집중된 영역으로 한정한다. 대신 뻐꾸기 탐색은 두꺼운 꼬리를 가진 코시 분포를 사용한다. 더구나 코시 분포는 야생의 다른 동물들의 움직임을 더욱 잘 표현하는 것이 증명돼 있다.[14] 그림 9.16은 뻐꾸기 탐색의 일부 반복 시행을 보여 준다.

다른 자연에서 영감을 얻은 알고리즘은 인공 벌 군집artificial bee colony, 회색늑대 최적화gray wolf optimization, 박쥐 알고리즘bat algorithm, 땅반딧불이 군집 최적화glowwarm swarm optimization, 지적 빗방울intelligent water drops과 화음 탐색harmony search이 있다.[15] 근본

11 다른 새의 둥지에 알을 낳고 다른 새에게 위탁해서 키우게 하는 것. – 옮긴이

12 X.-S. Yang and S. Deb, "Cuckoo Search via Levy Filights," in *World Congress on Nature Biologically Inspired Computing (NaBIC)*, 2009.

13 흥미롭게도 새로 부화한 뻐꾸기는 본능적으로 다른 알이나 부화한 새끼(다른 새에 속하는 새끼)들을 둥지로부터 떨어뜨린다.

14 예를 들어, 특정 종의 과일 파리(fruit fly)는 90도 회전으로 분리된 코시 분포와 같은 스텝을 사용해 주변을 탐험한다. A. M. Reynolds and M. A. Frye, "Free-Flight Odor Tracking in Drosophila is Consistent Scale-Free Search," *PLoS ONE*, vol. 2, no. 4.

15 예를 들어, 다음을 참고하자. D. Simon, *Evolutionary Optimization Algorithms*, Wiley, 2013.

적인 공헌도가 없는 새로운 방법이나 이해로 자연을 모방하는 방법들이 성행하는 것에 대한 비판도 있다는 것을 주의해야 한다.[16]

16 이러한 견해는 다음에 등장한다. K. Sorensen, "Metaheuristics – the Metaphor Exposed," *International Transactions in Operational Reserach*, vol. 22, no. 1, pp. 3–18, 2015.

```
using Distributions
mutable struct Nest
    x # 위치
    y # 값, f(x)
end
function cuckoo_search(f, population, k_max;
    p_a=0.1, C=Cauchy(0,1))
    m, n = length(population), length(population[1].x)
    a = round(Int, m*p_a)
    for k in 1 : k_max
        i, j = rand(1:m), rand(1:m)
        x = population[j].x + [rand(C) for k in 1 : n]
        y = f(x)
        if y < population[i].y
            population[i].x[:] = x
            population[i].y = y
        end

        p = sortperm(population, by=nest->nest.y, rev=true)
        for i in 1 : a
            j = rand(1:m-a)+a
            population[p[i]] = Nest(population[p[j]].x +
                                    [rand(C) for k in 1 : n],
                                    f(population[p[i]].x)
                                    )
        end
    end
    return population
end
```

알고리즘 9.14 뻐꾸기 탐색은 목적 함수 f, 초기 둥지 집합 population, 반복 시행수 k_max, 버릴 둥지의 퍼센트 p_a와 비행 분포 C. 비행 분포는 전형적으로 0을 중심으로 하는 코시 분포(centered Cauchy distribution)다.

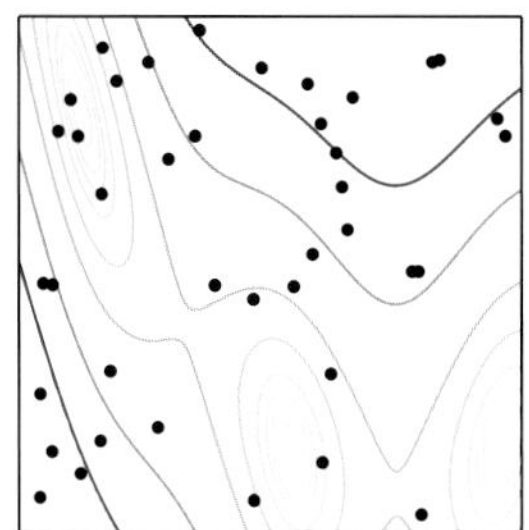
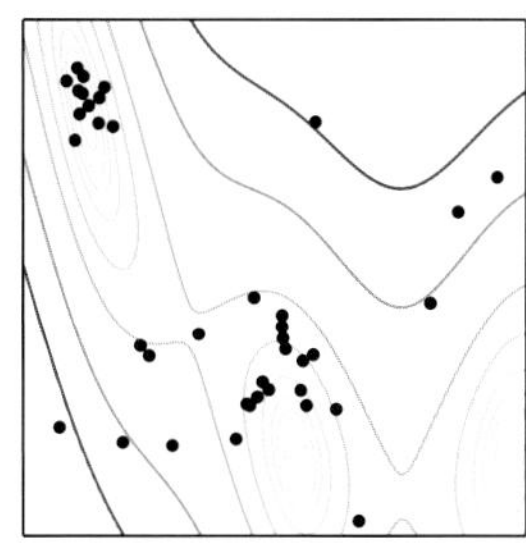
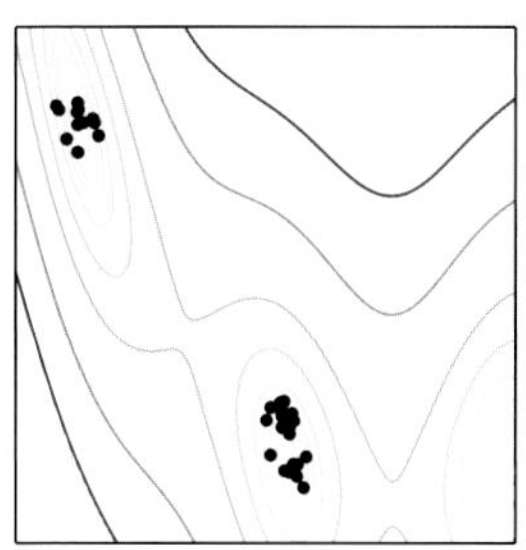
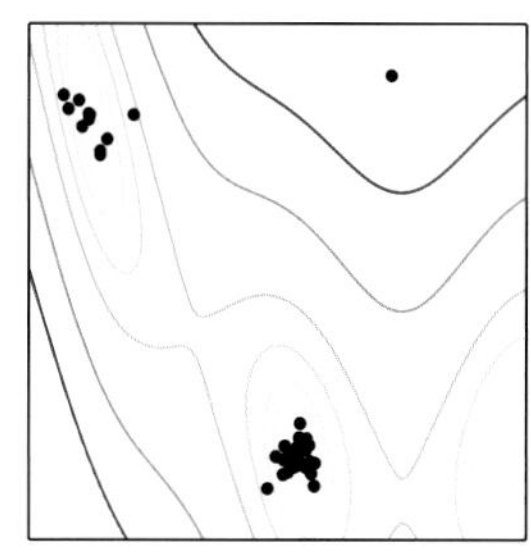

▲ **그림 9.16** 브라닌 함수(부록 B.3)에 적용된 뻐꾸기 탐색

9.7 혼합 방법

많은 모집단 방법은 국지적 극소를 피하고 설계 공간의 최적 영역을 발견하는 전역적 탐색에서 그 성과가 좋다. 불행하게도 이들 방법은 하강법에 비해 국지적 탐색에서는 그 성과가 좋지 못하다. 국지적 탐색의 성과를 개선하고자 하강 기반의 특성을 가지도록 모집단 방법을 확장하는 여러 **혼합 방법**hybrid method[17]이 개발됐다. 모집단 방법과 국지적 탐색 기법을 결합하는 다음과 같은 두 가지 일반적 방법이 있다.[18]

- 라마키안 학습Lamarckian learning으로 모집단 방법이 각 개별점을 국지적으로 개선하는 국지적 탐색으로 확장된다. 원래의 개별점과 그 목적 함숫값은 개별점이 최적화된 것과 그 목적 함숫값으로 대체된다.
- 볼드윈형 학습Baldwinian learning으로 동일한 국지적 탐색 방법이 각 개별점에 적용된다. 하지만 결과는 개별점의 인식된 목적 함숫값을 업데이트하는 데만 사용된다. 개별점들은 대체되지 않으며, 단지 실제 목적 함숫값과 같지 않은 최적화된 목적 함숫값과 연관을 갖는다. 볼드윈형 학습은 너무 빠른 수렴을 막는다.

17 문헌에 따르면 이러한 종류의 혼합형 기법들은 미미틱 알고리즘(memetic algorithm) 또는 유전 국지 탐색(genetic local search)라고도 언급된다.

18 K. W. C. Ku and M.-W. Mak, " Exploring and Baldwinian Learning in Evolving Recurrent Neural Network," in *IEEE Congress on Evolutionary Computation (CEC)*, 1997.

이들 방법의 차이는 예제 9.2에서 볼 수 있다.

예제 9.2 라마키안과 볼드윈형 혼합 방법의 비교

$x = 0$에서 초기화된 개별점들의 모집단을 사용해 $f(x) = -e^{-x^2} - 2e^{-(x-3)^2}$를 최적화하고자 한다.

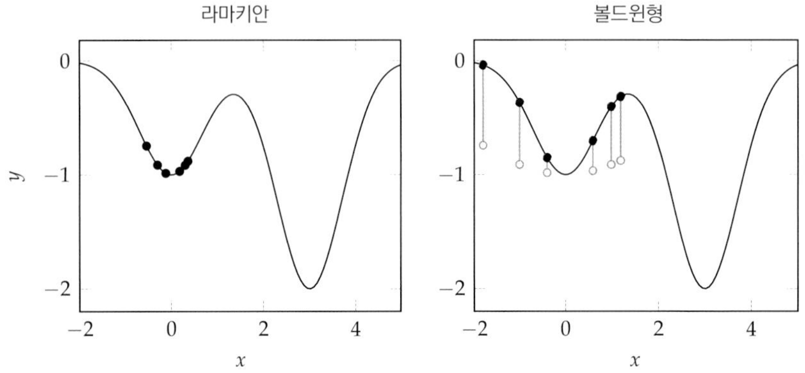

모집단에 적용된 라마키안 국지적 탐색 업데이트는 개별점을 국지적 극소점으로 이동시켜 미래의 개별점들이 $x = 3$ 주변의 전역적 최적점을 피하고, 찾을 가능성을 줄인다. 볼드윈형 방법은 동일하게 업데이트를 계산하나 원래 설계점들을 변하게 하지 않는다. 선택 스텝은 국지적 탐색으로부터의 값에 따라 각 설계점을 평가한다.

9.8 요약

- 모집단 방법은 설계 공간 내의 개별점들의 집합을 사용해 최적점으로 이르게 한다.
- 유전 알고리즘은 선택, 교차, 변이를 이용해 더 좋은 다음 세대를 생성한다.
- 미분 진화, 입자 군집 최적화, 반딧불이 알고리즘과 뻐꾸기 탐색은 적절한 상태 공간 탐험을 유지하면서 설계점들이 모집단 내에서 가장 좋은 개별점들로 이끌게 하는 규칙과 방법을 갖는다.
- 모집단 방법들은 국지적 탐색 방법으로 수렴을 개선하도록 확장될 수 있다.

9.9 연습문제

연습 9.1 유전 알고리즘에서 선택 연산의 동기는 무엇인가?

연습 9.2 유전 알고리즘에서 왜 변이가 그처럼 근본적 역할을 하는가? 더 좋은 최적해가 존재한다고 예상할 때 어떻게 변이율을 선택할 것인가?

연습 9.3 입자 군집 최적화가 비전역적 극소점에 빠르게 수렴할 때 알고리즘의 파라미터를 어떻게 변화시킬 것인가?

10 제약식

이전 장들은 각 설계변수의 정의역이 실수 공간인 제약조건이 없는 문제에 초점을 맞췄다. 많은 문제들은 제약조건이 있어서 특정 조건을 만족하는 설계점들에 초점을 맞춘다. 10장은 제약조건이 있는 문제들을 제약조건이 없는 문제로 변환해 이제까지 논의한 최적화 알고리즘을 사용할 수 있게 하는 다양한 방법을 제시한다. 쌍대성duality의 개념과 제약조건이 있는 최적화에서의 최적성에 대한 필요조건 같은 해석적 방법도 논의된다.

10.1 제약조건이 있는 최적화

핵심 최적화 문제 수식 (1.1)을 상기하자.

$$\begin{aligned} \underset{\mathbf{x}}{\text{minimize}} \quad & f(\mathbf{x}) \\ \text{subject to} \quad & \mathbf{x} \in \mathcal{X} \end{aligned} \tag{10.1}$$

제약조건이 없는 문제에서 실현 가능 집합feasible set $\mathcal{X}$는 $\mathbb{R}^n$이다. 제약조건이 있는 문제에서 실현 가능 집합은 이것의 어떤 부분 집합이다.

어떤 제약조건은 괄호 라인 탐색에서 본 바와 같이 x가 a와 b 사이에 반드시 놓여야만 하는 설계변수에 대한 단순한 상계 또는 하계다. 괄호 제약조건 $x \in [a, b]$는 그림 10.1에서 보이는 바와 같이 2개의 부등식 제약 $a \leq x$와 $x \leq b$로 대체할 수 있다. 다변수 문제에서는 그림 10.2에서 보이는 바와 같이 입력변수가 초사각형 내에 놓이도록 묶는 것이다.

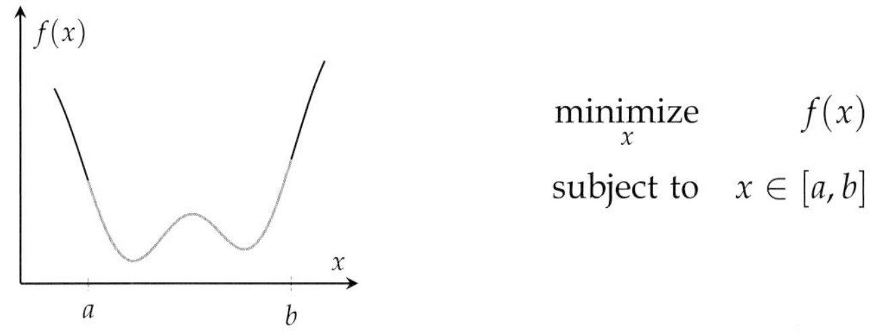

◀ **그림 10.1** 상하계에 의한 제약조건이 있는 단순한 최적화 문제

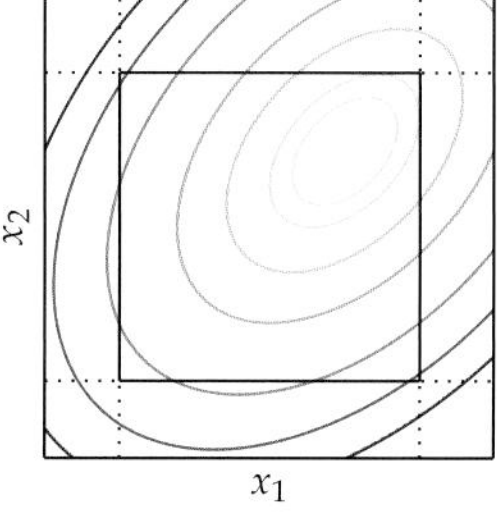

▲ **그림 10.2** 괄호 제약조건이 해를 초사각형 내에 놓이도록 한다.

실제 문제를 공식화할 때 제약조건은 자연스럽게 나타난다. 헤지펀드 매니저는 보유주식 이상으로 매도할 수 없으며, 비행기는 0 두께의 날개를 가질 수 없으며, 과제에 대해 매주 소비하는 시간 수는 168시간을 넘을 수 없다. 이런 문제들에 제약조건을 포함해 최적화 알고리즘이 실현 불가능 해를 제시하는 것을 방지해야 한다.

어떤 문제에 제약조건을 적용하는 것은 해에 영향을 미칠 수 있으나, 그림 10.3에서 보이는 것처럼 반드시 그런 것은 아니다.

제약조건이 없는 최적화

$f(x)$

x^*

x

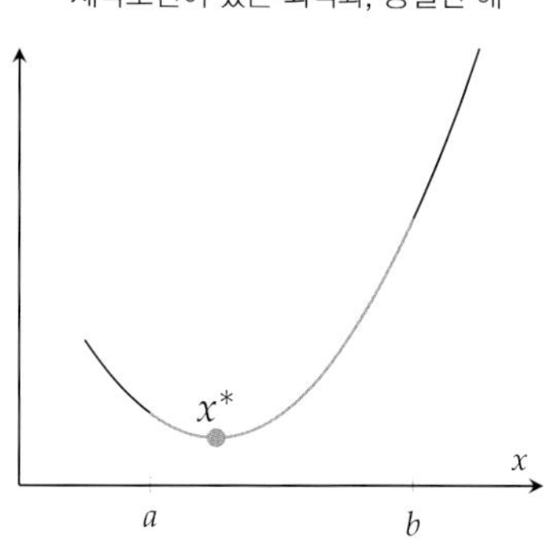

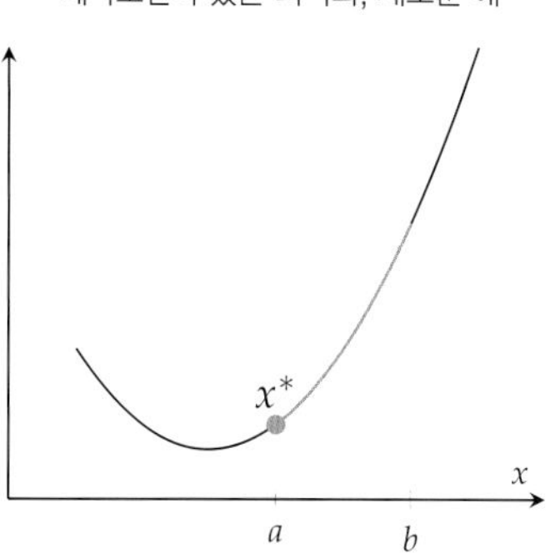

▲ **그림 10.3** 제약조건이 문제에 대한 해를 바꿀 수 있으나 반드시 그런 것은 아니다.

10.2 제약조건의 형태

제약조건은 일반적으로 새로운 실현 가능 집합 $\mathcal{X}$를 통해 직접적으로 설정되지 않는다. 대신 실현 가능 집합은 일반적으로 두 가지 형태의 제약조건으로부터 형성된다.[1]

1. 등식 제약조건, $h(x) = 0$
2. 부등식 제약조건, $g(x) \leq 0$

최적화 문제는 이들 제약조건을 사용해 다음과 같이 다시 표현할 수 있다.

$$\begin{aligned} \underset{\mathbf{x}}{\text{minimize}} \quad & f(\mathbf{x}) \\ \text{subject to} \quad & h_i(\mathbf{x}) = 0 \ \{1, \ldots, \ell\}\text{의 모든 } i\text{에 대해} \\ & g_j(\mathbf{x}) \leq 0 \ \{1, \ldots, m\}\text{의 모든 } j\text{에 대해} \end{aligned} \tag{10.2}$$

물론 제약식은 실현 가능 집합 $\mathcal{X}$로 구축할 수 있다.

$$h(\mathbf{x}) = (\mathbf{x} \notin \mathcal{X}) \tag{10.3}$$

1 g는 작거나 같은 제약조건을 나타낸다. 크거나 같은 제약조건은 음의 부호를 적용하면 작거나 같은 제약조건으로 변환된다.

위에서 불리언Boolean 표현은 0 또는 1로 평가된다.

흔히 집합 소속 ($\mathbf{x} \in \mathcal{X}$)보다는 등식과 부등식 함수 ($h(\mathbf{x}) = 0$, $g(\mathbf{x}) \leq 0$)로 제약조건을 정의하는데 이는 함수가 주어진 점의 실현 가능성에 대한 정보를 제공할 수 있기 때문이다. 이 정보는 해법이 실현 가능하도록 인도한다.

등식 제약조건은 종종 다음 2개의 부등식 제약조건으로 분해한다.

$$h(\mathbf{x}) = 0 \quad \Longleftrightarrow \quad \begin{cases} h(\mathbf{x}) \leq 0 \\ h(\mathbf{x}) \geq 0 \end{cases} \tag{10.4}$$

그러나 이후 10장에서 논의하는 바와 같이 종종 등식 제약조건을 별도로 취급하기도 한다.

10.3 제약조건을 제거하는 변환

문제를 변환해서 제약조건을 제거할 수 있다. 예를 들어, 유계조건 $a \leq x \leq b$는 x를 다음과 같이 변환해서 제거할 수 있다(그림 10.4).

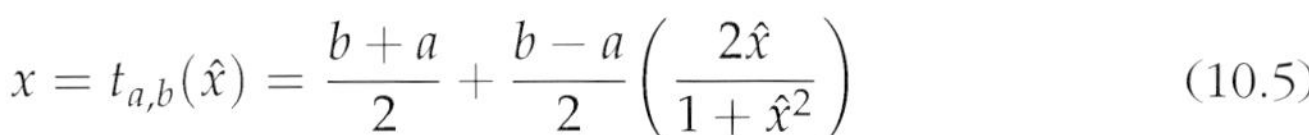

$$x = t_{a,b}(\hat{x}) = \frac{b+a}{2} + \frac{b-a}{2}\left(\frac{2\hat{x}}{1+\hat{x}^2}\right) \tag{10.5}$$

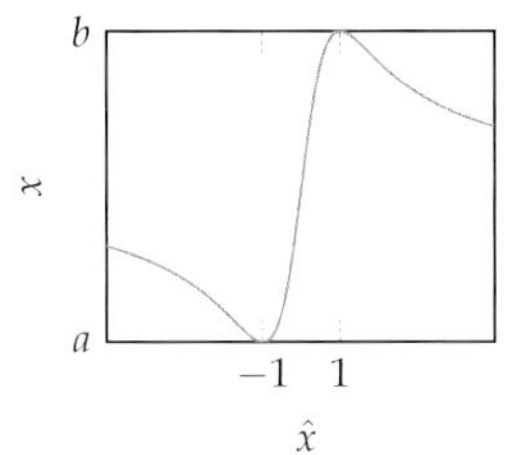

▲ 그림 10.4 변환은 x가 a와 b 사이에 위치하도록 보장한다.

예제 10.1은 이 프로세스를 보여 준다.

예제 10.1 입력변수의 변환으로 유계 제약조건을 제거한다.

다음 최적화 문제를 고려하자.

$$\begin{aligned} \underset{x}{\text{minimize}} \quad & x \sin(x) \\ \text{subject to} \quad & 2 \le x \le 6 \end{aligned}$$

문제를 변환해 제약조건을 제거할 수 있다.

$$\underset{\hat{x}}{\text{minimize}} \qquad t_{2,6}(\hat{x}) \sin(t_{2,6}(\hat{x}))$$

$$\underset{\hat{x}}{\text{minimize}} \quad \left(4 + 2\left(\frac{2\hat{x}}{1+\hat{x}^2}\right)\right) \sin\left(4 + 2\left(\frac{2\hat{x}}{1+\hat{x}^2}\right)\right)$$

최적화 방법을 선택해 제약조건이 없는 문제를 풀 수 있다. 결과로 2개의 극소점, $\hat{x} \approx .242$와 $\hat{x} \approx 4.139$를 구할 수 있는데 모두 -4.814의 함숫값을 갖는다.

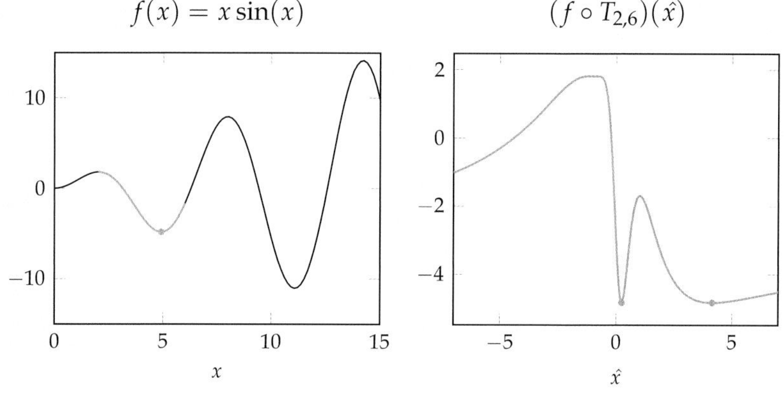

원문제의 해는 $\hat{x}$를 x로 다시 변환해서 구할 수 있다. $\hat{x}$의 값 모두 $x = t_{2,6}(\hat{x}) \approx 4.914$을 산출한다.

등식 제약조건은 x_1, ⋯, x_{n-1}이 주어졌을 때 x_n의 해를 구하는 데 사용할 수 있다. 다시 말해 만약 $\mathbf{x}$의 처음 $n-1$ 구성 요소를 알면 제약조건식을 사용해 x_n을 구할 수 있다. 대신 이 경우 최적화 문제는 x_1, ..., x_{n-1}에 대해 재구성되며, 제약조건을 제거하고, 설계변수를 제거한다. 예제 10.2는 이 프로세스를 예시한다.

예제 10.2 제약조건식을 이용해 설계변수를 제거한다.

다음 제약조건을 고려하자.

$$h(\mathbf{x}) = x_1^2 + x_2^2 + \cdots + x_n^2 - 1 = 0$$

처음 $n-1$변수를 이용해 x_n을 풀 수 있다.

$$x_n = \pm\sqrt{1 - x_1^2 + x_2^2 + \cdots + x_{n-1}^2}$$

다음 최적화 문제를

$$\begin{aligned} \underset{\mathbf{x}}{\text{minimize}} \quad & f(\mathbf{x}) \\ \text{subject to} \quad & h(\mathbf{x}) = 0 \end{aligned}$$

다음 식으로 변환할 수 있다.

$$\underset{x_1,\ldots,x_{n-1}}{\text{minimize}} \quad f\left(\left[x_1, \ldots, x_{n-1}, \pm\sqrt{1 - x_1^2 + x_2^2 + \cdots + x_{n-1}^2}\right]\right)$$

10.4 라그랑주 승수

라그랑주 승수Lagrange multiplier법은 등식 제약조건 제약하에 함수를 최적화하는 데 사용된다. 단일 등식 제약조건의 최적화 문제를 고려하자.

$$\begin{aligned} \underset{\mathbf{x}}{\text{minimize}} \quad & f(\mathbf{x}) \\ \text{subject to} \quad & h(\mathbf{x}) = 0 \end{aligned} \tag{10.6}$$

위에서 f와 h는 연속 함수이고, 편미분이 존재한다. 예제 10.3은 이 문제를 다룬다.

다음 최소화 문제를 고려하자.

$$\begin{aligned} \underset{\mathbf{x}}{\text{minimize}} \quad & -\exp\left(-\left(x_1 x_2 - \frac{3}{2}\right)^2 - (x_2 - \frac{3}{2})^2\right) \\ \text{subject to} \quad & x_1 - x_2^2 = 0 \end{aligned}$$

제약조건 $x_1 = x_2^2$를 목적 함수에 대입해 제약조건이 없는 목적 함수를 얻는다.

$$f_{\text{unc}} = -\exp\left(-\left(x_2^3 - \frac{3}{2}\right)^2 - \left(x_2 - \frac{3}{2}\right)^2\right)$$

이의 미분은 다음과 같다.

$$\frac{\partial}{\partial x_2} f_{\text{unc}} = 6\exp\left(-\left(x_2^3 - \frac{3}{2}\right)^2 - \left(x_2 - \frac{3}{2}\right)^2\right)\left(x_2^5 - \frac{3}{2}x_2^2 + \frac{1}{3}x_2 - \frac{1}{2}\right)$$

미분을 0으로 놓고, x_2에 대해서 풀면 $x_2 \approx 1.165$를 얻는다. 따라서 원최적화 문제의 해는 $\mathbf{x}^* \approx [1.358,\ 1.165]$이다. 최적점은 f의 등고선이 h와 일치하는 점에 놓여 있다.

예제 10.3 라그랑주 승수법 이해를 위한 예제

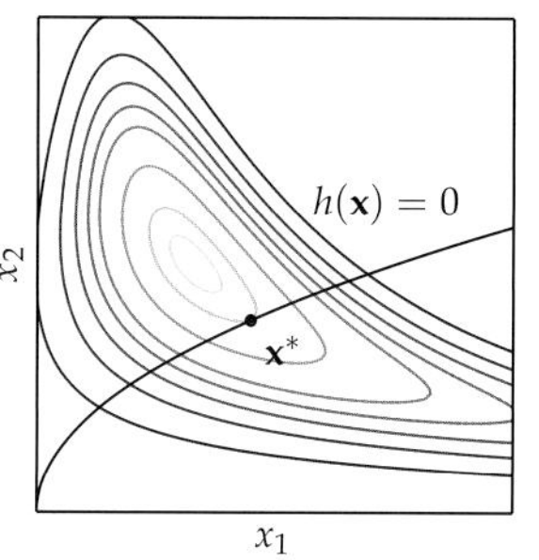

만약 점 x^*가 h를 따라서 f를 최적화하면 h를 따르는 x^*의 방향 미분은 0이어야 한다. 즉 h를 따라 x^*를 조금 이동시킬 때 f의 값은 개선되지 않는다.

f의 등고선은 높이가 f인 선이다. 따라서 f의 등고선이 h에 접한다면 그 점에서 등고선 $h(\mathbf{x}) = 0$의 방향을 따르는 h의 방향 미분은 0이어야 한다.

라그랑주 승수법은 f의 등고선이 $h(\mathbf{x}) = 0$의 등고선에 일치하는 곳을 찾는 데 사용된다. 한 점에서의 함수의 그래디언트는 그 점을 통과하는 함수의 등고선에 수직perpendicular이므로 h의 그래디언트는 $h(\mathbf{x}) = 0$의 등고선에 수직이 된다. 따라서 f의 그래디언트와 h의 그래디언트는 일치하는 곳을 찾으면 된다.

다음 제약식을 만족하고,

$$h(\mathbf{x}) = 0 \tag{10.7}$$

그래디언트가 다음 식과 같이 어떤 라그랑주 승수 λ에 대해 일치하는 최적 $\mathbf{x}$를 구한다.

$$\nabla f(\mathbf{x}) = \lambda \nabla h(\mathbf{x}) \tag{10.8}$$

그래디언트의 크기가 같지 않을 수 있으므로 λ가 필요하다.[2]

설계변수와 승수의 함수인 라그랑지안Lagrangian 공식은 다음과 같다.

$$\mathcal{L}(\mathbf{x}, \lambda) = f(\mathbf{x}) - \lambda h(\mathbf{x}) \tag{10.9}$$

$\nabla \mathcal{L}(\mathbf{x}, \lambda) = 0$의 해는 식 (10.7)과 (10.8)을 푼다. 구체적으로 $\nabla_{\mathbf{x}} \mathcal{L} = \mathbf{0}$은 $\nabla f = \lambda \nabla h$ 조건을 제공하고, $\nabla_\lambda \mathcal{L} = 0$은 $h(\mathbf{x}) = 0$ 조건을 제공한다. 어떤 해도 임계점critical point으로 간주한다. 정상점은 국지적 극소점, 전역적 극소점 또는 안장점이 될 수 있다.[3] 예제 10.4는 이 방법을 예시한다.

2 ∇f가 0일 때 ∇h에 상관없이 라그랑주 승수 λ는 0이다.

3 라그랑주 승수법은 최적화 테스트의 1계 필요조건을 제공한다. 이 방법을 확대해 부등식을 포함한다.

예제 10.4 예제 10.3 문제를 풀고자 라그랑주 승수법을 사용한다.

라그랑주 승수법을 사용해 예제 10.3 문제를 푼다. 라그랑지안 공식을 만들면 다음과 같다.

$$\mathcal{L}(x_1, x_2, \lambda) = -\exp\left(-\left(x_1x_2 - \frac{3}{2}\right)^2 - \left(x_2 - \frac{3}{2}\right)^2\right) - \lambda(x_1 - x_2^2)$$

그래디언트를 계산하면 다음과 같다.

$$\begin{aligned}
\frac{\partial \mathcal{L}}{\partial x_1} &= 2x_2 f(\mathbf{x})\left(\frac{3}{2} - x_1x_2\right) - \lambda \\
\frac{\partial \mathcal{L}}{\partial x_2} &= 2\lambda x_2 + f(\mathbf{x})\left(-2x_1(x_1x_2 - \frac{3}{2}) - 2(x_2 - \frac{3}{2})\right) \\
\frac{\partial \mathcal{L}}{\partial \lambda} &= x_2^2 - x_1
\end{aligned}$$

미분을 0으로 설정하고 해를 구하면 $x_1 \approx 1.358$, $x_2 \approx 1.165$ 그리고 $\lambda \approx 0.170$을 산출한다.

라그랑주 승수법은 여러 등식 제약조건으로 확대될 수 있다. 2개의 등식 제약조건 문제를 고려하자.

$$\begin{aligned}
\underset{\mathbf{x}}{\text{minimize}} \quad & f(\mathbf{x}) \\
\text{subject to} \quad & h_1(\mathbf{x}) = 0 \\
& h_2(\mathbf{x}) = 0
\end{aligned} \tag{10.10}$$

이 2개의 제약조건을 하나로 합칠 수 있다. 새로운 제약조건은 이전과 동일한 점들에 의해 충족되므로 해가 변하지 않는다.

$$\begin{aligned}
\underset{\mathbf{x}}{\text{minimize}} \quad & f(\mathbf{x}) \\
\text{subject to} \quad & h_{\text{comb}}(\mathbf{x}) = h_1(\mathbf{x})^2 + h_2(\mathbf{x})^2 = 0
\end{aligned} \tag{10.11}$$

이제 이전처럼 라그랑주 승수법을 적용한다. 특히 그래디언트 조건을 계산한다.

$$\nabla f - \lambda \nabla h_{\text{comb}} = \mathbf{0} \tag{10.12}$$

$$\nabla f - 2\lambda(h_1 \nabla h_1 + h_2 \nabla h_2) = \mathbf{0} \tag{10.13}$$

h_{comb}의 선택은 다소 임의적이다. 임의의 상수 $c > 0$에 대해 다음과 같이 정의할 수 있다.

$$h_{\text{comb}}(\mathbf{x}) = h_1(\mathbf{x})^2 + c \cdot h_2(\mathbf{x})^2 \tag{10.14}$$

더 일반적인 위의 공식으로 다음을 얻는다.

$$\begin{aligned} \mathbf{0} &= \nabla f - \lambda \nabla h_{\text{comb}} && (10.15) \\ &= \nabla f - 2\lambda h_1 \nabla h_1 + 2c\lambda h_2 \nabla h_2 && (10.16) \\ &= \nabla f - \lambda_1 \nabla h_1 + \lambda_2 \nabla h_2 && (10.17) \end{aligned}$$

ℓ개의 등식 제약조건을 가진 문제에 대해 라그랑주 승수를 가진 라그랑지안 Lagrangian을 정의할 수 있다.

$$\mathcal{L}(\mathbf{x}, \boldsymbol{\lambda}) = f(\mathbf{x}) - \sum_{i=1}^{\ell} \lambda_i h_i(\mathbf{x}) = f(\mathbf{x}) - \boldsymbol{\lambda}^\top \mathbf{h}(\mathbf{x}) \tag{10.18}$$

10.5 부등식 제약조건

단일 부등식 제약조건의 문제를 고려하자.

$$\begin{aligned} \underset{\mathbf{x}}{\text{minimize}} \quad & f(\mathbf{x}) \\ \text{subject to} \quad & g(\mathbf{x}) \le 0 \end{aligned} \tag{10.19}$$

해가 제약조건 경계에 있으며, 어떤 상수 μ에 대해 라그랑주 조건이 성립한다.

$$\nabla f - \mu \nabla g = \mathbf{0} \tag{10.20}$$

이것이 성립하면 제약조건이 **활성화**active된 것이며, 목적 함수의 그래디언트 등식 제약조건에서와 정확하게 동일하게 제약된다. 그림 10.5가 예를 보여 준다.

만약 문제에 대한 해가 제약조건의 경계에 존재하지 않으면 제약조건은 **비활성화**inactive된 것으로 간주한다. f의 해는 제약조건이 없는 최적화와 같이 단순히 f의 그래디언트가 0인 곳에 존재한다. 이 경우 식 (10.20)은 μ를 0으로 설정함으로써 성립한다. 그림 10.6이 예를 보여 준다.

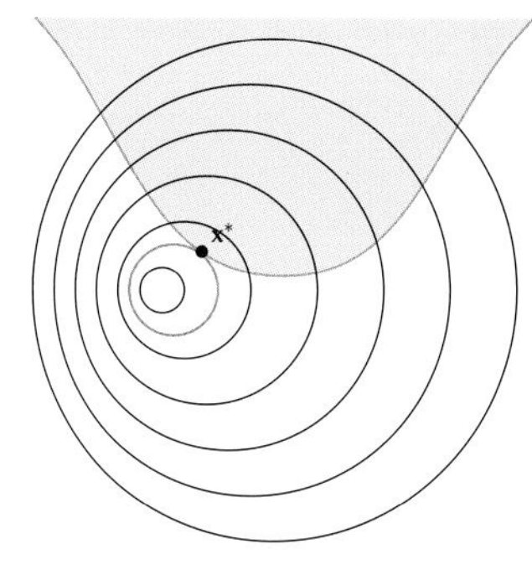

▲ **그림 10.5** 활성화된 부등식 제약조건. 상응하는 등고선이 적색으로 표시된다.

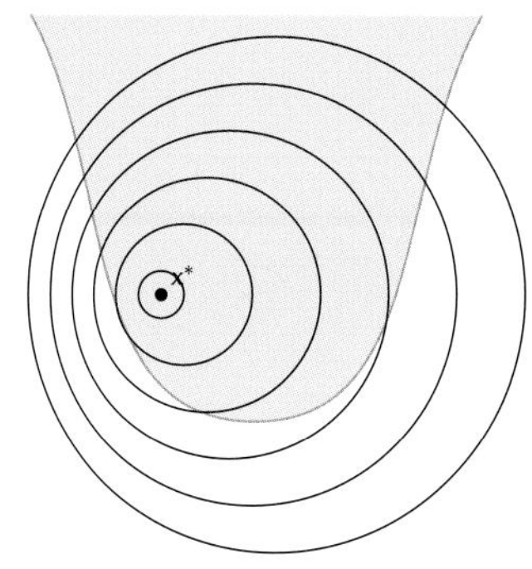

▲ **그림 10.6** 비활성화된 부등식 제약조건

실현 불가능한 점들에 대해 무한 스텝 페널티infinite step penalty를 도입함으로써 부등식 제약조건 문제를 최적화할 수 있다.

$$f_{\infty\text{-step}}(\mathbf{x}) = \begin{cases} f(\mathbf{x}) & \text{if } g(\mathbf{x}) \leq 0 \\ \infty & \text{otherwise} \end{cases} \tag{10.21}$$

$$= f(\mathbf{x}) + \infty \cdot (g(\mathbf{x}) > 0) \tag{10.22}$$

불행히도 $f_{\infty\text{-step}}$은 최적화하기 편리하지 않다.[4] 불연속이고, 미분 불가능하다. 탐색 루틴으로 실현 가능한 영역으로 인도하기 위한 아무런 정보를 얻지 못한다.

대신 선형 페널티linear penalty $\mu g(\mathbf{x})$를 사용하는데 이는 $\infty \cdot (g(\mathbf{x}) > 0)$의 하계를 형성하고, $\mu > 0$인 한 목적 함수에 페널티를 부여해 실현 가능 영역으로 인도한다. 선형 페널티는 그림 10.7에서 볼 수 있다.

이 선형 페널티를 이용해 부등식 제약조건에 대한 라그랑지안을 구축할 수 있다.

$$\mathcal{L}(\mathbf{x}, \mu) = f(\mathbf{x}) + \mu g(\mathbf{x}) \tag{10.23}$$

μ에 대해 최대화하면 $f_{\infty\text{-step}}$을 복구할 수 있다.

$$f_{\infty\text{-step}} = \underset{\mu \geq 0}{\text{maximize}}\, \mathcal{L}(\mathbf{x}, \mu) \tag{10.24}$$

4 이와 같은 문제는 메시 적응 직접 탐색(mesh adaptive direct method) 같은 직접법(direct method)을 사용해 최적화할 수 있다.

실현 불가능 $\mathbf{x}$에 대해서 무한대를 얻고, 실현 가능 $\mathbf{x}$에 대해서 $f(\mathbf{x})$를 얻는다.

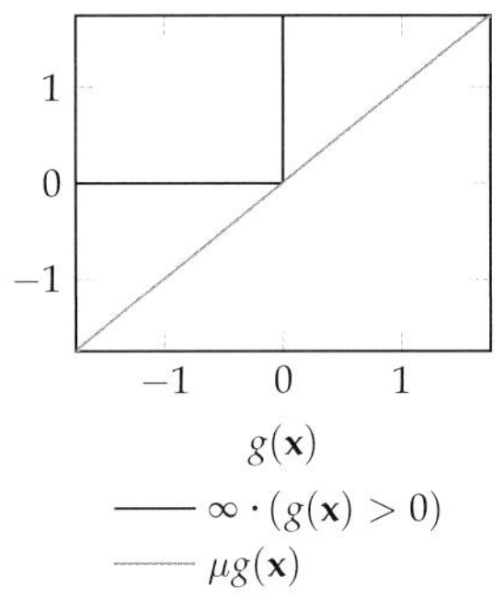

▲ **그림 10.7** 선형 함수 $\mu g(x)$는 $\mu \geq 0$인 한 무한대 스텝 페널티의 하계다.

새로운 최적화 문제는 다음과 같다.

$$\underset{\mathbf{x}}{\text{minimize}} \underset{\mu \geq 0}{\text{maximize}} \mathcal{L}(\mathbf{x}, \mu) \tag{10.25}$$

이 변환된 공식은 원문제^primal problem^로 알려져 있다.

원문제의 최적화를 위해서 다음을 만족하는 임계점 $\mathbf{x}^*$를 구해야 한다.

1. $g(\mathbf{x}^*) \leq 0$

   점은 실현 가능하다.

2. $\mu \geq 0$

   페널티는 올바른 방향이어야 한다. 이 조건은 쌍대 실현 가능성^dual feasibility^으로 알려져 있다.

3. $\mu g(\mathbf{x}^*) = 0$

   경계에서 실현 가능한 점은 $g(\mathbf{x}) = 0$인 반면 $g(\mathbf{x}) < 0$을 만족하는 점이 실현 가능하려면 라그랑지안으로부터 $f(\mathbf{x}^*)$를 복구해야 하고, 따라서 $\mu = 0$이다.

4. $\nabla f(\mathbf{x}^*) - \mu \nabla g(\mathbf{x}^*) = \mathbf{0}$

   활성화 제약은 f와 g의 등고선이 일치하는 것을 요구하며, 이는 이들의 그래디언트가 일치하는 것과 동일하다. 비활성화 제약에서 최적점은 $\nabla f(\mathbf{x}^*) = 0$과 $\mu = 0$을 만족한다.

이들 4개 조건은 어떤 개수의 등식과 부등식 제약조건을 가진 최적화 문제에도 일반화될 수 있다.[5]

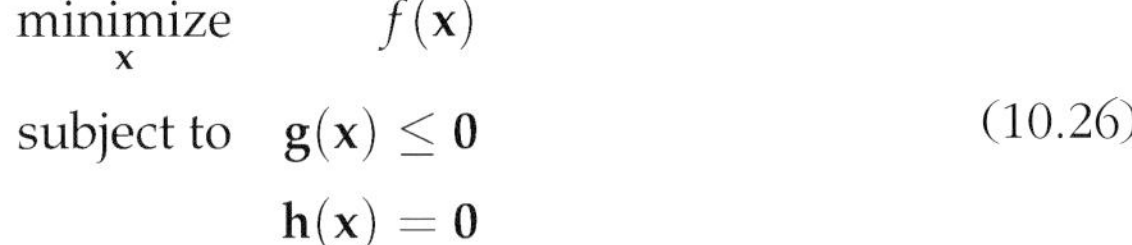

$$\begin{aligned} \underset{\mathbf{x}}{\text{minimize}} \quad & f(\mathbf{x}) \\ \text{subject to} \quad & \mathbf{g}(\mathbf{x}) \leq \mathbf{0} \\ & \mathbf{h}(\mathbf{x}) = \mathbf{0} \end{aligned} \tag{10.26}$$

5 **u**와 **v**가 동일한 길이의 벡터이면 모든 i에 대해 $u_i \leq v_i$일 때 $u \leq v$라고 표기한다. ≥, ≤와 <, >를 벡터에 대해서도 유사하게 정의한다.

위에서 $\mathbf{g}$의 각 요소는 부등식 제약조건이고, $\mathbf{h}$의 각 요소는 등식 제약조건이다. 네 가지 조건은 KKT 조건KKT condition으로 알려져 있다.[6]

1. 실현 가능성feasibility: 제약조건들은 모두 다음을 만족한다.

$$\mathbf{g}(\mathbf{x}^*) \leq \mathbf{0} \tag{10.27}$$

$$\mathbf{h}(\mathbf{x}^*) = \mathbf{0} \tag{10.28}$$

2. 쌍대 실현 가능성dual feasibility: 페널티는 실현 가능으로 인도한다.

$$\boldsymbol{\mu} \geq 0 \tag{10.29}$$

3. 상보 여유complementary slackness: 라그랑주 승수는 여유변수slack를 채운다. μ_i가 0이거나 $g_i(\mathbf{x}^*)$가 0이다.[7]

$$\boldsymbol{\mu} \odot \mathbf{g} = \mathbf{0} \tag{10.30}$$

4. 정상성stationarity: 목적 함수 등고선은 각 활성화 제약에 접한다.

$$\nabla f(\mathbf{x}^*) - \sum_i \mu_i \nabla g_i(\mathbf{x}^*) - \sum_j \lambda_j \nabla h_j(\mathbf{x}^*) = \mathbf{0} \tag{10.31}$$

이들 4조건은 최적화의 1계 필요조건이므로 평활한smooth 제약조건을 가진 문제의 FONC이다. 제약조건이 없는 최적화에 대한 FONC와 똑같이 식별된 임계점들이 실제로 국지적 극소점이 되도록 주의를 요한다.

6 1951년 이들 조건을 발표한 해럴드 쿤(Harold W. Kuhn)과 앨버트 터커(Albert W. Tucker)의 이름을 따른 것이다. 윌리엄 카루시(William Karush)가 1939년에 미발표 석사논문에서 이들 조건들을 연구한 것이 이후에 발견됐다. 키엘드센(T. H. Kjeldsen)이 역사적 관점에서 분석한 논문은 다음과 같다. "A Contextualized Historical Analysis of the Kuhn–Tucker Theorem in Nonlinear Programming: The Impact of World War II" *Historia Mathematics*, vol 27, no. 4, pp 331–361.

7 $\mathbf{a} \odot \mathbf{b}$ 연산은 벡터 $\mathbf{a}$와 $\mathbf{b}$ 사이의 요소별곱을 나타낸다.

10.6 쌍대성

제약조건이 있는 최적화에 대한 FONC를 도출하면서 더 일반적인 형태의 라그랑지안을 발견한다. 일반화 라그랑지안은 다음과 같다.[8]

8 λ의 부호에 대한 제약이 없으므로 라그랑주 승수법의 등식 제약조건에 대한 부호를 반대로 할 수 있다.

$$\mathcal{L}(\mathbf{x}, \boldsymbol{\mu}, \boldsymbol{\lambda}) = f(\mathbf{x}) + \sum_i \mu_i g_i(\mathbf{x}) + \sum_j \lambda_j h_j(\mathbf{x}) \tag{10.32}$$

이 최적화의 원형태primal form는 일반화 라그랑지안을 사용해 공식화한 원래의 최적화 문제다.

$$\underset{\mathbf{x}}{\text{minimize}} \underset{\boldsymbol{\mu} \geq \mathbf{0}, \boldsymbol{\lambda}}{\text{maximize}} \mathcal{L}(\mathbf{x}, \boldsymbol{\mu}, \boldsymbol{\lambda}) \tag{10.33}$$

원문제는 원래의 문제와 동일하고, 동일하게 최적화하기 힘들다.

최적화의 쌍대 형태dual form는 식 (10.33)의 최소화와 최대화의 순서를 바꾼다.

$$\underset{\boldsymbol{\mu} \geq \mathbf{0}, \boldsymbol{\lambda}}{\text{maximize}} \underset{\mathbf{x}}{\text{minimize}} \mathcal{L}(\mathbf{x}, \boldsymbol{\mu}, \boldsymbol{\lambda}) \tag{10.34}$$

max-min inequality는 어떤 함수 $f(\mathbf{a}, \mathbf{b})$에 대해서도 다음이 성립한다.

$$\underset{\mathbf{a}}{\text{maximize}} \underset{\mathbf{b}}{\text{minimize}} f(\mathbf{a}, \mathbf{b}) \leq \underset{\mathbf{b}}{\text{minimize}} \underset{\mathbf{a}}{\text{maximize}} f(\mathbf{a}, \mathbf{b}) \tag{10.35}$$

따라서 쌍대 문제의 해는 원문제의 해의 하계다. 즉, $d^* \leq p^*$이다. 여기서 d^*는 쌍대값dual value이고 p^*는 원값primal value이다.

표기의 편의를 위해 쌍대 문제의 최대화의 내부는 쌍대 함수dual function로 표현한다.

$$\mathcal{D}(\boldsymbol{\mu} \geq \mathbf{0}, \boldsymbol{\lambda}) = \underset{\mathbf{x}}{\text{minimize}} \mathcal{L}(\mathbf{x}, \boldsymbol{\mu}, \boldsymbol{\lambda}) \tag{10.36}$$

쌍대 함수는 볼록이다.[9] 볼록 함수에 대한 그래디언트 상승은 항상 전역적 극대점으로 수렴한다. $\mathbf{x}$에 대한 라그랑지안의 최소화가 용이할 때는 언제나 쌍대 문제의 최적화는 용이하다.

9 자세한 내용은 다음을 참고하자. S. Nash and A. Sofer, *Linear and Nonlinear Programming*, MacGraw-Hill, 1996.

쌍대 함수는 항상 원문제의 하계이므로 $\text{maximize}_{\boldsymbol{\mu} \geq \mathbf{0}, \boldsymbol{\lambda}} \mathcal{D}(\boldsymbol{\mu}, \boldsymbol{\lambda}) \leq p^*$이다(예제 10.5). 어떤 $\boldsymbol{\mu} \geq 0$과 어떤 $\boldsymbol{\lambda}$에 대해서도 다음이 성립한다.

$$\mathcal{D}(\boldsymbol{\mu} \geq \mathbf{0}, \boldsymbol{\lambda}) \leq p^* \tag{10.37}$$

쌍대값과 원값의 차이 $p^* - d^*$은 쌍대성 갭duality gap이라 부른다. 어떤 경우 쌍대 문제는 원문제와 같은 해를 갖는 것이 보장된다. 즉 쌍대성 갭이 0이다.[10] 이 경우 쌍대성은 원문제를 푸는 또 다른 방법이다. 예제 10.6은 이를 예시한다.

10 쌍대성 갭이 0임을 보장하는 조건은 S. Boyd and L. Vandenberghe, *Convex Optimization*, Cambridge University Press, 2004에 나와있다.

예제 10.5 쌍대함수는 원문제의 하계다.

최적화 문제를 고려하자.

$$\begin{aligned} \underset{x}{\text{minimize}} \quad & \sin(x) \\ \text{subject to} \quad & x^2 \leq 3 \end{aligned}$$

일반화 라그랑지안은 $\mathcal{L}(x, \mu) = \sin(x) + \mu(x^2 - 3)$이며, 원문제는 다음과 같이 된다.

$$\underset{x}{\text{minimize}}\, \underset{\mu \geq 0}{\text{maximize}}\, \sin(x) + \mu(x^2 - 3)$$

쌍대 문제는 다음과 같다.

$$\underset{\mu \geq 0}{\text{maximize}}\, \underset{x}{\text{minimize}}\, \sin(x) + \mu(x^2 - 3)$$

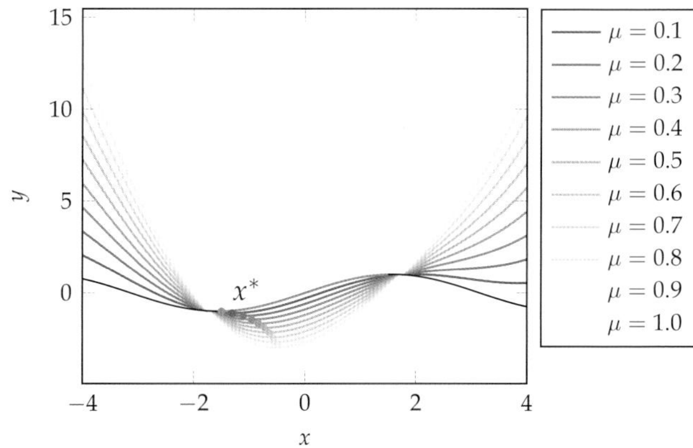

목적함수는 검은색으로 표시돼 있고, 실현 가능 영역은 파란색으로 표시된다. 최소점은 $x^* = -1.5$이고 이때 $p^* \approx -0.997$이다. 보라색 선은 $\mu = 0.1, 0.2, \cdots, 1$에 대한 라그랑주 $\mathcal{L}(x, \mu)$이며, 각각은 p^*보다 작은 최소점을 갖는다.

예제 10.6 등식 제약조건 문제에 라그랑지안 쌍대성을 적용한 예. 윗그림은 목적 함수 등고선과 4개의 점으로 표시된 임계점을 보여 주며, 아랫그림은 쌍대 함수를 보여 준다.

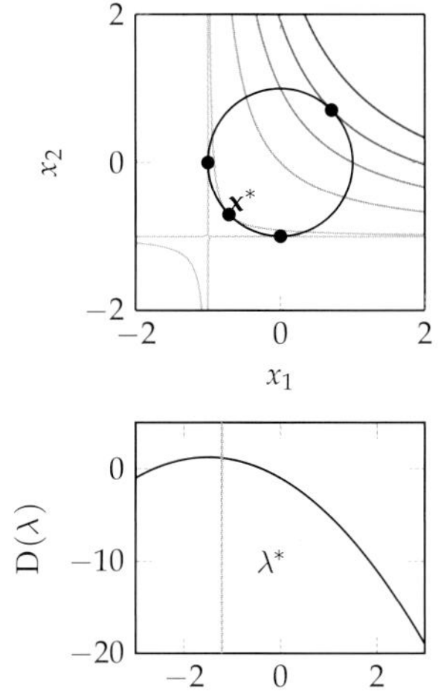

다음 문제를 고려하자.

$$\begin{aligned} \underset{\mathbf{x}}{\text{minimize}} \quad & x_1 + x_2 + x_1 x_2 \\ \text{subject to} \quad & x_1^2 + x_2^2 = 1 \end{aligned}$$

라그랑지안은 $\mathcal{L}(x_1, x_2, \lambda) = x_1 + x_2 + x_1 x_2 + \lambda(x_1^2 + x_2^2 - 1)$이다.

라그랑주 승수법을 적용한다.

$$\begin{aligned} \frac{\partial \mathcal{L}}{\partial x_1} &= 1 + x_2 + 2\lambda x_1 = 0 \\ \frac{\partial \mathcal{L}}{\partial x_2} &= 1 + x_1 + 2\lambda x_2 = 0 \\ \frac{\partial \mathcal{L}}{\partial \lambda} &= x_1^2 + x_2^2 - 1 = 0 \end{aligned}$$

해를 풀면 4개의 잠재적 해, 따라서 4개의 임계점을 산출한다.

x_1	x_2	λ
-1	0	$1/2$
0	-1	$1/2$
$\frac{\sqrt{2}+1}{\sqrt{2}+2}$	$\frac{\sqrt{2}+1}{\sqrt{2}+2}$	$\frac{1}{2}\left(-1-\sqrt{2}\right)$
$\frac{\sqrt{2}-1}{\sqrt{2}-2}$	$\frac{\sqrt{2}-1}{\sqrt{2}-2}$	$\frac{1}{2}\left(-1+\sqrt{2}\right)$

쌍대 함수는 다음의 형태를 갖는다.

$$\mathcal{D}(\lambda) = \underset{x_1, x_2}{\text{minimize}}\, x_1 + x_2 + x_1 x_2 + \lambda(x_1^2 + x_2^2 - 1)$$

$x_1 = x_2 = x$를 대입하고, x에 대한 미분을 0으로 설정하면 $x = -1 - \lambda$를 얻는다. 이를 대입하면 다음을 얻는다.

$$\mathcal{D}(\lambda) = -1 - 3\lambda - \lambda^2$$

쌍대 문제 $\text{maximize}_\lambda\, \mathcal{D}(\lambda)$는 $\lambda = (-1 - 2)/2$에서 최대화된다.

10.7 페널티법

페널티법penalty method은 목적 함수에 페널티항을 추가해 제약 최적화 문제를 비제약 문제로 바꾸므로 1~9장에서 개발한 방법들을 적용할 수 있다.

다음의 일반적 최적화 문제를 고려해 보자.

$$\begin{aligned} \underset{\mathbf{x}}{\text{minimize}} \quad & f(\mathbf{x}) \\ \text{subject to} \quad & \mathbf{g}(\mathbf{x}) \leq \mathbf{0} \\ & \mathbf{h}(\mathbf{x}) = \mathbf{0} \end{aligned} \tag{10.38}$$

간단한 페널티법은 위반하는 제약식의 개수를 센다.

$$p_{\text{count}}(\mathbf{x}) = \sum_i (g_i(\mathbf{x}) > 0) + \sum_j (h_j(\mathbf{x}) \neq 0) \tag{10.39}$$

이를 이용해 다음과 같은 실현 불가능성에 대해 페널티를 주는 비제약 최적화 문제로 변환된다.

$$\underset{\mathbf{x}}{\text{minimize}}\, f(\mathbf{x}) + \rho \cdot p_{\text{count}}(\mathbf{x}) \tag{10.40}$$

위에서 $\rho > 0$은 페널티 크기를 조정한다. 그림 10.8은 예제를 보여 준다.

페널티법은 초기점 $\mathbf{x}$와 ρ에 대한 작은 값으로 시작한다. 비제약 최적화 문제 식 (10.40)을 푼다. 이 결과의 설계점을 증가된 페널티와 함께 다음 최적화의 시작점으로 사용한다. 결과되는 점이 실현 가능할 때까지, 또는 최대 반복 시행 수에 도달할 때까지 이 절차를 계속한다. 알고리즘 10.1이 구현법을 제공한다.

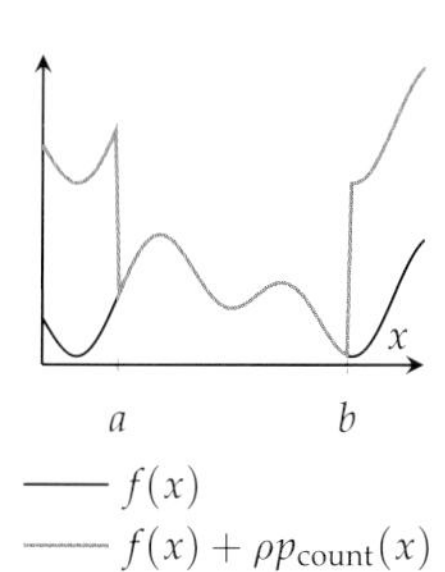

▲ **그림 10.8** $x \in [a, b]$ 제약하에 f를 최소화하는 원목적 함수와 카운트-페널티 목적 함수

```
function penalty_method(f, p, x, k_max; ρ=1, γ=2)
    for k in 1 : k_max
        x = minimize(x -> f(x) + ρ*p(x), x)
        ρ *= γ
        if p(x) == 0
            return x
        end
    end
    return x
end
```

알고리즘 10.1 목적 함수 `f`, 페널티 함수 `p`, 초기점 `x`, 반복 시행 수 `k_max`, 초기 페널티 `ρ>0`, 페널티 승수 `γ>1`에 대한 페널티법. `minimize` 메서드는 적절한 비제약 최소화 방법으로 대체해야 한다.

이 페널티법은 큰 값의 ρ에 대해서 문제의 해를 보존하지만, 급격한 불연속성을 초래한다. 실현 가능 집합 내에 있지 않은 점들은 실현 가능하도록 탐색을 인도할 그래디언트 정보가 부족하다.

따라서 평활한 목적 함수(그림 10.9)를 산출하는 2차함수 페널티[quadratic penalties]를 사용한다.

$$p_{\text{quadratic}}(\mathbf{x}) = \sum_i \max(g_i(\mathbf{x}), 0)^2 + \sum_j h_j(\mathbf{x})^2 \tag{10.41}$$

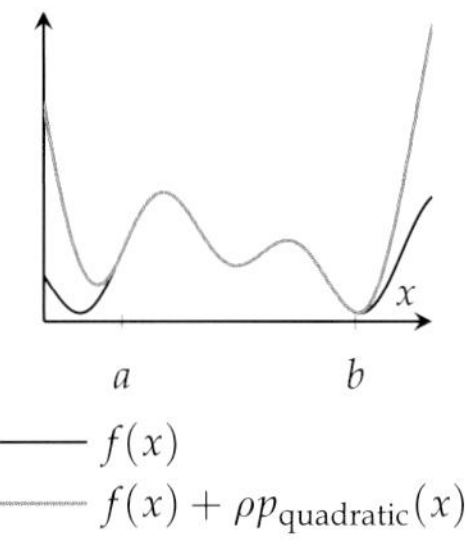

▲ **그림 10.9** $x \in [a, b]$ 제약하 f 최소화에 대해 2차 페널티 함수를 사용한 예

제약조건의 경계에 근접한 2차함수 페널티는 매우 작으므로 해가 제약조건을 위배하는 것을 멈추게 하려면 ρ가 무한대로 커져야 한다.

카운트와 2차함수 페널티 함수를 혼합하는 것이 가능하다(그림 10.10).

$$p_{\text{mixed}}(\mathbf{x}) = \rho_1 p_{\text{count}}(\mathbf{x}) + \rho_2 p_{\text{quadratic}}(\mathbf{x}) \tag{10.42}$$

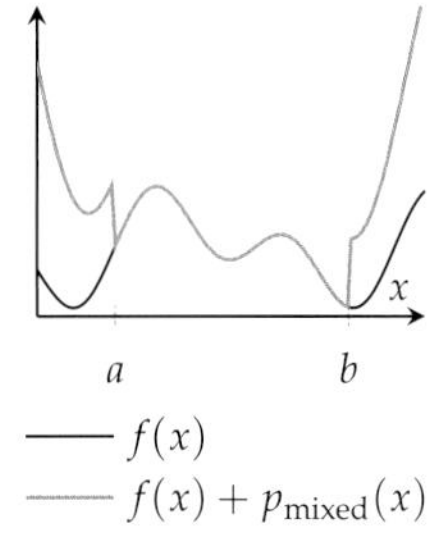

▲ **그림 10.10** $x \in [a, b]$ 제약하 f 최소화에 대해 2차와 이산 페널티 함수 모두를 사용한 예

이와 같은 페널티 혼합은 실현 가능한 영역과 실현 불가능한 영역 간의 경계를 분명하게 만들어 해를 풀 수 있도록 그래디언트 정보를 제공한다.

그림 10.11은 ρ가 증가함에 따른 페널티 함수의 진행을 보여 준다. 2차 페널티 함수는 예제 10.7에서 논의되는 바와 같이 실현 가능성을 보장할 수 없다.

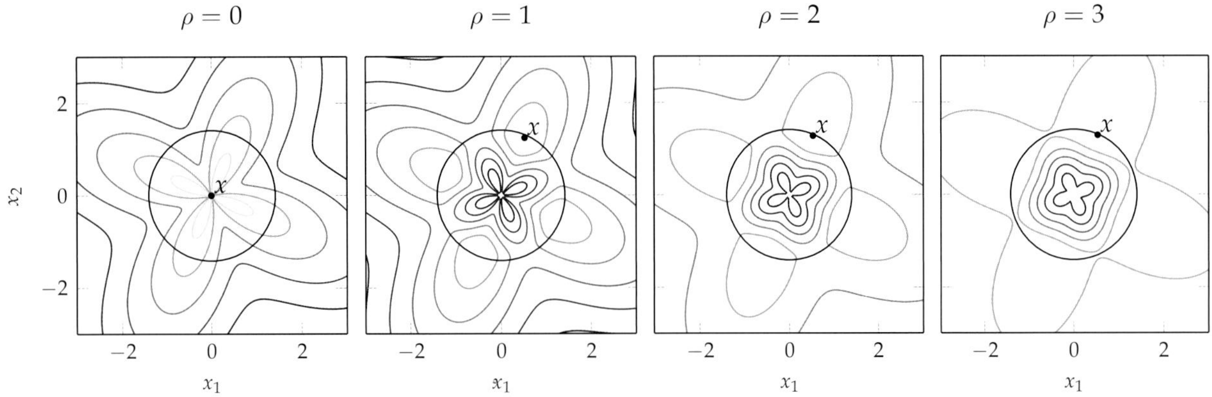

▲ **그림 10.11** 플라워 함수(부록 B.4)와 원형 제약조건 $x_1^2 + x_2^2 \geq 2$에 적용된 페널티법

예제 10.7 2차 함수가 실현 가능성을 보장하지 못하는 예시

다음 문제를 고려하자.

$$\begin{aligned} \underset{x}{\text{minimize}} \quad & x \\ \text{subject to} \quad & x \geq 5 \end{aligned}$$

2차 페널티 함수를 사용한다.

비제약 목적 함수는 다음과 같다.

$$f(x) = x + \rho \max(5 - x, 0)^2$$

비제약 목적 함수의 극소점은 다음과 같다.

$$x^* = 5 - \frac{1}{2\rho}$$

제약 최적화 문제의 극소점이 명백히 5인 반면, 페널티 최적화 문제의 극소점은 단지 $x = 5$를 근사한다. 실현 가능한 해를 얻고자 무한대 페널티를 요구한다.

10.8 확대 라그랑주법

확대 라그랑주법augmented Lagrange method[11]는 특별히 등호 제약식에 위해 페널티법을 수정한 것이다. 실현 가능 해를 발견하기 이전에 ρ가 무한대가 돼야만 하는 페널티법과 달리 확대 라그랑주법은 작은 값의 ρ에서도 잘 작동한다. 각 제약식에 대해 2차와 선형 페널티 모두를 사용한다.

11 라그랑주 승수법과 혼동하지 말자.

등식 $\mathbf{h}(\mathbf{x}) = 0$ 제약하의 최적화 문제에 대한 페널티 함수는 다음과 같으며, λ는 라그랑주 승수로 수렴한다.

$$p_{\text{Lagrange}}(\mathbf{x}) = \frac{1}{2}\rho \sum_i (h_i(\mathbf{x}))^2 - \sum_i \lambda_i h_i(\mathbf{x}) \tag{10.43}$$

각 반복 시행에서 ρ를 증가시키는 것에 추가해 선형 페널티 벡터는 다음 식에 따라 업데이트된다.

$$\boldsymbol{\lambda}^{(k+1)} = \boldsymbol{\lambda}^{(k)} - \rho \mathbf{h}(\mathbf{x}) \tag{10.44}$$

알고리즘 10.2는 이를 구현한다.

```
function augmented_lagrange_method(f, h, x, k_max; ρ=1, γ=2)
    λ = zeros(length(h(x)))
    for k in 1 : k_max
        p = x -> f(x) + ρ/2*sum(h(x).^2) - λ⋅h(x)
        x = minimize(x -> f(x) + p(x), x)
        ρ *= γ
        λ -= ρ*h(x)
    end
    return x
end
```

알고리즘 10.2 목적 함수 `f`, 등식 제약조건 `h`, 초기점 `x`, 반복 시행 수 `k_max`, 초기 페널티 `ρ>0`, 페널티 승수 `γ>1`에 대한 확대 라그랑주법. `minimize` 메서드는 적절한 비제약 최소화 방법으로 대체해야 한다.

10.9 내부점법

내부점법interior point method(알고리즘 10.3)은 종종 배리어법barrier method으로도 불리며, 탐색점들이 항상 실현 가능하도록 보장하는 최적화 방법이다.[12] 내부점법은 제약식 경계에 접근할 때 무한대로 접근하는 배리어 함수를 사용한다. 이 배리어 함수 $p_{\text{barrier}}(\mathbf{x})$는 여러 특성들을 만족해야 한다.

12 조기 종료하는 내부점법은 실현 가능하지만 최적은 아니고 거의 최적인 설계점을 산출한다. 이 방법은 시간 또는 계산 제약으로 조기 종료될 수 있다.

1. $p_{\text{barrier}}(\mathbf{x})$는 연속이다.
2. $p_{\text{barrier}}(\mathbf{x})$는 비음nonnegative이다($p_{\text{barrier}}(\mathbf{x}) \geq 0$).
3. $p_{\text{barrier}}(\mathbf{x})$는 $\mathbf{x}$가 제약식 경계에 접근할 때 무한대로 접근한다.

배리어 함수의 예는 다음과 같다.

역배리어Inverse Barrier:

$$p_{\text{barrier}}(\mathbf{x}) = -\sum_i \frac{1}{g_i(\mathbf{x})} \tag{10.45}$$

로그배리어Log Barrier:

$$p_{\text{barrier}}(\mathbf{x}) = -\sum_i \begin{cases} \log(-g_i(\mathbf{x})) & \text{if } g_i(\mathbf{x}) \geq -1 \\ 0 & \text{otherwise} \end{cases} \tag{10.46}$$

```
function interior_point_method(f, p, x; ρ=1, γ=2, ϵ=0.001)
    delta = Inf
    while delta > ϵ
        x′ = minimize(x -> f(x) + p(x)/ρ, x)
        delta = norm(x′ - x)
        x = x′
        ρ *= γ
    end
    return x
end
```

알고리즘 10.3 목적 함수 f, 배리어 함수 p, 초기점 x, 초기 페널티 ρ>0, 페널티 승수 γ>1, 종료 허용 값(stopping tolerance) ϵ>0에 대한 내부점법

부등식 제약조건 문제를 다음과 같이 제약조건이 없는 최적화 문제로 변환할 수 있다.

$$\underset{\mathbf{x}}{\text{minimize}}\, f(\mathbf{x}) + \frac{1}{\rho} p_{\text{barrier}}(\mathbf{x}) \tag{10.47}$$

위에서 ρ가 증가할 때 경계에 접근하는 것에 대한 페널티는 감소한다(그림 10.12).

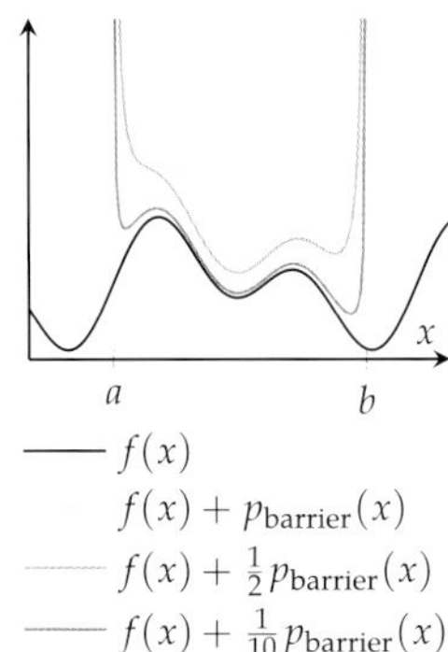

▲ **그림 10.12** $x \in [a, b]$ 제약하 f 최소화에 대해 역배리어 내부점법을 적용한 예

라인 탐색이 실현 가능 영역을 지나치지 않도록 주의해야 한다. 라인 탐색 $f(\mathbf{x} + \alpha\mathbf{d})$는 구간 $\alpha = [0, \alpha_u]$에 제약된다. α_u는 최근접 경계에 대한 스텝이다. 실제로 경계 특이성boundary singularity을 피하고자 α_u는 $\mathbf{x} + \alpha\mathbf{d}$가 바로 경계 안에 있도록 선택한다.

페널티법과 마찬가지로 내부점법은 낮은 값의 ρ로 시작해서 수렴할 때까지 서서히 높여간다. 내부점법은 전형적으로 다음 점과의 차이가 특정 임계값 아래이면 종료된다. 그림 10.3은 ρ를 서서히 증가시키는 효과의 예를 보여 준다.

$$\underset{\mathbf{x}}{\text{minimize}}\, p_{\text{quadratic}}(\mathbf{x}) \tag{10.48}$$

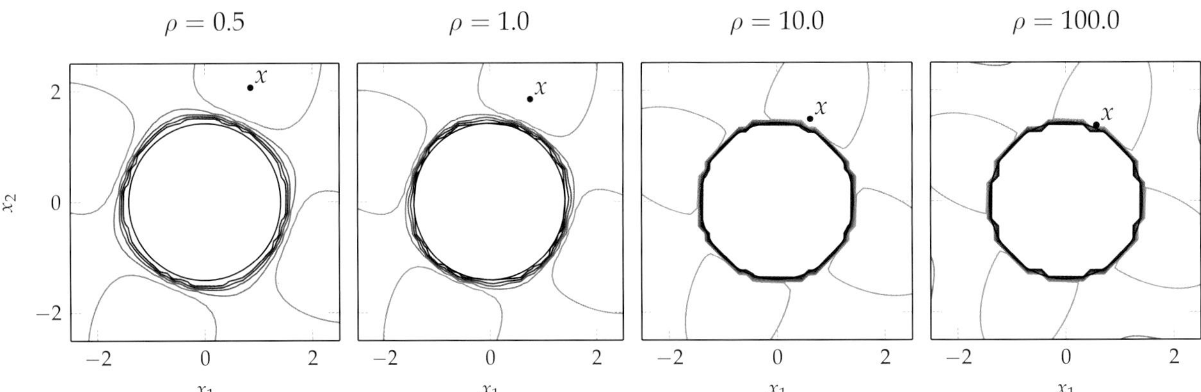

▲ **그림 10.13** 플라워 함수(부록 B.4)와 제약 $x_1^2 + x_2^2 \geq 2$에 대해 역배리어 내부점법을 적용한 예

내부점법은 탐색을 시작할 실현 가능점이 필요하다. 실현 가능점을 찾는 한 가지 편리한 방법은 2차 페널티 함수를 최적화하는 것이다.

10.10 요약

- 제약조건은 해가 반드시 만족해야 하는 설계점들에 대한 요구조건이다.
- 어떤 제약조건들은 변환 또는 대입돼 문제를 비제약 최적화 문제로 만든다.
- 라그랑주 승수를 사용하는 해석적 방법은 일반화 라그랑지안과 제약하 최적화의 필요조건들을 산출한다.
- 제약 최적화 문제는 원문제보다 풀기 쉬운 쌍대 문제식을 가지며, 쌍대 문제의 해는 원문제 해의 하계다.
- 페널티법은 실현 불가능 해에 페널티를 부과하며, 흔히 최적화에 그래디언트 정보를 제공해 실현 불가능 점들을 실현 가능 방향으로 인도한다.
- 내부점법은 실현 가능성을 유지하지만, 배리어 함수를 사용해 실현 가능 집합에서 벗어나는 것을 막는다.

10.11 연습문제

연습 10.1 $\rho > 0$인 2차 페널티 함수를 사용해 다음 문제를 풀어라. 닫힌 해[closed solution]를 구하라.

$$\begin{aligned} \underset{x}{\text{minimize}} \quad & x \\ \text{subject to} \quad & x \geq 0 \end{aligned} \tag{10.49}$$

연습 10.2 $\rho > 1$인 카운트 페널티법을 사용해 위의 문제를 풀고, 2차 페널티법과 비교하라.

연습 10.3 페널티법으로 제약 문제를 푼다고 가정하자. 반복점들이 계속 실현 불가능한 상태로 머무는 것을 관찰하고 알고리즘을 종료하기로 결정했다. 더 성공적이 되려면 다음 단계에 무엇을 해야 하나?

연습 10.4 제약식 $x \geq 0$하의 함수 $f(x)$를 최소화하는 간단한 일변수 최소화 문제를 고려하자. 제약식이 활성화돼 있다. 즉 최소화의 해인 $x^* = 0$이고, 최적 조건으로부터 $f'(x^*) > 0$이다. 다음과 같은 페널티 함수를 사용해 동일한 문제를 풀면 원문제에 대해 실현 불가능 해를 산출하는 것을 증명하라.

$$f(x) + (\min(x, 0))^2 \tag{10.50}$$

연습 10.5 2차 함수 페널티법에 비교해 확대 라그랑주법의 장점은 무엇인가?

연습 10.6 언제 페널티법 대신 배리어법을 사용하는가?

연습 10.7 임의의 파라미터 $\rho > 0$에 대해 최대 그래디언트 하강법이 발산하는 시작점 $x^{(1)}$이 존재하는 평활 최적화 문제의 예를 제시하라.

연습 10.8 다음 최적화 문제를 풀고자 하는데 초기 실현 가능 설계점을 갖고 있지 않다. 실현 가능점이 존재한다고 가정할 때 제약식에 대한 실현 가능점을 어떻게 발견할 것인가?

$$\begin{aligned} \underset{\mathbf{x}}{\text{minimize}} \quad & f(\mathbf{x}) \\ \text{subject to} \quad & \mathbf{h}(\mathbf{x}) = \mathbf{0} \\ & \mathbf{g}(\mathbf{x}) \leq \mathbf{0} \end{aligned} \tag{10.51}$$

연습 10.9 다음 제약식이 있는 최적화 문제를 풀어라.

$$\begin{aligned} \underset{x}{\text{minimize}} \quad & \sin\left(\frac{4}{x}\right) \\ \text{subject to} \quad & x \in [1, 10] \end{aligned} \tag{10.52}$$

변환과 제약식 유계 $x \in [a, b]$에 대한 다음 시그모이드 변환을 사용하라.

$$x = s(\hat{x}) = a + \frac{(b-a)}{1+e^{-\hat{x}}} \tag{10.53}$$

t변환이 시그모이드 변환보다 더 좋은 이유는 무엇인가?

연습 10.10 선형 제약식을 추가할 때 상이한 최적점을 초래하는 2개의 설계변수의 2차 목적 함수의 예를 들어라.

연습 10.11 $x_1 + 2x_2 + 3x_3 = 6$ 제약하에 $x_1^3 + x_2^2 + x_3$를 최소화하고자 한다. 이를 동일한 최소해를 갖는 비제약 문제로 어떻게 변환할 수 있는가?

연습 10.12 $ax_1 + x_2 \leq 5$와 $x_1, x_2 \geq 0$의 제약하에서 $-x_1 - 2x_2$를 최소화하고자 한다. a가 유계 상수이면, 어떤 a값의 범위가 무한대수의 최적해를 초래하는가?

연습 10.13 페널티법을 사용해 다음을 최적화하고자 한다.

$$\begin{aligned} \underset{x}{\text{minimize}} \quad & 1 - x^2 \\ \text{subject to} \quad & |x| \leq 2 \end{aligned} \tag{10.54}$$

페널티법 최적화는 전형적으로 페널티 가중치를 증가시키면서 여러 번의 최적화를 실행한다. 참을성이 없는 엔지니어는 매우 큰 페널티 가중치를 사용해 최적화를 한 번에 끝내기를 원한다. 카운트 페널티와 2차 페널티법 모두에 발생하는 문제를 설명하라.

11
선형 제약 최적화

선형 계획은 선형 목적 함수와 선형 제약을 가진 최적화 문제를 푸는 것이다. 교통, 통신망, 제조업, 경제학, 경영학 같은 다양한 분야의 많은 문제가 선형 문제로 자연스럽게 묘사된다. 태생적으로 선형이 아닌 문제도 많은 경우 선형 계획으로 근사될 수 있다. 선형 구조를 이용하기 위한 여러 방법이 개발됐다. 현대적 기법과 하드웨어로 수백만 변수와 수백만 제약을 가진 문제도 전역적으로 최소화할 수 있다.[1]

1 11장은 선형 계획과 이를 풀고자 사용하는 한 변종의 심플렉스 알고리즘의 짧은 입문이다. R. J. Vanderbel, *Linear Progrmming: Foundations and Extensions*, 4th ed. Springer, 2014를 포함한 여러 교과서가 책 전체를 선형 계획에 할애하고 있다. 오픈 소스와 상업용 솔버 인터페이스 모두를 포함하는 Convex.jl과 Jump.jl 같은 선형 계획을 푸는 다양한 패키지가 존재한다.

11.1 문제 구성

선형 계획 문제는 선형 계획linear program[2]으로 불리는데 여러 형태로 표현될 수 있다. 각 선형 계획은 하나의 선형 목적 함수와 여러 선형 제약식으로 구성된다.

2 2차 문제는 선형 문제의 일반화다. 여기서 목적 함수는 2차 함수이고, 제약식은 선형이다. 이와 같은 문제를 푸는 공통적 방법은 1~10장에서 논의한 일부 알고리즘을 포함하며, 내부점법, 증강 라그랑주법과 켤레 그래디언트들을 들 수 있다. 11장에서 다루는 심플레스법도 2차 함수 최적화에 적용될 수 있다. J. Nocedal and S. J. Wright, *Numerical Optimization*, 2nd ed. Springer, 2006.

$$
\begin{aligned}
\underset{\mathbf{x}}{\text{minimize}} \quad & \mathbf{c}^\top \mathbf{x} \\
\text{subject to} \quad & \mathbf{w}_{\text{LE}}^{(i)\top} \mathbf{x} \le b_i \ \text{ for } i \in \{1, 2, \dots\} \\
& \mathbf{w}_{\text{GE}}^{(j)\top} \mathbf{x} \ge b_j \ \text{ for } j \in \{1, 2, \dots\} \\
& \mathbf{w}_{\text{EQ}}^{(k)\top} \mathbf{x} = b_k \ \text{ for } k \in \{1, 2, \dots\}
\end{aligned}
\tag{11.1}
$$

여기서 i, j, k는 제약식에 따라 변하며, 제약식의 개수는 유한개다. 이와 같은 최적화 문제가 예제 11.1에서 제공된다. 실제 문제를 이런 수학 형태로 변환하는 것은 많은 경우 단순하지 않다. 이 책은 해를 얻는 알고리즘에 초점을 맞추고 있지만, 실제 문제를 모델링하는 법을 논의하는 교과서들도 있다.[3] 여러 재미있는 전환이 예제 11.2에서 제공된다.

3 H. P. Williams, *Model building in Mathematical Programming*, 5th ed. Wiley, 2013.

예제 11.1 선형 계획 예제

다음 문제는 선형 목적과 선형 제약식을 가진 문제로 선형 계획을 형성한다.

$$
\begin{aligned}
\underset{x_1, x_2, x_3}{\text{minimize}} \quad & 2x_1 - 3x_2 + 7x_3 \\
\text{subject to} \quad & 2x_1 + 3x_2 - 8x_3 \le 5 \\
& 4x_1 + x_2 + 3x_3 \le 9 \\
& x_1 - 5x_2 - 3x_3 \ge -4 \\
& x_1 + x_2 + 2x_3 = 1
\end{aligned}
$$

예제 11.2 선형 계획으로 전환될 수 있는 일반적인 놈(norm) 최적화

많은 문제를 동일한 해를 가진 선형 계획으로 전환할 수 있다. L_1과 L_∞ 최소화 문제가 바로 이러한 두 가지 예다.

$$\text{minimize}\|\mathbf{Ax}-\mathbf{b}\|_1 \qquad\qquad \text{minimize}\|\mathbf{Ax}-\mathbf{b}\|_\infty$$

첫 번째 문제는 추가변수 $\mathbf{s}$와 함께 다음을 푸는 것과 동일하다.

$$\begin{aligned} \underset{\mathbf{x},\mathbf{s}}{\text{minimize}} \quad & \mathbf{1}^\top\mathbf{s} \\ \text{subject to} \quad & \mathbf{Ax}-\mathbf{b} \le \mathbf{s} \\ & \mathbf{Ax}-\mathbf{b} \ge -\mathbf{s} \end{aligned}$$

두 번째 문제는 추가변수 t와 함께 다음을 푸는 것과 동일하다

$$\begin{aligned} \underset{\mathbf{x},t}{\text{minimize}} \quad & t \\ \text{subject to} \quad & \mathbf{Ax}-\mathbf{b} \le t\mathbf{1} \\ & \mathbf{Ax}-\mathbf{b} \ge -t\mathbf{1} \end{aligned}$$

11.1.1 일반형

선형 계획을 행렬을 사용해 더 간결하게 일반형general form으로 표현할 수 있다.[4]

$$\begin{aligned} \underset{\mathbf{x}}{\text{minimize}} \quad & \mathbf{c}^\top\mathbf{x} \\ \text{subject to} \quad & \mathbf{A}_{\text{LE}}\mathbf{x} \le \mathbf{b}_{\text{LE}} \\ & \mathbf{A}_{\text{GE}}\mathbf{x} \ge \mathbf{b}_{\text{GE}} \\ & \mathbf{A}_{\text{EQ}}\mathbf{x} = \mathbf{b}_{\text{EQ}} \end{aligned} \tag{11.2}$$

4 여기에서 각 제약식은 원소별로 성립한다. 예를 들어, $\mathbf{a}<\mathbf{b}$의 표현은 모든 i에 대해 $a_i \le b_i$을 뜻한다.

11.1.2 표준형

식 (11.2)로 주어진 일반형 선형 계획은 모든 제약식이 작거나 같은 부등호이고, 설계변수가 비음nonnegative인 표준형standard form으로 바꿀 수 있다.

$$
\begin{aligned}
\underset{\mathbf{x}}{\text{minimize}} \quad & \mathbf{c}^\top \mathbf{x} \\
\text{subject to} \quad & \mathbf{A}\mathbf{x} \le \mathbf{b} \\
& \mathbf{x} \ge \mathbf{0}
\end{aligned}
\tag{11.3}
$$

크거나 같은 부등호는 반대로 부호를 바꾸고, 등호제약식은 둘로 분리된다.

$$
\begin{aligned}
\mathbf{A}_{\text{GE}}\mathbf{x} \ge \mathbf{b}_{\text{GE}} \quad & \rightarrow \quad -\mathbf{A}_{\text{GE}}\mathbf{x} \le -\mathbf{b}_{\text{GE}} \\
\mathbf{A}_{\text{EQ}}\mathbf{x} = \mathbf{b}_{\text{EQ}} \quad & \rightarrow \quad \begin{cases} \mathbf{A}_{\text{EQ}}\mathbf{x} \le \mathbf{b}_{\text{EQ}} \\ -\mathbf{A}_{\text{EQ}}\mathbf{x} \le -\mathbf{b}_{\text{EQ}} \end{cases}
\end{aligned}
\tag{11.4}
$$

또한 모든 $\mathbf{x}$가 비음임을 보장해야 한다. $\mathbf{x}$가 비음이란 제약 없이 선형 계획을 시작한다.

$$
\begin{aligned}
\underset{\mathbf{x}}{\text{minimize}} \quad & \mathbf{c}^\top \mathbf{x} \\
\text{subject to} \quad & \mathbf{A}\mathbf{x} \le \mathbf{b}
\end{aligned}
\tag{11.5}
$$

$\mathbf{x}$를 $\mathbf{x}^+ - \mathbf{x}^-$로 대치하고 $\mathbf{x}^+ \ge 0$과 $\mathbf{x}^- \ge 0$의 제약을 더한다.

$$
\begin{aligned}
\underset{\mathbf{x}^+, \mathbf{x}^-}{\text{minimize}} \quad & \begin{bmatrix} \mathbf{c}^\top & -\mathbf{c}^\top \end{bmatrix} \begin{bmatrix} \mathbf{x}^+ \\ \mathbf{x}^- \end{bmatrix} \\
\text{subject to} \quad & \begin{bmatrix} \mathbf{A} & -\mathbf{A} \end{bmatrix} \begin{bmatrix} \mathbf{x}^+ \\ \mathbf{x}^- \end{bmatrix} \le \mathbf{b} \\
& \begin{bmatrix} \mathbf{x}^+ \\ \mathbf{x}^- \end{bmatrix} \ge \mathbf{0}
\end{aligned}
\tag{11.6}
$$

선형 목적 함수 $\mathbf{c}^\top\mathbf{x}$는 평평한 경사로flat ramp를 형성한다. 함수는 $\mathbf{c}$의 방향으로 증가한다. 결과적으로 그림 11.1에서 보이는 바와 같이 모든 등고선은 $\mathbf{c}$에 수직이고 서로는 평행이다.

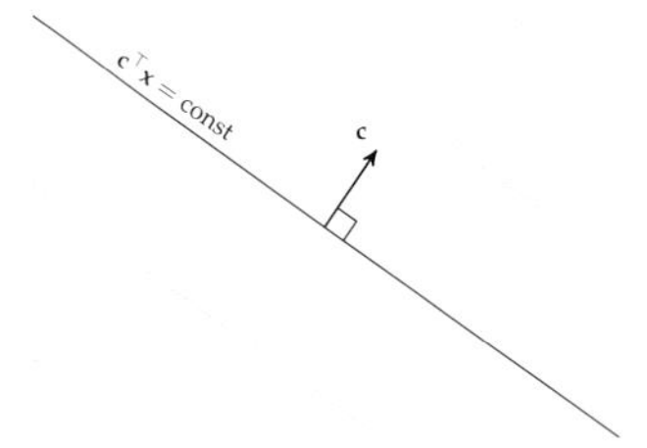

▲ **그림 11.1** $\mathbf{c}$의 방향으로 증가하는 선형 목적 함수 $\mathbf{c}^\top\mathbf{x}$의 등고선

하나의 부등호제약식 $\mathbf{w}^\top\mathbf{x} \leq b$는 반공간half-space, 즉 초공간의 한쪽 영역을 형성한다. 초공간은 그림 11.2에서 보이는 바와 같이 $\mathbf{w}$에 수직이며, $\mathbf{w}^\top\mathbf{x} = b$로 정의된다. 영역 $\mathbf{w}^\top\mathbf{x} > b$은 초공간의 $+\mathbf{w}$쪽이며, 반면 $\mathbf{w}^\top\mathbf{x} < b$는 초공간의 $-\mathbf{w}$쪽이다.

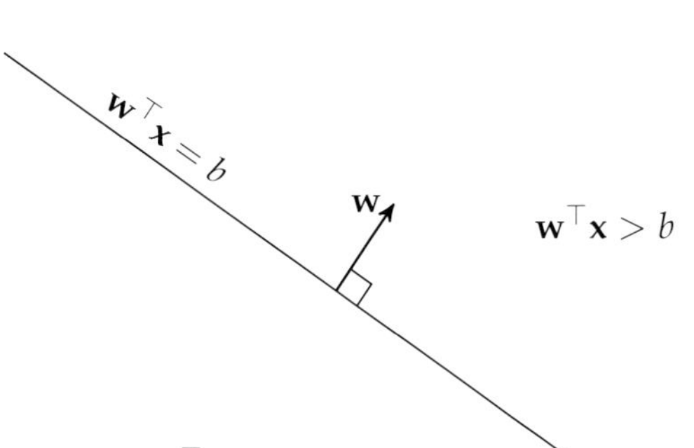

◀ **그림 11.2** 선형 제약

반공간은 볼록 집합convex set(부록 C.3참조)이며, 그림 11.3에서처럼 볼록 집합의 교집합은 볼록이다. 따라서 선형 계획의 실현 가능 집합은 항상 볼록 집합을 형성한다. 실현 가능 집합의 볼록성은 목적 함수의 볼록성과 함께 만약 국지적 실현 가능 극소점을 발견하면 이는 또한 전력적 실현 가능 극소점이 된다는 것을 뜻한다.

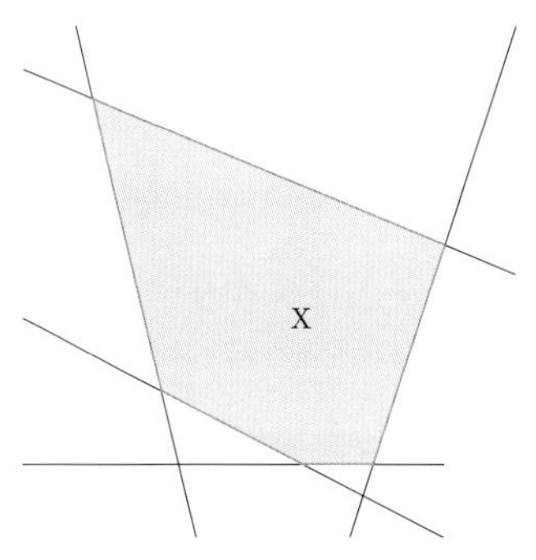

▲ **그림 11.3** 선형 제약식의 교집합은 볼록 집합이다.

실현 가능 집합은 평평한 면에 의해 둘러싸인 볼록 영역이다. 영역의 구성에 따라 해는 꼭짓점, 모서리 또는 전체 면에 존재할 수 있다. 만약 문제가 적절히 제약되지 않으면 해의 크기가 무한대unbounded일 수 있으며, 너무 제약이 많으면over-constrained 해가 존재하지 않을 수 있다. 이와 같은 여러 예를 그림 11.4에서 보여준다.

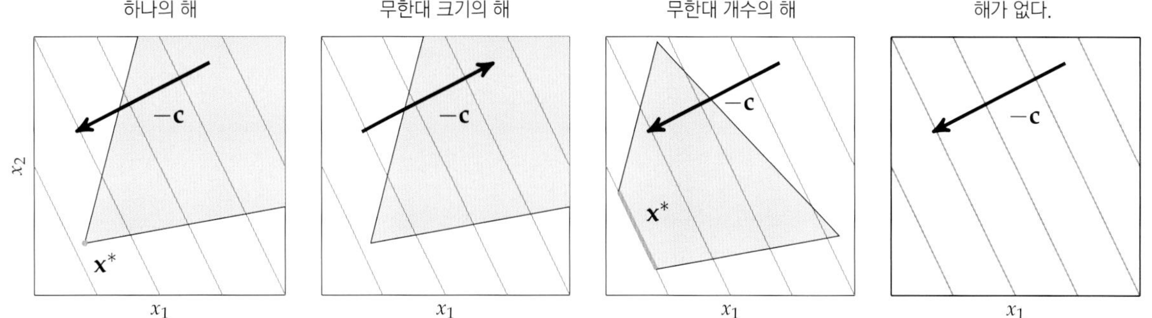

▲ **그림 11.4** 상이한 해를 갖는 여러 상이한 선형 계획

11.1.3 등호형

선형 계획은 흔히 제3의 형, 등호형equality form을 가진다.

$$\begin{aligned} \underset{\mathbf{x}}{\text{minimize}} \quad & \mathbf{c}^\top \mathbf{x} \\ \text{subject to} \quad & \mathbf{A}\mathbf{x} = \mathbf{b} \\ & \mathbf{x} \geq \mathbf{0} \end{aligned} \tag{11.7}$$

여기서 $\mathbf{x}$와 $\mathbf{c}$는 각각 n 요소를 갖고, $\mathbf{A}$는 $m \times n$ 행렬이며, $\mathbf{b}$는 m 요소를 갖는다. 다시 말해, n 비음 설계변수와 등호제약을 정의하는 m개의 연립식을 갖는다.

등호형은 제약식을 두 부분으로 가진다. 첫째, $\mathbf{A}\mathbf{x} = \mathbf{b}$는 해가 어파인 부분 공간affine subspace에 존재하게 한다.[5] 탐색 기법이 어파인 부분 공간에 제약돼 실현 가능성을 유지하므로 편리하다. 제약식의 두 번째 부분은 $\mathbf{x} \geq 0$을 요구하므로 해가 양의 4분면에 존재하도록 한다. 따라서 실현 가능 집합이 어파인 부분 공간의 비음 부분이 된다. 예제 11.3은 간단한 선형 계획의 시각화를 제공한다.

5 비공식적으로 어파인 부분 공간(affine subspace)은 변환된 벡터 공간인데, 더 높은 차원에서의 원점이 반드시 0일 필요는 없다.

예제 11.3 등호형에 대한 실현 가능 집합은 초공간이다.

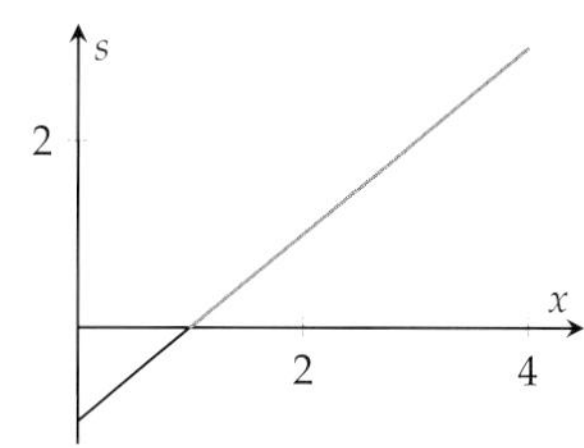

표준형 선형 계획을 고려하자.

$$\begin{aligned} \underset{x}{\text{minimize}} \quad & x \\ \text{subject to} \quad & x \geq 1 \end{aligned}$$

등호형으로 전환하면,

$$\begin{aligned} \underset{x,s}{\text{minimize}} \quad & x \\ \text{subject to} \quad & x - s = 1 \\ & x, s \geq 0 \end{aligned}$$

등호제약식은 실현 가능점들이 $x - s = 1$의 선상에 놓이는 것을 요구한다. 이 선이 2차원 유클리디안 공간의 1차원 어파인 부분 공간이다.

표준형 선형 계획은 등호형으로 전환할 수 있다. 제약식은 여유변수slack variable $\mathbf{s}$를 도입해 다음과 같이 전환할 수 있다. 이 변수는 등호를 만들고자 부등호 여분의 여유를 채운다.

$$\mathbf{A}\mathbf{x} \leq \mathbf{b} \quad \rightarrow \quad \mathbf{A}\mathbf{x} + \mathbf{s} = \mathbf{b}, \quad \mathbf{s} \geq \mathbf{0} \tag{11.8}$$

선형 계획으로 시작하면 다음과 같다.

$$\begin{aligned} \underset{\mathbf{x}}{\text{minimize}} \quad & \mathbf{c}^\top \mathbf{x} \\ \text{subject to} \quad & \mathbf{A}\mathbf{x} \leq \mathbf{b} \\ & \mathbf{x} \geq \mathbf{0} \end{aligned} \tag{11.9}$$

여유변수를 도입한다.

$$
\begin{aligned}
\underset{\mathbf{x},\mathbf{s}}{\text{minimize}} \quad & \begin{bmatrix} \mathbf{c}^\top & \mathbf{0}^\top \end{bmatrix} \begin{bmatrix} \mathbf{x} \\ \mathbf{s} \end{bmatrix} \\
\text{subject to} \quad & \begin{bmatrix} \mathbf{A} & \mathbf{I} \end{bmatrix} \begin{bmatrix} \mathbf{x} \\ \mathbf{s} \end{bmatrix} = \mathbf{b} \\
& \begin{bmatrix} \mathbf{x} \\ \mathbf{s} \end{bmatrix} \geq \mathbf{0}
\end{aligned} \tag{11.10}
$$

예제 11.4는 표준형에서 등호형으로 변환하는 것을 보여 준다.

예제 11.4 선형 계획을 등호형으로 전환하는 예

선형 계획을 고려하자.

$$
\begin{aligned}
\underset{\mathbf{x}}{\text{minimize}} \quad & 5x_1 + 4x_2 \\
\text{subject to} \quad & 2x_1 + 3x_2 \leq 5 \\
& 4x_1 + x_2 \leq 11
\end{aligned}
$$

등호형으로 전환하고자 먼저 2개의 여유변수를 도입한다.

$$
\begin{aligned}
\underset{\mathbf{x}}{\text{minimize}} \quad & 5x_1 + 4x_2 \\
\text{subject to} \quad & 2x_1 + 3x_2 + s_1 = 5 \\
& 4x_1 + x_2 + s_2 = 11 \\
& s_1, s_2 \geq 0
\end{aligned}
$$

다음 x를 분리한다.

$$
\begin{aligned}
\underset{\mathbf{x}}{\text{minimize}} \quad & 5(x_1^+ - x_1^-) + 4(x_2^+ - x_2^-) \\
\text{subject to} \quad & 2(x_1^+ - x_1^-) + 3(x_2^+ - x_2^-) + s_1 = 5 \\
& 4(x_1^+ - x_1^-) + (x_2^+ - x_2^-) + s_2 = 11 \\
& x_1^+, x_1^-, x_2^+, x_2^-, s_1, s_2 \geq 0
\end{aligned}
$$

11.2 심플렉스 알고리즘

심플렉스 알고리즘simplex algorithm은 실현 가능 집합의 꼭짓점vertex에서 꼭짓점으로 이동함으로써 선형 계획을 푼다.[6] 이 방법은 선형 계획이 실현 가능하고 유계인 한, 최적해에 도달하는 것이 보장된다.

심플렉스 알고리즘은 등호형 선형 계획($\mathbf{A}\mathbf{x} = \mathbf{b}$, $\mathbf{x} \geq \mathbf{0}$)에 적용된다. **A**의 행들은 선형 독립이라 가정한다.[7] 문제가 지나치게 제약되지 않도록 설계변수보다 작은 개수의 제약식을 가진다($m \leq n$)고 가정한다. 전처리 단계에서 **A**가 이들 조건을 만족하도록 한다.

6 심플렉스 알고리즘은 1940년대 조지 단치그(George Dantzig)에 의해 최초로 개발됐다. 발전의 역사는 G. B. Dantzig, "Origins of the Simplex Method," in *A History of Scientific Computing*, S. G. Nash, ed., ACM, 1990, pp. 141–151에서 발견할 수 있다.

7 행들이 선형 독립인 행렬은 full row rank를 가졌다고 한다. 선형 독립성(linear independence)은 중복된 등호제약식을 제거함으로써 얻어진다.

11.2.1 꼭짓점

선형 계획은 볼록 다면체convex polytopes의 형태로 실현 가능 집합을 갖는다. 다면체는 평평한 면을 가진 기하학적 객체다. 이들 다면체는 양의 사분면 등호제약식의 교집합으로 형성된다. 다면체와 관련된 것이 꼭짓점이며, 이는 실현 가능 집합의 다른 어떤 점 사이에 놓여 있지 않는 실현 가능 집합 내의 점들이다.

실현 가능 집합은 여러 유형의 설계점들로 구성된다. 내부의 점들은 $-\mathbf{c}$를 따라서 움직이면 개선되므로 절대 최적점이 될 수 없다. 면 위의 점들은 면이 $\mathbf{c}$와 수직인 경우에만 최적이 될 수 있다. $\mathbf{c}$와 수직이 아닌 면 위의 점들은 $-\mathbf{c}$의 방향으로 면 위로 면을 따라 이동하면 개선될 수 있다. 마찬가지로 모서리가 $\mathbf{c}$와 수직인 경우에만 모서리의 점들은 최적일 수 있다. 수직이 아니면 $-\mathbf{c}$의 방향으로 모서리 위로의 투영을 따라 이동하면 개선될 수 있다. 마지막으로 꼭짓점도 최적이 될 수 있다.

심플렉스 알고리즘은 최적 꼭짓점을 산출한다. 만약 선형 계획이 실현 가능점들을 포함하면 적어도 하나의 꼭짓점을 포함한다. 더 나아가 만약 선형 계획의 해가 존재하면 적어도 하나의 해는 꼭짓점에 있어야 한다. 전체 모서리 또는 면이 최적인 경우에도 꼭짓점은 다른 해와 마찬가지로 적격하다.

등호형 선형 계획의 모든 꼭짓점은 값이 0인 $\mathbf{x}$의 $n-m$ 요소에 의해 정의된다. 이 요소들은 $x_i \geq 0$에 의해 활성화된 제약식들이다. 그림 11.5은 꼭짓점을 식별하고자 필요한 활성화된 제약식들을 시각화한다.

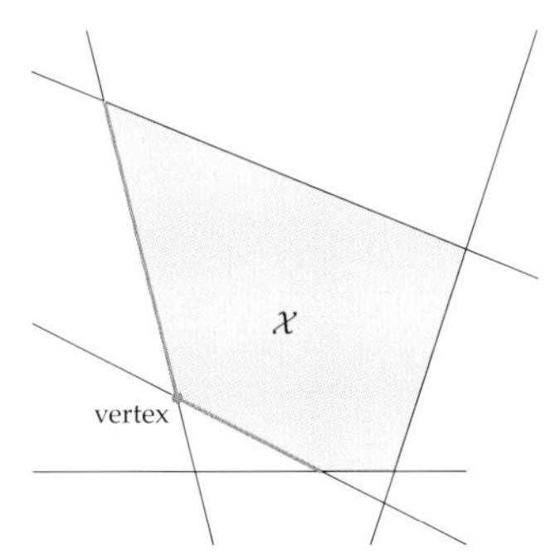

▲ **그림 11.5** 2차원에서 꼭짓점은 적어도 2개의 활성화된 제약식을 만족한다.

등호제약식 $\mathbf{Ax} = \mathbf{b}$는 $\mathbf{A}$가 정방[square]일 때 유일한 해를 갖는다. $m \leq n$으로 가정했으므로 m 설계변수를 선택하고 나머지 변수들을 0으로 설정하는 것은 실제적으로 $\mathbf{A}$의 $n-m$ 열을 제거해 $m \times m$ 제약식 행렬을 산출하는 것과 같다(예제 11.5 참고).

예제 11.5 $\mathbf{x}$의 $n-m$ 요소를 0으로 설정하면 유일한 점이 정의된다.

5개의 설계변수와 3개의 제약식을 가진 문제에 대해서 2개의 변수를 0으로 설정하면 유일한 점이 정의된다.

$$\begin{bmatrix} a_{11} & a_{12} & a_{13} & a_{14} & a_{15} \\ a_{21} & a_{22} & a_{23} & a_{24} & a_{25} \\ a_{31} & a_{32} & a_{33} & a_{34} & a_{35} \end{bmatrix} \begin{bmatrix} x_1 \\ 0 \\ x_3 \\ x_4 \\ 0 \end{bmatrix} = \begin{bmatrix} a_{11} & a_{13} & a_{14} \\ a_{21} & a_{23} & a_{24} \\ a_{31} & a_{33} & a_{34} \end{bmatrix} \begin{bmatrix} x_1 \\ x_3 \\ x_4 \end{bmatrix} = \begin{bmatrix} b_1 \\ b_2 \\ b_3 \end{bmatrix}$$

임의의 꼭짓점의 요소 인덱스 $\{1, \ldots, n\}$는 다음과 같은 2개의 집합 $\mathcal{B}$와 $\mathcal{V}$로 분할[partition]될 수 있다.

- $\mathcal{V}$내의 인덱스와 연관된 설계값은 0이다.

$$i \in \mathcal{V} \implies x_i = 0 \tag{11.11}$$

- $\mathcal{B}$안의 인덱스와 관련된 설계값은 0일 수도 아닐 수도 있다.

$$i \in \mathcal{B} \implies x_i \geq 0 \tag{11.12}$$

- $\mathcal{B}$는 정확히 m개의 원소를 갖고, $\mathcal{V}$는 $n-m$개의 원소를 갖는다.

$\mathbf{x}_\mathcal{B}$는 $\mathcal{B}$ 안에 있는 x의 요소로 구성된 벡터를 가리키고, $\mathbf{x}_\mathcal{V}$는 $\mathcal{V}$ 안에 있는 $\mathbf{x}$의 요소로 구성된 벡터를 가리킨다. $\mathbf{x}_\mathcal{V}$는 0임을 유의하자.

$(\mathcal{B}, \mathcal{V})$의 분할과 관련된 꼭짓점을 $m \times m$ 행렬 $\mathbf{A}_\mathcal{B}$를 이용해 구할 수 있다. $\mathbf{A}_\mathcal{B}$는 $\mathcal{B}$에 의해 선택된 $\mathbf{A}$의 m개의 열에 의해 형성된다.[8]

$$\mathbf{A}\mathbf{x} = \mathbf{A}_\mathcal{B}\mathbf{x}_\mathcal{B} = \mathbf{b} \quad \rightarrow \quad \mathbf{x}_\mathcal{B} = \mathbf{A}_\mathcal{B}^{-1}\mathbf{b} \tag{11.13}$$

$\mathbf{x}_\mathcal{B}$가 $\mathbf{x}$를 구축하기 충분하므로 나머지 설계변수는 0이다. 알고리즘 11.1은 이 절차를 구현하며, 예제 11.6은 주어진 설계점이 꼭짓점이라는 것을 증명하는 예를 보인다.

8 $\mathcal{B}$와 $\mathcal{V}$가 꼭짓점을 식별하면 $\mathbf{A}_\mathcal{B}$의 열들은 선형 독립이어야 한다. 왜냐하면 $\mathbf{A}\mathbf{x} = \mathbf{b}$는 반드시 정확히 하나의 해를 가져야 하기 때문이다. 따라서 $\mathbf{A}_\mathcal{B}\mathbf{x}_\mathcal{B} = \mathbf{b}$는 정확히 하나의 해를 갖는다. 이 선형 독립성은 $\mathbf{A}_\mathcal{B}$에 대해 역행렬을 취하는 것을 보장한다.

```
mutable struct LinearProgram
    A
    b
    c
end
function get_vertex(B, LP)
    A, b, c = LP.A, LP.b, LP.c
    b_inds = sort!(collect(B))
    AB = A[:,b_inds]
    xB = AB\b
    x = zeros(length(c))
    x[b_inds] = xB
    return x
end
```

알고리즘 11.1 분할 행렬 B와 등호형 선형 계획 LP에 연관된 꼭짓점을 추출하는 방법. 선형 계획을 위한 특별한 형태의 `LinearProgram`을 도입한다.

모든 꼭짓점은 관련된 분할 행렬 $(\mathcal{B}, \mathcal{V})$를 갖고 있지만, 모든 분할행렬이 꼭짓점에 대응되는 것은 아니다. 분할 행렬은 $\mathbf{A}_\mathcal{B}$가 비특이^nonsingular^이고, 식 (11.13)에 의해 얻어지는 설계점들이 실현 가능할 때만 분할 행렬이 꼭짓점에 대응된다.[9] 꼭짓점에 대응되는 분할 행렬을 발견하는 것은 쉬운 일이 아니며, 이런 분할 행렬을 찾는 것이 곧 선형 계획을 푸는 것임을 11.2.4절에서 볼 것이다. 심플렉스 알고리

9 예를 들어, 다음 제약식에 대해 $\mathcal{B} = \{1, 2\}$

$$\begin{bmatrix} 1 & 2 & 0 \\ 1 & 2 & 1 \end{bmatrix} \begin{bmatrix} x_1 \\ x_2 \\ x_3 \end{bmatrix} = \begin{bmatrix} 1 \\ 1 \end{bmatrix}$$

는 다음에 해당한다.

$$\begin{bmatrix} 1 & 2 \\ 1 & 2 \end{bmatrix} \begin{bmatrix} x_1 \\ x_2 \end{bmatrix} = \begin{bmatrix} 1 \\ 1 \end{bmatrix}$$

이는 역행렬이 가능한 $\mathbf{A}_\mathcal{B}$를 산출하지 않으며, 따라서 유일한 해를 산출하지 않는다.

즘은 2단계로 작동한다. 초기화 단계initialization phase는 꼭짓점 분할을 식별하고, 최적화 단계optimization phase는 최적 꼭짓점에 해당하는 분할로의 꼭짓점 분할 간 전이를 담당한다. 11.2.3절과 11.2.4절에서 두 단계 모두를 논의한다.

예제 11.6 설계점이 등호형 제약에 대한 꼭짓점임을 증명

다음 제약식을 고려하자.

$$\begin{bmatrix} 1 & 1 & 1 & 1 \\ 0 & -1 & 2 & 3 \\ 2 & 1 & 2 & -1 \end{bmatrix} \mathbf{x} = \begin{bmatrix} 2 \\ -1 \\ 3 \end{bmatrix}, \quad \mathbf{x} \geq \mathbf{0}$$

설계점 $\mathbf{x} = [1, 1, 0, 0]$을 고려하자. $\mathbf{x}$가 실현 가능이고, 비영nonzero 요소가 3개보다 더 많지 않다는 것을 증명할 수 있다. $\mathcal{B} = \{1, 2, 3\}$ 또는 $\mathcal{B} = \{1, 2, 4\}$를 선택할 수 있다.

$$\mathbf{A}_{\{1,2,3\}} = \begin{bmatrix} 1 & 1 & 1 \\ 0 & -1 & 2 \\ 2 & 1 & 2 \end{bmatrix}$$

와

$$\mathbf{A}_{\{1,2,4\}} = \begin{bmatrix} 1 & 1 & 1 \\ 0 & -1 & 3 \\ 2 & 1 & -1 \end{bmatrix}$$

는 모두 역행렬을 구할 수 있다. 따라서 $\mathbf{x}$는 실현 가능 다면체의 꼭짓점이다.

11.2.2 1계 필요조건

최적화에 대한 1계 필요조건FONC, First-Order Necessary Condition은 언제 꼭짓점이 최적점인지를 결정하고, 어떻게 더 유리한 꼭짓점으로 전이하는가에 대한 정보를 주는데 사용된다. 등호형 선형 계획에 대한 라그랑지안을 구축한다.[10]

$$\mathcal{L}(\mathbf{x}, \boldsymbol{\mu}, \boldsymbol{\lambda}) = \mathbf{c}^\top \mathbf{x} - \boldsymbol{\mu}^\top \mathbf{x} - \boldsymbol{\lambda}^\top (\mathbf{A}\mathbf{x} - \mathbf{b}) \tag{11.14}$$

10 $\mathbf{x} \geq 0$에서 양변에 -1을 곱함으로써 부등호의 방향을 바꿔서 음부호가 $\boldsymbol{\mu}$의 앞에 나오도록 해야 한다. 라그랑지안에서 $\boldsymbol{\lambda}$는 음 또는 양의 부호로 정의할 수 있다.

이때의 FONC는 다음과 같다.

1. 실현 가능성feasibility: $\mathbf{A}\mathbf{x} = \mathbf{b}$, $\mathbf{x} \geq \mathbf{0}$
2. 쌍대 실현 가능성dual feasibility: $\boldsymbol{\mu} \geq 0$
3. 상보 여유complementary slackness: $\boldsymbol{\mu} \odot \mathbf{x} = 0$
4. 정상성stationarity: $\mathbf{A}\top\boldsymbol{\lambda} + \boldsymbol{\mu} = \mathbf{c}$

FONC는 선형 계획의 최적화에서는 충분조건이다. 따라서 만약 $\boldsymbol{\mu}$와 $\boldsymbol{\lambda}$가 주어진 꼭짓점에 대해 계산되고, FONC 4개의 식 모두 만족되면 꼭짓점은 최적점이다.

정상성 조건을 $\mathcal{B}$와 $\mathcal{V}$ 요소로 분해한다.

$$\mathbf{A}^\top \boldsymbol{\lambda} + \boldsymbol{\mu} = \mathbf{c} \quad \rightarrow \quad \begin{cases} \mathbf{A}_\mathcal{B}^\top \boldsymbol{\lambda} + \boldsymbol{\mu}_\mathcal{B} = \mathbf{c}_\mathcal{B} \\ \mathbf{A}_\mathcal{V}^\top \boldsymbol{\lambda} + \boldsymbol{\mu}_\mathcal{V} = \mathbf{c}_\mathcal{V} \end{cases} \tag{11.15}$$

$\boldsymbol{\mu}_\mathcal{B} = 0$으로 선택해 상보여유조건을 만족할 수 있다. $\boldsymbol{\lambda}$값은 $\mathcal{B}$로부터 계산할 수 있다.[11]

11 $\mathbf{A}^{-\top}$를 사용해 $\mathbf{A}$의 역행렬의 전치 행렬을 지칭한다.

$$\mathbf{A}^{-\top} = \left(\mathbf{A}^{-1}\right)^\top = \left(\mathbf{A}^\top\right)^{-1}$$

$$\begin{aligned} \mathbf{A}_\mathcal{B}^\top \boldsymbol{\lambda} + \underbrace{\boldsymbol{\mu}_\mathcal{B}}_{=\mathbf{0}} &= \mathbf{c}_\mathcal{B} \\ \boldsymbol{\lambda} &= \mathbf{A}_\mathcal{B}^{-\top} \mathbf{c}_\mathcal{B} \end{aligned} \tag{11.16}$$

이를 이용해 다음을 구한다.

$$
\begin{aligned}
\mathbf{A}_{\mathcal{V}}^{\top}\boldsymbol{\lambda} + \boldsymbol{\mu}_{\mathcal{V}} &= \mathbf{c}_{\mathcal{V}} \\
\boldsymbol{\mu}_{\mathcal{V}} &= \mathbf{c}_{\mathcal{V}} - \mathbf{A}_{\mathcal{V}}^{\top}\boldsymbol{\lambda} \\
\boldsymbol{\mu}_{\mathcal{V}} &= \mathbf{c}_{\mathcal{V}} - \left(\mathbf{A}_{\mathcal{B}}^{-1}\mathbf{A}_{\mathcal{V}}\right)^{\top}\mathbf{c}_{\mathcal{B}}
\end{aligned}
\tag{11.17}
$$

$\boldsymbol{\mu}_{\mathcal{V}}$를 알면 꼭짓점의 최적성을 평가할 수 있다. 만약 $\boldsymbol{\mu}_{\mathcal{V}}$가 음의 요소를 포함하면 쌍대 실현 가능성이 만족되지 않고, 따라서 꼭짓점은 최적이 아니다.

11.2.3 최적화 단계

심플렉스 알고리즘은 실현 가능 집합 다면체의 꼭짓점에 상응하는 분할 $(\mathcal{B}, \mathcal{V})$를 유지한다. 이 분할은 $\mathcal{B}$와 $\mathcal{V}$의 인덱스를 스왑함으로써 업데이트될 수 있다. 이런 스왑은 하나의 꼭짓점을 실현 가능 집합 다면체의 모서리를 따라서 다른 꼭짓점으로 이동하는 것과 동일하다. 만약 최초의 분할이 꼭짓점에 상응하고 문제가 유계를 가진다면, 심플렉스 알고리즘은 최적점에 수렴하는 것이 보장된다.

꼭짓점 간의 전이 $\mathbf{x} \rightarrow \mathbf{x}'$는 $\mathbf{A}\mathbf{x}' = \mathbf{b}$를 만족해야만 한다. $\mathcal{B}$로 정의한 분할로 시작해서 11.2.3절의 마지막 주변에서 묘사할 휴리스틱 방법 중 하나를 사용해 $\mathcal{B}$로 들어갈 진입 인덱스^entering index^ $q \in \mathcal{V}$를 선택한다. 새로운 꼭짓점 $\mathbf{x}'$는 다음을 반드시 만족해야 한다.

$$
\mathbf{A}\mathbf{x}' = \mathbf{A}_{\mathcal{B}}\mathbf{x}'_{\mathcal{B}} + \mathbf{A}_{\{q\}}x'_q = \mathbf{A}_{\mathcal{B}}\mathbf{x}_{\mathcal{B}} = \mathbf{A}\mathbf{x} = \mathbf{b} \tag{11.18}
$$

$\mathbf{x}'_{\mathcal{B}}$ 내의 한 퇴출 인덱스^leaving index^ $p \in \mathcal{V}$는 전이하는 동안 0이 되고, 인덱스 q에 해당하는 $\mathbf{A}$의 열에 의해 대체된다. 이러한 과정을 피봇팅^pivoting^이라 부른다.

새로운 설계점을 구할 수 있다.

$$
\mathbf{x}'_{\mathcal{B}} = \mathbf{x}_{\mathcal{B}} - \mathbf{A}_{\mathcal{B}}^{-1}\mathbf{A}_{\{q\}}x'_q \tag{11.19}
$$

특정 퇴출 인덱스 $p \in \mathcal{B}$는 다음의 경우 활성화되며,

$$\left(\mathbf{x}'_{\mathcal{B}}\right)_p = 0 = \left(\mathbf{x}_{\mathcal{B}}\right)_p - \left(\mathbf{A}_{\mathcal{B}}^{-1}\mathbf{A}_{\{q\}}\right)_p x'_q \tag{11.20}$$

따라서 $x_q = 0$을 다음의 x'_q로 증가함으로써 얻어진다.

$$x'_q = \frac{\left(\mathbf{x}_{\mathcal{B}}\right)_p}{\left(\mathbf{A}_{\mathcal{B}}^{-1}\mathbf{A}_{\{q\}}\right)_p} \tag{11.21}$$

퇴출 인덱스는 **최소 비율 테스트**minimum ratio test를 사용해 얻을 수 있다. 이는 각 대상 퇴출 인덱스를 계산하고, 최소 x'_q를 갖는 것으로 선택한다. 다음 $\mathcal{B}$와 $\mathcal{V}$ 사이에 p와 q를 스왑한다. 모서리 전이edge transition는 알고리즘 11.2에서 구현된다.

```
function edge_transition(LP, B, q)
    A, b, c = LP.A, LP.b, LP.c
    n = size(A, 2)
    b_inds = sort(B)
    n_inds = sort!(setdiff(1:n, B))
    AB = A[:,b_inds]
    d, xB = AB\A[:,n_inds[q]], AB\b

    p, xq′ = 0, Inf
    for i in 1 : length(d)
        if d[i] > 0
            v = xB[i] / d[i]
            if v < xq′
                p, xq′ = i, v
            end
        end
    end
    return (p, xq′)
end
```

알고리즘 11.2 인덱스 p와 등호형 선형 계획 LP의 분할 행렬 B에 의해 정의된 꼭짓점 인덱스 q를 증가함으로써 얻는 새 좌푯값 x'_q의 계산법

x'_q를 이용해 전이가 목적 함수에 미치는 영향을 계산한다. 새로운 꼭짓점에서의 목적 함숫값은 다음과 같다.[12]

12 여기서 $\boldsymbol{\lambda} = \mathbf{A}_{\mathcal{B}}^{-\top}\mathbf{c}_{\mathcal{B}}$와 $\mathbf{A}^{\top}{\{q\}} = c_q - \mu_q$를 사용했다.

$$\mathbf{c}^{\top}\mathbf{x}' = \mathbf{c}_{\mathcal{B}}^{\top}\mathbf{x}'_{\mathcal{B}} + c_q x'_q \tag{11.22}$$

$$= \mathbf{c}_{\mathcal{B}}^{\top}\left(\mathbf{x}_{\mathcal{B}} - \mathbf{A}_{\mathcal{B}}^{-1}\mathbf{A}_{\{q\}}x'_q\right) + c_q x'_q \tag{11.23}$$

$$= \mathbf{c}_{\mathcal{B}}^{\top}\mathbf{x}_{\mathcal{B}} - \mathbf{c}_{\mathcal{B}}^{\top}\mathbf{A}_{\mathcal{B}}^{-1}\mathbf{A}_{\{q\}}x'_q + c_q x'_q \tag{11.24}$$

$$= \mathbf{c}_{\mathcal{B}}^{\top}\mathbf{x}_{\mathcal{B}} - (c_q - \mu_q)x'_q + c_q x'_q \tag{11.25}$$

$$= \mathbf{c}^{\top}\mathbf{x} + \mu_q x'_q \tag{11.26}$$

진입 인덱스 q를 선택하는 것은 목적 함수를 다음만큼 감소한다.

$$\mathbf{c}^{\top}\mathbf{x}' - \mathbf{c}^{\top}\mathbf{x} = \mu_q x'_q \tag{11.27}$$

목적 함수는 μ_q가 음일 때만 감소한다. 최적성 방향으로 진행하고자 μ_q가 음인 $\mathcal{V}$ 내의 인덱스 q를 선택해야만 한다. 만약 $\boldsymbol{\mu}_{\mathcal{V}}$의 모든 요소가 양이면 전역적 최적점을 발견한 것이다.

$\boldsymbol{\mu}_{\mathcal{V}}$ 내 여러 개의 원소가 음이면 상이한 휴리스틱이 사용돼 진입 인덱스를 선택할 수 있다.[13]

13 현대적 구현법은 더 고급 규칙을 사용한다. 예를 들어, 다음을 참고하자. J. J. Forrest and D. Goldfarb, "Steepest-Edge Simplex Algorithms for Linear Programming", *Mathematical Programming*, vol 57, no.1, pp 341–374, 1992.

- 탐욕적 휴리스틱greedy heuristic은 $\mathbf{c}^{\top}\mathbf{x}$를 최대로 감소하는 q를 선택한다.
- 단치그의 규칙Dantzig's rule은 $\boldsymbol{\mu}$ 내의 가장 음인 원소의 q를 선택한다. 이 규칙은 계산하기 쉬우나, $\mathbf{c}^{\top}\mathbf{x}$의 최대 감소를 보장하지는 못한다. 또한 제약식의 크기에 민감하다.[14]
- 블랜드의 규칙Bland's rule은 $\boldsymbol{\mu}$ 내의 음의 원소 중 첫 번째 q를 선택한다. 독자적으로 사용될 때 실제에 있어서는 성과가 좋지 못한 경향이 있다. 그러나 이 규칙은 목적 함수를 줄이지 않고 이전에 방문했던 꼭짓점으로 돌아가는 주기성cycles을 막는 데 도움이 된다. 이 규칙은 보통 다른 규칙을 사

14 제약식 $\mathbf{A}^{\top}\mathbf{x} = \mathbf{b} \to \alpha\mathbf{A}^{\top}\mathbf{x} = \alpha\mathbf{b}$, $\alpha > 0$,에 대해 해를 바꾸지 않으나, 라그랑주 승수의 크기가 다음처럼 조정된다. $\boldsymbol{\lambda} \to \alpha^{-1}\boldsymbol{\lambda}$.

용할 때 여러 반복 시행 동안 개선되지 않는 경우에만 주기로부터 벗어나서 수렴을 보장하고자 사용된다.

심플렉스법의 최적화 단계가 한 번 시행되면 진입 인덱스를 구하는 휴리스틱을 기반으로 꼭짓점 분할이 근접하는 꼭짓점으로 이동한다. 알고리즘 11.3은 탐욕 휴리스틱greedy heuristic으로 이와 같은 반복 시행을 구현한다. 예제 11.7은 선형 계획을 풀고자 알려진 꼭짓점 분할로부터 시작하는 심플렉스 알고리즘을 시현한다.

```
function step_lp!(B, LP)
    A, b, c = LP.A, LP.b, LP.c
    n = size(A, 2)
    b_inds = sort!(B)
    n_inds = sort!(setdiff(1:n, B))
    AB, AV = A[:,b_inds], A[:,n_inds]
    xB = AB\b
    cB = c[b_inds]
    λ = AB' \ cB
    cV = c[n_inds]
    μV = cV - AV'*λ

    q, p, xq′, Δ = 0, 0, Inf, Inf
    for i in 1 : length(μV)
        if μV[i] < 0
            pi, xi′ = edge_transition(LP, B, i)
            if μV[i]*xi′ < Δ
                q, p, xq′, Δ = i, pi, xi′, μV[i]*xi′
            end
        end
       end
       if q == 0
        return (B, true) # 최적점 발견
    end
```

알고리즘 11.3 집합 $\mathcal{B}$가 목적 함수를 최대 한도로 감소시키면서 한 꼭짓점에서 주변으로 이동하는 심플렉스 알고리즘의 한 번 반복 시행. 여기서 스텝 `lp!`는 B에 의해 정의된 분할과 선형 계획 LP를 인수로 취한다.

```
    if isinf(xq')
        error("unbounded")
    end

    j = findfirst(isequal(b_inds[p]), B)
    B[j] = n_inds[q] # 인덱스를 바꾼다(swap).
    return (B, false) # 새로운 꼭짓점 그러나 최적은 아니다.
end
```

예제 11.7 심플렉스 알고리즘으로 선형 계획 해 구하기

다음을 갖는 등호형 선형 계획을 고려하자.

$$\mathbf{A} = \begin{bmatrix} 1 & 1 & 1 & 0 \\ -4 & 2 & 0 & 1 \end{bmatrix}, \quad \mathbf{b} = \begin{bmatrix} 9 \\ 2 \end{bmatrix}, \quad \mathbf{c} = \begin{bmatrix} 3 \\ -1 \\ 0 \\ 0 \end{bmatrix}$$

초기 꼭짓점은 $\mathcal{B} = \{3, 4\}$로 정의한다. $\mathcal{B}$가 실현 가능한 꼭짓점을 정의하는 것을 증명한 후 심플렉스 알고리즘을 한 번 반복 시행한다.

$\mathbf{x}_\mathcal{B}$를 추출한다.

$$\mathbf{x}_\mathcal{B} = \mathbf{A}_\mathcal{B}^{-1}\mathbf{b} = \begin{bmatrix} 1 & 0 \\ 0 & 1 \end{bmatrix}^{-1} \begin{bmatrix} 9 \\ 2 \end{bmatrix} = \begin{bmatrix} 9 \\ 2 \end{bmatrix}$$

다음 $\boldsymbol{\lambda}$를 계산하고,

$$\boldsymbol{\lambda} = \mathbf{A}_\mathcal{B}^{-\top}\mathbf{c}_\mathcal{B} = \begin{bmatrix} 1 & 0 \\ 0 & 1 \end{bmatrix}^{-\top} \begin{bmatrix} 0 \\ 0 \end{bmatrix} = \mathbf{0}$$

$\boldsymbol{\mu}_\mathcal{V}$를 계산한다.

$$\boldsymbol{\mu}_{\mathcal{V}} = \mathbf{c}_{\mathcal{V}} - \left(\mathbf{A}_{\mathcal{B}}^{-1}\mathbf{A}_{\mathcal{V}}\right)^{\top}\mathbf{c}_{\mathcal{B}} = \begin{bmatrix} 3 \\ -1 \end{bmatrix} - \left(\begin{bmatrix} 1 & 0 \\ 0 & 1 \end{bmatrix}^{-1} \begin{bmatrix} 1 & 1 \\ -4 & 2 \end{bmatrix}\right)^{\top} \begin{bmatrix} 0 \\ 0 \end{bmatrix} = \begin{bmatrix} 3 \\ -1 \end{bmatrix}$$

$\boldsymbol{\mu}_{\mathcal{V}}$가 음의 원소를 가짐을 알 수 있으며, 따라서 현재의 $\mathcal{B}$는 최적이 아니다. 유일한 음의 원소의 인덱스 $q = 2$를 피봇할 것이다. 모서리 전이edge transition를 $\mathbf{x}_{\mathcal{B}}$로부터 $-\mathbf{A}_{\mathcal{B}}^{-1}\mathbf{A}_{\{q\}} = [1, 2]$의 방향으로 실행한다.

식 (11.19)를 사용해 새로운 제약식이 활성화될 때까지 x_q'를 증가시킨다. 이 경우 $x_q' = 1$은 x_3이 0이 되게 한다. 기본 인덱스 집합을 $\mathcal{B} = \{2, 3\}$으로 업데이트한다.

두 번째 반복 시행에서 다음을 발견한다.

$$\mathbf{x}_{\mathcal{B}} = \begin{bmatrix} 1 \\ 8 \end{bmatrix}, \quad \boldsymbol{\lambda} = \begin{bmatrix} 0 \\ -1/2 \end{bmatrix}, \quad \boldsymbol{\mu}_{\mathcal{V}} = \begin{bmatrix} 1 \\ 1/2 \end{bmatrix}.$$

$\boldsymbol{\mu}_{\mathcal{V}}$가 음의 원소를 갖고 있지 않으므로 꼭짓점은 최적이다. 따라서 알고리즘은 $\mathcal{B} = \{2, 3\}$으로 종료된다. 이때 설계점 $\mathbf{x}^* = [0, 1, 8, 0]$이다.

11.2.4 초기화 단계

심플렉스 알고리즘의 최적화 단계는 알고리즘 11.4로 구현된다. 불행히도 알고리즘 11.4는 하나의 꼭짓점에 상응하는 초기 분할이 필요하다. 만약 이와 같은 분할을 갖지 못하면 초기화 단계initialization phase의 일부로 분할을 구하기 위한 보조 선형 계획auxiliary linear program을 풀어야 한다.

```
function minimize_lp!(B, LP)
    done = false
    while !done
        B, done = step_lp!(B, LP)
    end
    return B
end
```

알고리즘 11.4 B와 선형 계획 LP로 정의된 꼭짓점 분할이 주어졌을 때 선형 계획을 최소화하는 알고리즘

초기화 단계에서 풀 보조 선형 계획은 추가변수 $\mathbf{z} \in \mathbb{R}^m$을 포함하는데 z를 0으로 만들고자 한다.[15]

$$\begin{aligned} \underset{\mathbf{x},\mathbf{z}}{\text{minimize}} \quad & \begin{bmatrix} \mathbf{0}^\top & \mathbf{1}^\top \end{bmatrix} \begin{bmatrix} \mathbf{x} \\ \mathbf{z} \end{bmatrix} \\ \text{subject to} \quad & \begin{bmatrix} \mathbf{A} & \mathbf{Z} \end{bmatrix} \begin{bmatrix} \mathbf{x} \\ \mathbf{z} \end{bmatrix} = \mathbf{b} \\ & \begin{bmatrix} \mathbf{x} \\ \mathbf{z} \end{bmatrix} \geq \mathbf{0} \end{aligned} \tag{11.28}$$

여기서 $\mathbf{Z}$는 대각 원소가 다음과 같은 대각 행렬이다.

$$Z_{ii} = \begin{cases} +1 & \text{if } b_i \geq 0 \\ -1 & \text{otherwise.} \end{cases} \tag{11.29}$$

보조 선형 계획은 z값만을 선택하는 $\mathcal{B}$로 정의된 분할로 푼다. 상응하는 꼭짓점은 $\mathbf{x} = \mathbf{0}$이며, 각 z 원소는 해당 b값의 절댓값이다. 즉 $z_j = |b_j|$이다. 초기 꼭짓점이 실현 가능하다는 것을 쉽게 보일 수 있다.

예제 11.8은 보조 선형프로그램을 사용해 실현 가능 꼭짓점을 얻는 것을 예시한다.

15 $\mathbf{z}$값은 $\mathbf{Ax} = \mathbf{b}$가 위배되는 정도를 나타낸다. $\mathbf{z}$를 0으로 만듦으로써 실현 가능점을 찾는다. 보조 문제의 해를 구할 때 0이 되는 $\mathbf{z}$를 가진 꼭짓점을 발견하지 못하면 문제는 실현 불가능하다. 더 나아가 m개의 모든 추가변수를 더하는 것이 항상 필요하지 않은데 특히 표준형과 등호형 간의 전이 시 여유변수가 포함될 때 그러하다.

예제 11.8 보조 선형 계획을 사용해 실현 가능 꼭짓점을 구하는 예

등호형 선형 계획을 고려하자.

$$\begin{aligned}\underset{x_1,x_2,x_3}{\text{minimize}} \quad & c_1x_1 + c_2x_2 + c_3x_3 \\ \text{subject to} \quad & 2x_1 - 1x_2 + 2x_3 = 1 \\ & 5x_1 + 1x_2 - 3x_3 = -2 \\ & x_1, x_2, x_3 \geq 0\end{aligned}$$

실현 가능 꼭짓점을 구하고자 다음을 푼다.

$$\begin{aligned}\underset{x_1,x_2,x_3,z_1,z_2}{\text{minimize}} \quad & z_1 + z_2 \\ \text{subject to} \quad & 2x_1 - 1x_2 + 2x_3 + z_1 = 1 \\ & 5x_1 + 1x_2 - 3x_3 - z_2 = -2 \\ & x_1, x_2, x_3, z_1, z_2 \geq 0\end{aligned}$$

초기 꼭짓점은 $\mathcal{B} = \{4, 5\}$로 정의한다.

초기 꼭짓점은 다음 원소를 가진다.

$$\mathbf{x}_{\mathcal{B}}^{(1)} = \mathbf{A}_{\mathcal{B}}^{-1}\mathbf{b}_{\mathcal{B}} = \begin{bmatrix}1 & 0 \\ 0 & -1\end{bmatrix}^{-1} \begin{bmatrix}1 \\ -2\end{bmatrix} = \begin{bmatrix}1 \\ 2\end{bmatrix}$$

따라서 $\mathbf{x}^{(1)} = [0, 0, 0, 1, 2]$이다. 보조 프로그램을 풀면 $\mathbf{x}^* \approx [0.045, 1.713, 1.312, 0, 0]$을 구할 수 있다. 따라서 $[0.045, 1.713, 1.312]$는 원래 문제의 실현 가능한 꼭짓점이다.

보조 선형 계획을 풀어서 얻은 분할은 $\mathbf{z}$가 0이 될 것이므로 실현 가능 설계점 $\mathbf{Ax} = \mathbf{b}$를 산출한다. 만약 $\mathbf{z}$가 비영nonzero이면 원래의 선형 계획은 실현 불가능하다. 만약 $\mathbf{z}$가 0이면 결과 분할을 심플렉스 알고리즘의 최적화 단계의 초기 분할로 사용할 수 있다. 원래의 문제를 조금 수정해 새로운 $\mathbf{z}$변수를 포함할 수 있다.

$$
\begin{aligned}
\underset{\mathbf{x},\mathbf{z}}{\text{minimize}} \quad & \begin{bmatrix} \mathbf{c}^\top & \mathbf{0}^\top \end{bmatrix} \begin{bmatrix} \mathbf{x} \\ \mathbf{z} \end{bmatrix} \\
\text{subject to} \quad & \begin{bmatrix} \mathbf{A} & \mathbf{I} \\ \mathbf{0} & \mathbf{I} \end{bmatrix} \begin{bmatrix} \mathbf{x} \\ \mathbf{z} \end{bmatrix} = \begin{bmatrix} \mathbf{b} \\ \mathbf{0} \end{bmatrix} \\
& \begin{bmatrix} \mathbf{x} \\ \mathbf{z} \end{bmatrix} \geq \mathbf{0}
\end{aligned} \tag{11.30}
$$

$\mathbf{z}$값은 반드시 포함돼야 한다. 벡터형이 0임에도 불구하고, $\mathbf{z}$ 요소 중 몇 인덱스가 최초 분할 $\mathcal{B}$에 포함될 수 있다. 최초 분할을 검사해서 단지 필요한 특정 요소만을 포함할 수 있다.

두 번째 LP를 풀어서 얻은 해 $(\mathbf{x}^*, \mathbf{z}^*)$에서 $\mathbf{z}^* = 0$이다. 따라서 $\mathbf{x}^*$는 원래의 선형계획의 해가 된다.

알고리즘 11.5은 완전한 심플렉스 알고리즘을 구현한다.

알고리즘 11.5 초기 분할이 알려져 있지 않은 경우 등호형 선형 계획을 푸는 심플렉스 알고리즘

```
function minimize_lp(LP)
    A, b, c = LP.A, LP.b, LP.c
    m, n = size(A)
    z = ones(m)
    Z = Matrix(Diagonal([j ≥ 0 ? 1 : -1 for j in b]))

    A′ = hcat(A, Z)
    b′ = b
    c′ = vcat(zeros(n), z)
    LP_init = LinearProgram(A′, b′, c′)
    B = collect(1:m).+n
    minimize_lp!(B, LP_init)

    if any(i-> i > n, B)
        error("infeasible")
    end
```

```
    A'' = [A          Matrix(1.0I, m, m);
           zeros(m,n) Matrix(1.0I, m, m)]
    b'' = vcat(b, zeros(m))
    c'' = c'
    LP_opt = LinearProgram(A'', b'', c'')
    minimize_lp!(B, LP_opt)
    return get_vertex(B, LP_opt)[1:n]
end
```

11.3 쌍대 자격

한 후보 해가 있고 이것이 최적이라는 증명하고자 한다. 쌍대 자격dual certificates을 이용해 최적성을 증명하는 것(알고리즘 11.6)은 선형 계획 코드를 디버깅하는 것과 같이 많은 경우에 유용하다.

제약 최적화에 대한 FONC로부터 쌍대 문제의 최적값 d^*는 원문제 최적값 p^*의 하계라는 것을 안다. 선형 계획은 선형이고 볼록이므로 쌍대 문제의 최적값이 원문제의 최적값이다. 즉 $d^* = p^*$이다.

원선형 계획은 다음과 같이 쌍대형으로 전환할 수 있다.[16]

16 심플렉스 알고리즘의 대안인 자기 쌍대 심플렉스 알고리즘(self-dual simplex algorithm)은 실제로 더 빠른 경향이 있다. 이때 행렬 $\mathbf{A}_\mathcal{B}$가 $\mathbf{x}_\mathcal{B} = \mathbf{A}_\mathcal{B}^{-1}\mathbf{b} \geq 0$을 만족할 필요 없다. 자기 쌍대 심플렉스 알고리즘은 표준형 선형 계획의 쌍대 문제에 대한 심플렉스 알고리즘의 변형이다.

원형(등호)

$$\begin{aligned} \underset{\mathbf{x}}{\text{minimize}} \quad & \mathbf{c}^\top \mathbf{x} \\ \text{subject to} \quad & \mathbf{A}\mathbf{x} = \mathbf{b} \\ & \mathbf{x} \geq \mathbf{0} \end{aligned}$$

쌍대형

$$\begin{aligned} \underset{\boldsymbol{\mu}}{\text{maximize}} \quad & \mathbf{b}^\top \boldsymbol{\mu} \\ \text{subject to} \quad & \mathbf{A}^\top \boldsymbol{\mu} \leq \mathbf{c} \end{aligned}$$

만약 원문제가 n개의 변수와 m개의 등호제약식을 가지면 쌍대 문제는 m변수와 n 제약식을 갖는다. 더 나아가 쌍대의 쌍대는 원문제다.

최적성은 3개의 특성을 증명함으로써 평가할 수 있다. 만약 $(\mathbf{x}^*, \boldsymbol{\mu}^*)$이 최적이라 주장할 때 다음의 세 조건을 모두 만족하는지 체크함으로써 주장을 증명할 수 있다.

1. $\mathbf{x}^*$는 원문제에서 실현 가능하다.
2. $\boldsymbol{\mu}^*$는 쌍대 문제에서 실현 가능하다.
3. $p^* = \mathbf{c}^\top \mathbf{x}^* = \mathbf{b}^\top \boldsymbol{\mu}^* = d^*$.

예제 11.9에서 쌍대 자격을 사용해 선형 계획의 해를 증명한다.

```
function dual_certificate(LP, x, μ, ϵ=1e-6)
    A, b, c = LP.A, LP.b, LP.c
    primal_feasible = all(x .≥ 0) && A*x ≈ b
    dual_feasible = all(A'*μ .≤ c)
    return primal_feasible && dual_feasible &&
          isapprox(c⋅x, b⋅μ, atol=ϵ)
end
```

알고리즘 11.6 등호형 선형 계획 LP에 대한 설계점 x와 쌍대점 μ에 의해 주어진 후보 해가 최적인지를 체크하는 방법. 파라미터 ϵ는 최적 제약식의 허용값을 조절한다.

예제 11.9 쌍대 자격을 이용해 해를 증명하는 예

다음과 같은 표준형 프로그램을 고려하자.

$$\mathbf{A} = \begin{bmatrix} 1 & 1 & -1 \\ -1 & 2 & 0 \\ 1 & 2 & 3 \end{bmatrix}, \quad \mathbf{b} = \begin{bmatrix} 1 \\ -2 \\ 5 \end{bmatrix}, \quad \mathbf{c} = \begin{bmatrix} 1 \\ 1 \\ -1 \end{bmatrix}$$

$\mathbf{x}^* = [2, 0, 1]$과 $\boldsymbol{\mu}^* = [1, 0, 0]$이 최적해 쌍인지 결정하고자 한다. 먼저 x^*가 실현 가능한지 증명한다.

$$\mathbf{A}\mathbf{x}^* = [1, -2, 5] = \mathbf{b}, \qquad \mathbf{x}^* \geq \mathbf{0}$$

다음 $\boldsymbol{\mu}^*$가 실현 가능한지 증명한다.

$$\mathbf{A}^\top \boldsymbol{\mu}^* \approx [1, 1, -1] \leq \mathbf{c}$$

마지막으로 p^*와 d^*가 같은지 증명한다.

$$p^* = \mathbf{c}^\top \mathbf{x}^* = 1 = \mathbf{b}^\top \boldsymbol{\mu}^* = d^*$$

($\mathbf{x}^*$, $\boldsymbol{\mu}^*$)가 최적이란 결론을 내린다.

11.4 요약

- 선형 계획은 선형 목적 함수와 선형 제약식들로 구성된 문제다.
- 심플렉스 알고리즘은 선형 계획의 전역적 최적해를 효율적으로 구할 수 있다.
- 쌍대 자격으로 후보 대상인 원-쌍대 문제 해의 쌍이 최적인지를 증명할 수 있다.

11.5 연습문제

연습 11.1 선형 계획을 푸는 최적화 알고리즘을 모른다고 가정하자. 모든 꼭짓점을 평가해서 검사를 통해 어떤 것이 목적 함수를 최소화하는지 결정하고자 한다. 검사 대상으로 가능한 최적점의 수의 대략적인 상계를 제시하라. 추가로 이 방법이 모든 선형 제약 최적화 문제를 다루기 적절한 방법인지 답하라.

연습 11.2 만약 예제 11.1의 프로그램이 하계를 갖는다면 심플렉스법이 반드시 수렴한다는 것을 논의하라.

연습 11.3 $3x_1 - 2x_2 \geq 5$의 제약하에 $6x_1 + 5x_2$를 최소화하고자 한다. 이 문제를 어떻게 동일한 최적점을 갖는 동호형 선형 계획으로 바꿀 것인가?

연습 11.4 최적화 알고리즘이 탐색 방향 d를 발견해 라인 탐색을 하고자 한다. 그러나 선형 제약 $\mathbf{w}^\top \mathbf{x} \geq 0$가 있다. 라인 탐색을 어떻게 수정해 이 제약을 고려할 것인가? 현재의 설계점이 실현 가능하다고 가정한다.

연습 11.5 다음의 선형 계획을 로그 배리어 페널티 비제약 선형 문제로 전화하라.

$$\begin{aligned} \underset{\mathbf{x}}{\text{minimize}} \quad & \mathbf{c}^\top \mathbf{x} \\ \text{subject to} \quad & \mathbf{A}\mathbf{x} \geq \mathbf{0} \end{aligned} \tag{11.31}$$

12
다중 목적 최적화

이전 장들은 단일 목적 함수를 최적화하는 방법들을 개발했다. 12장은 여러 목적에 대해 동시에 최적화하는 다중 목적 최적화multiobjective optimization, 즉 벡터 최적화vector optimization를 다룬다. 공학 분야에서 흔히 비용, 성과, 시장출시 시기 간의 트레이드오프tradeoff가 존재하며, 상이한 목적의 우선순위를 어떻게 둘지 불분명하다. 11장에서 논의한 최적화 알고리즘들을 사용할 수 있도록 벡터값의 목적 함수를 스칼라값의 목적 함수로 변환하는 다양한 방법들을 논의한다. 이에 더해 목적 간의 특별한 우선순위 없이 목적 간의 최적 트레이드오프를 나타내는 설계점 집합을 식별하는 알고리즘을 논의한다. 이후 이들 설계점들이 가장 바람직한 설계를 식별할 수 있는 전문가에게 제시된다.[1]

1 추가적인 방법들의 조사는 R. T. Marler and J. S. Arora, "Survey of Multi-Objective Optimization Methods for Engineering," *Structural and Multidisiciplinary Optimizaiton*, vol. 26, no. 6, pp 369–395, 2004를 참조하라. 다중 목적 최적화를 책 전체에서 다루는 교과서는 K. Miettinen, *Nonlinear Multiobjective Optimization*, Kluwer Academic Publishers, 1999를 참고하자.

12.1 파레토 최적성

파레토 최적성[Pareto optimality]은 여러 목적이 있는 문제를 논의하는 데 유용하다. 적어도 다른 하나의 목적을 악화시키지 않고는 하나의 목적을 개선할 수 없다면 이 설계는 파레토 최적이다. 다중 목적 설계 최적화에서는 일반적으로 목적 간의 특정 트레이드오프를 지정하지 않고, 파레토 최적인 설계에 초점을 맞춘다. 12.1절은 파레토 최적 설계를 식별하는 방법의 논의에 도움이 되는 몇몇 정의와 개념을 소개한다.

12.1.1 지배

단일 목적 최적화에서 2개의 설계점 $\mathbf{x}$와 $\mathbf{x}'$은 이들의 스칼라 함숫값을 기반으로 객관적으로 순서를 정할 수 있다. 점 $\mathbf{x}'$는 $f(\mathbf{x}')$가 $f(\mathbf{x})$보다 작을 때는 언제나 바람직하다.

다중 목적 최적화에서 목적 함수 $\mathbf{f}$는 설계점 $\mathbf{x}$에서 평가된 m차원 벡터의 $\mathbf{y}$값을 반환한다. $\mathbf{y}$의 상이한 차원은 종종 척도[metrics] 또는 기준[criteira]으로 불리는 상이한 목적에 상응한다. 한 설계점이 적어도 하나의 목적에서 더 좋고 다른 어떤 목적에서도 나쁘지 않을 때만 두 설계점 $\mathbf{x}$와 $\mathbf{x}'$의 순위를 객관적으로 정할 수 있다. 즉 $\mathbf{x}$가 $\mathbf{x}'$를 지배한다($\mathbf{x}$ dominates $\mathbf{x}'$)의 필요충분조건은 다음과 같다.

$$
\begin{aligned}
& f_i(\mathbf{x}) \le f_i(\mathbf{x}') \quad \{1, \ldots, m\}\text{의 모든 } i\text{에 대해} \\
\text{그리고 } & f_i(\mathbf{x}) < f_i(\mathbf{x}') \quad \text{어떤 } i\text{에 대해}
\end{aligned}
\tag{12.1}
$$

이는 알고리즘 12.1이 구현한다.

```
dominates(y, y′) = all(y .≤ y′) && any(y .< y′)
```

알고리즘 12.1 $\mathbf{x}$가 $\mathbf{x}'$를 지배하는지를 체크하는 방법. y는 $\mathbf{f}(\mathbf{x})$의 목적값 벡터이며 y′는 $\mathbf{f}(\mathbf{x}')$의 목적값 벡터다.

그림 12.1은 다차원에서 지배 관계가 애매한 경우를 보여 준다. 이 애매함은 x가 어떤 목적에서 더 좋을 때는 언제나 x'가 다른 목적에서 좋은 경우 발생한다. 이러한 애매함을 해결하기 위한 여러 방법이 존재한다.

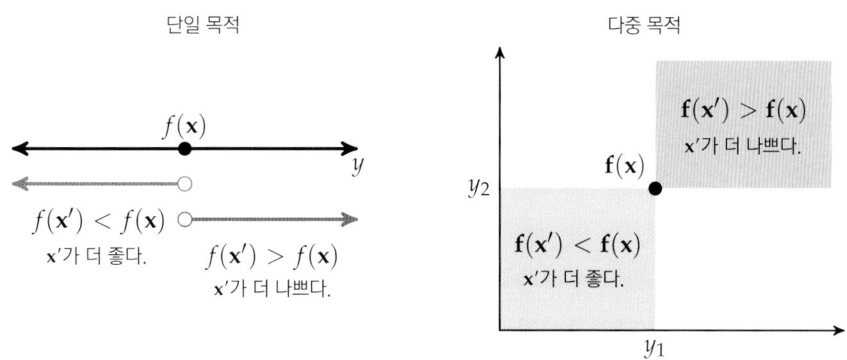

◀ **그림 12.1** 설계점이 단일 목적 최적화에서는 순위가 객관적으로 정해지지만, 다중 목적 최적화의 경우 단지 일부 경우에만 순위가 객관적으로 정해진다.

12.1.2 파레토 경계

수학에서 어떤 함수를 통한 입력 집합의 상[image]은 입력 집합의 원소 위에서 평가될 때 그 함수의 모든 가능한 출력 집합을 말한다. $\mathbf{f}$를 통한 $\mathcal{X}$의 상을 $\mathcal{Y}$로 표기하며, $\mathcal{Y}$를 기준 공간[criterion space]이라 부른다. 그림 12.2은 단일 목적과 다중 목적의 문제에 대한 기준 공간의 예를 보인다. 예시된 바와 같이 단일 목적 최적화에서의 기준 공간은 1차원이다. 모든 전역적 최적점은 단일 목적 함숫값 y^*를 공유한다. 다중 목적 최적화에서 기준 공간은 m차원인데, m은 목적의 개수다. 목적 간의 트레이드오프가 지정되지 않기 때문에 전역적으로 가장 좋은 목적함숫값이 일반적으로 존재하지 않는다.

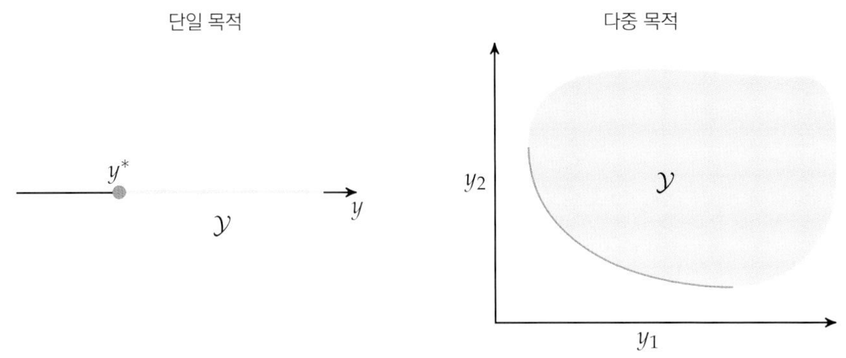

◀ **그림 12.2** 기준 공간은 실현 가능 설계점에 의해 얻어지는 모든 목적값집합이다. 잘 제시된 문제는 반드시 위로 유계일 필요는 없으나, 아래로 유계인 기준 공간을 가진다. 파레토 경계는 짙은 파란색으로 강조돼 있다.

다중 목적 최적화에서 파레토 최적성의 개념을 정의한다. 설계점 $\mathbf{x}$는 지배하는 점이 없을 때 파레토 최적이다. 즉 $\mathbf{x}$를 지배하는 $\mathbf{x}' \in \mathcal{X}$가 존재하지 않다면 $\mathbf{x} \in \mathcal{X}$는 파레토 최적이다. 파레토 최적점들의 집합은 **파레토 경계**Pareto frontier를 형성한다. 예제 12.1에서 논의되는 바와 같이 파레토 경계는 의사결정자가 설계 트레이드오프 결정을 하는 데 도움을 주므로 유용하다. 2차원에서 파레토 경계는 **파레토 곡선**Pareto curve이라고도 부른다.

모든 파레토 최적점은 기준 공간의 경계에 놓여 있다. 어떤 다중 목적 최적화법은 **약 파레토 최적**weakly Pareto optimal점들을 발견하기도 한다. 파레토 최적점들이 다른 어떤 점도 적어도 하나의 목적을 개선하지 못하는 점들인 반면 약 파레토 최적점들은 다른 어떤 점이 모든 목적을 개선하지 못하는 점들이다(그림 12.3). 즉 $\mathbf{x} \in \mathcal{X}$은 $\mathbf{f}(\mathbf{x}') < \mathbf{f}(\mathbf{x})$와 같은 $\mathbf{x}' \in \mathcal{X}$가 존재하지 않을 때 약 파레토 최적이다. 파레토 최적점들은 약 파레토 최적점이기도 하다. 약 파레토 최적점들은 반드시 파레토 최적은 아니다.

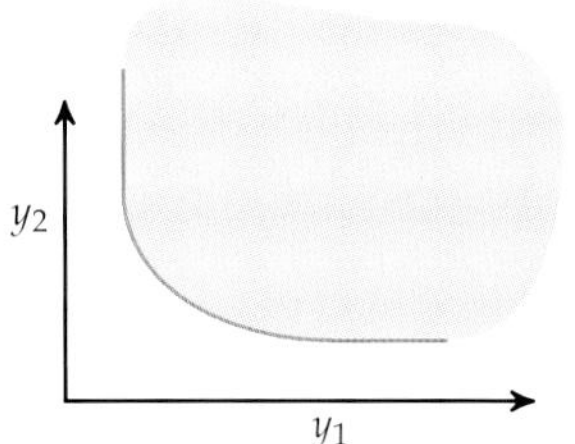

▲ **그림 12.3** 약 파레토 최적점이 빨간색으로 표시되고 있으며, 모든 목적이 동시에 개선될 수 없다.

아래에 논의할 여러 방법들은 또 하나의 특별한 점을 사용한다. **유토피아점**utopia point을 요소별 최적점을 구성하는 기준 공간의 점으로 정의한다.

$$y_i^{\text{utopia}} = \underset{\mathbf{x} \in \mathcal{X}}{\text{minimize}} \, f_i(\mathbf{x}) \tag{12.2}$$

유토피아점은 종종 달성 가능하지 않다. 한 요소를 최적화하는 것은 전형적으로 다른 요소와의 트레이드오프를 요구한다.

12.1.3 파레토 경계 생성

파레토 경계를 생성하는 여러 가지 방법이 있다. 단순한 방법은 설계 공간을 통해 설계점들을 샘플링하고 비지배점들을 식별하는 것이다(알고리즘 12.2). 이 방법은 전형적으로 소모적이며, 그림 12.4에서 보이는 바와 같이 많은 지배 설계점을 구하게 된다. 거기에 더해 이 방법은 평활한, 즉 올바른 파레토 경계를 보장하지 않는다. 12장의 뒷부분에서 파레토 경계를 생성하는 더 효과적인 방법들을 논의한다.

항공기 충돌방지 시스템을 구축할 때 충돌률collision rate과 경보율alert rate 모두를 최소화해야 한다. 경보가 더 많으면 더 많은 충돌을 방지할 수 있지만, 너무 많은 경보는 조종사의 시스템에 대한 신뢰를 잃게 해 시스템을 덜 따르게 할 수 있다. 따라서 시스템 설계자는 경보와 충돌 위험의 트레이드오프를 조심스럽게 다뤄야 한다.

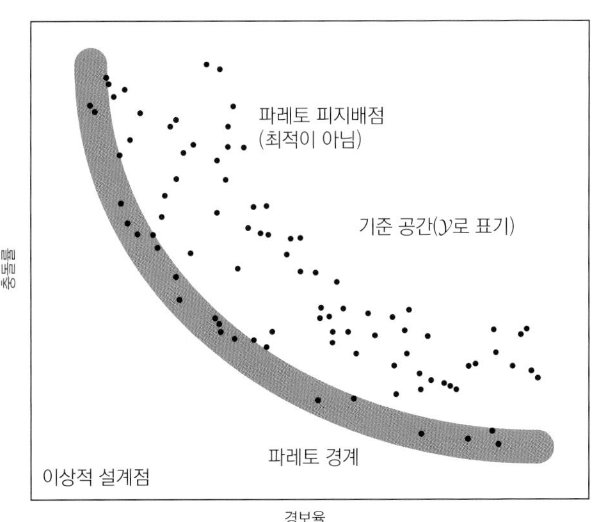

예제 12.1 항공기 충돌방지 시스템을 위한 여러 상이한 설계점들을 평가함으로써 얻은 근사적 파레토 경계

충돌방지 시스템의 설계 파라미터를 변화시킴으로써 여러 상이한 충돌방지 시스템을 얻을 수 있다. 하지만 그림에서 보듯이 이들 중 어떤 것은 다른 것들보다 더 좋다. 영역의 전문가와 규제자들이 목적 간의 트레이드오프가 최적 시스템에 끼치는 영향을 이해하는 데 도움을 주도록 파레토 경계가 도출될 수 있다.

```
function naive_pareto(xs, ys)
    pareto_xs, pareto_ys = similar(xs, 0), similar(ys, 0)
    for (x,y) in zip(xs,ys)
        if !any(dominates(y′,y) for y′ in ys)
            push!(pareto_xs, x)
            push!(pareto_ys, y)
        end
    end
    return (pareto_xs, pareto_ys)
end
```

알고리즘 12.2 랜덤 샘플된 설계점 xs와 이들의 다중 목적값 ys를 사용한 파레토 계 생성법. 파레토 최적 설계점과 목적값 모두가 반환된다.

12.2 제약식 방법

제약식을 사용해 파레토 경계의 부분을 절단해서 기준 공간 안의 단일 최적점을 구할 수 있다. 제약식은 문제 설계자에 의해 제공되거나 목적 순위를 기반으로 자동적으로 구해질 수 있다.

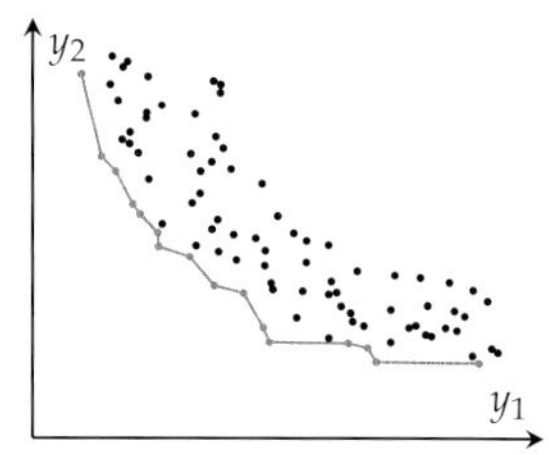

▲ **그림 12.4** 단순히 산포된 점으로 파레토 경계를 생성하는 것은 간단하나, 비효율적이고 근사적이다.

12.2.1 제약식 방법

제약식 방법constraints method은 하나를 제외한 모든 목적을 제약한다. 일반성을 잃지 않고, 여기서 f_1을 선택한다.

$$
\begin{aligned}
\underset{\mathbf{x}}{\text{minimize}} \quad & f_1(\mathbf{x}) \\
\text{subject to} \quad & f_2(\mathbf{x}) \le c_2 \\
& f_3(\mathbf{x}) \le c_3 \\
& \vdots \\
& f_m(\mathbf{x}) \le c_m \\
& \mathbf{x} \in \mathcal{X}
\end{aligned}
\tag{12.3}
$$

벡터 $\mathbf{c}$가 주어졌을 때 제약식이 실현 가능하다는 전제하에 제약식 방법은 기준 공간에서 유일한 최적점을 산출한다. 제약식 방법은 그림 12.5에서 보이는 바와 같이 $\mathbf{c}$를 변화함으로써 파레토 경계를 생성하는 데 사용될 수 있다.

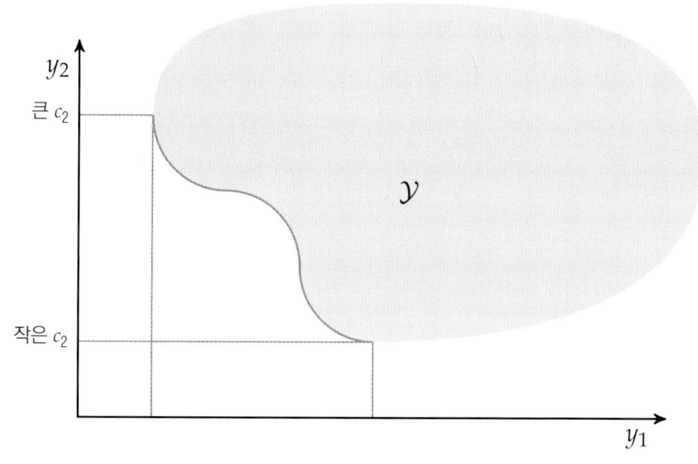

그림 12.5 파레토 경계를 생성하기 위한 제약식 방법. 이 방법으로 파레토 경계의 오목 영역의 점들을 식별할 수 있다.

12.2.2 사전식 방법

사전식 방법lexicographic method은 중요도순으로 목적의 순위를 정한다. 일련의 단일 목적 최적화가 중요도순으로 목적들에 대해 실행된다. 각 최적화 문제는 제약식을 포함해 그림 12.6에서 보는 바와 같이 이전에 최적화된 목적에 대한 최적성을 유지한다.

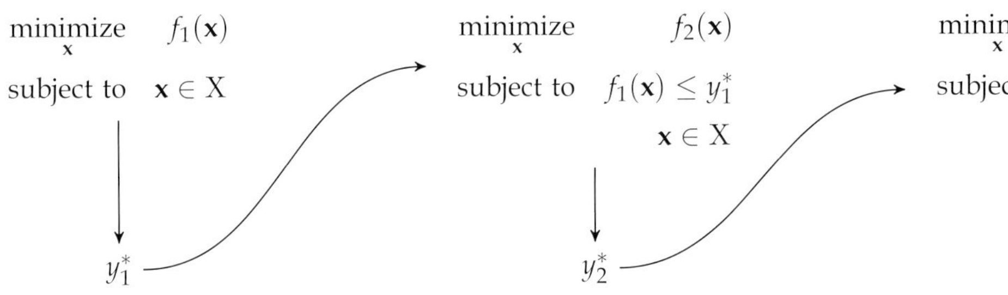

▲ **그림 12.6** 3개의 목적을 가진 최적화 문제에 대한 사전식 방법

이전 최적화로부터의 최소점이 항상 실현 가능하므로 반복 시행점들은 항상 실현 가능하다. 제약식들이 등식으로 대체될 수 있지만, 많은 경우 부등식이 최적화를 시행하기가 더 쉽다. 더욱이 사용된 최적화 방법이 최적이 아니더라도 다음 최적화들이 더 좋은 해를 구한다. 이런 방식이 아니었다면 이들 해는 기각됐을 것이다. 따라서 사전식 방법은 목적 함수의 순서에 민감하다.

12.3 가중치 방법

설계자는 종종 목적 간의 선호도를 식별하고 이 선호도를 가중치 벡터로 인코드할 수 있다. 가중치의 선택이 분명하지 않은 경우 가중치 공간에 대해 훑어 파레토 경계를 생성할 수 있다. 12.3절에서 다중 목적 함수를 단일 목적 함수로 변환하는 여러 가지 대안도 논의한다.

12.3.1 가중합 방법

가중합 방법weighted sum method(알고리즘 12.3)은 $\mathbf{f}$를 단일 목적 f로 전환하고자 가중치 벡터를 사용한다.[2]

$$f(\mathbf{x}) = \mathbf{w}^\top \mathbf{f}(\mathbf{x}) \tag{12.4}$$

2 L. Zadeh, "Optimality and Non-Scalar-Valued Performance Criteria," *IEEE Transactions on Automatic Control*, vol. 8, no. 1, pp. 59–60, 1963.

여기서 가중치는 비음이고 합이 1이다. 가중치는 각 목적과 연관된 비용으로 해석할 수 있다. 파레토 경계는 w를 변화하고, 그에 따른 식 (12.4)의 목적에 대한 관련 최적화 문제를 풀면 추출할 수 있다. 2차원 예를 들면, w_1을 0에서 1로 변화하고 $w_2 = 1 - w_1$로 설정한다. 이 접근법은 그림 12.7에 예시하고 있다.

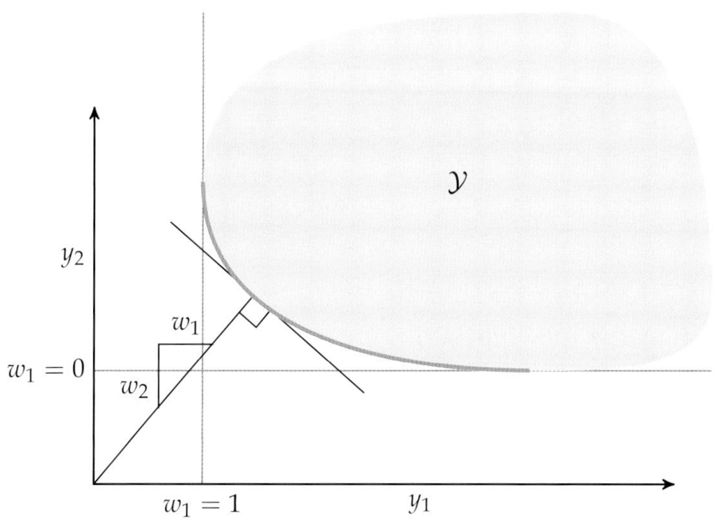

◀ **그림 12.7** 파레토 경계를 생성하고자 사용한 가중합 방법. 가중치를 변화하면 파레토 경계를 추적할 수 있다.

제약식 방법과 대조적으로 가중합 방법은 그림 12.8에서 보이는 바와 같이 파레토 경계의 비볼록nonconvex 영역에서는 점을 얻을 수 없다.

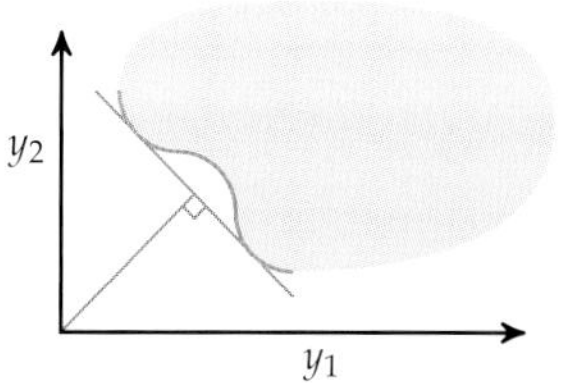

▲ **그림 12.8** 빨간색 점은 파레토 최적이지만, 가중합 방법으로는 구할 수 없다.

주어진 가중치 집합은 원점으로부터 멀어져 가는 평행 등고선을 가진 선형 목적 함수를 형성한다. 만약 실현 가능 집합이 원점으로부터 휘어 있다면 식 (12.4)

를 최소화함으로써 구할 수 없는 파레토 경계상의 다른 파레토 최적점을 가질 것이다.

```
function weight_pareto(f1, f2, npts)
    return [
        optimize(x->w1*f1(x) + (1-w1)*f2(x))
        for w1 in range(0,stop=1,length=npts)
    ]
end
```

알고리즘 12.3 파레토 경계를 생성하는 가중합 방법은 목적 함수 `f1`과 `f2`, 파레토점의 개수 `npts`를 취한다.

12.3.2 목표 계획법

목표 계획법goal programming[3]은 $\mathbf{f}(\mathbf{x})$와 목표점goal point과의 L_p 거리Lp Norm를 최소화함으로써 다목적 함수를 단일 목적 함수로 전환하는 방법이다.

$$\underset{\mathbf{x}\in\mathcal{X}}{\text{minimize}} \left\| \mathbf{f}(\mathbf{x}) - \mathbf{y}^{\text{goal}} \right\|_p \tag{12.5}$$

여기서 목표점은 전형적으로 유토피아점이다. 식 (12.5)는 가중치 벡터를 포함하지 않지만, 12장에서 논의하는 다른 방법들을 목표 계획법이 일반화된 것으로 생각할 수 있다. 그림 12.9에서 이 방법을 예시한다.

3 목표 계획법은 일반적으로 $p=1$을 사용하는 것을 가리킨다. 개요는 D. Jones and M. Tamiz, *Practical Goal Progrmming*, Sppringer, 2010에 소개돼 있다.

12.3.3 가중 지수합

가중 지수합weighted exponential sum은 목표 계획법과 가중합 방법을 결합한 것이다.[4]

$$f(\mathbf{x}) = \sum_{i=1}^{m} w_i \left(f_i(\mathbf{x}) - y_i^{\text{goal}} \right)^p \tag{12.6}$$

4 P. I. Yu, "Cone Convexity, Cone Extreme Points, and Nondominated Solutions in Decision Problems with Multiobjectives," *Journal of Optimization Theroy and Applications*, vol.14, no. 3, pp. 319–377, 1974.

여기서 $\mathbf{w}$는 합이 1인 양의 가중치벡터이고, $p \geq 1$은 L_p 거리에서 사용된 것과 유사한 지수이다. 이전과 같이, 영값의 가중치로 약 파레토 최적점을 갖는다.

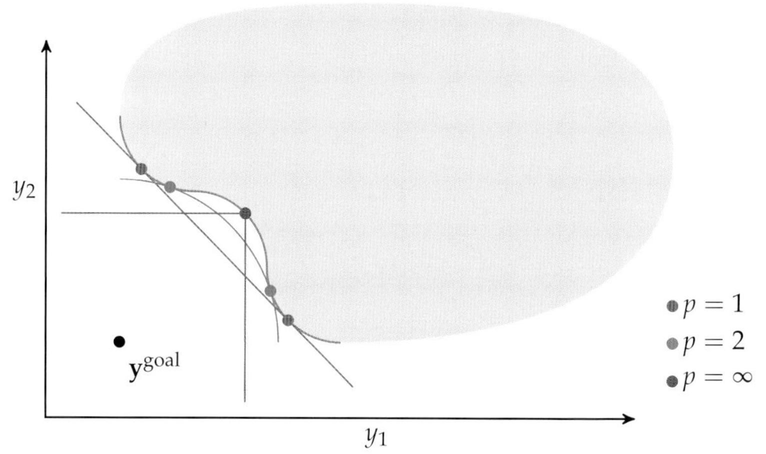

◀ **그림 12.9** p값의 변화에 따른 목표 계획법의 해

가중 지수합은 기준 공간 내의 해와 목표점 간의 거리의 각 요소에 가중치를 준다. p의 증가는 $\mathbf{f}(\mathbf{x})$와 목표점 간의 가장 큰 좌표 편차에 대한 상대적 페널티를 증가시킨다. p를 계속 변화함으로써 파레토 최적 집합의 부분을 얻을 수는 있지만, 완전한 파레토 경계를 얻는 것을 보장하지는 않으므로 일반적으로 p를 고정하고 $\mathbf{w}$를 변화하는 것을 선호한다.

12.3.4 가중 최소-최대법

가중 지수합 목적에서 더 높은 p값을 사용하면 거리 등고선이 파레토 경계의 비볼록 영역으로 진입하기 때문에 더 커버가 되는 파레토 경계를 얻을 수 있다. 가중 최소-최대법weighted min-max method은 가중 체비셰프법wieghted Tchebycheff method으로도 불리며, p가 무한대로 접근할 때의 극한값이다.[5]

5 추가적으로 파라미터 λ를 포함함으로써 최대화가 제거될 수 있다.

$$\begin{aligned} \underset{\mathbf{x},\lambda}{\text{minimize}} \quad & \lambda \\ \text{subject to} \quad & \mathbf{x} \in \mathcal{X} \\ \mathbf{w} \odot \left(\mathbf{f}(\mathbf{x}) - \mathbf{y}^{\text{goal}}\right) - \lambda \mathbf{1} & \leq \mathbf{0} \end{aligned}$$

$$f(\mathbf{x}) = \max_i \left[w_i \left(f_i(\mathbf{x}) - y_i^{\text{goal}} \right) \right] \tag{12.7}$$

가중 최소-최대법은 가중치에 대해 완전 파레토 최적집합을 제공할 수 있지만, 약 파레토 최적점들을 산출한다. 파레토 경계만을 생성하고자 다음과 같이 항을 추가한다.

$$f(\mathbf{x}) = \max_i \left[w_i \left(f_i(\mathbf{x}) - y_i^{\text{goal}} \right) \right] + \rho\, \mathbf{f}(\mathbf{x})^\top \mathbf{y}^{\text{goal}} \tag{12.8}$$

여기서 ρ는 전형적으로 0.0001과 0.01 사이의 값을 가진 작은 양의 스칼라다. 추가항은 $\mathbf{y}_{\text{goal}}$의 모든 항들이 양일 것을 요구하며, 이는 목적 함수를 이동함으로써 달성된다. 정의에 의해, 모든 $\mathbf{x}$에 대해 $\mathbf{f}(\mathbf{x}) \geq \mathbf{y}_{\text{goal}}$이다. 모든 약 파레토 최적점은 $\mathbf{y}_{\text{goal}}$에 더 근접한 강 파레토 최적점보다 큰 $\mathbf{f}(\mathbf{x})^\top \mathbf{y}_{\text{goal}}$을 가진다.

12.3.5 지수 가중 기준

지수 가중 기준exponential weighted criterion[6]은 가중 합법이 파레토 경계의 비볼록 부분의 점을 얻을 수 없는 것을 보완한다. 다음과 같은 스칼라 목적 함수를 구축한다.

$$f(\mathbf{x}) = \sum_{i=1}^{m} (e^{pw_i} - 1) e^{pf_i(\mathbf{x})} \tag{12.9}$$

각 목적은 개별적으로 변환되고 재가중된다. 높은 p값은 수치 오버플로numerical overflow를 초래할 수 있다.

6 T. W. Athan and P. Y. Papalambros, "A Note on Weighted Criteria Methods for Compromise Solutions in Multi-Objective Optimization," *Engineering Optimization*, vol. 27, no. 2, pp. 155–176, 1996.

12.4 다목적 모집단법

모집단법population method 역시 다목적 최적화에 적용된다.[7] 표준형 알고리즘을 수정해 모집단이 파레토 경계에 걸쳐 산재하도록 한다.

7 모집단법은 9장에서 다뤘다.

12.4.1 하위 모집단

모집단법은 주의를 여러 잠재적으로 경쟁하는 목적들에 분산한다. 모집단은 하위 모집단subpopulation으로 분할하고, 각 하위 모집단을 상이한 목적에 대해 최적화한다. 예를 들어, 전통적인 유전 알고리즘을 수정해서 적자생존을 향해 재결합하도록 개별 선택에 편향을 줄 수 있다. 선택된 개체들은 다른 하위 모집단으로부터의 개체들과 자손을 형성할 수 있다.

다목적 최적화에 대한 모집단법의 초기 적용한 예 중 하나는 **벡터 평가 유전 알고리즘**vector evaluated genetic algorithm[8]이다(알고리즘 12.4). 그림 12.10은 하위 모집단이 벡터 평가 유전 알고리즘에 어떻게 사용돼 여러 목적 간의 다양성을 유지하는가 보여 준다. 벡터 평가 유전 알고리즘은 그림 12.11에서 소개한다.

8 J. D. Schaffer, "Multiple Objective Optimization with Vector Evaluated Genetic Algorithms," in *Internaltional Conference on Genetic Algorithm and Their Applications*, 1985.

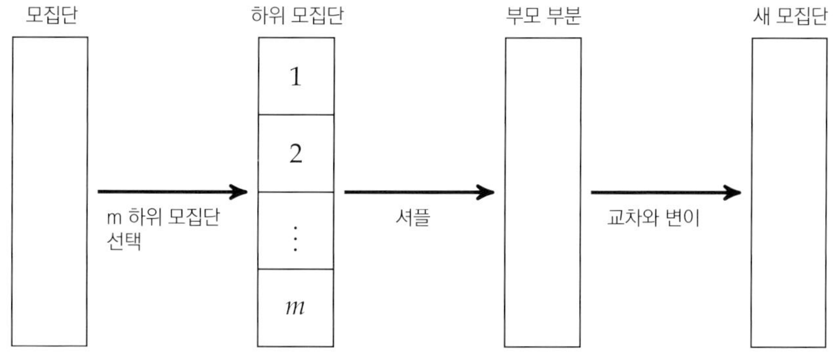

그림 12.10 벡터 평가 유전 알고리즘에서 하위 모집단의 사용

```
function vector_evaluated_genetic_algorithm(f, population,
    k_max, S, C, M)
    m = length(f(population[1]))
    m_pop = length(population)
    m_subpop = m_pop ÷ m
    for k in 1 : k_max
        ys = f.(population)
        parents = select(S, [y[1] for y in ys])[1:m_subpop]
        for i in 2 : m
            subpop = select(S,[y[i] for y in ys])[1:m_subpop]
            append!(parents, subpop)
        end

        p = randperm(2m_pop)
        p_ind=i->parents[mod(p[i]-1,m_pop)+1][(p[i]-1)÷m_pop + 1]
        parents = [[p_ind(i), p_ind(i+1)] for i in 1 : 2 : 2m_pop]
        children = [crossover(C,population[p[1]],population[p[2]])
                    for p in parents]
        population = [mutate(M, c) for c in children]
    end
    return population
end
```

알고리즘 12.4 벡터 평가 유전 알고리즘은 벡터값 목적 함수 f, 초기 모집단, 반복 시행 수 k_max, SelectionMethod S, CrossoverMethod C와 MutationMethod M을 취한다. 결과로 모집단이 반환된다.

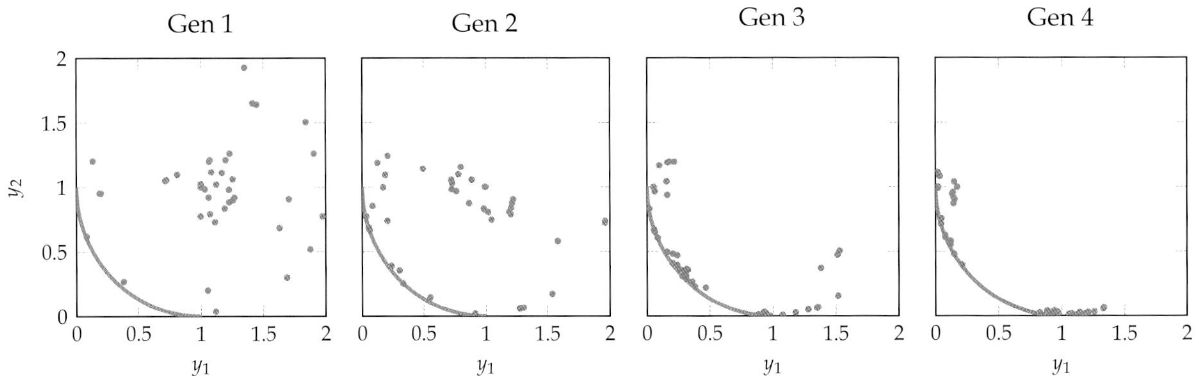

▲ **그림 12.11** 벡터 평가 유전 알고리즘이 플라워 함수(부록 B.8에 정의)에 적용. 파레토 경계가 파란색으로 표시된다.

12.4.2 비지배 순위

모집단의 개별점들을 이용해 단순한 파레토 경계를 계산할 수 있다. 근사 파레토 경계 위에 있는 설계점은 기준 공간 안 깊게 있는 값보다 더 좋은 것으로 간주된다. 비지배 순위nondomination ranking를 사용해 다음 레벨에 따라 개별점들의 순위를 정한다.[9]

9 K. Deb, A. Pratap, S. Agarwal, and T. Meyarivan, "A Fast and Elitist Multiobjective Genetic Algrorithm: NSGA-II," *IEEE Transactions on Evolutionary Computation*, vol. 6, no.2, pp. 182–197, 2002.

레벨 1. 모집단 내의 비지배 개별점

레벨 2. 레벨 1의 개별점들을 제외한 비지배 개별점

레벨 3. 레벨 1 또는 레벨 2의 개별점들을 제외한 비지배 개별점

⋮

레벨 k. 레벨 1에서 $k-1$까지의 개별점들을 제외한 비지배 개별점

레벨 1은 알고리즘 12.2을 모집단에 적용해 얻는다. 다음 레벨들은 모집단으로부터 이전의 모든 레벨을 제거하고 알고리즘 12.2를 다시 적용함으로써 생성된다. 모든 개별점들의 순위가 정해질 때까지 이 과정을 반복한다. 개별점의 목적함숫값은 순위에 비례한다.

한 예제 모집단에 대한 비지배 레벨을 그림 12.12에서 보여 준다.

```
function get_non_domination_levels(ys)
    L, m = 0, length(ys)
    levels = zeros(Int, m)
    while minimum(levels) == 0
        L += 1
        for (i,y) in enumerate(ys)
            if levels[i] == 0 &&
               !any((levels[i] == 0 || levels[i] == L) &&
                    dominates(ys[i],y) for i in 1 : m)
               levels[i] = L
            end
        end
```

알고리즘 12.5 일련의 다중 목적 함수 평가 ys에 대한 비지배 레벨들을 얻는 함수

```
    end
    return levels
end
```

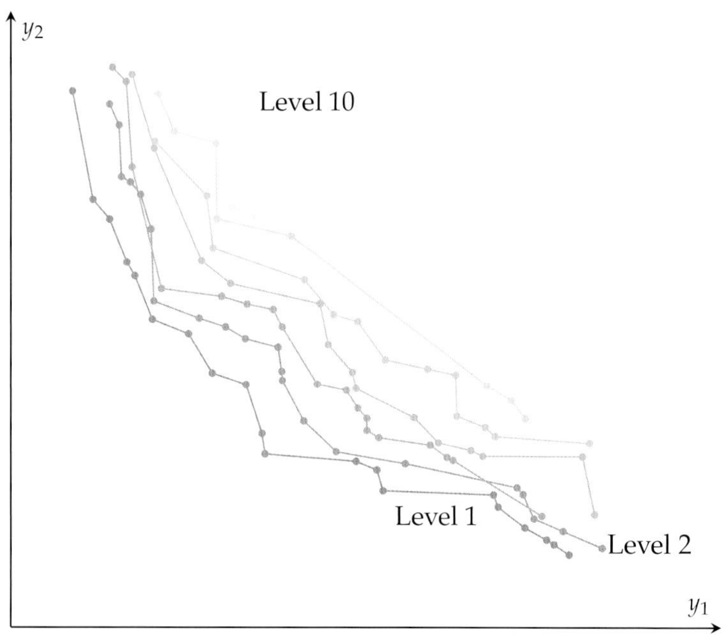

◀ **그림 12.12** 모집단에 대한 비지배 레벨. 더 짙은 색의 레벨이 더 낮은(더 좋은) 순위를 갖는다.

12.4.3 파레토 필터

모집단법은 파레토 경계를 근사하는 모집단인 파레토 필터Pareto filter와 결합해서 확대될 수 있다.[10] 필터는 전형적으로 매 세대에서 업데이트된다(알고리즘 12.7). 필터 내의 어떤 개별점에 대해서도 지배되지 않는 모집단의 개별점들이 더해진다. 필터 내의 지배되는 점은 모두 제거된다. 파레토 필터로부터의 개별점들은 모집단으로 투입돼 세대 간에 파레토 경계의 부분을 잃을 가능성을 줄인다.

10 H. Ishibuchi and T. Murata, "A Multi-Objective Genetic Local Search Algorithm and Its Application to Flowshop Scheduling," *IEEE Transaction on System, Man and Cybernetics*, vol. 28, no. 3, pp. 392–403, 1998.

필터는 흔히 최대 용량을 갖는다.[11] 기준 공간 내에서 가장 근접한 설계점 쌍을 발견하고, 각 쌍으로부터 한 개별점을 제거함으로써 초과 용량의 필터를 줄일 수 있다. 알고리즘 12.13이 이 가지치기법prune method을 구현한다. 그림 12.13에서 유전 알고리즘을 사용해 얻은 파레토 필터를 보여 준다.

11 전형적으로 모집단의 크기.

```
function discard_closest_pair!(xs, ys)
    index, min_dist = 0, Inf
    for (i,y) in enumerate(ys)
        for (j, y′) in enumerate(ys[i+1:end])
            dist = norm(y - y′)
            if dist < min_dist
                index, min_dist = rand([i,j]), dist
            end
        end
    end
    deleteat!(xs, index)
    deleteat!(ys, index)
    return (xs, ys)
end
```

알고리즘 12.6 discard_closest_pair! 메서드를 사용해 용량 초과인 필터로부터 개별점을 제거한다. 이 메서드는 필터의 설계점 리스트 xs와 관련 목적함숫값 ys를 취한다.

```
function update_pareto_filter!(filter_xs, filter_ys, xs, ys;
    capacity=length(xs),
    )
    for (x,y) in zip(xs, ys)
        if !any(dominates(y′,y) for y′ in filter_ys)
            push!(filter_xs, x)
            push!(filter_ys, y)
        end
    end
    filter_xs, filter_ys = naive_pareto(filter_xs, filter_ys)
    while length(filter_xs) > capacity
        discard_closest_pair!(filter_xs, filter_ys)
    end
    return (filter_xs, filter_ys)
end
```

알고리즘 12.7 설계점 filter_xs, 상응하는 목적 함숫값 filter_ys, 설계점의 모집단 xs와 목적 함숫값 ys, 그리고 디폴트로 모집단 크기로 설정되는 필터 용량 capacity로 파레토 필터를 업데이트하는 방법.

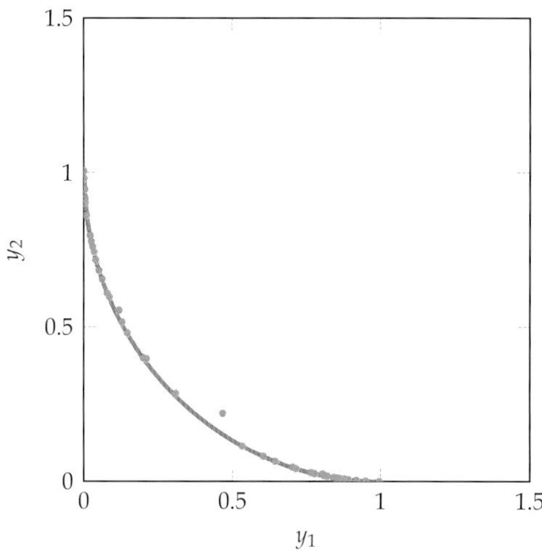

◀ **그림 12.13** 파레토 경계를 근사하고자 그림 12.11의 유전 알고리즘에 사용된 파레토 필터

12.4.4 틈새 기법

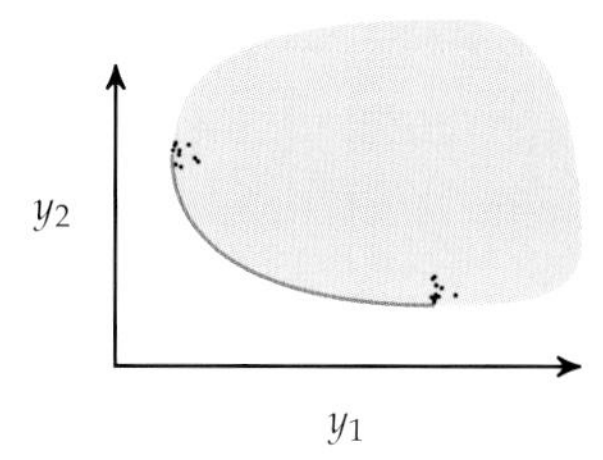

▲ **그림 12.14** 2차원 기준공간 내의 모집단에 대한 2개의 분명한 틈새 예시

틈새^niche^라는 용어는 그림 12.14에서 보이는 바와 같이 전형적으로 기준 공간 내의 초점이 맞춰진 점들의 군집을 가리킨다. 모집단법은 몇 개의 틈새로 수렴하므로 파레토 경계에 걸쳐 산포되는 것을 제약한다. **틈새 기법**^niche technique^은 점들이 균등하게 산포되도록 한다.

그림 12.5가 보여 주는 **적합도 공유**^fitness sharing^[12]에서는 기준 공간 내에서 특정 거리 내에 있는 다른 점들의 수와 같은 팩터로 목적값에 대해서 페널티를 가한다.[13] 이 방법은 국지적 영역 내의 모든 점이 그 국지적 영역 내 다른 점들의 적합도를 공유하도록 한다. 적합도 공유는 비지배 순위와 하위 모집단 평가와 함께 사용될 수 있다.

12 적합도는 최소화되는 목적과 역의 상관관계를 갖는다.

13 D. E. Goldberg and J. Richardson, "Genetic Algorithm with Sharing for Multimodal Function Optimization," in *International Conference on Genetic Algorithm*, 1987.

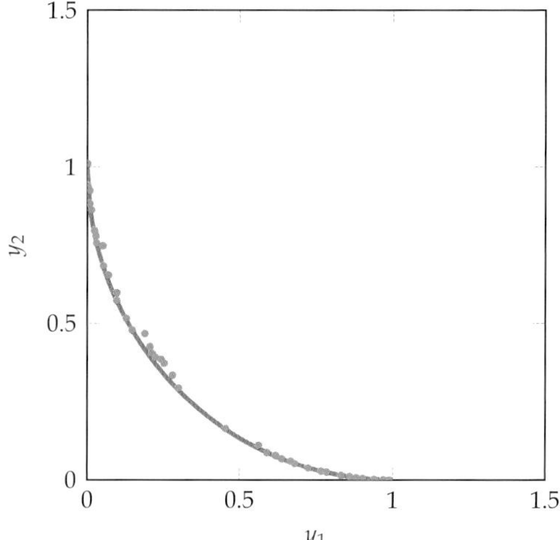

◀ **그림 12.15** 적합도 공유를 그림 12.13의 파레토 필터에 적용한 결과. 이에 의해 커버가 크게 개선된다.

동등 클래스 공유equivalence class sharing는 비지배 순위에 적용될 수 있다. 2개의 개별점을 비교할 때 우선 더 적합한 개별점 비지배 순위를 기반으로 결정된다. 동등하면 더 좋은 개별점은 기준 공간 내에서 특정 거리 내의 개별점 개수가 가장 작은 것이다.

유전 알고리즘에 대해 제안된 또 다른 틈새 기법에서는 교차를 위해 선택된 부모가 기준 공간 내에서 너무 근접할 수 없게 한다. 단지 비지배 개별점들을 선택하는 것 또한 권장한다.[14]

14 S. Narayanan and S. Azarm, "On Improving Multiobjective Genetic Algorithm for Design Optimization," *Structural Optimization*, vol. 18, no. 2–3, pp. 146–155, 1999.

12.5 선호 추출

선호 추출preference elicitation은 목적 간의 트레이드오프에 대한 전문가의 선호로부터 스칼라값 목적 함수를 추론하는 것이다.[15] 스칼라값 목적 함수를 표현하는 여러 가지 방법이 있지만, 12.5절에서는 $f(\mathbf{x}) = \mathbf{w}^\top \mathbf{f}(\mathbf{x})$인 가중합 모델에 초점을 맞춘다. 일단 적절한 $\mathbf{w}$를 식별하면 이 스칼라값 목적 함수를 사용해 최적 설계를 찾을 수 있다.

15 12장은 선호 추출의 비베이지안 접근법을 살펴본다. 베이지안 접근법은 다음을 참고하라. S. Guo and S. Sanner, "Real-Time Multiattribute Bayesian Preference Elicitation with Pairwise Comparison Queries," in *International Conference on Artificial Intelligence and Statistics (AISTATS)*, 2010. J. R. Lepird, M. P. Owen, and M. J. Kochenderfer, "Bayesian Preference Elicitation for Multiobjective Engineering Design Optimization," *Journal of Aerospace Information Systems*, vol. 12, no. 10, pp. 634–645, 2015.

12.5.1 모델 식별

선호 모델에서 가중치 벡터 $\mathbf{w}$를 식별하는 일반적 방법은 전문가에게 질문을 해서 기준 공간 $\mathcal{Y}$ 내의 두 점 $\mathbf{a}$와 $\mathbf{b}$ 간의 선호를 진술하도록 하는 것이다(그림 12.16). 이들 점 각각은 관련 가중치 벡터 $\mathbf{w_a}$와 $\mathbf{w_b}$를 사용한 파레토 경계의 점에 대해 최적화한 결과다. 전문가의 반응은 $\mathbf{a}$에 대한 선호 또는 $\mathbf{b}$에 대한 선호다. 기준 공간 내의 설계점들에 대해 순위를 매기는 것과 같은 다른 선호 정보 추출 방법들도 존재하지만, 이진 선호 쿼리binary preference query가 전문가에게 최소의 인지 부담을 주는 것으로 알려져 있다.[16]

16 V. Conitzer, "Eliciting, Single-Peaked Preferences Using Comparison Queries," *Journal of Artificial Intelligence Research*, vol. 35, pp. 161–191, 2009.

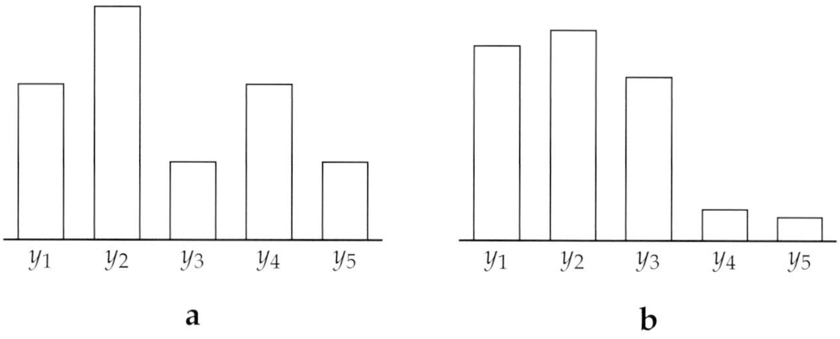

그림 12.16 선호 추출법은 흔히 전문가에게 기준 공간의 두 점 간의 선호를 질문한다.

전문가 쿼리의 결과가 다음의 기준 쌍 criterion pairs 집합이라고 가정하자.

$$\left\{(\mathbf{a}^{(1)}, \mathbf{b}^{(1)}), \ldots, (\mathbf{a}^{(n)}, \mathbf{b}^{(n)})\right\} \tag{12.10}$$

위의 각 쌍에서 $\mathbf{a}^{(i)}$는 $\mathbf{b}^{(i)}$보다 선호된다. 이들 선호쌍에 대해 가중치 벡터는 다음을 만족해야 한다.

$$\mathbf{w}^\top \mathbf{a}^{(i)} < \mathbf{w}^\top \mathbf{b}^{(i)} \Longrightarrow (\mathbf{a}^{(i)} - \mathbf{b}^{(i)})^\top \mathbf{w} < 0 \tag{12.11}$$

데이터와의 일관성을 유지하고자 가중치 벡터는 다음을 만족해야 한다.

$$\begin{cases} (\mathbf{a}^{(i)} - \mathbf{b}^{(i)})^\top \mathbf{w} < 0 & \{1, \ldots, n\}\text{의 모든 } i\text{에 대해서} \\ \mathbf{1}^\top \mathbf{w} = 1 \\ \mathbf{w} \geq \mathbf{0} \end{cases} \tag{12.12}$$

많은 상이한 가중치 벡터가 위의 식을 만족할 수 있다. 한 방법은 $\mathbf{w}^\top \mathbf{a}^{(i)}$와 $\mathbf{w}^\top \mathbf{b}^{(i)}$를 가장 잘 분리하는 $\mathbf{w}$를 선택하는 것이다.

$$\begin{aligned} \underset{\mathbf{w}}{\text{minimize}} \quad & \sum_{i=1}^{n} (\mathbf{a}^{(i)} - \mathbf{b}^{(i)})^\top \mathbf{w} \\ \text{subject to} \quad & (\mathbf{a}^{(i)} - \mathbf{b}^{(i)})^\top \mathbf{w} < 0 \quad i \in \{1, \ldots, n\}\text{에 대해서} \\ & \mathbf{1}^\top \mathbf{w} = 1 \qquad \mathbf{w} \geq \mathbf{0} \end{aligned} \tag{12.13}$$

이전 가중치 벡터로부터의 거리를 최소화하는 방식으로 다음 가중치 벡터를 선택하는 것이 많은 경우 바람직하다. 식 (12.13)의 목적 함수를 $\|\mathbf{w} - \mathbf{w}^{(n)}\|_1$으로 대체해 새로운 가중치 벡터 $\mathbf{w}^{(n+1)}$이 현재의 가중치 벡터와 가능한 한 가장 근접하도록 보장한다.[17]

17 이전 가중치 벡터는 추가 제약식 $(\mathbf{a}^{(n)} - \mathbf{b}^{(n)})^\top \mathbf{w} < 0$과 일관성을 가질 수도 있지만, 아닐 수도 있다.

12.5.2 쿼리쌍 선택

일반적으로 기준 공간의 두 점을 선택해서 쿼리의 결과가 가능한 한 정보성이 있도록 한다. 이와 같은 쿼리쌍 선택paired query selection의 여러 상이한 방법이 있지만, 여기서는 전문가 반응expert response과 영역 전문가에 의해 제공되는 선호 정보와 일치하도록 가중치 공간을 줄이는 방법에 초점을 맞춘다.

전문가 반응과 일치하는 가중치 집합을 $\mathcal{W}$로 표기하는데 이는 식 (12.12)에서 선형 제약식에 의해 정의된다. 가중치는 0과 1 사이로 제한되므로 실현 가능 집합은 유한 부피를 갖는 볼록 다면체를 형성한다. 일반적으로 가능한 한 작은 개수의 쿼리가 되도록 $\mathcal{W}$의 부피를 줄인다.

그림 12.17에서 보이는 Q-Eval[18]은 휴리스틱을 사용해 반복 시행마다 $\mathcal{W}$의 부피를 가능한 한 빨리 줄이고자 하는 탐욕적 추출greedy elicitation 방법이다. 이 방법은 샘플링된 유한 개의 파레토 최적점들에 대해서 적용된다. 쿼리쌍을 선택하는 절차는 다음과 같다.

18 V. S. Iyengar, J. Lee, and M. Campbell, "Q-EVAL: Evaluating Multiple Attribute Items Using Queries," in *ACM Conference on Electronic Commerce*, 2001.

1. $\mathcal{W}$의 최상의 해석적 중심prime analytic center $\mathbf{c}$를 계산한다. 이는 $\mathcal{W}$의 비중복적 제약식에 대해 자신과 가장 근접한 점 간의 거리의 로그값 합을 최대로 하는 점이다.

$$\mathbf{c} = \underset{\mathbf{w} \in \mathcal{W}}{\arg\max} \sum_{i=1}^{n} \ln\left((\mathbf{b}^{(i)} - \mathbf{a}^{(i)})^\top \mathbf{w} \right) \tag{12.14}$$

2. 각 쌍의 점과 중심 사이를 이분하는 초평면으로부터 정규화된 거리normal distance를 계산한다.

3. 설계점 쌍을 거리 증가순으로 정렬한다.

4. $\mathbf{c}$에 가장 가까운 k개의 초평면 각각에 대해서 초평면을 따라 $\mathcal{W}$를 분리함으로써 형성된 2개의 다면체 부피 비율을 계산한다.

5. 1에 가장 가까운 분리 비율을 가진 설계점 쌍을 선택한다.

일관성 있는 가중치 집합 $\mathcal{W}$

w_2 $\mathcal{W}$ w_1

해석적 중심과 이분 초평면

w_2 $\mathbf{w_a}$ $\mathbf{c}$ $\mathbf{w_b}$ w_1

쿼리 **a**와 **b**하의 두 영역

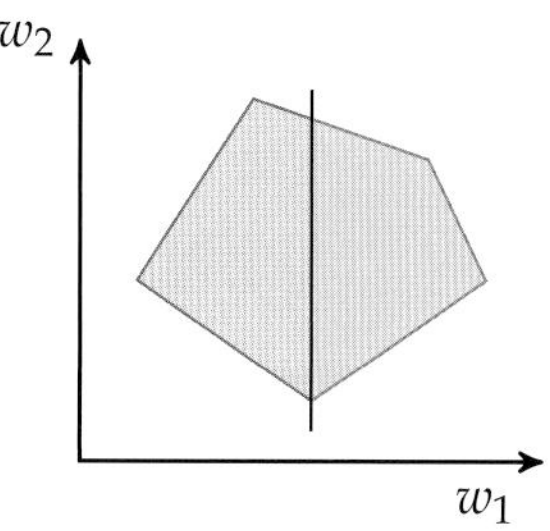

▲ **그림 12.17** Q-Eval 탐욕적 추출 전략의 시각화. 그림의 진행은 이전의 선호와 일관성 있는 초기 가중치 집합 $\mathcal{W}$, 가중치 벡터 쌍과 상응하는 이분 초평면과 이분 초평면를 따라 분리되면서 형성된 2개의 다면체를 보여 준다. 알고리즘은 샘플된 유한개의 파레토 최적 설계점로부터의 모든 쌍을 고려해 $\mathcal{W}$를 가장 균등하게 분리하는 쿼리를 선택한다.

다면체법polyhedral method[19]은 그림 12.18에서 보이는 $\mathcal{W}$의 해석적 중심을 중심으로 하는 유계의 타원체bounding ellipsoid로 $\mathcal{W}$를 근사한다. 쿼리는 유계의 타원체를 근사적으로 동일한 부분으로 분할하고, 타원체의 가장 긴 축에 수직이 되는 분리를 선호하도록 설계돼 불확실성을 줄임과 동시에 각 차원 너비의 균형을 맞춘다.

19 D. Braziunas and C. Boutilier, "Elicitation of Factored Utilities," *AI Magazine*, vol. 29, no. 4, pp. 79–92, 2009.

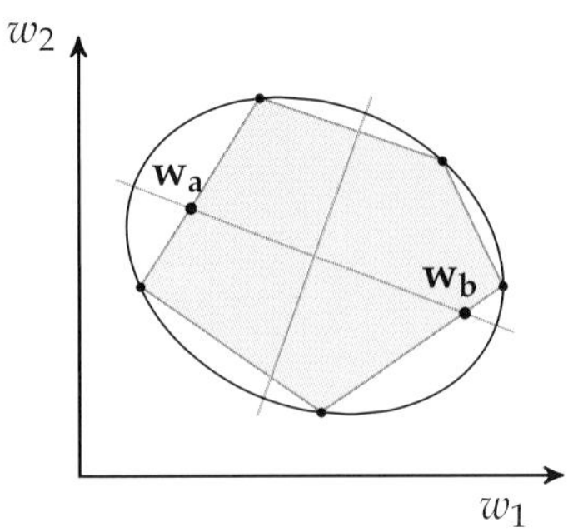

◀ **그림 12.18** 다면체법은 $\mathcal{W}$ 내의 유계의 타원체를 사용한다.

12.5.3 설계 선택

12.5.2절에서는 탐색 공간을 효율적으로 줄이고자 쿼리쌍을 선택하는 쿼리 방법을 논의했다. 쿼리 선택이 끝난 후 여전히 마지막 설계를 선택해야 한다. 이 과정은 설계 선택design selection으로 알려져 있다.

이와 같은 한 방법인 결정의 질개선decision quality improvement[20]은 특정 가중치를 사용하고자 하면 최악 경우의 목적값이 가장 낮은 가중치를 사용해야 한다는 아이디어를 기반으로 한다.

20 D. Braziunas and C. Boutiler, "Minimax Regret-Based Elicitation of Generalized Additive Utilities," in *Conference on Uncertainty in Artificial Intelligence (UAI)*, 2007.

$$\mathbf{x}^* = \arg\min_{\mathbf{x}\in\mathcal{X}} \max_{\mathbf{w}\in\mathcal{W}} \mathbf{w}^\top \mathbf{f}(\mathbf{x}) \tag{12.15}$$

이 최소 결정minimum decision은 목적값의 상계를 제공하므로 강건robust하다.

최소 후회minimum regret[21]는 대신 사용자가 특정 설계를 선택할 때 가질 수 있는 최대량의 후회를 최소화한다.

21 C. Boutiler, R. Patrascu, P. Poupart, and D. Schuurmans, "Constraint-Based Optimization and Utility Elicitation Using the Minimax Decision Criterion," *Artificial Intelligence*, vol. 170, no. 8-9, pp. 686-713, 2006.

$$\mathbf{x}^* = \arg\min_{\mathbf{x}\in\mathcal{X}} \underbrace{\max_{\mathbf{w}\in\mathcal{W}} \max_{\mathbf{x}'\in\mathcal{X}} \mathbf{w}^\top \mathbf{f}(\mathbf{x}) - \mathbf{w}^\top \mathbf{f}(\mathbf{x}')}_{\text{최대 후회}} \tag{12.16}$$

식 (12.16)에서 $\mathbf{w}^\top\mathbf{f}(\mathbf{x}) - \mathbf{w}^\top\mathbf{f}(\mathbf{x}')$는 선호 가중치 벡터 $\mathbf{w}$하에서 설계 $\mathbf{x}'$ 대신 설계 $\mathbf{x}$를 선택할 때 연관된 후회다. **최소최대 후회**minmax regret는 설계자의 참 효용 함수에 대한 결정 시스템의 불확실성을 고려하기 위한 것으로 볼 수 있다.

최소최대 후회는 선호 추출 전략의 종료 기준으로도 사용할 수 있다. 최소최대 후회가 특정 임곗값 이하로 떨어지면 선호 추출 절차를 종료한다.

12.6 요약

- 다중 목적 설계 문제는 많은 경우 여러 목적 간의 성과를 트레이드오프 한다.
- 파레토 경계는 잠재적 최적해를 나타낸다.
- 벡터값 목적 함수는 제약식 기반 또는 가중치 기반 방법으로 스칼라값 목적 함수로 전환될 수 있다.
- 모집단법을 확대해 개별점들이 파레토 경계에 산포되게 할 수 있다.
- 기준 공간 내 점들의 쌍에 대한 전문가의 선호를 알면 스칼라값 목적 함수 추론에 도움이 된다.

12.7 연습문제

연습 12.1 가중합 방법은 매우 간단한 방법이며, 엔지니어들이 실제로 다중 목적 최적화를 위해서 사용한다. 파레토 경계 계산에 사용될 때 무엇이 이 방법의 한 가지 단점인가?

연습 12.2 모집단법이 다중 목적 최적화에 잘 맞는 이유를 들어라.

연습 12.3 기준 공간의 점들 {[1, 2], [2, 1], [2, 2], [1, 1]}을 갖고, 파레토 경계를 근사하고자 한다. 어떤 점들이 나머지 점들에 대비 파레토 최적인가? 약 파레토 최적점은 없는가?

연습 12.4 다중 목적 최적화는 2계 방법으로 쉽게 실행할 수 없다. 그 이유는 무엇인가?

연습 12.5 $y_1 \in [0, 1]$, $y_2 \in [0, 1]$인 정사각형의 기준 공간 $\mathcal{Y}$를 고려하자. 기준 공간을 그리고, 파레토 최적점을 지적하고, 약 파레토 최적점을 지적하라.

연습 12.6 가중합 방법에서 $\mathbf{w} \geq 0$과 $\|\mathbf{w}\|_1 = 1$만으로 파레토 최적성의 충분조건이 되지 못한다. 0값 가중치를 가진 좌표가 약 파레토 최적점을 발견하는 예를 들어라.

연습 12.7 목표 계획법이 파레토 최적점을 산출하지 못하는 예를 제시하라.

연습 12.8 제약식 방법을 사용해 다음 최적화 문제에 대해 파레토 곡선을 구하라.

$$\underset{x}{\text{minimize}} \;\; [x^2, (x-2)^2] \tag{12.17}$$

연습 12.9 2개의 목적이 다음과 같은 다중 목적 최적화 문제를 고려하자.

$$\begin{aligned} f_1(x) &= -(x-2)\sin(x) \\ f_2(x) &= -(x+3)^2\sin(x) \end{aligned} \tag{12.18}$$

$x \in \{-5, -3, -1, 1, 3, 5\}$로 기준 공간의 점들을 그려라. 얼마나 많은 점들이 파레토 경계 위에 놓이는가?

13 샘플링 플랜

많은 최적화 문제에 대해 함수 평가는 비용이 매우 많이 든다. 예를 들어, 하드웨어 설계의 평가는 긴 제조 과정을 요구하고, 항공 설계는 풍동시험을 요구하고 새로운 딥러닝 하이퍼파라미터는 1주일의 GPU 학습을 요구한다. 설계점의 평가 비용이 비싼 경우 최적화의 공통적인 방법은 **대리 모델**surrogate model을 구축하는 것이며, 대리 모델은 참목적 함수 대신 효율적으로 최적화할 수 있는 모델이다. 모델을 개선하고자 추가로 참목적 함수의 평가를 사용한다. 이와 같은 모델들의 적합화는 초기점들의 집합, 이상적으로는 공간을 채우는space-filling 점들, 즉 영역을 가능한 한 잘 커버하는 점들을 요구한다. 13장은 자원이 제한될 때 탐색 공간을 커버하는 상이한 **샘플링 플랜**sampling plan을 다룬다.[1]

1 13장에서 다루는 주제를 더욱 자세히 논의하는 참고문헌이 있다. G. E. P. Box, W. G. Hunter, and J. S. Hunter, *Statistics for Experiments: An introduction to Design, Data Analysis, and Model Building*, 2nd ed. Wiley, 2005. A. Dean, D. Voss, and D. Drguljic, *Design and Analysis of Experiments*, 2nd ed. Springer, 2017. D. C. Montgomery, *Design and Analysis of Experiments*, Wiley, 2017.

13.1 완전 요인법

완전 요인법full factorial 샘플링 플랜(알고리즘 13.1)은 탐색 공간에 걸쳐 균등한 간격을 둔 점들의 그리드를 놓는다. 이 방법은 구현하기 쉽고, 무작위성에 의존하지 않으며 공간을 커버하지만, 매우 많은 수의 점을 사용한다. 그림 13.1에 보인 바와 같이 탐색 공간에 걸쳐 균등 간격의 점들의 그리드가 생성된다. 완전 요인 샘플링 플랜의 점들에 대한 최적화는 그리드 탐색grid search이라 부른다.

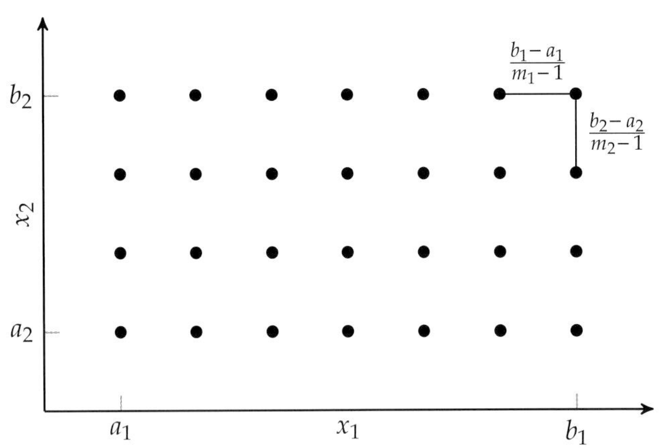

그림 13.1 완전 요인 탐색은 점들의 그리드로 탐색 공간을 커버한다.

샘플링 그리드는 각 요소 i에 대해 $a_i \leq x_i \leq b_i$가 되는 하계 벡터 $\mathbf{a}$와 상계 벡터 $\mathbf{b}$에 의해 정의된다. i차원의 m_i개의 샘플을 가진 그리드에서 최근접점들은 $(b_i - a_i)/(m_i - 1)$의 거리로 분리된다.

완전 요인 방법은 차원수의 샘플 카운트 지수를 요구한다.[2] 차원당 m개의 샘플을 가진 n차원에 대해 m^n개의 총 샘플을 갖는다. 이런 지수적 증가는 변수의 개수가 많을 때 실제에서 사용하기는 너무 크다. 심지어 완전 요인 샘플링이 사용될 때에도 그리드 점들이 일반적으로 매우 조잡해서 최적화에 관련된 작은 국지적 특성을 쉽게 놓친다.

2 완전 요인 방법은 샘플 카운트의 팩토리얼(factorial sample count)에서가 아니고(이것은 지수적이다), 2개 또는 그 이상의 이산적 요인(discrete factor)으로 설계한다는 점에서 그 이름을 얻는다. 여기서 요인은 각 변수에 연관된 m개의 이산적 수준이다.

```
function samples_full_factorial(a, b, m)
    ranges = [range(a[i], stop=b[i], length=m[i])
              for i in 1 : length(a)]
    collect.(collect(product(ranges...)))
end
```

알고리즘 13.1 완전 요인 그리드에 대한 모든 샘플 위치를 얻는 함수. 여기서 a는 가변 하계들(variable lower-bounds)의 벡터이고, b는 가변 상계들(variable upper-bounds)의 벡터이고, m은 각 차원에 대한 샘플 카운트 벡터다.

13.2 랜덤 샘플링

완전 요인 샘플링을 직접 대체하는 것은 랜덤 샘플링random sampling이고, 유사난수 생성기pseudo-random number generator를 사용해 설계 공간에 걸쳐 m 랜덤 샘플을 추출한다. 랜덤 샘플 $\mathbf{x}$를 생성하고자 일정 분포로부터 독립적으로 각 변수를 샘플링한다. $a_i \leq x_i \leq b_i$와 같이 변수가 유계이면 다른 분포를 사용할 수도 있지만, 공통적 접근법은 $[a_i, b_i]$에 걸친 균등 분포uniform distribution다. 어떤 변수에 대해서는 로그 균등 분포log-uniform distribution[3]를 사용하는 것이 논리적일 수도 있다. 설계점들은 서로 상관관계가 없다. 랜덤성이 자체적으로 설계 공간을 적절히 커버하리라 기대한다.

3 딥신경망의 학습률과 같은 파라미터는 로그 공간에서 최적으로 탐색된다.

13.3 균등 투영 플랜

완전 요인 방법과 같이 $m \times m$ 샘플링 그리드로 이산화된 2차원 최적화 문제를 가정하자. 그러나 m^2개의 샘플을 모두 취하는 것이 아니라 단지 m 포지션만을 샘플링하고자 한다. 샘플을 무작위로 선택할 수 있지만, 모든 배치가 똑같이 유용한 것은 아니다. 샘플이 공간에 걸쳐 분산돼 있기를 원하며, 샘플이 각 개별 요소에 걸쳐 분산돼 있기를 원한다.

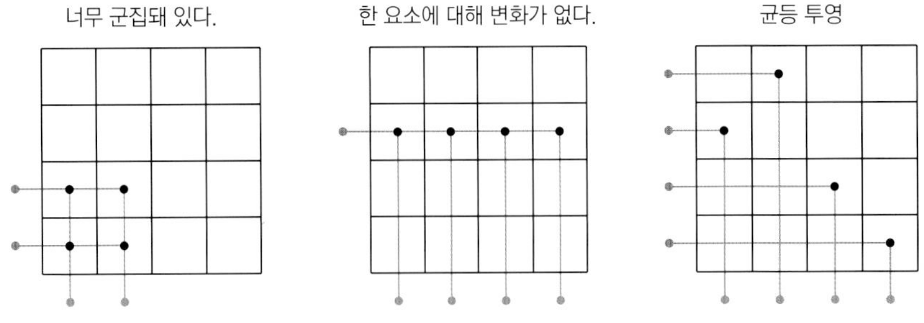

◀ **그림 13.2** 2차원 그리드에서 m개의 샘플을 선택하는 여러 방법. 공간을 커버하고, 각 원소에 걸쳐 변하는 샘플링 플랜을 일반적으로 선호한다.

균등 투영 플랜uniform projection plan은 각 차원에 대한 분포가 이산 그리드에 걸쳐 균등인 샘플링 플랜이다. 예를 들어, 그림 13.2의 오른쪽 끝의 샘플링 플랜에서 각 열과 행은 정확히 하나의 원소를 가진다.

균등 투영 플랜은 그림 13.3에서 보이는 바와 같이 $m \times m$ 그리드 위의 m 샘플로 m개 원소에 대한 순열permutation을 사용해 구축할 수 있다. 따라서 $m!$개의 균등 투영 플랜이 가능하다.

$$p = 4 \quad 2 \quad 1 \quad 3 \quad 5$$

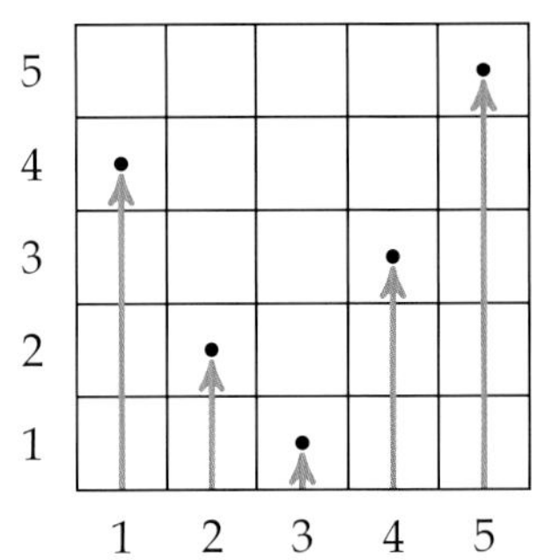

◀ **그림 13.3** 순열을 이용한 균등 투영 플랜

균등 투영 플랜을 이용한 샘플링은 **라틴 정사각형**Latin squares(그림 13.4)과의 연관성 때문에 종종 **라틴 초입방체 샘플링**Latin-hypercube sampling이라 불린다. 라틴 정사각형은 각 행과 각 열이 1에서 m까지의 각 정수를 포함한 $m \times m$ 그리드다. 라틴 초입방체는 라틴 정사각형의 차원수 일반화다.

각 차원에 대한 순열을 사용해 n차원 균등 투영 플랜을 구축한다(알고리즘 13.2).

```
function uniform_projection_plan(m, n)
    perms = [randperm(m) for i in 1 : n]
    [[perms[i][j] for i in 1 : n] for j in 1 : m]
end
```

알고리즘 13.2 차원당 m개의 샘플로 n차원 초입방체 균등 투영 플랜을 구축하는 함수. 이는 인덱스 벡터를 반환한다.

4	1	3	2
1	4	2	3
3	2	1	4
2	3	4	1

▲ **그림 13.4** 4×4 라틴 정사각형. $i \in \{1, 2, 3, 4\}$의 값을 선택하고, 이 값으로 모든 셀을 샘플링해 균등 투영 플랜을 구축한다.

13.4 층화 추출법

균등 투영과 완전 요인 플랜을 포함한 많은 샘플링 플랜은 $m \times m$ 그리드를 기반으로 한다. 이와 같은 그리드는 완전히 샘플링을 해도 그림 13.5에서 보이는 바와 같이 체계적 규칙성systematic regularities으로 인해 중요한 정보를 놓칠 수 있다. 모든 점에 도달할 기회를 제공하는 한 방법은 **층화 추출법**stratefied sampling이다.

층화 추출법은 완전 요인과 균등 투영 플랜과 같은 그리드 기반의 샘플링 플랜을 수정한다. 그림 13.6에서처럼 셀의 중앙이 아니라 셀 안에서 무작위로 균등하게 선택되는 점으로 셀을 샘플링한다.

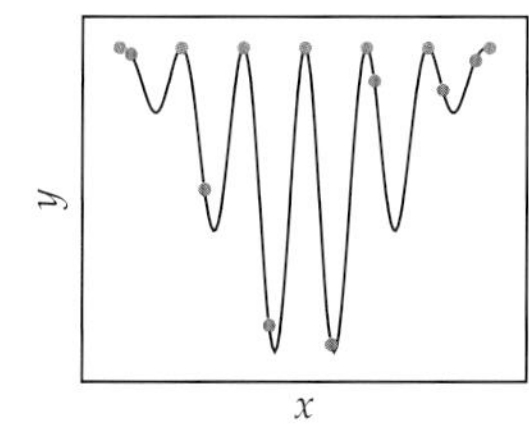

— $f(x)$
• 그리드 위에서의 샘플링
• 층화 추출법

▲ **그림 13.5** 체계적 규칙성을 가진 함수에 대해 균등한 간격의 그리드를 사용하면 중요한 정보를 놓칠 수 있다.

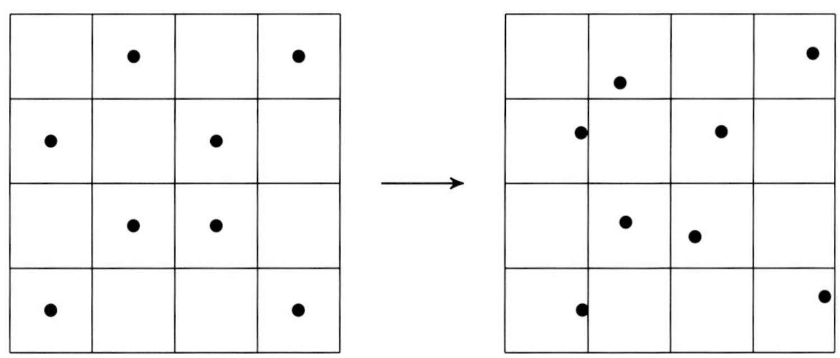

◀ **그림 13.6** 균등 투영 플랜에 적용된 층화 추출법

13.5 공간 채움 척도

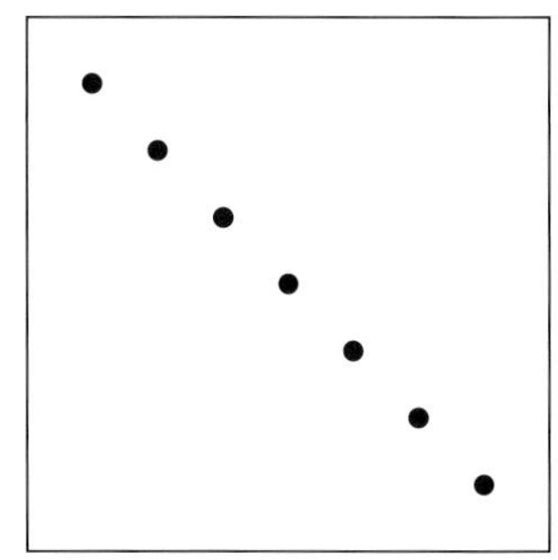

▲ **그림 13.7** 공간을 채우지 못하는 균등 투영 플랜

대리 모델의 샘플 일반화 능력은 샘플로부터의 거리가 멀어짐에 따라 감쇠하므로, 좋은 샘플링 플랜은 공간을 얼마나 잘 채우나로 판단할 수 있다. 모든 플랜이, 심지어 균등 투영 플랜도 탐색 공간을 커버하는 데 똑같이 좋은 것은 아니다. 예를 들어, 그리드 대각(그림 13.7)은 균등 투영 플랜이지만, 단지 좁은 선만을 커버한다. 13.5절은 $X \subseteq \mathcal{X}$의 설계 공간을 채우는 정도를 측정하는 상이한 공간 채움 척도space-filling metrics를 논의한다.

13.5.1 편차

샘플링 플랜의 초사각형 설계 공간을 채우는 능력은 편차discrepancy에 의해 측정된다.[5] 만약 X가 낮은 편차를 가지면 무작위로 선택한 설계 공간의 부분 집합은 부분 집합의 부피에 비례하는 샘플의 부분을 포함해야만 한다.[6] X와 연관된 부피는 초사각형 부분 집합 $\mathcal{H}$에서의 샘플 일부와 부분 집합의 부피 간의 최대 차이다.

$$d(X) = \underset{\mathcal{H}}{\text{supremum}} \left| \frac{\#(X \cap \mathcal{H})}{\#X} - \lambda(\mathcal{H}) \right| \tag{13.1}$$

위에서 $\#X$와 $\#(X \cap \mathcal{H})$는 각각 X 내 점의 개수와 $\mathcal{H}$ 위에 놓여 있는 X 내 점의 개수다. $\lambda(\mathcal{H})$ 값은 H의 n차원 부피다. supremum이란 용어는 최대화maximization과 매우 유사하지만, 예제 13.1에서 보는 바와 같이 $\mathcal{H}$가 단지 특정 사각 부분 집합으로 접근하는 문제에 대해서도 해가 존재하도록 한다.[7]

단위 초사각형 위에서 샘플링 플랜의 편차를 계산하는 것은 흔히 어렵고, 비사각 실현 가능 집합에 대한 편차를 항상 계산할 수 있는지 분명하지 않다.

5 L. Kulpers and H. Niederreiter, *Uniform Distribution of Sequence*, Dover, 2012.

6 부피를 n차원 유클리디안 공간의 부분 집합으로 일반화하는 르벡 척도(Lesbegue measure)를 임의의 차원에서 사용할 수 있다. 이는 1차원에서는 길이, 2차원 공간에서는 면적, 3차원 공간에서는 부피다.

7 편차의 정의는 초사각형(hyper-rectangular)을 요구하고, 전형적으로 X가 단위 초다면체(hypercube)의 유한 부분 집합이라고 가정한다. 편차의 개념은 $\mathcal{H}$가 볼록 다면체(polytopes) 같은 다른 집합을 포함하도록 확장될 수 있다.

예제 13.1 단위 정사각형의 샘플링 플랜에 대한 편차 계산. 직사각형의 크기는 이들이 어떤 포인트를 포함하는지 보이고자 조금 과장됐다.

다음 집합을 고려하자.

$$X = \left\{ \left[\frac{1}{5}, \frac{1}{5}\right], \left[\frac{2}{5}, \frac{1}{5}\right], \left[\frac{1}{10}, \frac{3}{5}\right], \left[\frac{9}{10}, \frac{3}{10}\right], \left[\frac{1}{50}, \frac{1}{50}\right], \left[\frac{3}{5}, \frac{4}{5}\right] \right\}$$

단위 정사각형에 대한 X의 편차는 매우 작은 영역을 갖지만 매우 많은 포인트를 포함하거나, 매우 넓은 영역을 갖지만 매우 작은 포인트를 포함하는 직사각형 부분 집합 $\mathcal{H}$에 의해 결정된다.

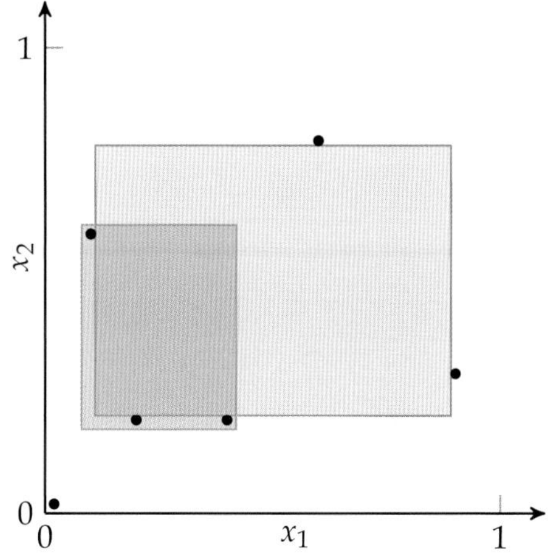

파란색 직사각형, $x_1 \in \left[\frac{1}{10}, \frac{2}{5}\right]$, $x_2 \in \left[\frac{1}{5}, \frac{3}{5}\right]$는 0.12의 부피를 갖고, 3개의 포인트를 포함한다. 이에 상응하는 편차척도는 따라서 0.38이다.

파란 직사각형, $x_1 \in \left[\frac{1}{10} + \epsilon, \frac{9}{10} - \epsilon\right]$, $x_2 \in \left[\frac{1}{5} + \epsilon, \frac{4}{5} - \epsilon\right]$는 더 큰 편차를 산출한다. 0에 접근하면서 부피와 편차는 0.48에 접근한다. 왜냐하면 직사각형 내에 포인트가 없기 때문이다. 극한이 필요하다는 것을 가리키며, 이는 편차의 정의에 상한[supremum]을 사용해야 한다는 것을 나타낸다.

13.5.2 쌍간 거리

2개의 m점 샘플링 플랜 중 어느 것이 더 공간을 채우는가 결정하는 다른 방법은 각 샘플링 플랜 내의 모든 점 간의 쌍간 거리pairwise distance를 비교하는 것이다. 더 분산이 된 샘플링 플랜의 쌍간 거리가 더 큰 경향이 있다.

전형적으로 각 집합의 쌍간 거리를 올림순으로 정렬해서 비교한다. 다른 쌍간 거리보다 더 큰 최대의 쌍간 거리를 가진 플랜이 더 공간을 잘 채우는 것으로 간주한다.

알고리즘 13.3은 샘플링 플랜 내 점들의 모든 쌍간 거리를 계산한다. 알고리즘 13.4는 각각의 쌍간 거리를 이용해 두 샘플링 플랜이 공간을 얼마나 잘 채우는지 비교한다.

```
import LinearAlgebra: norm
function pairwise_distances(X, p=2)
    m = length(X)
    [norm(X[i]-X[j], p) for i in 1:(m-1) for j in (i+1):m]
end
```

알고리즘 13.3 p로 지정된 L_p 놈(norm)을 이용해 샘플링 플랜 X 내 점들의 쌍간 거리 리스트를 얻는 함수

```
function compare_sampling_plans(A, B, p=2)
    pA = sort(pairwise_distances(A, p))
    pB = sort(pairwise_distances(B, p))
    for (dA, dB) in zip(pA, pB)
        if dA < dB
            return 1
        elseif dA > dB
            return -1
        end
    end
    return 0
end
```

알고리즘 13.4 p로 지정된 L_p 놈(norm)을 이용해 두 샘플링 플랜 A와 B가 공간을 채우는 정도를 비교하는 함수. 함수는 만약 A가 B보다 더 공간을 채우면 1을 반환한다. 동일하면 0을 반환한다.

공간을 채우는 균등 투영uniform projection 플랜을 위한 한 방법은 랜덤하게 여러 후보를 생성하고 가장 공간을 잘 채우는 것을 사용하는 것이다.

균등 투영 특성을 보존하면서 균등 투영 플랜을 반복적으로 변이함으로써 공간을 채우는 균등 투영 플랜을 찾을 수 있다(알고리즘 13.5). 예를 들어, 모의 담금질을 사용해 공간을 탐색해 공간 커버가 좋은 샘플링 플랜을 구할 수 있다.

```
function mutate!(X)
    m, n = length(X), length(X[1])
    j = rand(1:n)
    i = randperm(m)[1:2]
    X[i[1]][j], X[i[2]][j] = X[i[2]][j], X[i[1]][j]
    return X
end
```

알고리즘 13.5 균등 투영 특성을 유지하면서 균등 투영 플랜 X를 변이하는 함수

13.5.3 모리스-미첼 기준

13.5.2절의 비교 방법은 국지적 극소가 많은 최적화 문제의 경우 사용하기 어렵다. 다른 방법은 모리스-미첼 기준Morris-Mitchell criterion에 대해 최적화하는 것이다(알고리즘 13.6).[8]

8 M. D. Morris and T. J. Mitchell, "Exploratory Designs for Computational Experiments," *Journal of Statistical Planning and Inference*, vol. 43, no.3, pp. 381–402, 1995.

$$\Phi_q(X) = \left(\sum_i d_i^{-q}\right)^{1/q} \tag{13.2}$$

여기서 d_i는 X 내 점의 i번째 쌍간 거리이고, $q > 0$은 조정 가능한 파라미터다.[9] 모리스와 미첼은 다음을 최적화하도록 권고한다.

9 q의 값이 더 클수록 큰 거리에 더 큰 페널티를 부여한다.

$$\underset{X}{\text{minimize}} \quad \underset{q \in \{1,2,3,10,20,50,100\}}{\text{maximize}} \quad \Phi_q(X) \tag{13.3}$$

```
function phiq(X, q=1, p=2)
    dists = pairwise_distances(X, p)
    return sum(dists.^(-q))^(1/q)
end
```

알고리즘 13.6 설계점 x의 리스트, 기준 파라미터 q>0과 놈 파라미터 p≥1을 취하는 모리스-미첼 기준의 구현

그림 13.8은 여러 개의 랜덤하게 생성된 균등 투영 플랜에 대해 평가된 모리스-미첼 기준을 보여 준다.

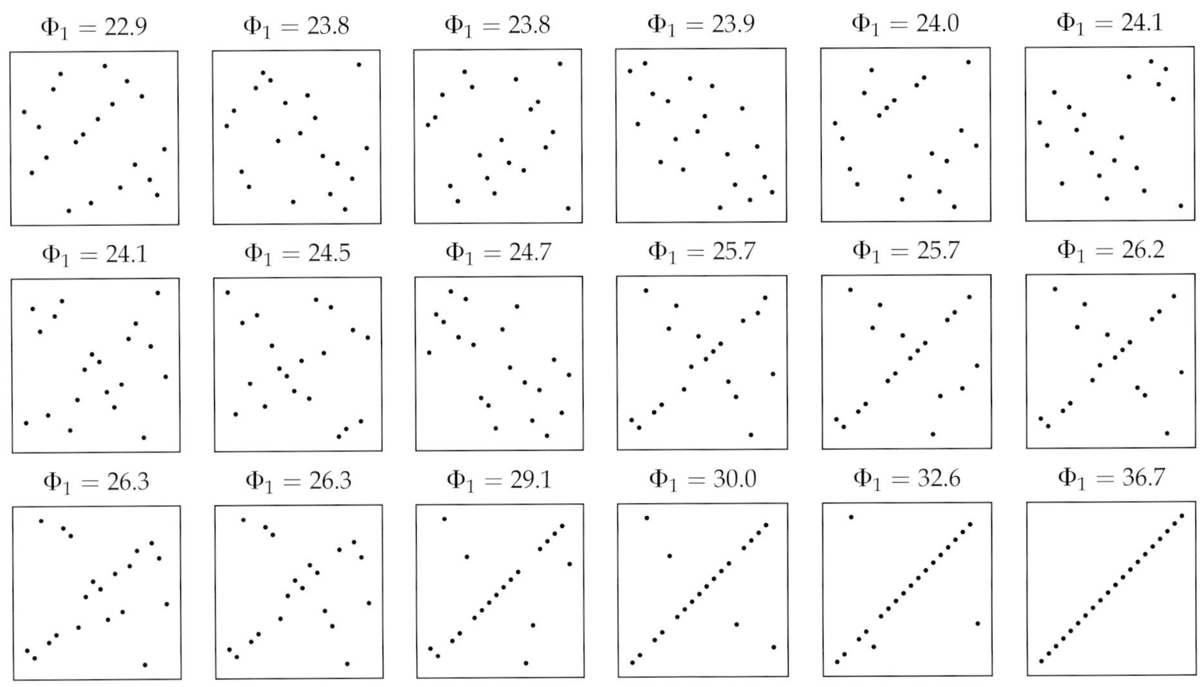

▲ **그림 13.8** Φ_1에 따라 가장 좋은 것에서 가장 나쁜 것 순서로 정렬한 균등 투영 플랜

13.6 공간 채움 부분 집합

어떤 경우에는 점집합 X가 존재하고, X를 최대로 채우는 X의 부분 집합 $\mathcal{S} \subset X$를 찾고자 한다. 다중 정밀도multifildelity 모델 관점에서 공간을 채우는 X의 부분 집합space-filling subsets of X이 필요하다.[10] 예를 들어, 수치적 유체역학 모델computational fluid dynamic models 시뮬레이션을 사용해 평가할 다양한 항공기 날개 설계를 찾고자 샘플링 플랜 X를 사용한다고 가정하자. 이들 설계점들의 부분 집합 $\mathcal{S}$만을 선택해서 풍동 시설을 만들고 테스트할 수 있다. $\mathcal{S}$가 여전히 공간을 채우기 원한다.

10 A. I. Forrenster, A. Sobester, and A. J. Keane, "Multi-Fidelity Optimization via Surrogate Modelling," *Proceedings of the Royal Society of London A: Mathematical, Physical and Engineering Sciences*, vol. 463, no. 2088, pp. 3251–3269, 2007.

$\mathcal{S}$가 설계 공간을 채우는 정도는 X 내의 점과 $\mathcal{S}$ 내의 가장 가까운 점들 간의 최대 거리를 사용해 계량화할 수 있다. 이 척도는 2개의 유한집합 A와 B로 일반화할 수 있다(알고리즘 13.7). 어떤 L_p 놈도 사용할 수 있지만, 전형적으로 유클리디안 거리 L_2를 사용한다.

$$d_{\max}(X, S) = \underset{\mathbf{x} \in X}{\text{maximize}} \ \underset{\mathbf{s} \in S}{\text{minimize}} \|\mathbf{s} - \mathbf{x}\|_p \tag{13.4}$$

```
min_dist(a, B, p) = minimum(norm(a-b, p) for b in B)
d_max(A, B, p=2) = maximum(min_dist(a, B, p) for a in A)
```

알고리즘 13.7 집합에 대한 L_p 거리 척도. 여기서 A와 B는 설계점 리스트이고, p는 L_p 놈 파라미터다.

공간을 채우는 샘플링 플랜은 이 척도를 최소화하는 것이다.[11] m개의 원소로 공간을 채우는 샘플링 플랜을 찾는 것은 다음의 최적화 문제다.

11 $\mathcal{S}$에 대해 모리스-미첼 기준을 최소화할 수 있다.

$$\begin{aligned} \underset{S}{\text{minimize}} \quad & d_{\max}(X, S) \\ \text{subject to} \quad & S \subseteq X \\ & \#S = m \end{aligned} \tag{13.5}$$

최적화 식 (13.5)는 일반적으로 계산이 가능하지 않다. 완전 탐색brute force 방법은 d 설계점의 데이터셋에 대해 $d!/m!(d-m)!$ 의 크기 m의 모든 부분 집합을 시도할 것이다. 탐욕적 국지적 탐색greedy local search(알고리즘 13.8)과 교환 알고리즘exchange algorithm(알고리즘 13.9) 모두 이러한 어려움을 극복하기 위한 휴리스틱heuristic 전략이다. 이들은 전형적으로 X의 수용 가능한 공간 채움 부분 집합을 찾는다.

탐욕적 국지적 탐색은 X로부터 랜덤하게 선택한 설계점으로부터 시작해서 거리 척도를 최소화하는 다음의 최적점을 점진적으로 더한다. 원하는 개수의 점들이 도달할 때까지 점들을 더한다. 설계점들은 처음에 랜덤하게 초기화되기 때문에 탐욕적 국지적 탐색을 실행하고, 최적의 샘플링 플랜을 유지함으로써 최적의 결과를 얻는다(알고리즘 13.10).

```
function greedy_local_search(X, m, d=d_max)
    S = [X[rand(1:m)]]
    for i in 2 : m
        j = argmin([x ∈ S ? Inf : d(X, push!(copy(S), x))
                    for x in X])
        push!(S, X[j])
    end
    return S
end
```

알고리즘 13.8 이산 집합 X에 대해 거리 척도 d를 최소화하는 m-원소의 샘플링 플랜을 찾는 탐욕적 국지적 탐색

교환 알고리즘은 $\mathcal{S}$를 X의 랜덤 부분 집합으로 초기화하고, 거리 척도를 개선하고자 $\mathcal{S}$ 내의 점들을 $\mathcal{S}$에 없는 X의 상이한 점들로 반복적으로 대체한다. 교환 알고리즘은 또한 일반적으로 여러 번 실행한다.

그림 13.9는 탐욕적 국지적 탐색과 교환 알고리즘으로 얻어진 공간 채움 부분 집합을 비교한다.

13.7 준랜덤 수열

준랜덤 수열quasi-random sequence[12]는 저편차 수열이라고도 불리며, 다차원 공간에서의 적분을 근사화하고자 할 때 사용한다.

12 C. Lemiux, *Monte Carlo and Quasi-Monte Carlo Sampling*, Springer, 2009.

$$\int_{\mathcal{X}} f(\mathbf{x})\, d\mathbf{x} \approx \frac{v}{m} \sum_{i=1}^{m} f(\mathbf{x}^{(i)}) \tag{13.6}$$

여기서 각 $\mathbf{x}^{(i)}$는 정의역 $\mathcal{X}$에서 무작위로 균등하게 추출하며, v는 $\mathcal{X}$의 부피다. 이 근사화는 몬테카를로 적분Monte Carlo integration으로 알려져 있다.

적분점들을 생성하고자 랜덤 또는 준랜덤수에 의존하기보다는 준랜덤 수열quasi-random sequence을 사용하는데, 이는 적분값이 m개의 점으로 가능한 한 빨리 수렴하도록 체계적으로 공간을 채우는 결정적 수열이다.[13] 그림 13.10에서 보는 바와 같이 전형적인 몬테카를로 적분이 $O(1/\sqrt{m})$인 데 비해 이들 준몬테카를로법quasi-Monte Carlo method은 $O(1/m)$의 오차 수렴을 갖는다.

13 rand 함수에 대한 일련의 호출로 생성되는 준랜덤 수열은 시드(seed)가 주어졌을 때 결정적이지만, 랜덤처럼 보인다. 준랜덤 수 또한 결정적이지만, 랜덤하게 보이지 않는다.

알고리즘 13.9 이산 집합 X에 대해 거리 척도 d를 최소화하는 m원소 샘플링 플랜을 찾기 위한 교환 알고리즘

```
function exchange_algorithm(X, m, d=d_max)
    S = X[randperm(m)]
    δ, done = d(X, S), false
    while !done
        best_pair = (0,0)
        for i in 1 : m
            s = S[i]
            for (j,x) in enumerate(X)
                if !in(x, S)
                    S[i] = x
                    δ′ = d(X, S)
                    if δ′ < δ
                        δ = δ′
                        best_pair = (i,j)
                    end
                end
            end
            S[i] = s
        end
        done = best_pair == (0,0)
        if !done
            i,j = best_pair
```

```
            S[i] = X[j]
        end
    end
    return S
end
```

```
function multistart_local_search(X, m, alg, k_max, d=d_max)
    sets = [alg(X, m, d) for i in 1 : k_max]
    return sets[argmin([d(X, S) for S in sets])]
end
```

알고리즘 13.10 다중 시작 국지적 탐색(multistart local search)은 특정 탐색 알고리즘을 여러 번 실행한 후 최적 결과를 반환한다. 여기서 X 점들의 리스트, m은 원하는 샘플링 플랜의 크기, aig는 exchange_algorithm 또는 greedy_local_search, k_max는 반복 시행 수이고, d는 거리 척도다.

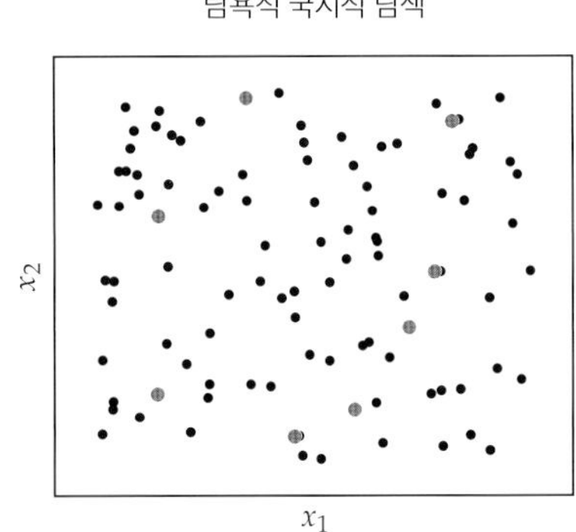

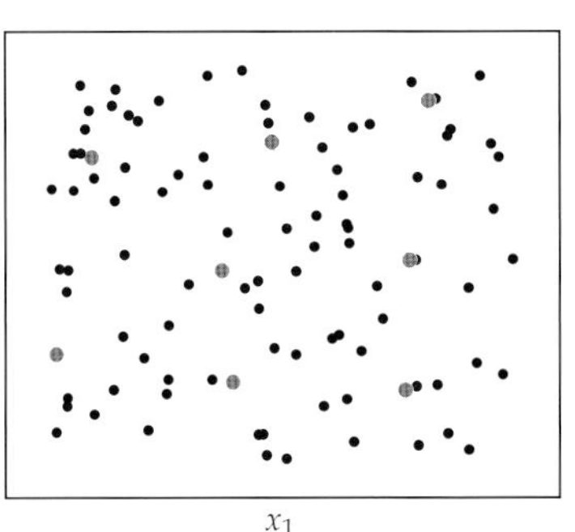

◀ **그림 13.9** 탐욕적 국지적 탐색과 교환 알고리즘으로 구한 공간 채움 부분 집합

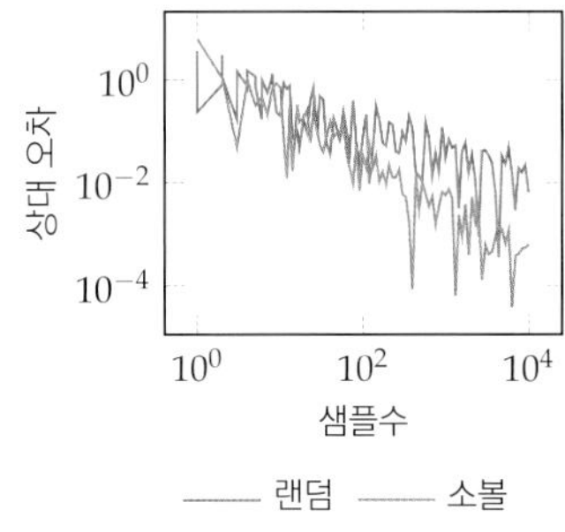

▲ **그림 13.10** $U(0, 1)$로부터의 랜덤 수와 소볼 수열(Sobel sequence)로 몬테카를로 적분을 사용해 $\int_0^1$를 추정하는 경우의 오차. 13.7.3절에서 다룬 소볼 수열이 더 빨리 수렴한다.

전형적으로 준랜덤 수열은 n차원 초다면체 $[0, 1]^n$에 대해서 구축된다. 각 변수에 대해 유계인 어떤 다차원 함수도 이와 같은 초다면체로 변환될 수 있다. 이 변환은 알고리즘 7.9로 구현한다.

준랜덤 수열을 생성하는 다양한 방법이 존재한다. 그림 13.12에서 이런 여러 방법을 랜덤 샘플링과 비교한다.

13.7.1 가법 순환

다음 형태의 단순한 순환 관계는 다음과 같다.

$$x^{(k+1)} = x^{(k)} + c \pmod 1 \tag{13.7}$$

c가 무리수라고 가정할 때 공간 채움 집합을 생성한다. 가장 작은 편차를 산출하는 c의 값은 다음과 같다.

$$c = 1 - \varphi = \frac{\sqrt{5}-1}{2} \approx 0.618034 \tag{13.8}$$

φ는 황금 비율golden ratio이다.[14]

14 C. Schretter, I. Kobbelt, and P.-O. Dehaye, "Golden Ratio Sequences for Low-Discrepancy Sampling," *Journal of Graphics Tools*, vol. 16, no. 2, pp. 99–104, 2016.

각 좌표에 대해 가법 순환 수열additive recurrence sequence을 사용해 n차원에 대한 공간 채움 집합을 구축한다. 소수prime의 제곱근은 무리수로 알려져 있으며, 따라서 각 좌표에 대해 상이한 수열을 얻는 데 사용할 수 있다.

$$c_1 = \sqrt{2}, \quad c_2 = \sqrt{3}, \quad c_3 = \sqrt{5}, \quad c_4 = \sqrt{7}, \quad c_5 = \sqrt{11}, \quad \ldots \tag{13.8}$$

가법 순환법은 알고리즘 13.11로 구현한다.

```
using Primes
function get_filling_set_additive_recurrence(m; c=φ-1)
    X = [rand()]
    for i in 2 : m
        push!(X, mod(X[end] + c, 1))
    end
    return X
end
function get_filling_set_additive_recurrence(m, n)
    ps = primes(max(ceil(Int, n*(log(n) + log(log(n)))), 6))
    seqs = [get_filling_set_additive_recurrence(m, c=sqrt(p))
            for p in ps[1:n]]
    return [collect(x) for x in zip(seqs...)]
end
```

알고리즘 13.11 m차원 단위 초다면체에 대한 m원소 채움 수열을 구축하는 가법 순환. Primes 패키지를 사용해 처음 n개의 소수를 생성한다. 여기서 k번째 소수는 $k > 6$에 대해 $k(\log k + \log \log k)$를 상계로 갖는다.

13.7.2 핼턴 수열

핼턴 수열Halton sequence은 다차원 준랜덤 공간 채움 집합이다.[15] 밴터 콜풋 수열van der Corput sequence로 알려져 있는 1차원 버전은 단위 구간을 b를 기저로 하는 지수로 분할하는 수열을 생성한다. 예를 들어, $b = 2$는 다음을 생성한다.

$$X = \left\{\frac{1}{2}, \frac{1}{4}, \frac{3}{4}, \frac{1}{8}, \frac{5}{8}, \frac{3}{8}, \frac{7}{8}, \frac{1}{16}, \ldots\right\} \tag{13.10}$$

반면 $b = 5$는 다음을 생성한다.

$$X = \left\{\frac{1}{5}, \frac{2}{5}, \frac{3}{5}, \frac{4}{5}, \frac{1}{25}, \frac{6}{25}, \frac{11}{25}, \ldots\right\} \tag{13.11}$$

다차원 공간 채움 수열은 각 차원에 대해 하나의 반 더 콜풋 수열을 사용하며, 각각은 자신의 기저 b를 갖는다. 하지만 상관관계가 없도록 기저는 반드시 서로소coprime[16]여야 한다. 핼턴 수열 구축법은 알고리즘 13.12로 구현한다.

15 J. H. Halton, " Algorithm 247: Radical-Inverse Quasi-Random Point Sequence," *Communications of the ACM*, vol. 7, no. 12, pp. 701–702, 1964.

16 두 정수는 둘을 모두 나누는 유일한 양의 정수가 1이면 서로소다.

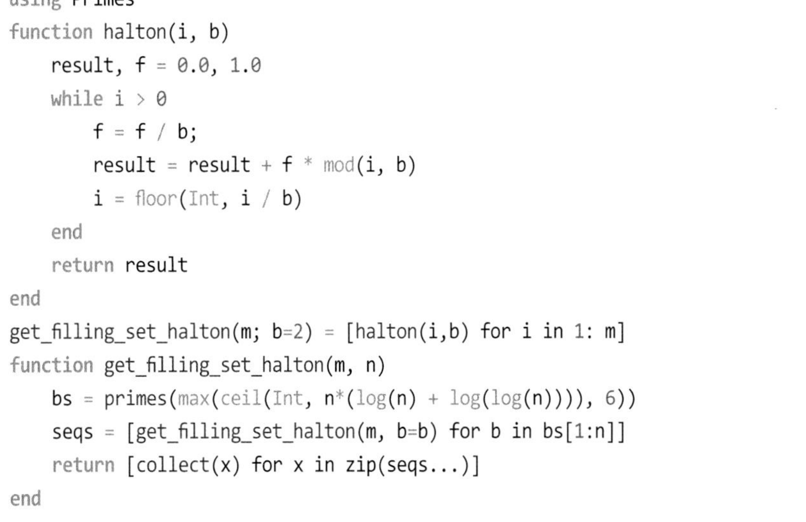

```
using Primes
function halton(i, b)
    result, f = 0.0, 1.0
    while i > 0
        f = f / b;
        result = result + f * mod(i, b)
        i = floor(Int, i / b)
    end
    return result
end
get_filling_set_halton(m; b=2) = [halton(i,b) for i in 1: m]
function get_filling_set_halton(m, n)
    bs = primes(max(ceil(Int, n*(log(n) + log(log(n)))), 6))
    seqs = [get_filling_set_halton(m, b=b) for b in bs[1:n]]
    return [collect(x) for x in zip(seqs...)]
end
```

알고리즘 13.12 m차원 단위 초다면체에 대한 핼턴 준랜덤 m-원소 채움 수열. 여기서 b는 기저다. 기저 b는 반드시 서로소(coprime)여야 한다.

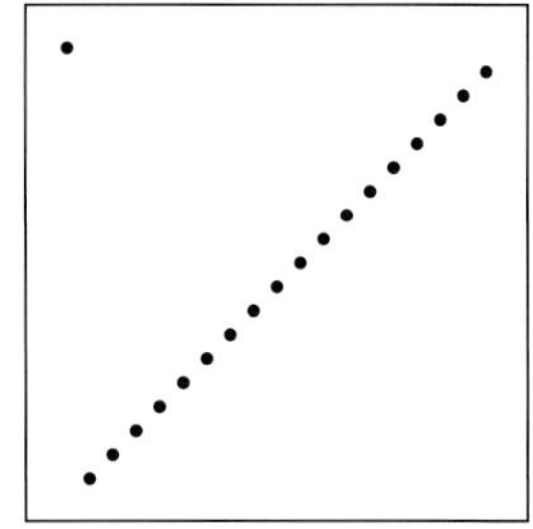

▲ **그림 13.11** b = [19, 23]인 핼톤 수열. 여기서 처음 18개의 샘플은 완전 선형 상관관계다.

소수가 크면 처음 몇 개의 수에 대해 상관관계를 갖는다. 이와 같은 상관관계가 그림 13.11에 보인다. 매 p번째 점을 취하는 건너뛰는 **핼톤법**leaped Halton method[17]으로 상관관계를 피할 수 있는데 p는 모든 좌표 기저들과 다른 소수다.

17 L. Kocis and W. J. Whiten, "Computational Investigations of Low-Discrepancy Sequences," *ACM Transactions on Mathematical Software*, vol. 23, no. 2, pp. 266–294, 1997.

13.7.3 소볼 수열

소볼 수열 Sobol sequences는 n차원 초다면체에 대한 준랜덤 공간 채움 수열이다.[18] 이들은 이전의 소볼수Sobol number를 일련의 방향수direction number로 배타적 논리합xor함으로써 생성한다.[19]

$$X_j^{(i)} = X_j^{(i-1)} \veebar v_j^{(k)} \tag{13.12}$$

여기서 $v_j^{(k)}$는 k번째 방향수를 가진 j번째 비트다. 좋은 방향수 테이블이 많은 학자들에 의해 제공됐다.[20]

이들과 이전의 방법들을 그림 13.12에서 보이고 있다. 높은 값에 대해 여러 방법들이 분명한 기초 구조를 보인다.

18 I. M. Sobol, "On the Ditribution of Points in a Cube and the Approximate Evaluation of Integrals," *USSR Computational Mathematics and Mathematical Physics*, vol. 7, no. 4, pp 86–112, 1667.

19 심벌 $\veebar$는 배타적 논리합(xor)을 표기하며, 모든 입력이 다른 경우에만 참을 반환한다.

20 `Sobol.jl` 패키지는 1,111차원까지의 구현을 제공한다.

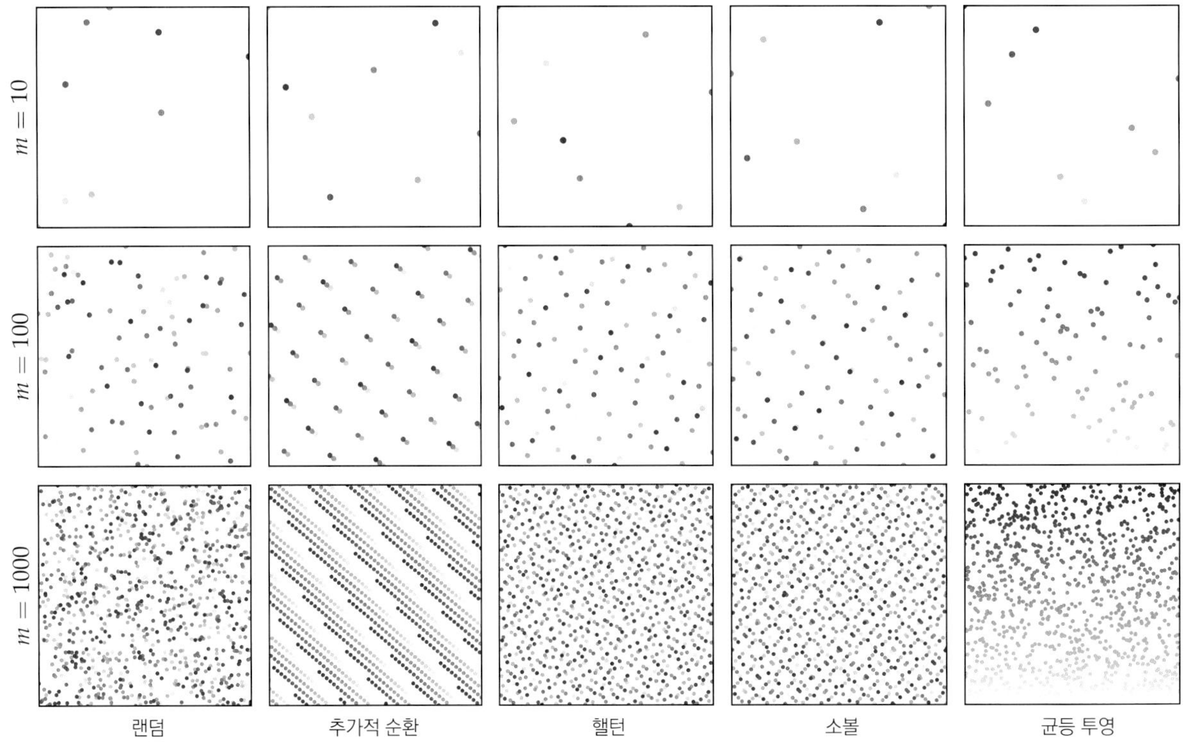

▲ **그림 13.12** 공간 채움 샘플링 플랜의 2차원에서의 비교. 샘플들이 추출된 순서에 따라 색칠된다. 균등 투영 플랜은 랜덤하게 생성됐고, 최적화되지 않았다.

13.8 요약

- 샘플링 플랜은 제한된 수의 점들로 탐색 공간을 커버하는 데 사용된다.
- 완전 요인 샘플링은 균등 이산 꼭지점에서의 샘플링을 하며, 차원수를 지수로 하는 개수의 점들을 요구한다.
- 각 차원을 균등하게 투영하는 균등 투영 플랜은 효율적으로 생성될 수 있으며, 공간을 채우도록 최적화된다.

- 탐욕적 국지적 탐색과 교환 알고리즘은 공간을 최대로 채우는 점들의 부분 집합을 찾는 데 사용된다.
- 준랜덤 수열은 공간 채움 샘플링 플랜을 생성할 수 있는 결정적 절차다.

13.9 연습문제

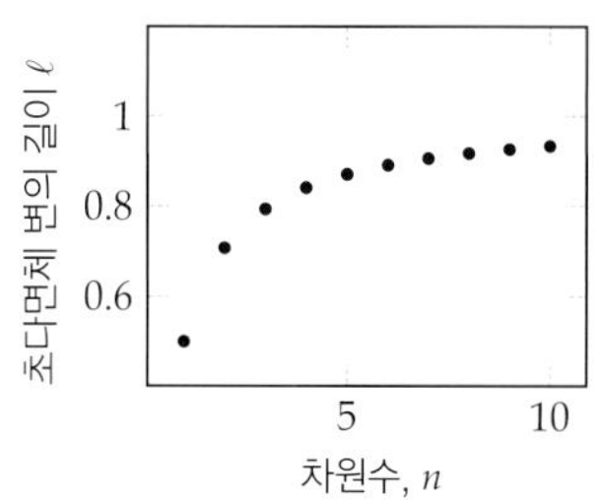

연습 13.1 다차원 공간을 채우는 것은 차원수가 증가함에 따라 기하급수적으로 더 많은 점을 요구한다. 이런 직관의 구현을 돕고자 n차원 단위 다면체 부피의 1/2을 채우도록 n차원 다면체의 변의 길이를 결정하라.

연습 13.2 n차원의 단위 구면체 내에서 무작위로 추출한다고 가정하자. 무작위로 추출된 점들이 $n \to \infty$에 따라 표면으로부터의 거리가 ϵ 이내가 되는 확률을 계산하라. 힌트: 구면체의 부피는 $C(n)r^n$이며, 여기서 r은 반경이고, $C(n)$은 단지 차원 n의 함수다.

연습 13.3 샘플링 플랜 $X = \{\mathbf{x}^{(1)}, \ldots, \mathbf{x}^{(10)}\}$을 가정하자. 여기서

$$\mathbf{x}^{(i)} = [\cos(2\pi i/10), \sin(2\pi i/10)] \tag{13.13}$$

파라미터 q를 2로 설정한 L_2 놈을 이용해 X에 대한 모리스-미첼 기준을 계산하라. 다시 말해 $\Phi_2(X)$를 계산하라. 만약 각 $\mathbf{x}^{(i)}$에 [2, 3]을 더하면 $\Phi_2(X)$는 변할까? 왜 그런지 또는 왜 아닌지를 설명하라.

연습 13.4 가법 순환은 식 (13.7)의 승법 요인 c이 무리수인 것을 요구한다. 왜 c가 유리수가 될 수 없는지?

14 대리 모델

1~13장은 샘플링 플랜을 생성하는 방법들을 논의했다. 14장은 이 샘플들을 이용해서 실제 목적 함수 대신 사용할 수 있는 목적 함수 모델을 구축하는 법을 보여준다. 대리 모델surrogate model은 평활smooth하고 평가하는 비용이 크게 들지 않도록 설계해 효율적으로 최적화할 수 있도록 한다. 이러한 대리 모델을 사용해 실제 목적 함수의 최적점의 탐색할 수 있다.

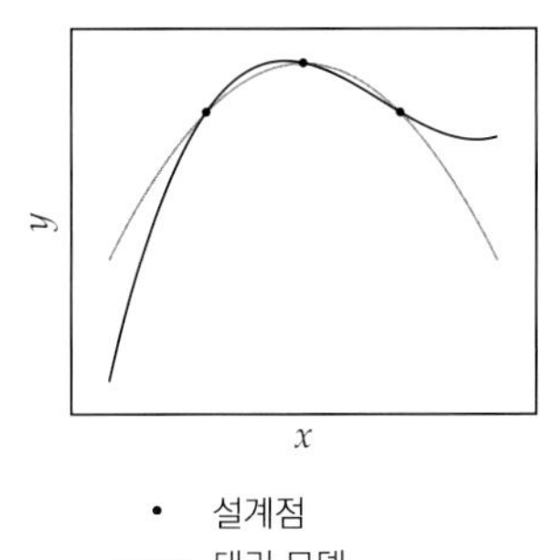

▲ **그림 14.1** 대리 모델은 참목적 함수를 근사한다. 모델이 평가된 설계점에 대해서는 적합화되나, 이들로부터 멀어지면 벗어난다.

14.1 대리 모델의 적합화

θ로 파라미터화된 대리 모델 $\hat{f}$는 참목적 함수 f를 모방하도록 설계한다. f로부터 수집된 샘플을 기반으로 파라미터 θ를 조정해 모델을 적합화fit한다. 대리 모델 예제는 그림 14.1에 보인다.

m개의 설계점이 있다고 가정하자.

$$X = \left\{\mathbf{x}^{(1)}, \mathbf{x}^{(2)}, \ldots, \mathbf{x}^{(m)}\right\} \tag{14.1}$$

설계점에서 평가된 함숫값은 다음과 같다.

$$\mathbf{y} = \left\{y^{(1)}, y^{(2)}, \ldots, y^{(m)}\right\} \tag{14.2}$$

특정 파라미터에 대해 모델은 다음을 예측한다.

$$\hat{\mathbf{y}} = \left\{\hat{f}_\theta(\mathbf{x}^{(1)}), \hat{f}_\theta(\mathbf{x}^{(2)}), \ldots, \hat{f}_\theta(\mathbf{x}^{(m)})\right\} \tag{14.3}$$

설계점들에 대해 모델을 적합화하고자 참평가값과 모델의 예측값 간의 거리를 최소화하도록 파라미터를 조정해야 한다. 거리는 일반적으로 L_p놈Lp Norm을 따른다.[1]

$$\underset{\theta}{\text{minimize}} \quad \|\mathbf{y} - \hat{\mathbf{y}}\|_p \tag{14.4}$$

식 (14.4)는 데이터 포인트에서만의 모델 편차를 최소화한다. 관찰된 점을 벗어나서도 모델이 계속 잘 적합화될지는 보장할 수 없으며, 일반적으로 샘플점으로부터 멀어질수록 모델 정확도는 감소한다.

이런 형태의 모델 적합화model fitting는 회귀regression라 부른다. 회귀 문제를 풀기 위한 많은 연구가 존재하며, 머신러닝에서 광범위하게 연구되고 있다.[2] 14장 이후에서는 대리 모델의 적합화를 위한 여러 유명한 대리 모델과 알고리즘을 다루고, 모델 유형을 선택하는 방법을 제시하는 것으로 마친다.

1 일반적으로 L_2놈을 사용한다. L_2놈의 식을 최소하는 것은 설계점들에서 평균 제곱 오차(mean squared error)를 최소화하는 것과 같다.

2 K. P. Murphy, *Machine Learning: A Probabilistic Perspectives*, MIT Press, 2012.

14.2 선형 모델

간단한 대리 모델은 다음 형태의 선형 모델이다.[3]

3 이 식은 익숙할 것이다. 특정 가설에 대한 식이다.

$$\hat{f} = w_0 + \mathbf{w}^\top \mathbf{x} \qquad \boldsymbol{\theta} = \{w_0, \mathbf{w}\} \tag{14.5}$$

n차원 설계 공간에 대해 선형 모델은 $n+1$개의 파라미터를 갖고, 유일 해가 존재하는 적합화를 위해서 이는 적어도 $n+1$개의 샘플이 필요하다.

$\mathbf{w}$와 w_0를 파라미터로 갖는 대신 하나의 파라미터 벡터 $\boldsymbol{\theta} = [w_0, \mathbf{w}]$를 만들고, 벡터 $\mathbf{x}$에 1을 추가해 다음 식을 얻는 것이 더 일반적이다.

$$\hat{f} = \boldsymbol{\theta}^\top \mathbf{x} \tag{14.6}$$

최적 θ를 찾고자 선형 회귀linear regression 문제를 푼다.

$$\underset{\boldsymbol{\theta}}{\text{minimize}} \quad \|\mathbf{y} - \hat{\mathbf{y}}\|_2^2 \tag{14.7}$$

이는 다음을 푸는 것과 동등하다.

$$\underset{\boldsymbol{\theta}}{\text{minimize}} \quad \|\mathbf{y} - \mathbf{X}\boldsymbol{\theta}\|_2^2 \tag{14.8}$$

여기서 $\mathbf{X}$는 다음과 같이 m개의 데이터 포인트로 형성된 설계 행렬design matrix이다.

$$\mathbf{X} = \begin{bmatrix} (\mathbf{x}^{(1)})^\top \\ (\mathbf{x}^{(2)})^\top \\ \vdots \\ (\mathbf{x}^{(m)})^\top \end{bmatrix} \tag{14.9}$$

```
function design_matrix(X)
    n, m = length(X[1]), length(X)
    return [j==0 ? 1.0 : X[i][j] for i in 1:m, j in 0:n]
end
function linear_regression(X, y)
    θ = pinv(design_matrix(X))*y
    return x -> θ⋅[1; x]
end
```

알고리즘 14.1 설계점 X 리스트로부터 설계 행렬을 구축하는 법과 설계점 X와 목적 함숫값 벡터 y에 선형 회귀를 사용해 대리 모델을 적합화하는 법

알고리즘 14.1은 설계 행렬을 계산하고, 선형 회귀 문제를 푸는 법을 구현한다. 여러 경우의 선형 회귀가 그림 14.2에서 볼 수 있다.

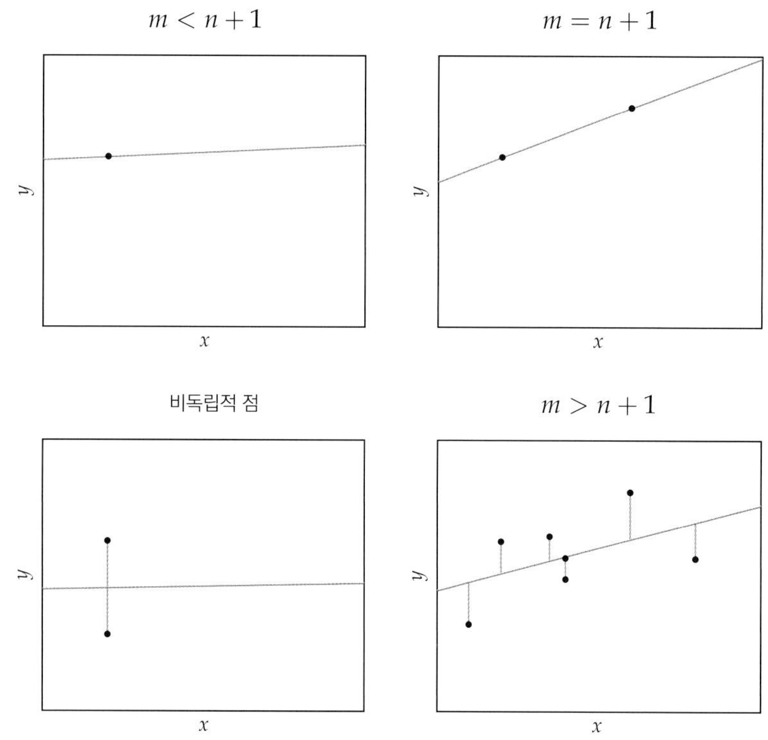

그림 14.2 각 점으로부터 모델까지의 거리의 수직 제곱을 최소화하는 선형 회귀로부터 결과되는 모델. 준역행렬(pseudoinverse)은 점이 존재하면 어떤 설정에 대해서도 유일 해를 산출한다.

왼쪽 아래의 그림은 2개의 분리된 점에 대해 얻은 모델을 보여 준다. 이 경우 $m = n + 1$이다. 두 점이 중복되므로 행렬 **X**는 특이 행렬(singular)이다. **X**가 이 경우처럼 역행렬을 갖지 않아도 준역행렬은 두 점 간을 지나는 유일 해를 산출한다.

선형 회귀는 해석적 해를 갖는다.

$$\boldsymbol{\theta} = \mathbf{X}^{+}\mathbf{y} \tag{14.10}$$

여기서 $\mathbf{X}^{+}$는 $\mathbf{X}$의 무어-펜로즈 준역행렬Moore-Penrose pseudoinverse이다.

만약 $\mathbf{X}^{\top}\mathbf{X}$의 역행렬이 존재하면 준역행렬은 다음과 같이 계산될 수 있다.

$$\mathbf{X}^{+} = \left(\mathbf{X}^{\top}\mathbf{X}\right)^{-1}\mathbf{X}^{\top} \tag{14.11}$$

만약 $\mathbf{X}\mathbf{X}^{\top}$의 역행렬이 존재하면 준역행렬은 다음과 같이 계산될 수 있다.

$$\mathbf{X}^{+} = \mathbf{X}^{\top}\left(\mathbf{X}\mathbf{X}^{\top}\right)^{-1} \tag{14.12}$$

함수 `pinv`는 주어진 행렬의 준역행렬을 계산한다.[4]

4 함수 `pinv`는 특잇값 분해 $\mathbf{X} = \mathbf{U}\boldsymbol{\Sigma}\mathbf{V}^{*}$를 사용해 다음과 같이 준역행렬을 계산한다.

$$\mathbf{X}^{+} = \mathbf{V}\boldsymbol{\Sigma}^{+}\mathbf{U}^{*}$$

여기서 대각 행렬 $\boldsymbol{\Sigma}$의 준역행렬은 대각의 각 비영(nonzero) 원소의 역수를 취하고, 그 결과를 전치함으로써 얻어진다.

14.3 기저 함수

선형 모델은 $\mathbf{x}$의 구성 요소의 선형 결합이다.

$$\hat{f}(\mathbf{x}) = \theta_1 x_1 + \cdots + \theta_n x_n = \sum_{i=1}^{n} \theta_i x_i = \boldsymbol{\theta}^{\top}\mathbf{x} \tag{14.13}$$

이는 다음과 같은 더 일반적인 기저 함수basis function의 선형 결합수의 특수한 예다.

$$\hat{f}(\mathbf{x}) = \theta_1 b_1(\mathbf{x}) + \cdots + \theta_q b_q(\mathbf{x}) = \sum_{i=1}^{q} \theta_i b_i(\mathbf{x}) = \boldsymbol{\theta}^{\top}\mathbf{b}(\mathbf{x}) \tag{14.14}$$

선형 회귀의 경우 기저 함수는 단순히 각 원소 그 자체, 즉 $b_i(\mathbf{x}) = x_i$다.

기저 함수의 선형결합으로 표현되는 어떤 대리 모델도 다음의 회귀식을 사용해 적합화할 수 있다.

$$\underset{\theta}{\text{minimize}} \quad \|\mathbf{y} - \mathbf{B}\theta\|_2^2 \tag{14.15}$$

여기서 $\mathbf{B}$는 m 데이터점들로 형성되는 기저 행렬이다.

$$\mathbf{B} = \begin{bmatrix} \mathbf{b}(\mathbf{x}^{(1)})^\top \\ \mathbf{b}(\mathbf{x}^{(2)})^\top \\ \vdots \\ \mathbf{b}(\mathbf{x}^{(m)})^\top \end{bmatrix} \tag{14.16}$$

가중치 파라미터는 준역행렬을 사용해 구할 수 있다.

$$\theta = \mathbf{B}^+\mathbf{y} \tag{14.17}$$

알고리즘 14.2는 더 일반적인 회귀 절차를 구현한다.

```
using LinearAlgebra
function regression(X, y, bases)
    B = [b(x) for x in X, b in bases]
    θ = pinv(B)*y
    return x -> sum(θ[i] * bases[i](x) for i in 1 : length(θ))
end
```

알고리즘 14.2 bases 배열에 포함된 기저 함수 회귀를 사용해 설계점 리스트 X와 이에 상응하는 목적함숫값 y에 대해 대리 모델을 적합하는 법

선형 모델은 비선형 관계를 포착할 수 없다. 더 표현력이 강한 대리 모델을 표현하는 다른 군의 다양한 기저 함수들이 존재한다. 14장의 나머지 부분에서 몇 개의 일반적인 군의 기저 함수들을 논의한다.

14.3.1 다항 기저 함수

다항 기저 함수polynomial basis function는 각각 거듭제곱이 되는 설계 벡터의 구성 요소의 곱으로 구축된다. 선형 모델은 다항 기저 함수의 특별한 경우다.

테일러 급수 전개Taylor series expansion[5]로 어떠한 무한 미분 가능한 함수도 충분한 차수의 다항식으로 충분히 근사할 수 있다는 것을 안다. 알고리즘 14.3을 사용해 이런 기저base를 구축할 수 있다.

5 부록 C.2에서 다룬다.

```
polynomial_bases_1d(i, k) = [x->x[i]^p for p in 0:k]
function polynomial_bases(n, k)
    bases = [polynomial_bases_1d(i, k) for i in 1 : n]
    terms = Function[]
    for ks in product([0:k for i in 1:n]...)
        if sum(ks) ≤ k
            push!(terms,
                x->prod(b[j+1](x) for (j,b) in zip(ks,bases)))
        end
    end
    return terms
end
```

알고리즘 14.3 설계점의 i번째 원소에 대해 k차까지의 다항 기저 함수 배열을 구축하는 법과 k차원까지의 항에 대한 n차원 다항 기저 리스트를 구축하는 법

1차원에서 k차 다항 모델은 다음과 같은 형태를 갖는다.

$$\hat{f}(x) = \theta_0 + \theta_1 x + \theta_2 x^2 + \theta_3 x^3 + \cdots + \theta_k x^k = \sum_{i=0}^{k} \theta_i x^i \tag{14.18}$$

따라서 0에서 k까지의 범위를 갖는 i에 대해 $b_i(x) = x^i$의 기저 함수 세트set를 갖는다.

2차원에서 k차 다항 모델은 다음 형태의 기저 함수를 갖는다.

$$b_{ij}(\mathbf{x}) = x_1^i x_2^j \text{ for } i, j \in \{0, \ldots, k\}, \;\; i + j \leq k \tag{14.19}$$

다항 대리 모델을 적합화하는 것은 회귀 문제다. 따라서 다항 모델은 더 고차의 공간에서 선형이다(그림 14.3). 기저 함수의 어떤 선형 결합도 더 높은 차원 공간에서 선형 회귀로 생각할 수 있다.

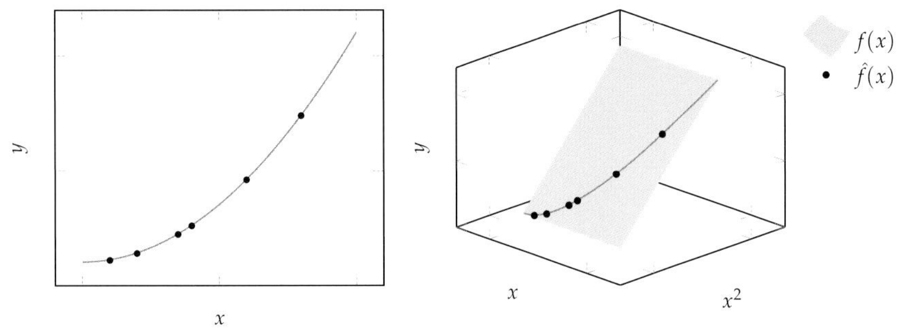

◀ **그림 14.3** 다항 모델은 더 고차의 공간에서 선형이다. 기저로부터 구축되는 평면에 함수가 존재한다. 하지만 항들이 독립이 아니므로 전체 평면을 차지하지는 않는다.

14.3.2 사인 기저 함수

유한 정의역에 대한 연속 함수는 사인 기저 함수sinusoidal basis function의 무한셋infinite set으로 표현할 수 있다.[6] 구간 $[a, b]$ 위의 적분 가능한 어떤 일변수 함수 f에 대해서 푸리에 급수Fourier series가 구축될 수 있다.

$$f(x) = \frac{\theta_0}{2} + \sum_{i=1}^{\infty} \theta_i^{(\sin)} \sin\left(\frac{2\pi i x}{b-a}\right) + \theta_i^{(\cos)} \cos\left(\frac{2\pi i x}{b-a}\right) \tag{14.20}$$

위에서

$$\theta_0 = \frac{2}{b-a}\int_a^b f(x)\,dx \tag{14.21}$$

$$\theta_i^{(\sin)} = \frac{2}{b-a}\int_a^b f(x)\sin\left(\frac{2\pi i x}{b-a}\right)dx \tag{14.22}$$

$$\theta_i^{(\cos)} = \frac{2}{b-a}\int_a^b f(x)\cos\left(\frac{2\pi i x}{b-a}\right)dx \tag{14.23}$$

다항 모델에 테일러 급수의 처음 몇 개 항이 사용된 것과 똑같이 푸리에 급수의 처음 몇 개 항만이 사인 모델에 사용된다. $[a, b]$ 정의역에 속하는 단일 원소 x, $x \in [a, b]$에 대한 기저는 다음과 같다.

6 함수가 주기적이면 전체 실수 선상에 정의된 함수를 푸리에 급수로 정확하게 표현할 수 있다.

$$
\begin{cases}
b_0(x) & = 1/2 \\
b_i^{(\sin)}(x) & = \sin\left(\frac{2\pi i x}{b-a}\right) \\
b_i^{(\cos)}(x) & = \cos\left(\frac{2\pi i x}{b-a}\right)
\end{cases}
\tag{14.24}
$$

다항 모델의 항들을 조합한 것과 동일하게 다차원 사인 모델의 항들을 조합한다. 알고리즘 14.4는 사인 기저 함수들을 구축하는 데 사용한다. 사인 회귀의 여러 경우가 그림 14.4에 보인다.

```
function sinusoidal_bases_1d(j, k, a, b)
    T = b[j] - a[j]
    bases = Function[x->1/2]
    for i in 1 : k
        push!(bases, x->sin(2π*i*x[j]/T))
        push!(bases, x->cos(2π*i*x[j]/T))
    end
    return bases
end
function sinusoidal_bases(k, a, b)
    n = length(a)
    bases = [sinusoidal_bases_1d(i, k, a, b) for i in 1 : n]
    terms = Function[]
    for ks in product([0:2k for i in 1:n]...)
        powers = [div(k+1,2) for k in ks]
        if sum(powers) ≤ k
            push!(terms,
                x->prod(b[j+1](x) for (j,b) in zip(ks,bases)))
        end
    end
    return terms
end
```

알고리즘 14.4 `sinusoidal_bases_1d`는 하한 a와 상한 b로 주어진 설계 벡터의 i번째 원소에 대해 k차까지의 기저 함수 리스트를 생성한다. `sinusoidal_bases` 메서드는 하한 벡터 a와 상한 벡터 b에 대해 k차까지의 모든 기저 함수 조합을 생성한다.

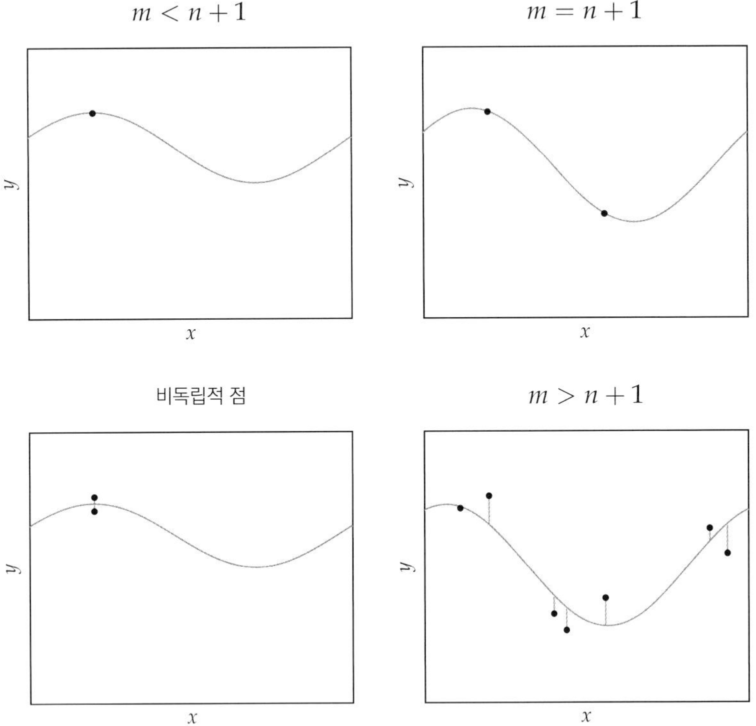

◀ **그림 14.4** 잡음점(noisy point)에 대한 사인 모델의 적합화

14.3.3 방사 기저 함수

방사 함수radial function ψ는 한 점의 중심점 $\mathbf{c}$로부터의 거리에만 의존한다. 따라서 $\psi(\mathbf{x}, \mathbf{c}) = \psi(\|\mathbf{x} - \mathbf{c}\|) = \psi(r)$와 같이 표현할 수 있다.

방사 함수는 방사 함수로 함수의 언덕이나 골짜기를 표현하므로 편리한 기저 함수다. 일반적 기저 함수 몇 개를 그림 14.5에서 보여 준다.

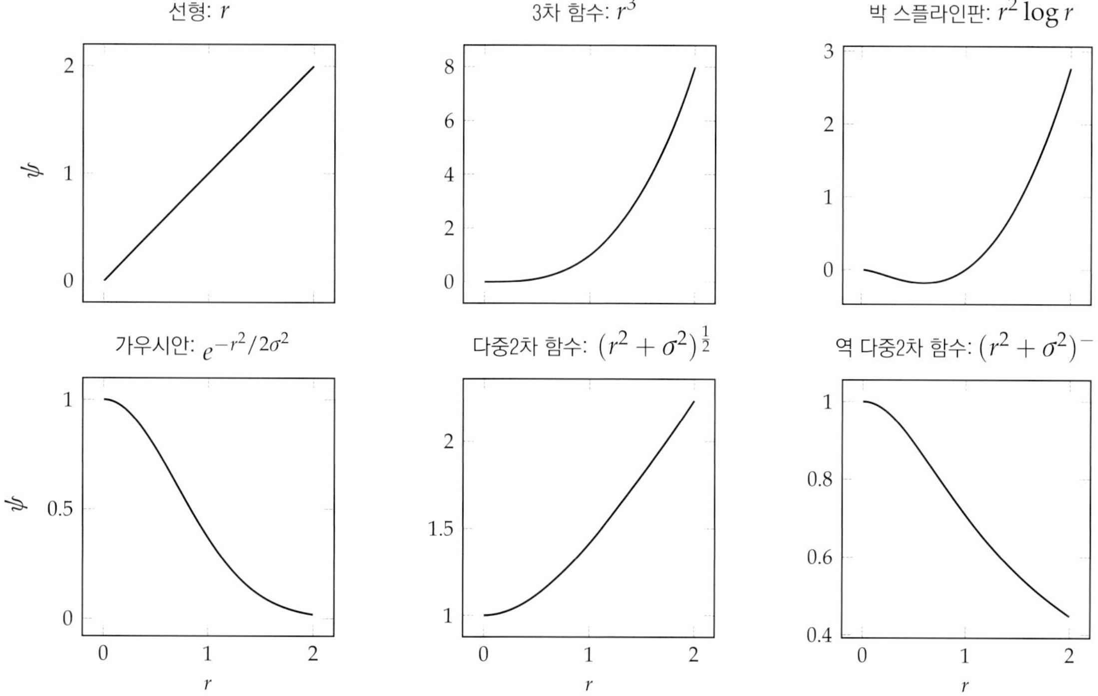

▲ **그림 14.5** 여러 방사 기저 함수

기저 함수는 중심점들을 지정하는 것을 요구한다. 한 세트set의 데이터점들에 방사 기저 함수를 적합화할 때 한 방법은 데이터점들을 중심으로 사용하는 것이다. m개의 점들에 대해 다음의 m개의 방사 기저 함수들을 구축한다.

$$b_i(\mathbf{x}) = \psi(\|\mathbf{x} - \mathbf{x}^{(i)}\|) \quad \text{for } i \in \{1, \ldots, m\} \tag{14.25}$$

상응하는 $m \times m$ 기저 행렬은 항상 준정부호semidefinite다. 알고리즘 14.5를 사용해 이미 알고 있는 중심점들을 가진 방상 기저 함수들을 구축할 수 있다. 여러 방사 기저 함수의 대리 모델을 그림 14.6에서 보여 준다.

```
radial_bases(ψ, C, p=2) = [x->ψ(norm(x - c, p)) for c in C]
```

알고리즘 14.5 방사 기저 함수 ψ, 중심점 리스트 C와 L_p놈 파라미터 p가 주어졌을 때 기저 함수 리스트를 구하는 법

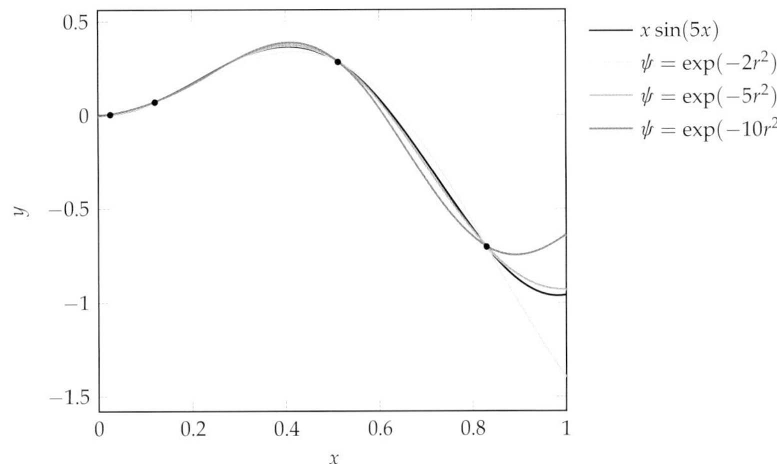

◀ **그림 14.6** 4개의 비잡음 샘플을 기반으로 $x\sin(5x)$를 적합화하고자 사용한 여러 가우시안 방사 기저 함수

14.4 잡음을 포함한 목적 함수의 적합화

회귀를 사용한 적합화된 모델은 모든 설계점을 가능한 한 가장 가깝게 통과한다. 목적 함수의 값에 잡음이 포함될 때 복잡한 모델은 지나치게 적합화해 모든 점을 통과하려는 경향이 있다. 그러나 평활한 적합화smooth fit가 종종 참 기초 목적 함수의 더 좋은 예측기가 된다.

식 (14.15)에 설정된 기저 회귀 문제는 더 평활한 해를 선호하도록 확대될 수 있다. 규제화 항regularization term이 예측 오차에 더해져서 해에 대해 더 낮은 가중치를 갖도록 한다. 이를 반영한 L_2 규제화를 가진 기저 회귀 문제는 다음과 같다.[7]

$$\underset{\boldsymbol{\theta}}{\text{minimize}} \quad \|\mathbf{y} - \mathbf{B}\boldsymbol{\theta}\|_2^2 + \lambda\|\boldsymbol{\theta}\|_2^2 \tag{14.26}$$

7 부록 C.4에서 다루는 다른 L_p도 사용될 수 있다. L_1놈을 사용하면 덜 영향력이 있는 원소의 가중치가 0이 되는 희소 해(sparse solution)를 갖게 된다. 이는 중요한 기저함수를 식별하는 데 유용하다.

여기서 $\lambda \geq 0$는 평활화 파라미터smoothing parameter인데 $\lambda = 0$이면 평활화가 반영되지 않는다.

최적 파라미터 벡터는 다음과 같이 주어진다.[8]

$$\theta = \left(\mathbf{B}^\top \mathbf{B} + \lambda \mathbf{I}\right)^{-1} \mathbf{B}^\top \mathbf{y} \tag{14.27}$$

8 행렬 $(\mathbf{B}^\top \mathbf{B} + \lambda \mathbf{I})$가 항상 역행렬을 갖는 것은 아니다. 충분히 큰 λ로 역행렬을 항상 생성할 수 있다.

여기서 $\mathbf{I}$는 항등 행렬identity matrix이다.

알고리즘 14.6은 L_2 규제화를 가진 회귀를 구현한다. 잡음을 가진 샘플에 적합화된 여러 방사 기저 함수 대리 모델을 그림 14.7에서 볼 수 있다.

```
function regression(X, y, bases, λ)
    B = [b(x) for x in X, b in bases]
    θ = (B'B + λ*I)\B'y
    return x -> sum(θ[i] * bases[i](x) for i in 1 : length(θ))
end
```

알고리즘 14.6 잡음이 존재하는 경우의 회귀법. λ는 평활화 파라미터다. 설계점 리스트 X와 상응하는 목적 함숫값 y에 대해 기저 함수 bases를 사용한 적합화된 대리 모델을 반환한다.

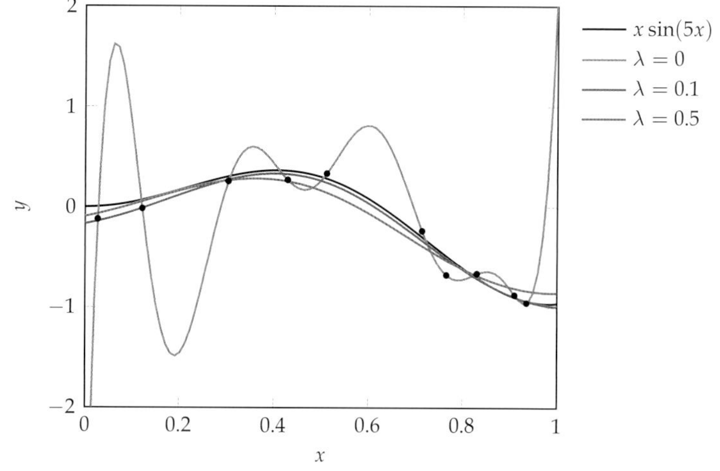

그림 14.7 10개의 잡음 샘플과 방사 기저 함수 $\psi = \exp(-5r^2)$.를 기반으로 평균 0와 표준편차 0.1 오차의 $x\sin(5x)$에 적합화하고자 사용한 여러 상이한 가우시안 방사 기저 함수

14.5 모델 선택

이제까지는 특정 모델을 데이터에 적합화하는 법을 논의했다. 14.5절은 사용할 모델을 선택하는 법을 설명한다. 일반적으로 모델 학습에 사용된 데이터에 포함되지 않는 데이터까지 포함한 전체 설계 공간에 대한 모델 오차 척도인 **일반화 오차**generalization error를 최소화하고자 한다. 일반화 오차를 측정하는 한 가지 척도는 예측 제곱 오차의 기댓값이다.

$$\epsilon_{\text{gen}} = \mathbb{E}_{\mathbf{x}\sim\mathcal{X}}\left[\left(f(\mathbf{x}) - \hat{f}(\mathbf{x})\right)^2\right] \tag{14.28}$$

물론 이 일반화 오차를 정확하게 계산할 수는 없다. 왜냐하면 이는 근사하려는 함수를 알아야 하기 때문이다. 모델의 일반화 오차를 **훈련 오차**training error로부터 추정하는 유혹을 가질 수 있다. 훈련 오차를 측정하는 한 방법은 훈련 샘플 m개에 대해 평가된 모델의 **평균 제곱 오차**MSE, Mean Squared Error다.

$$\epsilon_{\text{train}} = \frac{1}{m}\sum_{i=1}^{m}\left(f(\mathbf{x}^{(i)}) - \hat{f}(\mathbf{x}^{(i)})\right)^2 \tag{14.29}$$

그러나 훈련 데이터에서 성과가 좋은 것이 반드시 낮은 일반화 오차에 상응하지는 않는다. 복잡한 모델은 훈련셋training set의 오차를 줄일 수 있지만, 예제 14.1에 예시된 바와 같이 설계 공간의 다른 점들에 대해 좋은 예측을 제공하지 않을 수 있다.[9]

14.5절은 일반화 오차를 추정하는 여러 방법을 논의한다. 이 방법들은 데이터의 부분 집합에 대해 훈련과 테스트를 한다. 훈련 인덱스 리스트와 테스트 인덱스 리스트를 포함하는 `TrainTest` 타입(알고리즘 14.7)을 소개한다. `fit` 메서드는 훈련셋을 취해서 모델을 생성한다. `metric` 메서드는 모델과 테스트셋test set을 취해서 평균 제곱 오차와 같은 척도metric을 생성한다. `train_and_validate` 메서드(알고리즘 14.7)는 훈련과 모델 평가를 위한 유틸리티 함수다. 일반화 오차를 추정할 때 데이

9 머신러닝의 주요 테마는 훈련 데이터의 과대적합을 피하고자 모델 복잡성의 균형을 맞추는 것이다. K. P. Murphy, *Machine learning: A Probabilistic Perspective*, MIT Press, 2012.

터 부분 집합에 훈련하더라도 사용할 모델을 선택하면 전체 데이터셋dataset에 대해서 훈련할 수 있다.

예제 14.1 다항 대리 모델의 차수 변화에 따른 훈련과 일반화 오차의 비교

목적 함수 평가에 여러 차수의 다항식으로 적합화하는 것을 고려하자.

$$f(x) = x/10 + \sin(x)/4 + \exp\left(-x^2\right)$$

아래에 $[-4, 4]$에 걸쳐 균등하게 배치된 동일한 9개의 함숫값을 사용해 차수를 변화할 때의 다항 대리 모델의 그림을 보여 주고 있다. 훈련과 일반화 오차 역시 보여 주고 있는데 일반화 오차는 $[-5, 5]$에 대해 계산된다.

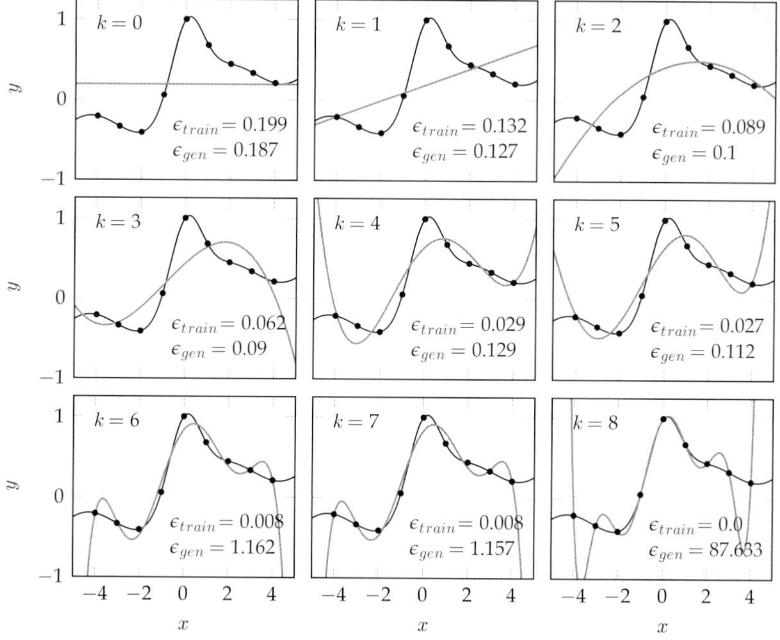

그림은 k의 매우 높은 값과 낮은 값 모두에 대해 일반화 오차가 높고, 다항식의 차수가 증가할수록 훈련 오차가 감소하는 것을 보여 준다. 고차 다항식이 특히 $[-4, 4]$ 구간을 벗어나면 예측력이 나빠진다.

```
struct TrainTest
    train
    test
end
function train_and_validate(X, y, tt, fit, metric)
    model = fit(X[tt.train], y[tt.train])
    return metric(model, X[tt.test], y[tt.test])
end
```

알고리즘 14.7 한 척도로 모델을 훈련하고 검증하는 유틸리티 타입과 방법. 여기서 `train`과 `test`는 훈련 데이터 안의 인덱스이고, `X`는 설계점 리스트, `y`는 해당 함숫값 벡터, `tt`는 훈련-테스트 분할(partition), `fit`는 모델 적합화 함수이고, `metric`은 일반화 오차를 추정하고자 테스트셋에 대해 모델을 평가한다.

14.5.1 홀드아웃

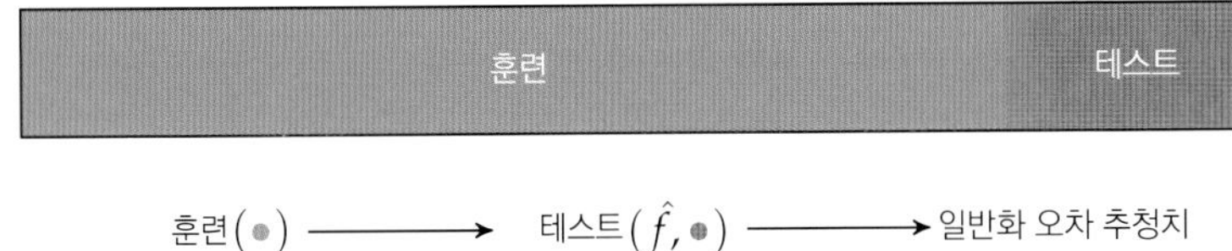

◀ **그림 14.8** 데이터를 훈련과 테스트셋으로 분리한 홀드아웃법

일반화 오차를 추정하는 간단한 방법은 홀드아웃법^holdout method^이다. 이는 그림 14.8에서 보듯이 이용 가능한 데이터를 h개의 샘플을 가진 테스트셋 $\mathcal{D}_h$와 나머지 $m-h$개의 샘플을 가진 훈련셋 $\mathcal{D}_t$로 나눈다. 훈련셋은 모델 파라미터를 적합화하는 데 사용한다. 홀드아웃 테스트셋은 모델 적합화하는 동안에 사용하지 않으므로 일반화 오차를 추정하는 데 사용한다. 데이터의 크기와 성격에 따라 전형적으로 50% 훈련, 50% 테스트에서 90% 훈련, 10% 테스트까지의 범위의 상이한 분리 비율^split ratio^을 사용한다. 훈련에 너무 작은 샘플을 사용하면 적합화가 나빠지고(그림 14.9), 너무 많은 데이터를 사용하면 일반화 추정값이 나빠진다.

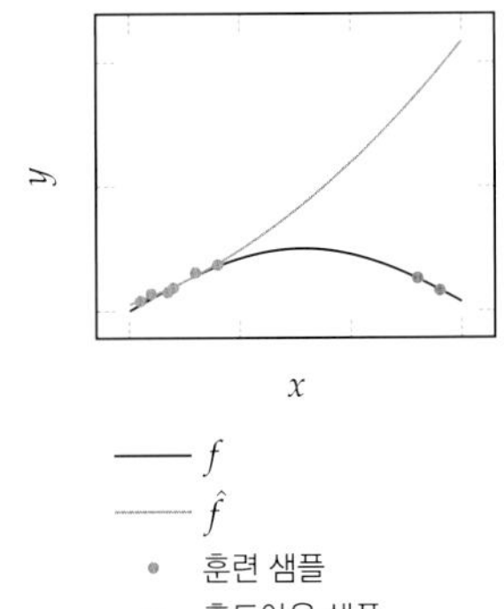

▲ **그림 14.9** 나쁜 훈련-테스트 분할은 나쁜 모델 성과를 초래한다.

훈련셋에 대해 적합화된 모델 $\hat{f}$의 홀드아웃 오차는 다음과 같다.

$$\epsilon_{\text{holdout}} = \frac{1}{h} \sum_{(\mathbf{x},y)\in\mathcal{D}_h} \left(y - \hat{f}(\mathbf{x})\right)^2 \tag{14.30}$$

분리 비율이 고정될지라도 홀드아웃 오차는 선택된 특정 훈련-테스트 분리에 의존한다. 무작위로 하나의 분할partition을 선택하는 것은 단지 한 점의 추정치를 구한다(알고리즘 14.8). 랜덤 하위 샘플링random subsampling(알고리즘 14.9)에서는 랜덤하게 선택한 훈련-테스트 분할에 대해서 홀드아웃법을 여러 번 적용한다. 추정된 일반화 오차는 모든 실행에 대한 평균이다. 검증셋이 랜덤하게 선택되므로 이 방법은 모든 데이터점에 대해 검증하는 것을 보장하지 못한다.

```
function holdout_partition(m, h=div(m,2))
    p = randperm(m)
    train = p[(h+1):m]
    holdout = p[1:h]
    return TrainTest(train, holdout)
end
```

알고리즘 14.8 m개의 데이터 샘플을 훈련과 홀드아웃셋으로 랜덤하게 분리하는 법으로 h개의 샘플이 홀드아웃셋에 할당된다.

```
function random_subsampling(X, y, fit, metric;
    h=div(length(X),2), k_max=10)
    m = length(X)
    mean(train_and_validate(X, y, holdout_partition(m, h),
        fit, metric) for k in 1 : k_max)
end
```

알고리즘 14.9 홀드아웃법의 k_max 실행으로 모델 일반화 오차의 평균과 표준편차를 구하는 랜덤 하위 샘플링법

14.5.2 교차 검증

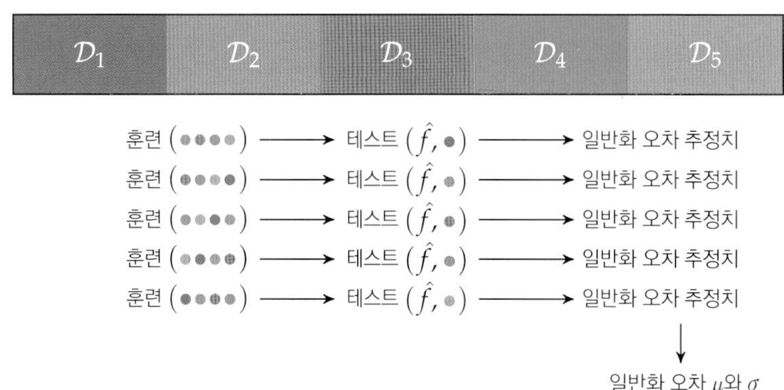

◀ **그림 14.10** 교차 검증(cross validation)은 데이터를 동일한 크기의 셋으로 분할한다. 각 셋은 한 번씩 홀드아웃셋이 된다. 위에서 5겹 교차 검증(5-fold cross validation)을 보인다.

하나의 훈련-테스트 분리를 사용하는 것은 낭비가 크다. 왜냐하면 모델 조정^model tuning^을 위해 단지 데이터의 일부만을 이용하기 때문이다. k겹 교차 검증^k-fold cross validation^을 사용해서 더 좋은 결과를 얻을 수 있다.[11] 이는 그림 14.10에서 보듯이 원데이터셋 $\mathcal{D}$를 동일 또는 거의 동일한 크기의 k개의 셋 $\mathcal{D}_1$, $\mathcal{D}_2$, ..., $\mathcal{D}_k$로 랜덤하게 분리하고, 알고리즘 14.10으로 구현한다. 다음 k 모델을 $k-1$개의 부분 집합에 대해서 한 모델씩 훈련하고 나머지 한 셋을 사용해 일반화 오차를 추정한다. 일반화 오차의 교차 검증 추정치는 모든 겹^fold^에 대한 평균 일반화 오차다.[12]

11 교대 추정(rotation estimation)이라고도 한다.

12 랜덤 하위 샘플링에서처럼 분산 추정치를 겹에 대한 표준편차로부터 얻을 수 있다.

$$\begin{aligned}\epsilon_{\text{cross-validation}} &= \frac{1}{k}\sum_{i=1}^{k}\epsilon^{(i)}_{\text{cross-validation}} \\ \epsilon^{(i)}_{\text{cross-validation}} &= \frac{1}{|\mathcal{D}^{(i)}_{\text{test}}|}\sum_{(\mathbf{x},y)\in\mathcal{D}^{(i)}_{\text{test}}}\left(y-\hat{f}^{(i)}(\mathbf{x})\right)^2\end{aligned} \tag{14.31}$$

여기서 $\epsilon^{(i)}_{\text{cross-validation}}$과 $\mathcal{D}^{(i)}_{\text{test}}$는 각각 교차 검증 추정값과 i번째 겹을 위해 잔류된 테스트셋이다.

```
function k_fold_cross_validation_sets(m, k)
    perm = randperm(m)
    sets = TrainTest[]
    for i = 1:k
        validate = perm[i:k:m];
        train = perm[setdiff(1:m, i:k:m)]
        push!(sets, TrainTest(train, validate))
    end
    return sets
end
function cross_validation_estimate(X, y, sets, fit, metric)
    mean(train_and_validate(X, y, tt, fit, metric)
         for tt in sets)
end
```

알고리즘 14.10 t_fold_cross_validation_sets 메서드는 m개의 샘플에 대한 k겹 교차 검증(k≤m)을 위해 필요한 셋을 구축한다. cross_validation_estimate 메서드는 sets에 포함된 훈련-검증셋 리스트에 대해 훈련과 검증함으로써 얻은 일반화 오차 추정값의 평균을 계산한다. 인수로 사용되는 다른 변수는 설계점 리스트 x, 상응하는 목적 함숫값 y, 대리 모델을 적합화하는 함수 fit과 데이터셋에 대해 모델을 평가하는 함수 metric이다.

교차 검증 역시 특정 데이터셋 분리에 의존한다. 하나의 예외는 단일 잔류 교차 검증leave-one-out-cross-validation으로 $k = m$의 결정적 분리를 사용한다. 이는 가능한 한 많은 데이터에 대해 훈련을 하지만, m개의 모델을 훈련해야 한다.[13] 완전 교차 검증complete cross-validation으로 알려져 있는데 $\binom{m}{m/k}$개의 가능한 모든 분할에 대해 평균하는 것은 비용이 너무 크다. 여러 개의 교차 검증 실행을 평균할 수 있지만, 한 번의 교차 검증 분리로부터 모델을 평균하는 것이 일반적이다.

예제 14.2에 교차 검증이 소개된다.

13 M. Stone, "Cross-Validatory Choice and Assessment of Statistical Predictinos," *Journal of the Royal Statistical Society*, vol. 36, no. 2, pp. 111–147, 1974.

예제 14.2 하이퍼파라미터를 적합화하고자 사용한 교차 검증

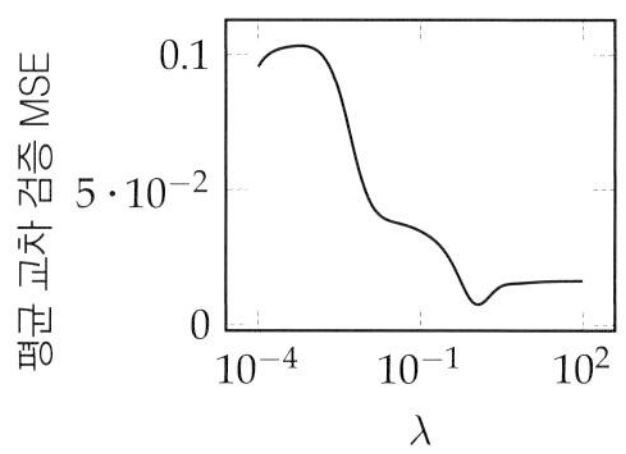

잡음 파라미터 λ(14.4절)의 방사 기저 함수를 사용해 잡음을 포함한 목적 함수를 적합화하고자 한다. 교차 검증을 사용해 λ를 결정한다. 잡음 목적 함수로부터 10개의 샘플을 받는다. 실제로는 목적 함수를 모르지만, 여기서는 다음을 사용한다.

$$f(x) = \sin(2x)\cos(10x) + \epsilon/10$$

여기서 $x \in [0, 1]$이고, e는 평균 0과 분산 1의 랜덤 잡음 $\epsilon \sim \mathcal{N}(0, 1)$이다.

```
Random.seed!(0)
f = x->sin(2x)*cos(10x)
X = rand(10)
y = f.(X) + randn(length(X))/10
```

랜덤하게 할당된 3겹을 사용한다.

```
sets = k_fold_cross_validation_sets(length(X), 3)
```

다음, 척도 평균 제곱 오차를 사용한다.

```
metric = (f, X, y)->begin
    m = length(X)
    return sum((f(X[i]) - y[i])^2 for i in m)/m
end
```

상이한 값의 λ로 루프를 돌리고, 상이한 방사 기저 함수로 적합화한다. 가우시안 방사 기저를 사용한다. 교차 검증을 사용해 각 값에 대해 MSE를 구한다.

```
λs = 10 .^ range(-4, stop=2, length=101)
es = []
basis = r->exp(-5r^2)
for λ in λs
    fit = (X, y)->regression(X, y, radial_bases(basis, X), λ)
    push!(es,
          cross_validation_estimate(X, y, sets, fit, metric)[1])
end
```

결과 곡선은 $\lambda \approx 0.2$에서 최솟값을 갖는다.

14.5.3 부트스트랩

부트스트랩법bootstrap method[14]은 여러 개의 부트스트랩 샘플bootstrap samples을 사용한다. 이는 독립적인 균등 분포로 랜덤하게 선택된 크기 m의 데이터셋의 m 인덱스로 구성된다. 인덱스가 복원 추출되므로 그림 14.11에서 보듯이 몇 인덱스는 중복 선택될 수 있고, 몇 인덱스는 전혀 선택되지 않을 수 있다. 부트스트랩 샘플을 사용해 모델을 적합화하고, 다음 원original훈련셋에서 평가한다. 부트스트랩 샘플을 얻는 방법은 알고리즘 14.11이 제공한다.

14 B. Efron, "Bootstrap Methods: Another Look at the Jackknife," *The Annals of Statistics*, vol. 7, pp. 1-26, 1979.

훈련(•) ⟶ 테스트($\hat{f}$, •) ⟶ 일반화 오차 추정치

◀ **그림 14.11** 단일 부트스트랩 샘플은 복원 추출된 데이터셋의 m개의 인덱스로 구성된다. 부트스트랩 샘플을 사용해 모델을 추정하고 추정된 모델을 전체 데이터셋에 대해 평가해 일반화 오차 추정치를 얻는다.

```
bootstrap_sets(m, b) = [TrainTest(rand(1:m, m), 1:m) for i in 1:b]
```

알고리즘 14.11 각각 크기 m의 데이터셋에 대한 부트스트랩 샘플을 b개 얻는 법

b개의 부트스트랩 샘플이 추출되면 일반화 오차의 부트스트랩 추정은 추출된 일반화 추정값 $\epsilon_{\text{test}}^{(1)}, \ldots, \epsilon_{\text{test}}^{(b)}$의 평균이다.

$$\epsilon_{\text{boot}} = \frac{1}{b}\sum_{i=1}^{b}\epsilon_{\text{test}}^{(i)} \tag{14.32}$$

$$= \frac{1}{m}\sum_{j=1}^{m}\frac{1}{b}\sum_{i=1}^{b}\left(y^{(j)} - \hat{f}^{(i)}(\mathbf{x}^{(j)})\right)^2 \tag{14.33}$$

위에서 $\hat{f}^{(i)}$는 i번째 부트스트랩 샘플에 대해 적합화된 모델이다. 알고리즘 14.12로 부트스트랩 모델을 구현한다.

식 (14.32)의 부트스트랩 오차는 모델을 적합화한 데이터점들에 대해 모델을 테스트한다. 단일 잔류 부트스트랩 추정치leave-one-out bootstrap estimate는 잔류된 데이터

에 대해 적합화된 모델만을 평가함으로써 편향의 원천을 제거한다.

$$\epsilon_{\text{leave-one-out-boot}} = \frac{1}{m}\sum_{j=1}^{m}\frac{1}{c_{-j}}\sum_{i=1}^{b}\begin{cases}\left(y^{(j)} - \hat{f}^{(i)}(\mathbf{x}^{(j)})\right)^2 & j\text{번째 인덱스가 } i\text{번째 부트스트랩 샘플에 있지 않다면,} \\ 0 & \text{그렇지 않으면}\end{cases} \tag{14.34}$$

위 식에서 c_{-j}는 인덱스 j를 포함하지 않는 부트스트랩 샘플의 개수다. 알고리즘 14.13으로 단일 잔류 부트스트랩법을 구현한다.

특정 인덱스가 부트스트랩 샘플에 존재하지 않을 확률은 다음과 같다.

$$\left(1 - \frac{1}{m}\right)^m \approx e^{-1} \approx 0.368 \tag{14.35}$$

따라서 하나의 부트스트랩 샘플은 원데이터로부터 평균 $0.632m$개의 서로 다른 인덱스를 포함하는 것으로 예상할 수 있다.

```
function bootstrap_estimate(X, y, sets, fit, metric)
    mean(train_and_validate(X, y, tt, fit, metric) for tt in sets)
end
```

알고리즘 14.12 sets에 포함된 훈련-검증 리스트에 대한 훈련과 검증을 통한 부트스트랩 일반화 오차 계산법. 인수로 포함되는 다른 변수는 설계점 X, 상응하는 목적함숫값 y, 대리 모델의 적합화 함수 f와 데이터셋에 대한 평가 함수 metric이다.

```
function leave_one_out_bootstrap_estimate(X, y, sets, fit, metric)
    m, b = length(X), length(sets)
    ε = 0.0
    models = [fit(X[tt.train], y[tt.train]) for tt in sets]
    for j in 1 : m
        c = 0
        δ = 0.0
        for i in 1 : b
            if j ∉ sets[i].train
              c += 1
              δ += metric(models[i], [X[j]], [y[j]])
```

알고리즘 14.13 훈련-검증셋 sets을 사용한 단일 잔류 부트스트랩 일반화 오차 추정치 계산법. 인수로 포함되는 다른 변수는 설계점 X, 상응하는 목적 함숫값 y, 대리 모델의 적합화 함수 f와 데이터셋에 대한 평가 함수 metric이다.

```
            end
        end
        ε += δ/c
    end
    return ε/m
end
```

불행하게도 단일 잔류 부트스트랩 추정치는 변화하는 테스트셋의 크기로 인해 새로운 편향을 가져온다. 0.632 부트스트랩 추정치^0.632 bootstrap estimate^(알고리즘 14.14)는 이 편향을 완화한다.[15]

$$\epsilon_{0.632\text{-boot}} = 0.632\epsilon_{\text{leave-one-out-boot}} + 0.368\epsilon_{\text{boot}} \tag{14.36}$$

15 0.632 부트스트랩 추정치는 B. Efron, "Estimating the Error Rate of a Prediction Rule: Improvement on Cross-Validation," *Journal of the American Statistical Association*, vol. 78, no. 382, pp. 316–331.에 도입된다. 0.632+ 부트스트랩 추정치는 B. Efron and R. Tibshirani, "Improvement on Cross-Validation: The .632+ Bootstrap Method," *Journal of the American Statistical Association*, vol. 92, no. 438, pp. 548–560, 1997에서 소개된다.

```
function bootstrap_632_estimate(X, y, sets, fit, metric)
    models = [fit(X[tt.train], y[tt.train]) for tt in sets]
    ϵ_loob = leave_one_out_bootstrap_estimate(X,y,sets,fit,metric)
    ϵ_boot = bootstrap_estimate(X,y,sets,fit,metric)
    return 0.632ϵ_loob + 0.368ϵ_boot
end
```

알고리즘 14.14 데이터 포인트 X, 목적 함숫값 y, 부트스트랩 샘플 수 b, 적합화 함수 f, 와 척도 함수 metric에 대한 0.632 부트스트랩 추정치를 얻는 법

예제 14.3에서 여러 일반화 추정법을 비교한다.

예제 14.3 일반화 오차 추정법의 비교. 박스와 위스커(box and whisker) 그림의 수직선은 50번 시행한 일반화 오차 추정법의 최소, 최대, 첫 번째, 세 번째 사분위와 중위값을 나타낸다.

$x \in [-3, 3]$에 걸친 $f(x) = x^2 + \epsilon/2$의 균등한 간격의 10개 샘플을 고려하자. 여기서 ϵ는 평균 0의 단위 분산의 가우시안 잡음이다. 이 데이터에 대해 선형 모델을 적합화할 때 여러 상이한 일반화 오차 추정치를 테스트하고자 한다. 평가 척도는 제곱근 평균 제곱 오차인데 이는 평균 제곱 오차의 제곱근이다.

사용된 방법은 8개의 훈련 샘플을 가진 홀드아웃법과 5겹 교차 검증 그리고 각각 10개의 부트스트랩 샘플을 가진 부트스트랩법들이다. 각 방법은 100번 적합화되고 그 결과 통계량을 아래에 보인다.

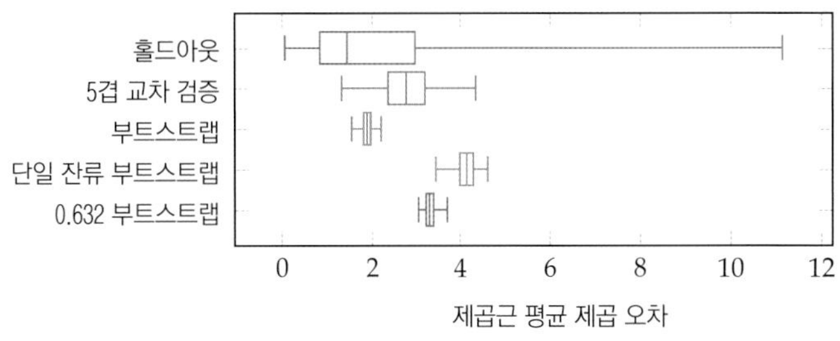

14.6 요약

- 대리 모델은 잠재적으로 비용이 큰 참 함수 대신 최적화할 수 있는 함수의 근사이다.
- 많은 대리 모델은 기저 함수의 선형 결합으로 표현될 수 있다.
- 모델 선택은 중요한 추세를 포착할 수 없도록 낮은 복잡성의 모델과 잡음에도 과적합하는 높은 복잡성의 모델의 편향-분산 트레이드오프를 고려한다.
- 홀드아웃, k겹 교차 검증과 부트스트랩과 같은 여러 기법을 사용해 일반화 오차를 추정할 수 있다.

14.7 연습문제

연습 14.1 그래디언트를 0으로 설정함으로써 회귀 문제 식 (14.8)의 최적점이 만족하는 표현을 도출하라. 역행렬을 이용하지 마라. 도출된 관계는 정규 방정식 normal equation이라 불린다.

연습 14.2 선형 회귀와 같은 더 간단한 모델 대신 다항식 특성을 가진 더 묘사적인 모델을 언제 사용하고자 하는가?

연습 14.3 식 (14.8)과 같은 형태의 선형 회귀는 항상 해석적인 해를 갖지 않고 대신 최적화 기법을 사용한다. 이유를 설명하라.

연습 14.4 4개의 점 1, 2, 3, 4에서 목적 함수를 평가해 0, 5, 4, 6을 얻었다고 가정하자. 다항 모델 $f(x) = \sum_{i=0}^{k} \theta_i x^i$을 적합화하고자 한다. k가 0과 4 사이에서 변화할 때 평균 제곱 오차의 단일 잔류 교차 검증 추정치를 계산하라. 이 척도에 따라 k의 최적값은 무엇인가 그리고 θ의 최적 원소값은 무엇인가?

15 확률적 대리 모델

14장에서는 평가된 설계점으로부터 대리 모델을 구축하는 법을 논의했다. 최적화 목적으로 대리 모델을 사용할 때 모델 예측에 대한 신뢰도를 계량화하면 유용하다. 신뢰도를 계량화하는 한 방법은 대리 모델에 대해 확률적 접근을 하는 것이다. 일반적인 확률적 대리 모델은 가우시안 프로세스Gaussian process인데 이는 함수에 대한 확률 분포를 나타낸다. 15장에서는 가우시안 프로세스를 사용해 이전에 평가된 설계점 값이 주어졌을 때 상이한 설계점 값에 대한 분포를 추론하는 법을 설명한다. 목적 함수의 잡음 측정noisy measurement과 함께 그래디언트 정보를 결합하는 법도 논의할 것이다. 가우시안 프로세스에 의한 예측은 파라미터셋에 의해 조절되므로 데이터로부터 이 파라미터들을 직접 추론하는 법을 논의할 것이다.

15.1 가우시안 분포

가우시안 프로세스를 소개하기 전에 먼저 다변수 가우시안 분포multivariate Gaussian distribution의 관련 특성 몇 개를 살펴본다.[1] n차 가우시안 분포는 평균 $\boldsymbol{\mu}$와 공분산 행렬 $\boldsymbol{\Sigma}$의 파라미터로 표현된다. $\mathbf{x}$에서의 확률 분포는 다음과 같다.

1 일변수 가우시안 분포는 부록 C.7에서 논의한다.

$$\mathcal{N}(\mathbf{x} \mid \boldsymbol{\mu}, \boldsymbol{\Sigma}) = (2\pi)^{-n/2}|\boldsymbol{\Sigma}|^{-1/2}\exp\left(-\frac{1}{2}(\mathbf{x}-\boldsymbol{\mu})^\top \boldsymbol{\Sigma}^{-1}(\mathbf{x}-\boldsymbol{\mu})\right) \quad (15.1)$$

그림 15.1은 상이한 공분산 행렬을 가진 밀도 함수의 등고선 그림을 보인다. 공분산 행렬은 항상 양의 준양정부호 행렬positive semidefinite matrix이다.

가우시안 분포로부터 추출된 값은 다음과 같이 표현된다.

$$\mathbf{x} \sim \mathcal{N}(\boldsymbol{\mu}, \boldsymbol{\Sigma}) \quad (15.2)$$

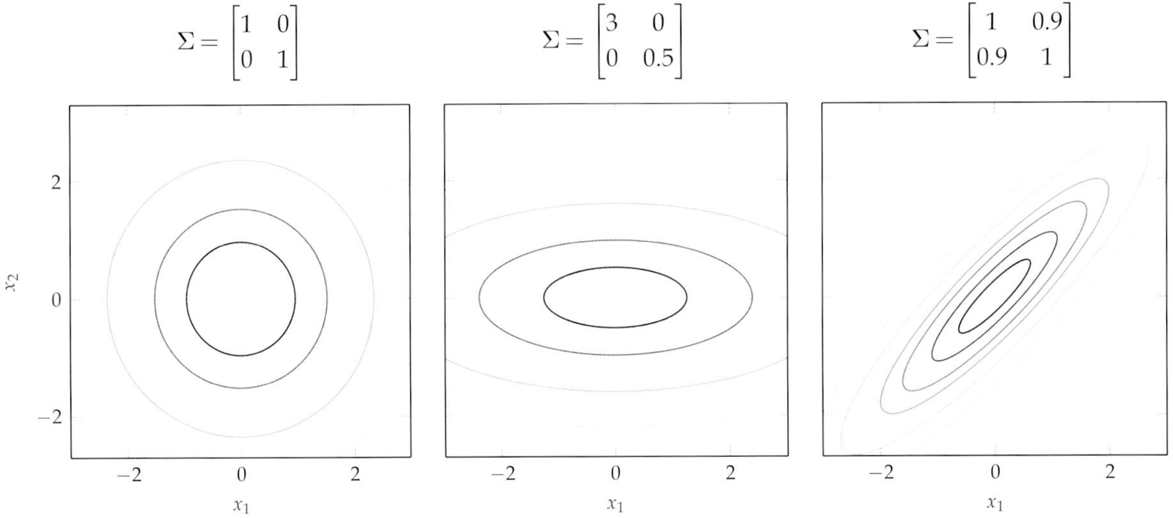

▲ **그림 15.1** 상이한 공분산 행렬을 가진 다변수 가우시안

2개의 결합 가우시안 확률변수random variable $\mathbf{a}$와 $\mathbf{b}$는 다음과 같이 표기할 수 있다.

$$\begin{bmatrix} \mathbf{a} \\ \mathbf{b} \end{bmatrix} \sim \mathcal{N}\left(\begin{bmatrix} \boldsymbol{\mu}_\mathbf{a} \\ \boldsymbol{\mu}_\mathbf{b} \end{bmatrix}, \begin{bmatrix} \mathbf{A} & \mathbf{C} \\ \mathbf{C}^\top & \mathbf{B} \end{bmatrix} \right) \tag{15.3}$$

확률변수 벡터에 대한 한계 분포marginal distribution[2]는 다음의 평균과 공분산으로 주어진다.

$$\mathbf{a} \sim \mathcal{N}(\boldsymbol{\mu}_\mathbf{a}, \mathbf{A}) \qquad \mathbf{b} \sim \mathcal{N}(\boldsymbol{\mu}_\mathbf{b}, \mathbf{B}) \tag{15.4}$$

2 한계 분포는 나머지 변수들이 적분(intergrated)되거나 한계화(marginalized)될 때 변수의 부분 집합에 대한 분포다. 2개의 변수 a와 b에 분포에 대해 a에 대한 한계 분포는 $p(a) = \int p(a, b)\, db$다.

다변수 가우시안 조건부 분포conditional distribution 역시 편리한 폐쇄 해를 갖는다.

$$\mathbf{a} \mid \mathbf{b} \sim \mathcal{N}\left(\boldsymbol{\mu}_{\mathbf{a}|\mathbf{b}}, \boldsymbol{\Sigma}_{\mathbf{a}|\mathbf{b}}\right) \tag{15.5}$$

$$\boldsymbol{\mu}_{\mathbf{a}|\mathbf{b}} = \boldsymbol{\mu}_\mathbf{a} + \mathbf{C}\mathbf{B}^{-1}(\mathbf{b} - \boldsymbol{\mu}_\mathbf{b}) \tag{15.6}$$

$$\boldsymbol{\Sigma}_{\mathbf{a}|\mathbf{b}} = \mathbf{A} - \mathbf{C}\mathbf{B}^{-1}\mathbf{C}^\top \tag{15.7}$$

예제 15.1은 다변수 가우시안으로부터 한계 분포와 조건부 분포를 도출하는 법을 예시한다.

예제 15.1 다변수 가우시안에 대한 한계 분포와 조건부 분포

예를 들어, 다음을 고려하자.

$$\begin{bmatrix} x_1 \\ x_2 \end{bmatrix} \sim \mathcal{N}\left(\begin{bmatrix} 0 \\ 1 \end{bmatrix}, \begin{bmatrix} 3 & 1 \\ 1 & 2 \end{bmatrix} \right)$$

x_1에 대한 한계 분포는 $\mathcal{N}(0, 3)$이고 x_2에 대한 한계 분포는 $\mathcal{N}(1, 2)$다.

$x_2 = 2$가 주어질 때 x_1에 대한 조건부 분포는 다음과 같다.

$$\begin{aligned} \mu_{x_1|x_2=2} &= 0 + 1 \cdot 2^{-1} \cdot (2 - 1) = 0.5 \\ \Sigma_{x_1|x_2=2} &= 3 - 1 \cdot 1^{-1} \cdot 1 = 2.5 \\ x_1 \mid (x_2 = 2) &\sim \mathcal{N}(0.5, 2.5) \end{aligned}$$

15.2 가우시안 프로세스

14장에서 평가된 설계점들에 적합화된 대리 모델 함수 $\hat{f}$를 사용해서 목적 함수 f를 근사했다. 가우시안 프로세스Gaussian process로 알려진 특수한 형태의 대리 모델을 이용하면 f를 예측할 수 있을 뿐 아니라 확률 분포를 이용해 예측의 불확실성을 계량화할 수 있다.[3]

가우시안 프로세스는 함수에 대한 분포다. 어떤 유한집합의 점들 $\{\mathbf{x}^{(1)}, \ldots, \mathbf{x}^{(m)}\}$에 대해 관련 함수 평가값 $\{y_{(1)}, \ldots, y_{(m)}\}$은 다음을 따른다.

$$\begin{bmatrix} y_1 \\ \vdots \\ y_m \end{bmatrix} \sim \mathcal{N}\left(\begin{bmatrix} m(\mathbf{x}^{(1)}) \\ \vdots \\ m(\mathbf{x}^{(m)}) \end{bmatrix}, \begin{bmatrix} k(\mathbf{x}^{(1)}, \mathbf{x}^{(1)}) & \cdots & k(\mathbf{x}^{(1)}, \mathbf{x}^{(m)}) \\ \vdots & \ddots & \vdots \\ k(\mathbf{x}^{(m)}, \mathbf{x}^{(1)}) & \cdots & k(\mathbf{x}^{(m)}, \mathbf{x}^{(m)}) \end{bmatrix} \right) \tag{15.8}$$

여기서 $m(\mathbf{x})$는 평균 함수mean function이고, $k(\mathbf{x}, \mathbf{x}')$는 공분산 함수covariance function 또는 커널kernel이다.[4] 평균 함수는 함수에 대한 사전 지식을 표현할 수 있다. 커널은 함수의 평활한 정도smoothness를 조절한다. 평균과 공분산 함수를 이용해 평균 벡터와 공분산 행렬을 구축하는 법은 알고리즘 15.1에 주어진다.

3 가우시안 프로세스에 대한 더 광범위한 소개는 C. E. Rasmussen and C. K. I Williams, *Gaussian Processes for Machine Learning*, MIT Press, 2006.

4 평균 함수는 기댓값 $m(\mathbf{x}) = \mathbb{E}[f(\mathbf{x})]$을 산출하고, 공분산 함수는 공분산 $k(\mathbf{x}, \mathbf{x}') = \mathbb{E}(f(\mathbf{x}) - m(\mathbf{x}))(f(\mathbf{x}') - m(\mathbf{x}'))$을 산출한다.

```
μ(X, m) = [m(x) for x in X]
Σ(X, k) = [k(x,x′) for x in X, x′ in X]
K(X, X′, k) = [k(x,x′) for x in X, x′ in X′]
```

알고리즘 15.1 설계점 리스트와 평균 함수 m이 주어졌을 때 평균 벡터를 구하는 함수 μ와 하나와 2개의 설계점 리스트와 공분산 함수 k가 주어졌을 때 공분산 행렬을 구하는 함수 Σ와 K

일반적인 커널 함수는 제곱지수 커널squared exponential kernel이다.

$$k(x, x') = \exp\left(-\frac{(x - x')^2}{2\ell^2}\right) \tag{15.9}$$

파라미터 ℓ은 이른바 특성 길이-스케일characteristic length-scale에 해당하는데 이는 목적 함숫값이 유의하게 변할 때까지 설계 공간 내에서 탐색해야 하는 길이로 생각할 수 있다.[5] 따라서 ℓ의 값이 크면 함수가 더 평활해진다. 그림 15.2는 평균 0과 다양한 특성 길이-스케일을 가진 제곱지수 커널의 가우시안 프로세스로부터 추출된 함수를 보인다.

5 특성 길이-스케일에 대한 수학적 정의는 C. E. Ramussen and C. K. I Williams, *Gaussian Processes for Machine Learning*, MIT Press, 2006에 나온다.

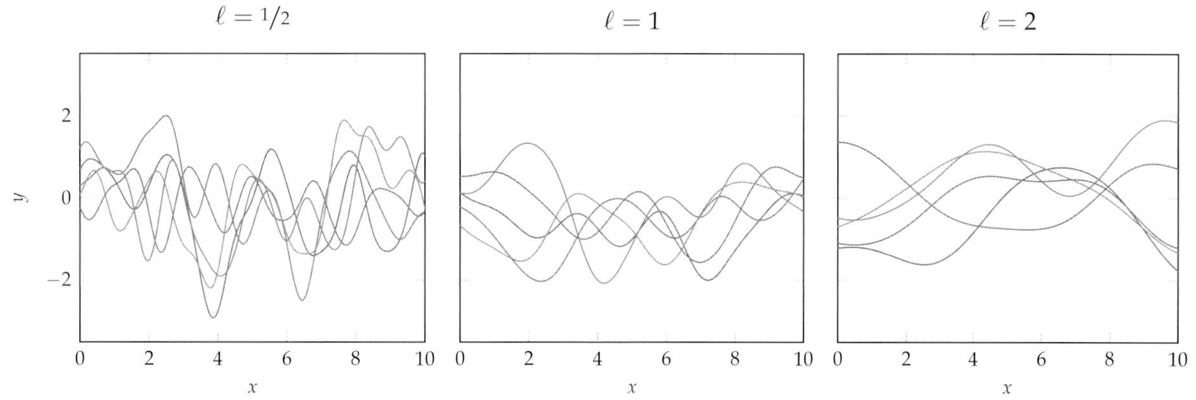

▲ **그림 15.2** 제곱지수 커널의 가우지안 프로세스로부터 추출된 함수들

제곱지수 외에도 여러 가지 다른 커널 함수가 존재한다. 몇 가지가 그림 15.3에 보인다. 많은 커널 함수는 r을 사용하는데, 이는 $\mathbf{x}$와 $\mathbf{x}'$ 사이의 거리다. 보통 유클리디안 거리Euclidean distance가 사용된다. 마턴 커널Matern kernel은 감마 함수 Γ를 사용하는데 이는 `SpecialFunctions.jl` 패키지의 `gamma`에 의해 구현된다. $K\nu(x)$는 제2종 수정 베셀함수modified Bessel function of the second kind인데 `besselk(v, k)`에 의해 구현된다. 신경망 커널neural network kernel은 표기의 편의를 위해 $\bar{\mathbf{x}} = [1, x_1, x_2, \ldots]$와 $\bar{\mathbf{x}}' = [1, x_1', x_2', \ldots]$에서와 같이 각 설계 벡터에 1을 추가한다.

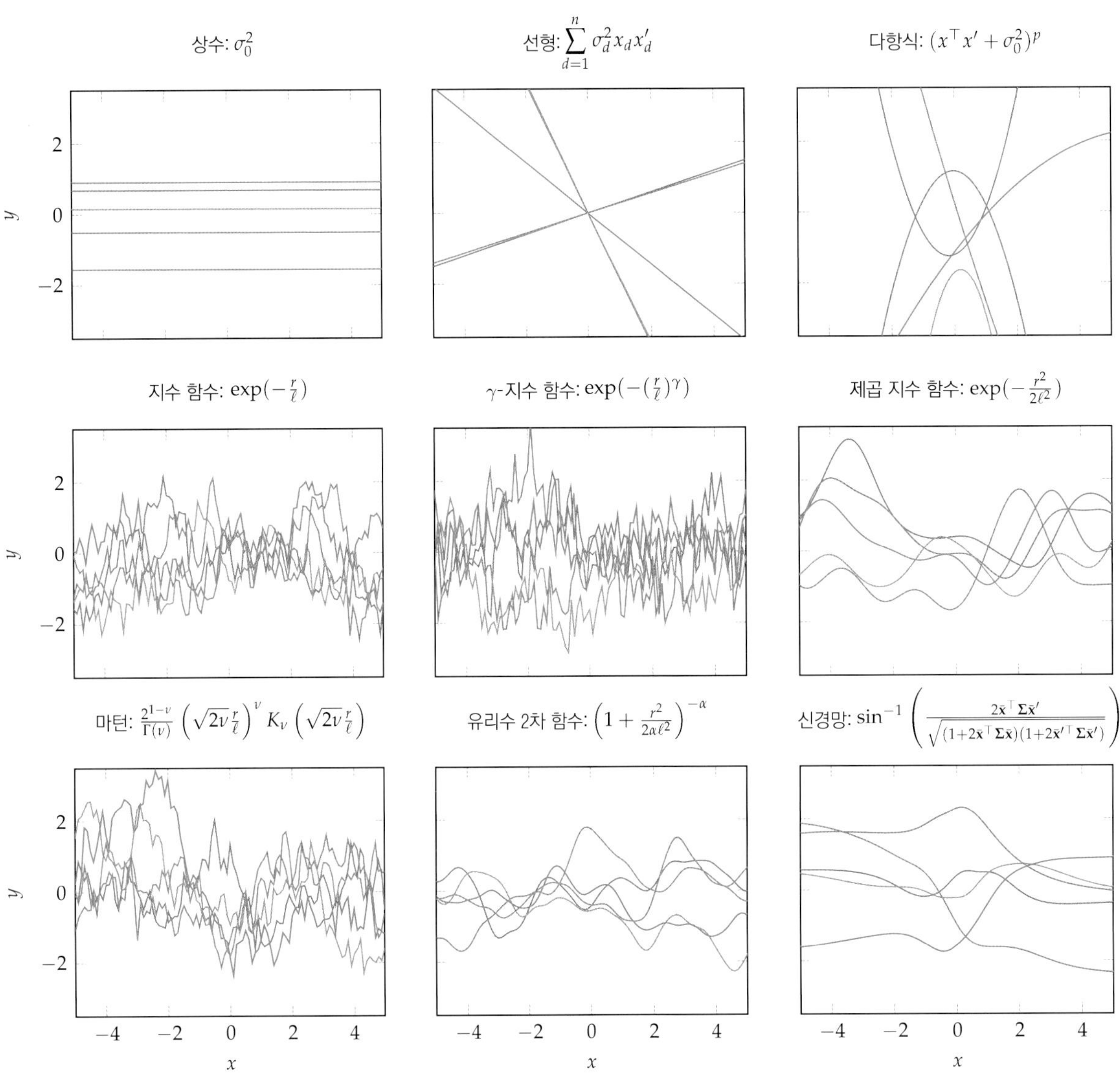

▲ **그림 15.3** 상이한 커널 함수를 가진 가우시안 프로세스로부터 추출된 함수. 보여진 함수는 $\sigma_0^2 = \sigma_d^2 = \ell = 1$ 및 $p = 2$, $\gamma = \nu = \alpha = 0.5$ 그리고 $\Sigma = \mathbf{I}$다.

15장은 그림의 편의를 위해 1차원 설계 공간을 가진 가우시안 프로세스의 예에 초점을 맞춘다. 그러나 가우시안 프로세스는 그림 15.4에서 보듯이 다차원 설계 공간에 대해서 정의될 수 있다.

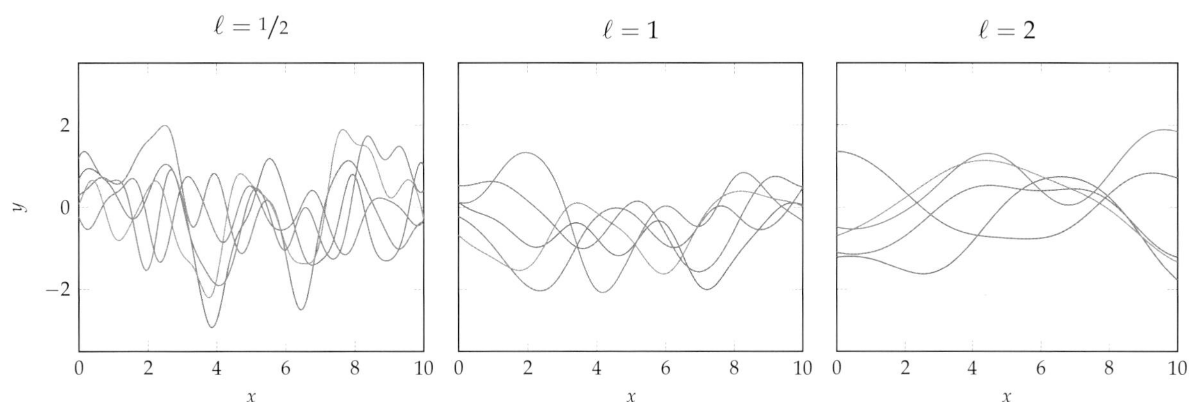

▲ **그림 15.4** 2차원 설계 공간에 대해서 평균 0와 제곱지수 커널을 가진 가우시안 프로세스로부터 추출된 함수들

15.5절에서 살펴볼 텐데 가우시안 프로세스는 또한 ν로 표시되는 사전적 독립 잡음 분산을 포함한다. 따라서 가우시안 프로세스는 평균 함수, 공분산 함수, 사전적 설계 포인트, 이들에서의 함숫값, 잡음 분산에 의해 정의된다. 연관된 타입이 알고리즘 15.2에서 주어진다.

```
mutable struct GaussianProcess
    m # 평균
    k # 공분산 함수
    X # 설계점
    y # 목적값
    ν # 잡음 분산
end
```

알고리즘 15.2 가우시안 프로세스는 평균 함수 m, 공분산 함수 k와 추출된 설계 벡터 X와 해당하는 y값과 잡음 분산 ν에 의해 정의된다.

15.3 예측

가우시안 프로세스는 조건부 확률을 사용해 함수에 대한 분포를 표현할 수 있다. 이미 포인트 집합 X와 해당하는 $\mathbf{y}$를 갖고 있는데 포인트 X^*에서 $\hat{\mathbf{y}}$값을 예측하고자 한다. 이들의 결합 분포joint distribution는 다음과 같다.

$$\begin{bmatrix}\hat{\mathbf{y}}\\ \mathbf{y}\end{bmatrix} \sim \mathcal{N}\left(\begin{bmatrix}\mathbf{m}(X^*)\\ \mathbf{m}(X\ \ )\end{bmatrix}, \begin{bmatrix}\mathbf{K}(X^*, X^*) & \mathbf{K}(X^*, X)\\ \mathbf{K}(X\ \ , X^*) & \mathbf{K}(X\ \ , X)\end{bmatrix}\right) \tag{15.10}$$

위의 식에서 함수 $\mathbf{m}$과 $\mathbf{K}$를 사용하며, 이들은 다음과 같이 정의된다.

$$\begin{aligned}\mathbf{m}(X) &= [m(\mathbf{x}^{(1)}), \ldots, m(\mathbf{x}^{(n)})]\\ \mathbf{K}(X, X') &= \begin{bmatrix} k(\mathbf{x}^{(1)}, \mathbf{x}'^{(1)}) & \cdots & k(\mathbf{x}^{(1)}, \mathbf{x}'^{(m)})\\ \vdots & \ddots & \vdots\\ k(\mathbf{x}^{(n)}, \mathbf{x}'^{(1)}) & \cdots & k(\mathbf{x}^{(n)}, \mathbf{x}'^{(m)})\end{bmatrix}\end{aligned} \tag{15.11}$$

조건부 분포는 다음과 같이 주어진다.

$$\hat{\mathbf{y}} \mid \mathbf{y} \sim \mathcal{N}\left(\underbrace{\mathbf{m}(X^*) + \mathbf{K}(X^*, X)\mathbf{K}(X, X)^{-1}(\mathbf{y} - \mathbf{m}(X))}_{\text{평균}}, \underbrace{\mathbf{K}(X^*, X^*) - \mathbf{K}(X^*, X)\mathbf{K}(X, X)^{-1}\mathbf{K}(X, X^*)}_{\text{공분산}}\right) \tag{15.13}$$

공분산이 $\mathbf{y}$에 의존하지 않는 것을 주의하자. 이런 분포는 **사후 분포**posterior distribution라 흔히 불린다.[6] 가우시안 분포에 의해 정의된 사후 분포로부터의 계산법과 추출법은 알고리즘 15.3에 의해 주어진다.

6 베이지안 통계의 용어로 사후 분포는 관찰된 값을 조건부로 할 때 가능한 미관찰 값의 분포다.

```
function mvnrand(μ, Σ, inflation=1e-6)
    N = MvNormal(μ, Σ + inflation*I)
    return rand(N)
end
Base.rand(GP, X) = mvnrand(μ(X, GP.m), Σ(X, GP.k))
```

알고리즘 15.3 함수 mvnrand는 다변수 가우시안으로부터 샘플링한다. 여기에 수치 문제를 방지하기 위한 추가 인플레이션 팩터를 더한다. rand 메서드는 행렬 X로 주어진 설계 포인트에서의 가우시안 프로세스 GP를 추출한다.

예측값의 평균은 $\mathbf{x}$의 함수로 표현될 수 있다.

$$\hat{\mu}(\mathbf{x}) = m(\mathbf{x}) + \mathbf{K}(\mathbf{x}, X)\mathbf{K}(X, X)^{-1}(\mathbf{y} - \mathbf{m}(X)) \tag{15.14}$$

$$= m(\mathbf{x}) + \boldsymbol{\theta}^\top \mathbf{K}(X, \mathbf{x}) \tag{15.15}$$

여기서 $\boldsymbol{\theta} = \mathbf{K}(X,\ X)^{-1}(\mathbf{y} - \mathbf{m}(X))$는 한번 계산돼 여러 값의 $\mathbf{x}$에 대해 재사용될 수 있다. 14장의 대리 모델과의 유사성을 주목하라. 이전에 논의한 대리 모델을 넘어서는 가우시안 프로세스의 가치는 예측에 대한 불확실성을 계량화한다는 것이다.

예측 평균의 분산 역시 $\mathbf{x}$의 함수로 다음과 같이 구할 수 있다.

$$\hat{\nu}(\mathbf{x}) = \mathbf{K}(\mathbf{x}, \mathbf{x}) - \mathbf{K}(\mathbf{x}, X)\mathbf{K}(X, X)^{-1}\mathbf{K}(X, \mathbf{x}) \tag{15.16}$$

어떤 경우에는 표준편차standard deviation로 식을 공식화하는 것이 더 편리하다.

$$\hat{\sigma}(\mathbf{x}) = \sqrt{\hat{\nu}(\mathbf{x})} \tag{15.17}$$

표준편차는 평균과 같은 단위를 갖는다. 표준편차로부터 95% 신뢰 구간confidence region을 계산할 수 있는데 이는 $\mathbf{x}$가 주어졌을 때 $\mathbf{y}$ 분포와 연관된 확률 질량probability mass의 95%를 포함하는 구간이다. 특정 $\mathbf{x}$에 대해 95% 신뢰 구간은 $\hat{\mu}(\mathbf{x}) \pm 1.96\hat{\sigma}(\mathbf{x})$으로 주어진다. 혹자는 95%와 다른 신뢰 구간을 사용할 수 있으나, 15장에서는 95%를 사용한다. 그림 15.5은 4점에서의 함숫값에 적합화된 가우시안 프로세스와 연관된 신뢰 구간의 그림을 보인다.

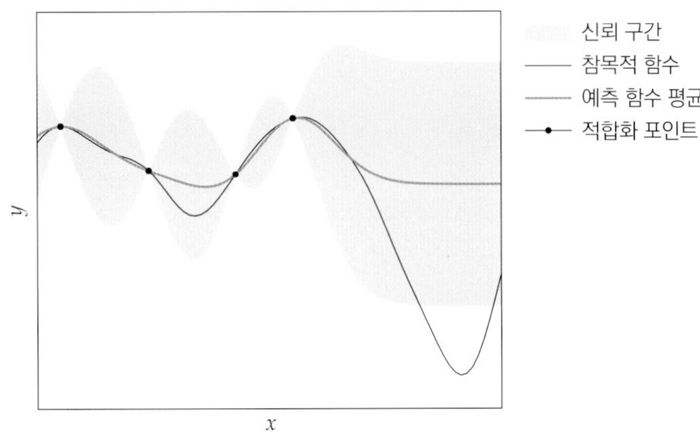

◀ **그림 15.5** 제곱지수 커널을 사용한 가우시안 프로세스와 95% 신뢰 구간. 데이터 포인트에서 멀어질수록 불확실성이 증가한다. 데이터 포인트로부터 멀어질 수록 기대 함숫값은 0에 접근한다.

15.4 그래디언트 측정

그래디언트 관찰값이 기존 가우시안 프로세스 기제[7]와 일치하도록 가우시안 프로세스에 결합될 수 있다. 가우시안 프로세스는 함숫값과 그래디언트가 모두 포함되도록 확장할 수 있다.

7 개요는 예를 들어 A. O'Hagan, "Some Bayesian Numerical Analysis", *Bayesian Statistics*, vol. 4. J. M. Bernardo, J. O. Berger, A.P. Dawid, and A. F. M. Smith eds., pp. 345~363, 1992를 보라.

$$\begin{bmatrix} \mathbf{y} \\ \nabla\mathbf{y} \end{bmatrix} \sim \mathcal{N}\left(\begin{bmatrix} \mathbf{m}_f \\ \mathbf{m}_\nabla \end{bmatrix}, \begin{bmatrix} \mathbf{K}_{ff} & \mathbf{K}_{f\nabla} \\ \mathbf{K}_{\nabla f} & \mathbf{K}_{\nabla\nabla} \end{bmatrix} \right) \tag{15.18}$$

여기서 $\mathbf{y} \sim \mathcal{N}(\mathbf{m}_f, \mathbf{K}_{ff})$는 전형적인 가우시안 프로세스이고, $\mathbf{m}_\nabla$는 그래디언트에 대한 평균 함수,[8] $\mathbf{K}_{f\nabla}$는 함숫값과 그래디언트의 공분산 행렬, $\mathbf{K}_{\nabla f}$는 그래디언트와 함숫값과의 공분산 행렬, $\mathbf{K}_{\nabla\nabla}$는 함수 그래디언트 간의 공분산 행렬이다.

8 함숫값의 평균과 같이 $\mathbf{m}_\nabla$는 종종 0이다.

이 공분산 행렬들은 공분산 함수를 사용해 구축된다. 가우시안의 선형성은 이들 공분산 함수가 서로 연관되도록 한다.

$$k_{ff}(\mathbf{x}, \mathbf{x}') = k(\mathbf{x}, \mathbf{x}') \tag{15.19}$$

$$k_{\nabla f}(\mathbf{x}, \mathbf{x}') = \nabla_{\mathbf{x}} k(\mathbf{x}, \mathbf{x}') \tag{15.20}$$

$$k_{f\nabla}(\mathbf{x}, \mathbf{x}') = \nabla_{\mathbf{x}'} k(\mathbf{x}, \mathbf{x}') \tag{15.21}$$

$$k_{\nabla\nabla}(\mathbf{x}, \mathbf{x}') = \nabla_{\mathbf{x}} \nabla_{\mathbf{x}'} k(\mathbf{x}, \mathbf{x}') \tag{15.22}$$

예제 15.2는 이들 관계를 사용해 특정 커널에 대한 고차의 공분산 함수를 도출한다.

예제 15.2 그래디언트 관찰값을 가진 가우시안 프로세스에 대한 공분산함수의 도출

제곱지수 함수를 고려하자.

$$k_{ff}(\mathbf{x}, \mathbf{x}') = \exp\left(-\frac{1}{2}\|\mathbf{x} - \mathbf{x}'\|^2\right)$$

식 (15.19)에서 식 (15.22)를 이용해 그래디언트 정보를 가진 가우시안 프로세스를 이용하고자 필요한 다른 공분산 함수를 구한다.

$$k_{\nabla f}(\mathbf{x}, \mathbf{x}')_i = -(\mathbf{x}_i - \mathbf{x}'_i) \exp\left(-\frac{1}{2}\|\mathbf{x} - \mathbf{x}'\|^2\right)$$

$$k_{\nabla\nabla}(\mathbf{x}, \mathbf{x}')_{ij} = -\Big((i = j) - (\mathbf{x}_i - \mathbf{x}'_i)(\mathbf{x}_j - \mathbf{x}'_j)\Big) \exp\left(-\frac{1}{2}\|\mathbf{x} - \mathbf{x}'\|^2\right)$$

위에서 $(i = j)$와 같은 불리언 식[Boolean expression]은 참이면 1 거짓이면 0를 반환한다.

예측은 전통적인 가우시안 프로세스와 동일한 방식으로 달성할 수 있다. 우선 결합 분포를 구축한다.

$$\begin{bmatrix} \hat{\mathbf{y}} \\ \mathbf{y} \\ \nabla\mathbf{y} \end{bmatrix} \sim \mathcal{N}\left(\begin{bmatrix} \mathbf{m}_f(X^*) \\ \mathbf{m}_f(X\ ) \\ \mathbf{m}_\nabla(X\ ) \end{bmatrix}, \begin{bmatrix} \mathbf{K}_{ff}(X^*, X^*) & \mathbf{K}_{ff}(X^*, X\ ) & \mathbf{K}_{f\nabla}(X^*, X\ ) \\ \mathbf{K}_{ff}(X\ , X^*) & \mathbf{K}_{ff}(X\ , X\ ) & \mathbf{K}_{f\nabla}(X\ , X\ ) \\ \mathbf{K}_{\nabla f}(X\ , X^*) & \mathbf{K}_{\nabla f}(X\ , X\ ) & \mathbf{K}_{\nabla\nabla}(X\ , X\ ) \end{bmatrix} \right) \tag{15.23}$$

m쌍의 함수와 그래디언트 값과 ℓ 쿼리 포인트가 주어졌을 때 n-차원 설계 벡터들에 대해 공분산 블록covariance block은 다음의 차원을 갖는다.

$$\begin{array}{ccc} \ell \times \ell & \ell \times m & \ell \times nm \\ m \times \ell & m \times m & m \times nm \\ nm \times \ell & nm \times m & nm \times nm \end{array} \tag{15.24}$$

예제 15.3은 그와 같은 공분산 행렬을 구축한다.

예제 15.3 그래디언트 관찰값을 가진 가우시안 프로세스에 대한 공분산 행렬의 구축

2개의 위치 $\mathbf{x}^{(1)}$과 $\mathbf{x}^{(2)}$에서 함수와 그래디언트의 값을 구하고, $\hat{\mathbf{x}}$에서의 함숫값을 예측하고자 한다. 가우시안 프로세스를 이용해 $\hat{\mathbf{y}}$, $\mathbf{y}$ 그리고 $\nabla\mathbf{y}$에 대한 분포를 추론한다. 공분산 행렬은 다음과 같다.

$$\begin{bmatrix}
k_{ff}(\hat{\mathbf{x}},\hat{\mathbf{x}}) & k_{ff}(\hat{\mathbf{x}},\mathbf{x}^{(1)}) & k_{ff}(\hat{\mathbf{x}},\mathbf{x}^{(2)}) & k_{f\nabla}(\hat{\mathbf{x}},\mathbf{x}^{(1)})_1 & k_{f\nabla}(\hat{\mathbf{x}},\mathbf{x}^{(1)})_2 & k_{f\nabla}(\hat{\mathbf{x}},\mathbf{x}^{(2)})_1 & k_{f\nabla}(\hat{\mathbf{x}},\mathbf{x}^{(2)})_2 \\
k_{ff}(\mathbf{x}^{(1)},\hat{\mathbf{x}}) & k_{ff}(\mathbf{x}^{(1)},\mathbf{x}^{(1)}) & k_{ff}(\mathbf{x}^{(1)},\mathbf{x}^{(2)}) & k_{f\nabla}(\mathbf{x}^{(1)},\mathbf{x}^{(1)})_1 & k_{f\nabla}(\mathbf{x}^{(1)},\mathbf{x}^{(1)})_2 & k_{f\nabla}(\mathbf{x}^{(1)},\mathbf{x}^{(2)})_1 & k_{f\nabla}(\mathbf{x}^{(1)},\mathbf{x}^{(2)})_2 \\
k_{ff}(\mathbf{x}^{(2)},\hat{\mathbf{x}}) & k_{ff}(\mathbf{x}^{(2)},\mathbf{x}^{(1)}) & k_{ff}(\mathbf{x}^{(2)},\mathbf{x}^{(2)}) & k_{f\nabla}(\mathbf{x}^{(2)},\mathbf{x}^{(1)})_1 & k_{f\nabla}(\mathbf{x}^{(2)},\mathbf{x}^{(1)})_2 & k_{f\nabla}(\mathbf{x}^{(2)},\mathbf{x}^{(2)})_1 & k_{f\nabla}(\mathbf{x}^{(2)},\mathbf{x}^{(2)})_2 \\
k_{\nabla f}(\mathbf{x}^{(1)},\hat{\mathbf{x}})_1 & k_{\nabla f}(\mathbf{x}^{(1)},\mathbf{x}^{(1)})_1 & k_{\nabla f}(\mathbf{x}^{(1)},\mathbf{x}^{(2)})_1 & k_{\nabla\nabla}(\mathbf{x}^{(1)},\mathbf{x}^{(1)})_{11} & k_{\nabla\nabla}(\mathbf{x}^{(1)},\mathbf{x}^{(1)})_{12} & k_{\nabla\nabla}(\mathbf{x}^{(1)},\mathbf{x}^{(2)})_{11} & k_{\nabla\nabla}(\mathbf{x}^{(1)},\mathbf{x}^{(2)})_{12} \\
k_{\nabla f}(\mathbf{x}^{(1)},\hat{\mathbf{x}})_2 & k_{\nabla f}(\mathbf{x}^{(1)},\mathbf{x}^{(1)})_2 & k_{\nabla f}(\mathbf{x}^{(1)},\mathbf{x}^{(2)})_2 & k_{\nabla\nabla}(\mathbf{x}^{(1)},\mathbf{x}^{(1)})_{21} & k_{\nabla\nabla}(\mathbf{x}^{(1)},\mathbf{x}^{(1)})_{22} & k_{\nabla\nabla}(\mathbf{x}^{(1)},\mathbf{x}^{(2)})_{12} & k_{\nabla\nabla}(\mathbf{x}^{(1)},\mathbf{x}^{(2)})_{22} \\
k_{\nabla f}(\mathbf{x}^{(2)},\hat{\mathbf{x}})_1 & k_{\nabla f}(\mathbf{x}^{(2)},\mathbf{x}^{(1)})_1 & k_{\nabla f}(\mathbf{x}^{(2)},\mathbf{x}^{(2)})_1 & k_{\nabla\nabla}(\mathbf{x}^{(2)},\mathbf{x}^{(1)})_{11} & k_{\nabla\nabla}(\mathbf{x}^{(2)},\mathbf{x}^{(1)})_{12} & k_{\nabla\nabla}(\mathbf{x}^{(2)},\mathbf{x}^{(2)})_{11} & k_{\nabla\nabla}(\mathbf{x}^{(2)},\mathbf{x}^{(2)})_{12} \\
k_{\nabla f}(\mathbf{x}^{(2)},\hat{\mathbf{x}})_2 & k_{\nabla f}(\mathbf{x}^{(2)},\mathbf{x}^{(1)})_2 & k_{\nabla f}(\mathbf{x}^{(2)},\mathbf{x}^{(2)})_2 & k_{\nabla\nabla}(\mathbf{x}^{(2)},\mathbf{x}^{(1)})_{21} & k_{\nabla\nabla}(\mathbf{x}^{(2)},\mathbf{x}^{(1)})_{22} & k_{\nabla\nabla}(\mathbf{x}^{(2)},\mathbf{x}^{(2)})_{21} & k_{\nabla\nabla}(\mathbf{x}^{(2)},\mathbf{x}^{(2)})_{22}
\end{bmatrix}$$

조건부 분포는 식 (15.13)와 동일한 가우시안 관계를 따른다.

$$\hat{\mathbf{y}} \mid \mathbf{y}, \nabla\mathbf{y} \sim \mathcal{N}(\boldsymbol{\mu}_\nabla, \boldsymbol{\Sigma}_\nabla) \tag{15.25}$$

여기서

$$\boldsymbol{\mu}_\nabla = \mathbf{m}_f(X^*) + \begin{bmatrix} \mathbf{K}_{ff}(X\ ,X^*) \\ \mathbf{K}_{\nabla f}(X\ ,X^*) \end{bmatrix}^\top \begin{bmatrix} \mathbf{K}_{ff}(X\ ,X\ ) & \mathbf{K}_{f\nabla}(X\ ,X\ ) \\ \mathbf{K}_{\nabla f}(X\ ,X\ ) & \mathbf{K}_{\nabla\nabla}(X\ ,X\ ) \end{bmatrix}^{-1} \begin{bmatrix} \mathbf{y} - \mathbf{m}_f(X) \\ \nabla\mathbf{y} - \mathbf{m}_\nabla(X) \end{bmatrix} \tag{15.26}$$

$$\boldsymbol{\Sigma}_\nabla = \mathbf{K}_{ff}(X^*, X^*) - \begin{bmatrix} \mathbf{K}_{ff}(X\ ,X^*) \\ \mathbf{K}_{\nabla f}(X\ ,X^*) \end{bmatrix}^\top \begin{bmatrix} \mathbf{K}_{ff}(X\ ,X\ ) & \mathbf{K}_{f\nabla}(X\ ,X\ ) \\ \mathbf{K}_{\nabla f}(X\ ,X\ ) & \mathbf{K}_{\nabla\nabla}(X\ ,X\ ) \end{bmatrix}^{-1} \begin{bmatrix} \mathbf{K}_{ff}(X\ ,X^*) \\ \mathbf{K}_{\nabla f}(X\ ,X^*) \end{bmatrix} \tag{15.27}$$

그림 15.6에서 그래디언트 관찰값을 포함해서 얻은 구간이 그래디언트 관찰값 없이 얻은 구간과 비교된다.

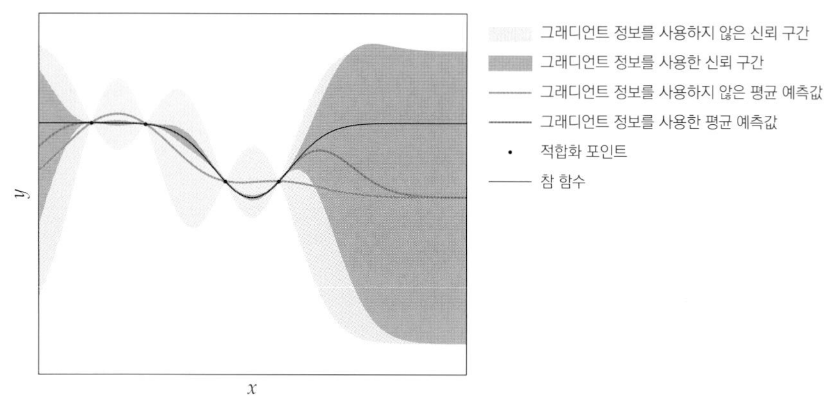

그림 15.6 제곱지수 커널을 사용한 그래디언트 정보가 있는 경우와 없는 경우의 가우시안 프로세스. 그래디언트 정보를 포함함으로써 신뢰 구간을 유의하게 줄일 수 있다.

15.5 측정 잡음

이제까지 목적 함수 f가 결정적이라고 가정했다. 그러나 실무에서 f의 측정은 측정 잡음, 실험 오차 또는 수치적 반올림 등을 포함한다.

측정 잡음을 $y = f(\mathbf{x}) + z$로 모델링할 수 있다. 여기서 f는 결정적이지만 z는 평균 0의 가우시안 잡음, 즉 $z \sim \mathcal{N}(0, \nu)$이다. 잡음의 분산 ν는 불확실성을 제어하고자 조절할 수 있다.[9]

9 14.5절에서 다룬 기법을 사용해 잡음의 분산을 조정할 수 있다.

새로운 결합 분포는 다음과 같다.

$$\begin{bmatrix} \hat{\mathbf{y}} \\ \mathbf{y} \end{bmatrix} \sim \mathcal{N}\left(\begin{bmatrix} \mathbf{m}(X^*) \\ \mathbf{m}(X\ \ ) \end{bmatrix}, \begin{bmatrix} \mathbf{K}(X^*, X^*) & \mathbf{K}(X^*, X) \\ \mathbf{K}(X\ \ , X^*) & \mathbf{K}(X\ \ , X) + \nu\mathbf{I} \end{bmatrix} \right) \tag{15.28}$$

이때 조건부 분포는 다음과 같다.

$$\hat{\mathbf{y}} \mid \mathbf{y}, \nu \sim \mathcal{N}(\boldsymbol{\mu}^*, \boldsymbol{\Sigma}^*) \tag{15.29}$$

$$\boldsymbol{\mu}^* = \mathbf{m}(X^*) + \mathbf{K}(X^*, X)(\mathbf{K}(X, X) + \nu\mathbf{I})^{-1}(\mathbf{y} - \mathbf{m}(X)) \tag{15.30}$$

$$\boldsymbol{\Sigma}^* = \mathbf{K}(X^*, X^*) - \mathbf{K}(X^*, X)(\mathbf{K}(X, X) + \nu\mathbf{I})^{-1}\mathbf{K}(X, X^*) \tag{15.31}$$

위의 식이 보여 주듯 가우시안 잡음을 고려하는 것은 매우 쉬우며, 사후 분포는 해석적으로 계산할 수 있다. 그림 15.7은 잡음이 들어간 가우시안 프로세스를 보인다. 알고리즘 15.4는 측정 잡음이 있는 가우시안 프로세스에 대한 예측을 구현한다.

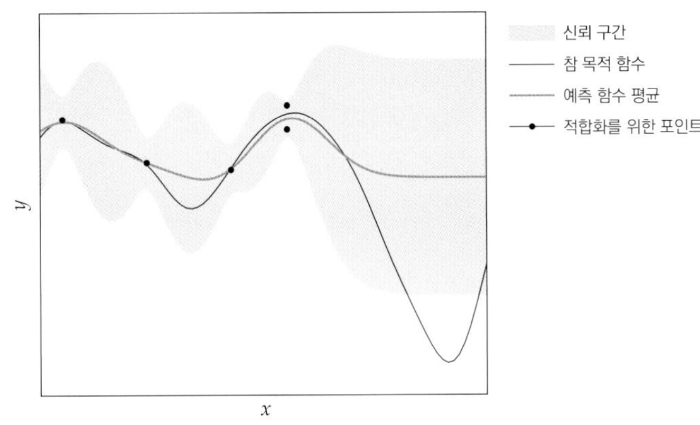

◀ **그림 15.7** 제곱 지수 커널을 사용한 잡음이 있는 가우시안 프로세스

```
function predict(GP, X_pred)
    m, k, ν = GP.m, GP.k, GP.ν
    tmp = K(X_pred, GP.X, k) / (K(GP.X, GP.X, k) + ν*I)
    μₚ = μ(X_pred, m) + tmp*(GP.y - μ(GP.X, m))
    S = K(X_pred, X_pred, k) - tmp*K(GP.X, X_pred, k)
    νₚ = diag(S) .+ eps() # eps은 수치적 문제를 피하게 한다.
    return (μₚ, νₚ)
end
```

알고리즘 15.4 가우시안 프로세스하에서 f의 예측 평균과 표준편차를 구하는 방법. 함수는 가우시안 프로세스 GP와 각 점에서 예측 값을 구하기 위한 포인트 리스트 X_pred를 취한다. 각 평가점에서 평균과 표준편차를 반환한다.

15.6 가우시안 프로세스 적합화

커널과 파라미터의 선택은 평가된 설계점 간의 가우시안 프로세스의 형태에 큰 영향을 미친다. 커널과 커널의 파라미터는 14장에서 소개했던 교차검증을 사용해 선택할 수 있다. 테스트 데이터에 대한 제곱 오차를 최소화하는 대신 데이터의 우도likelihood를 최대화한다.[10] 즉 함숫값의 확률 $p(\mathbf{y} \mid X, \theta)$를 최대화하는 파라미터 θ를 구한다. 데이터의 우도는 포인트들이 모델로부터 추출돼 관찰될 확률이다. 동일하게, 로그 우도log likelihood를 최대화할 수 있는데 우도 계산에서 작은 확률 값들을 곱하면 극단적으로 작은 값이 산출되기 때문에 로그 우도가 선화된다. 주어진 n개의 입력을 가진 데이터셋 $\mathcal{D}$에 대해 로그 우도는 다음과 같이 주어진다.

10 대안으로 C. E. Ramussen and C. K. I. Williams, *Gaussian Processes for Machine Learning*. MIT Press, 2006에서 논의하는 준우도(pseudolikelihood)를 최대화할 수 있다.

$$\log p(\mathbf{y} \mid X, \nu, \theta) = -\frac{n}{2}\log 2\pi - \frac{1}{2}\log|\mathbf{K}_\theta(X,X) + \nu\mathbf{I}| - \frac{1}{2}(\mathbf{y} - \mathbf{m}_\theta(X))^\top(\mathbf{K}_\theta(X,X) + \nu\mathbf{I})^{-1}(\mathbf{y} - \mathbf{m}_\theta(X)) \tag{15.32}$$

여기서 평균 함수와 분산 함수는 θ로 파라미터화된다.

$\mathbf{m}_\theta(X) = 0$와 같이 평균 0이고, θ는 단지 가우시안 공분산 함수에 대한 파라미터만을 가리킨다고 가정하자. 그래디언트 상승법으로 최대 우도 추정값maximum likelihood estimate에 도달할 수 있다. 그래디언트는 다음과 같이 주어진다.

$$\frac{\partial}{\partial\theta_j}\log p(\mathbf{y} \mid X, \theta) = \frac{1}{2}\mathbf{y}^\top\mathbf{K}^{-1}\frac{\partial\mathbf{K}}{\partial\theta_j}\mathbf{K}^{-1}\mathbf{y} - \frac{1}{2}\mathrm{tr}\left(\boldsymbol{\Sigma}_\theta^{-1}\frac{\partial\mathbf{K}}{\partial\theta_j}\right) \tag{15.33}$$

여기서 $\Sigma_\theta = \mathbf{K}_\theta(X, X) + \nu\mathbf{I}$다. 위에서 다음과 같은 행렬 미분 관계를 사용했다.

$$\frac{\partial\mathbf{K}^{-1}}{\partial\theta_j} = -\mathbf{K}^{-1}\frac{\partial\mathbf{K}}{\partial\theta_j}\mathbf{K}^{-1} \tag{15.34}$$

$$\frac{\partial\log|\mathbf{K}|}{\partial\theta_j} = \mathrm{tr}\left(\mathbf{K}^{-1}\frac{\partial\mathbf{K}}{\partial\theta_j}\right) \tag{15.35}$$

여기서 $\mathrm{tr}(\mathbf{A})$는 주 대각 원소의 합으로 정의되는 행렬 $\mathbf{A}$의 트레이스[trace]를 표기한다.

15.7 요약

- 가우시안 프로세스는 함수에 대한 확률 분포다.
- 커널의 선택은 가우시안 프로세스로부터 추출된 함수의 평활화에 영향을 미친다.
- 다변수 정규 분포는 해석학적 조건부 분포와 한계 분포를 갖는다.
- 과거 평가값의 집합이 주어졌을 때 특정 설계 포인트에서의 목적 함수의 예측에 대한 평균과 표준편차를 계산할 수 있다.
- 그래디언트 관찰값을 결합해 목적값과 해당 그래디언트의 예측 성과를 개선할 수 있다.
- 측정 잡음을 가우시안 프로세스에 결합할 수 있다.
- 가우시안 프로세스의 파라미터를 최우도법을 사용해 적합화할 수 있다.

15.8 연습문제

연습 15.1 가우시안 프로세스는 더 많은 샘플이 축적되면서 최적화 과정의 복잡성이 더욱 증가한다. 이것은 회귀 기반의 모델에 대해 어떤 이점이 있는가?

연습 15.2 데이터 포인트의 개수 m이 증가함에 따라 가우시안 프로세스를 사용한 예측의 계산 복잡성이 어떻게 증가하는가?

연습 15.3 $[-5, 5]$의 구간에 대한 함수 $f(x) = \sin(x)/(x^2 + 1)$를 고려하자. $\{-5, -2.5, 0, 2.5, 5\}$에서의 평가값에 적합화된 가우시안 프로세스에 대해 95% 신뢰

구간을 그려라. 미분 정보를 가진다. $[-5, 5]$ 구간 내의 예측 분포의 최대 표준편차는 얼마인가? 미분 정보가 없는 가우시안 프로세스가 동일한 최대 예측 표준편차를 갖고자 정의역에 걸쳐 동일한 간격을 가진 몇 개의 함숫값이 필요한가?

평균이 0이고, 잡음이 없는 함수를 가정하고, 다음과 같은 공분산 함수를 사용한다.

$$k_{ff}(x, x') = \exp\left(-\frac{1}{2}\|x - x'\|_2^2\right)$$
$$k_{\nabla f}(x, x') = (x' - x)\exp\left(-\frac{1}{2}\|x - x'\|_2^2\right)$$
$$k_{\nabla\nabla}(x, x') = ((x - x')^2 - 1)\exp(-\frac{1}{2}\|x - x'\|_2^2)$$

연습 15.4 다음 관계를 도출하라.

$$k_{f\nabla}(\mathbf{x}, \mathbf{x}')_i = \text{cov}\left(f(\mathbf{x}), \frac{\partial}{\partial x'_i} f(\mathbf{x}')\right) = \frac{\partial}{\partial x'_i} k_{ff}(\mathbf{x}, \mathbf{x}')$$

연습 15.5 두 변수 a와 b에 대해 다변수 가우시안 분포를 갖고 있다고 가정하자. b가 주어졌을 때 a에 대한 조건부 분포의 분산이 a에 대한 한계 분포의 분산을 초과하지 않는다는 것을 증명하라. 이것이 직관적으로 이해가 되는가?

연습 15.6 샘플링을 하는데 많은 특잇값[outlier]을 관찰한다. 즉 가우시안 프로세스에 의해 주어지는 신뢰 구간 내에 떨어지지 않는 샘플들을 관찰한다. 이것은 우리가 선택한 확률 모델이 적합하지 않다는 것을 의미한다. 어떻게 해야 하나?

연습 15.7 다음과 같은 함수 평가쌍 (x, y)에 대한 모델 선택을 고려하자.

$$\{(1, 0), (2, -1), (3, -2), (4, 1), (5, 0)\}$$

단일 잔류 교차 검증을 사용해 폴드 내의 다른 쌍에 대해 가우시안 프로세스가 주어졌을 때 잔류한 쌍을 예측하는 우도를 최대화하는 커널을 선택하라. 평균이 0이고, 잡음이 없다고 가정한다. 다음 커널 중에서 선택하라.

$$\exp(-\|x-x'\|) \qquad \exp(-\|x-x'\|^2) \qquad (1+\|x-x'\|)^{-1} \qquad (1+\|x-x'\|^2)^{-1} \qquad (1+\|x-x'\|)^{-2}$$

16 대리 최적화

15장에서 참목적 함수에 대한 확률 분포를 추론하고자 확률적 대리 모델, 특히 가우시안 프로세스를 어떻게 사용하는지 설명했다. 최적화 프로세스를 더 나은 설계 포인트로 인도하고자 이들 분포가 사용될 수 있다.[1] 17장에서는 어떤 설계 포인트를 다음에 평가해야 하는지를 선택하는 여러 가지 공통적인 기법의 개요를 설명한다. 여기서 논의하는 기법들은 다양한 척도를 탐욕적으로greedily[2] 최적화한다.[3] 또한 목적 척도를 안전하게 최적화하고자 어떻게 대리 모델을 사용하는지 논의한다.

1 A. Forrester, A. Sobester, and A. Keane, *Engineering Design via Surrogate Modelling: A Practical Guide*. Wiley, 2008.

2 근시안적으로 – 옮긴이

3 탐욕적 최적화의 대안은 문제를 부분적으로 관찰 가능한 마르코프 의사결정 프로세스(partially observable Markov Decision Process)로 설정하고 M. Tossaint, "The Bayesian Search GAme," in *Theory and Principled Method for the Design of Metaheuristics*, Y. Borenstein and A. Moraglio, eds. Springer, 2014, pp129–144가 보여 준 대로 몇 스텝 앞을 플래닝하는 것이다. 또한 R. Lam, K. Wilcox, and D. H. Wolpert, "Bayesian Optimization with a Finite Budget: An Approximate Dynamic Programming Approach," in *Advances in Neural Information Proceeding Systems (NIPS)*, 2016.

16.1 예측 기반 탐험

예측 기반 탐험prediction-based exploration에서는 대리 함수를 최소화하는 포인트를 선택한다. 이 접근법의 한 예는 3.5절에서 논의했던 2차 함수 적합화 탐색이다. 2차 함수 적합화 탐색으로는 2차 함수 대리 모델을 사용해 마지막 3개의 괄호점bracketing points을 적합화하고, 이후 2차 함수의 극소점 포인트를 선택한다.

가우시안 프로세스 대리 모델을 사용하면 예측 기반 최적화는 함수 평균값의 극소점들을 선택할 수 있다.

$$\mathbf{x}^{(m+1)} = \underset{\mathbf{x} \in \mathcal{X}}{\arg\min}\, \hat{\mu}(\mathbf{x}) \tag{16.1}$$

여기서 $\hat{\mu}(\mathbf{x})$는 이전 m 설계 포인트를 기반으로 한 설계점 $\mathbf{x}$에서의 가우시안 프로세스의 예측 평균이다. 이 프로세스는 그림 16.1에서 예시하고 있다.

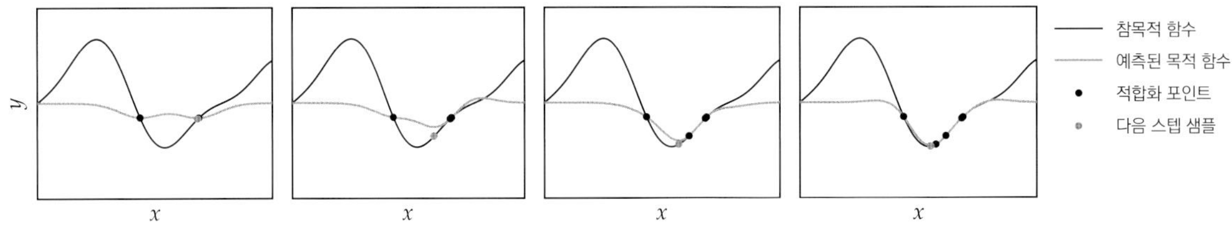

▲ **그림 16.1** 예측 기반 최적화는 목적 함수의 평균을 최소화하는 점을 선택한다.

예측 기반 최적화는 불확실성을 고려하지 않으며, 새로운 샘플은 기존 샘플과 아주 가깝게 생성될 수 있다. 목적값에 대해 이미 신뢰를 갖고 있는 위치에서의 샘플링은 함수 평가의 낭비다.

16.2 오차 기반 탐험

오차 기반 탐험error-based exploration은 참 함수의 신뢰도를 증가시키고자 한다. 가우시안 프로세스는 각 점에서의 평균과 표준편차 모두를 가르쳐 준다. 큰 표준편차는 낮은 신뢰도를 가리키므로 오차 기반 탐험은 불확실성이 가장 큰 설계점에서 샘플링을 한다.

그다음 스텝의 샘플 포인트는 아래와 같다.

$$x^{(m+1)} = \underset{\mathbf{x} \in \mathcal{X}}{\arg\max}\, \hat{\sigma}(\mathbf{x}) \tag{16.2}$$

여기서 $\hat{\sigma}(\mathbf{x})$는 이전 m개의 설계 포인트를 기반으로 구한 설계점 $\mathbf{x}$에서의 가우시안 프로세스 표준편차다. 이 프로세스는 그림 16.2에 예시하고 있다.

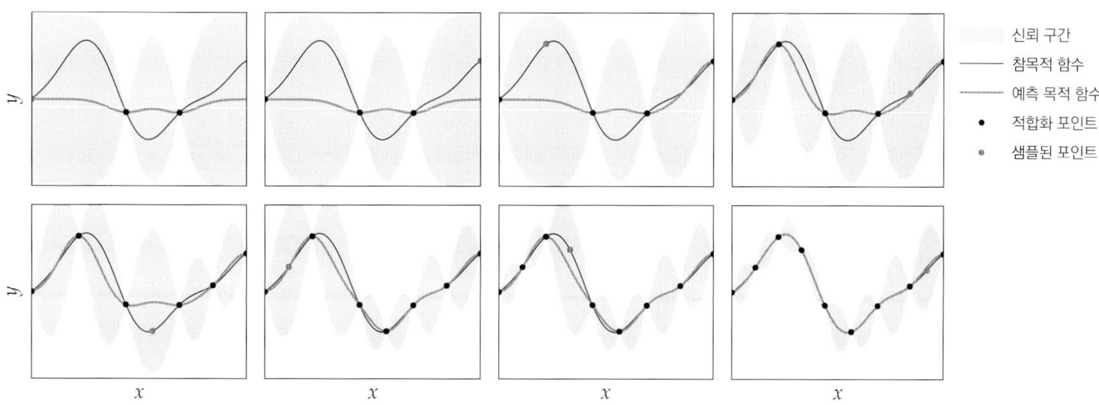

▲ **그림 16.2** 오차 기반 탐험은 불확실성이 가장 큰 점을 선택한다.

가우시안 프로세스는 흔히 $\mathbb{R}^n$ 전체에 대해서 정의된다. 무계의 실현 가능 집합 unbounded feasible set을 가진 최적화 문제는 샘플된 점에서 멀리 떨어질수록 항상 높은 불확실성을 가지므로 전체 정의역에 대해 참기초 함수에 대해 신뢰도를 갖는 것은 불가능하다.

16.3 신뢰 구간 하계 탐험

오차 기반 탐험은 전반적으로 목적 함수의 불확실성을 줄이는 반면, 샘플이 종종 전역적 극소점을 포함할 가능성이 없는 지역에 놓여 있게 된다. 신뢰 구간 하계 탐험 lower confidence bound exploration은 예측 기반 최적화가 사용하는 탐욕적 최소화와 오차 기반 탐험이 사용하는 불확실성 감소의 트레이드오프를 고려한다. 다음 샘플은 목적 함수의 신뢰 구간의 하계를 최소화한다.

$$LB(\mathbf{x}) = \hat{\mu}(\mathbf{x}) - \alpha\hat{\sigma}(\mathbf{x}) \tag{16.3}$$

여기서 $\alpha > 0$는 탐험exploration과 탐욕exploitation 간의 트레이드오프를 조절하는 상수다. 탐험은 불확실성을 최소화하는 데 연관되고, 탐욕은 예측 평균을 최소화하는 데 연관된다. $\alpha = 0$으로 예측 기반 최적화를 얻고, α가 무한대로 접근할 때 오차 기반 탐험을 얻게 된다. 이 과정은 그림 16.3에서 보여 준다.

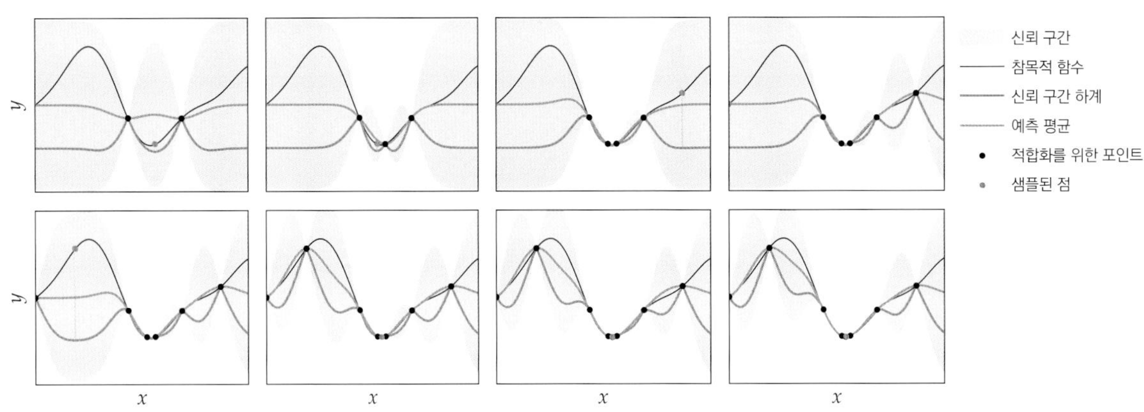

▲ **그림 16.3** 불확실성 최소화와 예측 평균 최소화의 트레이드오프를 조절하는 신뢰 구간 하계 탐험

16.4 개선 확률 탐험

이제까지 본 샘플보다 더 좋은 새로운 포인트를 가질 가능성을 최대화하도록 설계점을 선택함으로써 수렴을 더욱 빠르게 할 수 있다. $y = f(\mathbf{x})$를 산출하는 $\mathbf{x}$점에서 샘플된 함수의 개선(의 크기)은 다음과 같다.

$$I(y) = \begin{cases} y_{\min} - y & y < y_{\min}\text{인 경우} \\ 0 & \text{그렇지 않은 경우} \end{cases} \tag{16.4}$$

여기서 $y_{\min}$은 이제까지 샘플된 최솟값이다.

$\hat{\sigma} > 0$인 점에서 개선 확률probability of improvement은 다음과 같다.

$$P(y < y_{\min}) = \int_{-\infty}^{y_{\min}} \mathcal{N}(y \mid \hat{\mu}, \hat{\sigma})dy \tag{16.5}$$

$$= \Phi\left(\frac{y_{\min} - \hat{\mu}}{\hat{\sigma}}\right) \tag{16.6}$$

여기서 Φ는 표준 정규 누적 분포 함수standard normal cumulative distribution function(부록 C.7 참고)다. 이 계산(알고리즘 16.1)은 그림 16.4에 보인다. 그림 16.5는 이 프로세스를 보인다. 잡음이 없는 점들의 경우인 $\hat{\sigma} = 0$일 때 개선 확률은 0이다.

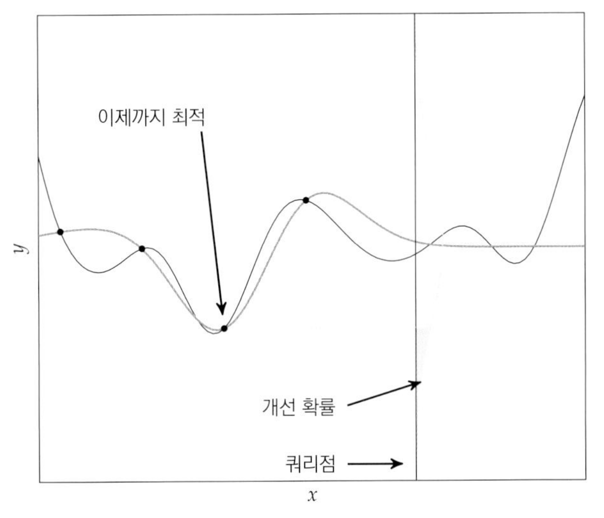

◀ **그림 16.4** 확률 개선은 특정점의 평가가 이제까지 최적점에서보다 더 좋은 결과를 산출할 확률이다. 이 그림은 쿼리점에서 예측된 확률 밀도 함수를 보이는데 $y_{\min}$ 아래의 그늘진 영역은 확률 개선에 상응한다.

```
prob_of_improvement(y_min, μ, σ) = cdf(Normal(μ, σ), y_min)
```

알고리즘 16.1 최적값 y_min, 평균 μ와 분산 v가 주어졌을 때 개선 확률의 계산

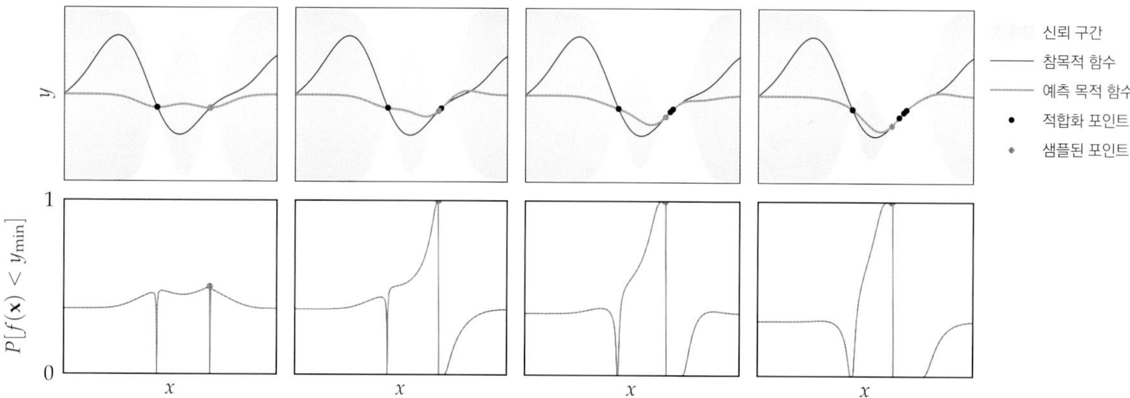

▲ **그림 16.5** 개선 확률을 최대화해 더 낮은 목적 함숫값을 산출할 가능성이 가장 큰 샘플을 선택한다.

16.5 기대 개선 탐험

최적화는 목적 함수의 극소점을 찾는 것이다. 개선 확률을 극대화하는 것은 시간이 경과하면서 목적 함수를 감소시키기는 하지만, 각 반복 시행에서 아주 크게 개선하지는 못한다. 현재의 최적 함숫값에 대해 기대 개선을 최대화하는 점들의 탐험에 초점을 맞출 수 있다.

다음의 대입을 통해

$$z = \frac{y - \hat{\mu}}{\hat{\sigma}} \qquad y'_{\min} = \frac{y_{\min} - \hat{\mu}}{\hat{\sigma}} \tag{16.7}$$

식 (16.4)에서의 개선을 다음과 같이 표현할 수 있다.

$$I(y) = \begin{cases} \hat{\sigma}(y'_{\min} - z) & \text{if } z < y'_{\min} \text{ and } \hat{\sigma} > 0 \\ 0 & \text{otherwise} \end{cases} \tag{16.8}$$

여기서 $\hat{\mu}$와 $\hat{\sigma}$는 샘플 포인트 $\mathbf{x}$에서의 예측 평균과 표준편차다.

가우시안 프로세스에 의해 예측된 분포를 이용해 기대 개선expected improvement을 계산할 수 있다.

$$\mathbb{E}[I(y)] = \hat{\sigma} \int_{-\infty}^{y'_{\min}} (y'_{\min} - z)\mathcal{N}(z \mid 0, 1)\, dz \tag{16.9}$$

$$= \hat{\sigma}\left[y'_{\min} \int_{-\infty}^{y'_{\min}} \mathcal{N}(z \mid 0, 1)\, dz - \int_{-\infty}^{y'_{\min}} z\,\mathcal{N}(z \mid 0, 1)\, dz\right] \tag{16.10}$$

$$= \hat{\sigma}\left[y'_{\min} P(z \le y'_{\min}) + \mathcal{N}(y'_{\min} \mid 0, 1) - \underbrace{\mathcal{N}(-\infty \mid 0, 1)}_{= 0}\right] \tag{16.11}$$

$$= (y_{\min} - \hat{\mu})P(y \le y_{\min}) + \hat{\sigma}\mathcal{N}(y_{\min} \mid \hat{\mu}, \hat{\sigma}^2) \tag{16.12}$$

그림 16.6은 알고리즘 16.2를 이용해 이 프로세스를 보여 준다.

```
function expected_improvement(y_min, μ, σ)
    p_imp = prob_of_improvement(y_min, μ, σ)
    p_ymin = pdf(Normal(μ, σ), y_min)
    return (y_min - μ)*p_imp + σ*p_ymin
end
```

알고리즘 16.2 주어진 최적 y값 y_min, 평균 μ와 표준편차 σ에 대한 기대 개선의 계산

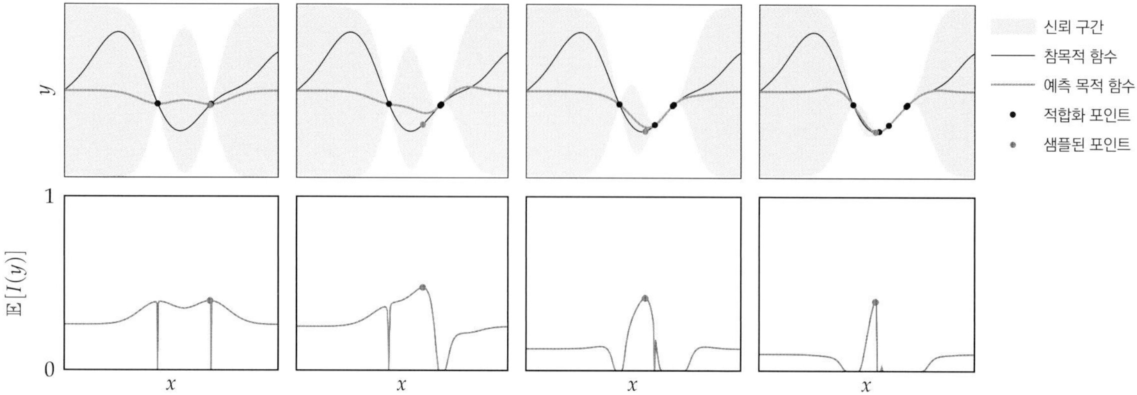

▲ **그림 16.6** 기대 개선을 최대화해 하계를 가능한 한 많이 개선할 가능성이 높은 샘플을 추출한다.

16.6 안전 최적화

어떤 맥락에서는 성과가 낮거나 실행 불가능한 점들에 해당하는 안전하지 않은 점들을 평가하는 비용이 클 수 있다. 드론 조정기의 비행 조절 또는 안전한 영화 추천은 **안전 탐험**safe exploration을 요구하는데, 안전 탐험은 안전하지 않은 점들을 조심스럽게 피하고 샘플링하면서, 최적 설계점을 탐색한다.

이 절은 안전 탐험 문제 클래스를 다루는 SafeOpt 알고리즘[4]의 개요를 설명한다. 극소점을 추구하고자 일련의 설계점 $\mathbf{x}^{(1)}, \ldots, \mathbf{x}^{(m)}$을 샘플하지만, $f(\mathbf{x}^{(i)})$가 안전 임곗값 $y_{\max}$를 초과하지 않도록 한다. 이에 더해 목적 함수의 잡음 섞인 측정값만을 취한다. 이때 잡음은 평균 0이고, 분산 ν다. 이와 같은 목적 함수와 연관 안전 영역은 그림 16.7에 보인다.

4 Y. Sui, A. gotovos, J. Burdick and A. Krause, "Safe Exploration for Optimization with Gaussian Processes," in *Inernational Conference on Machine Learning (ICML)*, vol. 37, 2015.

SafeOpt 알고리즘은 예측을 위해 가우시안 프로세스 대리 모델을 사용한다. 각 반복 시행에서 가우시안 프로세스를 f로부터 추출된 잡음이 섞인 샘플들에 적합화한다. i번째 샘플 이후에 SafeOpt는 다음과 같이 신뢰 구간의 상계와 하계를 계산한다.

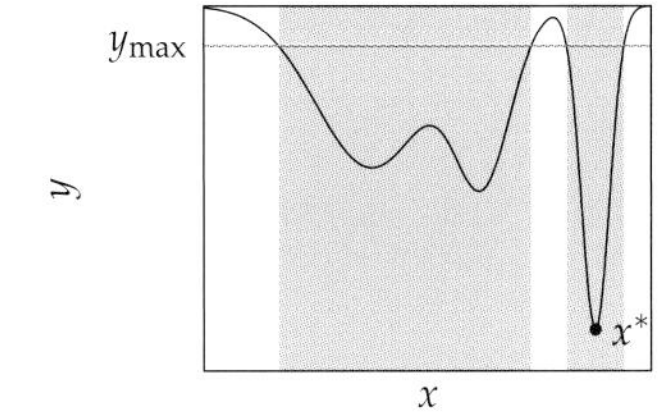

▲ **그림 16.7** SafeOpt는 최대 목적값에 의해 정의된 안전 영역 내에 남아 있으면서 f를 최소화하는 안전 탐험 문제를 푼다.

$$u_i(\mathbf{x}) = \hat{\mu}_{i-1}(\mathbf{x}) + \sqrt{\beta \hat{v}_{i-1}(\mathbf{x})} \tag{16.13}$$

$$\ell_i(\mathbf{x}) = \hat{\mu}_{i-1}(\mathbf{x}) - \sqrt{\beta \hat{v}_{i-1}(\mathbf{x})} \tag{16.14}$$

여기서 β가 더 크면 신뢰 구간이 더 커진다. 이들 유계들을 그림 16.8에서 보여준다.

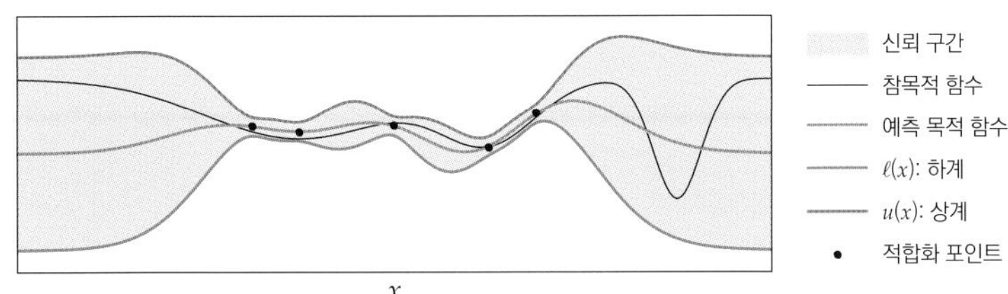

◀ **그림 16.8** SafeOpt에 의한 가우시안 프로세스의 예측을 기반으로 한 함수의 예시

가우시안 프로세스는 임의의 설계점에 대한 $f(\mathbf{x})$의 분포를 예측한다. 가우시안이므로 이들 예측은 임의의 배수만큼까지의 확률적 안전 보장만을 제공할 수 있다.[5]

5 개선 확률과의 유사성을 주의하자.

$$P(f(\mathbf{x}) \le y_{\max}) = \Phi\left(\frac{y_{\max} - \hat{\mu}(\mathbf{x})}{\sqrt{\hat{v}(\mathbf{x})}}\right) \ge P_{\text{safe}} \tag{16.15}$$

예측 안전 영역 $\mathcal{S}$는 그림 16.9에서 예시된 바와 같이 요구 수준 P_{safe}보다 큰 안전 확률을 제공하는 설계점들로 구성된다. 안전 영역은 또한 이전에 샘플된 점들에서 평가된 상계들로 구축된 립시츠[Lipschitz] 상계로 정의될 수 있다.

SafeOpt는 f의 도달 가능한 최소점을 국지화하려는 목적과 안전 영역을 확대하려는 목적의 균형을 맞추는 안전 샘플점들을 선택한다. f의 잠재적 최소점 집합을 $\mathcal{M}$으로 표기하고(그림 16.10), 안전 영역을 확대하도록 인도할 수 있는 잠재적 점들의 집합을 $\mathcal{E}$로 표기한다(그림 16.11). 탐험과 탐욕의 트레이드오프를 위해서 $\mathcal{M}$과 $\mathcal{E}$ 집합 가운데 가장 큰 예측 분산을 가진 설계점 **x**를 선택한다.[6]

6 이 알고리즘의 변형으로 F. Berkenkamp, A. P. Schoellig, and A. Krause, "Safe Controller Optimization for Quadrotors with Gaussian Processes," in *IEEE International Conference on Robotics and Automation (ICRA)*, 2016.

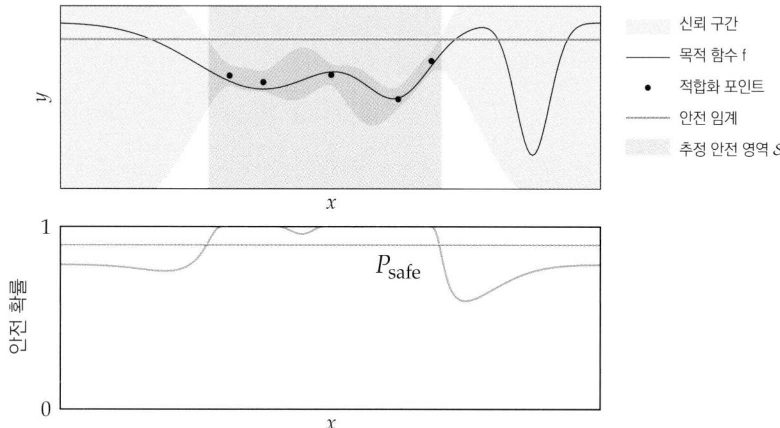

그림 16.9 가우시안 프로세스에 의해 예측된 안전 영역(녹색)

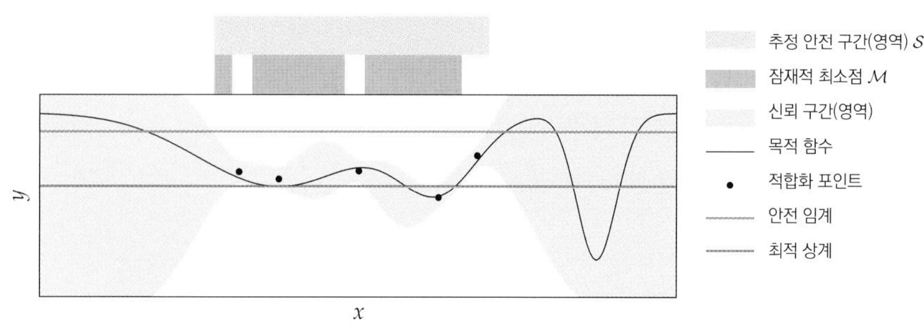

그림 16.10 잠재적 최소점들은 하계가 최적 안전 상계보다 낮은 안전 점들이다.

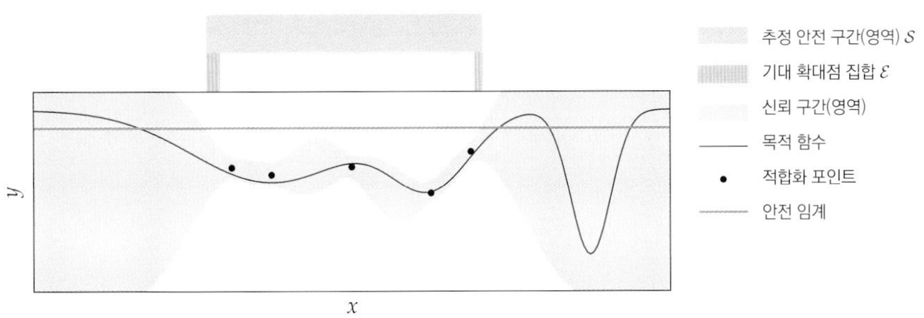

▲ 그림 16.11 잠재적 확대점 집합

잠재적 최소점 집합은 다음과 같이 신뢰 구간 하계가 최저 상계보다 작은 안전점들로 구성된다.

$$\mathcal{M}_i = \left\{ \mathbf{x} \in \mathcal{S}_i \mid \ell_i(\mathbf{x}) \leq \min_{\mathbf{x}' \in \mathcal{S}_i} u_i(\mathbf{x}') \right\} \tag{16.16}$$

스텝 i에서 잠재적 확대점 집합 $\mathcal{E}_i$는 만약 이들이 가우시안 프로세스에 더해지고, 낙관적으로 하계가 있다고 가정하면 더 큰 안전 집합을 가진 사후 분포를 산출하는 안전점들로 구성된다. 잠재적 확대점들은 자연스럽게 안전 영역의 경계 주변에 놓여 있게 된다.

초기 안전점 $\mathbf{x}^{(1)}$이 주어졌을 때[7] SafeOpt는 집합 $\mathcal{M}$과 $\mathcal{E}$ 가운데에서 너비 $w_i(x) = u(x) - \ell(x)$에 의해 계량화되는 가장 불확실성이 큰 설계점을 선택한다.

$$x^{(i)} = \underset{\mathbf{x} \in \mathcal{M}_i \bigcup \mathcal{E}_i}{\arg\max}\, w_i(\mathbf{x}) \tag{16.17}$$

SafeOpt는 종료 조건이 만족될 때까지 진행한다. 고정된 반복 시행 수 동안 또는 최대 너비가 설정된 임곗값보다 작아질 때까지 알고리즘을 실행하는 것이 일반적이다.

다차원 공간에서 집합을 유지하는 것은 계산적으로 어렵다. SafeOpt는 샘플링 방법을 연속 공간 정의역에 대해 적용해 얻은 유한 설계 공간 $\mathcal{X}$를 취한다. 유한

7 SafeOpt는 알고 있는 적어도 하나의 점이 안전하도록 초기화되지 않으면 안전을 보장할 수 없다.

설계 공간의 밀도를 증가시키면 연속 공간에 대해 더 정확한 결과를 얻을 수 있으나, 반복당 실행 시간이 증가한다.

SafeOpt는 알고리즘 16.3에 의해 구현되고, 예측 신뢰 구간을 업데이트하고자 알고리즘 16.4를 호출하고, 안전 최소점과 확대점 영역을 계산하고자 알고리즘 16.5를 호출하고, 쿼리점을 선택하고자 알고리즘 16.6을 호출한다. SafeOpt의 진행은 1차원에 대해서는 그림 16.12에 보이고, 2차원에 대해서는 그림 16.13에 보인다.

```
function safe_opt(GP, X, i, f, y_max; β=3.0, k_max=10)
    push!(GP, X[i], f(X[i])) # 첫 번째 관찰을 한다.

    m = length(X)
    u, l = fill(Inf, m), fill(-Inf, m)
    S, M, E = falses(m), falses(m), falses(m)

    for k in 1 : k_max
        update_confidence_intervals!(GP, X, u, l, β)
        compute_sets!(GP, S, M, E, X, u, l, y_max, β)
        i = get_new_query_point(M, E, u, l)
        i != 0 || break
        push!(GP, X[i], f(X[i]))
    end

    # 최적점을 반환한다.
    update_confidence_intervals!(GP, X, u, l, β)
    S[:] = u .≤ y_max
    if any(S)
        u_best, i_best = findmin(u[S])
        i_best = findfirst(isequal(i_best), cumsum(S))
        return (u_best, i_best)
    else
        return (NaN,0)
    end
end
```

알고리즘 16.3 빈 가우시안 프로세스 GP, 유한 설계 공간 X, 초기 안전 점 인덱스 i, 목적 함수 f와 안전 임계 y_max에 적용된 SafeOpt 알고리즘. 선택할 수 있는 파라미터는 신뢰 스케일러 β와 반복 시행 수 k_max이다. 최적 안전 상계와 X에서의 그 인덱스를 포함하는 튜플이 반환된다.

```
function update_confidence_intervals!(GP, X, u, l, β)
    μₚ, νₚ = predict(GP, X)
    u[:] = μₚ + sqrt.(β*νₚ)
    l[:] = μₚ - sqrt.(β*νₚ)
    return (u, l)
end
```

알고리즘 16.4 SafeOpt에서 사용된 하계와 상계를 업데이트하는 방법으로 가우시안 프로세스 GP, 유한 탐색 공간 X, 상하계 벡터 u와 l, 신뢰 스케일러 β를 취한다.

```
function compute_sets!(GP, S, M, E, X, u, l, y_max, β)
    fill!(M, false)
    fill!(E, false)

    # 안전집합
    S[:] = u .≤ y_max

    if any(S)

        # 잠재 극소점
        M[S] = l[S] .< minimum(u[S])

        # 최대 너비(M안에서)
        w_max = maximum(u[M] - l[M])

        # 확대점 집합 - M 내의 점 또는 w ≤ w_max인 점들을 생략한다.
        E[:] = S .& .~M # M 내의 점을 생략한다.
        if any(E)
            E[E] .= maximum(u[E] - l[E]) .> w_max
            for (i,e) in enumerate(E)
                if e && u[i] - l[i] > w_max
                    push!(GP, X[i], l[i])
                    μₚ, νₚ = predict(GP, X[.~S])
                    pop!(GP)
                    E[i] = any(μₚ + sqrt.(β*νₚ) .≥ y_max)
                    if E[i]; w_max = u[i] - l[i]; end
                end
            end
        end
    end

    return (S,M,E)
end
```

알고리즘 16.5 SafeOpt에서 사용되는 안전 집합 S, 최소점 집합 M과 확대점 집합 E를 업데이트하는 방법. 집합들은 모두 불리언 벡터로 X 내의 해당 설계점이 집합에 속하는지 나타낸다. 또한 가우시안 프로세스 GP, 상하계 각각 u와 l, 안전 임계 y_max와 신뢰 스케일러 β를 취한다.

```
function get_new_query_point(M, E, u, l)
    ME = M .| E
    if any(ME)
        v = argmax(u[ME] - l[ME])
        return findfirst(isequal(v), cumsum(ME))
    else
        return 0
    end
end
```

알고리즘 16.6 SafeOPt에서 다음 쿼리 점을 구하는 방법. X 내의 가장 큰 너비를 가진 점들의 인덱스가 반환된다.

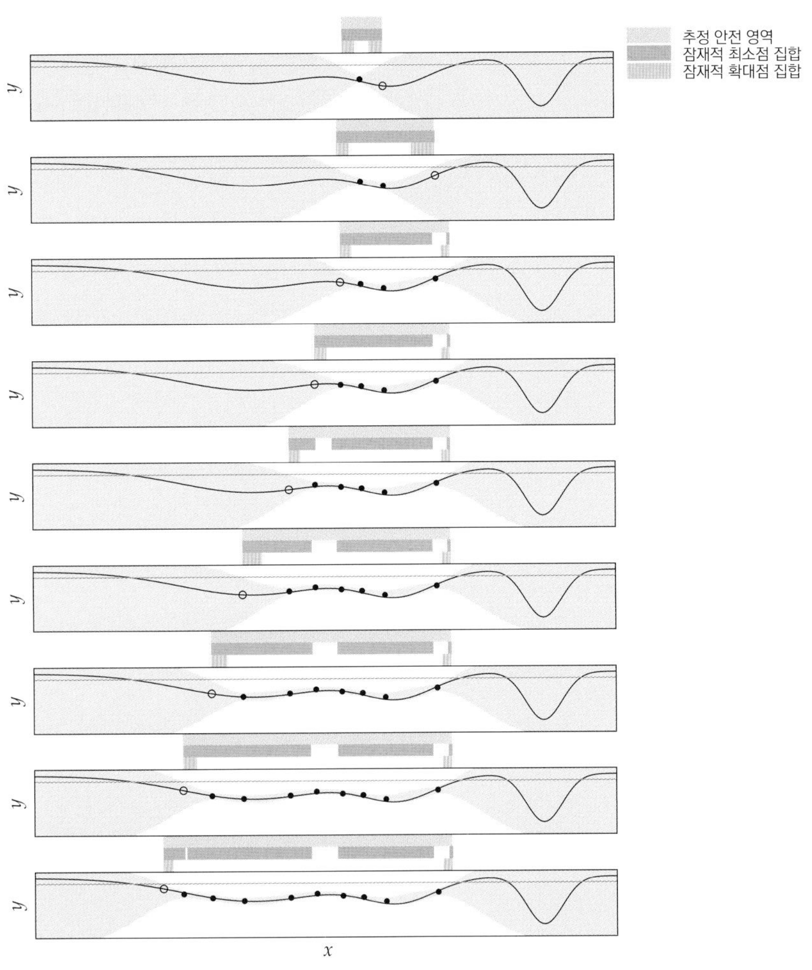

◀ **그림 16.12** 일변수 함수에 대한 SafeOpt의 처음 8번 반복 시행. SafeOpt는 오른쪽에서 절대 전역적 극대점에 도달할 수 없는데 이유는 그러려면 안전하지 않은 영역을 가로질러야 하기 때문이다. 국지적으로 도달 가능한 안전 구간에서 전역적 최소점을 찾고자 하는 것이다.

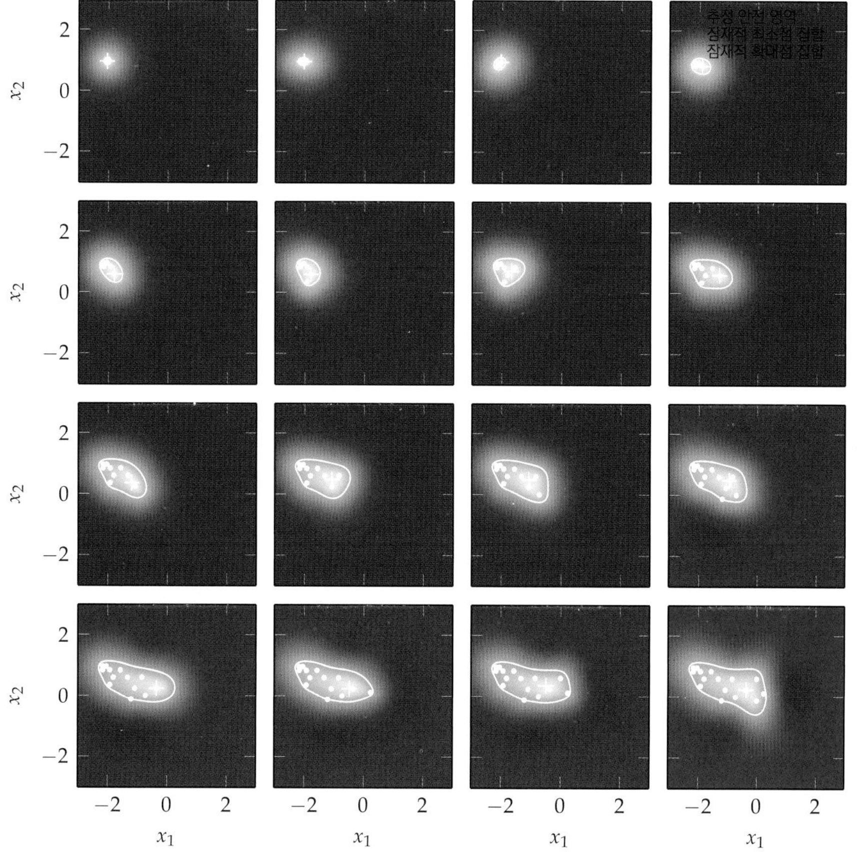

그림 16.13 플라워 함수(부록 B.4)에 적용된 SafeOpt로 $y_{max} = 2$, 가우시안 프로세스 평균 $\mu(\mathbf{x}) = 2.5$, 분산 $\nu = 0.01$, $\beta = 10$, 탐색 공간에 걸친 51×51 균등 그리드와 초기점 $x^{(1)} = [-2.04,\ 0.96]$이다. 색깔은 상계의 값을 표시하고, x표는 가장 낮은 하계를 가진 안전점을 가리키며, 흰 등고선은 추정된 안전 영역이다.

참 안전 영역의 윤곽이 흰색으로 그려진 목적 함수는 다음과 같다.

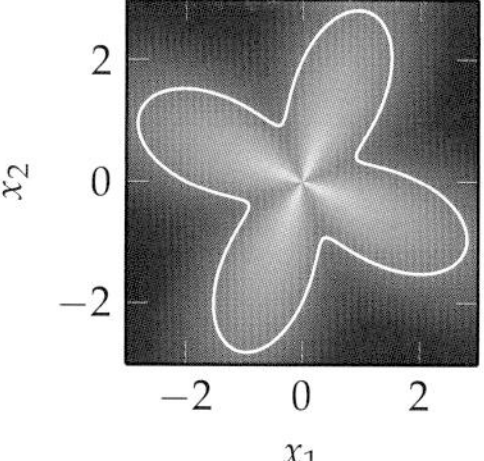

16.7 요약

- 가우시안 프로세스를 사용해 신뢰 구간 하계, 개선 확률과 기대 개선과 같은 양quantity의 추정치를 사용하는 다양한 전략을 사용해 최적화 과정을 인도할 수 있다.
- 어떤 문제는 안전하지 않은 설계점의 평가를 허용하지 않는데 이 경우 가우시안 프로세스에 의존하는 안전 탐험 전략을 사용할 수 있다.

16.8 연습문제

연습 16.1 예측 기반 최적화가 작동하지 않는 예를 보여라.

연습 16.2 최적화 맥락에서 신뢰 구간 하계 탐험과 오차 기반 탐험 간의 주요 차이점은 무엇인가?

연습 16.3 $x \in [-5, 5]$의 함수 $f(x) = (x-1)^2/40 - 0.5$를 고려하며, -1과 1에서의 평가점을 갖고 있다. 평균 0 함수와 제곱지수 커널 $\exp(-r^2/2)$의 가우시안 프로세스 대리 모델을 사용한다고 가정하자. 여기서 r은 두 점 간의 유클리디언 거리다. 만약 개선 확률을 최대화한다면 다음 스텝에서 x의 어떤 값을 평가해야 하는가? 만약 기대 개선을 최대화한다면 다음 스텝에서 x의 어떤 값을 평가해야 하는가?

17 불확실성하에서의 최적화

이제까지의 최적화 목적은 설계점의 결정적 함수를 최소화하는 것이었다. 그러나 많은 공학 작업에서는 목적 함수에 불확실성이 존재하거나 제약식이 존재한다. 불확실성은 모델 근사화, 부정확성과 시간에 따른 파라미터의 변동과 같은 수많은 요인에 기인할 수 있다. 17장은 강건성을 제고하고자 최적화의 불확실성을 고려하는 다양한 방법을 다룬다.[1]

1 Additional references include: H.-G. Beyer and B. Sendhoff, "Robust OptimOverview-A Comprehensive Survey," *Computer Methods in Applied Mechanics and Engineering*, vol. 196, no. 33, pp. 3190-3218, 2007. G.-J. Park, T.-H. Lee, K. H. Lee, and K.-H. Hwang, "Robust Design: An Overview," *AIAA Journal*, vol. 44, no. 1, pp. 181-191, 2006.

17.1 불확실성

최적화 프로세스에서 불확실성은 여러 가지 이유로 발생한다. 배경 잡음, 변화하는 재료 특성과 퀀텀 효과같이 시스템에 고유한 축소 불가능 불확실성irreducible uncertainty[2]이 존재할 수 있다. 이들 불확실성은 피할 수 없고, 설계는 이들을 수용해야만 한다. 설계자에 의한 주관적 지식 부족에 따라 발생하는 불확실성인 인식론

2 이러한 형태의 불확실성은 종종 우연적 불확실성 또는 무작위 불확실성이라 불린다.

적 불확실성epistemic uncertainty[3]이 존재할 수 있다. 이 불확실성은 설계 문제를 공식화할 때 사용하는 모델[4]의 근사화와 수치적 해법에 의해 도입되는 오차로부터 발생한다.

이러한 다양한 형태의 불확실성을 설명하는 것은 강건한 설계를 보장하고자 필수적이다. 17장에서 랜덤값 벡터를 나타내고자 $\mathbf{z} \in \mathcal{Z}$를 사용한다. $f(\mathbf{x}, \mathbf{z})$를 최소하고자 하는데 $\mathbf{z}$를 제어하지 못한다. 실현 가능성은 설계 벡터 $\mathbf{x}$와 불확실성 벡터 $\mathbf{z}$ 모두에 달려 있다. 17장은 $\mathbf{x}$와 $\mathbf{z}$의 쌍에 대한 실현 가능 집합으로 $\mathcal{F}$를 정의한다. $(\mathbf{x}, \mathbf{z}) \in \mathcal{F}$이면 그리고 이런 경우에만 실현 가능하다. $\mathcal{X}$를 설계 공간으로 사용하며, 이는 $\mathbf{z}$값에 따라 잠재적으로 실현 불가능한 설계점들을 포함할 수 있다.

불확실성하에서의 최적화는 잡음이 있는 측정으로부터 추론되는 목적 함수를 나타내고자 가우시안 프로세스를 사용하는 15.5절에서 간략히 소개됐다. $f(\mathbf{x}, z) = f(\mathbf{x}) + z$인데 추가적으로 z가 평균 0 가우시안 분포를 가진다고 가정한다.[5] 불확실성은 다른 방법으로 설계 포인트의 평가에 고려될 수 있다. 예를 들어, 목적 함수의 입력에 잡음이 있다면[6] $f(\mathbf{x}, \mathbf{z}) = f(\mathbf{x} + \mathbf{z})$를 취할 수 있다. 일반적으로 $f(\mathbf{x}, \mathbf{z})$는 $\mathbf{x}$와 $\mathbf{z}$의 복잡한 비선형 함수다. 이에 더해 z는 가우시안 분포가 아닐 수 있다. 실제로 미지의 분포를 가질 수 있다.

그림 17.1은 불확실성의 정도가 얼마나 설계 선택에 영향을 주는지 보여 준다. 단순화를 위해 x는 스칼라이고 z는 평균 0의 가우시안 분포로부터 선택된다. z는 f의 입력에 있는 잡음에 해당하고, 따라서 $f(x, z) = f(x + z)$이다. 그림은 여러 수준의 잡음에 대한 목적 함수의 기댓값을 보여 준다. 잡음이 없는 전역적 극소점은 a다. 그러나 극소점이 깊은 계곡 내에 존재해 잡음에 오히려 민감하므로 a 주변의 설계점을 취하는 것은 위험하다. 심지어 작은 잡음의 경우에도 설계점을 b로 선택하는 것이 더 좋다. 잡음의 정도가 큰 경우에는 c 주변의 설계점을 선택하는 것이 더욱더 강건한 결과를 제공한다. 만약 잡음이 매우 크면 최적 설계점은 심지어 잡음이 없는 경우의 국지적 극대점에 해당되는 b와 c 사이가 될 수도 있다.

3 인식론적 불확실성은 축소 가능 불확실성이라고도 불린다.

4 통계학자 조지 박스는 다음과 같이 유명한 명제를 서술한다. "모든 모델은 잘못됐다. 다만 일부 모델이 유용할 뿐이다." G. E. P. Box, W. G. Hunter, and J. S. Hunter, *Statistics for Experimenters: An Introduction to Design, Data Analysis, and Model Building*, 2nd ed. Wiley, 2005. p. 440.

5 여기서 두 인수 버전의 f는 설계 포인트와 랜덤 벡터를 입력으로 취한다. 그러나 단일 인수 버전의 f는 잡음 없는 설계 포인트의 결정적 함수를 나타낸다.

6 예를 들어, 설계 제작에 변동성이 있을 수 있다.

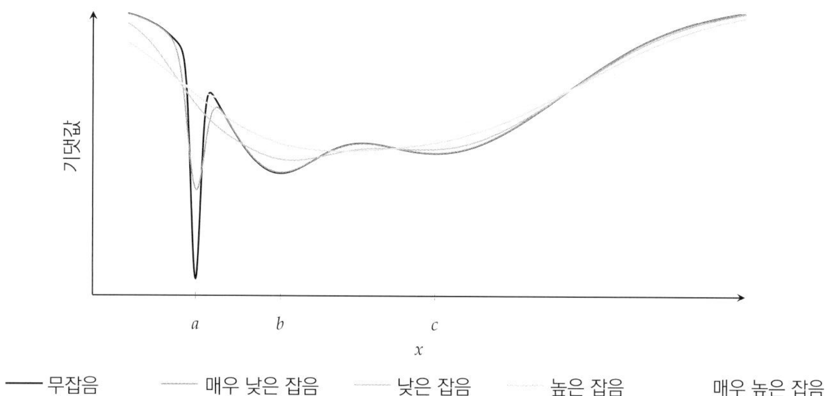

◀ **그림 17.1** 잡음이 없는 경우의 전역적 극대점 a는 잡음에 민감하다. 잡음의 예상 수준에 따라 다른 설계점이 더 강건할 수 있다.

최적화의 불확실성을 고려하는 여러 가지 방법이 존재한다. 여기서 집합 기반 불확실성과 확률적 불확실성을 논의한다.[7]

7 다른 방법으로는 뎀스터 세이퍼 이론(Demster Shafer theory), 퍼지 집합 이론(fuzzy-set theory)과 가능성 이론(possibility theory) 등이 있는데 이들은 이 책의 범위를 넘는다.

17.2 집합 기반 불확실성

집합 기반 불확실성set-based uncertainty 방법은 $\mathbf{z}$가 집합 $\mathcal{Z}$에 속해 있다고 가정한다. 하지만 이 방법은 이 집합 내의 상이한 점들의 상대적 우도에 대한 어떠한 가정도 하지 않는다. 집합 $\mathcal{Z}$는 다른 방법으로도 정의될 수 있다. 한 가지 방법은 $\mathcal{Z}$의 각 구성 요소에 대해 구간을 정의하는 것이다. 다른 방법은 10장에서 설계 공간 $\mathcal{X}$에 대해서 했던 것과 유사하게 $\mathbf{g}(\mathbf{x}, \mathbf{z}) \leq 0$ 같은 부등식 제약으로 $\mathcal{Z}$를 정의하는 것이다.

17.2.1 최소최대법

집합 기반 불확실성을 가진 문제에서 흔히 목적 함수의 최대 가능한 값을 최소화한다. 이와 같은 최소최대minimax법[8]은 다음과 같은 최적화 문제를 푼다.

8 강건 상대방 접근법(robust counterpart approach) 또는 강건 규제화(robust regularization)라고도 불린다.

$$\underset{\mathbf{x}\in\mathcal{X}}{\text{minimize}}\ \underset{\mathbf{z}\in\mathcal{Z}}{\text{maximize}}\ f(\mathbf{x}, \mathbf{z}) \tag{17.1}$$

다시 말해 최악의 $\mathbf{z}$값을 가정하고, f를 최소화하는 $\mathbf{x}$를 발견하는 것이다.

이 최적화는 수정된 목적 함수를 정의하는 것과 동일하다.

$$f_{\text{mod}}(\mathbf{x}) = \underset{\mathbf{z} \in \mathcal{Z}}{\text{maximize}}\, f(\mathbf{x}, \mathbf{z}) \tag{17.2}$$

그리고 다음을 푼다.

$$\underset{\mathbf{x} \in \mathcal{X}}{\text{minimize}}\, f_{\text{mod}}(\mathbf{x}) \tag{17.3}$$

예제 17.1은 일변수 문제에 대한 최적화를 보여 주면 여러 수준의 불확실성의 효과를 예시한다.

예제 17.1 집합 기반 불확실성하의 최적화에 대한 최소최대법의 적용 예

다음의 목적 함수를 고려하자.

$$f(x, z) = f(x + z) = f(\tilde{x}) = \begin{cases} -\tilde{x} & \text{if } \tilde{x} \leq 0 \\ \tilde{x}^2 & \text{otherwise} \end{cases}$$

여기서 $x = x + z$이며, 집합 기반 불확실성 영역은 $z \in [-\epsilon, \epsilon]$.이다. 최소최대법은 수정된 목적 함수 $f_{\text{mod}}(x) = \text{maximize}_{z \in [-\epsilon,\, \epsilon]} f(x, z)$에 대한 최적화 문제다.

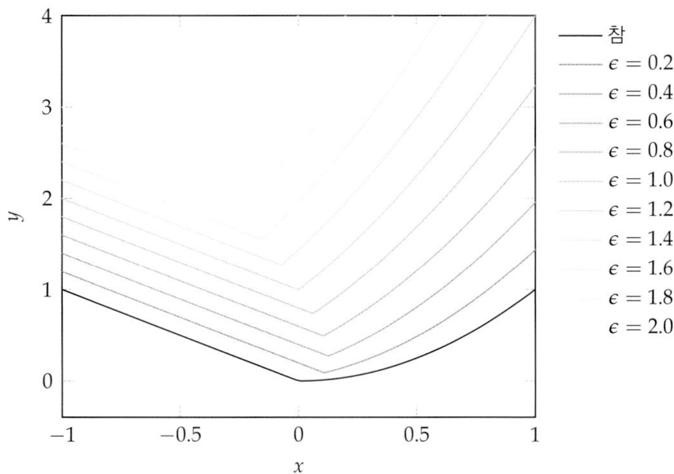

위의 그림은 여러 다른 ϵ값에 대한 $f_{\text{mod}}(x)$를 보이고 있다. $\epsilon = 0$에 대한 극소점은 $f(x, 0)$의 극소점과 일치한다. ϵ가 증가함에 따라 x^2보다 x가 더 빠르게 증가하므로 극소점은 우선 오른쪽으로 이동한다. 그 다음 x^2이 x보다 빠르게 증가하면서 왼쪽으로 이동한다. 강건 최소점은 일반적으로 $f(x, 0)$의 극소점과 일치하지 않는다.

실현 가능 제약식을 가진 문제에서 위의 최적화 문제는 다음과 같이 된다.

$$\underset{\mathbf{x}\in\mathcal{X}}{\text{minimize}}\ \underset{\mathbf{z}\in\mathcal{Z}}{\text{maximize}}\ f(\mathbf{x}, \mathbf{z}) \text{ subject to } (\mathbf{x}, \mathbf{z}) \in \mathcal{F} \tag{17.4}$$

예제 17.2는 제약식이 있는 경우 실현 가능 설계 포인트 공간에 대해 최소최대법을 적용하는 효과를 보인다.

예제 17.2 실현 가능 집합의 불확실성에 대해 적용된 최소최대법

회전한 타원 형태의 불확실한 실현 가능 집합을 고려하자. (x, z)∈$\mathcal{F}$인 경우에 또한 단지 이 경우에 한해서 $z \in [0, \pi/2]$와 다음이 성립한다.

$$(x_1 \cos z + x_2 \sin z)^2 + (x_1 \sin z - x_2 \cos z)^2 / 16 \leq 1$$

$z = 0$인 경우 타원의 주축은 수직이다. z값을 증가시키면 서서히 시계 반대 방향으로 회전해 주축이 $z = \pi/2$에서 수평이 된다. 아래 그림에서 수직과 수평 타원과 함께 적어도 하나의 z에 대해 실현 가능한 모든 점들의 집합이 파란색으로 보인다.

최소최대 최적화법은 모든 z값하에서 실현 가능한 설계점들만을 고려해야 한다. 항상 실현 가능한 설계점 집합은 z를 변화할 때 형성되는 모든 타원의 교차 집합으로 주어진다. 이는 빨간색으로 표시된다.

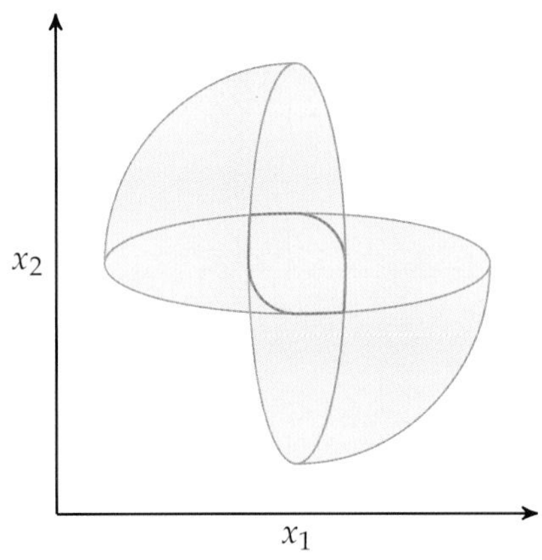

17.2.2 정보갭 결정 이론

불확실성 집합 $\mathcal{Z}$가 고정됐다고 가정하는 대신 정보갭 결정 이론information-gap decision theory[9]이라 알려진 또 다른 접근법은 비음nonnegative의 스칼라 갭 파라미터 ϵ로 불확실성 집합을 파라미터화한다. $\mathcal{Z}(\epsilon)$를 정의하는 한 방법은 다음과 같이 점 $\mathbf{z}$를 중심으로 하는 반지름 ϵ의 초구면체로 하는 것이다.

9 F. M. Hemez and Y. Ben-Haim, "Infor-Gap Robustmenss for the Correlation of Tests and Simulations of a Non-Linear Transient," *Mechanical Systems and Signal Processing*, vol. 18, no.6, pp. 1443–1467, 2004.

$$\mathcal{Z}(\epsilon) = \{\mathbf{z} \mid \|\mathbf{z} - \bar{\mathbf{z}}\|_2 \leq \epsilon\} \tag{17.5}$$

그림 17.2은 2차원 정의를 예시한다.

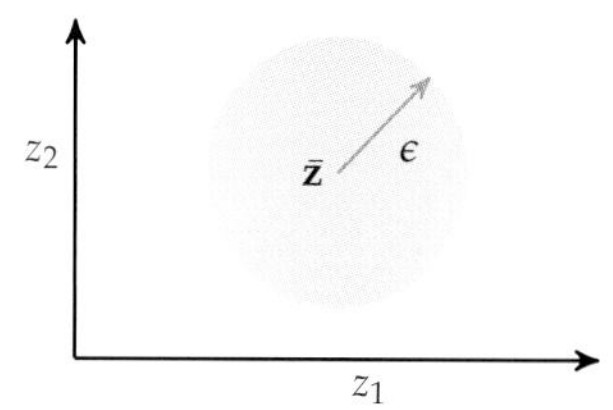

▲ **그림 17.2** 초평면의 형태로 파라미터화된 불확실성 집합 $\mathcal{Z}(\epsilon)$

불확실성 집합을 파라미터화함으로써 특정 불확실성 집합에 고정될 필요가 없어진다. 너무 큰 불확실성 집합은 해의 질을 저하하며, 너무 작은 불확실성 집합은 강건성을 희생한다. 더 큰 갭에 대해 계속 실현 가능한 설계점이 더 강건하다고 간주된다.

정보갭 이론은 실현 가능성을 유지하면서 가장 큰 갭을 허용하는 설계점을 찾고자 한다. 이 설계점은 다음의 최적화 문제를 풀어서 구할 수 있다.

$$\mathbf{x}^* = \underset{\mathbf{x}\in\mathcal{X}}{\arg\max} \underset{\epsilon\in[0,\infty)}{\text{maximize}} \begin{cases} \epsilon & \text{if } (\mathbf{x},\mathbf{z}) \in \mathcal{F} \text{ for all } \mathbf{z} \in \mathcal{Z}(\epsilon) \\ 0 & \text{otherwise} \end{cases} \tag{17.6}$$

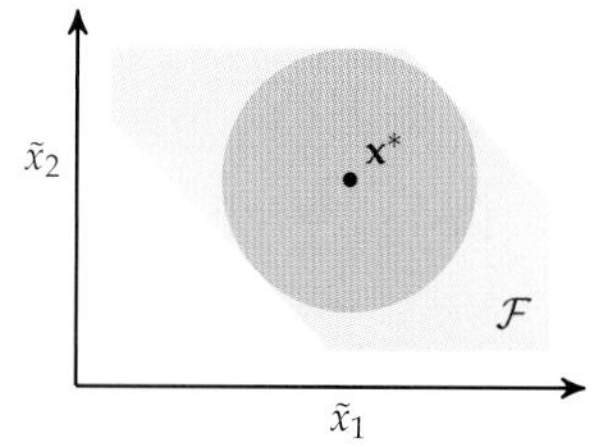

▲ **그림 17.3** 가산적 잡음 $\tilde{\mathbf{x}} = \mathbf{x} + \mathbf{z}$와 원형 불확실성 집합 $\mathcal{Z}(\epsilon) = \{\mathbf{z} \mid \|z\|^2 \leq \epsilon\}$을 가진 목적 함수 $f(\tilde{\mathbf{x}})$에 적용된 정보갭 결정 이론. 설계점 $\mathbf{x}^*$는 모든 $\mathbf{x}^* + \mathbf{z}$가 실현 가능하면서 가장 큰 ϵ를 허용하므로 정보갭 결정 이론하에서의 최적점이다.

이 최적화는 불확실성 존재하에 실현 가능성을 보장하는 설계점들을 찾는 데 초점을 맞춘다. 실제로 식 (17.6)은 명시적으로 목적 함수 f를 포함하지 않는다. 그러나 $f(\mathbf{x}, \mathbf{z})$가 어떤 임곗값 $y_{\max}$보다 클 수 없다는 제약을 포함할 수 있다. 이와 같은 성과 제약식은 과다한 위험 기피를 피할 수 있도록 한다. 그림 17.3과 예제 17.3은 정보갭 결정 이론의 응용을 예시한다.

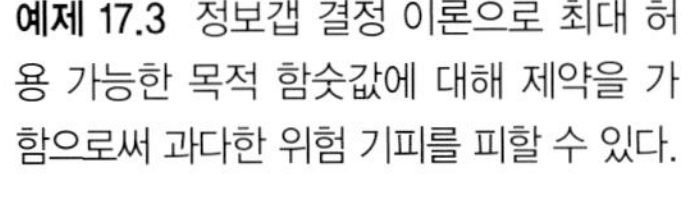

예제 17.3 정보갭 결정 이론으로 최대 허용 가능한 목적 함숫값에 대해 제약을 가함으로써 과다한 위험 기피를 피할 수 있다.

불확실성 집합이 $\mathcal{Z}(\epsilon) = [-\epsilon, \epsilon]$이고, $\tilde{x} = x + z$일 때, $\tilde{x} \in [-2, 2]$ 제약하에 $f(x, z) = \tilde{x}^2 + 5e^{-\tilde{x}^2}$의 강건한 최적화를 고려하자.

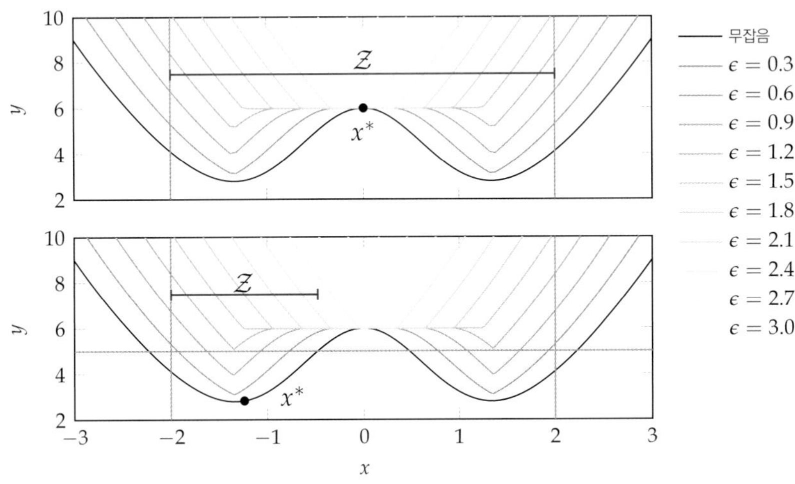

정보갭 결정 이론을 이 문제에 적용하면 최대 크기의 불확실성 집합과 목적 함수의 최적이 아닌 영역에 중심을 둔 설계점을 구할 수 있다. 최대 목적 함숫값에 추가적인 제약 $f(x, z) \leq 5$를 가하면 동일한 접근법으로 무잡음 성과가 더 좋은 설계점을 찾을 수 있다. 파란색 선은 주어진 불확실성 파라미터 ϵ에 대한 최악의 목적 함숫값을 표시한다.

17.3 확률적 불확실성

확률적 불확실성probabilistic uncertainty 모델은 집합 $\mathcal{Z}$의 분포를 사용한다. 확률적 불확실성 모델이 집합 기준 불확실성 모델보다 더 많은 정보를 제공해 설계자가 설계의 상이한 출력 확률을 고려할 수 있도록 한다. 이들 분포는 전문가 지식 또는 데이터로부터의 학습을 사용해 정의할 수 있다. $\mathcal{Z}$에 대해 분포 p가 주어질 때 18장에서 논의할 방법을 사용해 f의 출력에 대한 분포를 추론할 수 있다. 17.3절은 특정 설계 $\mathbf{x}$가 주어졌을 때 이 분포를 스칼라값으로 변환하는 5개의 상이한 척도의 개요를 설명한다.[10]

10 다양한 척도에 대한 더 자세한 논의는 다음에서 찾을 수 있다. A. Shapiro, D. Dentcheva, and A. ruszczynski, *Lectures on Stochastic Programming Modeling and Theory*, 2nd ed. SLAM, 2014.

17.3.1 기댓값

f에 의한 출력된 분포를 하나의 스칼라값으로 변환하는 한 방법은 기댓값expected value 또는 mean을 사용하는 것이다. 기댓값은 모든 $\mathbf{z} \in \mathcal{Z}$에 대해 $f(\mathbf{x}, \mathbf{z})$의 모든 출력값들을 고려할 때 기대할 수 있는 출력의 평균값이다.

$$\mathbb{E}_{\mathbf{z}\sim p}[f(\mathbf{x},\mathbf{z})] = \int_{\mathcal{Z}} f(\mathbf{x},\mathbf{z})p(\mathbf{z})\, d\mathbf{z} \tag{17.7}$$

예제 17.4에서 예시하듯이 기댓값은 반드시 잡음이 없는 목적 함수에 해당하지 않는다.

식 (17.7)의 적분을 해석적으로 계산하는 것은 불가능하다. 샘플링 또는 18장에서 논의하는 다양한 더욱 고급 기법들을 사용해 그 값을 근사할 수 있다.

공통적인 한 가지 모델은 16장의 가우시안 프로세스의 경우와 같이 평균 0의 가우시안 잡음을 함수 출력에 더하는 것이다. 즉 $f(\mathbf{x}, \mathbf{z}) = f(\mathbf{x}) + \mathbf{z}$다.

$$\mathbb{E}_{\mathbf{z}\sim\mathcal{N}(\mathbf{0},\boldsymbol{\Sigma})}[f(\mathbf{x}) + \mathbf{z}] = \mathbb{E}_{\mathbf{z}\sim\mathcal{N}(\mathbf{0},\boldsymbol{\Sigma})}[f(\mathbf{x})] + \mathbb{E}_{\mathbf{z}\sim\mathcal{N}(\mathbf{0},\boldsymbol{\Sigma})}[\mathbf{z}] = f(\mathbf{x})$$

$f(\mathbf{x}, \mathbf{z}) = f(\mathbf{x} + \mathbf{z}) + f(\tilde{\mathbf{x}})$와 같이 설계 벡터에 직접 잡음을 더하는 것 역시 일반적이다. 이와 같은 경우 기댓값은 평균 0인 가우시안 잡음의 분산에 영향을 받는다.

$\tilde{x} = x + z$일 때 평균 0인 가우시안 분포 $\mathcal{N}(0, \nu)$로부터 추출된 z에 대해서 $f(\tilde{x}) = \sin(2\tilde{x})/\tilde{x}$의 기댓값을 최소하는 것을 고려하자. 분산이 증가하면 국지적 함수가 설계점에 갖는 영역이 증대된다.

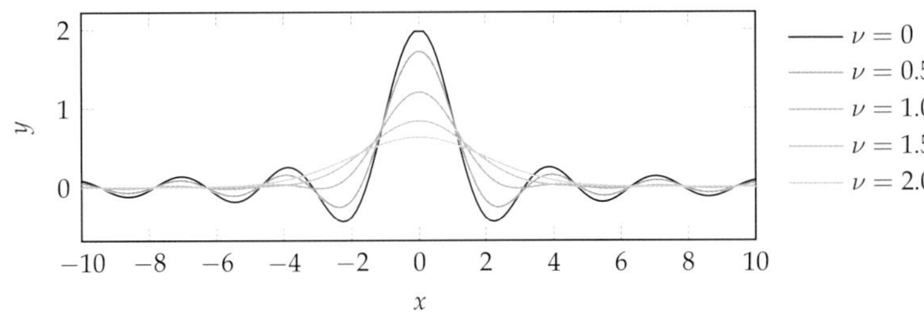

위의 그림은 분산의 변화가 최적점의 위치에 영향을 준다는 것을 보여 준다.

예제 17.4 불확실성이 목적 함수에 어떻게 결합되는가에 따른 불확실한 목적 함수의 기댓값

17.3.2 분산

함수의 기댓값에 대해 최적화하는 것 이외에 값이 불확실성에 과도하게 민감하지 않은 설계점을 선택하고자 한다.[11] 이와 같은 영역은 f의 분산variance을 사용해 다음과 같이 계량화할 수 있다.

11 종종 설계자는 목적 함수의 출력이 상대적으로 고정된 평원 같은 영역을 구하고자 한다. 예로서 일관성 있는 성과를 가진 재료의 생산 또는 도착 시간이 일관성 있는 열차 일정의 설계 등을 들 수 있다.

$$\mathrm{Var}[f(\mathbf{x},\mathbf{z})] = \mathbb{E}_{\mathbf{z}\sim p}\left[\left(f(\mathbf{x},\mathbf{z}) - \mathbb{E}_{\mathbf{z}\sim p}[f(\mathbf{x},\mathbf{z})]\right)^2\right] \tag{17.8}$$

$$= \int_{\mathcal{Z}} f(\mathbf{x},\mathbf{z})^2 p(\mathbf{z})\, d\mathbf{z} - \mathbb{E}_{\mathbf{z}\sim p}[f(\mathbf{x},\mathbf{z})]^2 \tag{17.9}$$

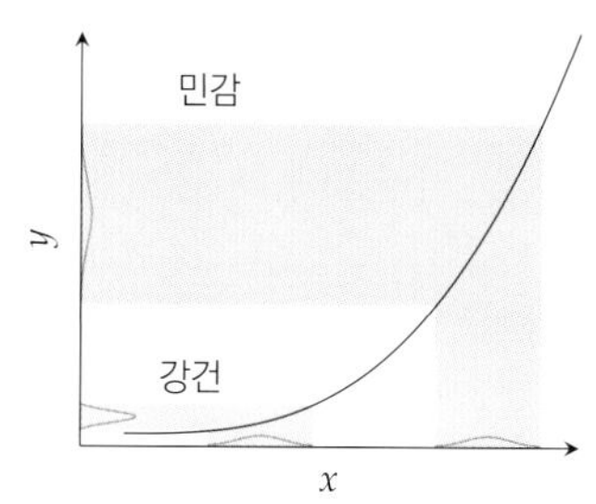

▲ **그림 17.4** 확률적 접근법은 모델 출력에 대한 확률 분포를 산출한다. 설계점은 불확실성에 대해 민감하거나 강건할 수 있다. 파란 영역은 정규 분포 영역에 대한 분포가 목적 함수에 의해 어떻게 영향을 받는지를 보여 준다.

분산이 큰 설계점을 민감하다sensitive고 하며, 작은 분산을 가진 설계점을 강건하다robust고 한다. 민감한 점과 강건한 점의 예는 그림 17.4에서 보여 준다. 전형적으로 기댓값 척도에 의해 좋을 뿐 아니라 강건한 설계점을 찾는다. 기대 목적 함숫값과 분산의 트레이드오프를 관리하는 것은 다중 목적 최적화 문제multiobjective optimization problem(예제 17.5 참고)이며, 12장에서 논의한 기법들을 사용할 수 있다.

예제 17.5 불확실성하에서의 최적화에서 기댓값과 분산 모두를 고려하는 예제

---

x에 의존하는 한 감마 분포로부터 추출된 z를 가진 목적 함수 $f(x, z) = x^2 + z$를 고려하자. Distributions.jl 패키지로부터 다음과 같은 Gamma 분포를 반환하는 함수 dist(x)를 구축할 수 있다.

```
dist(x) = Gamma(2/(1+abs(x)),2)
```

이 분포는 평균 $4/(1+|x|)$와 분산 $8/(1+|x|)$을 가진다.

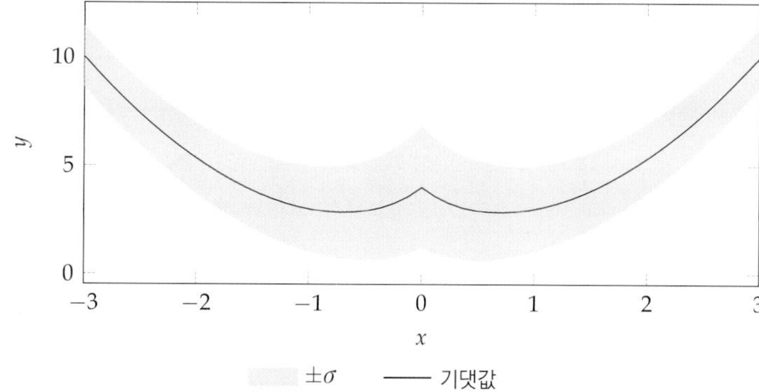

기댓값과 분산 모두를 최소화하는 강건한 최적화가 가능하다. 분산을 무시하고, 기댓값에 대해 최소화하면 $x \approx \pm 0.695$의 2개의 최소점을 산출한다. 분산 페널티를 포함하면 이들 최소점들이 원점에서 이동해 멀어진다. 아래 그림은 $\alpha \in [0,\ 1]$에 대한 $\alpha\mathbb{E}[y \mid x] + (1-\alpha)\sqrt{\mathrm{Var}[y \mid x]}$ 형태의 목적 함수를 보여준다.

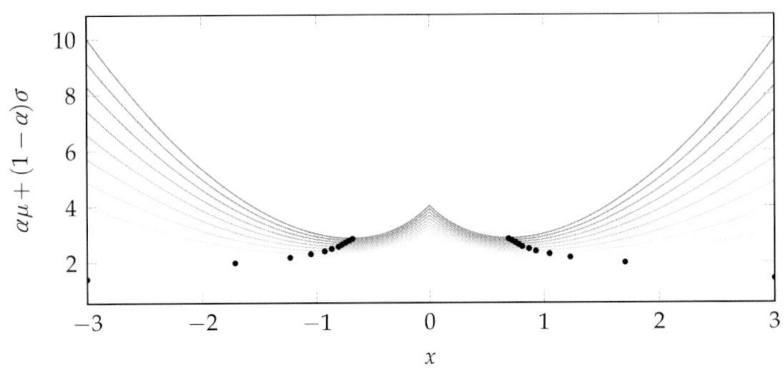

17.3.3 통계적 실현 가능성

최적화를 위한 또 다른 척도는 통계적 실현 가능성statistical feasibility이다. $p(\mathbf{z})$가 주어졌을 때 다음과 같이 설계점 $\mathbf{x}$가 실현 가능일 확률을 계산할 수 있다.

$$P((\mathbf{x}, \mathbf{z}) \in \mathcal{F}) = \int_{\mathcal{Z}} ((\mathbf{x}, \mathbf{z}) \in \mathcal{F}) p(\mathbf{z})\, d\mathbf{z} \tag{17.10}$$

이 확률은 샘플링을 통해서 추정할 수 있다. 목적 함수가 특정 임곗값을 넘지 않도록 보장하고자 한다면 정보갭 결정 이론에서와 같이 $f(\mathrm{x},\ \mathrm{z}) \le y_{\max}$와 같은 제약식을 더할 수 있다. 기댓값과 분산 척도와 달리 이 척도를 최대화하고자 한다.

17.3.4 위험 가치

위험 가치VaR, Value at Risk는 확률 α로 보장할 수 있는 최대 목적값이다. 이 정의를 목적 함수의 랜덤 출력값에 대한 누적 분포 함수cumulative distribution function $\Phi(y)$로 표기할 수 있다. 출력값이 y보다 작거나 같을 확률이 $\Phi(y)$로 주어진다. 신뢰도 α의 VaR은 $\Phi(y) \geq \alpha$인 y의 최솟값이다. 이 정의는 확률 분포의 분위quantile와 동일하다. α가 1에 근접하면 불리한 방향의 특잇값에 민감하고, α가 0에 가까우면 과다하게 낙관적이고, 가능한 최적 출력에 근접한다.

17.3.5 조건부 위험 가치

조건부 위험 가치CVaR, Conditional Value at Risk는 위험 가치와 연관이 있다.[12] CVaR은 출력 확률 분포의 최상 $1-\alpha$ 분위의 기댓값이다. 이 수치는 그림 17.5에 예시돼 있다.

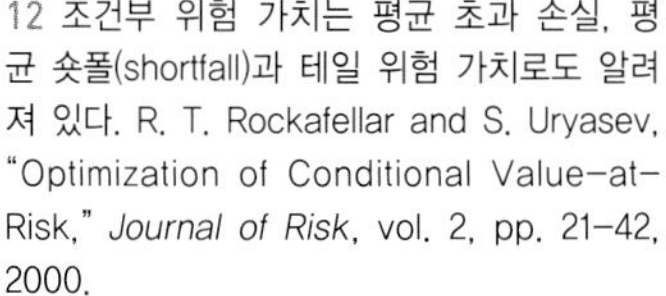
12 조건부 위험 가치는 평균 초과 손실, 평균 숏폴(shortfall)과 테일 위험 가치로도 알려져 있다. R. T. Rockafellar and S. Uryasev, "Optimization of Conditional Value-at-Risk," *Journal of Risk*, vol. 2, pp. 21–42, 2000.

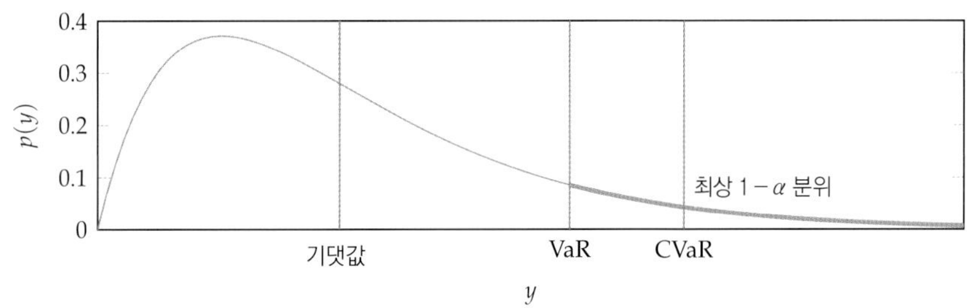

◀ **그림 17.5** 특정 수준 α에 대한 VaR과 CVaR. CVaR은 최상 $1-\alpha$ 분위의 기댓값이며, VaR은 동일한 분위에서 가장 낮은 목적 함숫값이다.

CVaR은 VaR에 비해 이론적, 계산적 이점을 가진다. CVaR은 목적 출력 분포의 추정 오차에 덜 민감하다. 예를 들어, 누적 분포 함수가 어떤 구간에 평평하면 VaR은 α의 작은 변화에 점프할 수 있다. 게다가 VaR은 α 분위를 넘는 비용을 고려하지 않는데 이는 매우 나쁜 목적값을 가진 희소한 특잇값이 존재할 때 바람직하지 않다.[13]

13 이러한 특성의 검토를 위해서는 다음 문헌을 참고하라. G. C. Pflug, "Some Remarks on the Value-at-Risk and Conditional Value-at-Risk," in *Probabilistic Constrained Optimization: Methodology and Application*, S. P. Uryasev, ed. Springer, 2000, pp. 272–281과 R. T. Rockafellar and S. Uryasev, "Conditional Value-at-Risk for General Loss Distribution," *Journal of Banking and Finance*, vol. 26, pp. 1443–1471, 2002.

17.4 요약

- 최적화 프로세스에서의 불확실성은 데이터, 모델 또는 최적화 방법 그 자체의 오류에 의해 발생할 수 있다.
- 불확실성의 원천을 고려하는 것은 강건한 설계를 보장하는 데 중요하다.
- 집합 기반 불확실성에 대한 최적화는 최악을 가정하는 최소최대법, 최대 크기의 불확실성 집합에 강건한 설계점을 발견하는 정보갭 결정 이론을 포함한다.
- 확률적 접근법은 전형적으로 기댓값, 분산, 실현 가능 위험, 위험 가치, 조건부 위험 가치 또는 이들 조합을 최소화한다.

17.5 연습문제

연습 17.1 $f(x, z) = f(x + z)$와 같이 입력에 평균 0의 가우시안 잡음이 있다고 가정하자. 아래 그림의 세 점 a, b, c를 고려하자.

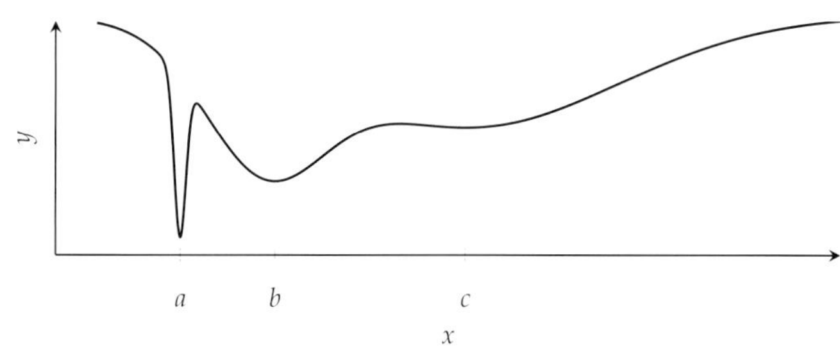

기댓값에서 표준편차를 차감한 값을 최소화하고자 한다면 어떤 설계점이 최적인가?

연습 17.2 그림 17.6에서 묘사된 최적점은 흔히 제약 경계^constraint boundary^ 위에 놓여 있고, 불확실성에 민감해 실행 불가능이 될 수 있다. 실현 가능성에 대한 불확

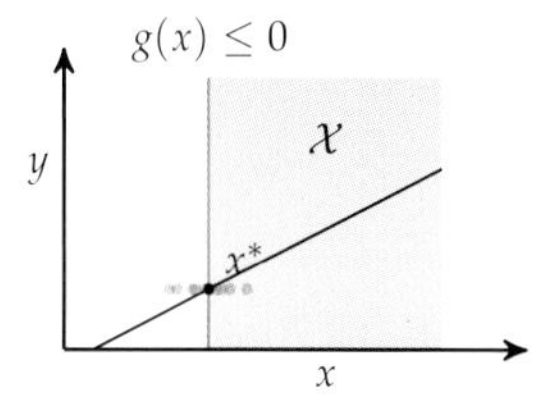

▲ **그림 17.6** 흔히 활성화된 최적점은 불확실성에 민감하다.

실성을 극복하는 한 가지 방법은 그림 17.7에서 보이는 바와 같이 제약식을 더욱 엄격하게 해 실현 가능 영역의 크기를 줄이는 것이다.

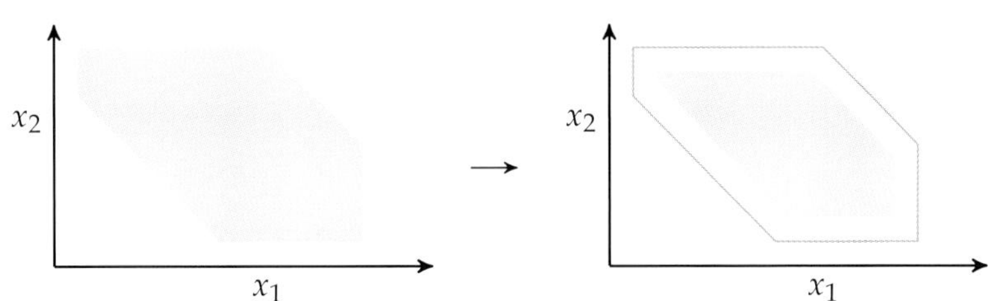

◀ **그림 17.7** 최적화 동안 보다 엄격한 제약식을 적용해 설계점들이 참 실현 가능 경계에 너무 가까워지지 않게 한다.

일반적으로 $g(x) \leq g_{max}$ 형태의 제약식을 $\gamma g(x) \leq g_{max}$로 고쳐 쓴다. 여기서 $\gamma > 1$는 안전 비율factor of safety이다. 이와 같이 제약식 값이 g_{max}/γ 아래에 있도록 최적화하는 것은 추가적인 안전 버퍼safety buffer를 제공한다.

압력이 $\sigma_{max} = 1$를 초과하면 떨어지는 정사각형 단면을 가진 빔bean을 고려하자. $\mathbf{x}$가 단면의 길이일 때 단면적 $f(x) = x^2$을 최소화하고자 한다. 빔의 압력이 또한 단면 길이의 함수, 즉 $g(x) = x^{-2}$이다. 안전 비율이 1에서 2로 변화할 때 최적 설계가 떨어지지 않을 확률 그래프를 그려라.

- 최대 압력의 불확실성 $g(x, z) = x^{-2} + z$
- 구조 허용값의 불확실성 $g(x, z) = (x + z)^{-2}$
- 재료 특성의 불확실성 $g(x, z) = (1 + z)x^{-2}$

여기서 z는 평균 0 분산 0.01인 잡음이다.

연습 17.3 식스 시그마six sigma 방법은 그 가우시안 출력이 6 표준편차를 초과하는 극단값으로 설계 요건을 위반할 때까지 생산 또는 산업 프로세스를 개선하는 통계적 실현 가능성의 특별한 경우다. 이 요건은 그림 17.8에 예시된 바와 같이 매우 엄격한 것이다.

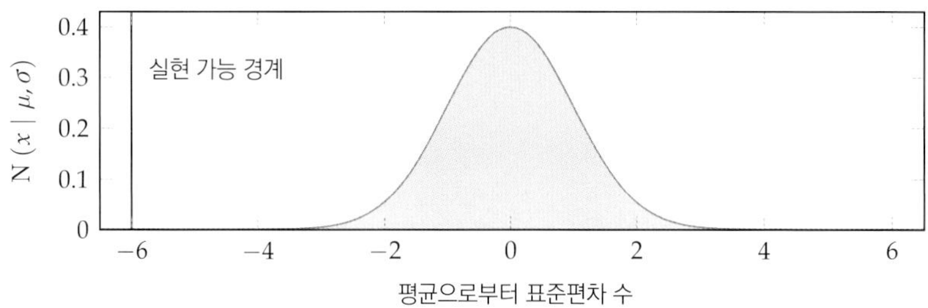

◀ **그림 17.8** 통계적 실현 가능성은 목적 함수 평균을 실현 가능 경계로부터 멀리 이동하거나 목적 함수의 분산을 감소함으로써 달성된다.

다음 최적화 문제를 고려하자.

$$\begin{aligned} &\underset{\mathbf{x}}{\text{minimize}}\ x_1 \\ &\text{subject to } e^{x_1} \leq x_2 + z \leq 2e^{x_1} \end{aligned}$$

여기서 $z \sim \mathcal{N}(0,\ 1)$이다. $(x,\ z)$가 모든 $|z| \leq 6$에 대해서 실현 가능한 최적 설계점 x^*를 찾아라.

18
불확실성 전파

17장에서 논의한 바와 같이 불확실성하에서의 최적화를 위한 확률적 접근법은 목적 함수에 대한 입력 일부를 확률 분포로 모델링한다. 18장에서는 이미 알려진 입력 분포를 어떻게 전파해 목적 함수의 평균과 분산과 같은 출력 분포에 관련된 양을 추정하는가에 대해서 논의한다. **불확실성 전파**uncertainty propagation에 대한 여러 접근법이 있는데 이 중 몬테카를로, 테일러 급수, 직교 다항식, 가우시안 프로세스는 수학적 개념을 기반으로 한다. 이 접근법들은 가정과 추정치의 질에서 서로 다르다.

18.1 샘플링법

특정 샘플 포인트에서 목적 함수의 평균과 분산은 $\mathcal{Z}$에 대한 분포 p로부터의 m개의 샘플 $\mathbf{z}^{(1)}, \ldots, \mathbf{z}^{(m)}$을 사용해 적분을 근사하는 **몬테카를로 적분**Monte Carlo integration[1]에

1 또는 13장에서 논의한 바와 같이 준몬테카를로 적분을 사용해 더 빠른 수렴을 하는 추정치를 산출할 수 있다.

의해 근사할 수 있다. 이 추정치는 표본 평균sample mean과 표본 분산sample variance이라고도 불린다.

$$\mathbb{E}_{\mathbf{z}\sim p}[f(\mathbf{z})] \approx \hat{\mu} = \frac{1}{m}\sum_{i=1}^{m} f(\mathbf{z}^{(i)}) \tag{18.1}$$

$$\mathrm{Var}_{\mathbf{z}\sim p}[f(\mathbf{z})] \approx \hat{v} = \left(\frac{1}{m}\sum_{i=1}^{m} f(\mathbf{z}^{(i)})^2\right) - \hat{\mu}^2 \tag{18.2}$$

위의 식과 18장의 나머지 부분에서 표기상 편의를 위해 $f(\mathbf{x}, \mathbf{z})$로부터 $\mathbf{x}$를 제거한다. 하지만 $\mathbf{x}$에 대한 의존성은 여전히 계속된다. 최적화 과정의 새로운 설계점 $\mathbf{x}$ 각각에 대해 평균과 분산을 다시 계산한다.

샘플링 기반 접근법의 바람직한 특성은 p를 정확하게 알 필요 없다는 것이다. 시뮬레이션 또는 실제 세계의 실험으로부터 직접 샘플을 구할 수 있다. 이 방법의 잠재적 제약점은 적절한 추정치에 수렴하려면 많은 샘플이 필요하다는 것이다. 정규 분포 f에 대한 표본 평균의 분산은 $\mathrm{Var}[\hat{\mu}] = \nu/m$이다. 여기서 ν는 f의 참분산이다. 따라서 샘플 수 m을 2배로 하면 표본 평균의 분산은 반으로 줄어든다.

18.2 테일러 근사

$\hat{\mu}$와 $\hat{v}$를 추정하는 또 다른 방법은 고정된 설계점 $\mathbf{x}$에서 f에 대한 테일러 급수 근사식을 사용하는 것이다.[2] 당분간 $\mathbf{z}$의 n 성분은 독립이고 유한한 분산을 가진다고 가정하자. $\mathbf{z}$에 대한 분포의 평균을 $\boldsymbol{\mu}$로 표기하고, $\mathbf{z}$의 개별 성분의 분산을 $\boldsymbol{\nu}$로 표기한다.[3] 다음은 점 $\mathbf{z} = \boldsymbol{\mu}$에서의 $f(\mathbf{z})$의 2차 테일러 급수 근사식이다.

$$\hat{f}(\mathbf{z}) = f(\boldsymbol{\mu}) + \sum_{i=1}^{n} \frac{\partial f}{\partial z_i}(z_i - \mu_i) + \frac{1}{2}\sum_{i=1}^{n}\sum_{j=1}^{n} \frac{\partial^2 f}{\partial z_i \partial z_j}(z_i - \mu_i)(z_j - \mu_j) \tag{18.3}$$

이 근사식으로부터 f의 평균과 분산의 추정치를 계산할 수 있다.

2 n 랜덤변수의 일반적 함수에 대한 평균과 분산의 도출은 다음을 참고하라. H. Benaroya and S. M. Han, *Probability Models in Engineering and Science*. Taylor & Francis, 2005.

3 만약 $\mathbf{z}$의 성분이 독립이라면 공분산 행렬은 대각이고 $\boldsymbol{\nu}$는 대각 원소로 구성된 벡터가 될 것이다.

$$\hat{\mu} = f(\boldsymbol{\mu}) + \frac{1}{2}\sum_{i=1}^{n} \frac{\partial^2 f}{\partial z_i^2} \nu_i \bigg|_{\mathbf{z}=\boldsymbol{\mu}} \tag{18.4}$$

$$\hat{\nu} = \sum_{i=1}^{n} \left(\frac{\partial f}{\partial z_i}\right)^2 \nu_i + \frac{1}{2}\sum_{i=1}^{n}\sum_{j=1}^{n} \left(\frac{\partial^2 f}{\partial z_i \partial z_j}\right)^2 \nu_i \nu_j \bigg|_{\mathbf{z}=\boldsymbol{\mu}} \tag{18.5}$$

1계 근사식을 얻고자 고차 항은 무시할 수 있다.

$$\hat{\mu} = f(\boldsymbol{\mu}) \qquad\qquad \hat{\nu} = \sum_{i=1}^{n} \left(\frac{\partial f}{\partial z_i}\right)^2 \nu_i \bigg|_{\mathbf{z}=\boldsymbol{\mu}} \tag{18.6}$$

z의 성분이 독립적이라는 가정을 완화할 수 있다. 그러나 이는 더욱 복잡한 수학이 필요하다. 실제로 서로 독립이 되도록 랜덤변수를 변화하는 것이 더 용이하다. 공분산 행렬 **C**를 가진 n개의 상관관계를 갖는 랜덤변수 **c**를 **C**의 m개의 최대 고유값에 해당하는 고유 벡터를 포함하는 $m \times n$의 직교 행렬 **T**를 곱함으로써 m개의 상관관계가 없는 랜덤변수 **z**로 변환할 수 있다. 즉 $\mathbf{z} = \mathbf{Tc}$이다.[4]

테일러 근사법은 알고리즘 18.1에 구현돼 있다. 1계 근사식과 2계 근사식은 예제 18.1에서 계산한다.

4 일반적으로 공분산 행렬이 항등 행렬이 되도록 출력을 조정한다. 이 과정은 백색 과정(whitening)으로 알려져 있다. J.H. Friedman, "Exploratory Projection Pursuit," *Journal of the American Statistical Association*, vol. 82, no. 397, pp. 249–266, 1987.

```
using ForwardDiff
function taylor_approx(f, μ, v, secondorder=false)
    μhat = f(μ)
    ∇ = (z -> ForwardDiff.gradient(f, z))(μ)
    vhat = ∇.^2⋅v
    if secondorder
        H = (z -> ForwardDiff.hessian(f, z))(μ)
        μhat += (diag(H)⋅v)/2
        vhat += v⋅(H.^2*v)/2
    end
    return (μhat, vhat)
end
```

알고리즘 18.1 잡음 평균 μ와 분산 v를 가진 목적 함수의 설계점 x에서의 목적 함수 f의 평균과 분산의 테일러 근사식을 자동적으로 계산하는 방법.

불리언 파라미터는 1계 또는 2계 근사가 계산될지를 2차적으로 제어한다.

예제 18.1 2차원 가우시안 잡음을 가진 일변수 설계 문제에 적용된 테일러 근사법

목적 함수 $f(x, z) = \sin(x + z_1)\cos(x + z_2)$를 고려하자. 여기서 z_1과 z_2는 각각 분산 0.1과 0.2를 가진 평균 0의 가우시안 잡음이다.

z들에 대한 f의 1계와 2계 편미분은 다음과 같다.

$$\begin{aligned}
\frac{\partial f}{\partial z_1} &= \cos(x+z_1)\cos(x+z_2) & \frac{\partial^2 f}{\partial z_2^2} &= -\sin(x+z_1)\cos(x+z_2) \\
\frac{\partial f}{\partial z_2} &= -\sin(x+z_1)\sin(x+z_2) & \frac{\partial^2 f}{\partial z_1 \partial z_2} &= -\cos(x+z_1)\sin(x+z_2) \\
\frac{\partial^2 f}{\partial z_1^2} &= -\sin(x+z_1)\cos(x+z_2)
\end{aligned}$$

이는 테일러 근사식을 구축할 수 있게 한다.

$$\begin{aligned}
\hat{\mu}(x) &= 0.85\sin(x)\cos(x) \\
\hat{\nu}(x) &= 0.3\sin^2(x)\cos^2(x) - 0.035\sin(x)\cos(x)
\end{aligned}$$

다음처럼 주어진 x에 대해 taylor_approx을 사용한다.

```
taylor_approx(z->sin(x+z[1])*cos(x+z[2]), [0,0], [0.1,0.2])
```

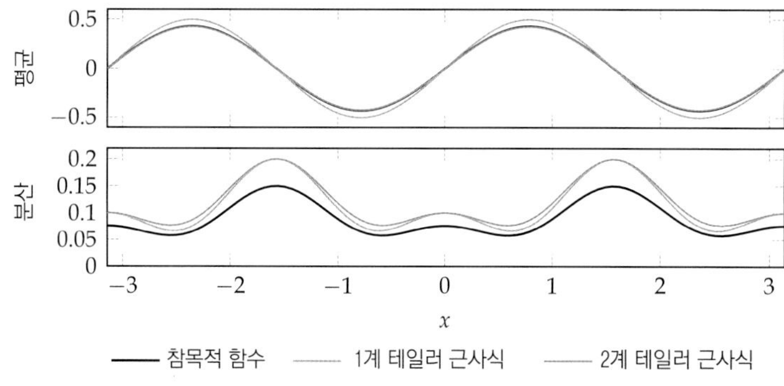

18.3 다항식 카오스

다항식 카오스polynomial chaos는 다항식을 $f(\mathbf{z})$의 평가값에 적합화하고, 결과 대리 모델을 사용해 평균과 분산을 추정하는 것이다. 18.3절에서는 먼저 일변수의 경우에 어떻게 다항식 카오스가 사용되는지 논의한다. 다음 이 개념을 다변수 함수로 일반화하고, 대리 모델로 표현되는 함수를 적분함으로써 평균과 분산의 추정치를 구하는 법을 보일 것이다.

18.3.1 일변수

1차원의 경우 k개의 다항식 기저함수, b_1, ..., b_k로 구성된 대리 모델로 $f(z)$를 다음과 같이 근사한다.

$$f(z) \approx \hat{f}(z) = \sum_{i=1}^{k} \theta_i b_i(z) \tag{18.7}$$

18.1절에서 논의했던 몬테카를로법과는 대조적으로 샘플 z는 p로부터 무작위로 추출될 필요가 없다. 실제로 13장에서 논의했던 샘플링 플랜 중 하나를 사용해 샘플을 구하는 것이 바람직하다. 18.3.2절에서 기저 계수를 얻는 법을 논의한다.

대리 모델 $\hat{f}$를 이용해 평균을 추정한다.

$$\hat{\mu} = \mathbb{E}\left[\hat{f}\right] \tag{18.8}$$

$$= \int_{\mathcal{Z}} \hat{f}(z)p(z)\,dz \tag{18.9}$$

$$= \int_{\mathcal{Z}} \sum_{i=1}^{k} \theta_i b_i(z)p(z)\,dz \tag{18.10}$$

$$= \sum_{i=1}^{k} \theta_i \int_{\mathcal{Z}} b_i(z)p(z)\,dz \tag{18.11}$$

$$= \theta_1 \int_{\mathcal{Z}} b_1(z)p(z)\,dz + \ldots + \theta_k \int_{\mathcal{Z}} b_k(z)p(z)\,dz \tag{18.12}$$

또한 분산을 추정할 수 있다.

$$\hat{v} = \mathbb{E}\left[\left(\hat{f} - \mathbb{E}\left[\hat{f}\right]\right)^2\right] \tag{18.13}$$

$$= \mathbb{E}\left[\hat{f}^2\right] - \mathbb{E}\left[\hat{f}\right]^2 \tag{18.14}$$

$$= \int_{\mathcal{Z}} \hat{f}(z)^2 p(z)\,dz - \mu^2 \tag{18.15}$$

$$= \int_{\mathcal{Z}} \sum_{i=1}^{k} \sum_{j=1}^{k} \theta_i\theta_j b_i(z)b_j(z)p(z)\,dz - \mu^2 \tag{18.16}$$

$$= \int_{\mathcal{Z}} \left(\sum_{i=1}^{k} \theta_i^2 b_i(z)^2 + 2\sum_{i=2}^{k}\sum_{j=1}^{i-1} \theta_i\theta_j b_i(z)b_j(z)\right) p(z)\,dz - \mu^2 \tag{18.17}$$

$$= \int_{\mathcal{Z}} \left(\sum_{i=1}^{k} \theta_i^2 b_i(z)^2 + 2\sum_{i=2}^{k}\sum_{j=1}^{i-1} \theta_i\theta_j b_i(z)b_j(z)\right) p(z)\,dz - \mu^2 \tag{18.18}$$

$$= \sum_{i=1}^{k} \theta_i^2 \int_{\mathcal{Z}} b_i(z)^2 p(z)\,dz + 2\sum_{i=2}^{k}\sum_{j=1}^{i-1} \theta_i\theta_j \int_{\mathcal{Z}} b_i(z)b_j(z)p(z)\,dz - \mu^2 \tag{18.19}$$

기저 함수를 p하에서 직교orthogonal되도록 선택하면 평균과 분산을 효율적으로 계산할 수 있다. 2개의 기저 함수 b_i와 b_j는 확률 밀도 $p(z)$에 대해서 만약 다음이 성립하면 직교한다고 한다.

$$\int_{\mathcal{Z}} b_i(z)b_j(z)p(z)\,dz = 0 \quad \text{if } i \neq j \tag{18.20}$$

만약 주어진 기저 함수가 모두 서로 직교하고, 첫 번째 기저 함수가 $b_1(z) = 1$이면 평균이 다음과 같이 계산된다.

$$\hat{\mu} = \theta_1 \int_{\mathcal{Z}} b_1(z)p(z)\,dz + \theta_2 \int_{\mathcal{Z}} b_2(z)p(z)\,dz + \cdots + \theta_k \int_{\mathcal{Z}} b_k(z)p(z)\,dz \tag{18.21}$$

$$= \theta_1 \int_{\mathcal{Z}} b_1(z)^2 p(z)\,dz + \theta_2 \int_{\mathcal{Z}} b_1(z)b_2(z)p(z)\,dz + \cdots + \theta_k \int_{\mathcal{Z}} b_1(z)b_k(z)p(z)\,dz \tag{18.22}$$

$$= \theta_1 \int_{\mathcal{Z}} p(z)\,dz + 0 + \cdots + 0 \tag{18.23}$$

$$= \theta_1 \tag{18.24}$$

마찬가지로 분산은 다음과 같다.

$$\hat{\nu} = \sum_{i=1}^{k} \theta_i^2 \int_{\mathcal{Z}} b_i(z)^2 p(z)\,dz + 2\sum_{i=2}^{k}\sum_{j=1}^{i-1} \theta_i\theta_j \int_{\mathcal{Z}} b_i(z)b_j(z)p(z)\,dz - \mu^2 \tag{18.25}$$

$$= \sum_{i=1}^{k} \theta_i^2 \int_{\mathcal{Z}} b_i(z)^2 p(z)\,dz - \mu^2 \tag{18.26}$$

$$= \theta_1^2 \int_{\mathcal{Z}} b_1(z)^2 p(z)\,dz + \sum_{i=2}^{k} \theta_i^2 \int_{\mathcal{Z}} b_i(z)^2 p(z)\,dz - \theta_1^2 \tag{18.27}$$

$$= \sum_{i=2}^{k} \theta_i^2 \int_{\mathcal{Z}} b_i(z)^2 p(z)\,dz \tag{18.28}$$

따라서 평균은 대리 모델을 관찰된 데이터에 적합화함으로써 즉각적으로 구할 수 있고, 선택된 기저 함수와 확률 분포에 대해 $\int_{\mathcal{Z}} b_i(z)^2 p(z)\,dz$ 값이 계산되고, 이를 이용해 효율적으로 계산할 수 있다.[5] 예제 18.2는 이런 절차를 사용해 상이한 샘플 크기에 대해 평균과 분산을 추정한다.

5 이런 형태의 적분은 부록 C.8에서 다룬 가우시안 구적(Gaussian quadrature)을 이용해 효율적으로 계산할 수 있다.

예제 18.2 다항식 카오스를 사용한 미지의 목적 함수의 기댓값 추정

다음 (미지의) 목적 함수를 최적화하는 것을 고려하자.

$$f(x,z) = 1 - e^{-(x+z-1)^2} - 2e^{-(x+z-3)^2}$$

여기서 z는 평균 0과 단위 분산 가우시안 분포로부터 추출된다고 알려져 있다.

상이한 샘플에 대한 목적 함수, 그 참 기댓값과 추정 기댓값은 아래에 그려져 있다. 추정 기댓값은 3계 허마이트Hermite 다항식을 사용해 계산한다.

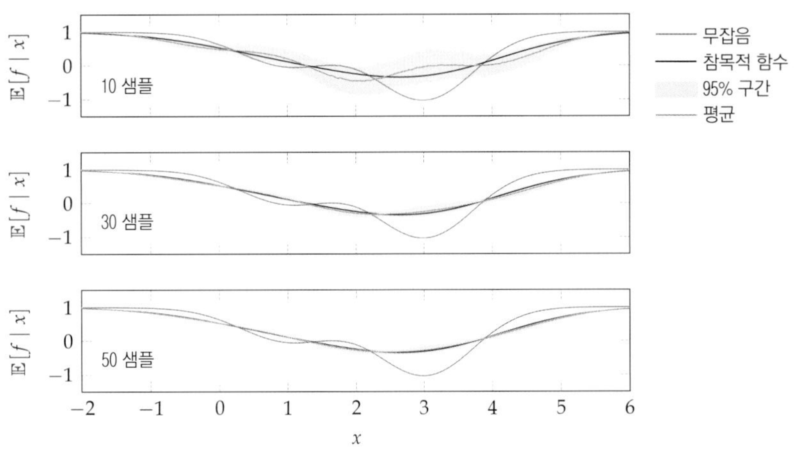

다항식 카오스는 k차 직교 다항식 기저 함수를 사용해 함수를 근사한다. 이때 $i \in \{1, \ldots, k+1\}$과 $b_1 = 1$이다. 모든 직교 다항식은 다음과 같은 순환관계를 만족한다.

$$b_{i+1}(z) = \begin{cases} (z - \alpha_i)b_i(z) & i = 1\text{에 대해서} \\ (z - \alpha_i)b_i(z) - \beta_i b_{i-1}(z) & i > 1\text{에 대해서} \end{cases} \tag{18.29}$$

여기서 $b_1(z) = 1$이고, 가중치는 다음과 같다.

$$\begin{aligned} \alpha_i &= \frac{\int_{\mathcal{Z}} z\, b_i(z)^2 p(z)\, dz}{\int_{\mathcal{Z}} b_i(z)^2 p(z)\, dz} \\ \beta_i &= \frac{\int_{\mathcal{Z}} b_i(z)^2 p(z)\, dz}{\int_{\mathcal{Z}} b_{i-1}(z)^2 p(z)\, dz} \end{aligned} \tag{18.30}$$

순환관계를 사용해 기저 함수를 생성할 수 있다. 각 기저 함수 b_i는 $i-1$차의 다항식이다. 여러 일반적 확률 분포에 대한 기저 함수가 표 18.1에 주어지며, 알고리즘 18.2의 방법을 사용해 생성될 수 있으며, 그림 18.1에 보인다.

▼ **표 18.1** 여러 일반적 확률 분포에 대한 직교 다항식 기저 함수

확률 분포	정의역	확률 밀도	분포명	재귀형	폐쇄형
균등 분포	$[-1, 1]$	$\frac{1}{2}$	르장드르 다항식	$\mathrm{Le}_k(x) = \frac{1}{2^k k!}\frac{d^k}{dx^k}\left[(x^2-1)^k\right]$	$b_i(x) = \sum_{j=0}^{i-1}\binom{i-1}{j}\binom{-i-2}{j}\left(\frac{1-x}{2}\right)^j$
지수 분포	$[0, \infty)$	e^{-x}	라게르 다항식	$\frac{d}{dx}\mathrm{La}_k(x) = \left(\frac{d}{dx} - 1\right)\mathrm{La}_{k-1}$	$b_i(x) = \sum_{j=0}^{i-1}\binom{i-1}{j}\frac{(-1)^j}{j!}x^j$
단위 가우시안 분포	$(-\infty, \infty)$	$\frac{1}{\sqrt{2\pi}}e^{-x^2/2}$	에르미트 다항식	$\mathrm{H}_k(x) = x\mathrm{H}_{k-1} - \frac{d}{dx}\mathrm{H}_{k-1}$	$b_i(x) = \sum_{j=0}^{\lfloor (i-1)/2 \rfloor}(i-1)!\frac{(-1)^{\frac{i-1}{2}-j}}{(2j)!(\frac{i-1}{2}-j)!}(2x)^{2j}$

```
using Polynomials
function legendre(i)
    n = i-1
    p = Poly([-1,0,1])^n
    for i in 1 : n
        p = polyder(p)
    end
    return p / (2^n * factorial(n))
end
function laguerre(i)
    p = Poly([1])
    for j in 2 : i
        p = polyint(polyder(p) - p) + 1
    end
    return p
end
function hermite(i)
    p = Poly([1])
    x = Poly([0,1])
    for j in 2 : i
        p = x*p - polyder(p)
    end
    return p
end
```

알고리즘 18.2 다항식 직교 기저 함수를 구축하는 법. 여기서 i는 b_i의 구축을 의미한다.

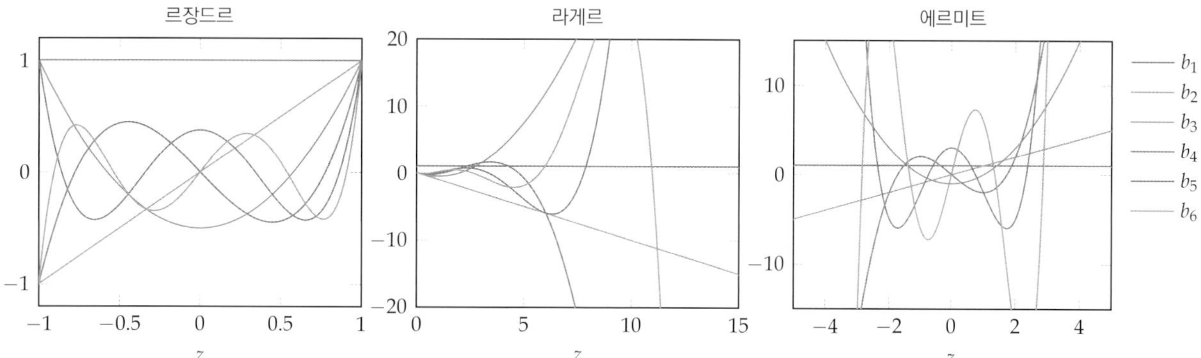

▲ **그림 18.1** 균등, 지수와 단위 가우시안 분포에 대한 직교 기저 함수

예제 18.3 균등 분포 입력을 가진 함수의 평균과 분산을 추정하기 위한 르장드르 다항식

정의역 $[-1, 1]$인 균등 분포로부터 추출한 입력 z를 가진 함수 $f(z) = \sin(\pi z)$를 고려하자. 참평균과 분산은 해석학적으로 다음과 같이 계산될 수 있다.

$$\mu = \int_a^b f(z)p(z)\,dz = \int_{-1}^1 \sin(\pi z)\frac{1}{2}\,dz = 0 \tag{18.31}$$

$$\nu = \int_a^b f(z)^2 p(z)\,dz - \mu^2 = \int_{-1}^1 \sin^2(\pi z)\frac{1}{2}\,dz - 0 = \frac{1}{2} \tag{18.31}$$

$z = \{-1, -0.2, 0.3, 0.7, 0.9\}$에서 f의 샘플 5개를 갖고 있다고 가정하자. 르장드르 다항식을 데이터 적합화해 대리 모델 $\hat{f}$를 얻을 수 있다. 상이한 차원의 다항식은 다음을 산출한다.

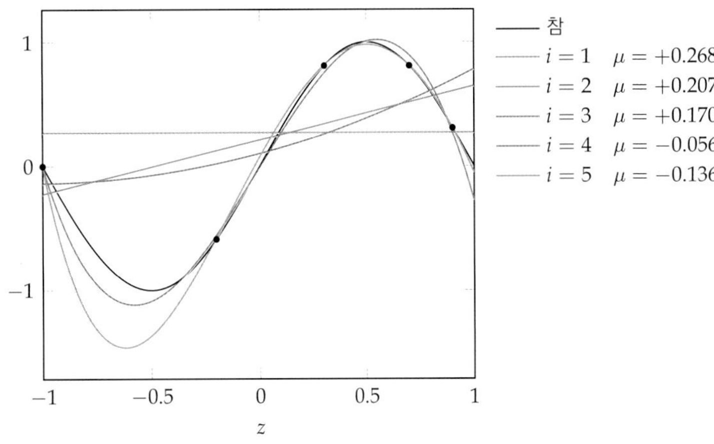


```
using Polynomials
function orthogonal_recurrence(bs, p, dom, ϵ=1e-6)
    i = length(bs)
    c1 = quadgk(z->z*bs[i](z)^2*p(z), dom..., atol=ϵ)[1]
    c2 = quadgk(z->  bs[i](z)^2*p(z), dom..., atol=ϵ)[1]
    α = c1 / c2
    if i > 1
        c3 = quadgk(z->bs[i-1](z)^2*p(z), dom..., atol=ϵ)[1]
        β = c2 / c3
        return Poly([-α, 1])*bs[i] - β*bs[i-1]
    else
        return Poly([-α, 1])*bs[i]
    end
end
```

알고리즘 18.3 직교 순환 관계에 따라 다음 다항식 기저 함수 b_{i+1}를 구축하는 스틸체스 알고리즘(Stieltjes algorithm). 여기서 bs는 $\{b_1, \ldots, b_i\}$를 포함하고, p는 확률 분포, dom은 z에 대한 하계와 상계를 포함하는 튜플이다. 선택적 파라미터 ϵ은 수치 적분의 절대 허용치를 제어한다. `Polynomials.jl` 패키지를 이용한다.

임의의 확률 밀도 함수와 정의역에 대한 기저 함수는 해석적, 수치적으로 구축될 수 있다.[6] 스틸체스 알고리즘Stieltjes algorithm[7]은 식 (18.29)의 순환관계를 이용해 직교 다항식을 생성한다. 예제 18.4는 다항식의 차수가 평균과 분산의 추정치에 어떻게 영향을 미치는지 보여 준다.

6 다항식은 비영(nonzero) 비율로 크기 조정될 수 있다. $b_1(x) = 1$로 설정하는 것이 편리하다.

7 T. J. Stieltjes, "Quelque Recherches sur la Theorie des Quadrature Dites Mecniques," *Annales Scientifiques de l'Ecole Normale Superieure*, vol.1, pp. 409–426, 1884.(프랑스어) 영어 개요는 W. Gautschi, *Orthogonal Polynomials: Computation and Approximation*, Oxford University Press, 2004에 있다.

예제 18.4 랜덤 변수 입력을 가진 함수의 평균과 분산을 추정하고자 스틸체스를 사용해 구축한 르장드르 다항식

정의역이 [2, 5]이고, 평균 3과 분산 1의 절단 가우시안 분포로부터 추출된 입력 z를 가진 함수 $f(z) = \sin(\pi z)$를 고려하자.

$$\mu = \int_a^b f(z)p(z)\,dz = \int_2^5 \sin(\pi z)p(z)\,dz \approx 0.104$$
$$\nu = \int_a^b f(z)^2 p(z)\,dz - \mu^2 = \int_2^5 \sin^2(\pi z)p(z)\,dz - 0.104^2 \approx 0.495$$

여기서 절단 가우시안의 확률 밀도는 다음과 같다.

$$\mu = \int_a^b f(z)p(z)\,dz = \int_2^5 \sin(\pi z)p(z)\,dz \approx 0.104$$
$$\nu = \int_a^b f(z)^2 p(z)\,dz - \mu^2 = \int_2^5 \sin^2(\pi z)p(z)\,dz - 0.104^2 \approx 0.495$$

$z = \{2.1, 2.5, 3.3, 3.9, 4.7\}$에서 f의 샘플 5개를 갖고 있다고 가정하자. 직교 다항식을 데이터 적합화해 대리 모델 $\hat{f}$를 얻을 수 있다. 상이한 차원의 다항식은 다음을 산출한다.

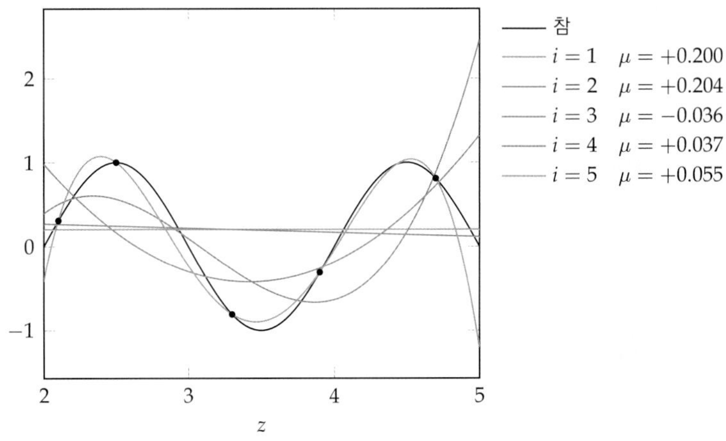

18.3.2 계수

식 (18.7)의 계수 θ_1, ..., θ_k는 두 가지 방법으로 추론할 수 있다. 첫 번째 방법은 14.3절에서 논의한 선형 회귀법을 사용해 $\mathcal{Z}$로부터 샘플값에 적합화하는 것이다. 두 번째 방법은 기저 함수의 직교성을 이용해 가우시안 구적에 맞는 적분항을 산출하는 것이다.

식 (18.7)의 양측에 j번째 기저와 확률 밀도 함수를 곱하고 적분한다.

$$f(z) \approx \sum_{i=1}^{k} \theta_i b_i(z) \tag{18.33}$$

$$\int_{\mathcal{Z}} f(z) b_j(z) p(z)\, dz \approx \int_{\mathcal{Z}} \left(\sum_{i=1}^{k} \theta_i b_i(z) \right) b_j(z) p(z)\, dz \tag{18.34}$$

$$= \sum_{i=1}^{k} \theta_i \int_{\mathcal{Z}} b_i(z) b_j(z) p(z)\, dz \tag{18.35}$$

$$= \theta_j \int_{\mathcal{Z}} b_j(z)^2 p(z)\, dz \tag{18.36}$$

여기서 식 (18.20)의 직교 특성을 사용한다.

j번째 계수는 다음과 같이 된다.

$$\theta_j = \frac{\int_{\mathcal{Z}} f(z) b_j(z) p(z)\, dz}{\int_{\mathcal{Z}} b_j(z)^2 p(z)\, dz} \tag{18.37}$$

식 (18.37)의 분모는 전형적으로 해석적 해가 알려져 있거나, 작은 비용으로 미리 계산할 수 있다. 따라서 계수의 계산은 주로 분자의 적분을 풀어야 하며, 이는 가우시안 구적을 이용해 수치적으로 수행한다.[8]

8 가우시안 구적은 `quadgk` 함수를 이용해 `GuadGK.jl`에 구현되며, 이는 부록 C.8에서 다룬다. 구적 규칙은 식 (18.30)의 계수 α_i와 β_i를 사용해 형성된 삼각-대각 행렬*의 고유값과 고유벡터를 사용해 구할 수 있다.

* 주대각과 주대각의 아래위 첫 번째 대각이 비영인 행렬로 다음과 같은 예를 들 수 있다.(출처: 위키피디아) – 옮긴이

$$\begin{pmatrix} 1 & 4 & 0 & 0 \\ 3 & 4 & 1 & 0 \\ 0 & 2 & 3 & 4 \\ 0 & 0 & 1 & 3 \end{pmatrix}$$

18.3.3 다변수

다항식 카오스는 여러 개의 랜덤 입력을 가진 함수에도 적용될 수 있다. m개의 변수의 다변수 기저 함수가 일변수 직교 다항식의 곱으로 구축된다.

$$b_i(\mathbf{z}) = \prod_{j=1}^{m} b_{a_j}(z_j) \tag{18.38}$$

여기서 $\mathbf{a}$는 a_j번째 기저 함수를 j번째 랜덤 요소에 할당하는 할당 벡터다. 기저함수 구축은 예제 18.5에 소개된다.

예제 18.5 식 (18.38)을 이용한 다변수 다항식 카오스 기저 함수의 구축

다차원 기저 함수 중 하나가 $b(\mathbf{z}) = b_3(z_1)b_1(v_2)b_3(z_3)$인 3차원 다항식 카오스 모델을 고려하자. 상응하는 할당 벡터는 $\mathbf{a} = [3, 1, 3]$이다.

다변수 기저 함수를 구축하는 공통적 방법은 각 랜덤변수에 대한 일변수 직교 다항식을 생성하고, 각 가능한 조합에 대해 다변수 기저 함수를 구축하는 것이다.[9] 이 절차는 알고리즘 18.4로 구현한다. 이와 같은 방식으로 기저 함수를 구축하는 것은 변수들이 독립적이라는 것을 가정한다. 상호의존성은 18.2절에서 논의한 것과 동일한 변환을 사용해 해소한다.

9 여기서 다변수 지수 기저 함수의 수는 변수의 수에 지수적으로 증가한다.

```
function polynomial_chaos_bases(bases1d)
    bases = []
    for a in product(bases1d...)
        push!(bases,
            z -> prod(b(z[i]) for (i,b) in enumerate(a)))
    end
    return bases
end
```

알고리즘 18.4 다변수 기저 함수를 구축하는 법으로 여기서 bases1d는 각 랜덤변수에 대한 일변수 직교 기저 함수의 리스트를 포함한다.

k 기저 함수를 사용한 다변수 다항식 카오스 근사식은 다음과 같이 여전히 관련 기저 함수 항들의 선형 결합이다.

$$f(\mathbf{z}) \approx \hat{f}(\mathbf{z}) = \sum_{i=1}^{k} \theta_i b_i(\mathbf{z}) \tag{18.39}$$

여기서 평균과 분산은 $b_1(\mathbf{z}) = 1$로 가정하고, 18.3.1절의 식들을 이용해 계산할 수 있다.

18.4 베이지안 몬테카를로

16장에서 다룬 가우시안 프로세스는 함수에 대한 확률 분포다. 이들은 확률적 목적 함수에 대한 대리 함수로 사용될 수 있다. 베이지안 몬테카를로Bayesian Monte Carlo 또는 베이즈-에르미트 구적Bayes-Hermite Quadrature으로 알려진 프로세스에서의 목적 함수의 기대 평활성expected smoothness과 같은 사전 정보를 결합할 수 있다.

설계점 $\mathbf{x}$에 대해서는 동일한 값 그러나 불확실한 점 $\mathbf{z}$에 대해서는 다른 값을 가진 여러 점들에 적합화된 가우시안 프로세스를 고려하자. 얻어진 가우시안 프로세스는 관찰된 데이터를 기반으로 하는 함수의 분포다. 적분을 통해서 기댓값을 얻을 때 가우시안 프로세스 $p(\hat{f})$에 의해 표현되는 확률 분포의 함수에 대한 기댓값을 고려해야만 한다.

$$\begin{aligned}
\mathbb{E}_{\mathbf{z}\sim p}[f] &\approx \mathbb{E}_{\hat{f}\sim p(\hat{f})}[\hat{f}] && (18.40)\\
&= \int_{\hat{\mathcal{F}}} \left(\int_{\mathcal{Z}} \hat{f}(\mathbf{z}) p(\mathbf{z})\, d\mathbf{z} \right) p(\hat{f})\, d\hat{f} && (18.41)\\
&= \int_{\mathcal{Z}} \left(\int_{\hat{\mathcal{F}}} \hat{f}(\mathbf{z}) p(\hat{f})\, d\hat{f} \right) p(\mathbf{z})\, d\mathbf{z} && (18.42)\\
&= \int_{\mathcal{Z}} \hat{\mu}(\mathbf{z}) p(\mathbf{z})\, d\mathbf{z} && (18.43)
\end{aligned}$$

여기서 $\hat{\mu}(\mathbf{z})$는 가우시안 프로세스하에서의 예측된 평균이고, $\hat{\mathcal{F}}$는 함수 공간이다.

추정치의 분산은 다음과 같다.

$$\mathrm{Var}_{\mathbf{z}\sim p}[f] \approx \mathrm{Var}_{\hat{f}\sim p(\hat{f})}[\hat{f}] \tag{18.44}$$

$$= \int_{\hat{\mathcal{F}}} \left(\int_{\mathcal{Z}} \hat{f}(\mathbf{z}) p(\mathbf{z})\, d\mathbf{z} - \int_{\mathcal{Z}} \mathbb{E}[\hat{f}(\mathbf{z}')] p(\mathbf{z}')\, d\mathbf{z}' \right)^2 p(\hat{f})\, d\hat{f} \tag{18.45}$$

$$= \int_{\mathcal{Z}} \int_{\mathcal{Z}} \int_{\hat{\mathcal{F}}} \left[\hat{f}(\mathbf{z}) - \mathbb{E}[\hat{f}(\mathbf{z})] \right] \left[\hat{f}(\mathbf{z}') - \mathbb{E}[\hat{f}(\mathbf{z}')] \right] p(\hat{f})\, d\hat{f}\, p(\mathbf{z}) p(\mathbf{z}')\, d\mathbf{z}\, d\mathbf{z}' \tag{18.46}$$

$$= \int_{\mathcal{Z}} \int_{\mathcal{Z}} \mathrm{Cov}(\hat{f}(\mathbf{z}), \hat{f}(\mathbf{z}')) p(\mathbf{z}) p(\mathbf{z}')\, d\mathbf{z}\, d\mathbf{z}' \tag{18.47}$$

여기서 Cov는 가우시안 프로세스하에서의 사후 공분산이다.

$$\mathrm{Cov}(\hat{f}(\mathbf{z}), \hat{f}(\mathbf{z}')) = k(\mathbf{z}, \mathbf{z}') - k(\mathbf{z}, Z)\mathbf{K}(Z, Z)^{-1} k(Z, \mathbf{z}') \tag{18.48}$$

여기서 Z는 관찰된 입력을 포함한다.

$\mathbf{z}$가 가우시안인 특별한 경우에 대해서 평균과 분산에 대한 해석학적 표현이 존재한다.[10]

다음과 같은 가우시안 커널하에서

$$k(\mathbf{x}, \mathbf{x}') = \exp\left(-\frac{1}{2} \sum_{i=1}^{n} \frac{(x_i - x_i')^2}{w_i^2} \right) \tag{18.49}$$

가우시안 불확실성 $\mathbf{z} \sim \mathcal{N}(\boldsymbol{\mu}_{\mathbf{z}}, \boldsymbol{\Sigma}_{\mathbf{z}})$에 대한 평균은 다음과 같다.

$$\mathbb{E}_{\mathbf{z}\sim p}[f] = \mathbf{q}^\top \mathbf{K}^{-1} \mathbf{y} \tag{18.50}$$

여기서

$$q_i = |\mathbf{W}^{-1}\boldsymbol{\Sigma}_{\mathbf{z}} + \mathbf{I}|^{-1/2} \exp\left(-\frac{1}{2} \left(\boldsymbol{\mu}_{\mathbf{z}} - \hat{\mu}(\mathbf{z}^{(i)}) \right)^\top (\boldsymbol{\Sigma}_{\mathbf{z}} + \mathbf{W})^{-1} \left(\boldsymbol{\mu}_{\mathbf{z}} - \mathbf{z}^{(i)} \right) \right) \tag{18.51}$$

10 공분산 함수는 곱 상관관계 규칙(product correlation rule)을 지켜야 한다. 즉 다음과 같이 일변수 양정부호 함수의 곱으로 표현될 수 있다.

$$k(\mathbf{x}, \mathbf{x}') = \prod_{i=1}^{n} r(x_i - x_i')$$

가우시안의 다항식 커널과 혼합에 대한 해석적 결과는 다음에 존재한다. C. E. Ramussen and Z. Ghahramani, "Bayesian Monte Carlo," in *Advances in Neural Information Processing Sytem (NIPS)*, 2003.

이며, $\mathbf{W} = \text{diag}[w_1^2, \ldots, w_n^2]$이며, $i \in \{1, \ldots, m\}$에 대해 샘플 $(\mathbf{z}(i), y_i)$을 사용해 가우시안 프로세스를 구축한다.[11]

분산은 다음과 같다.

$$\text{Var}_{\mathbf{z}\sim p}[f] = |2\mathbf{W}^{-1}\boldsymbol{\Sigma}_{\mathbf{z}} + \mathbf{I}|^{-1/2} - \mathbf{q}^\top \mathbf{K}^{-1}\mathbf{q} \tag{18.52}$$

11 A. Girard, C. E. Rasmussen, J. Q. Candela, and R. Murray-Smith, "Gaussian Process. Priors with Uncertain Inputs—Application to Multiple-Step Ahead Time Series Forecasting," in *Advances in Neural Information Processing Systems (NIPS)*, 2003.

해석적 해가 존재하지 않더라도 수치적 표현 평가의 비용이 충분히 작으므로 가우시안 프로세스가 몬테카를로 추정보다 더 우월한 문제가 많이 존재한다.

베이지안 몬테카를로는 알고리즘 18.5로 구현되며, 예제 18.6에서 연습한다.

```
function bayesian_monte_carlo(GP, w, μz, Σz)
    W = Matrix(Diagonal(w.^2))
    invK = inv(K(GP.X, GP.X, GP.k))
    q = [exp(-((z-μz)⋅(inv(W+Σz)*(z-μz)))/2) for z in GP.X]
    q .*= (det(W\Σz + I))^(-0.5)
    μ = q'*invK*GP.y
    ν = (det(2W\Σz + I))^(-0.5) - (q'*invK*q)[1]
    return (μ, ν)
end
```

알고리즘 18.5 가중치 w의 가우시안 커널을 가진 가우시안 프로세스 GP하의 함수의 기댓값에 대한 베이지안 몬테카를로 추정치를 얻는 법으로 변수들은 평균이 μz이고 공분산이 Σz인 정규 분포로부터 추출된다.

$f(x, z) = \sin(x + z_1)\cos(x + z_2)$의 기댓값과 분산을 추정하는 것을 다시 고려하자. 여기서 z_1과 z_2가 평균 0이고 분산이 각각 1과 1/2인 가우시안 잡음이다. 즉 $\mathbf{\mu_z} = [0, 0]$이고 $\Sigma_\mathbf{z} = \text{diag}([1, 1/2])$이다.

샘플 $Z = \{[0, 0], [1, 0], [-1, 0], [0, 1], [0, -1]\}$과 $x = 0$에 대한 단위 가중치 $\mathbf{w} = [-1, 1]$인 가우시안 커널을 가진 베이지안 몬테카를로를 사용한다.

다음을 계산한다.

$$\mathbf{W} = \begin{bmatrix} 1 & 0 \\ 0 & 1 \end{bmatrix}$$

$$\mathbf{K} = \begin{bmatrix} 1 & 0.607 & 0.607 & 0.607 & 0.607 \\ 0.607 & 1 & 0.135 & 0.368 & 0.368 \\ 0.607 & 0.135 & 1 & 0.368 & 0.368 \\ 0.607 & 0.368 & 0.368 & 1 & 0.135 \\ 0.607 & 0.368 & 0.368 & 0.135 & 1 \end{bmatrix}$$

$$\mathbf{q} = [0.577, 0.4500.450, 0.417, 0.417]$$

$$\mathbb{E}_{\mathbf{z}\sim p}[f] = 0.0$$

$$\text{Var}_{\mathbf{z}\sim p}[f] = 0.327$$

아래 각 점에서 $\mathbf{z}$의 10개의 랜덤 샘플에 대해 동일한 접근법을 사용해 x의 함수로 기댓값을 그린다.

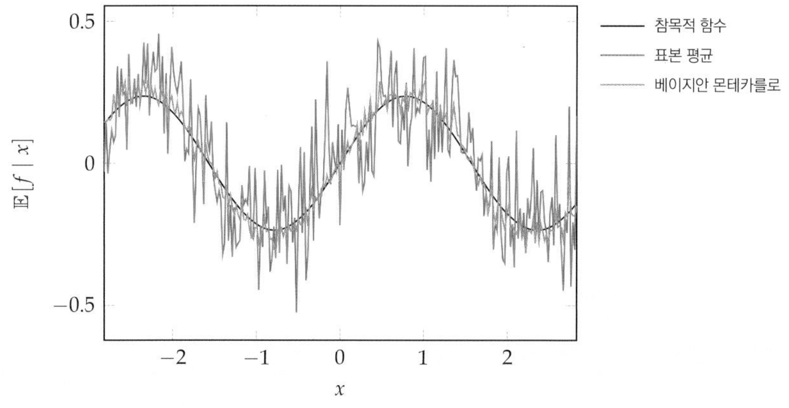

예제 18.6 베이지안 몬테카를로를 사용해 함수의 기댓값과 분산을 추정하는 예제.

그림은 함수의 기댓값 추정에 있어서 몬테카를로법과 표본평균법을 비교한다. 각 x의 평가값에 대해 랜덤 추출된 동일한 z값이 각 방법에 대한 입력이다.

18.5 요약

- 목적 함수의 기댓값과 분산은 최적화 문제가 불확실성과 관련될 때 유용하다. 그러나 이 식들을 신뢰성 있게 계산하는 것은 매우 도전적인 일이다.
- 가장 간단한 접근법은 몬테카를로 적분으로 알려진 프로세스의 샘플링을 사용해 모멘트를 추정하는 것이다.
- 테일러 근사와 같은 다른 접근법은 목적 함수의 편미분에 대한 지식을 사용한다.
- 다항식 카오스는 직교 다항식을 기반으로 하는 강력한 불확실성 전파 기법이다.
- 베이지안 몬테카를로는 가우시안 프로세스를 사용해 가우시안 커널에 대한 해석적 결과로 모멘트를 효율적으로 구할 수 있다.

18.6 연습문제

연습 18.1 일변수 가우시안 분포로부터 샘플을 추출한다고 가정하자. 샘플이 평균의 1 표준편차 내 ($x \in [\mu - \sigma, \mu + \sigma]$)로 놓일 확률이 무엇인가? 샘플이 평균에서 1 표준편차 위보다 작을 ($x < \mu + \sigma$) 확률은 무엇인가?

연습 18.2 $x^{(1)}, x^{(2)}, \ldots, x^{(m)}$을 평균 μ와 분산 ν의 분포로부터의 크기 m개의 독립 동일 분포값을 가진 랜덤 샘플이라고 가정하자. 표본 평균의 분산 $\mathrm{Var}(\hat{\mu})$이 ν/m임을 증명하라.

연습 18.3 모든 직교 다항식에 의해 충족하는 순환 관계식 (18.29)를 도출하라.

연습 18.4 $\mathbf{z}^{(1)}, \ldots, \mathbf{z}(m)$의 m개의 평가값을 사용해 특정 설계점 $\mathbf{x}$에 대한 목적함수 $f(\mathbf{x}, \mathbf{z})$의 다항식 카오스 모델을 적합화했다고 가정하자. 설계 요소 x_i에 대한 다항식 카오스 계수의 편미분을 추정하는 표현을 도출하라.

연습 18.5 설계점 $\mathbf{x}$과 랜덤변수 $\mathbf{z}$를 가진 목적 함수 $f(\mathbf{x}, \mathbf{z})$를 고려하자. 17장에서 논의한 바와 같이 불확실성하의 최적화는 흔히 다음과 같이 추정된 평균과 분산의 선형 결합을 최소화하는 것과 연관된다.

$$f_{\text{mod}}(\mathbf{x}, \mathbf{z}) = \alpha\hat{\mu}(\mathbf{x}) + (1 - \alpha)\hat{\nu}(\mathbf{x})$$

다항식 카오스를 사용해 f_{mod}의 설계변수 $\mathbf{x}$에 대한 그래디언트를 어떻게 추정할 수 있는가?

19
이산 최적화

이제까지는 연속적인 설계변수에 관련된 최적화 문제에 초점을 맞췄다. 그러나 많은 문제는 고정 크기로 나오는 기계적 요소에 관련된 제조 문제나 이산적인 경로 간의 선택과 연관된 항로 문제와 같이 태생적으로 이산적^discrete^인 설계변수를 가진다. 이산 최적화^discrete optimization^ 문제는 설계변수들을 이산 집합에서만 선택해야 하는 것과 같은 제약을 가진다. 어떤 이산 최적화 문제는 무한한 설계 공간을 갖기도 하고, 또 다른 최적화 문제는 유한한 설계 공간을 가진다.[1] 이론적으로 모든 가능한 해를 열거할 수 있는 유한 문제에 대해서도 일반적으로 실전에서 계산적으로 불가능하기 때문에 그렇게 할 수 없다. 19장은 열거를 하지 않으면서 이산 최적화 문제를 풀기 위한 정확한 해를 구하는 접근법과 근사적 접근법 모두를 논의한다. 모의 담금질과 유전 계획과 같은 이전에 다룬 많은 방법들을 이산 최적화를 위해 쉽게 각색할 수 있지만, 19장에서는 이제까지 논의하지 않은 범주의 기법들에 초점을 맞춘다.

1 이산 최적화는 종종 조합적 최적화(combinatorial optimization)라고도 불린다. 개요를 위해서는 B. Korete and J. Vygen, *Combinatorial Optimization: Theory and Algorithm*, 5th ed. Springer, 2012를 참고하라.

설계점을 정수로 제약하는 다음과 같은 이산 최적화 문제를 고려한다.

$$\begin{aligned} \underset{\mathbf{x}}{\text{minimize}} \quad & x_1 + x_2 \\ \text{subject to} \quad & \|\mathbf{x}\| \leq 2 \\ & \mathbf{x}\text{는 정수다.} \end{aligned}$$

연속 경우의 최적점은 $\mathbf{x}^* = [-\sqrt{2}, -\sqrt{2}]$로 $y = -2\sqrt{2} \approx -2.828$의 값을 갖는다. 만약 x_1과 x_2가 정숫값으로 제약되면 최적점은 $\mathbf{x}^* \in \{[-2, 0], [-1, -1], [0, -2]\}$로 $y = -2$의 값을 갖는다.

예제 19.1 문제의 이산 버전은 해를 제약해 종종 연속인 경우의 해보다 좋지 않은 해를 초래한다.

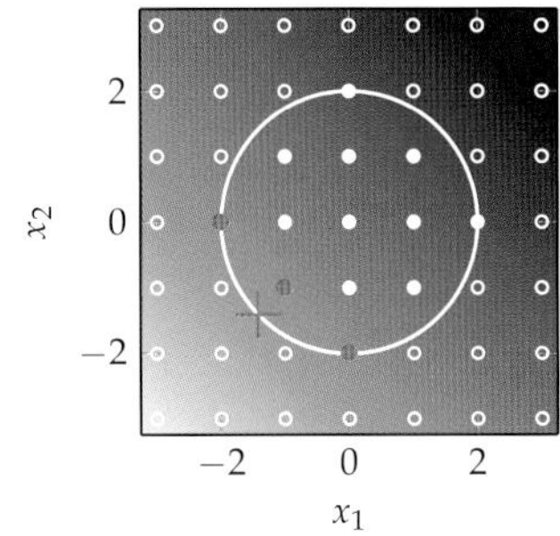

19.1 정수 계획

정수 계획integer program은 정수 제약이 있는 선형 계획[2]이다. 정수 제약은 설계변수가 반드시 정수집합에서 나와야 된다는 것을 의미한다.[3] 정수 계획은 정수 선형 계획으로도 불린다. 이는 목적 함수와 제약식이 선형이란 가정을 강조하기 위한 것이다.

표준 형태의 정수 계획은 다음과 같이 표현된다.

$$\begin{aligned} \underset{\mathbf{x}}{\text{minimize}} \quad & \mathbf{c}^\top \mathbf{x} \\ \text{subject to} \quad & \mathbf{A}\mathbf{x} \leq \mathbf{b} \\ & \mathbf{x} \geq \mathbf{0} \\ & \mathbf{x} \in \mathbb{Z}^n \end{aligned} \tag{19.1}$$

여기서 $\mathbb{Z}^n$은 n차원 정수 벡터집합이다.

선형 계획과 같이 정수 계획은 흔히 등식 형태로 푼다. 정수 계획 문제를 등식 형태로 변환하는 것은 추가적인 여유 변수slack variable $\mathbf{s}$를 요구하는데 이는 반드시

2 11장을 참고하자.

3 정수 계획은 매우 오래된 분야이며, OR, 통신 네트워크, 작업 스케줄링, 다른 분야에서 적용된다. Gurobi와 CPLEX와 같은 최신 최적화 도구(solver)는 수백만 개의 변수를 가진 문제를 일상적으로 다룬다. 줄리아는 Gurobi, CPLEX와 다양한 최적화 도구에 대한 접근을 제공하는 패키지를 갖고 있다.

정수일 필요는 없다. 따라서 정수 계획의 등식형은 다음과 같다.

$$\begin{aligned} \underset{\mathbf{x}}{\text{minimize}} \quad & \mathbf{c}^\top \mathbf{x} \\ \text{subject to} \quad & \mathbf{A}\mathbf{x} + \mathbf{s} = \mathbf{b} \\ & \mathbf{x} \geq \mathbf{0} \\ & \mathbf{s} \geq \mathbf{0} \\ & \mathbf{x} \in \mathbb{Z}^n \end{aligned} \tag{19.2}$$

더 일반적으로, **혼합 정수 계획**mixed integer program(알고리즘 19.1)은 연속과 이산 설계 요소를 모두 포함한다. 이 문제는 등식형으로 다음과 같이 표현된다.

$$\begin{aligned} \underset{\mathbf{x}}{\text{minimize}} \quad & \mathbf{c}^\top \mathbf{x} \\ \text{subject to} \quad & \mathbf{A}\mathbf{x} = \mathbf{b} \\ & \mathbf{x} \geq \mathbf{0} \\ & \mathbf{x}_{\mathcal{D}} \in \mathbb{Z}^{\|\mathcal{D}\|} \end{aligned} \tag{19.3}$$

여기서 $\mathcal{D}$는 이산변수로 제약된 설계점에 대한 인덱스 집합이다. 즉 $\mathbf{x} = [\mathbf{x}_{\mathcal{D}}, \mathbf{x}_{\mathcal{C}}]$이며, $\mathbf{x}_{\mathcal{D}}$는 이산설계변수 벡터를 표현하며, $\mathbf{x}_{\mathcal{C}}$는 연속설계변수 벡터다.

```
mutable struct MixedIntegerProgram
    A
    b
    c
    D
end
```

알고리즘 19.1 식 (19.3)을 반영하는 혼합 정수 선형 계획 타입. 여기서 D는 이산변수로 제약된 설계점 인덱스 집합이다.

19.2 라운딩

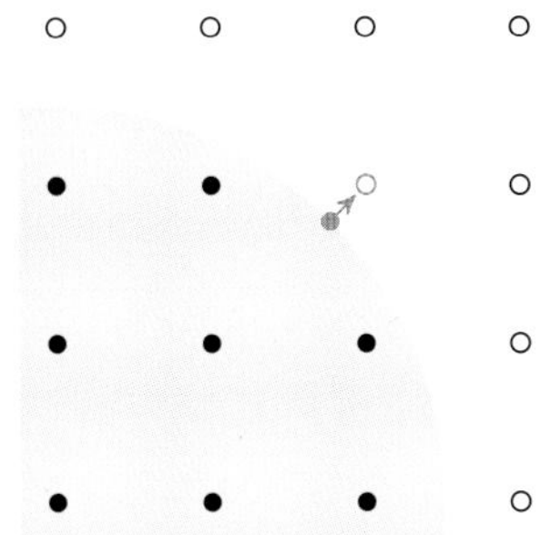

▲ **그림 19.1** 라운딩이 실행 불가능 설계 포인트들을 산출할 수 있다.

이산 최적화의 공통적 접근법은 설계점이 이산 집합에서 나와야만 한다는 제약을 완화[relax]하는 것이다. 이러한 완화의 이점은 목적 함수의 연속성을 이용하는 그래디언트 하강 또는 선형 계획과 같은 기법들을 이용해 탐색을 인도할 수 있다는 것이다. 연속적 해가 발견된 후, 설계변수는 가장 근접한 실현 가능 이산 설계점으로 라운딩[rounding]하는 것이다.

라운딩에 대한 잠재적 문제가 존재한다. 라운딩은 그림 19.1에서 보이는 바와 같이 실행 불가능한 설계점을 초래할 수 있다. 라운딩이 실현 가능점을 초래하더라도 그림 19.2에서와 보이는 바와 같이 최적점에서 멀리 떨어질 수 있다. 이산 제약을 추가하는 것은 예제 19.1에서 예시된 바와 같이 전형적으로 목적값을 악화시킨다. 그러나 어떤 문제에 대해서는 완화된 해가 최적 이산해에 근접하는 것을 보여 줄 수 있다.

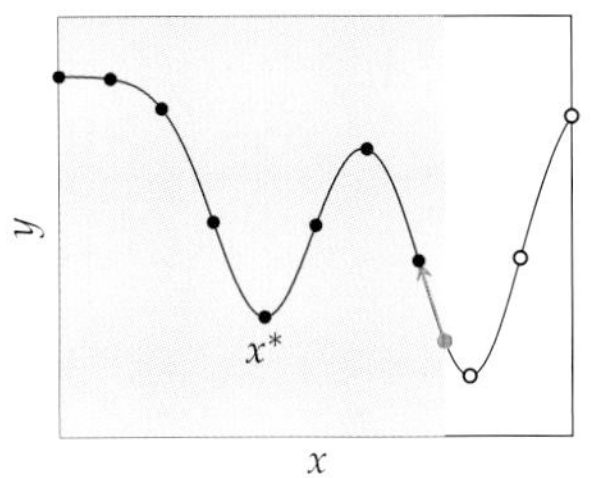

▲ **그림 19.2** 가장 가까운 이산 설계점이 최적 실현 가능 이산 설계점보다 현저하게 나쁠 수 있다.

정수 제약을 제거하고, 상응하는 정수 계획 또는 LP을 풀고 반올림을 이용해 정수 문제를 풀 수 있다. 이 방법을 알고리즘 19.2로 구현한다.

```
relax(MIP) = LinearProgram(MIP.A, MIP.b, MIP.c)
function round_ip(MIP)
    x = minimize_lp(relax(MIP))
    for i in MIP.D
        x[i] = round(Int, x[i])
    end
    return x
end
```

알고리즘 19.2 혼합 정수 선형 계획을 완화해 선형 문제로 완화하는 방법과 라운딩으로 혼합 정수 선형 문제를 푸는 방법. 두 방법 모두 혼합 정수 선형 계획 MIP를 받아들인다. 라운딩으로 구한 해는 최적이 아니거나 실행 불가능할 수 있다.

A가 정수인 $\mathbf{Ax} \leq \mathbf{b}$ 제약식에 대한 연속해를 라운딩하는 것이 최적 정수해로부터 결코 너무 멀리 떨어지지 않는다는 것을 증명할 수 있다.[4] 만약 $\mathbf{x}_c^*$가 $m \times n$ 행렬 **A**를 가진 LP의 최적해라면 $\|\mathbf{x}_c^* - \mathbf{x}_d^*\|_\infty$이 **A**의 부분 행렬의 행렬식[determinant] 절

4 W. Cook, A. M. Gerards, A. Schrijver, and E. Tardos, "Sensitivity Theorems in Integer Linear Programming," *Mathematical Programming*, vol. 34, no.3, pp. 251–264, 1986.

댓값 n배보다 작거나 같은 최적 이산해 $\mathbf{x}_d^*$가 존재한다.

실현 가능 영역이 순전히 **A**와 **b**에 의해 결정되므로 벡터 **c**는 LP가 최적 정수해를 갖고자 정수일 필요는 없다. 어떤 접근법은 실현 가능 영역이 **c**에 의존하는 쌍대 공식을 사용해 LP를 푸는데, 이때는 c가 정수임을 요구한다.

A, **b**, **c**가 모두 정수이고, **A**가 완전히 단일 모듈형인 **완전 단일 모듈형**totally unimodualr 정수 계획과 같은 특별한 경우에는 심플렉스 알고리즘이 정수해를 보장한다. 모든 **부분 행렬**submatrix[5]의 행렬식이 -1, 0, 1이면, 행렬은 완전 단일 모듈형 행렬이며, 완전 단일 모듈형 행렬의 역행렬 또한 정수다. 실제로 완전 단일 모듈형 정수 계획의 모든 꼭지해vertex solution는 정수이다. 따라서 **A**가 단일 모듈형이고, **b**가 정수인 모든 $\mathbf{Ax} = \mathbf{b}$는 정수해를 가진다.

5 부분 행렬은 어떤 행렬의 행이나 열 또는 모두를 제거함으로써 얻어지는 행렬이다.

여러 행렬과 이들의 완전 단일 모듈성은 예제 19.2에서 논의한다. 행렬 또는 정수 선형 계획이 완전 단일 모듈형인지를 결정하는 방법은 알고리즘 19.3에 제공된다.

예제 19.2 완전 단일 모듈형 행렬의 예

다음 행렬을 고려하자.

$$\begin{bmatrix} 1 & 0 & 1 \\ 0 & 0 & 0 \\ 1 & 0 & -1 \end{bmatrix} \qquad \begin{bmatrix} 1 & 0 & 1 \\ 0 & 0 & 0 \\ 1 & 0 & 0 \end{bmatrix} \qquad \begin{bmatrix} -1 & -1 & 0 & 0 & 0 \\ 1 & 0 & -1 & -1 & 0 \\ 0 & 1 & 1 & 0 & -1 \end{bmatrix}$$

왼쪽 행렬은 다음과 같으므로 완전 단일 모듈형이 아니다.

$$\begin{vmatrix} 1 & 1 \\ 1 & -1 \end{vmatrix} = -2$$

나머지 두 행렬은 완전 단일 모듈형이다.

```
isint(x, ϵ=1e-10) = abs(round(x) - x) ≤ ϵ
function is_totally_unimodular(A::Matrix)
    # 모든 입력값은 [0, 1, -1] 내에 있어야만 한다.
    if any(a ∉ (0,-1,1) for a in A)
        return false
    end
    # 모든 하위 행렬식을 무차별 대입(brute force) 검사한다.
    r,c = size(A)
    for i in 1 : min(r,c)
        for a in subsets(1:r, i)
            for b in subsets(1:c, i)
                B = A[a,b]
                if det(B) ∉ (0,-1,1)
                    return false
                end
            end
        end
    end
    return true
end
function is_totally_unimodular(MIP)
    return is_totally_unimodular(MIP.A) &&
          all(isint, MIP.b) && all(isint, MIP.c)
end
```

알고리즘 19.3 행렬 A 또는 혼합 정수 계획 MIP는 완전 단일 모듈형인지를 결정하는 방법. isint 메서드는 주어진 값이 정수이면 true를 반환한다.

19.3 절단 평면

절단 평면법cutting plane method은 $\mathbf{A}$가 완전 단일 모듈형이 아닌 경우 혼합 정수 계획의 정확한 해를 내는 방법이다.[6] 실전에서 사용하는 현대적 방법은 절단 평면법과 19.4절에서 논의할 분기 한정branch and bound법을 결합하는 분기 절단 알고리즘branch and cut algorithm[7]이다. 절단 평면법은 완화된 LP를 풀고 선형 제약을 더해 최적해를 구한다.

6 R. E. Gomory, "An Algorithm for Integer Solutions to Linear Programs," *Recent Advances in Mathematical Programming*, vol. 64, pp. 269–302, 1963.

7 M. Padberg and G. Rinaldi, " A Branch-and-Cut Algorithm for the Resolution of Large-Scale Symmetric Travelling Salesman Problem," *SIAM Review*, vol. 33, no.1, pp 60–100, 1991.

반드시 $\mathbf{Ax} = \mathbf{b}$의 꼭짓점인 완화된 LP의 해 $\mathbf{x}_c^*$를 갖고 절단법을 시작한다. 만약 $\mathbf{x}_c^*$에서의 $\mathcal{D}$ 구성 요소가 정수이면 이는 원래의 혼합 정수 계획에 대한 최적해이며, 목적을 달성하게 된다. $\mathbf{x}_c^*$의 D 구성 요소가 정수가 아니면 한쪽에서 $\mathbf{x}_c^*$, 다른 쪽에서 모든 실현 가능한 이산적 해를 가진 초평면을 찾는다. 이 절단 평면은 $\mathbf{x}_c^*$를 제거하는 추가적인 선형 제약이다. 이 다음 확장된 LP를 풀어서 새로운 $\mathbf{x}_c^*$를 구한다.

알고리즘 19.4에서의 매 반복 시행은 최근접 정수해와 나머지 실현 가능 집합의 실현 가능성을 유지하면서 $\mathbf{x}_c^*$의 비정수 요소를 실행 불가능하게 만드는 절단 평면을 도입한다. 절단 평면 제약으로 수정된 정수 계획은 새로운 완화된 해를 구한다. 그림 19.3은 이 프로세스를 보여 준다.

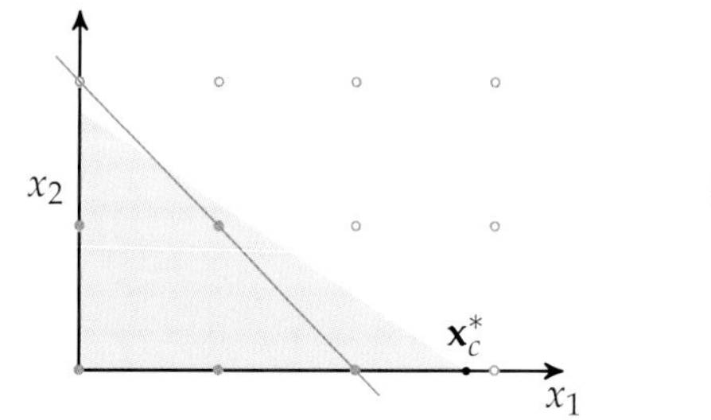

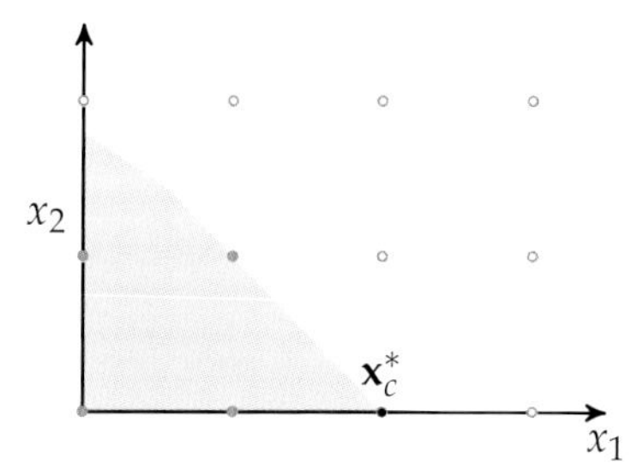

◀ **그림 19.3** 절단 평면법은 제약을 도입해 LP의 해가 정수가 될 때까지 반복 시행한다. 절단 평면은 왼쪽 그림의 빨간색 선으로 표시된다. 확장된 LP의 실현 가능 영역은 오른쪽 그림에 보인다.

$\mathbf{x}_c^*$의 비정수 요소를 절단하는 제약을 가하고자 한다. $\mathbf{Ax} = \mathbf{b}$ 제약의 등식형 LP에 대해서는 11.2.1절에서 꼭지해 $\mathbf{x}_c^*$를 분할해 다음 식에 도달했던 것을 상기하라.

$$\mathbf{A}_{\mathcal{B}}\mathbf{x}_{\mathcal{B}}^* + \mathbf{A}_{\mathcal{V}}\mathbf{x}_{\mathcal{V}}^* = \mathbf{b} \tag{19.4}$$

여기서 $\mathbf{x}_{\mathcal{V}}^* = 0$이다. 따라서 $\mathbf{x}_c^*$의 비정수 요소는 $\mathbf{x}_{\mathcal{B}}^*$에서만 나타날 것이다.

각 $b \in \mathcal{B}$에 대해 x_b^*가 비정수가 되도록 추가적인 비등식 제약식을 도입할 수 있다.[8]

$$x_b^* - \lfloor x_b^* \rfloor - \sum_{v \in \mathcal{V}} \left(\bar{A}_{bv} - \lfloor \bar{A}_{bv} \rfloor \right) x_v \le 0 \tag{19.5}$$

여기서 $\mathbf{A} = \mathbf{A}_{\mathcal{B}}^{-1}\ \mathbf{A}\mathcal{V}$이다. 이들 절단 평면은 단지 $\mathcal{V}$-요소들을 사용해 x*c의 비정수 요소들을 절단한다.

모든 x_v가 0이므로 절단 평면 제약을 도입해 완화된 해 $\mathbf{x}_c^*$를 절단한다.

$$\underbrace{x_b^* - \lfloor x_b^* \rfloor}_{>0} - \underbrace{\sum_{v \in \mathcal{V}} \left(\bar{A}_{bv} - \lfloor \bar{A}_{bv} \rfloor \right) x_v}_{0} > 0 \tag{19.6}$$

절단 평면은 다음과 같이 추가적 정수 여유변수 x_k를 사용해 등식형으로 표현한다.

$$x_k + \sum_{v \in \mathcal{V}} \left(\lfloor \bar{A}_{bv} \rfloor - \bar{A}_{bv} \right) x_v = \lfloor x_b^* \rfloor - x_b^* \tag{19.7}$$

따라서 알고리즘 19.4에서의 반복 시행에 따라 LP가 정수해를 산출할 때까지 제약식의 수와 변수의 수가 증가한다. 단지 원 설계변수에 상응하는 요소들만 반환된다.

8 $\lfloor x \rfloor$ 또는 x의 플로어(floor of x)는 x를 가장 근접한 정수 중 낮은 값으로 내린다(round down).

```
frac(x) = modf(x)[1]
    function cutting_plane(MIP)
    LP = relax(MIP)
    x, b_inds, v_inds = minimize_lp(LP)
    n_orig = length(x)
    D = copy(MIP.D)
    while !all(isint(x[i]) for i in D)
        AB, AV = LP.A[:,b_inds], LP.A[:,v_inds]
        Abar = AB\AV
        b = 0
        for i in D
            if !isint(x[i])
                b += 1
                A2 = [LP.A zeros(size(LP.A,1));
                      zeros(1,size(LP.A,2)+1)]
                A2[end,end] = 1
                A2[end,v_inds] = (x->floor(x) - x).(Abar[b,:])
                b2 = vcat(LP.b, -frac(x[i]))
                c2 = vcat(LP.c, 0)
                LP = LinearProgram(A2,b2,c2)
            end
        end
        x, b_inds, v_inds = minimize_lp(LP)
    end
    return x[1:n_orig]
end
```

알고리즘 19.4 절단 평면법은 주어진 혼합 정수 계획 MIP의 해를 구하고, 최적 설계 벡터를 반환한다. 만약 실현 가능해가 없으면 오류가 던져진다. 도우미 함수(helper function) frac은 소수점 부분을 반환하고, 알고리즘 11.5의 minimize_lp의 구현을 수정해 최적 설계점 x와 함께 기본, 비기본 인덱스 b_inds와 v_inds를 반환한다.

예제 19.3에서 간단한 정수 선형 계획을 풀고자 절단 평면법이 사용된다.

예제 19.3 정수 계획을 풀고자 사용한 절단 평면법

다음 정수 계획을 고려하자.

$$\begin{aligned} \underset{\mathbf{x}}{\text{minimize}} \quad & 2x_1 + x_2 + 3x_3 \\ \text{subject to} \quad & \begin{bmatrix} 0.5 & -0.5 & 1.0 \\ 2.0 & 0.5 & -1.5 \end{bmatrix} \mathbf{x} = \begin{bmatrix} 2.5 \\ -1.5 \end{bmatrix} \\ & \mathbf{x} \geq \mathbf{0} \quad \mathbf{x} \in \mathbb{Z}^3 \end{aligned}$$

완화된 해는 $\mathbf{x}^* \approx [0.818, 0, 2.091]$이며, 이는 다음을 산출한다.

$$\mathbf{A}_{\mathcal{B}} = \begin{bmatrix} 0.5 & 1 \\ 2 & -1.5 \end{bmatrix} \quad \mathbf{A}_{\mathcal{V}} = \begin{bmatrix} -0.5 \\ 0.5 \end{bmatrix} \quad \bar{\mathbf{A}} = \begin{bmatrix} -0.091 \\ -0.455 \end{bmatrix}$$

식 (19.7)로부터 여유변수 x_4를 사용할 때, x_1에 대한 제약식은 다음과 같다.

$$\begin{aligned} x_4 + (-0.091 - \lfloor -0.091 \rfloor) x_2 &= \lfloor 0.818 \rfloor - 0.818 \\ x_4 - 0.909 x_2 &= -0.818 \end{aligned}$$

여유변수 x_5를 사용할 때, x_3의 제약식은 다음과 같다.

$$\begin{aligned} x_5 + (-0.455 - \lfloor -0.455 \rfloor) x_2 &= \lfloor 2.091 \rfloor - 2.091 \\ x_5 - 0.545 x_2 &= -0.091 \end{aligned}$$

수정된 정수 계획은 다음과 같다.

$$\mathbf{A} = \begin{bmatrix} 0.5 & -0.5 & 1 & 0 & 0 \\ 2 & 0.5 & -1.5 & 0 & 0 \\ 0 & -0.909 & 0 & 1 & 0 \\ 0 & -0.545 & 0 & 0 & 1 \end{bmatrix} \quad \mathbf{b} = \begin{bmatrix} 2.5 \\ -1.5 \\ -0.818 \\ -0.091 \end{bmatrix} \quad \mathbf{c} = \begin{bmatrix} 2 \\ 1 \\ 3 \\ 0 \\ 0 \end{bmatrix}$$

수정된 LP를 풀면 $\mathbf{x}^* \approx [0.9, 0.9, 2.5, 0.0, 0.4]$를 얻는다. 이 점은 정수가 아니므로 다음 제약식으로 위의 절차를 반복한다.

$$x_6 - 0.9x_4 = -0.9 \qquad x_7 - 0.9x_4 = -0.9$$
$$x_8 - 0.5x_4 = -0.5 \qquad x_9 - 0.4x_4 = -0.4$$

3번째 LP를 풀면 $\mathbf{x}^* \approx [1, 2, 3, 1, 1, 0, 0, 0, 0]$를 얻고, 최종해는 $\mathbf{x}_i^* = [1, 2, 3]$이다.

19.4 분기 한정법

정수 계획과 같은 이산 문제의 전역적 최적점을 발견하는 방법은 모든 가능한 해를 열거하는 것이다. 분기 한정branch and bound법[9]은 모든 해를 평가하지 않고 최적해를 발견하는 것을 보장한다. 많은 상업 정수 계획 최적화 도구는 절단 평면법과 분기 한정법 모두로부터 아이디어를 얻고 있다. 이 방법은 해공간을 분할하는 분기 연산branch operation[10]과 분할의 하계를 계산하는 한정 연산bound operation으로부터 이름을 얻었다.

분기 한정법은 많은 종류의 이산 최적화 문제에 적용할 수 있는 일반적 방법이다. 그러나 여기서는 어떻게 정수 계획에 이용될 수 있는가에 초점을 맞춘다. 알고리즘 19.5는 우선순위 큐priority queue를 사용하는 구현법을 제공하는데 이는 어떤 컬렉션의 원소에 우선순위를 연관시키는 데이터 구조다. `enqueue!`를 이용해 원소와 우선순위값을 우선순위 큐에 더할 수 있다. `dequeue!` 연산을 이용해 최저 우선순위값의 원소를 제거할 수 있다.

알고리즘은 원혼합 정수 계획을 완화한 LP 하나를 포함하는 우선순위로 시작한다. 이 LP는 해 $\mathbf{x}_c^*$와 목적값 $y_c = \mathbf{c}^\top \mathbf{x}_c^*$에 연관된다. 목적값은 해의 하계로 역할하며, 이에 따라 우선순위 큐에서 LP의 우선순위로 역할한다. 알고리즘의 반복 시행마다 우선순위 큐가 공집합인지를 체크한다. 만약 공집합이 아니면 최저 우선순

9 A. H. Land and A. G. Doig, "An Automatic method of Solving Discrete Programming Problems," *Econometrica*, vol.28, no.3, pp.497–520, 1960.

10 부분 집합은 전형적으로 분리된 집합이지만, 반드시 이를 요구하지는 않는다. 분기 한정법이 작동하려면 적어도 한 부분 집합은 최적해를 가져야만 한다. D. A. Bader, W. E. hart, and C. A. Phillips, "Parallel Algorithm Design for Branch and Bound," in *Turorials on Emerging Methodologies and Applications in Operations Research*, H. J. Greenberg, ed., Kluwer Academic Press, 2004.

위값으로 LP의 원소를 제거dequeue한다. 그 원소와 연관된 해가 필요한 정수요소를 가지면 이제까지 발견한 정수해 중 최적인지를 추적한다.

만약 디큐dequeue된 해가 $\mathcal{D}$에서 하나 이상의 비정수 요소를 가지면, $\mathbf{x}_c^*$로부터 정숫값으로부터 가장 먼 요소를 선택한다. 이 요소가 i번째 설계변수에 해당한다고 가정하자. 2개의 새로운 LP를 고려함으로써 분기branch하는데 각각의 LP는 다음 제약식 중 하나를 디큐된 LP에 더함으로써 생성된다.[11]

$$x_i \leq \lfloor x_{i,c}^* \rfloor \qquad \text{or} \qquad x_i \geq \lceil x_{i,c}^* \rceil \tag{19.8}$$

11 $\lceil x \rceil$ 또는 x의 천정(ceiling)은 x를 가장 근접한 정숫값으로 올린다(round up).

이는 그림 19.4에 보인다. 예제 19.4는 이 프로세스를 예시한다.

이 두 LP에 연관된 해를 계산하는데 이들 해는 원혼합 정수 계획값의 하계를 제공한다. 만약 둘 중 어떤 해가 이제까지 본 최적의 정수해와 비교할 때 목적값을 더 낮춘다면 이는 우선순위 큐에 놓는다. 이제까지 본 최적의 정수해보다 나쁘다고 이미 알려진 해를 놓지 않음으로써 분기 한정법은 탐색 공간을 절단한다. 우선순위 큐가 공집합이 될 때까지 이 프로세스를 계속해 최적의 실현 가능한 정수해를 반환한다. 예제 19.5는 분기 한정법이 작은 정수 계획에 어떻게 적용될 수 있는지를 보여 준다.

예제 19.4 분기 한정법의 분기 스텝 한 번 시행한 예

$\mathbf{c} = [-1, -2, -3, -4]$인 정수 계획에 대해 완화된 해 $\mathbf{x}_c^* = [3, 2.4, 1.2, 5.8]$를 고려하자. 하계는 다음과 같다.

$$y \geq \mathbf{c}^\top \mathbf{x}_c^* = -34.6$$

전형적으로 정숫값으로부터 가장 먼 값인 $\mathbf{x}_c^*$의 비정수 좌표에서 분기한다. 이 경우 가장 근접한 정숫값으로 0.4 떨어진 첫 번째 비정수 좌표 $\mathbf{x}_{2,c}^*$를 선택한다. 그러고 나서 2개의 새로운 LP를 고려한다. 하나는 $x_2 \leq 2$를 추가 제약식으로 갖고, 다른 하나는 $x_2 \geq 3$을 추가 제약식으로 가진다.

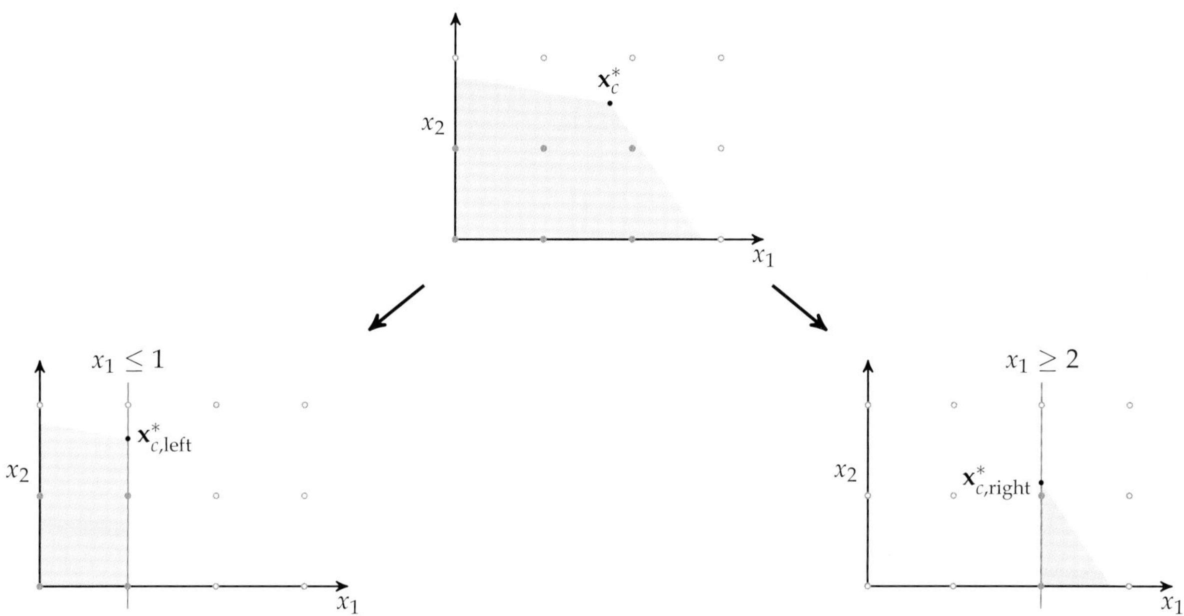

▲ **그림 19.4** 추가적 정수 부등식 제약으로 실현 가능 집합을 부분 집합으로 분할하는 분기

```
function minimize_lp_and_y(LP)
    try
        x = minimize_lp(LP)
        return (x, x⋅LP.c)
    catch
        return (fill(NaN, length(LP.c)), Inf)
    end
end
function branch_and_bound(MIP)
    LP = relax(MIP)
    x, y = minimize_lp_and_y(LP)
    n = length(x)
    x_best, y_best, Q = deepcopy(x), Inf, PriorityQueue()
```

알고리즘 19.5 혼합 정수 계획 MIP를 풀기 위한 분기 한정 알고리즘. 헬퍼 메서드 `minimize_lp_and_y`는 LP를 풀고, 해와 그 값을 모두 반환한다. 실행 불가능한 LP는 `NaN`해와 `inf`값을 산출한다. 더 고급 구현법은 계산의 속도를 올리고자 해가 알려진 변수들을 제거한다. `PriorityQueue` 타입은 `DataStructure.jl` 패키지에 의해 제공된다.

```
    enqueue!(Q, (LP,x,y), y)
    while !isempty(Q)
        LP, x, y = dequeue!(Q)
        if any(isnan.(x)) || all(isint(x[i]) for i in MIP.D)
            if y < y_best
                x_best, y_best = x[1:n], y
            end
        else
            i = argmax([abs(x[i] - round(x[i])) for i in MIP.D])
            # x_i ≤ floor(x_i)
            A, b, c = LP.A, LP.b, LP.c
            A2 = [A zeros(size(A,1));
                  [j==i for j in 1:size(A,2)]' 1]
            b2, c2 = vcat(b, floor(x[i])), vcat(c, 0)
            LP2 = LinearProgram(A2,b2,c2)
            x2, y2 = minimize_lp_and_y(LP2)
            if y2 ≤ y_best
                enqueue!(Q, (LP2,x2,y2), y2)
            end
            # x_i ≥ ceil(x_i)
            A2 = [A zeros(size(A,1));
                  [j==i for j in 1:size(A,2)]' -1]
            b2, c2 = vcat(b, ceil(x[i])), vcat(c, 0)
            LP2 = LinearProgram(A2,b2,c2)
            x2, y2 = minimize_lp_and_y(LP2)
            if y2 ≤ y_best
                enqueue!(Q, (LP2,x2,y2), y2)
            end
        end
    end
    return x_best
end
```

예제 19.5 정수 계획 문제를 풀고자 분기 한정법을 적용한 예

분기 한정법을 사용해 예제 19.3의 정수 계획을 풀 수 있다. 이전처럼 완화된 해는 $\mathbf{x}_c^* = [0.818, 0, 2.09]$이며 목적값은 7.909이다. 첫 번째 좌표로 분기해 다음과 같이 제약식이 하나는 $x_1 \leq 0$이고, 다른 하나는 $x_1 \geq 1$인 2개의 정수 계획을 산출한다.

$$\mathbf{A}_{\text{left}} = \begin{bmatrix} 0.5 & -0.5 & 1 & 0 \\ 2 & 0.5 & -1.5 & 0 \\ 1 & 0 & 0 & 1 \end{bmatrix} \quad \mathbf{b}_{\text{left}} = \begin{bmatrix} 2.5 \\ -1.5 \\ 0 \end{bmatrix} \quad \mathbf{c}_{\text{left}} = \begin{bmatrix} 2 \\ 1 \\ 3 \\ 0 \end{bmatrix}$$

$$\mathbf{A}_{\text{right}} = \begin{bmatrix} 0.5 & -0.5 & 1 & 0 \\ 2 & 0.5 & -1.5 & 0 \\ 1 & 0 & 0 & -1 \end{bmatrix} \quad \mathbf{b}_{\text{right}} = \begin{bmatrix} 2.5 \\ -1.5 \\ 1 \end{bmatrix} \quad \mathbf{c}_{\text{right}} = \begin{bmatrix} 2 \\ 1 \\ 3 \\ 0 \end{bmatrix}$$

$x_1 \leq 0$인 왼쪽의 LP는 실행 불가능하다. $x_1 \geq 1$인 오른쪽 LP는 완화된 해 $\mathbf{x}_c^* = [1, 2, 3, 0]$이며 목적값은 13이다. 따라서 정수해 $\mathbf{x}_i^* = [1, 2, 3]$을 얻는다.

19.5 동적 계획법

동적 계획법dynamic programming[12]는 최적 부분 구조optimal substructure와 중첩 부분 문제overlapping subproblem를 가진 문제에 적용될 수 있는 기법이다. 만약 어떤 문제의 최적해가 그 부분 문제의 최적해로부터 도출될 수 있다면 그 문제는 최적 부분 구조를 갖고 있다고 한다. 그림 19.5가 예를 보인다.

12 동적 계획이란 용어는 리처드 벨먼(Richard Bellman)에 의해 고안됐는데 이는 그가 이를 적용한 문제의 시간변화적 측면을 반영하고, 연구(research)와 수학(mathematics) 같은 종종 부정적 의미를 피하기 위한 것이었다. 그는 이렇게 서술하고 있다. "동적 계획법이 좋은 이름이라 생각한다. 이는 심지어 국회의원도 반대할 수 없는 무엇인가다. 그래서 나는 이를 내 활동의 방어막으로 사용했다." R. Bellman, *Eye of the Hurricane: An Autobiography*, World Scientific, 1984. p 159.

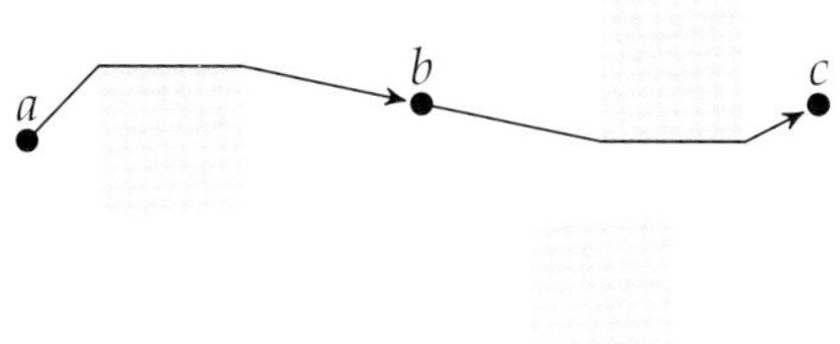

그림 19.5 최단 경로 문제는 최적 부분 구조를 가진다. 왜냐하면 만약 a에서 c로의 어떤 최단 경로도 b를 통과하면 부분 경로 $a \to b$와 $b \to c$는 모두 최단 경로이기 때문이다.

중첩 부분 문제를 가진 문제를 재귀적으로 풀 때 동일한 부분 문제를 여러 번 접하게 된다. 기하급수적으로 많은 잠재적 해를 열거하는 대신 동적 계획법은 부분 문제해를 저장해 이를 재계산할 필요를 없애거나 재귀적으로 최적해를 한 번에 구축한다. 재귀적 관계를 가진 문제는 흔히 중첩 부분 문제를 가진다. 그림 19.6은 예를 보인다.

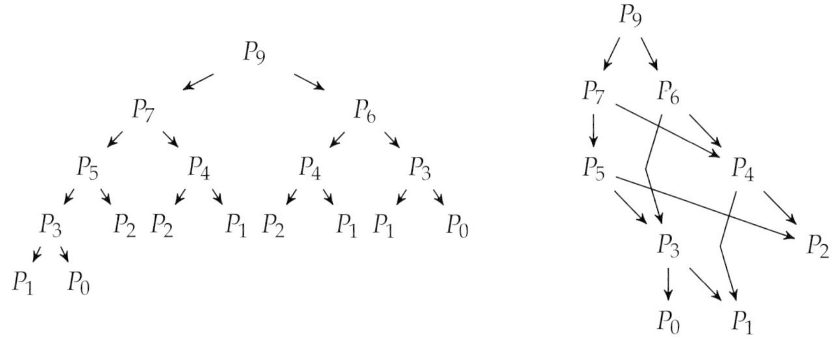

그림 19.6 파도반 수열(padovan sequence) $P_n = P_{n-2} + P_{n-3}$, $P_0 = P_1 = P_2 = 1$이 n번째 항을 모든 부분항을 통해 재귀함(왼쪽)으로써 계산할 수 있다. 더 효율적인 방법은 부분항을 한 번 계산하고 문제의 중첩 부분 구조를 이용해 그 값을 다음 계산에 순차적으로 재활용하는 것이다.

동적 계획은 하향식top-down 또는 상향식bottom-up 어느 쪽으로나 구현할 수 있다. 이는 알고리즘 19.6에 예시돼 있다 하향식 방법은 구하고자 하는 문제로 시작해서 더 작은 부분 문제로 재귀해 내려간다. 부분 문제의 해는 저장돼 새로운 부분 문제가 주어질 때 계산된 해를 꺼낼 수도 있고, 미래에 사용하고자 해를 구하고 저장할 수도 있다.[13] 상향식 방법은 우선 작은 부분 문제의 해를 구하고, 이들 해를 이용해 더 큰 문제의 해를 구한다.

13 부분 문제 해를 이런 식으로 저장하는 것을 메모이제이션(memoization)이라 부른다.

```
function padovan_topdown(n, P=Dict())
    if !haskey(P, n)
    P[n] = n < 3 ? 1 :
           padovan_topdown(n-2,P) + padovan_topdown(n-3,P)
    end
    return P[n]
end
function padovan_bottomup(n)
    P = Dict(0=>1,1=>1,2=>1)
    for i in 3 : n
        P[i] = P[i-2] + P[i-3]
    end
    return P[n]
end
```

알고리즘 19.6 하향식과 상향식 모두의 방법으로 동적 계획을 이용한 파도반 수열의 계산

배낭 문제knapsack problem는 잘 알려진 자원 배분resource allocation에서 흔히 나타나는 조합 최적화combinatorial optimization다.[14] 여행을 위해 배낭을 싸고 있다고 가정하자. 하지만 배낭의 공간은 제한돼 있고 가장 귀중한 아이템을 넣고자 한다. 배낭 문제의 여러 변형이 있다. 0-1 배낭 문제에서는 다음과 같은 최적화 문제를 갖는다.

$$\begin{aligned} \underset{\mathbf{x}}{\text{minimize}} \quad & -\sum_{i=1}^{n} v_i x_i \\ \text{subject to} \quad & \sum_{i=1}^{n} w_i x_i \le w_{\max} \\ & x_i \in \{0, 1\} \ \{1, \ldots, n\}\text{의 모든 } i\text{에 대해서} \end{aligned} \tag{19.9}$$

i번째 아이템의 가중치가 정수 $w_i > 0$이고, 값이 v_i인 n개의 아이템을 갖고 있다. 설계 벡터 $\mathbf{x}$는 어떤 아이템을 넣었는지 표시하는 이진값들로 구성된다. 전체 가중치는 정수 용량 $w_{\max}$를 초과할 수 없으며, 배낭에 넣은 아이템의 총 가치를 최대화하고자 한다.

14 배낭 문제는 단일 제약식을 가진 정수 계획이다. 하지만 동적 계획을 사용해 효율적으로 풀 수 있다.

2^n개의 가능한 설계 벡터가 존재하며, 이는 큰 n에 대한 직접적인 열거를 불가능하게 한다. 그러나 우리는 동적 계획을 사용할 수 있다. 0-1 배낭 문제는 최적 부분 구조와 중첩 부분 문제를 가진다. n 아이템과 w_{max}까지의 여러 용량을 가진 배낭 문제를 풀어 보자. 가중치 w_{n+1}과 용량 w_{max}의 아이템 하나를 더 추가한 더 큰 배낭 문제의 해는 새로운 아이템을 포함하거나 포함하지 않는다.

- 만약 새로운 아이템을 포함할 가치가 없다면 해는 $n-1$ 아이템과 용량 w_{max}의 배낭과 동일한 값을 가질 것이다.
- 만약 새로운 아이템을 포함할 가치가 있다면 해는 $n-1$ 아이템과 용량 $w_{max}-w_{n+1}$에 새로운 아이템을 더한 배낭의 값을 가질 것이다.

재귀 관계는 다음과 같다.

$$\text{knapsack}(i, w_{\max}) = \begin{cases} 0 & i=0\text{인 경우} \\ \text{knapsack}(i-1, w_{\max}) & w_i > w_{\max}\text{인 경우} \\ \max\begin{cases} \text{knapsack}(i-1, w_{\max}) & \text{(새로운 아이템을 버린다.)} \\ \text{knapsack}(i-1, w_{\max}-w_i)+v_i & \text{(새로운 아이템을 포함한다.)} \end{cases} & \text{그렇지 않으면} \end{cases} \tag{19.10}$$

0-1 배낭 문제는 알고리즘 19.7의 구현법을 사용해 풀 수 있다.

```
function knapsack(v, w, w_max)
    n = length(v)
    y = Dict((0,j) => 0.0 for j in 0:w_max)
    for i in 1 : n
        for j in 0 : w_max
            y[i,j] = w[i] > j ? y[i-1,j] :
                     max(y[i-1,j],
                         y[i-1,j-w[i]] + v[i])
        end
    end
```

알고리즘 19.7 아이템값 v, 정수 아이템 가중치 w와 정수 용량 w_max의 0-1 배낭 문제를 푸는 방법. 저장된 해(cached solutions)로부터 설계 벡터를 복구하는 것은 추가적 반복을 요구한다.

```
    # 해를 복구한다.
    x, j = falses(n), w_max
    for i in n: -1 : 1
        if w[i] ≤ j && y[i,j] - y[i-1, j-w[i]] == v[i]
            # i번째 원소는 배낭 안에 있다.
            x[i] = true
            j -= w[i]
        end
    end
    return x
end
```

19.6 개미집단 최적화

개미집단 최적화ant colony optimization[15]는 그래프를 통해 경로를 최적화하는 확률적 방법이다. 이 방법은 페로몬 자국을 남기면서 먹이를 찾아 랜덤하게 돌아다니는 어떤 종의 개미로부터 영감을 얻었다. 페로몬 자국을 우연히 발견하는 다른 개미들이 이를 따라가기 시작하며, 이에 따라 자국의 냄새는 더욱 강해진다. 페로몬은 시간이 지남에 따라 서서히 증발해 사용하지 않은 자국은 없어진다. 더 강한 페로몬을 가진 짧은 경로가 더 자주 지나가게 되며, 이에 따라 더 많은 개미를 끌게 된다. 따라서 짧은 경로는 다른 개미들이 따르는 긍정적인 피드백을 생성하고 짧은 경로를 더욱 강화한다.

개미가 발견하는 개미언덕과 먹이원천 간의 최단 거리와 같은 기본적인 최단 경로 문제는 동적 계획을 사용해 효율적으로 풀 수 있다. 개미집단 최적화를 사용해 각 노드를 정확하게 한 번 통과하는 최단 경로를 발견하는 훨씬 어려운 문제인 '외판원 문제travelling salesman problem'의 거의 최적인 해를 발견할 수 있다. 또한 개미집단 최적화를 사용해 여러 대의 차량 경로 배정, 공장의 최적 위치 발견과 단백질

15 M. Dorigo, V. Maniezzo, and A. Colorni, " Ant System: Optimization by a Colony of Cooperating Agents," *IEEE Transactions on Systems, Man and Cybernetics, Part B(Cybernetics)*, vol. 26, no.1, pp. 29–41, 1996.

펼침 등을 할 수 있다.[16] 알고리즘은 본질적으로 확률적이다. 이에 따라 그래프의 유효한 에지^edge 길이를 변화하는 교통 지연 또는 에지를 완전히 제거하는 네트워크 이슈와 같은 시간에 따른 문제 변화에 민감하지 않다.

개미는 가능한 에지의 매력도를 기반으로 확률적으로 움직인다. $i \to j$ 전이^transition의 매력도는 페로몬 레벨와 추가적인 사전 팩터^prior factor에 의존한다.

$$A(i \to j) = \tau(i \to j)^{\alpha} \eta(i \to j)^{\beta} \tag{19.11}$$

16 이들 응용예는 다음 참고문헌에서 논의되고 있다. "Ant Colony Optimization for the Vehicle Routing Problem," PhD thesis, Universite Libre d Brusselles, 2004. T. Stutzle, "MAX-MIN Ant System for Quadratic Assignment Problems," Techinical Unviersity Darmstadt, Tech. Rep., 1997. and A. Shmygelska, R. Aguirre-Hernandez, and H. H. Hoos, "An Ant Colony Algorithm for the 2D HP Protein Folding Problem," in *International Workshop on Ant Algorithm (ANTS)*, 2002.

여기서 α와 β는 각각 페로몬 레벨 τ과 사전 팩터 η에 대한 지수다.[17] 최단 경로 문제이므로 사전 팩터를 에지 길이 $\ell(i \to j)$의 역수로 설정해 최단 경로를 가로지르도록 한다. 즉 $\eta(i \to j) = 1/\ell(i \to j)$이다. 에지의 매력도를 계산하는 방법은 알고리즘 19.8에 주어진다.

17 Dortgo, Maniezzo, Colorni는 $\alpha = 1$과 $\beta = 5$를 추천했다.

```
function edge_attractiveness(graph, τ, η; α=1, β=5)
    A = Dict()
    for i in 1 : nv(graph)
        neighbors = outneighbors(graph, i)
        for j in neighbors
            v = τ[(i,j)]^α * η[(i,j)]^β
            A[(i,j)] = v
        end
    end
    return A
end
```

알고리즘 19.8 그래프 graph, 페로몬 레벨 τ, 사전 에지 가중치 η, 페로몬 지수 α와 사전지수 β가 주어졌을 때, 에지 매력도 표를 계산하는 방법

개미가 노드 i에 있고 $j \in J$ 노드 중 어떤 노드로 전이할 수 있다고 가정하자. 후속 노드 집합 J는 모든 유효한 진출 이웃^outgoing neighbor을 포함한다.[18] 개미가 같은 노드를 두 번 방문하지 못하는 외판원 문제 같은 경우에는 종종 에지가 제외되기도 한다. 결과적으로 J는 i와 개미의 과거이력^history에 의존한다.

18 노드 i의 진출 이웃은 $i \to j$가 그래프에 있는 모든 j 노드들이다. 무방향 그래프(undirected graph)에서 이웃과 진출 이웃은 동일하다.

에지 전이 $i \to j$의 확률은 다음과 같다.

$$P(i \to j) = \frac{A(i \to j)}{\sum_{j' \in \mathcal{J}} A(i \to j')} \tag{19.12}$$

개미는 페로몬을 비축deposit함으로써 다음 세대의 개미에 영향을 미친다. 페로몬 비축을 모델링하는 여러 가지 방법이 있다. 공통적인 접근법은 완전한 경로를 구축한 후 페로몬을 비축하는 것이다.[19] 경로를 발견하지 못한 개미는 페로몬을 비축하지 않는다. 최단 경로 문제에서 개미 길이 ℓ의 경로를 성공적으로 구축한 개미는 $1/\ell$ 페로몬을 가로지르는 모든 에지에 비축한다.

19 M. Dorig, G. Di Caro, and I. M. Gambardelia, "Ant Algorithms for Discrete Optimization," Artificial Life, vol. 5, no.2, pp. 137–172, 1999.

```
import StatsBase: Weights, sample
function run_ant(G, lengths, τ, A, x_best, y_best)
    x = [1]
    while length(x) < nv(G)
        i = x[end]
        neighbors = setdiff(outneighbors(G, i), x)
        if isempty(neighbors) # 개미가 벗어나지 못한다.
            return (x_best, y_best)
        end

        as = [A[(i,j)] for j in neighbors]
        push!(x, neighbors[sample(Weights(as))])
    end

    l = sum(lengths[(x[i-1],x[i])] for i in 2:length(x))
    for i in 2 : length(x)
        τ[(x[i-1],x[i])] += 1/l
    end
    if l < y_best
        return (x, l)
    else
        return (x_best, y_best)
    end
end
```

알고리즘 19.9 외판원 문제에 대해 개미 하나를 시뮬레이트하는 방법으로 여기서 개미는 첫째 노드에서 출발해 모든 노드를 정확하게 한 번씩 방문하고자 한다. 페로몬 레벨은 성공적으로 여행을 마치면 끝에서 증가한다. 인수는 그래프 `G`, 에지 길이 `lengths`, 페로몬 레벨 `τ`, 에지 매력도 `A`, 이제까지 발견된 최적해 `x_best`와 그 값 `y_best`다.

개미집단 최적화는 또한 실제 세계에서 자연히 일어나는 페로몬 증발pheromone evaporation을 모델링한다. 증발을 모델링함으로써 알고리즘이 너무 빨리 단일 잠재적 비최적해에 수렴하지 못하도록 한다. 모든 개미 시뮬레이션이 완성된 후, 각 반복 시행의 끝에서 페로몬 증발이 실행된다. 증발은 매 전이 시 페로몬 레벨을 $1-\rho$의 비율로 감소시킨다. 여기서 $\rho \in [0, 1]$이다.[20]

20 공통적으로 $\rho = 1/2$을 사용한다.

매 반복 시행에서 m 개미에 대해 유효한 페로몬 업데이트는 다음과 같다.

$$\tau(i \to j)^{(k+1)} = (1-\rho)\tau(i \to j)^{(k)} + \sum_{a=1}^{m} \frac{1}{\ell^{(a)}}\Big((i \to j) \in \mathcal{P}^{(a)}\Big) \quad (19.13)$$

여기서 $\ell^{(a)}$은 경로의 길이이고, $\mathcal{P}^{(a)}$은 개미 a에 의해 가로질러진 에지 집합이다.

개미집단 최적화는 알고리즘 19.10에 의해 구현되는데 개별 개미 시뮬레이션은 알고리즘 19.9를 사용한다. 그림 19.7은 외판원 문제를 풀고자 사용되는 개미집단 최적화를 시각화한다.

```
function ant_colony_optimization(G, lengths;
    m = 1000, k_max=100, α=1.0, β=5.0, ρ=0.5,
    η = Dict((e.src,e.dst)=>1/lengths[(e.src,e.dst)]
            for e in edges(G)))]
    τ = Dict((e.src,e.dst)=>1.0 for e in edges(G))
    x_best, y_best = [], Inf
    for k in 1 : k_max
        A = edge_attractiveness(G, τ, η, α=α, β=β)
        for (e,v) in τ
            τ[e] = (1-ρ)*v
        end
        for ant in 1 : m
            x_best,y_best = run_ant(G,lengths,τ,A,x_best,y_best)
        end
    end
    return x_best
end
```

알고리즘 19.10 개미집단 알고리즘은 LightGraph.jl와 에지 튜플 딕셔너리로부터 방향 또는 무방향 그래프 G와 경로길이 lengths를 취한다. 개미는 그래프의 첫째 노드에서 출발한다. 추가 선택 인수는 반복 시행당 개미의 수 m, 반복 시행수 k_max, 페로몬 지수 α, 사전지수 β, 증발 스케일 ρ와 사전 에지 가중치의 딕셔너리 η다.

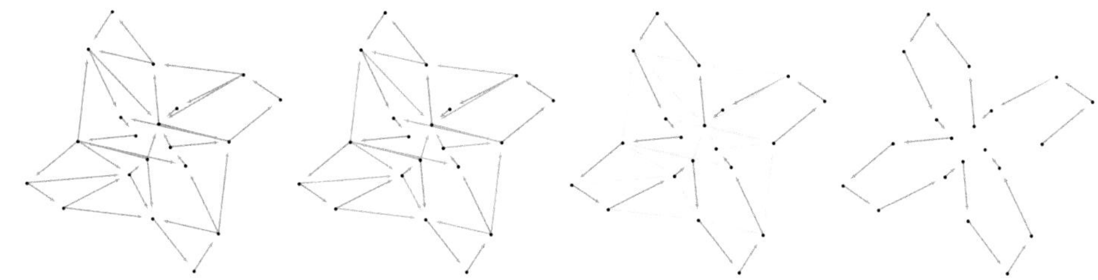

▲ **그림 19.7** 반복 시행당 개미 50마리를 사용해 방향 그래프상의 외판원 문제를 풀고자 적용된 개미집단 최적화. 경로 길이는 유클리디언 거리다. 색깔의 불투명도는 페로몬 레벨에 상응한다.

19.7 요약

- 이산 최적화 문제는 설계변수가 이산 집합에서 선택되는 것을 요구한다.
- 문제를 완화해 이산 문제의 연속 버전을 푸는 것은 최적 이산해를 발견하는 데 있어 그 자체로는 신뢰도가 떨어지는 기법이지만, 더 고급 알고리즘의 핵심이다.
- 많은 조합 최적화 문제는 정수 제약식을 가진 선형 계획인 정수 계획으로 구성할 수 있다.
- 절단 평면과 분기 한정법 모두는 정수 계획을 효율적으로 정확하게 푸는 데 사용할 수 있다. 분기 한정법은 매우 일반적이어서 광범위한 다양한 이산 최적화 문제에 적용할 수 있다.
- 동적 계획은 일부 문제에서 최적 중첩 부분 구조를 이용하는 강력한 기법이다.
- 개미집단 최적화는 자연에서 영감을 얻은 알고리즘으로 그래프의 경로를 최적화하는 데 사용할 수 있다.

19.8 연습문제

연습 19.1 불리언 충족성 문제Boolean satisfiability problem는 흔히 SAT로 줄여서 사용하는데 불리언 목적 함수가 `true`를 출력하도록 하는 불리언 설계변수가 존재하는지를 결정할 것을 요구한다. SAT 문제는 NP-완전 문제의 어려운 클래스에 속한다라고 증명된 첫 번째 문제이다.[21] 이는 SAT가 적어도 해가 다항식 시간으로 증명되는 모든 다른 문제만큼 어렵다는 것을 의미한다.

21 S. Cook, "The Complexity of Theorem-Proving Procedures," in *ACM Symposium on Theory of computing*, 1971.

다음의 불리언 목적 함수를 고려하자.

$$f(\mathbf{x}) = x_1 \land (x_2 \lor \neg x_3) \land (\neg x_1 \lor \neg x_2)$$

열거법을 사용해 최적 설계점을 찾아라. 최악의 경우의 n차원 설계 벡터에 대해 얼마나 많은 설계점을 고려해야 하는가?

연습 19.2 연습 19.1의 문제를 정수 선형 계획으로 공식화하라. 어떠한 불리언 충족성 문제도 정수 선형 계획으로 공식화할 수 있는가?

연습 19.3 왜 완전 단일 모듈형 행렬에 관심을 갖는가? 더 나아가 왜 모든 완전 단일 모듈형 행렬은 단지 0, 1 또는 −1의 원소값을 포함하는가?

연습 19.4 19장에서 동적 계획을 사용해 0-1 배낭 문제를 풀었다. 분기 한정법을 0-1 배낭 문제에 어떻게 적용하는지를 보이고, 이 방법을 사용해 값 $\mathbf{v} = [9, 4, 2, 3, 5, 3]$, 가중치 $\mathbf{w} = [7, 8, 4, 5, 9, 4]$이고 용량 $w_{\max} = 20$인 경우의 배낭 문제를 풀어라.

20
표현식 최적화

19장에서는 고정된 집합의 설계변수에 대한 최적화를 논의했다. 많은 문제에 있어서, 예를 들면 그래프 구조 또는 컴퓨터 프로그램의 최적화와 같이 변수의 수를 알 수 없다. 이런 맥락에서의 설계는 어떤 문법grammar에 속하는 표현식expression으로 표현할 수 있다. 20장에서는 설계 공간의 문법적 구조를 고려함으로써 더욱 효율적으로 최적 설계를 탐색하는 방법들을 논의한다.

20.1 문법

표현식expression은 부호symbol의 트리로 표현할 수 있다. 예를 들어, 수학적 표현 $x + \ln 2$는 부호 $+$, x, ln, 2로 구성된 그림 20.1의 트리를 사용해 표현할 수 있다. 문법grammar은 가능한 표현식 공간에 대한 제약을 지정한다.

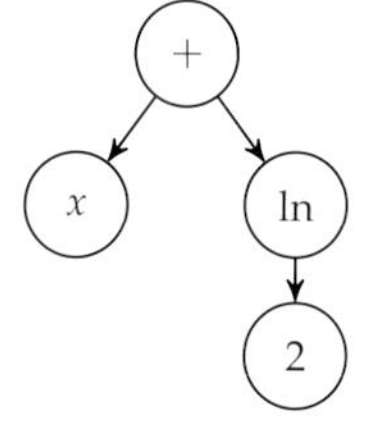

▲ 그림 20.1 트리로 표현된 표현식 $x + \ln 2$

문법은 생성 규칙production rule 집합으로 표현된다. 이들 규칙들은 부호와 타입type에 관련된다. 타입은 표현식 트리로 해석될 수 있다. 생성 규칙은 타입을 부호 또는 타입에 관련된 표현식 집합으로 확장하는 것을 나타낸다. 만약 규칙이 단지 부호로 확장되면 더 이상 확장할 수 없으므로 종단terminal이라 불린다. 비종단nonterminal 규칙의 예는 $\mathbb{R} \mapsto \mathbb{R} + \mathbb{R}$이며, 이는 $\mathbb{R}$ 타입이 집합 $\mathbb{R}$의 원소에 더해진 집합 $\mathbb{R}$의 원소로 구성될 수 있음을 의미한다.[1]

시작 타입start type으로 시작해서 그 다음 다른 생성 규칙을 재귀적으로 적용하는 식으로 문법으로부터 표현식을 생성할 수 있다. 트리가 오직 부호만을 포함할 때 종료한다. 그림 20.2는 표현식 $x + \ln 2$에 대해 이런 프로세스를 예시한다. 자연어 표현식에 대한 적용은 예제 20.1에서 보이고 있다.

1 20장은 문맥 자유 문법(context-free grammars)에 초점을 맞추나, 다른 형태도 존재한다. L. Kallmeyer, *Parsing Beyond Context-Free Grammars*, Springer, 2010을 참고하라.

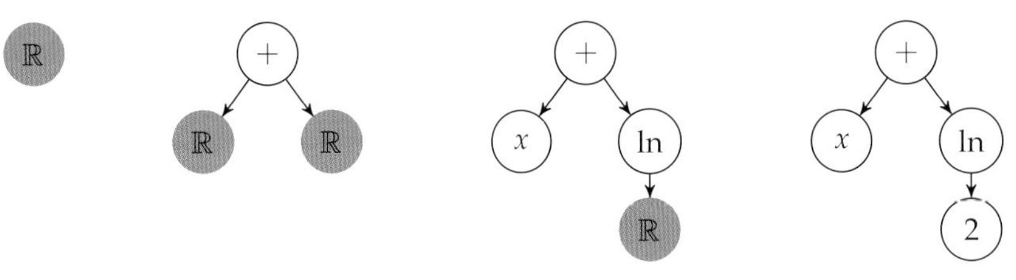

◀ **그림 20.2** 다음의 생성 규칙을 사용해 $x + \ln 2$를 생성한다.

$$\mathbb{R} \mapsto \mathbb{R} + \mathbb{R}$$
$$\mathbb{R} \mapsto x$$
$$\mathbb{R} \mapsto \ln(\mathbb{R})$$
$$\mathbb{R} \mapsto 2$$

파란색 노드는 확장되지 않은 노드다.

예제 20.1 단순한 영어 문장을 생성하는 문법. 표현식의 오른쪽에 사용한 |는 '또는(or)'을 축약한 것이다. 따라서 규칙

$$\mathbb{A} \mapsto \text{rapidly} \mid \text{efficiently}$$

는 다음의 2개 규칙과 동일하다.

단순한 영어 문장을 생성하는 문법을 고려하자.

$$\begin{aligned} \mathbb{S} &\mapsto \mathbb{N}\ \mathbb{V} \\ \mathbb{V} &\mapsto \mathbb{V}\ \mathbb{A} \\ \mathbb{A} &\mapsto \text{rapidly} \mid \text{efficiently} \\ \mathbb{N} &\mapsto \text{Alice} \mid \text{Bob} \mid \text{Mykel} \mid \text{Tim} \\ \mathbb{V} &\mapsto \text{runs} \mid \text{reads} \mid \text{writes} \end{aligned}$$

타입 $\mathbb{S}$, $\mathbb{N}$, $\mathbb{V}$, $\mathbb{A}$는 문장, 명사, 동사, 형용사에 각각 해당한다. 표현식은 타입 S로 시작해서 다음과 같이 타입을 반복적으로 대체한다.

$$\begin{gathered} \mathbb{S} \\ \mathbb{N}\ \mathbb{V} \\ \text{Mykel}\ \mathbb{V}\ \mathbb{A} \\ \text{Mykel writes rapidly} \end{gathered}$$

모든 종단 부호 범주가 반드시 사용될 필요는 없다. 예를 들어, 문장 'Alice runs' 역시 생성될 수 있다.

표현식은 흔히 표현식을 최대 깊이로 제한하거나 깊이 또는 노드 개수를 기반으로 페널티를 준다. 문법이 유한 개수의 표현식을 허용하더라도 공간이 너무 커서 완전히 탐색할 수 없다. 따라서 알고리즘이 목적 함수를 최적화하는 표현식을 찾고자 효율적으로 가능한 표현식 공간을 탐색해야 한다.

더하기, 빼기, 곱하기, 나누기를 10개의 숫자에 적용하는 4개 기능의 계산기 문법을 고려하자.

$$
\begin{aligned}
\mathbb{R} &\mapsto \mathbb{R} + \mathbb{R} \\
\mathbb{R} &\mapsto \mathbb{R} - \mathbb{R} \\
\mathbb{R} &\mapsto \mathbb{R} \times \mathbb{R} \\
\mathbb{R} &\mapsto \mathbb{R} \,/\, \mathbb{R} \\
\mathbb{R} &\mapsto 0 \mid 1 \mid 2 \mid 3 \mid 4 \mid 5 \mid 6 \mid 7 \mid 8 \mid 9
\end{aligned}
$$

비종단 $\mathbb{R}$이 항상 계산기 연산 하나에 확장될 수 있으므로 무한개의 표현식이 생성될 수 있다.

많은 표현식이 동일한 값을 산출할 것이다. 더하기와 곱하기 연산은 누적적이다. 즉 순서가 영향을 미치지 않는다. 예를 들어, $a+b$는 $b+a$와 동일하다. 이러한 연산은 또한 연관적associated이다. 즉 동일한 타입의 여러 연산이 일어나는 순서에 무관하다. 예를 들어, $a \times b \times c$는 $c \times b \times a$와 동일하다. 다른 연산들은 0을 더하거나 1로 나눌 때 값을 보존한다.

이 문법의 모든 표현식들이 수학적으로 유효하지는 않다. 예를 들어, 0으로 나누는 것은 정의되지 않는다. 종단 부호로서의 0을 제거하는 것으로 이러한 오류를 막는 데에는 불충분하다. 왜냐하면 $1-1$과 같은 다른 연산을 사용해 0이 만들어질 수 있기 때문이다. 이와 같은 예외는 흔히 예외를 포착하고 이에 대해 페널티를 주는 목적 함수로 처리한다.

예제 20.2 4기능 계산기 문법으로 예시한 문법에 연관된 몇 가지 문제

20장에 다루는 표현식 최적화 루틴은 `ExpRules.jl`을 사용한다. 문법은 예제 20.3에서 보이듯 생성 규칙을 리스트하고, `grammar` 매크로를 사용해 정의할 수 있다.

예제 20.3 ExprRules.jl 패키지를 사용해 문법을 정의한 예

grammar 매크로를 사용해 문법을 정의할 수 있다. 비종단들은 등호의 왼쪽에 놓이고, 종단과 비종단을 가진 표현식들은 오른쪽에 놓인다. 패키지는 문법을 더욱 간결하게 표현하는 구문을 가진다.

```
using ExprRules
grammar = @grammar begin
    R = x          # 변수를 참조
    R = R * A      # 다중 자식
    R = f(R)       # 함수 호출
    R = _(randn()) # 노드 생성에 생성된 랜덤변수
    R = 1 | 2 | 3  # R = 1, R = 2, R = 3와 동일
    R = |(4:6)     # R = 4, R = 5, R = 6와 동일
    A = 7          # 상이한 반환 타입에 대한 규칙
end;
```

많은 표현식 최적화 알고리즘이 타입이 확장되는 방법을 보존하는 방식으로 표현식 트리의 구성 요소를 조작한다. RuleNode 객체는 확장할 때 어떤 생성 규칙이 적용됐는지를 추적한다. 특정 시작 타입을 가진 rand를 호출하면 RuleNode가 대표하는 랜덤 표현식을 생성할 것이다. sample을 호출하면 기존 RuleNode 트리로부터 랜덤 RuleNode가 선택된다. 노드는 eval을 사용해 평가된다.

return_type 메서드는 노드의 반환 타입을 부호로 반환하며, isterminal은 부호가 종단인지를 돌려주며, child_types는 노드의 생성 규칙과 연관된 비종단 부호 리스트를 돌려주고, nchildren은 자식의 수를 반환한다. 이 4개의 메서드는 각각 문법과 노드를 입력으로 취한다. 표현식 트리의 노드 수는 length(node)를 사용해 얻어지며, 깊이는 depth(node)를 사용해 얻어진다.

세 번째 타입, NodeLoc는 표현식 트리 내에서의 노드 위치를 나타내고자 사용된다. 하위 트리 조작은 흔히 NodeLoc을 요구한다.

```
loc = sample(NodeLoc, node); # 노드 위치를 균등 분포로 샘플링한다.
loc = sample(NodeLoc, node, :R, grammar); # 타입 R의 노드 위치를 샘플링한다.
subtree = get(node, loc);
```

20.2 유전 계획법

유전 알고리즘(9장 참고)은 설계점들을 순차적 포맷으로 인코드하고자 염색체를 사용한다. 유전 계획genetic programming[2]은 대신 트리를 사용해 개체들(설계점들)을 표현하며(그림 20.3), 이는 수학적 함수, 프로그램, 결정 트리와 다른 계층적 구조를 더 잘 표현한다.

2 J. R. Koza, *Genetic Programming: On the Programming of Computers by Means of Natural Selection*. MIT Press, 1992.

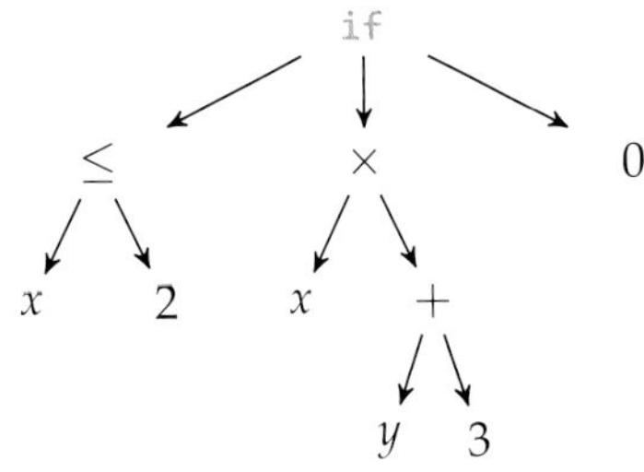

◀ **그림 20.3** 줄리아 표현식 x ≤ 2 ? x*(y+3) : 0의 트리 표현

유전 알고리즘과 유사하게 유전 계획은 랜덤하게 초기화되고 교차와 변이를 지원한다. 트리 교차tree crossover(그림 20.4)에서 2 부모 트리는 혼합돼 자식 트리를 형성한다. 랜덤 노드가 각 부모 트리에서 선택되고, 첫째 부모의 선택된 노드에서의 하위 트리가 둘째 부모의 선택 노드에서의 하위 트리로 대체된다. 트리 교차는 상이한 크기와 모양의 부모에 대해서 작동한다. 어떤 경우에는 대체 노드가 `if` 문의 조건에 입력된 불리언 값처럼 특정 타입을 갖도록 보장해야만 한다.[3] 트리 교차는 알고리즘 20.1에 구현된다.

3 이 책은 단지 문법의 제약을 고수하는 유전 연산에 초점을 맞춘다. 이런 제약을 가진 유전 계획은 이는 D. J. Montana, "Strongly Typed Genetic Programming," *Evolutionary Computation*, vol. 3, no. 2, pp. 199–230, 1995.에서 논의한 바와 같이 종종 강한 타입의 유전 계획(strongly typed genetic programming)이라 불린다.

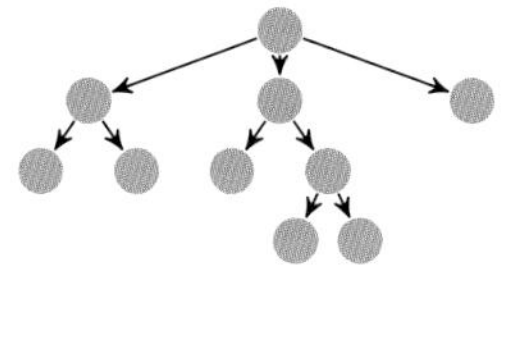

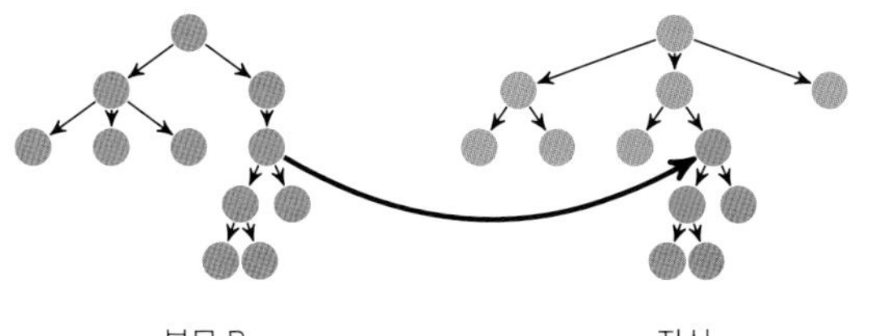

◀ **그림 20.4** 트리 교차를 사용해 2개의 부모 트리가 결합하고, 자식 트리를 생성한다.

```
struct TreeCrossover <: CrossoverMethod
    grammar
    max_depth
end
function crossover(C::TreeCrossover, a, b)
    child = deepcopy(a)
    crosspoint = sample(b)
    typ = return_type(C.grammar, crosspoint.ind)
    d_subtree = depth(crosspoint)
    d_max = C.max_depth + 1 - d_subtree
    if d_max > 0 && contains_returntype(child,C.grammar,typ,d_max)
        loc = sample(NodeLoc, child, typ, C.grammar, d_max)
        insert!(child, loc, deepcopy(crosspoint))
    end
    child
end
```

알고리즘 20.1 `ExprRules.jl`로부터 타입 `RuleNode`의 a와 b에 대해 구현된 트리 교차. `TreeCrossover` struct은 규칙 집합 `grammar`와 최대 깊이 `max_depth`를 포함한다.

트리 교차는 부모 트리보다 더 큰 깊이의 트리를 산출하는 경향이 있다. 매 세대에서 복잡성이 증가하고 이는 흔히 매우 복잡한 해와 매우 느린 실행 시간을 초래한다. 트리의 깊이 또는 노드 개수를 기반으로 목적 함숫값에 작은 편향을 도입함으로써 해의 절제성parsimony 또는 간결성simplicity을 장려한다.

트리 변이tree mutation(그림 20.5)의 적용은 트리의 랜덤 노드 선택으로 시작한다. 선택된 노드를 뿌리로 하는 하위 트리는 제거되고, 새로운 랜덤 하위 트리가 생성돼 제거된 하위 트리를 대체한다. 이진 염색체의 변이와는 다르게 트리 변이는 전형적으로 1% 정도의 낮은 확률로 많아야 한 번 일어난다. 트리 변이는 알고리즘 20.2에 구현된다.

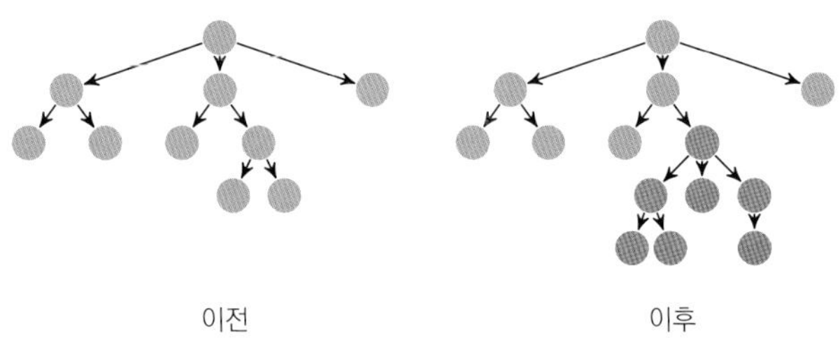

◀ **그림 20.5** 변이는 랜덤 트리를 제거하고 새것을 생성해 그것을 대체한다.

알고리즘 20.2 ExprRules.jl로부터의 타입 RuleNode의 개체 a에 대해 구현된 트리 변이. TreeMutation struct은 규칙 집합 grammar와 변이 확률 p를 포함한다.

```
struct TreeMutation <: MutationMethod
    grammar
    p
end
function mutate(M::TreeMutation, a)
    child = deepcopy(a)
    if rand() < M.p
        loc = sample(NodeLoc, child)
        typ = return_type(M.grammar, get(child, loc).ind)
        subtree = rand(RuleNode, M.grammar, typ)
        insert!(child, loc, subtree)
    end
    return child
end
```

트리 교환tree permutation(그림 20.6)은 두 번째 형태의 유전 변이다. 여기서 랜덤하게 선택된 노드의 자식은 무작위로 섞인다. 이러한 트리 교환 하나만으로 모집단에 새로운 유전 재료를 도입하기에는 불충분하며, 흔히 트리 변이와 결합한다. 트리 교환은 알고리즘 20.3에 구현된다.

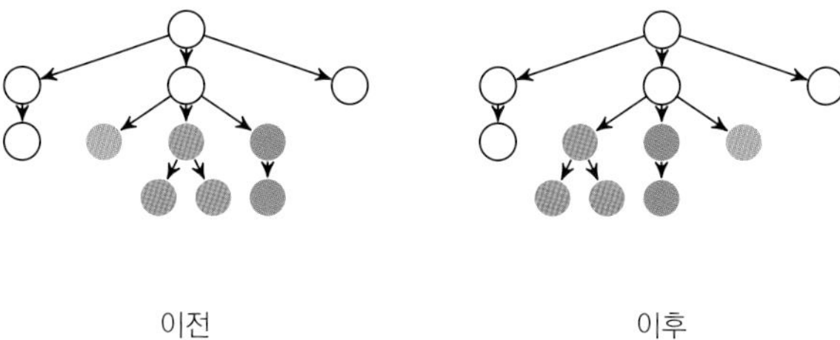

◀ **그림 20.6** 트리 순열은 랜덤하게 선택된 노드의 자식을 섞는다.

알고리즘 20.3 `ExprRules.jl`로부터의 타입 `RuleNode`의 개체 a에 대해 구현된 트리 교환. 여기서 p는 변이 확률이다.

```
struct TreePermutation <: MutationMethod
    grammar
    p
end
function mutate(M::TreePermutation, a)
    child = deepcopy(a)
    if rand() < M.p
        node = sample(child)
        n = length(node.children)
        types = child_types(M.grammar, node)
        for i in 1 : n-1
            c = 1
            for k in i+1 : n
                if types[k] == types[i] &&
                    rand() < 1/(c+=1)

                    node.children[i], node.children[k] =
                        node.children[k], node.children[i]
                end
            end
        end
    end
    return child
end
```

이 밖에 유전 계획의 구현은 유전 알고리즘과 동일하다. 특히 어떤 종류의 노드가 생성될 수 있는지를 결정할 때와 단지 구문적으로 올바른 트리만이 생성된다는 점에서 교차와 변이 루틴을 구현할 때 더 큰 주의를 요한다. 예제 20.4에서 π를 근사하는 표현식을 생성하고자 유전 계획을 사용한다.

예제 20.4 단지 숫자 1–9와 4개의 기본 사칙연산을 사용해 π를 추정하고자 유전 계획을 사용한 예

4개의 기능 계산기의 연산만을 사용해 π를 근사해 보자. 유전 계획과 숫자 $1-9$를 사용해 이 문제를 풀 수 있는데 노드는 가감승제 기본 연산의 어느 것도 될 수 있다.

ExprRules.jl을 사용해 grammar를 설정한다.

```
grammar = @grammar begin
    R = |(1:9)
    R = R + R
    R = R - R
    R = R / R
    R = R * R
end
```

목적 함수를 구축하고 큰 트리에는 페널티를 가한다.

```
function f(node)
    value = eval(node, grammar)
    if isinf(value) || isnan(value)
        return Inf
    end
    Δ = abs(value - π)
    return log(Δ) + length(node)/1e3
end
```

마지막으로 9.2절의 genetic_algorithm 함수를 호출해 유전 계획을 실행한다.

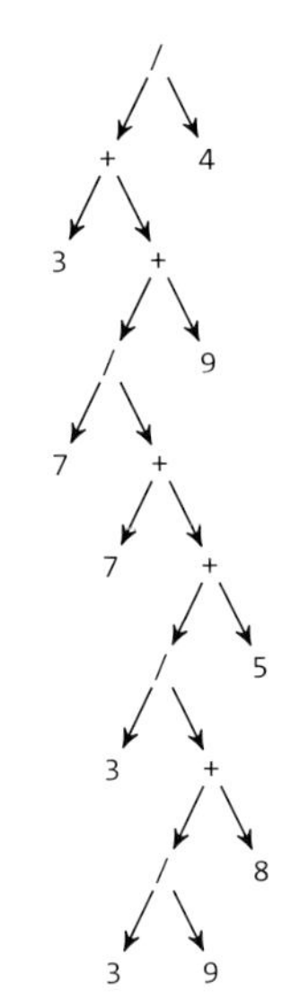

```
srand(0)
population = [rand(RuleNode, grammar, :R) for i in 1:1000]
best_tree = genetic_algorithm(f, population, 30,
                              TruncationSelection(50),
                              TreeCrossover(grammar, 10),
                              TreeMutation(grammar, 0.25))
```

최고 성과 트리가 아래에 보인다. 이는 π의 소수점 4자리까지 일치하는 3.141586의 값을 반환한다.

20.3 문법적 진화 기법

문법적 진화 기법grammatical evolution[4]은 트리 대신 정수 배열 위에 작동하며, 따라서 유전 알고리즘에서 사용했던 같은 기법이 적용될 수 있다. 유전 알고리즘과 달리 문법적 진화 기법에서 염색체는 문법을 기반으로 표현식을 인코딩한다. 문법적 진화 기법은 유전 알고리즘에서 사용되는 염색체와 같이 본질적으로 순서열을 가진 유전 물질에 의해 영감을 얻었다.[5]

문법적 진화 기법에서 설계점들은 유전 알고리즘에서 사용된 염색체와 매우 같은 정수배열이다. 나머지 연산modular arithmetic[6]을 사용해 인덱싱이 수행되므로 각 정수는 무계unbounded다. 정수 배열은 왼쪽에서 오른쪽을 파싱parsing돼 표현식 트리로 변환된다.

시작 부호와 문법으로 시작한다. 문법의 n개의 규칙이 시작 부호에 적용된다. $j = i \bmod_1 n$이고 i가 정수 배열의 첫째 정수인 곳에 j번째 규칙이 적용된다.[7]

다음 결과 표현식에 적용 가능한 규칙을 고려하고 배열의 두 번째 정수를 기반으로 유사한 나머지 연산을 사용해 어떤 규칙을 적용할지 선택한다. 이 프로세스

4 C. Ryan, J. J. Collins, and M. O. Neill, "Grammatical Evolution: Evolving Programs for an Arbitrary Language," in *European Conference on Genetic Programming*, 1998.

5 순서열 DNA 정보를 읽어서 복잡한 단백질 구조를 구축하는 데 사용된다. DNA는 흔히 유전자형(genotype)으로 호칭된다. 단백질 구조는 표현형(phenotype)이다. 문법적 진화 기법 문헌은 흔히 정수 설계 벡터를 유전자형으로, 그리고 그 결과로 얻어지는 표현식을 표현형으로 호칭한다.

6 정수의 합과 곱을 어떤 주어진 수의 나머지로 정의하는 방법으로 합동 산술이라고도 한다. – 옮긴이

7 $x \bmod 1_n$을 사용해 다음과 같은 1-인덱스 나머지 연산(modulus)를 가리킨다.

$$((x-1) \bmod n) + 1$$

이런 형태의 나머지 연산은 1-기반 인덱싱(1로 시작하는 인덱싱 – 옮긴이)에 유용하다. 해당 줄리아 함수는 `mod1`이다.

는 적용할 규칙이 없을 때까지 반복해 표현형을 완성한다.[8] 디코딩 프로세스는 알고리즘 20.4에 의해 구현되고, 예제 20.5에서 설명한다.

8 단지 하나의 응용 규칙이 있을 때는 유전 정보가 읽히지 않는다.

```
struct DecodedExpression
    node
    n_rules_applied
end
function decode(x, grammar, sym, c_max=1000, c=0)
    node, c = _decode(x, grammar, sym, c_max, c)
    DecodedExpression(node, c)
end
function _decode(x, grammar, typ, c_max, c)
    types = grammar[typ]
    if length(types) > 1
        g = x[mod1(c+=1, length(x))]
        rule = types[mod1(g, length(types))]
    else
        rule = types[1]
    end
    node = RuleNode(rule)
    childtypes = child_types(grammar, node)
    if !isempty(childtypes) && c < c_max
        for ctyp in childtypes
            cnode, c = _decode(x, grammar, ctyp, c_max, c)
            push!(node.children, cnode)
        end
    end
    return (node, c)
end
```

알고리즘 20.4 표현식을 생성하고자 정수 설계 벡터를 디코딩하는 방법. 여기서 x는 정수 벡터, grammar는 Grammar이며, sym은 루트 부호다. 카운터 c는 재귀 프로세스에서 사용되고, 파라미터 c_max는 규칙 적용의 최대수에 대한 상한이며, 무한 루프를 방기하기 위한 것이다. 이 메서드는 DecodedExpression을 반환하는데 이는 표현식 트리와 디코딩 프로세스 동안 적용된 규칙의 수를 포함한다.

실숫값 문자를 위한 다음과 같은 문법을 고려하자.

$$\begin{aligned}\mathbb{R} &\mapsto \mathbb{D}\,\mathbb{D}'\,\mathbb{P}\,\mathbb{E}\\ \mathbb{D}' &\mapsto \mathbb{D}\,\mathbb{D}' \mid \epsilon\\ \mathbb{P} &\mapsto .\,\mathbb{D}\,\mathbb{D}' \mid \epsilon\\ \mathbb{E} &\mapsto \mathrm{E}\,\mathbb{S}\,\mathbb{D}\,\mathbb{D}' \mid \epsilon\\ \mathbb{S} &\mapsto + \mid - \mid \epsilon\\ \mathbb{D} &\mapsto 0 \mid 1 \mid 2 \mid 3 \mid 4 \mid 5 \mid 6 \mid 7 \mid 8 \mid 9\end{aligned}$$

여기서 $\mathbb{R}$는 실숫값이고, $\mathbb{D}$는 종단 소수terminal decimal, $\mathbb{D}'$는 비종단 소수nonterminal decimal, $\mathbb{P}$는 소수 부분decimal part, $\mathbb{E}$는 지수이고 $\mathbb{S}$는 양음 부호다. ϵ 값은 빈 문자를 생성한다.

설계점은 [205, 52, 4, 27, 10, 59, 6]이고, 시작 부호는 $\mathbb{R}$라 가정하자. 단지 하나의 규칙이 있어서 어떤 유전 정보를 사용하지 않고 $\mathbb{R}$를 $\mathbb{D}\mathbb{D}'\mathbb{P}\mathbb{E}$로 대체한다.

다음 $\mathbb{D}$를 대체해야 한다. 10가지 옵션이 있다. 여기서는 $205 \bmod_1 10 = 5$를 선택해서 $4\mathbb{D}'\mathbb{P}\mathbb{E}$를 얻는다.

다음 $\mathbb{D}'$를 대체하는 데 두 가지 옵션이 있다. $52 \bmod_1 2 = 2$를 선택하는데 이는 ϵ에 해당한다.

이런 식으로 계속해 문자 $4E+8$을 얻는다.

위의 문법은 다음을 사용해 ExprRules로 구현할 수 있다.

```
grammar = @grammar begin
    R = D * De * P * E
    De = D * De | ""
    P = "." * D * De | ""
    E = "E" * S * D * De | ""
    S = "+"|"-"|""
    D = "0"|"1"|"2"|"3"|"4"|"5"|"6"|"7"|"8"|"9"
end
```

예제 20.5 문법적 진화 기법의 정수 설계 벡터가 표현식으로 디코딩되는 프로세스.

여기서의 구현은 길이 우선(depth-first)이다. 만약 대신 52가 51이면 새로운 $\mathbb{D}$를 위한 규칙을 선택해 규칙 $\mathbb{D}' \mapsto \mathbb{D}\mathbb{D}'$를 적용하고, 최종적으로 $43950.950E+8$을 산출한다.

이는 다음을 이용해 평가할 수 있다.

```
x = [205, 52, 4, 27, 10, 59, 6]
str = eval(decode(x, grammar, :R).node, grammar)
```

정수 배열이 너무 작게 될 수 있어서 변환 프로세스가 배열의 길이를 지나칠 수 있다. 유효하지 않은 개체를 생성해 목적 함수에서 이에 대한 페널티를 가하는 대신 프로세스는 배열의 처음값을 감싼다. 이 감싸는 효과wrap-around effect는 전사transcription[9] 프로세스에서 동일한 결정이 여러 번 읽힐 수 있다는 것을 의미한다. 전사는 무한 루프를 초래할 수 있는데, 최대 깊이를 설정해 이를 막을 수 있다.

9 DNA에 적혀 있는 유전 정보를 mRNA로 옮기는 과정. – 옮긴이

유전 연산은 정수 설계 배열에 직접적으로 적용된다. 실숫값 염색체에 사용되는 연산을 채택해 이들을 정숫값 염색체에 적용할 수 있다. 유일한 변화는 변이가 실숫값을 반드시 보존해야 한다는 것이다. 평균 0의 가우시안 교환을 사용하는 정수 염색체에 대한 변이 메서드는 알고리즘 20.5에 구현된다.

```
struct IntegerGaussianMutation <: MutationMethod
    σ
end
function mutate(M::IntegerGaussianMutation, child)
    return child + round.(Int, randn(length(child)).*M.σ)
end
```

알고리즘 20.5 정숫값 염색체를 위한 정숫값을 보전하도록 수정된 가우시안 변이 방법. 각 값은 평균 0, 표준편차 σ의 가우시안 랜덤값에 의해 교란되고, 최근접 정수로 반올림/절삭된다.

문법적 진화 기법은 두 가지 추가적 유전 연산을 사용한다. 첫째인 유전자 복제gene duplication는 DNA 복제의 오차로 자연스럽게 일어나며 고쳐진다. 유전자 복제는 새로운 유전 방법을 생성할 수 있도록 하고, 유용한 유전자의 두 번째 복제를 저장해 유전자 풀gene pool로부터 유전자를 제거하는 치명적 변이의 가능성을 줄인다. 유전자 복제는 복제할 염색체 내의 유전자의 구간을 랜덤하게 선택한다. 선택한 구간의 복제는 염색체 뒤에 붙여진다. 복제는 알고리즘 20.6에 구현된다.

```
struct GeneDuplication <: MutationMethod
end
function mutate(M::GeneDuplication, child)
    n = length(child)
    i, j = rand(1:n), rand(1:n)
    interval = min(i,j) : max(i,j)
    return vcat(child, deepcopy(child[interval]))
end
```

알고리즘 20.6 문법적 진화 기법에 사용된 유전자 복제 방법

두 번째 유전 연산인 가지치기pruning는 교차crossover 과정에서 당면하는 문제를 다룬다. 그림 20.7에 보이는 바와 같이 교차는 각 염색체 내의 교차점을 무작위로 선택하고, 첫째 염색체의 왼쪽과 둘째 염색체의 오른쪽을 사용해 새로운 염색체를 구축한다. 유전 알고리즘과 달리 문법적 진화 기법의 염색체 꼬리 성분은 사용되지 않을 수 있다. 파싱parsing 과정에서 일단 트리가 완성되면 나머지 성분은 무시된다. 사용하지 않는 성분이 더 많아질수록 교차점이 비활성화된 영역에 놓여 있을 확률이 더 커져서 도움이 되는 새로운 물질을 제공하지 않을 수 있다. 지정된 확률로 개체가 가지가 쳐지고, 가지가 쳐지면 그 염색체가 절단돼 단지 활성화된 유전자만 유지된다. 가지치기는 알고리즘 20.7에 의해 구현되며, 그림 20.8에 의해 시각화된다.

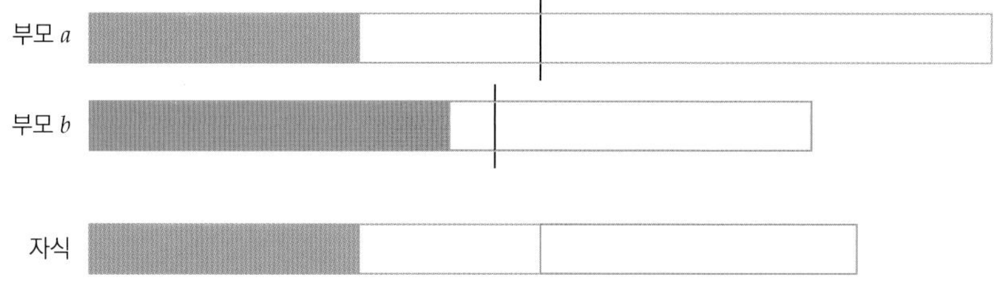

◀ **그림 20.7** 문법적 진화 기법의 염색체에 적용된 교차는 염색체 앞에 있는 활성화된 유전자에 영향을 주지 않을 수 있다. 그림에서 보인 자식은 부모 *a*로부터 활성화된 그늘진 모든 유전자를 상속하고, 효과적으로 동일한 표현식의 역할을 한다. 가지치기는 이러한 문제를 극복하고자 개발됐다.

```
struct GenePruning <: MutationMethod
    p
    grammar
    typ
end
function mutate(M::GenePruning, child)
    if rand() < M.p
        c = decode(child, M.grammar, M.typ).n_rules_applied
        if c < length(child)
          child = child[1:c]
        end
    end
    return child
end
```

알고리즘 20.7 문법적 진화 기법에서 사용된 유전자 가지치기법

이전

이후

◀ **그림 20.8** 단지 활성화된 유전자만 남도록 가지치기는 염색체를 절단한다.

```
struct MultiMutate <: MutationMethod
    Ms
end
function mutate(M::MultiMutate, child)
    for m in M.Ms
        child = mutate(m, child)
    end
    return child
end
```

알고리즘 20.8 벡터 Ms에 저장된 모든 변이 방법을 적용하기 위한 메서드 MutationMethod

유전 계획처럼 문법적 진화 기법은 유전 알고리즘 메서드를 사용한다.[10] 가지치기, 복제 및 표준 변이 방법을 같이 사용하고자 다중 변이 메서드를 적용한 `MutationMethod`를 구축할 수 있다. 이와 같은 메서드는 알고리즘 20.8에 의해 구현된다.

10 유전자형의 표현형에 대한 매핑은 목적 함수에서 일어난다.

문법적 진화 기법은 두 가지 결함이 있다. 첫째, 염색체를 표현식으로 디코딩하지 않고는 염색체가 실현 가능한 것인지 판단하기 어렵다. 둘째, 염색체의 작은 변화가 상응하는 표현식의 큰 변화를 초래할 수 있다.

20.4 확률적 문법

확률적 문법probabilistic grammar은 유전 계획의 문법 각 규칙에 가중치를 가한다. 주어진 노드로부터 모든 적용 가능한 규칙으로부터 상대적 가중치에 따라 확률적으로 규칙을 샘플링한다. 표현식의 확률은 각 규칙을 샘플링하는 확률의 곱이다. 알고리즘 20.9는 확률 계산을 구현한다. 예제 20.6은 확률적 문법으로부터 표현식을 샘플링하는 것을 예시하고, 그 확률을 계산한다.

```
struct ProbabilisticGrammar
    grammar
    ws
end
function probability(probgram, node)
    typ = return_type(probgram.grammar, node)
    i = findfirst(isequal(node.ind), probgram.grammar[typ])
    prob = probgram.ws[typ][i] / sum(probgram.ws[typ])
    for (i,c) in enumerate(node.children)
        prob *= probability(probgram, c)
    end
    return prob
end
```

알고리즘 20.9 확률적 문법을 기반으로 표현식의 확률을 계산하는 법. 여기서 `program`은 문법 `grammar`와 모든 적용 가능 규칙 가중치 `ws`에 대한 타입의 매핑으로 구성된 확률적 문법이고, `node`는 `RuleNode` 표현식이다.

예제 20.6 확률적 문법으로부터 표현식의 샘플링과 표현식 확률 계산

전적으로 'a'로만 이뤄진 문자열에 대한 확률적 문법을 고려하자.

$$\begin{aligned} \mathbb{A} &\mapsto \mathrm{a}\,\mathbb{A} & w_1^{\mathbb{A}} &= 1 \\ &\mapsto \mathrm{a}\,\mathbb{B}\,\mathrm{a}\,\mathbb{A} & w_2^{\mathbb{A}} &= 3 \\ &\mapsto \epsilon & w_3^{\mathbb{A}} &= 2 \\ \mathbb{B} &\mapsto \mathrm{a}\,\mathbb{B} & w_1^{\mathbb{B}} &= 4 \\ &\mapsto \epsilon & w_1^{\mathbb{B}} &= 1 \end{aligned}$$

여기서 각 부모 타입에 대한 일련의 가중치 $\mathbf{w}$를 가지며, ϵ는 빈 문자열이다.

타입 $\mathbb{A}$로 시작하는 표현식을 생성한다고 가정하자. 3개의 가능한 규칙에 대한 확률 분포는 다음과 같다.

$$\begin{aligned} P(\mathbb{A} \mapsto \mathrm{a}\,\mathbb{A}) &= 1/(1+3+2) &&= 1/6 \\ P(\mathbb{A} \mapsto \mathrm{a}\,\mathbb{B}\,\mathrm{a}\,\mathbb{A}) &= 3/(1+3+2) &&= 1/2 \\ P(\mathbb{A} \mapsto \epsilon) &= 2/(1+3+2) &&= 1/3 \end{aligned}$$

두 번째 규칙을 샘플링해 $\mathrm{a}\mathbb{B}\mathrm{a}\mathbb{A}$를 얻는다고 가정하자.

다음 규칙 하나를 샘플링해 $\mathcal{B}$에 적용한다. 2개의 가능한 규칙에 대한 확률 분포는 다음과 같다.

$$\begin{aligned} P(\mathbb{B} \mapsto \mathrm{a}\,\mathbb{B}) &= 4/(4+1) &&= 4/5 \\ P(\mathbb{B} \mapsto \epsilon) &= 1/(4+1) &&= 1/5 \end{aligned}$$

두 번째 규칙을 샘플링해 $\mathrm{a}\epsilon\mathrm{a}\mathbb{A}$를 얻는다고 가정하자.

다음 규칙 하나를 샘플링해 $\mathbb{A}$에 적용한다. $\mathbb{A}\mapsto\epsilon$를 샘플해 $\mathrm{a}\epsilon\mathrm{a}\epsilon$를 얻는다고 가정하면 이는 'a'-문자열 'aa'를 산출한다. 확률적 문법하에서 'aa'를 생성하고자 적용된 규칙 순서열의 확률은 다음과 같다.

$$P(\mathbb{A} \mapsto \mathrm{a}\,\mathbb{B}\,\mathrm{a}\,\mathbb{A})P(\mathbb{B} \mapsto \epsilon)P(\mathbb{A} \mapsto \epsilon) = \frac{1}{2}\cdot\frac{1}{5}\cdot\frac{1}{3} = \frac{1}{30}$$

이것이 'aa'를 얻는 확률과 같지 않다는 것을 주의하자. 왜냐하면 생성 규칙의 다른 순서열 역시 이를 생성할 수 있기 때문이다.

확률적 문법을 사용한 최적화는 모집단으로부터의 엘리트 샘플을 사용해 반복 시행마다 가중치를 개선한다. 매 반복 시행에서 표현식의 모집단이 샘플링되고, 그 목적 함숫값이 계산된다. 몇 개의 최적 표현식이 엘리트 샘플로 고려되고, 가중치를 업데이트하는 데 사용될 수 있다. 새로운 집합의 가중치가 확률적 문법에 대해 생성되는데 여기서 반환 타입 $\mathbb{T}$에 대해 적용 가능한 생성 규칙의 가중치 $w_i^{\mathbb{T}}$가 엘리트 샘플을 생성하는 데 생성 규칙이 사용되는 횟수로 설정된다. 이러한 업데이트 절차는 알고리즘 20.10에 구현된다.

```
function _update!(probgram, x)
    grammar = probgram.grammar
    typ = return_type(grammar, x)
    i = findfirst(isequal(x.ind), grammar[typ])
    probgram.ws[typ][i] += 1
    for c in x.children
        _update!(probgram, c)
    end
    return probgram
end
function update!(probgram, Xs)
    for w in values(probgram.ws)
        fill!(w,0)
    end
    for x in Xs
        _update!(probgram, x)
    end
    return probgram
end
```

알고리즘 20.10 표현식의 엘리트 샘플 Xs을 기반으로 확률적 문법 probgram에 학습 업데이트를 적용하는 메서드

이상의 확률적 문법은 표현식의 깊이 또는 하위 트리의 자매 간의 국지적 의존성과 같은 다른 요인들을 고려하는 더 복잡한 확률 분포로 확장될 수 있다. 한 접근법은 베이지안 네트워크[11]를 사용하는 것이다.

11 P. K. Wong, I. Y. Lo, M. L. Wong, and K. S. Leung, "Grammar-Based Genetic Programming with Bayesian Network," in *IEEE Congress on Evolutionary Computation (CEC)*, 2014.

20.5 확률적 프로토타입 트리

확률적 프로토타입 트리probabilistic prototype tree[12]는 표현식 트리의 모든 노드에 대한 분포를 학습하는 전혀 다른 접근법이다. 확률적 프로토타입 트리의 각 노드는 문법 생성 규칙에 대한 범주형 분포를 나타내는 확률 벡터를 포함한다. 확률 벡터는 후속의 표현식 생성으로부터 얻는 지식을 반영하도록 업데이트된다. 한 노드의 최대 자식수는 문법 내의 규칙 간 비종단 심벌의 최대 개수다.[13]

12 R. Salustowicz and J. Schmidhuber, "Probabilistic Incremental Program Evolution," *Evolutionary Computation*, vol. 5, no. 2, pp. 123–141, 1997.

13 함수의 애리티(arity)는 인수의 개수다. 문법 규칙의 애리티는 규칙 내의 비종단 심벌의 개수다.

확률 벡터는 노드가 생성될 때 랜덤하게 초기화된다. 랜덤 확률 벡터는 디리클레 분포Dirichlet distribution[14]로부터 추출될 수 있다. 원래의 구현은 종단을 스칼라값 0.6, 비종단을 0.4로 초기화한다. 강한 타입의 문법을 다루고자 각 부모 타입에 대해 적용 가능한 규칙의 확률 벡터를 유지한다. 알고리즘 20.11은 노드 타입을 정의하고 이 초기화 방법을 구현한다.

14 디리클레(Dirichlet) 분포는 흔히 이산적 분포에 대한 분포를 표현하고자 사용한다. D. Barber, *Bayesian Reasoning and Machine Learning*, Cambridge University Press, 2012.

```
struct PPTNode
    ps
    children
end
function PPTNode(grammar;
    w_terminal = 0.6,
    w_nonterm = 1-w_terminal,
    )

    ps = Dict(typ => normalize!([isterminal(grammar, i) ?
                    w_terminal : w_nonterm
                    for i in grammar[typ]], 1)
              for typ in nonterminals(grammar))
    PPTNode(ps, PPTNode[])
end
function get_child(ppt::PPTNode, grammar, i)
    if i > length(ppt.children)
        push!(ppt.children, PPTNode(grammar))
    end
    return ppt.children[i]
end
```

알고리즘 20.11 확률적 프로토타입 트리 노드 유형과 연관 초기 함수이며, 여기서 ps는 반환 유형에 상응하는 심벌을 적용 가능한 규칙에 대한 확률 벡터에 매핑하는 딕셔너리이며, 자식은 PPTNodes 리스트다. get_child 메서드는 자동적으로 트리를 확장시켜 존재하지 않는 자식에의 접근을 시도한다.

표현식은 확률적 프로토타입 트리의 확률 벡터를 사용해 샘플링한다. 희망하는 반환 타입return type에 대한 노드의 확률 벡터에 의해 정의되는 범주형 분포로부터 노드 내의 규칙이 추출되고, 관련된 확률 벡터값을 정규화해 유효한 확률 분포를 얻는다. 트리는 깊이-우선 순서로 가로질러진다. 이러한 샘플링 절차는 알고리즘 20.12에 의해 구현되고, 그림 20.9에 의해 시각화된다.

```
function rand(ppt, grammar, typ)
    rules = grammar[typ]
    rule_index = sample(rules, Weights(ppt.ps[typ]))
    ctypes = child_types(grammar, rule_index)

    arr = Vector{RuleNode}(undef, length(ctypes))
    node = iseval(grammar, rule_index) ?
        RuleNode(rule_index, eval(grammar, rule_index), arr) :
        RuleNode(rule_index, arr)

    for (i,typ) in enumerate(ctypes)
        node.children[i] =
            rand(get_child(ppt, grammar, i), grammar, typ)
    end
    return node
end
```

알고리즘 20.12 확률적 프로토타입 트리로부터 표현식을 샘플링하는 방법. 필요에 따라 트리는 확장된다.

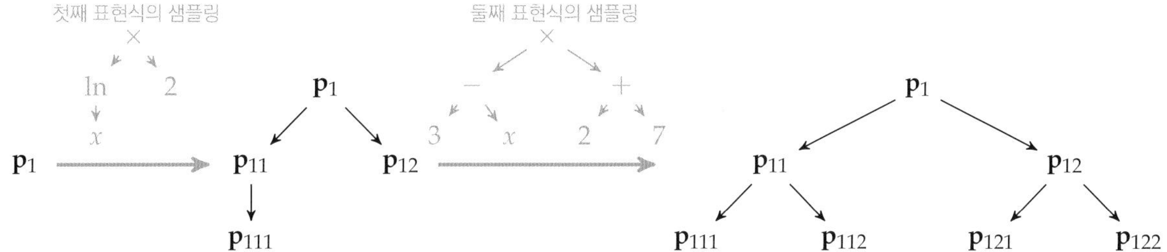

▲ **그림 20.9** 확률적 프로토타입 트리는 초기에 단지 루트 노드만을 포함하지만, 추가 노드가 표현식 생성 과정에서 필요하므로 확장된다.

학습은 전체 샘플링된 모집단 또는 엘리트 샘플로부터의 정보를 사용할 수 있다. 현재 생성된 최적 표현식을 x_{best}라 하고, 이제까지 발견한 최적 표현식을 x_{elite}라 하자. 노드 확률은 x_{best}를 생성할 확률을 증가하도록 업데이트된다.[15]

x_{best}의 생성 확률은 확률적 프로토타입 트리를 가로지르면서 x_{best}에서 각 규칙을 선택하는 확률의 곱이다. $P(x_{\text{best}})$에 대한 타깃 확률을 다음과 같이 계산한다.

$$P_{\text{target}} = P(x_{\text{best}}) + (1 - P(x_{\text{best}})) \cdot \alpha \cdot \frac{\epsilon - y_{\text{elite}}}{\epsilon - y_{\text{best}}} \tag{20.1}$$

여기서 α와 ϵ는 양의 상수다. 오른쪽의 비율은 더 좋은 목적 함숫값의 표현식을 가지도록 더 큰 스텝을 취하게 한다. 타깃 확률은 알고리즘 20.13을 사용해 계산할 수 있다.

15 원래의 확률적 프로토타입 트리 구현은 주기적으로 x_{elite} 생성 확률을 증가시킨다.

```
function probability(ppt, grammar, expr)
    typ = return_type(grammar, expr)
    i = findfirst(isequal(expr.ind), grammar[typ])
    p = ppt.ps[typ][i]
    for (i,c) in enumerate(expr.children)
        p *= probability(get_child(ppt, grammar, i), grammar, c)
    end
    return p
end
function p_target(ppt, grammar, x_best, y_best, y_elite, α, ϵ)
    p_best = probability(ppt, grammar, x_best)
    return p_best + (1-p_best)*α*(ϵ - y_elite)/(ϵ - y_best)
end
```

알고리즘 20.13 표현식 확률과 타깃 확률을 계산하는 메서드. 여기서 `ppt`는 확률적 프로토타입 트리의 루트 노드, `grammar`는 문법, `expr`과 `x_best`는 `RuleNode` 표현식이고, `y_best`와 `y_elite`는 스칼라 목적 함숫값이고, `α`와 `ϵ`는 스칼라 파라미터다.

타깃 확률이 확률적 프로토타입 트리의 확률 벡터를 조정하고자 사용된다. 다음과 같이 타깃 확률이 수렴될 때까지 선택된 노드에 연관된 확률이 반복적으로 증가된다.

$$P\left(x_{\text{best}}^{(i)}\right) \leftarrow P\left(x_{\text{best}}^{(i)}\right) + c \cdot \alpha \cdot \left(1 - P\left(x_{\text{best}}^{(i)}\right)\right) \quad \{1, 2, \ldots\}\text{의 모든 } i\text{에 대해서} \tag{20.2}$$

여기서 $x_{\text{best}}^{(i)}$는 표현식 x_{best}에 적용된 i번째 규칙이고, c는 스칼라다.[16]

16 추천값은 $c = 0.1$이다.

그러고 나서 적합화된 확률 벡터는 모든 증가되지 않은 벡터 구성 요소들의 값을 현재값에 비례해 다운스케일함으로써 다시 1로 정규화된다. i번째 구성 요소가 증가된 확률 벡터 $\mathbf{p}$는 다음에 따라 조정된다.

$$p_j \leftarrow p_j \frac{1 - p_i}{\|\mathbf{p}\|_1 - p_i} \text{ for } j \neq i \tag{20.3}$$

학습 업데이트는 알고리즘 20.14에 의해 구현된다.

```
function _update!(ppt, grammar, x, c, α)
    typ = return_type(grammar, x)
    i = findfirst(isequal(x.ind), grammar[typ])
    p = ppt.ps[typ]
    p[i] += c*α*(1-p[i])
    psum = sum(p)
    for j in 1 : length(p)
        if j != i
            p[j] *= (1- p[i])/(psum - p[i])
        end
    end
    for (pptchild,xchild) in zip(ppt.children, x.children)
        _update!(pptchild, grammar, xchild, c, α)
    end
    return ppt
end
function update!(ppt, grammar, x_best, y_best, y_elite, α, c, ϵ)
    p_targ = p_target(ppt, grammar, x_best, y_best, y_elite, α, ϵ)
    while probability(ppt, grammar, x_best) < p_targ
        _update!(ppt, grammar, x_best, c, α)
    end
    return ppt
end
```

알고리즘 20.14 루트 노드 ppt, 문법 grammar, 최적 표현식 x_best, 목적함숫값 y_best, 엘리트 목적 함숫값 y_elite, 학습률 α, 학습률 승수 c와 파라미터 ϵ의 확률적 프로토타입 트리에 학습 업데이트를 적용하는 메서드

모집단 기반 학습에 더해 확률적 프로토타입 트리 역시 변이를 통해 설계 공간을 탐험한다. 트리는 $\mathbf{x}_{\text{best}}$ 주변 영역을 탐험하고자 변이된다. $\mathbf{p}$를 $\mathbf{x}_{\text{best}}$를 생성할 때 접근되는 노드의 확률 벡터라 하자. $\mathbf{p}$의 각 구성 요소가 다음과 같이 문제 크기에 비례하는 확률로 변이된다.

$$\frac{p_{\text{mutation}}}{\#\mathbf{p}\sqrt{\#\mathbf{x}_{\text{best}}}} \tag{20.4}$$

여기서 p_{mutation}은 변이 파라미터이고, $\#\mathbf{p}$는 $\mathbf{p}$의 구성 요소의 개수이고, $\#\mathbf{x}_{\text{best}}$는 $\mathbf{x}_{\text{best}}$에 적용된 규칙의 개수다. 변이를 위해 선택된 구성 요소 i는 다음과 같이 조정된다.

$$p_i \leftarrow p_i + \beta \cdot (1 - p_i) \tag{20.5}$$

여기서 β는 변이의 양을 조절한다. 작은 확률은 큰 확률보다 더 큰 변이를 겪는다. 모든 변이된 확률 벡터는 재정규화돼야 한다. 변이는 알고리즘 20.15에 구현되고, 그림 20.10에서 시각화된다.

```
function mutate!(ppt, grammar, x_best, p_mutation, β;
    sqrtlen = sqrt(length(x_best)),
    )
    typ = return_type(grammar, x_best)
    p = ppt.ps[typ]
    prob = p_mutation/(length(p)*sqrtlen)
    for i in 1 : length(p)
        if rand() < prob
            p[i] += β*(1-p[i])
        end
    end
    normalize!(p, 1)
    for (pptchild,xchild) in zip(ppt.children, x_best.children)
        mutate!(pptchild, grammar, xchild, p_mutation, β,
                sqrtlen=sqrtlen)
    end
    return ppt
end
```

알고리즘 20.15 루트 ppt, 문법 grammar, 최적 표현식 x_best, 변이 파라미터 p_mutation과 변이율 β의 확률적 프로토타입 트리를 변이하는 방법

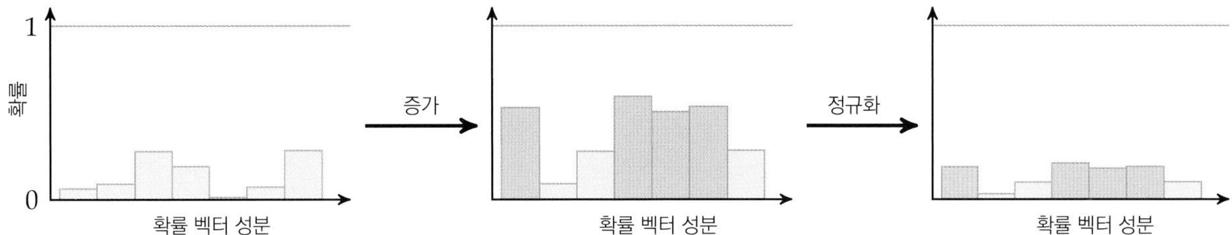

▲ **그림 20.10** $b = 0.5$의 확률적 프로토타입 트리 내의 확률 벡터 변이. 변이된 요소는 식 (20.5)에 따라 증가되고, 결과되는 확률 벡터는 다시 정규화된다. 확률이 작을수록 더 크게 증가하는 것을 기억하자.

마지막으로 확률적 프로토타입 트리의 하위 트리를 절단해 트리의 정체된 부분을 제거한다. 만약 부모가 선택됐을 때 자식이 관련 없게 되도록 지정된 임곗값 이상의 확률 구성 요소를 포함하면 자식 노드가 제거된다. 종단에 대해서는 항상 사실이며, 비종단에 대해서도 적용될 수 있다. 가지치기는 알고리즘 20.16에 구현되고, 예제 20.7에 예시된다.

알고리즘 20.16 루트 ppt, 문법 grammar와 가지치기 확률 임겟값 p_threshold의 확률적 프로토타입 트리에 대한 가지치기 방법

```
function prune!(ppt, grammar; p_threshold=0.99)
    kmax, pmax = :None, 0.0
    for (k, p) in ppt.ps
        pmax′ = maximum(p)
        if pmax′ > pmax
            kmax, pmax = k, pmax′
        end
    end
    if pmax > p_threshold
        i = argmax(ppt.ps[kmax])
        if isterminal(grammar, i)
            empty!(ppt.children[kmax])
        else
            max_arity_for_rule = maximum(nchildren(grammar, r) for
                                         r in grammar[kmax])
            while length(ppt.children) > max_arity_for_rule
                pop!(ppt.children)
            end
        end
    end
    return ppt
end
```

예제 20.7 확률적 프로토타입 트리에 대해 가지치기가 적용되는 예

다음의 규칙 집합에 대해 확률 벡터를 가진 노드를 고려하자.

$$
\begin{aligned}
\mathbb{R} &\mapsto \mathbb{R} + \mathbb{R} \\
\mathbb{R} &\mapsto \ln(\mathbb{R}) \\
\mathbb{R} &\mapsto 2 \mid x \\
\mathbb{R} &\mapsto \mathbb{S}
\end{aligned}
$$

만약 2 또는 x를 선택할 확률이 커지면 확률적 프로토타입 트리 내의 어떤 자식도 필요하지 않게 돼 가지치기될 수 있다. 유사하게 만약 $\mathbb{S}$를 선택할 확률이 커지면 반환 타입 $\mathbb{R}$을 가진 어떤 자식도 필요 없어지고 가지치기될 수 있다.

20.6 요약

- 표현식 최적화는 어떤 문법하에 복잡한 프로그램, 구조와 고정 크기가 아닌 기타의 설계를 표현할 수 있는 트리 구조 최적화를 허용한다.
- 문법은 표현식을 구축하는 데 사용되는 규칙을 정의한다.
- 유전 계획은 유전 알고리즘을 수정해 표현식 트리에서 변이와 교차를 수행한다.
- 문법적 진화 기법은 표현식으로 디코딩될 수 있는 정수 배열에 대해 작동한다.
- 확률적 문법은 어떤 규칙을 생성하는 것이 최적인가를 학습하며, 확률적 프로토타입 트리는 표현식 규칙 생성 프로세스의 모든 반복 시행에 대한 확률을 학습한다.

20.7 연습문제

연습 20.1 다음 문법과 시작 집합 {$\mathbb{R}$, $\mathbb{I}$, $\mathbb{F}$}를 사용해 얼마나 많은 표현식 트리를 생성할 수 있는가?

$$\begin{aligned} \mathbb{R} &\mapsto \mathbb{I} \mid \mathbb{F} \\ \mathbb{I} &\mapsto 1 \mid 2 \\ \mathbb{F} &\mapsto \pi \end{aligned}$$

연습 20.2 한 문법하에서 높이 h까지의 표현식 트리의 수는 초지수적으로 증가한다. 참고가 되도록 그 문법을 사용해 생성할 수 있는 높이 h의 표현식의 숫자를 계산하라.[17]

$$\mathbb{N} \mapsto \{\mathbb{N}, \mathbb{N}\} \mid \{\mathbb{N}, \} \mid \{, \mathbb{N}\} \mid \{\} \tag{20.6}$$

17 빈 표현식은 높이 0을 갖고, 표현식 {}는 높이 1, 이렇게 진행한다고 하자.

연습 20.3 어떤 비음인 정수도 생성할 수 있는 문법을 정의하라.

연습 20.4 표현식 최적화 방법이 랜덤 트리를 생성할 때 당면하는 0으로 나눈 값 또는 기타 다른 예외를 어떻게 처리하는가?

연습 20.5 다음과 같은 산술 문법을 고려하자.

$$\mathbb{R} \mapsto x \mid y \mid z \mid \mathbb{R}+\mathbb{R} \mid \mathbb{R}-\mathbb{R} \mid \mathbb{R}\times\mathbb{R} \mid \mathbb{R}/\mathbb{R} \mid \ln \mathbb{R} \mid \sin \mathbb{R} \mid \cos \mathbb{R}$$

변수 x, y와 z가 각각 단위를 갖고 출력은 특별한 단위를 가진다. 단위를 보존하고자 어떻게 문법을 수정해야 하는가?

연습 20.6 다음 문법을 고려하자.

$$
\begin{aligned}
\mathbb{S} &\mapsto \mathbb{NP}\ \mathbb{VP} \\
\mathbb{NP} &\mapsto \mathbb{ADJ}\ \mathbb{NP} \mid \mathbb{ADJ}\ \mathbb{N} \\
\mathbb{VP} &\mapsto \mathbb{V}\ \mathbb{ADV} \\
\mathbb{ADJ} &\mapsto \text{a} \mid \text{the} \mid \text{big} \mid \text{little} \mid \text{blue} \mid \text{red} \\
\mathbb{N} &\mapsto \text{mouse} \mid \text{cat} \mid \text{dog} \mid \text{pony} \\
\mathbb{V} &\mapsto \text{ran} \mid \text{sat} \mid \text{slept} \mid \text{ate} \\
\mathbb{ADV} &\mapsto \text{quietly} \mid \text{quickly} \mid \text{soundly} \mid \text{happily}
\end{aligned}
$$

유전자형 [2, 10, 19, 0, 6]과 시작 부호 $\mathbb{S}$에 상응하는 표현형은 무엇인가?

연습 20.7 유전 계획을 사용해 시계에 대한 톱니바퀴[gear] 비율을 진화한다. 모든 톱니바퀴가 $\mathcal{R} = \{10, 25, 30, 50, 60, 100\}$에서 선택한 반지름을 갖도록 제약하자. 각각의 톱니바퀴는 부모 축에 부착돼 동일한 회전 주기를 공유하거나 부모의 가장자리 위에서 연동돼 그림 20.11에서 보이는 바와 같이 부모의 회전 주기와 톱니바퀴 비율에 의존하는 회전 주기를 가질 수 있다.

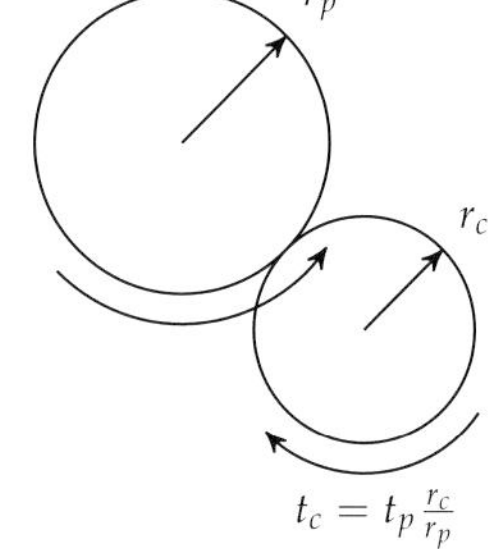

▲ **그림 20.11** 부모 톱니바퀴 가장자리에 붙어 있는 자식 톱니바퀴의 회전 주기 t_c는 부모 톱니바퀴의 회전 주기 t_p와 톱니바퀴 반지름의 비율에 의존한다.

또한 시계는 부모 톱니바퀴 축에 끼워진 바늘을 포함할 수 있다. 루트 톱니바퀴는 $t_{\text{root}} = 0.1\text{s}$의 주기로 회전하고, 반지름 25를 가진다고 가정하자. 목적은 초, 분, 시침을 가진 시계를 제작하는 것이다.

다음에 따라 각 개체의 점수를 매겨라.

$$\left(\underset{\text{hands}}{\text{minimize}}\,(1 - t_{\text{hand}})^2\right) + \left(\underset{\text{hands}}{\text{minimize}}\,(60 - t_{\text{hand}})^2\right) + \left(\underset{\text{hands}}{\text{minimize}}\,(3600 - t_{\text{hand}})^2\right) + \#\text{nodes} \cdot 10^{-3}$$

여기서 t_{hand}는 초로 측정한 특정 바늘의 회전 주기이고, #nodes는 표현식 트리의 노드 수다. 회전 방향은 무시하라.

연습 20.8 4개의 4 수수께끼four 4s puzzle[18]는 4개의 숫자 4와 수학적 연산을 사용해 0에서 100까지의 정수 각각에 대한 표현식을 생성하는 수학문제다. 예를 들어, 처음 2개의 정수 0과 1은 $4 + 4 - 4 - 4$와 $44/44$를 각각 사용해 생성할 수 있다. 4개의 4 수수께끼를 완성하라.

18 W. W. R. Ball, *Mathematical Recreations and Essays*, Macmillan, 1802.

연습 20.9 다음과 같은 확률적 문법을 고려하자.

$$\begin{aligned} \mathbb{R} &\mapsto \mathbb{R} + \mathbb{R} \mid \mathbb{R} \times \mathbb{R} \mid \mathbb{F} \mid \mathbb{I} & w_{\mathbb{R}} &= [1,1,5,5] \\ \mathbb{F} &\mapsto 1.5 \mid \infty & p_{\mathbb{F}} &= [4,3] \\ \mathbb{I} &\mapsto 1 \mid 2 \mid 3 & p_{\mathbb{I}} &= [1,1,1] \end{aligned}$$

표현식 $1.5 + 2$의 생성확률은 무엇인가?

연습 20.10 이전 문제에서 생성 규칙의 사용된 회수count를 다시 시작해서 $1.5 + 2$에 학습 업데이트를 적용한 후의 확률적 문법은 무엇인가?

21
다분야 통합 최적화

다분야 통합 설계 최적화MDO, multidisciplinary design optimization는 여러 분야에 걸쳐 있는 최적화 문제를 푸는 것이다. 많은 실제 세계 문제는 여러 분야 간의 복잡한 상호작용에 연관되며, 개별 분야 최적화는 최적해를 생성하지 않는다. 21장은 MDO 문제의 구조를 활용해 좋은 설계를 찾고자 필요한 노력을 줄이는 여러 기법을 논의한다.[1]

21.1 분야 분석

설계에 반영되는 상이한 여러 분야 분석disciplinary analysis이 존재한다. 예를 들어, 로켓의 설계는 구조, 항공역학, 제어 같은 여러 분야의 분석에 관련될 것이다. 여러 분야는 예를 들어, 유한 요소 분석finite element analysis 같은 각각 자신의 분석 도구를 가진다. 흔히 이들 분야 분석은 매우 복잡하고 계산비용이 큰 경향이 있다. 게다

1 광범위한 서베이가 다음에 의해 제공되고 있다. J. R. R. A. Martins and A. B. Lambe, "Multidisciplinary Design Optimization: A Survey of Architectures," *ALAA Journal*, vol. 51, no. 9, pp. 2049–2075, 2013. 더 자세한 논의는 다음에서 찾을 수 있다. J. Sobeszzanski-Sobieski, A. Morris, and M. van Tooren, *Multidisciplinary Design Optimization Supported by Knowledge Based Engineering*, Wiley, 2015. 또한 다음을 참고하라. N. M. Alexandrov andM. Y. Hussaini, eds., *Multidisciplinary Design Optimization: State of the Art*, SLAM, 1997.

가 분야 분석은 흔히 서로 밀접하게 연관된다. 즉 한 분야는 다른 분야의 분야 분석 결과가 필요할 수 있다. 이러한 상호의존성을 해결하는 것은 쉬운 문제가 아니다.

MDO 설정에서 이전과 같이 여전히 일련의 설계변수를 갖는다. 또한 각각 분야 분석의 결과 또는 반응변수response variable를 추적한다.[2] i번째 분야 분석의 반응변수를 $\mathbf{y}^{(i)}$로 표기한다. 일반적으로 i번째 분야 분석 F_i는 설계변수 또는 다른 분야로부터의 반응변수에 의존한다.

$$\mathbf{y}^{(i)} \leftarrow F_i\left(\mathbf{x}, \mathbf{y}^{(1)}, \ldots, \mathbf{y}^{(i-1)}, \mathbf{y}^{(i+1)}, \ldots, \mathbf{y}^{(m)}\right) \tag{21.1}$$

여기서 m은 총 분야의 수다. 수치 유체 역학computational fluid dynamics 분석은 수치 유체 역학으로부터의 힘force을 요구하는 구조 분석으로부터 날개의 휨을 포함할 수 있다. MDO 문제를 공식화할 때의 중요한 부분은 이와 같은 분야 간의 의존성을 고려하는 것이다.

분야 분석에 대한 추론을 쉽게 하고자 할당assignment 개념을 도입한다. 할당 $\mathcal{A}$는 다분야 통합 설계 최적화에 관련된 변수 이름과 이에 해당하는 값의 집합이다. 변수 v에 접근하는 표기로 $\mathcal{A}[v]$를 사용한다.

분야 분석은 할당을 취하는 함수이고 다른 분석으로부터의 설계점과 반응변수들을 사용해 자신의 분석으로부터의 반응 함수를 덮어쓴다overwrite.

$$\mathcal{A}' \leftarrow F_i(\mathcal{A}) \tag{21.2}$$

여기서 $F_i(\mathcal{A})$는 $\mathcal{A}$의 $\mathbf{y}^{(i)}$를 업데이트해 $\mathcal{A}'$를 산출한다.

할당은 딕셔너리dictionary를 사용하는 코드로 표현될 수 있다.[3] 각 변수는 문자열 `String` 타입의 이름이 할당된다. 변수는 부동소수점 숫자에 국한되지 않고 벡터와 같은 다른 객체를 포함할 수 있다. 예제 21.1은 딕셔너리를 사용한 구현을 보여 준다.

2 분야 분석은 다른 분야의 목적 함수 또는 제약식에 대한 입력을 제공한다. 이에 더해 또한, 최적화에 대한 그래디언트 정보를 제공할 수 있다.

3 딕셔너리는 또한 연관 배열(associative array)이라 불리며, 정수 대신 키를 사용해 인덱싱을 허용하는 일반적인 데이터 구조다. 부록 A.1.7을 참고하라.

예제 21.1 다분야 통합 설계 최적화 문제의 할당-기반 표현을 구현하는 기본 코드 구문

설계변수 x와 2개 분야의 최적화를 고려하자. 첫째 분야 분석 F_1은 반응변수 $y^{(1)}=f_1(x, y^{(2)})$를 계산하고, 둘째 분야 분석 F_2는 반응변수 $y^{(2)}=f_1(x, y^{(1)})$를 계산한다.

문제는 다음과 같이 구현될 수 있다.

```
function F1(A)
    A["y1"] = f1(A["x"], A["y2"])
    return A
end
function F2(A)
    A["y2"] = f2(A["x"], A["y1"])
    return A
end
```

$y^{(1)}$와 $y^{(2)}$의 추측치와 이미 알고 있는 x값으로 할당을 초기화한다. 예를 들어, 다음과 같다.

```
A = Dict("x"=>1, "y1"=>2, "y2"=>3)
```

21.2 분야 간 일관성

설곗값의 목적 함숫값과 실현 가능성을 평가하려면 **분야 간 일관성**interdisciplinary compatibility을 만족하는 반응변숫값을 구해야 한다. 이는 반응변수는 반드시 분야 분석들과 일관성이 있어야 한다는 것을 의미한다. 만약 할당이 다음과 같이 모든 분야 분석하에 변하지 않으면 특성 할당에 분야 간 일관성이 성립한다.

$$F_i(\mathcal{A}) = \mathcal{A} \quad i \in \{1, \ldots, m\}\text{에 대해서} \tag{21.3}$$

어떤 분석을 실행해도 동일한 값을 산출할 것이다. 분야간 일관성을 충족하는 할당을 발견하는 것을 **다분야 통합 분석**multidisciplinary analysis이라고 부른다.

단일 분야에 대한 시스템 최적화를 위해서 제약식과 목적함수를 평가하고자 그림 21.1에서 보이는 바와 같이 최적화 기제가 설계변수를 선택하고, 이를 기반으로 분야 분석으로부터 반응변수를 쿼리query해야 한다.

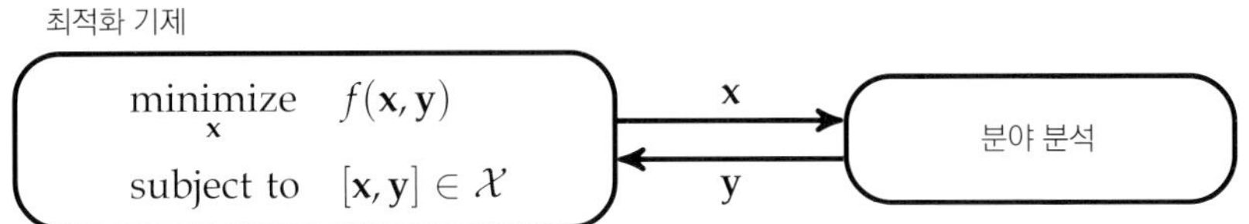

◀ **그림 21.1** 단일 분야 분석에 대한 최적화 다이어그램. 그래디언트는 계산될 수도 안 될 수도 있다.

다분야에 대한 시스템 최적화는 의존성을 도입한다. 이 경우 짝을 짓는 것이 이슈가 된다. 2개의 분야 짝에 대한 다이어그램이 그림 21.2에 제공된다. 분야 간 일관성이 확립돼야만 하기 때문에 전통적인 최적화를 이 문제에 적용하는 것은 간단하지 않다.

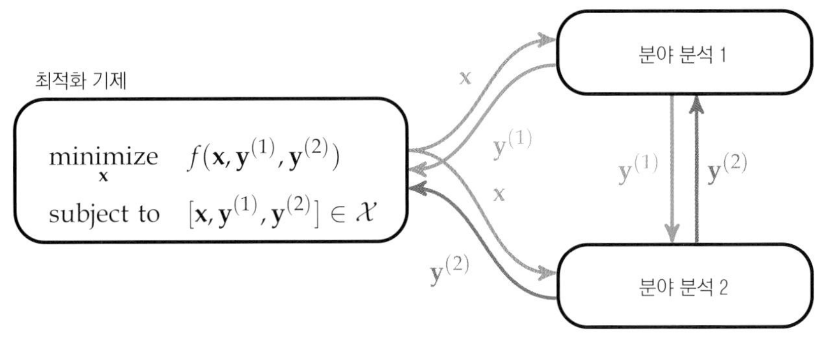

◀ **그림 21.2** 분야 간 짝을 이룬 2개 분야 분석에 대한 최적화 다이어그램

만약 다분야 통합 분석이 의존성 순환dependency cycle[4]을 갖지 않다면 분야 간 일관성을 푸는 것은 간단하다. 만약 i가 j의 출력 중 어느 하나라도 필요하다면 분야 i는 분야 j에 의존한다. 그림 21.3은 순환이 있는 경우와 없는 경우의 두 분야를 나타내는 의존성 그래프를 보여 준다.

4 의존성 순환은 분야가 서로 의존할 때 나타난다.

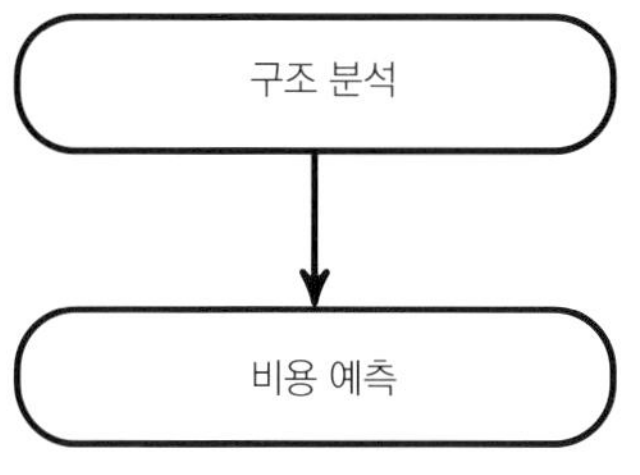

비순환 의존성 그래프. 평가 순서가 지정될 수 있어서 각 분야에 요구되는 입력이 이전에 평가된 분야로부터 구할 수 있다.

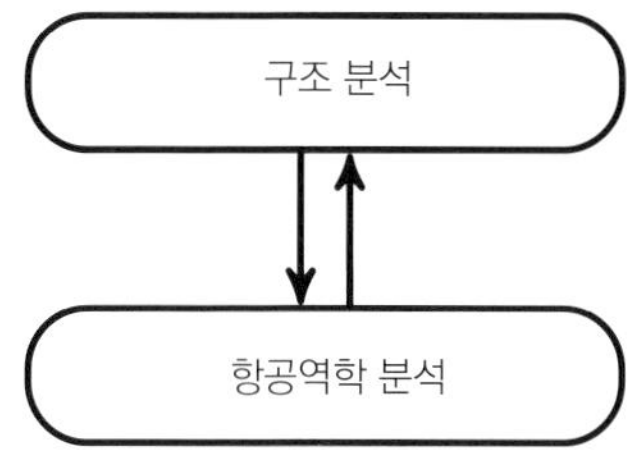

순환 의존성 그래프. 구조 분석이 항공역학 분석에 의존하는데 반대도 성립한다.

◀ **그림 21.3** 순환과 비순환 의존성 그래프

만약 의존성 그래프가 순환을 갖지 않는다면 어떤 평가 순서가 항상 존재해 만약 이를 따른다면 필요한 분야 분석이 이에 의존하는 분야 분석 이전에 평가되는 것을 보장할 수 있다. 이와 같이 순서를 정하는 것을 위상 순서topological ordering라 부르며, 칸의 알고리즘Kahn's algorithm과 같은 위상 정렬topological sorting 방법을 사용해 찾을 수 있다.[5] 분석의 순서를 재정렬하는 것은 그림 21.4에 보여 준다.

5 A. B. Kahn, "Topological Sorting of Large Networks," *Communications of the ACM*, vol. 5, no. 11, pp. 558–562, 1962.

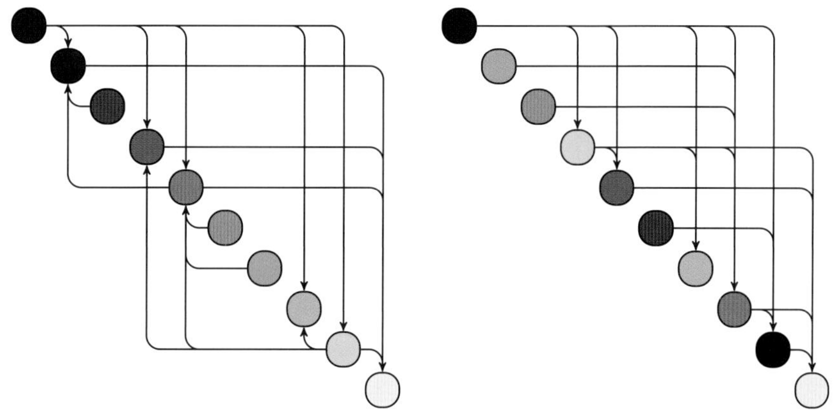

◀ **그림 21.4** 위상 정렬을 사용해 분야 분석을 재정렬해 피드백 연결을 제거할 수 있다.

만약 의존성 그래프가 순환을 가진다면 위상 순서는 존재하지 않는다. 순환을 다루고자 가우스-자이델 방법Gauss-Seidel method(알고리즘 21.1)을 사용할 수 있는데 이는 수렴이 될 때까지 반복 시행함으로써 다분야 통합 분석을 풀고자 하는 것이다.[6]

6 분석을 병렬적으로 수행하도록 가우스-자이델 알고리즘이 작성될 수 있다.

가우스-자이델 알고리즘은 예제 21.2에서 예시된 바와 같이 분야의 순서에 민감하다. 나쁜 순서는 수렴을 못 하거나 느릴 수 있다. 최적 순서는 최소한의 피드백 연결feedback connection을 가진 것이다.[7]

7 어떤 경우는 분야가 서로 독립적인 다른 클러스터로 분리될 수 있다. 연결된 각각의 클러스터는 자신의 더 작은 다분야 통합 분석으로 풀 수 있다.

```
function gauss_seidel!(Fs, A; k_max=100, ϵ=1e-4)
    k, converged = 0, false
    while !converged && k ≤ k_max
        k += 1
        A_old = deepcopy(A)
        for F in Fs
            F(A)
        end
        converged = all(isapprox(A[v], A_old[v], rtol=ϵ)
                        for v in keys(A))
    end
    return (A, converged)
end
```

알고리즘 21.1 다분야 통합 분석을 수행하는 가우스-제이델 알고리즘. 여기서 F는 할당을 취하고 수정하는 분야 분석 함수 벡터다. 2개의 추가 선택 인수가 있는데 최대 반복 시행수 k_max와 상대 오차 허용치 ϵ다. 이 메서드는 수정된 할당과 이것이 수렴하는지 여부를 반환한다.

예제 21.2 다분야 통합 분석을 실행할 때 적절한 순서 선택의 중요성을 보여 주는 예제

1개의 설계변수 x와 각각이 하나의 반응변수를 가진 3개 분야를 다루는 다음과 같은 다분야 통합 설계 최적화를 고려하자.

$$
\begin{aligned}
y^{(1)} &\leftarrow F_1(x, y^{(2)}, y^{(3)}) = y^{(2)} - x \\
y^{(2)} &\leftarrow F_2(x, y^{(1)}, y^{(3)}) = \sin(y^{(1)} + y^{(3)}) \\
y^{(3)} &\leftarrow F_3(x, y^{(1)}, y^{(2)}) = \cos(x + y^{(1)} + y^{(2)})
\end{aligned}
$$

분야 분석은 다음과 같이 구현될 수 있다.

```
function F1(A)
    A["y1"] = A["y2"] - A["x"]
    return A
end
function F2(A)
    A["y2"] = sin(A["y1"] + A["y3"])
    return A
end
function F3(A)
    A["y3"] = cos(A["x"] + A["y2"] + A["y1"])
    return A
end
```

할당은 모두 1로 초기화하고, $x = 1$에 대한 다분야 통합 분석을 실행해 보자.

```
A = Dict("x"=>1, "y1"=>1, "y2"=>1, "y3"=>1)
```

F_1, F_2, F_3의 순서를 가진 가우스-제이델 알고리즘은 수렴하나, F_1, F_3, F_2의 경우는 수렴하지 않는다.

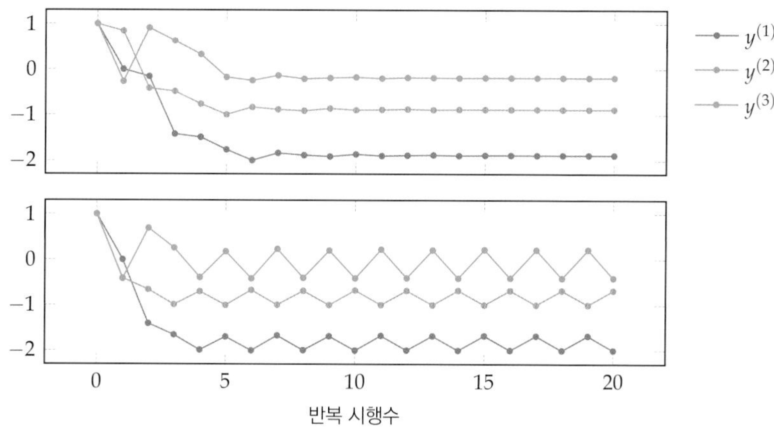

분야들을 새로운 하나의 분야 분석으로 합치면, 즉 개념적으로 연관이 높은 분석들을 그룹화하고, 밀접하게 짝이 된 분석들을 동시에 평가하거나, 21장에서 논의한 구조를 효율적으로 적용하면 도움이 될 수 있다. 분석의 반응변수가 결합된 분야의 반응변수들로 구성되는 새로운 분석을 형성하도록 분야 분석들을 결합한다. 새로운 분석의 형태는 분야의 상호의존성에 달려 있다. 만약 결합된 분야들이 비순환적이면 분석이 차례대로 수행되는 순서가 존재한다. 만약 결합된 분야들이 순환적이면 일관성을 달성하고자 새로운 분석은 내부적으로 다분야 통합 분석을 실행해야 한다.

21.3 구조

다분야 통합 설계 최적화는 다음과 같이 표현될 수 있다.

$$\begin{aligned} \underset{\mathbf{x}}{\text{minimize}} \quad & f(\mathcal{A}) \\ \text{subject to} \quad & \mathcal{A} \in \mathcal{X} \\ & F_i(\mathcal{A}) = \mathcal{A} \ \text{ 모든 분야 } i \in \{1, \ldots, m\}\text{에 대해서} \end{aligned} \tag{21.4}$$

여기서 목적 함수 f와 실현 가능 집합 $\mathcal{X}$는 설계변수와 반응변수 모두에 의존한다. 할당 내의 설계변수는 최적화 기제에 의해 정해진다. 조건 $F_i(\mathcal{A}) = \mathcal{A}$는 i번째 분야가 $\mathcal{A}$ 내의 값들과 일관성을 갖도록 보장한다. 이 마지막 조건은 분야 간 일관성을 부여한다.

다분야 통합 최적화 문제에 연관된 여러 가지 문제가 존재한다. 분야 분석의 상호의존성으로 인해 분석의 순서가 문제되기도 하며, 흔히 병렬화가 어렵거나 불가능하게 한다. 모든 변수를 직접 제어하는 최적화 기제와 값을 국지적으로 최적화하는 분야-특화 전문성을 이용하는 하위 최적화 기제들의 결합에는 트레이드오프가 존재한다.[8] 게다가 분야 분석을 실행하는 비용과 너무 많은 변수들을 전역

8 하위 최적화 기제(suboptimizer)는 다른 최적화 루틴 내에서 호출되는 최적화 루틴이다.

적으로 최적화하는 비용 사이에도 트레이드오프가 존재한다. 마지막으로 모든 구조는 최종해에 분야 간 일관성을 부여해야 한다.

21장의 뒷부분에서는 이러한 문제들을 다루기 위한 다양한 최적화 구조를 논의한다. 이 구조들을 예제 21.3에서 소개된 가상적 승차공유 문제를 사용해 소개한다.

21.4 다분야 통합 설계 실현 가능

다분야 통합 설계 실현 가능multidisciplinary design feasible 구조는 표준 최적화 알고리즘이 설계변수를 최적화하는 데 직접 적용될 수 있도록 MDO 문제를 구조화한다. 어떤 주어진 설계점에 대해 다분야 통합 설계 분석이 실행돼 분야 간 일관성 있는 반응값들을 얻는다.

자율주행 차량을 개발하는 승차공유ride-shareing 회사를 고려하자. 이 가상적 회사는 동시에 자동차, 자동차의 센서 패키지, 루틴 전략과 가격 체계를 동시에 설계하고 있다. 이러한 설계의 구성 요소들을 **v**, **s**, **r**과 **p**로 각각 명칭하며, 각각은 수많은 설계변수들을 포함한다. 예를 들어, 자동차는 구조적 골격structural geometry, 엔진과 구동계drive train, 배터리 용량과 최대수용 승객수를 제어하는 파라미터를 포함한다.

예제 21.3 최적화 구조를 예시하고자 21장에서 계속 사용할 승차공유 문제

승차공유 회사의 목적은 이익을 최대화하는 것이다. 이익은 경로배정 알고리즘routing algorithm과 승객 수요의 대규모 시뮬레이션에 의존한다. 승객 수요는 자동자의 자율주행 분석과 센서 패키지의 반응변수에 의존한다. 여러 분석이 추가적 정보를 추출한다. 경로배정 알고리즘의 성과는 가격체계에 의해 생성되는 수요에 의존하며, 가격체계에 의해 생성되는 수요는 경로배정 알고리즘의 성과에 의존한다. 차량의 범위와 연료 효율성은 센서 패키지의 무게, 드래그, 전력 소비에 달려 있다. 센서 패키지는 자동차 골격과 성과 정보가 필요한 안전 요건을 충족할 것을 요구한다. 의존성 다이어그램은 아래와 같다.

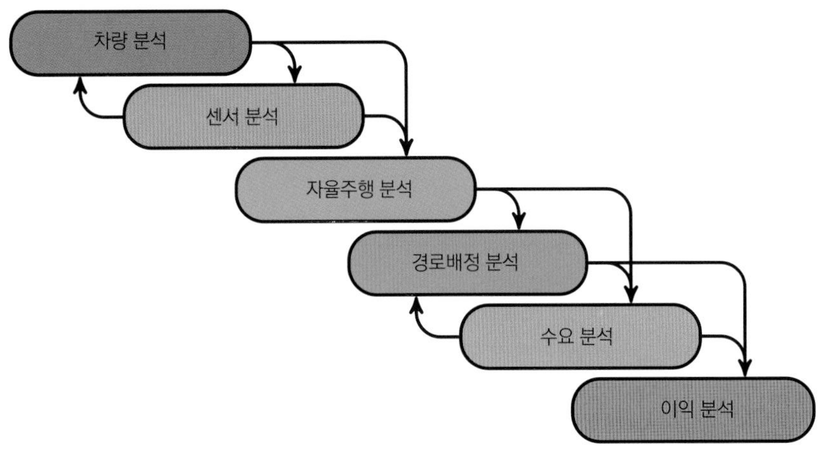

그림 21.5에 구조 다이어그램이 주어진다. 이는 최적화 기제와 다분야 통합 분석의 2개 블록으로 구성된다. 최적화 기제는 목적 함수의 전역적 최적화 목적을 갖고 설계점들을 선택하는 데 사용하는 방법이다. 최적화 기제는 설계점 $\mathbf{x}$를 전달해 다분야 통합분석 블록을 호출하고, 분야 간 일관성이 있는 할당 $\mathcal{A}$를 받는다. 만약 분야 간 일관성이 불가능하다면 다분야 통합 분석 블록은 최적화 기제에 이 정보를 전달하고, 이와 같은 설계점들은 실행 불가능한 것으로 처리한다. 그림

21.6은 MDO 문제가 다분야 통합 설계 분석을 사용해 어떻게 전형적인 최적화 문제로 변환하는가를 보여 준다.

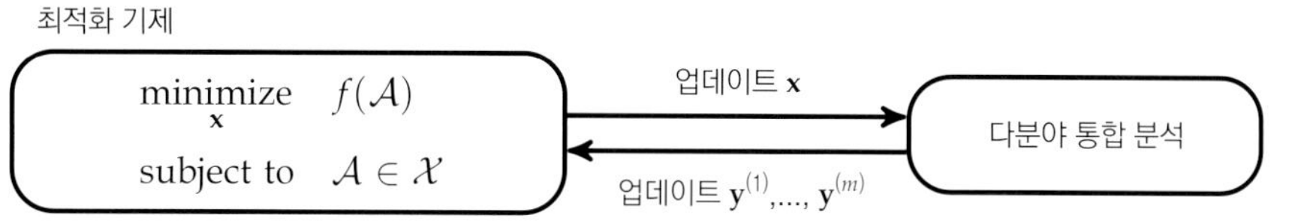

그림 21.5 다분야 통합 설계 실현 가능 구조. 최적화 기제는 설계점 $\mathbf{x}$를 선택하고, 다분야 통합 분석은 분야 간 일관성이 있는 할당 $\mathcal{A}$를 계산한다. 구조는 단일 분야 최적화의 구조와 유사하다.

$$\begin{aligned} \underset{\mathbf{x}}{\text{minimize}} \quad & f\left(\mathbf{x}, \mathbf{y}^{(1)}, \ldots, \mathbf{y}^{(m)}\right) \\ \text{subject to} \quad & \left[\mathbf{x}, \mathbf{y}^{(1)}, \ldots, \mathbf{y}^{(m)}\right] \in \mathcal{X} \end{aligned} \quad \longrightarrow \quad \begin{aligned} \underset{\mathbf{x}}{\text{minimize}} \quad & f(\text{MDA}(\mathbf{x})) \\ \text{subject to} \quad & \text{MDA}(\mathbf{x}) \in \mathcal{X} \end{aligned}$$

그림 21.6 다분야 통합 설계 분석을 사용해 MDO 문제를 전형적인 최적화 문제로 공식화하는데 여기서 MDA($\mathbf{x}$)는 분야 간 일관성이 있는 할당을 반환한다.

다분야 통합 설계 실현 가능 구조의 주요 이점은 계산의 단순성이며, 최적화의 각 단계에서 분야 간 일관성의 유지가 보장되는 것이다. 다분야 통합 설계 분석이 매번 설계점 평가시점에서 실행돼 시스템 레벨의 최적화 기제가 단지 실현 가능한 설계점들만을 고려한다는 사실을 이름에서도 알 수 있다.

다분야 통합 설계 실현 가능 구조의 주요 단점은 모든 분석에 대해 여러 번의 반복 시행을 요구한다는 점에서 실행 비용이 크다는 것이다. 반복 가우스-자이델 방법은 반응변수들의 초깃값과 분야 분석의 순서에 따라서 매우 느리게 수렴하거나 수렴하지 않을 수도 있다.

분석들 모두 묶는 것은 모든 (전형적으로 특정 분야에만 관련된) 국지적 변수들을 전체적으로 하나의 분석으로 고려하는 것을 요구한다. 많은 실제적인 문제들은 수많은 국지적 설계변수들을 가진다. 예로서 항공역학에서 메시[mesh] 제어점, 구조의 원소 차원, 전기공학에서의 구성 요소 배치와 머신러닝에서의 신경망 가중치를 들 수 있다. 다분야 통합 설계 실현 가능 최적화는 시스템 최적화 기제가 모든 제약식을 충족시키면서 모든 분야에 일관성이 있도록 이러한 모든 변수를 명시할 것을 요구한다.

다분야 통합 설계 실현 가능 구조를 예제 21.4의 승차공유 문제에 적용한다.

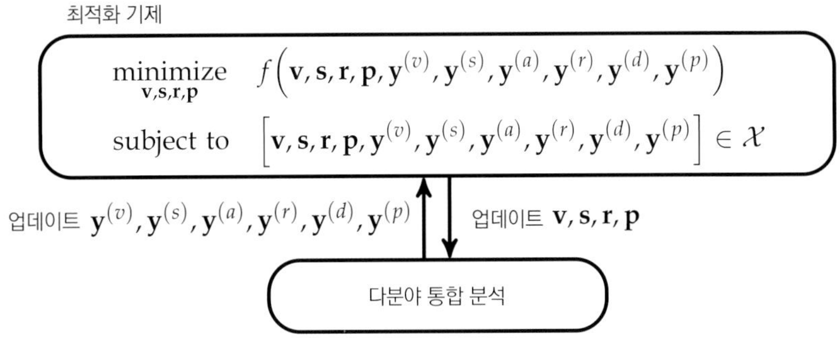

예제 21.4 승차공유 문제에 적용된 다분야 통합 설계 실현 가능 구조. 모든 반응 변수들에 대한 다분야 통합 분석이 반드시 모든 잠재 설계점들에 대해서 완료돼야 한다. 이는 계산적으로 매우 비용이 클 수 있다.

다분야 통합 설계 실현 가능 구조가 승차공유 문제에 적용될 수 있다. 구조 다이어그램은 아래와 같다.

최적화 기제

$$\begin{aligned} \underset{\mathbf{v},\mathbf{s},\mathbf{r},\mathbf{p}}{\text{minimize}} \quad & f\left(\mathbf{v}, \mathbf{s}, \mathbf{r}, \mathbf{p}, \mathbf{y}^{(v)}, \mathbf{y}^{(s)}, \mathbf{y}^{(a)}, \mathbf{y}^{(r)}, \mathbf{y}^{(d)}, \mathbf{y}^{(p)}\right) \\ \text{subject to} \quad & \left[\mathbf{v}, \mathbf{s}, \mathbf{r}, \mathbf{p}, \mathbf{y}^{(v)}, \mathbf{y}^{(s)}, \mathbf{y}^{(a)}, \mathbf{y}^{(r)}, \mathbf{y}^{(d)}, \mathbf{y}^{(p)}\right] \in \mathcal{X} \end{aligned}$$

업데이트 $\mathbf{y}^{(v)}, \mathbf{y}^{(s)}, \mathbf{y}^{(a)}, \mathbf{y}^{(r)}, \mathbf{y}^{(d)}, \mathbf{y}^{(p)}$

업데이트 $\mathbf{v}, \mathbf{s}, \mathbf{r}, \mathbf{p}$

다분야 통합 분석

21.5 순차적 최적화

순차적 최적화sequential optimization 구조(그림 21.7)는 하위 문제를 풀고자 분야 특화된 툴과 경험을 이용할 수 있는 구조인데 최적이 아닌suboptimal 해를 산출할 수 있다. 이 구조는 초보적 방법의 제약을 예시하고 다른 구조를 비교할 수 있는 베이스라인baseline으로 삼고자 포함한다.

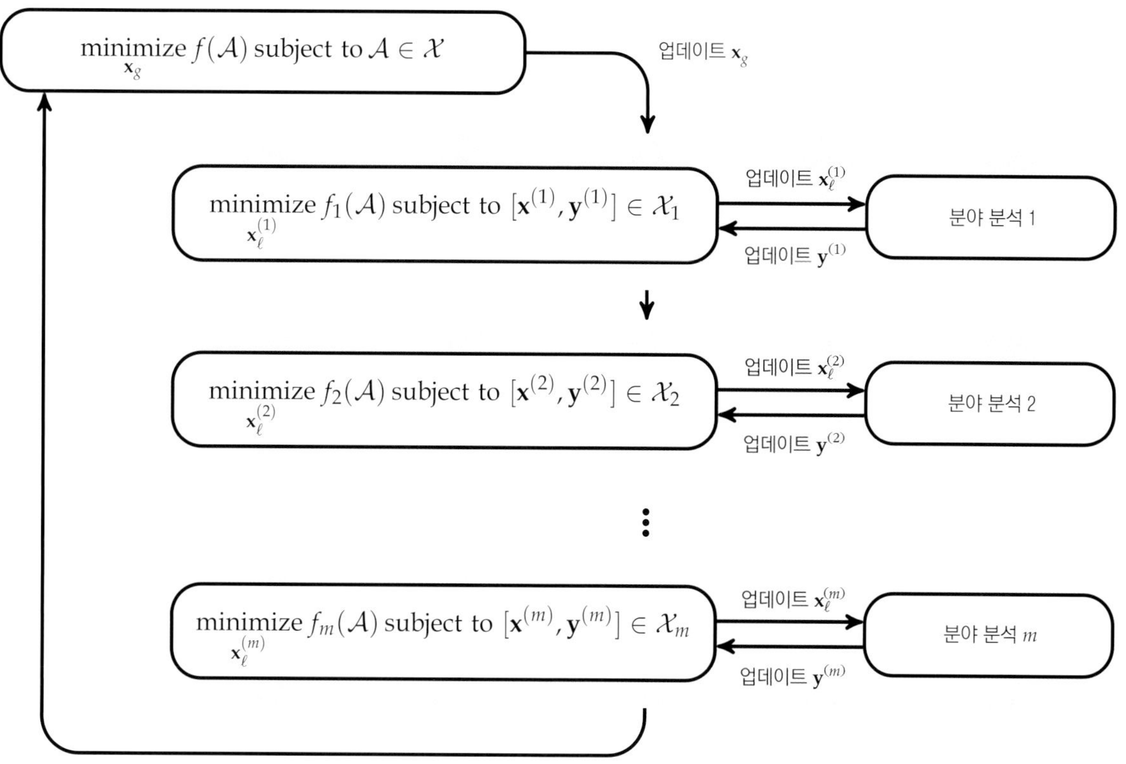

▲ **그림 21.7** 순차적 최적화 구조. 각 하위 문제는 파란색 블록에 의해 표현되고, 국지적 목적 함수에 대해 특정 분야를 최적화한다.

하위 문제subproblem는 모든 것을 포함하는 최적화 문제의 매 반복 시행에서 수행되는 최적화 절차다. 종종 설계변수가 시스템 레벨의 최적화 기제system-level optimizer인 바깥의 최적화 절차에서 제거해 하위 문제에서 더욱 효율적으로 최적화될 수 있다.

i번째 분야에 대한 설계변수는 $\mathbf{x}^{(i)} = [\mathbf{x}_g^{(i)}, \mathbf{x}_\ell^{(i)}]$에 따라 분할될 수 있다. 여기서 $\mathbf{x}_g^{(i)}$는 다른 분야와 공유하는 **전역적 설계변수**global design variables이며, $\mathbf{x}_\ell^{(i)}$는 연관된 분야의 하위 문제에 의해서만 사용되는 **국지적 설계 변수**local design variables다.[9] 반응변수도 유사하게 전역적 반응변수 $\mathbf{y}_g^{(i)}$와 국지적 반응변수 $\mathbf{y}_\ell^{(i)}$로 분할할 수 있다. 자신의 분야 최적화 기제의 국지적 변수들을 최적화함으로써 분야 독립성disciplinary autonomy이 달성된다. 국지적 목적 함수 f_i는 반드시 이를 최적화함으로써 전역적

9 승차공유 문제의 차량 하위 문제는 차량의 용량과 범위와 같은 전역적 설계변수를 포함하기도 하지만, 다른 분야에 영향을 주지 않는 좌석 구성과 같은 국지적 설계변수도 포함한다.

목적도 개선이 되는 방식으로 선택돼야 한다. 최상 레벨top-level 최적화 기제는 원 목적 함수에 대해 전역적 설계변수 $\mathbf{x}_g$의 최적화를 담당한다. 인스턴스화된 $\mathbf{x}_g$는 순차적 최적화를 통해 평가된다. 모두 평가될 때까지 그 결과를 다음 하위문제로 넘기면서 하위문제들이 차례로 최적화된다.

순차적 최적화는 많은 변수가 특정 분야에 유일하며, 분야 경계를 넘어서 공유하지 않는다는 분야의 국지성을 이용한다. 순차적 최적화는 분야 특화된 문제를 푸는 각 분야의 능력을 효율적으로 활용한다. 하위 문제 최적화 기제는 분야 특화 설계변수를 완벽하게 제어해 국지적 설계 목적과 제약식을 충족한다.

특별한 경우를 제외하고는 순차적 최적화는 가우스-자이델이 수렴을 보장하지 못하는 동일한 이유로 원문제의 최적해를 구하지 못한다. 해는 국지적 목적 함수에 민감하며, 흔히 적절한 국지적 목적 함수를 발견하기 어렵다. 순차적 최적화는 병렬 실행을 지원하지 않으며, 반복을 통해 분야 간 일관성이 부여되는데 항상 수렴하지는 않는다.

예제 21.5는 순차적 최적화를 승차공유 문제에 적용한다.

예제 21.5 승차공유 문제를 위한 순차적 최적화

순차적 최적화 구조는 어떤 변수를 국지적으로 최적화할 수 있다. 그림 21.8은 순차적 최적화를 승차공유 문제에 적용한 결과를 보여 준다.

차량, 센서 시스템, 경로배정 알고리즘과 가격체계에 대한 설계변수는 국지적 분야 특화변수이며, 최상 레벨 전역적 변수로 분할된다. 예를 들어, 차량 하위 문제는 구동계 요소와 같은 국지적 차량 파라미터 $\mathbf{v}_\ell$을 최적화할 수 있다. 반면 다른 분야에 의해서도 사용되는 차량 용량과 같은 파라미터는 $\mathbf{v}_g$로 전역적으로 제어된다.

차량과 센서 시스템 간의 밀접한 결합은 순차적 최적화에 의해 잘 다루기 어렵다. 차량 하위 문제에 의한 변화는 센서 하위 문제에 의해 즉시 알려지는 반면, 센서 하위 문제의 차량 하위 문제에 대한 영향은 다음 반복 시행까지 알려지지 않는다.

모든 분석이 자기 자신의 하위 문제를 요구하는 것은 아니다. 이익 분석은 어떠한 국지적 설계변수를 갖지 않아서 하위 문제 블록을 필요로 하지 않고 수행될 수 있다.

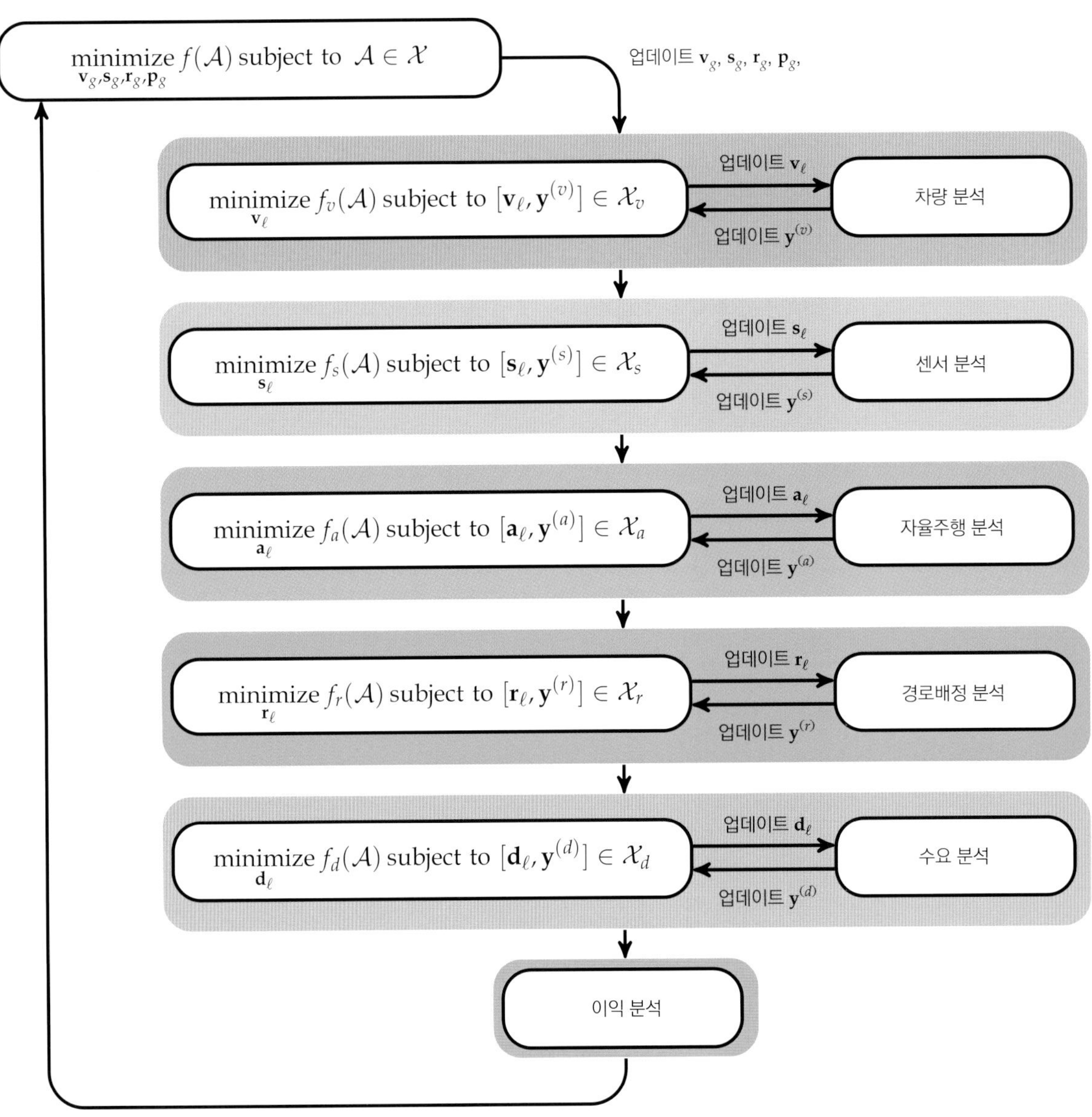

▲ **그림 21.8** 승차공유 문제에 적용된 순차적 최적화 구조

21.6 개별 분야 실현 가능

개별 분야 실현 가능IDF, Individual Discipline Feasible 구조는 비용이 큰 다분야 통합 설계 분석을 실행할 필요를 없애고, 분야 분석을 병렬적으로 수행할 수 있도록 한다. 분야 간 일관성이 실행 내내 유지되는 것을 보장하지 못하며, 최종적 일치성이 최적화 기제의 등식 제약을 통해 부여된다. 일관성이 다분야 통합 분석에서 부여되는 것이 아니라 오히려 최적화 기제 그 자체에 부여된다.

IDF는 결합변수coupling variables를 설계 공간에 도입한다. 각 분야에 대해 추가 벡터 $\mathbf{c}^{(i)}$가 최적화 문제에 더해져 반응변수 $\mathbf{y}^{(i)}$의 별칭 역할을 한다. 반응변수는 각각의 정의역 분석에 의해 계산될 때까지 알려지지 않는다. 즉 결합변수를 포함함으로써 최적화 기제가 분석을 병렬화해 실행할 때 동시에 여러 분야에 대한 추정치를 제공할 수 있도록 한다. 결합과 반응변수의 등식관계는 전형적으로 반복을 통해 도달한다. 등식은 각 분야에 대한 최적화 제약으로 $\mathbf{c}^{(i)} = \mathbf{y}^{(i)}$이다.

그림 21.9는 일반적인 IDF 구조를 보여 준다. 시스템 레벨 최적화 기제는 결합변수에 대해 작동하며, 이들을 사용해 각 반복 시행에서 분야 분석에 복사되는 할당을 다음과 같이 채워 나간다.

$$\mathcal{A}[\mathbf{x}, \mathbf{y}^{(1)}, \ldots, \mathbf{y}^{(m)}] \leftarrow [\mathbf{x}, \mathbf{c}^{(1)}, \ldots, \mathbf{c}^{(m)}] \tag{21.5}$$

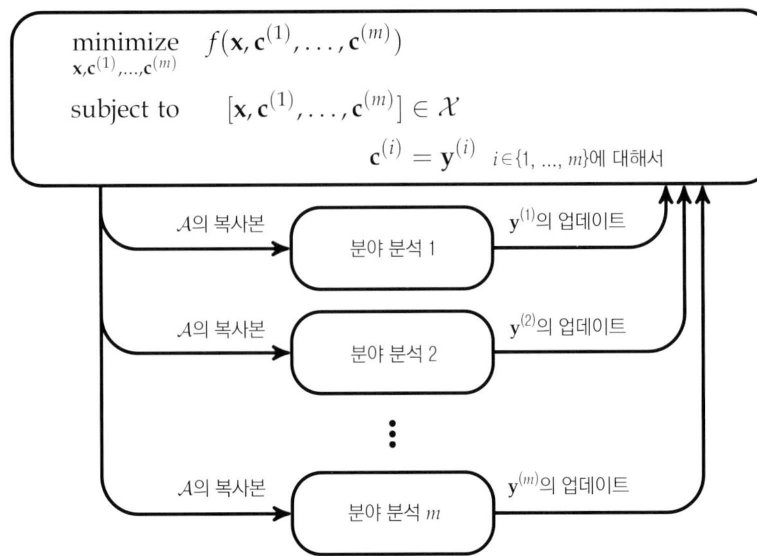

◀ **그림 21.9** 개별 분야 실현 가능 구조는 분야 분석이 병렬로 실행할 수 있도록 한다. 21장에서는 분야 분석이 입력을 변이한다고 가정해 시스템 레벨 최적화 기제의 할당의 복사본이 각 분야 분석으로 넘겨진다.

분석을 병렬로 실행하는 여유가 생겼음에도 IDF는 최상 레벨만의 최적화이므로 순차 최적화와 같이 정의역-특화 최적화 절차를 활용할 수 없다는 단점을 갖는다. 더군다나 최적화 기제는 반드시 추가적인 등식 제약을 만족해야만 하므로 최적화할 더 많은 변수를 갖는다. IDF는 선택된 탐색 방향이 반드시 그림 21.10에서 보인 바와 같이 제약식을 고려해야 하기 때문에 그래디언트 기반의 최적화를 수행하기 힘들다. 설계변수의 변화로 인해 결합변수가 분야 분석에 대해 실현 불가능하게 되면 안 된다. 분야 분석의 비용이 많이 들 때 목적과 제약 함수의 그래디언트를 평가하는 것은 매우 큰 비용이 든다.

개별 분야 실현 가능 구조가 그림 21.11에서 승차공유 문제에 적용된다.

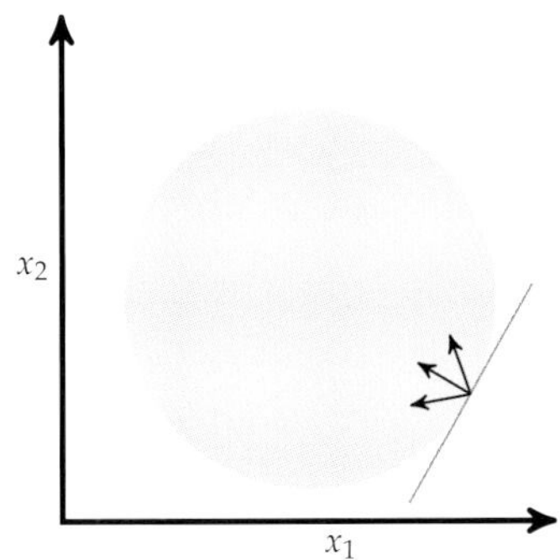

▲ **그림 21.10** 제약식 경계상의 점에서 탐색 방향은 반드시 실현 가능 집합으로 이끌어져야 한다.

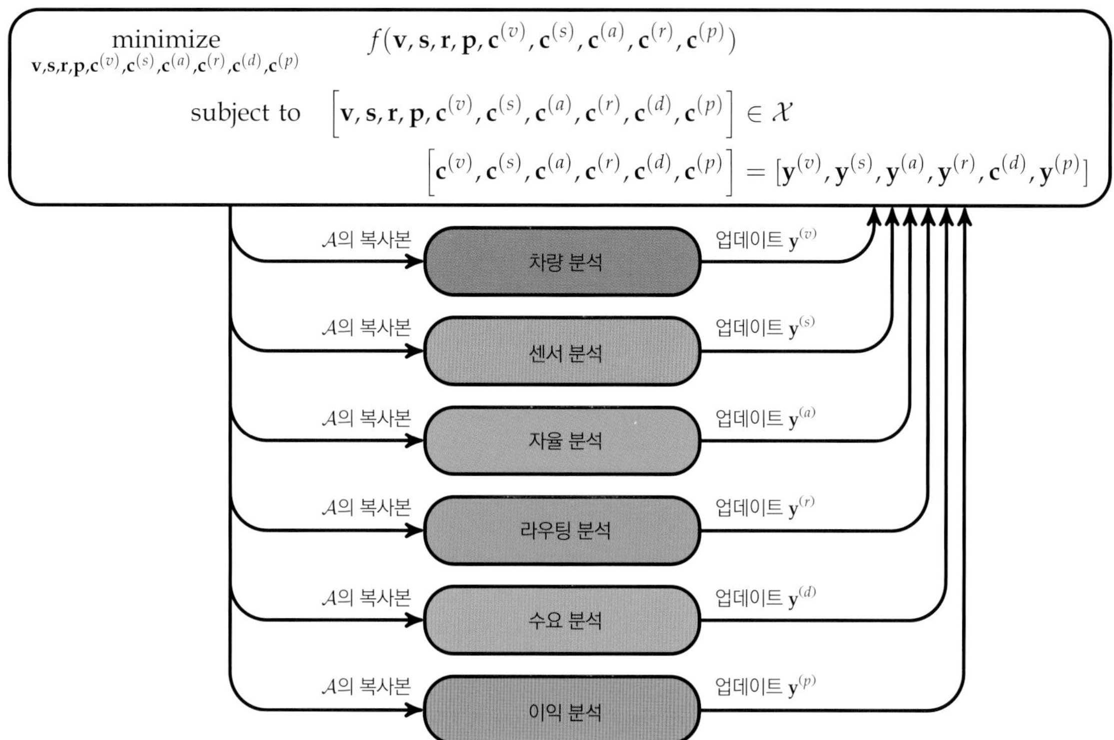

▲ **그림 21.11** 승차공유 문제에 적용된 개별 분야 실현 가능 구조. 개별 설계 실현 가능 구조는 분석의 병렬 실행을 가능하게 한다. 그러나 시스템 레벨 최적화는 매우 큰 개수의 변수들을 최적화해야만 한다.

21.7 협업 최적화

협업 최적화collaborative optimization 구조(그림 21.12)는 문제를 국지적 설계변수와 분야 특화 제약식에 대한 완전한 제어를 갖는 분야별 하위 문제로 나눈다. 하위 문제는 분야에 특화된 도구를 사용해 풀 수 있으며, 병렬적으로 최적화될 수 있다.

i번째 하위 문제는 다음의 형태를 갖는다.

$$\begin{aligned} \underset{\mathbf{x}^{(i)}}{\text{minimize}} \quad & f_i(\mathbf{x}^{(i)}, \mathbf{y}^{(i)}) \\ \text{subject to} \quad & [\mathbf{x}^{(i)}, \mathbf{y}^{(i)}] \in \mathcal{X}_i \end{aligned} \tag{21.6}$$

여기서 $\mathbf{x}^{(i)}$는 설계변수 $\mathbf{x}$와 반응변수 $\mathbf{y}$의 부분 집합을 포함한다. 제약식은 해가 분야 특화 제약식을 만족하는 것을 보장한다.

분야 간 일관성은 전역적 변수 $\mathbf{x}_g^{(i)}$와 $\mathbf{y}_g^{(i)}$가 모든 분야 간 일치할 것을 요구한다. 적어도 하나의 하위 문제에 존재하는 모든 전역적 설계와 반응변수에 해당하는 변수를 포함하는 결합변수 집합 $\mathcal{A}_g$를 정의한다. 일치성은 각 $\mathbf{x}_g^{(i)}$와 $\mathbf{y}_g^{(i)}$가 해당 결합변수와 매치되도록 제약함으로써 부여된다.

$$\mathbf{x}_g^{(i)} = \mathcal{A}_g[\mathbf{x}_g^{(i)}] \quad \text{그리고} \quad \mathbf{y}_g^{(i)} = \mathcal{A}_g[\mathbf{y}_g^{(i)}] \tag{21.7}$$

여기서 $\mathcal{A}_g[\mathbf{x}_g^{(i)}]$와 $\mathcal{A}_g[\mathbf{y}_g^{(i)}]$는 i번째 분야의 전역적 설계와 반응변수에 해당하는 결합변수다. 이 제약식은 하위 문제 목적 함수를 사용해 다음과 같이 부여된다.

$$f_i = \left\| \mathbf{x}_g^{(i)} - \mathcal{A}_g[\mathbf{x}_g^{(i)}] \right\|_2^2 + \left\| \mathbf{y}_g^{(i)} - \mathcal{A}_g[\mathbf{y}_g^{(i)}] \right\|_2^2 \tag{21.8}$$

각 하위 문제는 따라서 결합변수로부터 최소로 벗어나는 실현 가능한 해를 찾는다.

하위 문제는 목적 함수를 최소화하는 결합변수 $\mathcal{A}_g$를 최적화하는 시스템 레벨 최적화 기제에 의해 관리된다. 결합변수의 예를 평가하는 것은 각 분야의 하위 문제를 특히 병렬로 실행해야 한다.

분야별 하위 문제는 최적화 프로세스에서 결합변수로부터 벗어날 수 있다. 이 이격은 2개 이상의 분야가 어떤 변수에 대해 일치하지 않거나 하위 문제 제약식이 시스템 레벨의 최적화에 의해 설정된 타깃값들과 매치되지 않도록 할 때 발생한다. 각 분야에 대한 최상 레벨 제약식 $f_i = 0$은 궁극적으로 결합이 달성되도록 보장한다.

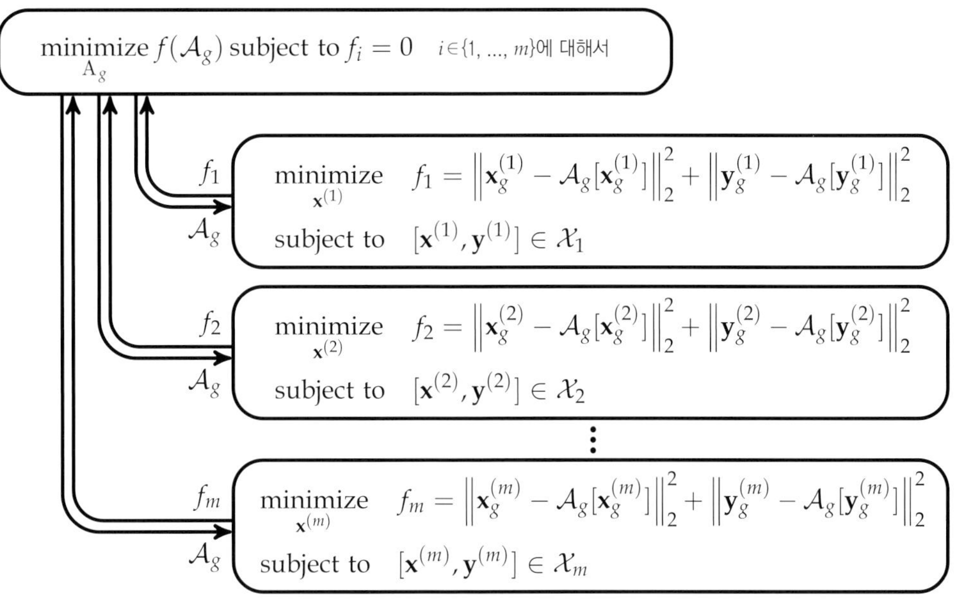

▲ **그림 21.12** 협업 최적화를 위한 설계 구조

협업 최적화의 주요 이점은 어떤 설계변수를 분야 하위 문제로 격리시킬 수 있는 능력에서 나온다. 협업 최적화는 실제 세계의 다분야 통합 문제풀이에 쉽게 적용되고, 전형적으로 각 분야별로 잘 분리되며, 이에 따라 다른 분야에서 이뤄진 작은 결정에 의해 크게 영향을 받지 않는다. 탈중앙적[decentralized]인 공식화는 전통적인 분야 최적화 방법이 적용되는 것을 허용해 문제 설계자가 기존 툴과 방법을 활용할 수 있다.

협업 최적화는 설계와 반응변수 모두를 포함하는 결합변수에 대한 최적화를 요구한다. 추가적인 결합변수가 국지적 최적화의 편익을 초과할 수 있으므로 결합이 커지는 경우는 성과가 나쁠 수 있다.

협업 최적화는 단일 최적화 문제를 해가 결합되면 동일한 해를 갖게 되는 더 작은 집합의 최적화 문제로 분해한 분산 구조[distributed architecture]다. 분산 구조는 하위 문제를 병렬로 최적화할 수 있으므로 해를 푸는 시간을 줄이는 이점을 갖는다.

예제 21.6에서 협업 최적화가 승차공유 문제에 적용된다.

예제 21.6 승차공유 문제에 협업 최적화를 적용한 예제

6개의 상이한 분야 하위 문제를 만들어서 협업 최적화 구조를 차량 경로배정 문제에 적용할 수 있다. 불행히도 6개의 상이한 하위 문제는 분야 간에 공유하는 어떤 변수도 전역적 레벨에서 최적화돼야 하는 것을 요구한다.

그림 21.13은 차량, 센서, 자율주행 분야를 수송 하위 문제로, 수요와 이익 분야를 네트워크 하위 문제로 그룹화해 얻은 2개의 분야 하위 문제를 보여 준다. 각 하위 문제로 그룹화된 분야들은 밀접하게 결합된다. 단지 2개의 하위 문제를 가짐으로써 시스템 레벨의 최적화 기제에 의해 고려되는 전역적 변수의 수를 현격하게 줄인다. 왜냐하면 매우 적은 수의 설계변수가 수송과 네트워트 하위 문제 모두에 의해 직접 사용되기 때문이다.

하위 문제들은 각각 그 자체가 21장에서 다룬 기법을 사용하는 최적화가 다룰 수 있는 다분야 통합 최적화 문제다. 예를 들어, 수송 하위 문제 내에서는 순차적 최적화를 사용할 수 있다. 또한 네트워크 하위 문제 내에서는 또 하나의 협업 최적화 인스턴스를 더할 수 있다.

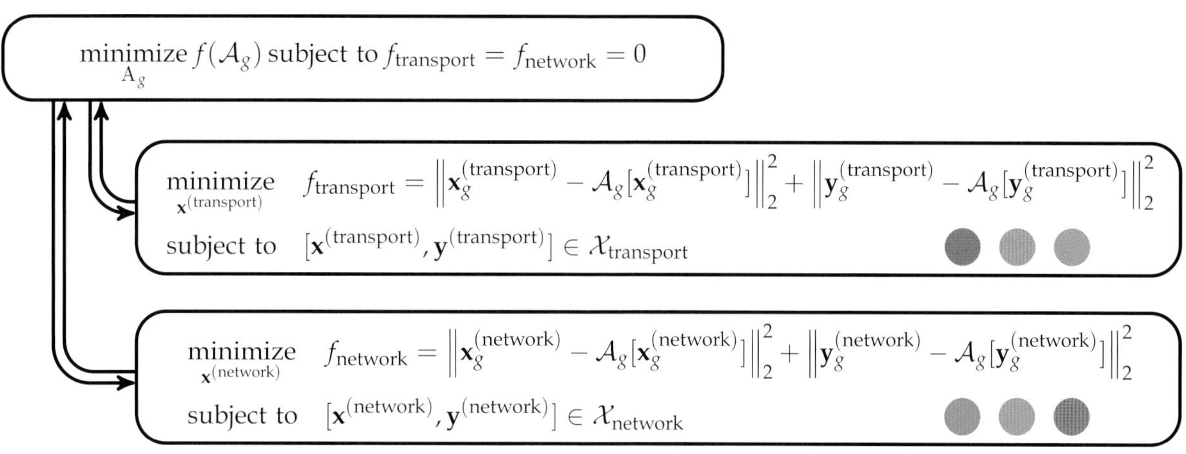

▲ **그림 21.13** 승차공유 문제에 적용된 협업 최적화 구조. 색깔이 있는 원은 각 하위 문제 내에 포함된 분야 분석에 해당한다.

21.8 연립 분석과 설계

연립 분석과 설계SAND, Simultaneous Analysis and Design 구조는 최적화 기제가 분석을 실행하도록 함으로써 다분야 통합 분석 간의 조정이라는 핵심적 문제를 피한다. 잔차residual를 얻고자 분석 $F_i(\mathcal{A})$를 실행하는 대신 SAND는 제약식 $F_i(\mathcal{A}) = \mathcal{A}$하에서 설계와 반응변수 모두를 최적화한다. 최적화 기제는 설계변수 최적화를 동시에 수행해 상응하는 반응변수들을 찾는다.

어떤 분야 분석도 잔차형residual form으로 변화될 수 있다. 잔차 $r_i(\mathcal{A})$는 할당 $\mathcal{A}$가 i번째 분야와 일관성이 있는지를 가리키는 데 사용된다. 만약 $F_i(\mathcal{A}) = \mathcal{A}$이면 $r_i(\mathcal{A}) = 0$이다. 아니면, $r_i(\mathcal{A}) \neq 0$이다. 분야 분석을 사용해 다음과 같은 잔차형을 얻을 수 있다.

$$r_i(\mathcal{A}) = \left\| F_i(\mathcal{A}) - \mathcal{A}[\mathbf{y}^{(i)}] \right\| \tag{21.9}$$

예제 21.7에서 예시된 바와 같이 이는 전형적으로 비효율적이긴 하다.

식 $\mathbf{Ay} = \mathbf{x}$를 푸는 분야 분석을 고려하자. 분석은 $F(\mathbf{x}) = \mathbf{A}^{-1}\mathbf{x}$이며, 이는 비용이 큰 역행렬 연산을 요구한다. 식 (21.9)를 이용해 잔차형을 구축할 수 있다.

$$r_1(\mathbf{x}, \mathbf{y}) = \|F(\mathbf{x}) - \mathbf{y}\| = \left\|\mathbf{A}^{-1}\mathbf{x} - \mathbf{y}\right\|$$

또는 원제약식을 이용해 다음과 같은 더 효율적인 잔차형을 구축할 수 있다.

$$r_2(\mathbf{x}, \mathbf{y}) = \|\mathbf{Ay} - \mathbf{x}\|$$

예제 21.7 분야 분석을 잔차로 평가하는 것은 전형적으로 생산적이지 않다. 분석은 문제를 풀고자 추가적인 작업이 필요하다. 반면 더 깨끗한 잔차형은 입력이 일관성이 있는지 더 효율적으로 확인할 수 있다.

한 분야의 잔차형은 분야 분석에 의해 푸는 분야식 집합으로 구성된다.[10] 분야 분석을 실행하는 것보다 잔차를 평가하는 것이 흔히 훨씬 용이하다. SAND 그림 21.14에서 분야 분석은 최적화 기제의 몫이다.

$$\underset{\mathcal{A}}{\text{minimize}}\ f(\mathcal{A})\ \text{subject to}\ \ \mathcal{A} \in \mathcal{X},\ \ r_i(\mathcal{A}) = 0 \quad \text{각 분야에 대해서}$$

▲ **그림 21.14** 연립 분석과 설계는 최적화 기제에 전체적인 부담을 가한다. 이는 분야 분석이 아니라 분야 잔차를 사용한다.

10 항공 역학에서 이들은 네이비에-스토크(Navier-Stokes) 방정식을 포함한다. 구조 공학에서 이들은 탄력성 방정식을 포함한다. 전자공학에서 이들은 전류에 대한 미분 방정식을 포함한다.

그림 21.15에서 보이는 바와 같이, SAND는 잔차식에 대해 실행 불가능한 설계 공간 영역을 탐험한다. 실행 불가능한 영역을 탐험함으로써 설계 공간을 더욱 용이하게 가로지를 수 있으며, 시작 설계점의 실현 가능한 영역과 분리된 실현 가능 영역에서 해를 발견할 수 있다. SAND는 미분값과 다른 분야 특화 전문성이 접근 가능하지 않은 수많은 변수들을 동시에 최적화해야 하는 어려움이 있다. 게다가 SAND는 분야 분석보다 더 효율적으로 계산될 수 있는 잔차로부터 많은 값을 얻는다. 효율적인 잔차형을 구하고자 기존의 분야 분석 코드를 수정할 수 없으므로 SAND를 실제 세계 응용에 사용하는 것은 흔히 제한적이다.

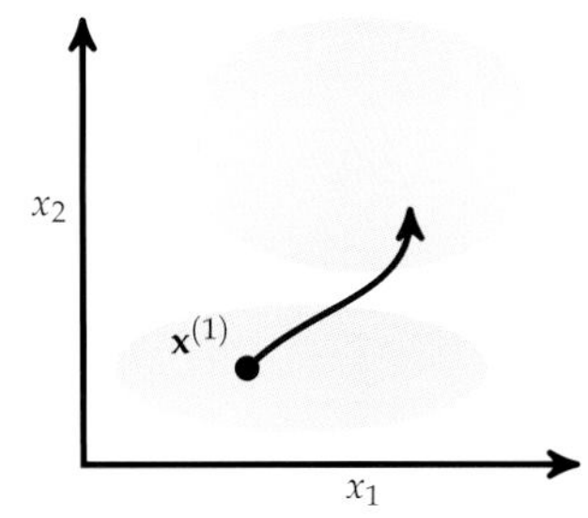

▲ **그림 21.15** SAND는 실행 불가능 설계 공간 영역을 탐험하고, 잠재적으로 실현 가능한 부분 집합 간의 간격을 메꾼다.

SAND는 예제 21.8에서 승차공유 문제에 적용된다.

예제 21.8 승차공유 문제에 적용된 SAND

SAND를 승차공유 문제에 적용하는 것은 분야 잔차를 요구한다. 이는 잠재적으로 모든 설계와 반응변수에 의존할 수 있다. 이 구조를 위해서 최적화 기제가 모든 설계변수와 모든 반응변수를 최적화해야 한다.

$$
\begin{aligned}
\underset{\mathbf{v},\mathbf{s},\mathbf{r},\mathbf{p},\mathbf{y}^{(v)},\mathbf{y}^{(s)},\mathbf{y}^{(a)},\mathbf{y}^{(r)},\mathbf{y}^{(d)},\mathbf{y}^{(p)}}{\text{minimize}} \quad & f\left(\mathbf{v},\mathbf{s},\mathbf{r},\mathbf{p},\mathbf{y}^{(v)},\mathbf{y}^{(s)},\mathbf{y}^{(a)},\mathbf{y}^{(r)},\mathbf{y}^{(d)},\mathbf{y}^{(p)}\right) \\
\text{subject to} \quad & \left[\mathbf{v},\mathbf{s},\mathbf{r},\mathbf{p},\mathbf{y}^{(v)},\mathbf{y}^{(s)},\mathbf{y}^{(a)},\mathbf{y}^{(r)},\mathbf{y}^{(d)},\mathbf{y}^{(p)}\right] \in \mathcal{X} \\
& r_v(\mathbf{v},\mathbf{s},\mathbf{r},\mathbf{p},\mathbf{y}^{(v)},\mathbf{y}^{(s)},\mathbf{y}^{(a)},\mathbf{y}^{(r)},\mathbf{y}^{(d)},\mathbf{y}^{(p)}) = 0 \\
& r_s(\mathbf{v},\mathbf{s},\mathbf{r},\mathbf{p},\mathbf{y}^{(v)},\mathbf{y}^{(s)},\mathbf{y}^{(a)},\mathbf{y}^{(r)},\mathbf{y}^{(d)},\mathbf{y}^{(p)}) = 0 \\
& r_a(\mathbf{v},\mathbf{s},\mathbf{r},\mathbf{p},\mathbf{y}^{(v)},\mathbf{y}^{(s)},\mathbf{y}^{(a)},\mathbf{y}^{(r)},\mathbf{y}^{(d)},\mathbf{y}^{(p)}) = 0 \\
& r_r(\mathbf{v},\mathbf{s},\mathbf{r},\mathbf{p},\mathbf{y}^{(v)},\mathbf{y}^{(s)},\mathbf{y}^{(a)},\mathbf{y}^{(r)},\mathbf{y}^{(d)},\mathbf{y}^{(p)}) = 0 \\
& r_d(\mathbf{v},\mathbf{s},\mathbf{r},\mathbf{p},\mathbf{y}^{(v)},\mathbf{y}^{(s)},\mathbf{y}^{(a)},\mathbf{y}^{(r)},\mathbf{y}^{(d)},\mathbf{y}^{(p)}) = 0 \\
& r_p(\mathbf{v},\mathbf{s},\mathbf{r},\mathbf{p},\mathbf{y}^{(v)},\mathbf{y}^{(s)},\mathbf{y}^{(a)},\mathbf{y}^{(r)},\mathbf{y}^{(d)},\mathbf{y}^{(p)}) = 0
\end{aligned}
$$

21.9 요약

- 다분야 통합 설계 최적화는 다분야에 대한 추론과 결합변수 간의 일관성을 요구한다.
- 분야 분석은 흔히 의존성 순환을 최소화하도록 정렬된다.
- 다분야 통합 설계 문제는 최적화 프로세스를 개선하고자 문제 특성을 활용하는 상이한 구조로 구조화될 수 있다.
- 다분야 통합 설계 실현 가능 구조는 느린 그리고 잠재적으로 수렴하지 않는 다분야 통합 설계 분석의 사용을 통해서 실현 가능성과 일치성을 유지한다.

- 순차적 최적화는 각 분야가 분야특화 변수를 최적화할 수 있도록 하지만 항상 최적 설계를 산출하는 것은 아니다.
- 개별 분야 실현 가능 구조는 결합변수들을 전역적 최적화 기제에 더하는 비용을 초래하지만, 분석의 병렬 실행을 가능하게 한다.
- 협업 최적화는 동일한 변수들을 국지적으로 최적화하고자 정의역 전문성을 활용할 수 있는 하부 최적화 기제를 포함한다.
- 연립 분석과 설계 구조는 설계 분석을 잔차로 대체해 최적화 기제가 일관성 있는 해를 발견할 수 있도록 한다. 하지만 분야 해 기법을 직접 사용할 수는 없다.

21.10 연습문제

연습 21.1 실제 공학 문제의 다분야 통합 예제를 제공하라.

연습 21.2 분석의 순서가 중요한 다분야 통합 문제의 추상적 예를 제공하라.

연습 21.3 다분야 통합 설계 실현 가능과 순차적 최적화에 대한 개별 분야 실현 가능 구조의 장점은 무엇인가?

연습 21.4 변형deformation과 하중loading이 분리된 분야에 의해 계산되는 날개의 무게를 최소화하는 문제에 다분야 통합 설계 분석을 적용하는 것을 고려하자. 날개가 비틀린 스프링에 의해 지지되는 수평으로 장착된 진자pendulum인 단순화된 문제를 사용한다.

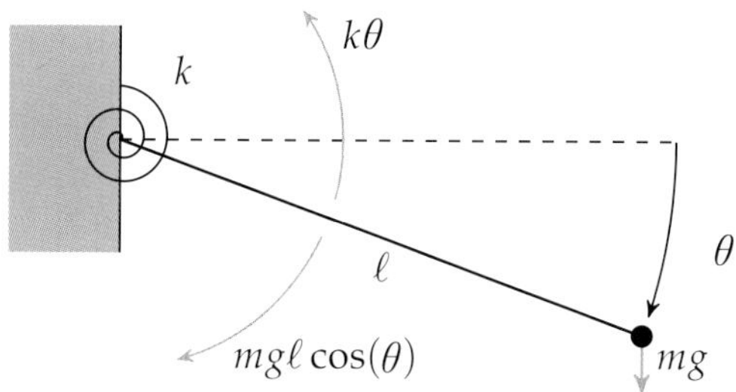

목적은 추의 변이displacement가 타깃 임곗값을 넘지 않도록 하는 스프링의 강성stiffness k를 최소화는 것이다. 추의 길이 ℓ, 추의 점질량 m과 중력 상수 g는 고정이다.

항공기 날개의 변형과 하중을 계산하는 데 사용되는 더 정교한 분석 대신 단순화된 분석을 사용한다. 추가 딱딱하다고 가정하면 하중 모멘트 M은 $mg\ell\cos(\theta)$와 같다. 뒤틀린 스프링은 추의 각도 변형 θ가 M/k가 되도록 변형에 저항한다.

스프링-추 문제를 다분야 통합 설계 구조하에서 공식화하고, 다음의 구조에 따라 해를 구하라.

$$m = 1\,\text{kg}, \ell = 1\,\text{m}, g = 9.81\,\text{m}\,\text{s}^{-2}, \theta_{\text{max}} = 10\,\text{rad}$$

연습 21.5 스프링-추 문제를 개별 설계 실현 가능 구조로 공식화하라.

연습 21.6 스프링-추 문제를 협업 최적화 구조로 공식화하라. 2개의 분야 최적화 문제와 시스템 레벨 최적 문제를 제시하라.

A 줄리아

줄리아Julia는 무료이고 공개 소스의 과학적 프로그램 언어다.[1] 줄리아는 파이썬, 매트랩, R로부터 영감을 얻은 상대적으로 새로운 언어다. 줄리아를 이 책에서 사용하기로 선택한 이유는 하이 레벨high level[2]이어서 매우 빠른 한편 간결하게 표현되고 읽을 수 있기 때문이다. 이 책에서는 줄리아 버전 1.0을 사용한다. 이 부록은 이 책에 포함된 코드를 이해하는 데 필요한 개념을 소개한다.

1 줄리아는 http://julialang.org에서 구할 수 있다.

2 C++ 같은 언어와는 대조적으로 줄리아는 메모리 관리를 걱정하는 프로그래밍과 다른 세부 사항을 요구하지 않는다.

A.1 타입

줄리아는 참값, 숫자, 문자열, 배열, 튜플과 딕셔너리와 같은 데이터를 표현할 수 있는 다양한 기본 타입type을 가진다. 사용자는 자신의 타입을 정의할 수 있다. A.1절에서는 기본 타입 몇 개를 사용하고, 새로운 타입을 정의하는 법을 설명한다.

A.1.1 불리언

Bool로 표기된 줄리아에서의 불리언Boolian 타입은 true와 false 값을 포함한다. 이들 값을 변수에 대입할 수 있다. 변수명은 약간의 제약을 가미하면 문자열일 수 있으며, 이는 유니코드Unicode를 포함한다.

```
done = false
α = false
```

등식의 왼쪽이 변수명이고 오른쪽이 값이다.

줄리아 콘솔console에서도 대입할 수 있다. 콘솔은 평가되는 표현식에 대한 반응을 반환한다.

```
julia> x = true
true
julia> y = false
false
julia> typeof(x)
Bool
```

표준 불리언 연산이 지원된다.

```
julia> !x      # 부정(not)
false
julia> x && y # 동시성립(and)
false
julia> x || y # 또는(or)
true
```

심벌은 라인의 나머지 부분이 주석comment이고 평가돼서는 안 된다는 것을 가리킨다.

A.1.2 숫자

줄리아는 정수와 부동점 숫자를 다음에 보이는 바와 같이 지원한다.

```
julia> typeof(42)
Int64
julia> typeof(42.0)
Float64
```

여기서 Int64는 64비트 정수를 표기하고, Float64는 64비트 부동점 값을 나타낸다.[3] 또한 표준 수학연산을 수행할 수 있다.

3 32비트 머신에서는 42와 같은 정수 리터럴(integer literal: 변수나 상수에 저장되는 값 자체 – 옮긴이)이 Int32로 해석된다.

```
julia> x = 4
4
julia> y = 2
2
julia> x + y
6
julia> x - y
2
julia> x * y
8
julia> x / y
2.0
julia> x ^ y
16
julia> x % y # 나머지 (x modulo y)
0
```

x와 y가 정수일 때도 x/y의 결과가 Float64임을 기억하라. 또한 이 연산들을 대입assignment과 동시에 수행할 수 있다. 예를 들어, x += 1은 x = x+1의 축약된 표현이다.

또한 비교comparison할 수 있다.

```
julia> 3 > 4
false
julia> 3 >= 4
false
julia> 3 ≥ 4 # 유니코드도 사용 가능
false
julia> 3 < 4
true
julia> 3 <= 4
```

```
true
julia> 3 ≤ 4 # 유니코드도 사용 가능
true
julia> 3 == 4
false
julia> 3 < 4 < 5
true
```

A.1.3 문자열

문자열string은 문자의 배열이다. 문자열은 특정 오류를 보고할 때 이외에는 이 책에서 많이 사용되지는 않는다. String 타입의 객체는 " 문자를 사용해 만들 수 있다. 예를 들어, 다음과 같다.

```
julia> x = "optimal"
"optimal"
julia> typeof(x)
String
```

A.1.4 벡터

벡터vector는 순서열 값을 저장하는 1차원 배열이다. 꺾쇠괄호를 사용해 벡터를 만들 수 있고, 쉼표로 원소를 구분한다. 아래 예제에서의 세미콜론semicolon은 출력을 내지 않도록 한다.

```
julia> x = [];                         # 공벡터
julia> x = trues(3);                   # 3개의 true를 포함하는 불리언 벡터
julia> x = ones(3);                    # 3개의 1을 가진 벡터
julia> x = zeros(3);                   # 3개의 0를 가진 벡터
julia> x = rand(3);                    # 3개의 0과 1 사이의 랜덤 숫자 벡터
julia> x = [3, 1, 4];                  # 정수 벡터
julia> x = [3.1415, 1.618, 2.7182]; # 실수 벡터
```

벡터를 생성하고자 배열의 축약 표현식array comprehension이 사용될 수 있다. 아래에 print 함수를 사용해 출력을 수평으로 프린트한다.

```
julia> print([sin(x) for x = 1:5])
[0.841471, 0.909297, 0.14112, -0.756802, -0.958924]
```

벡터 타입을 검사할 수 있다.

```
julia> typeof([3, 1, 4])              # 1차원 Int64 배열
Array{Int64,1}
julia> typeof([3.1415, 1.618, 2.7182]) # 1차원 Float64 배열
Array{Float64,1}
```

꺾쇠괄호를 이용해 인덱스를 벡터에 삽입할 수 있다.

```
julia> x[1]       # 인덱스 1의 첫 번째 원소
3.1415
julia> x[3]       # 세 번째 원소
2.7182
julia> x[end]     # 배열의 끝을 참조하고자 end 사용
2.7182
julia> x[end - 1] # 마지막에서 두 번째 원소를 반환한다.
1.618
```

배열로부터 일정 범위의 원소를 추출할 수 있다. 범위는 콜론 표기를 사용해 지정할 수 있다.

```
julia> x = [1, 1, 2, 3, 5, 8, 13];
julia> print(x[1:3])      # 처음 3개의 원소를 추출한다.
[1, 1, 2]
julia> print(x[1:2:end])  # 원소를 하나씩 건너뛰어 추출한다.
[1, 2, 5, 13]
julia> print(x[end:-1:1]) # 반대 순서로 모든 원소를 추출한다.
[13, 8, 5, 3, 2, 1, 1]
```

배열에 대한 다양한 연산을 수행할 수 있다. 함수의 끝의 느낌표는 흔히 함수가 입력을 변이(즉 변화)한다는 것을 가리키고자 사용된다.

```
julia> print([x, x])           # 결합한다.
Array{Int64,1}[[1, 1, 2, 3, 5, 8, 13], [1, 1, 2, 3, 5, 8, 13]]
julia> length(x)
7
```

```
julia> print(push!(x, -1))        # 원소를 끝에 추가한다.
[1, 1, 2, 3, 5, 8, 13, -1]
julia> pop!(x)                    # 마지막 원소를 제거한다.
-1
julia> print(append!(x, [2, 3])) # x의 끝에 y를 붙인다.
[1, 1, 2, 3, 5, 8, 13, 2, 3]
julia> print(sort!(x))            # 벡터의 원소를 정렬한다.
[1, 1, 2, 2, 3, 3, 5, 8, 13]
julia> x[1] = 2; print(x)         # 처음 원소를 2로 바꾼다.
[2, 1, 2, 2, 3, 3, 5, 8, 13]
julia> x = [1, 2];
julia> y = [3, 4];
julia> print(x + y)               # 벡터를 더한다.
[4, 6]
julia> print(3x - [1, 2])         # 스칼라를 곱하고 벡터를 차감한다.
[2, 4]
julia> print(dot(x, y))           # 점곱(내적)
11
julia> print(x·y)                 # 유니코드 문자를 사용한 점곱
11
```

흔히 다양한 원소별 함수를 벡터에 적용하는 것이 유용하다.

```
julia> print(x .* y)   # 원소별 곱셈
[3, 8]
julia> print(x .^ 2)   # 원소별 제곱
[1, 4]
julia> print(sin.(x))  # 원소별 sin 적용
[0.841471, 0.909297]
julia> print(sqrt.(x)) # 원소별 제곱근 적용
[1.0, 1.41421]
```

A.1.5 행렬

행렬matrix은 2차원 배열이다. 벡터와 같이 꺾쇠괄호를 이용해 만들 수 있다. 공간을 이용해 같은 행의 원소를 구분할 수 있고, 세미콜론을 이용해 행을 구분할 수

있다. 또한 인덱스를 행렬에 삽입할 수 있고 범위를 이용해 부분 행렬을 출력할 수 있다.

```
julia> X = [1 2 3; 4 5 6; 7 8 9; 10 11 12];
julia> typeof(X)         # 2차원 정수(Int64) 배열
Array{Int64,2}
julia> X[2]              # 열 우선순위 정렬을 사용한 두 번째 원소
4
julia> X[3,2]            # 세 번째 행과 두 번째 열의 원소
8
julia> print(X[1,:])     # 첫 번째 행 추출
[1, 2, 3]
julia> print(X[:,2])     # 두 번째 열 추출
[2, 5, 8, 11]
julia> print(X[:,1:2])   # 처음 2열 추출
[1 2; 4 5; 7 8; 10 11]
julia> print(X[1:2,1:2]) # x의 좌상 2x2 행렬 추출
[1 2; 4 5]
```

또한 다양한 특수행렬을 구축할 수 있고, 배열 축약 표현식을 사용할 수 있다.

```
julia> print(Matrix(1.0I, 3, 3))          # 3x3 항등 행렬
[1.0 0.0 0.0; 0.0 1.0 0.0; 0.0 0.0 1.0]
julia> print(Matrix(Diagonal([3, 2, 1]))) # 대각 원소가 3, 2, 1인 3x3 대각 행렬
[3 0 0; 0 2 0; 0 0 1]
julia> print(rand(3,2))                   # 3x2 랜덤 행렬
[0.000281914 0.388884; 0.543776 0.263469; 0.337295 0.0481282]
julia> print(zeros(3,2))                  # 3x2 0행렬
[0.0 0.0; 0.0 0.0; 0.0 0.0]
julia> print([sin(x + y) for x = 1:3, y = 1:2]) # 배열 축약형
[0.909297 0.14112; 0.14112 -0.756802; -0.756802 -0.958924]
```

행렬 연산은 다음을 포함한다.

```
julia> print(X')       # 복소수 켤레 전치
[1 4 7 10; 2 5 8 11; 3 6 9 12]
julia> print(3X .+ 2)  # 스칼라 곱하기와 스칼라 더하기
[5 8 11; 14 17 20; 23 26 29; 32 35 38]
julia> X = [1 3; 3 1]; # 역행렬 가능한 행렬 생성
```

```
julia> print(inv(X))   # 역행렬을 취함
[-0.125 0.375; 0.375 -0.125]
julia> det(X)          # 행렬식
-8.0
julia> print([X X])    # 수평 결합
[1 3 1 3; 3 1 3 1]
julia> print([X; X])   # 수직 결합
[1 3; 3 1; 1 3; 3 1]
julia> print(sin.(X))  # 원소별 sin 함수 적용
[0.841471 0.14112; 0.14112 0.841471]
```

A.1.6 튜플

튜플tuple은 순서를 갖고 정렬된 값들의 리스트다. 이들은 괄호parenthesis로 만들어진다. 배열과 유사하지만 변이될 수 없다.

```
julia> x = (1,) # 꼬리의 쉼표에 의해 표시되는 단일 원소 튜플
(1,)
julia> x = (1, 0, [1, 2], 2.5029, 4.6692) # 세 번째 원소는 벡터다.
(1, 0, [1, 2], 2.5029, 4.6692)
julia> x[2]
0
julia> x[end]
4.6692
julia> x[4:end]
(2.5029, 4.6692)
julia> length(x)
5
```

A.1.7 딕셔너리

딕셔너리dictionary는 키-값 쌍key-value pair의 모음이다. 키-값 쌍은 이중화살표 연산으로 표기된다. 꺾쇠괄호를 사용해 배열이나 튜플처럼 인덱스를 딕셔너리에 삽입할 수 있다.

```
julia> x = Dict(); # 공 딕셔너리
julia> x[3] = 4 # 4를 키 3에 연관한다.
4
julia> x = Dict(3=>4, 5=>1) # 2개의 키-값 쌍으로 딕셔너리를 생성
Dict{Int64,Int64} with 2 entries:
  3 => 4
  5 => 1
julia> x[5]         # 키 5에 연관된 값 반환
1
julia> haskey(x, 3) # 딕셔너리가 키 3을 가졌는지를 검사
true
julia> haskey(x, 4) # 딕셔너리가 키 4를 가졌는지를 검사
false
```

A.1.8 복합 타입

복합 타입[composite type]은 이름을 가진 필드의 모음이다. 자동적으로 복합 타입의 인스턴스는 변이 불가능[immutable]하다(즉 변화할 수 없다). struct 키워드[keyword][4]를 사용해 새로운 타입에 이름을 부여하고 필드의 이름을 리스트한다.

[4] 예약된 문자열 – 옮긴이

```
struct A
    a
    b
end
```

키워드 mutable을 더하면 인스턴스가 변화할 수 있다.

```
mutable struct B
    a
    b
end
```

복합 타입은 괄호를 사용해 만들어지는데 괄호 사이에 상이한 필드값을 전달한다. 예를 들어,

```
x = A(1.414, 1.732)
```

이중-콜론double-colon은 필드 타입에 대한 주석을 다는 데 사용된다.

```
struct A
    a::Int64
    b::Float64
end
```

이 주석달기annotation로 첫째 필드에는 Int64를 전달하고, 둘째 필드에는 Float64를 전달해야만 한다. 간결성을 위해 이 책에서는 타입 주석달기를 사용하지 않지만, 이로 인해 성능의 희생을 감수해야 한다. 타입 주석달기를 하면 컴파일러가 특정 타입을 위한 기저 코드를 최적화할 수 있으므로 줄리아가 실행 시간 성능을 향상할 수 있다.

A.1.9 추상 타입

이제까지 우리가 작성할 수 있는 구체적 타입concrete type을 논의했다. 그러나 구체적 타입은 타입 계층type hierarchy의 단지 일부다. 또한 추상 타입abstract type이 존재하며, 이는 구체적 타입과 다른 추상 타입의 상위 타입supertype이다.

supertype과 subtype 함수를 사용해 그림 A.1에서 보인 Float64 타입의 타입 계층을 살펴본다.

```
julia> supertype(Float64)
AbstractFloat
julia> supertype(AbstractFloat)
Real
julia> supertype(Real)
Number
julia> supertype(Number)
Any
julia> supertype(Any)          # Any는 계층의 최상위에 있다.
Any
julia> subtypes(AbstractFloat) # 다른 여러 형태의 추상실수(AbstractFloats)
4-element Array{Any,1}:
 BigFloat
```

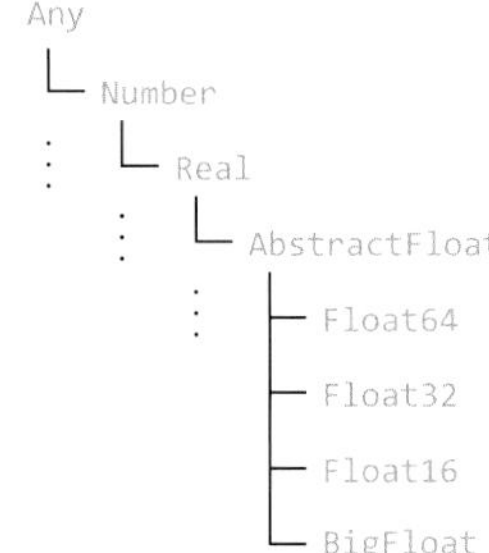

▲ 그림 A.1 Float64에 대한 타입 계층

```
 Float16
 Float32
 Float64
julia> subtypes(Float64)      # Float64는 어떠한 하위 타입(subtype)도 가질 수 없다.
0-element Array{Type,1}
```

자신만의 추상 타입을 정의할 수 있다.

```
abstract type C end
abstract type D <: C end # D는 C의 추상 하위 타입(abstract subtype)이다.
struct E <: D # E는 D의 하위 타입인 복합 타입(composite type)이다.
    a
end
```

A.1.10 파라미터 타입

줄리아는 파라미터를 취하는 타입인 파라미터 타입parameter type을 지원한다. 이미 딕셔너리 예에서 파라미터 타입을 봤다.

```
julia> x = Dict(3=>4, 5=>1)
Dict{Int64,Int64} with 2 entries:
3 => 4
5 => 1
```

이는 Dict{Int64, Int64}를 생성한다. 파라미터 타입의 파라미터는 괄호 안에 리스트되며, 쉼표로 구분된다. 딕셔너리 타입에 대해 첫째 파라미터는 키 타입을 지정하고, 둘째 파라미터는 값 타입을 지정한다. 줄리아는 입력을 기반으로 이를 추론하지만, 명시적으로 지정할 수도 있다.

```
julia> x = Dict{Int64,Int64}(3=>4, 5=>1)
Dict{Int64,Int64} with 2 entries:
3 => 4
5 => 1
```

자신만의 파라미터 타입을 정의할 수 있다. 그러나 이 책에서는 이를 사용하지 않는다.

A.2 함수

함수[function]는 인수 튜플[argument tuple]을 반환값[return value]으로 매핑[mapping]하는 객체[object]다. A.2절에서는 함수를 정의하는 법과 작동하는 법을 논의한다.

A.2.1 함수명

함수명을 정의하는 한 방법은 함수명과 인수명 튜플이 따르는 함수 키워드를 사용하는 것이다.

```
function f(x, y)
    return x + y
end
```

대입 형태[assignment form]를 사용해 함수를 간결하게 정의할 수도 있다.

```
julia> f(x, y) = x + y;
julia> f(3, 0.1415)
3.1415
```

A.2.2 익명 함수

익명 함수[anonymous function]는 이름이 있는 변수에 대입될 수 있지만, 이름이 주어지지 않는다. 익명 함수를 정의하는 법은 화살표 연산을 사용하는 것이다.

```
julia> h = x -> x^2 + 1 # 익명 함수를 변수에 할당한다.
#1 (1 메서드를 가진 일반 함수)
julia> g(f, a, b) = [f(a), f(b)]; # 함수 f를 a와 b에 적용하고 배열을 반환한다.
julia> g(h, 5, 10)
2-element Array{Int64,1}:
  26
 101
julia> g(x->sin(x)+1, 10, 20)
2-element Array{Float64,1}:
```

```
0.4559788891106302
1.9129452507276277
```

A.2.3 선택적 인수

초기 설정값으로 설정해 선택적 인수optional argument를 지정할 수 있다.

```
julia> f(x = 10) = x^2;
julia> f()
100
julia> f(3)
9
julia> f(x, y, z = 1) = x*y + z;
julia> f(1, 2, 3)
5
julia> f(1, 2)
3
```

A.2.4 키워드 인수

키워드 인수keyword argument를 가진 함수는 세미콜론을 사용해 정의한다.

```
julia> f(; x = 0) = x + 1;
julia> f()
1
julia> f(x = 10)
11
julia> f(x, y = 10; z = 2) = (x + y)*z;
julia> f(1)
22
julia> f(2, z = 3)
36
julia> f(2, 3)
10
julia> f(2, 3, z = 1)
5
```

A.2.5 함수 과부하

함수로 전달되는 인수 타입이 이중 콜론 연산을 사용해 지정될 수 있다. 만약 동일 이름을 가진 여러 함수가 제공되면 줄리아는 적절한 함수를 실행한다.

```
julia> f(x::Int64) = x + 10;
julia> f(x::Float64) = x + 3.1415;
julia> f(1)
11
julia> f(1.0)
4.141500000000001
julia> f(1.3)
4.4415000000000004
```

가장 구체적인 함수의 구현이 사용된다.

```
julia> f(x) = 5;
julia> f(x::Float64) = 3.1415;
julia> f([3, 2, 1])
5
julia> f(0.00787499699)
3.1415
```

A.3 제어 흐름

조건부 평가와 루프[loop]를 이용해 프로그램의 흐름을 제어한다. A.3절은 이 책에서 사용된 구문 몇 개를 제공한다.

A.3.1 조건부 평가

조건부 평가[conditional evaluation]는 불리언 표현식의 값을 체크하며, 그러고 나서 적절한 코드 블록을 평가한다. 이를 수행하는 가장 일반적인 방법 중 하나는 if문을 사용하는 것이다.

```
if x < y
    # x < y이면 이를 실행하라.
elseif x > y
    # x > y이면 이를 실행하라.
else
    # x==y이면 이를 실행하라.
end
```

물음표와 콜론 구문을 가진 3중 연산자ternary operator를 사용할 수도 있다. 이는 물음표 이전에 불리언 표현식을 체크한다. 만약 표현식이 참으로 평가되면 콜론 이전에 오는 것을 반환한다. 그렇지 않으면 콜론 다음의 것을 반환한다.

```
julia> f(x) = x > 0 ? x : 0;
julia> f(-10)
0
julia> f(10)
10
```

A.3.2 루프

루프loop는 표현식의 반복 평가를 허용한다. 루프의 한 형태로서 while 루프가 있다. 이는 while 키워드 다음의 특정 조건이 만족될 때까지 표현식 블록을 반복적으로 평가한다. 다음 예는 배열 x의 값을 합한다.

```
x = [1, 2, 3, 4, 6, 8, 11, 13, 16, 18]
s = 0
while x != []
    s += pop!(x)
end
```

또 하나의 루프 형태는 for 루프다. 이는 for 키워드를 사용한다. 다음 예도 배열 x의 값을 합하나, x를 수정하지는 않는다.

```
x = [1, 2, 3, 4, 6, 8, 11, 13, 16, 18]
s = 0
for i = 1:length(x)
```

```
    s += x[i]
end
```

=는 in 또는 ∈로 대체될 수 있다. 다음 코드 블록은 동일하다.

```
x = [1, 2, 3, 4, 6, 8, 11, 13, 16, 18]
s = 0
for y in x
    s += y
end
```

A.4 패키지

패키지package는 줄리아 코드와 추가적 기능을 제공하도록 임포트될 수 있는 다른 외부 라이브러리들의 모음이다. 줄리아는 내장 패키지 관리자를 갖고 있다. 등록된 패키지는 https://julialang.org/packages/에서 발견할 수 있다. Distribution.jl가 같은 등록된 패키지를 추가하고자 다음을 실행한다.

```
Pkg.add("Distributions")
```

패키지를 업데이트하고자 다음을 사용한다.

```
Pkg.update()
```

패키지를 사용하고자 키워드 using을 사용한다.

```
using Distributions
```

이 책의 여러 코드 블록이 using을 사용해 패키지 임포트package import를 지정한다. 어떤 코드 블록은 명시적으로 임포트되지 않은 패키지를 사용한다. 예를 들어, var 함수는 Statistics.jl에 의해 제공되고, 황금비율 φ는 Base.MathConstants.jl에서 정의된다. 다른 제외된 패키지는 InteractivUtils.jl, Iterators.jl, LinearAlgebra.jl, QuadGK.jl, RAndome.jl, StatsBase.jl이다.

B
테스트 함수

최적화를 연구하는 사람들은 최적화 알고리즘을 테스트하고자 여러 테스트 함수를 사용한다. 부록 B는 이 책에서 사용한 여러 테스트 함수를 다룬다.

B.1 액클리 함수

액클리 함수Ackley's function(그림 B.1)는 특정 방법의 국지적 극소점에 갇히는 민감도를 테스트하고자 사용한다. 이는 여러 국지적 극소점을 생성하는 삼각 함수sinusoidal 요소와 함수의 전역적 극소점을 구축하는 원점에 중심이 있는 지수 종모양 곡선exponential bell curve의 주요 요소 2개로 구성된다.

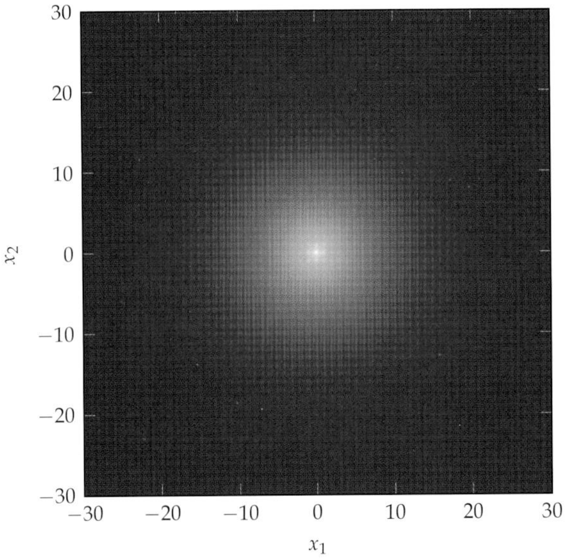

◀ **그림 B.1** 액클리 함수의 2차원 버전. 전역 극소점은 원점에 있다.

액클리 함수는 어떤 차원 수 d에 대해 다음과 같이 정의된다.

$$f(\mathbf{x}) = -a \exp\left(-b\sqrt{\frac{1}{d}\sum_{i=1}^{d} x_i^2}\right) - \exp\left(\frac{1}{d}\sum_{i=1}^{d}\cos(cx_i)\right) + a + \exp(1) \quad \text{(B.1)}$$

원점이 전역 극소점이고 최적값은 0이다. 전형적으로 $a = 20$, $b = 0.2$, $c = 2\pi$다. 액클리 함수는 알고리즘 B.1에 의해 구현된다.

```
function ackley(x, a=20, b=0.2, c=2π)
    d = length(x)
    return -a*exp(-b*sqrt(sum(x.^2)/d)) -
              exp(sum(cos.(c*xi) for xi in x)/d) + a +
end
```

알고리즘 B.1 d차원 입력 벡터 x와 3개의 선택적 파라미터를 가진 액클리 함수

B.2 부스 함수

부스 함수Booth's Function(그림 B.2)는 2차원 2차 함수다.

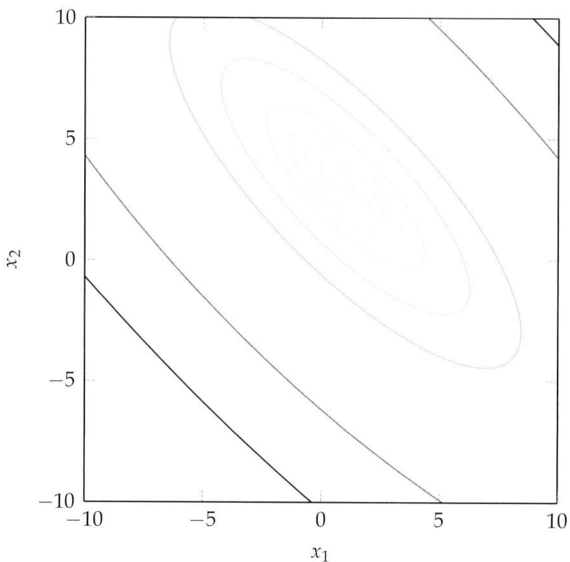

◀ **그림 B.2** 전역 극소점을 [1, 3]에 가진 부스 함수

식은 다음에 의해 주어진다.

$$f(\mathbf{x}) = (x_1 + 2x_2 - 7)^2 + (2x_1 + x_2 - 5)^2 \tag{B.2}$$

전역 극소점은 [1, 3]에 있고, 최적값은 0이다. 알고리즘 B.2에 의해 구현된다.

```
booth(x) = (x[1]+2x[2]-7)^2 + (2x[1]+x[2]-5)^2
```

알고리즘 B.2 2차원 입력 벡터를 가진 부스 함수

B.3 브라닌 함수

브라닌 함수Branin function(그림 B.3)는 2차원 함수다.

$$f(\mathbf{x}) = a(x_2 - bx_1^2 + cx_1 - r)^2 + s(1-t)\cos(x_1) + s \tag{B.3}$$

추천값은 $a=1$, $b=5.1/(4\pi)^2$, $c=5/\pi$, $r=6$, $s=10$, $t=1/(8\pi)$다.

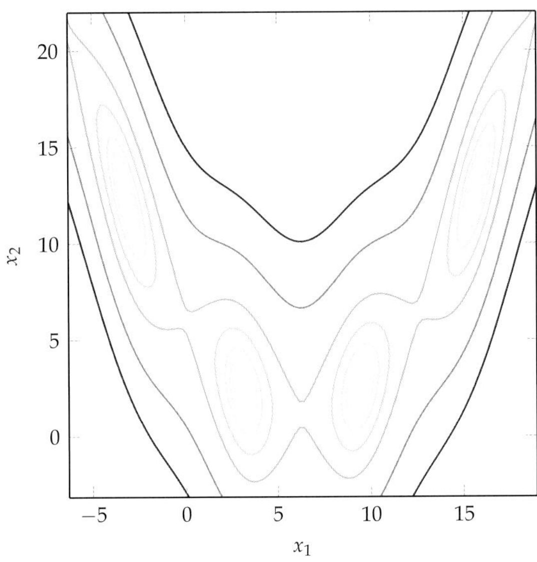

◀ **그림 B.3** 4개의 전역 극소점을 가진 브라닌 함수

이는 정수 m에 대해 $x_1 = \pi + 2\pi m$의 전역적 극소점 이외의 국지적 극소점이 없다.

$$\left\{ \begin{bmatrix} -\pi \\ 12.275 \end{bmatrix}, \begin{bmatrix} \pi \\ 2.275 \end{bmatrix}, \begin{bmatrix} 3\pi \\ 2.475 \end{bmatrix}, \begin{bmatrix} 5\pi \\ 12.875 \end{bmatrix} \right\} \tag{B.4}$$

이때 $f(\mathbf{x}^*) \approx 0.397887$이다. 이는 알고리즘 B.3에 의해 구현된다.

```
function branin(x; a=1, b=5.1/(4π^2), c=5/π, r=6, s=10, t=1/(8π))
    return a*(x[2]-b*x[1]^2+c*x[1]-r)^2 + s*(1-t)*cos(x[1]) + s
end
```

알고리즘 B.3 2차원 입력 벡터 x와 6개의 선택적 파라미터가 있는 브라닌 함수

B.4 플라워 함수

플라워 함수flower funciton(그림 B.4)는 등고선 함수가 원점에서 뻗어 나온 꽃잎과 같은 2차원 테스트 함수다.

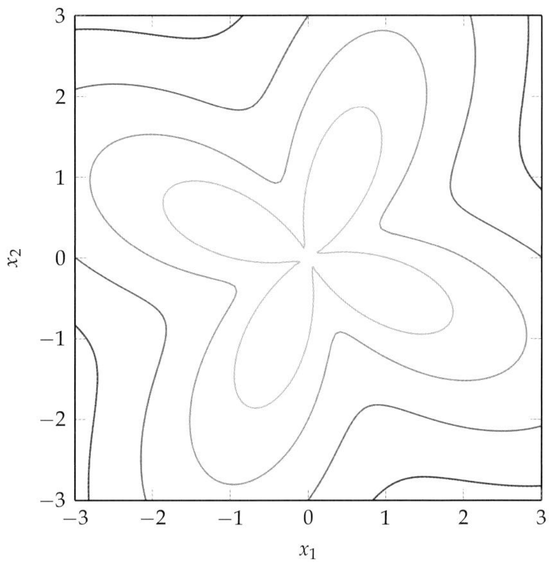

◀ **그림 B.4** 플라워 함수

식은 다음과 같다.

$$f(\mathbf{x}) = a\|\mathbf{x}\| + b\sin(c\tan^{-1}(x_2, x_1)) \tag{B.5}$$

전형적으로 파라미터는 $a = 1$, $b = 1$, $c = 4$로 설정된다.

플라워 함수는 원점 주변에서 최소화되지만, [0, 0]에서 atan[1]이 정의가 되지 않으므로 전역적 극소점을 갖지 못한다. 이는 알고리즘 B.4로 구현된다.

1 아크탄젠트(arctangent)를 가리키며, 탄젠트의 역함수다. – 옮긴이

알고리즘 B.4 2차원 입력 벡터 x와 3개의 선택적 파라미터를 가진 플라워 함수

```
function flower(x; a=1, b=1, c=4)
    return a*norm(x) + b*sin(c*atan(x[2], x[1]))
end
```

B.5 미칼레비츠 함수

미칼레비츠 함수Michalewicz function(그림 B.5)는 여러 개의 가파른 계곡을 가진 d차원 최적화 함수다.

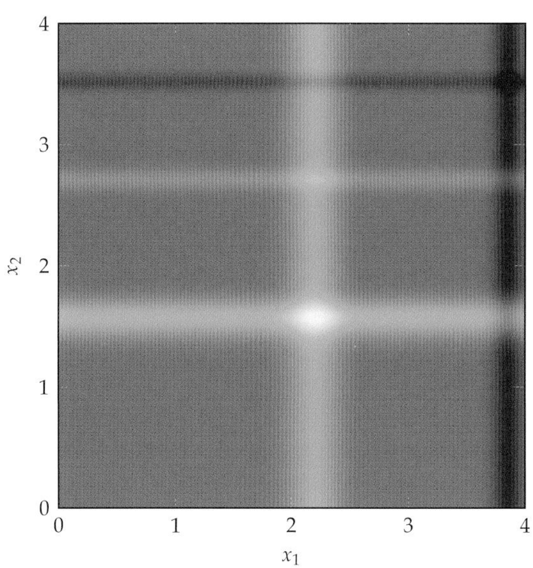

그림 B.5 미칼레비츠 함수

식은 다음과 같다.

$$f(\mathbf{x}) = -\sum_{i=1}^{d} \sin(x_i) \sin^{2m}\left(\frac{ix_i^2}{\pi}\right) \tag{B.6}$$

파라미터 m은 전형적으로 10이며, 가파름steepness을 제어한다. 전역적 극소점은 차원의 수에 의존한다. 2차원에서 극소점은 대략 [2.20, 1.57]에 존재하며, $f(\mathbf{x}^*) = -1.8011$이다. 이는 알고리즘 B.5에 의해 구현된다.

```
function michalewicz(x; m=10)
    return -sum(sin(v)*sin(i*v^2/π)^(2m) for
                (i,v) in enumerate(x))
end
```

알고리즘 B.5 입력 벡터 x와 선택적 경사도 파라미터 m을 가진 미칼레비츠 함수

B.6 로젠브록의 바나나 함수

로젠브록 함수Rosenbrock function(그림 B.6)는 로젠브록의 계곡valley 또는 로젠브록의 바나나 함수banana function로도 불리는 1960년에 로젠브록에 의해 개발된 잘 알려진 비제약 테스트 함수다.[2] 이는 긴, 곡선의 계곡 내에 전역적 극소점을 갖는다. 대부분의 알고리즘은 계곡을 찾는 데는 문제가 없지만, 전역적 극소점을 찾고자 계곡을 따라 가로지르는 데는 어려움을 갖는다.

2 H. H. Rosensbrock, " An Automatic Method for Finding the Greatest or Least Value of a Function," *The Computer Journal*, vol. 3, no. 3, pp. 175–184, 1960.

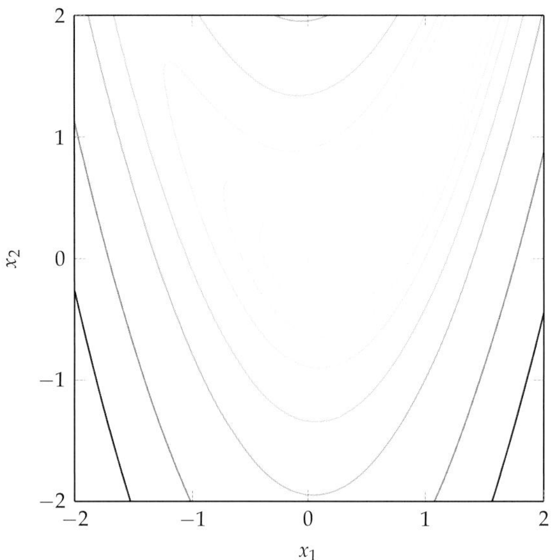

◀ **그림 B.6** $a=1$이고, $b=5$인 로젠브록 함수. 전역적 극소점은 [1, 1]에 존재한다.

로젠브록 함수는 다음과 같다.

$$f(\mathbf{x}) = (a - x_1)^2 + b(x_2 - x_1^2)^2 \tag{B.7}$$

전역적 극소점은 $[a,\ a^2]$에 존재하며, $f(\mathbf{x}^*) = 0$이다. 이 책에서는 $a = 1$과 $b = 5$를 사용한다. 로젠브록 함수는 알고리즘 B.6에 의해 구현된다.

```
rosenbrock(x; a=1, b=5) = (a-x[1])^2 + b*(x[2] - x[1]^2)^2
```

알고리즘 B.6 2차원 입력 벡터와 2개의 선택적 파라미터를 가진 로젠브록 함수

B.7 윌러의 릿지

윌러의 능선Wheeler's ridge(그림 B.7)은 하나의 전역적 극소점을 깊은 곡선 정점에서 갖는 2차원 함수다. 함수는 첫째 좌표축을 양의 방향과 음의 방향으로 따르는 2개의 능선(산등성이)을 갖는다. 그래디언트 하강법은 음의 방향 축 능선을 따르면서 발산할 것이다. 이 함수는 최적점으로부터 멀리까지 그리고 능선에서 매우 평평하다.

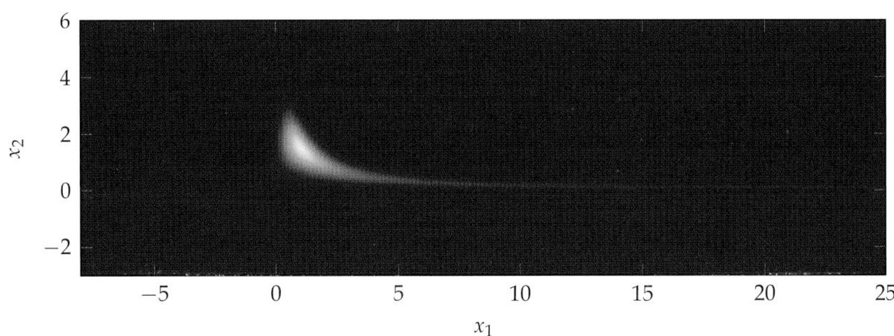

◀ **그림 B.7** 윌러의 능선은 2개의 능선과 전역적 극소점을 포함하는 정점을 보여준다.

함수는 다음과 같이 주어진다.

$$f(\mathbf{x}) = -\exp(-(x_1x_2 - a)^2 - (x_2 - a)^2) \qquad \text{(B.8)}$$

전형적으로 a는 1.5로 설정되고 이에 대해 전역적 최적점은 [1, 3/2]에서 1이다.

윌러의 능선은 $x_1 \in [0, 3]$과 $x_2 \in [0, 3]$에 걸쳐 평가될 때 다음과 같은 평활한smooth 등고선 그림(그림 B.8)을 가진다. 이는 알고리즘 B.7에 의해 구현된다.

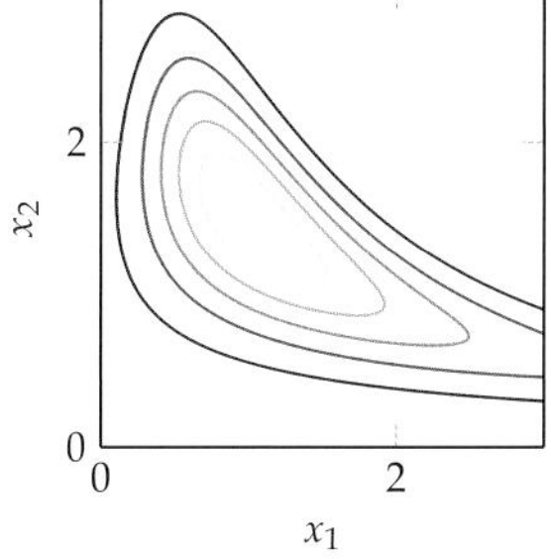

▲ **그림 B.8** 윌러 능선의 극소점이 존재하는 영역의 등고선 그림

```
wheeler(x, a=1.5) = -exp(-(x[1]*x[2] - a)^2 -(x[2]-a)^2)
```

알고리즘 B.7 2차원 설계점 x와 선택적 스칼라 파라미터 a를 입력으로 취하는 윌러의 능선

B.8 원형 함수

원형 함수circular function(알고리즘 B.8)는 다음으로 주어진 단순한 다목적 테스트 함수다.

$$\mathbf{f}(\mathbf{x}) = \begin{bmatrix} 1 - r\cos(\theta) \\ 1 - r\sin(\theta) \end{bmatrix} \tag{B.9}$$

여기서 $\theta = x_1$이고 r은 x_2를 다음 식에 전달함으로써 구한다.

$$r = \frac{1}{2} + \frac{1}{2}\left(\frac{2x_2}{1 + x_2^2}\right) \tag{B.10}$$

파레토 경계는 $r = 1$, $\text{mod}\ (\theta,\ 2\pi) \in [0,\ \pi/2]$ 또는 $r = -1$, $(\theta,\ 2\pi) \in [\pi,\ 3\pi/2]$를 갖는다.[3]

3 mod(x, y)는 x를 y로 나눈 나머지를 반환한다. – 옮긴이

```
function circle(x)
    θ = x[1]
    r = 0.5 + 0.5*(2x[2]/(1+x[2]^2))
    y1 = 1 - r*cos(θ)
    y2 = 1 - r*sin(θ)
    return [y1, y2]
end
```

알고리즘 B.8 2차원 설계점 x를 취하는 원형 함수로 2차원 목적값을 산출한다.

C
수학 개념

부록 C는 최적화 방법의 도출과 분석에 사용된 수학적 개념을 다룬다. 이들 개념은 이 책 전체에 걸쳐 사용된다.

C.1 점근 표기법

점근 표기법asymptotic notation은 종종 함수의 증가를 특징짓고자 사용된다. 이는 빅오big-Oh 표기법으로도 불리는데 함수의 증가율은 종종 order(차수)로 표현되고, 문자 O가 사용되기 때문이다. 이 표기법은 수치 방법에 연관된 오차 또는 알고리즘의 시간 또는 공간 복잡성을 묘사하는 데도 사용될 수 있다. 이 표기법은 인수가 특정값으로 접근할 때 함수의 상계를 제공한다.

수학적으로 만약 $x \to a$로 접근할 때, $f(x) = O(g(x))$이면 $f(x)$의 절댓값은 a에 충분히 가까운 x에 대해 $g(x)$의 절댓값에 어떤 양의 유한 상수 c를 곱한 값에 의해 유계를 갖는다.

$$|f(x)| \le c|g(x)| \quad \text{for } x \to a \tag{C.1}$$

$f(x) = O(g(x))$로 표기하는 것은 등호의 일반적 남용이다. 예를 들어, $x^2 = O(x^2)$이고, $2x^2 = O(x^2)$이지만, 물론 $x^2 \ne 2 \times 2$이다. 어떤 수학 교과서에서는 $O(g(x))$가 $g(x)$보다 더 빨리 증가하지 않는 모든 함수의 집합을 표현한다. 이를테면 $5x^2 \in O(x^2)$으로 표기할 것이다. 점근 표기법의 예가 예제 C.1에 주어진다.

만약 $f(x)$가 항들의 선형 결합linear combination[1]이면 $O(f)$는 가장 빨리 증가하는 항의 차수다. 예제 C.2는 여러 항의 차수를 비교한다.

1 선형 결합은 항들의 가중 합이다. 만약 항이 벡터 $\mathbf{x}$ 안에 있으면 선형 결합은 $w_1x_1 + w_2x_2 + \cdots = \mathbf{w}^\top\mathbf{x}$다.

예제 C.1 상수를 곱한 함수의 점근 표기

$x \to \infty$일 때 $f(x) = 10^6 e^x$인 함수를 고려하자. 여기서 f는 상수 10^6과 e^x의 곱이다. 상수가 유계 상수 c에 결합될 수 있다.

$$\begin{aligned} |f(x)| &\le c|g(x)| \\ 10^6|e^x| &\le c|g(x)| \\ |e^x| &\le c|g(x)| \end{aligned}$$

따라서 $x \to \infty$일 때 $f = O(e^x)$이다.

예제 C.2 항들의 선형 결합을 발견하는 예

$f(x) = \cos(x) + x + 10x^{3/2} + 3x^2$을 고려하자. 여기서 f는 항들의 선형 결합이다. 항 $\cos(x)$, x, $x^{3/2}$, x^2을 x가 무한대로 접근함에 따라 증가순으로 정렬한다. $f(x)$를 $c|g(x)|$를 따라 그린다. 여기서 c는 $c|g(x=2)|$가 $f(x=2)$를 넘도록 각 항에 대해서 선택됐다.

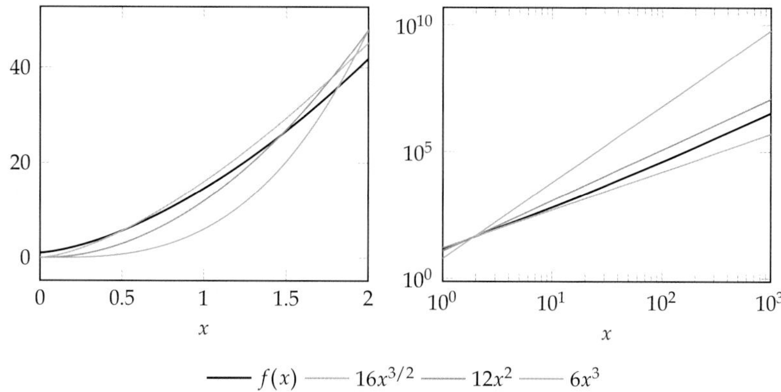

충분히 큰 값의 x에 대해서 $f(x)$가 $c|x^{3/2}|$보다 항상 작게 하는 c는 존재하지 않는다. 이는 $\cos(x)$와 x에 대해서도 마찬가지다.

$f(x) = O(x^3)$임을 알 수 있고, 일반적으로 $f(x) = e^x$와 같은 다른 함수 클래스와 함께 $m \geq 2$에 대해서 $f(x) = O(x^m)$이다. 차수^order^를 논의할 때 전형적으로 가장 엄격한^tightest^ 상계를 제공하는 차수를 논의한다. 따라서 $x \to \infty$일 때 $f = O(x^2)$이다.

C.2 테일러 전개

테일러 전개^Taylor expansion^는 테일러 급수^Taylor series^라고도 불리며, 이 책에서 다룬 많은 최적화 방법을 이해하는 데 매우 중요하다. 따라서 여기서 이를 도출한다.

미적분학의 첫째 근본 정리first fundamental theorem of calculus[2]로부터 다음이 성립함을 알 수 있다.

$$f(x+h) = f(x) + \int_0^h f'(x+a)\,da \tag{C.2}$$

정의를 중복해서 적용하면 x 주변의 f의 테일러 전개를 산출한다.

$$f(x+h) = f(x) + \int_0^h \left(f'(x) + \int_0^a f''(x+b)\,db \right) da \tag{C.3}$$

$$= f(x) + f'(x)h + \int_0^h \int_0^a f''(x+b)\,db\,da \tag{C.4}$$

$$= f(x) + f'(x)h + \int_0^h \int_0^a \left(f''(x) + \int_0^b f'''(x+c)\,dc \right) db\,da \tag{C.5}$$

$$= f(x) + f'(x)h + \frac{f''(x)}{2!}h^2 + \int_0^h \int_0^a \int_0^b f'''(x+c)\,dc\,db\,da \tag{C.6}$$

$$\vdots \tag{C.7}$$

$$= f(x) + \frac{f'(x)}{1!}h + \frac{f''(x)}{2!}h^2 + \frac{f'''(x)}{3!}h^3 + \ldots \tag{C.8}$$

$$= \sum_{n=0}^{\infty} \frac{f^{(n)}(x)}{n!}h^n \tag{C.9}$$

위의 공식에서 x는 전형적으로 고정되고, 함수는 h항으로 평가한다. 흔히 어떤 점 a 주변에서 $f(x)$의 테일러 전개로 표현해 x의 함수로 남게 하는 것이 편리하다.

$$f(x+h) = f(x) + \int_0^h f'(x+a)\,da \tag{C.10}$$

테일러 전개는 어떤 일점에서 반복된 미분을 기반으로 함수를 다항식항의 무한합으로 표현한다. 어떤 해석적 함수도 국지적 주변 내의 테일러 전개로 표현할 수 있다.

2 미적분학의 첫째 근본 정리는 다음과 같이 함수를 미분의 적분에 연관시킨다.

$$f(b) - f(a) = \int_a^b f'(x)\,dx$$

함수는 테일러 전개의 처음 몇 개항을 사용해 국지적으로 근사할 수 있다. 그림 C.1은 $x = 1$ 주변에서 $\cos(x)$에 대한 점점 개선되는 근사를 보인다. 더 많은 항들을 포함하면 국지적 근사의 정확도를 증가시킬 수 있지만, 전개점에서 멀어질수록 여전히 오차가 누적된다.

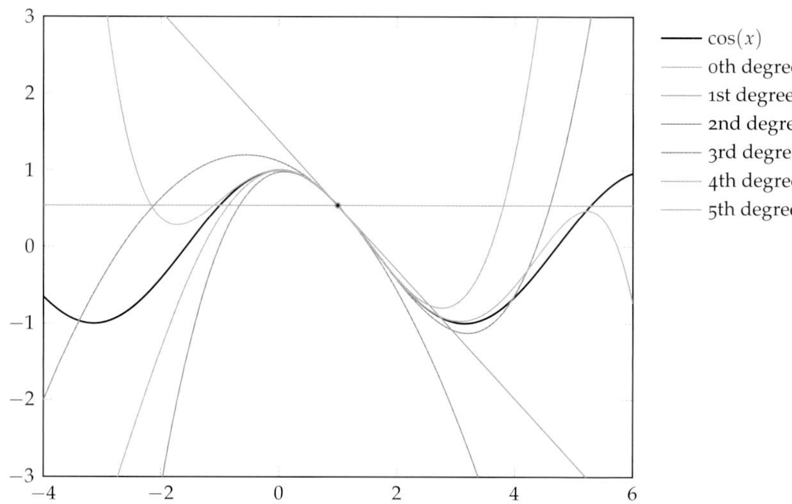

◀ **그림 C.1** 테일러 전개의 처음 n개 항을 기반으로 한 $\cos(x)$의 1주변에서의 연속적인 근사

선형 테일러 전개는 테일러 전개의 처음 2개 항을 사용한다.

$$f(x) \approx f(a) + f'(a)(x - a) \tag{C.11}$$

2차 테일러 전개는 처음 3개 항을 사용한다.

$$f(x) \approx f(a) + f'(a)(x - a) + \frac{1}{2}f''(a)(x - a)^2 \tag{C.12}$$

이런 식으로 계속할 수 있다.

a 주변에서의 테일러 전개는 다차원에서 다음과 같이 일반화된다.

$$f(\mathbf{x}) = f(\mathbf{a}) + \nabla f(\mathbf{a})^\top (\mathbf{x} - \mathbf{a}) + \frac{1}{2}(\mathbf{x} - \mathbf{a})^\top \nabla^2 f(\mathbf{a})(\mathbf{x} - \mathbf{a}) + \dots \quad \text{(C.13)}$$

처음 2개 항은 **a**에서의 탄젠트 평면을 형성한다. 셋째항은 국지적 곡률을 포함한다. 이 책은 여기서 보인 처음 3개 항만을 사용한다.

C.3 볼록성

두 벡터 x와 y의 볼록 결합[convex combination]은 다음의 결과다.

어떤 $\alpha \in [0, 1]$에 대해서

$$\alpha \mathbf{x} + (1 - \alpha)\mathbf{y} \quad \text{(C.14)}$$

볼록 결합은 m개의 벡터로부터 만들어질 수 있다.

$$w_1 \mathbf{v}^{(1)} + w_2 \mathbf{v}^{(2)} + \cdots + w_m \mathbf{v}^{(m)} \quad \text{(C.15)}$$

여기서 **w**는 합이 1인 비음 가중치다.

볼록 집합[convex set]은 집합 내의 어떤 두 점 간을 연결한 선 전체가 집합 내에 있는 집합이다. 수학적으로 만약 다음이 모든 $\mathcal{S}$ 내의 **x**와 **y**와 [0, 1] 내의 모든 **a**에 대해서 성립하면 집합 $\mathcal{S}$는 볼록이다.

$$\alpha \mathbf{x} + (1 - \alpha)\mathbf{y} \in \mathcal{S}. \quad \text{(C.16)}$$

볼록과 비볼록 집합을 다음 그림 C.2에 보인다.

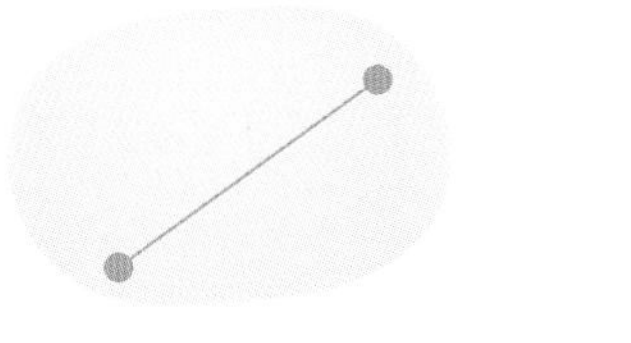
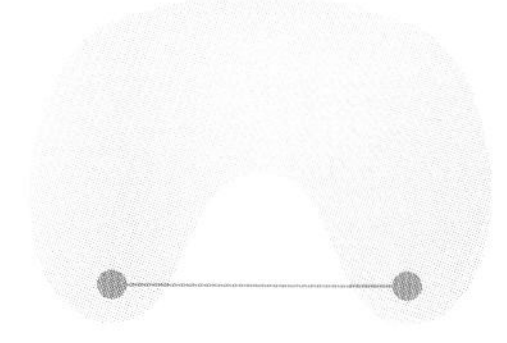

볼록 집합 비볼록 집합

◀ **그림 C.2** 볼록과 볼록이 아닌 집합

볼록 함수convex function는 그 정의역이 볼록 집합인 **접시 모양**bowl-shaped의 함수다. 접시 모양이 의미하는 바는 정의역의 어떤 두 점에 대한 함수를 연결하는 직선은 함수 밑에 놓이지 않는다는 것이다. 모든 $\mathcal{S}$ 내의 $\mathbf{x}$와 $\mathbf{y}$와 [0, 1] 내의 모든 $\mathbf{a}$에 대해서 다음 식이 성립하면 함수 f는 볼록집합 $\mathcal{S}$에 대해서 볼록이다.

$$f(\alpha\mathbf{x} + (1-\alpha)\mathbf{y}) \leq \alpha f(\mathbf{x}) + (1-\alpha)f(\mathbf{y}) \tag{C.17}$$

함수의 볼록과 오목 영역은 그림 C.3에 보인다.

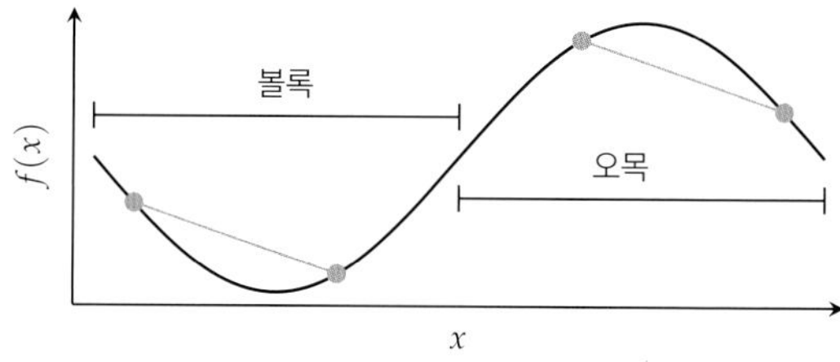

◀ **그림 C.3** 함수의 볼록과 비볼록 부분

모든 $\mathcal{S}$ 내의 $\mathbf{x}$와 $\mathbf{y}$와 (0, 1) 내의 모든 $\mathbf{a}$에 대해서 다음이 성립하면 함수 f는 볼록집합 $\mathcal{S}$에서 **강볼록**strictly convex이다.

$$f(\alpha\mathbf{x} + (1-\alpha)\mathbf{y}) < \alpha f(\mathbf{x}) + (1-\alpha)f(\mathbf{y}) \tag{C.18}$$

강볼록 함수는 많아야 하나의 극소점을 갖는 반면, 볼록 함수는 평평한 영역을 가질 수 있다.[3] 강볼록과 비강볼록의 예제가 그림 C.4에 보인다.

3 볼록 함수의 최적화는 S. Boyd and L. Vandenberghe, *Convex Optimization*, Cambridge University Press, 2004에 저술한 교과서의 주제다.

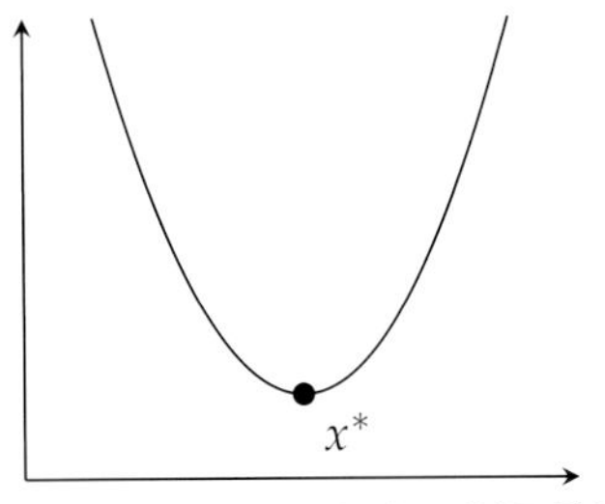

유일한 전역적 극소점을 자는 강볼록 함수

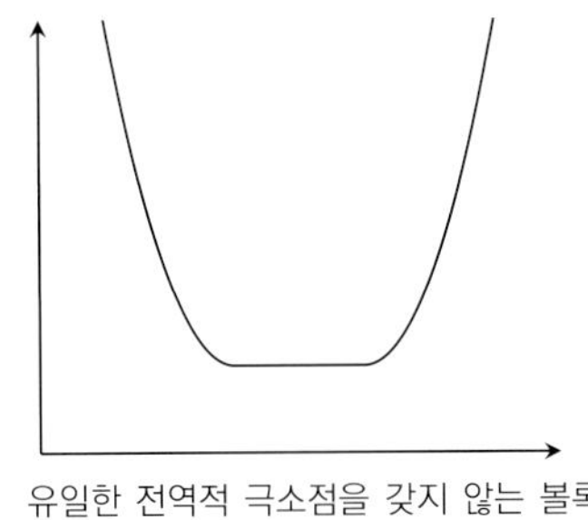
유일한 전역적 극소점을 갖지 않는 볼록 함수

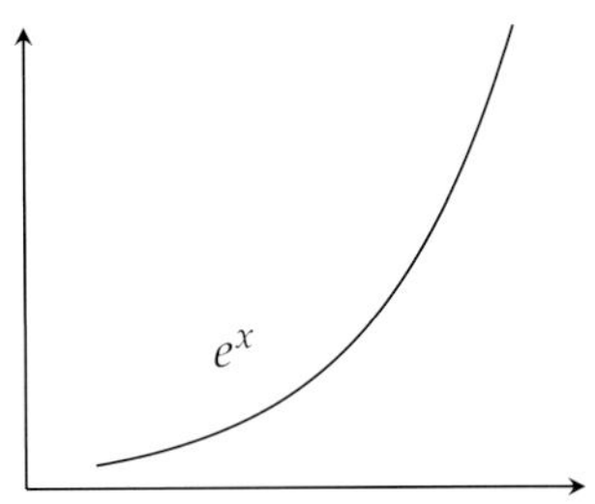

전역적 극소점이 없는 강볼록 함수

▲ **그림 C.4** 모든 볼록 함수가 유일한 전역적 극소점을 갖는 것은 아니다.

만약 $-f$가 볼록이면 함수 f가 오목이다. 더 나아가 만약 $-f$가 강볼록이면 f는 강오목이다.

그림 C.5에서 보듯이 모든 볼록 함수가 단봉unimodal이 아니며, 모든 단봉 함수가 볼록은 아니다.

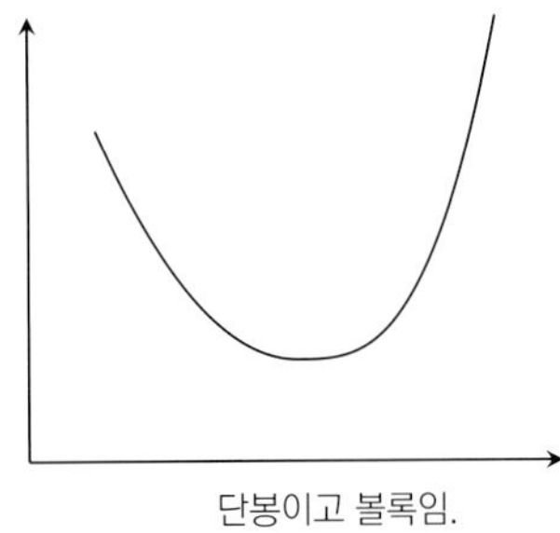
단봉이고 볼록임.

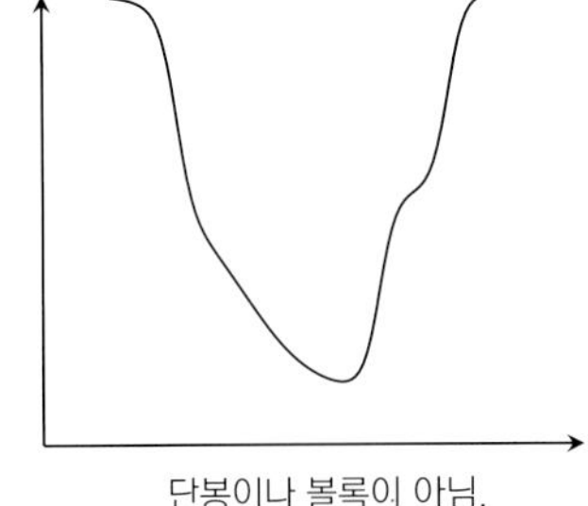
단봉이나 볼록이 아님.

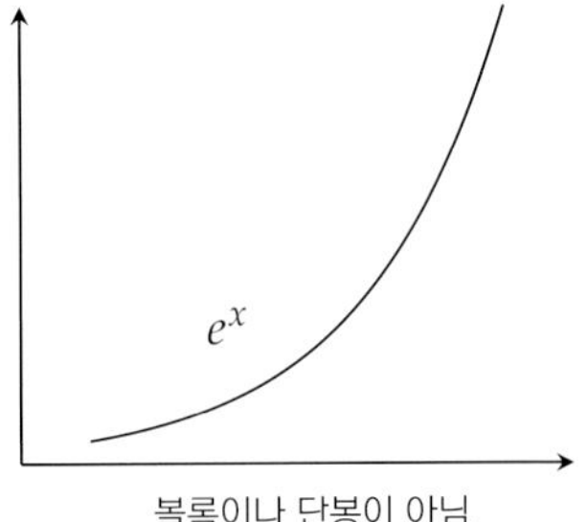

볼록이나 단봉이 아님.

▲ **그림 C.5** 볼록과 단봉은 동일한 의미가 아니다.

C.4 놈

놈norm은 벡터에 길이를 할당하는 함수다. 두 벡터 간의 거리를 계산하고자 이 두 벡터 간의 거리의 놈을 평가한다. 예를 들어, 유클리디안 놈Euclidean norm을 사용한 점 **a**와 **b**의 거리는 다음과 같다.

$$\|\mathbf{a}-\mathbf{b}\|_2 = \sqrt{(a_1-b_1)^2+(a_2-b_2)^2+\cdots+(a_n-b_n)^2} \tag{C.19}$$

함수 f는 만약 다음이 성립하면 놈이다.[4]

1. $f(\mathbf{x})=0$는 **a**가 0벡터인 것의 필요충분조건이다.
2. $f(a\mathbf{x})=|a|f(\mathbf{x})$이어서 길이는 크기가 조정된다.
3. $f(\mathbf{a}+\mathbf{b})\leq f(\mathbf{a})+f(\mathbf{b})$이며, 이는 삼각 부등식triangular inequality으로도 알려져 있다.

4 이들 공리로부터 도출되는 특성은 다음을 포함한다.

$$f(-\mathbf{x}) = f(\mathbf{x})$$
$$f(\mathbf{x}) \geq 0$$

L_p 놈은 스칼라 $p\geq 1$에 의해 파라미터화된 일반적으로 사용하는 놈 집합이다. 식 (C.19)의 유클리디언 놈은 L_2 놈이다. 여러 L_p놈은 표 C.1에 보인다.

L_p 놈은 다음에 따라 정의된다.

$$\|\mathbf{x}\|_p = \lim_{\rho\to p}\left(|x_1|^\rho+|x_2|^\rho+\cdots+|x_n|^\rho\right)^{\frac{1}{\rho}} \tag{C.20}$$

여기서 limit는 L_∞를 정의하는 데 필요하다.[5]

5 L_∞ 놈은 또한 최대놈(max norm), 체비셰프 거리(Chebyschev distance) 또는 장기판 거리(chessboard distance)를 가리킨다.

L_1: $\|\mathbf{x}\|_1 = |x_1| + |x_2| + \cdots + |x_n|$

L_2: $\|\mathbf{x}\|_2 = \sqrt{x_1^2 + x_2^2 + \cdots + x_n^2}$

L_∞: $\|\mathbf{x}\|_\infty = \max(|x_1|, |x_2|, \cdots, |x_n|)$

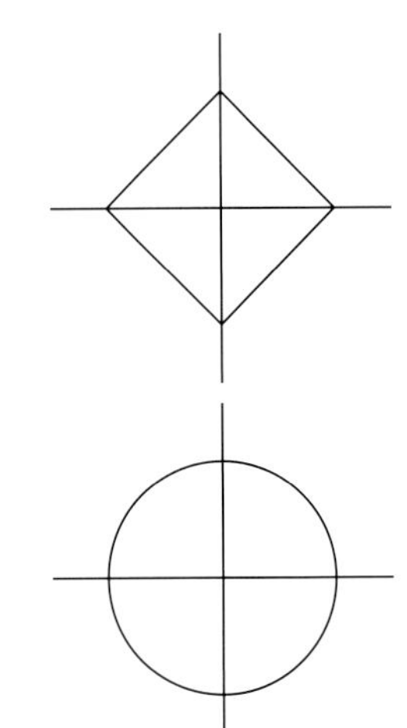

표 C.1 일반적인 L_p 놈. 예시는 2차원에서의 놈 등고선 형태를 보인다. 등고선의 모든 점들은 그 놈하에서 원점으로부터 거리가 같다.

C.5 행렬 미적분

C.5절은 2개의 공통적으로 사용되는 그래디언트 $\nabla_{\mathbf{x}}\mathbf{b}^\top\mathbf{x}$와 $\nabla_{\mathbf{x}}\mathbf{x}^\top\mathbf{A}\mathbf{x}$를 도출한다.

$\nabla_{\mathbf{x}}\mathbf{b}^\top\mathbf{x}$를 얻고자 먼저 점곱dot product을 전개한다.

$$\mathbf{b}^\top\mathbf{x} = [b_1x_1 + b_2x_2 + \cdots + b_nx_n] \tag{C.21}$$

단일 좌표에 대한 편미분은 다음과 같다.

$$\frac{\partial}{\partial x_i}\mathbf{b}^\top\mathbf{x} = b_i \tag{C.22}$$

따라서 그래디언트는 다음과 같다.

$$\nabla_{\mathbf{x}}\mathbf{b}^\top\mathbf{x} = \nabla_{\mathbf{x}}\mathbf{x}^\top\mathbf{b} = \mathbf{b} \tag{C.23}$$

정방 행렬 $\mathbf{A}$에 대해서 $\nabla_{\mathbf{x}}\mathbf{x}^\top\mathbf{A}\mathbf{x}$을 구하고자 먼저$\mathbf{x}^\top\mathbf{A}\mathbf{x}$를 전개한다.

$$\mathbf{x}^\top\mathbf{A}\mathbf{x} = \begin{bmatrix} x_1 \\ x_2 \\ \cdots \\ x_n \end{bmatrix}^\top \begin{bmatrix} a_{11} & a_{12} & \cdots & a_{1n} \\ a_{21} & a_{22} & \cdots & a_{2n} \\ \vdots & \vdots & \ddots & \vdots \\ a_{n1} & a_{n2} & \cdots & a_{nn} \end{bmatrix} \begin{bmatrix} x_1 \\ x_2 \\ \cdots \\ x_n \end{bmatrix} \tag{C.24}$$

$$= \begin{bmatrix} x_1 \\ x_2 \\ \cdots \\ x_n \end{bmatrix}^\top \begin{bmatrix} x_1a_{11} + x_2a_{12} + \cdots + x_na_{1n} \\ x_1a_{21} + x_2a_{22} + \cdots + x_na_{2n} \\ \vdots \\ x_1a_{n1} + x_2a_{n2} + \cdots + x_na_{nn} \end{bmatrix} \tag{C.25}$$

$$= \begin{matrix} x_1^2a_{11} + x_1x_2a_{12} + \cdots + x_1x_na_{1n} + \\ x_1x_2a_{21} + x_2^2a_{22} + \cdots + x_2x_na_{2n} + \\ \vdots \\ x_1x_na_{n1} + x_2x_na_{n2} + \cdots + x_n^2a_{nn} \end{matrix} \tag{C.26}$$

i번째 요소에 대한 편미분을 구하면 다음과 같다.

$$\frac{\partial}{\partial x_i}\mathbf{x}^\top\mathbf{A}\mathbf{x} = \sum_{j=1}^{n} x_j(a_{ij} + a_{ji}) \tag{C.27}$$

따라서 그래디언트는 다음과 같이 도출된다.

$$\nabla_{\mathbf{x}}\mathbf{x}^\top\mathbf{A}\mathbf{x} = \begin{bmatrix} \sum_{j=1}^{n} x_j(a_{1j} + a_{j1}) \\ \sum_{j=1}^{n} x_j(a_{2j} + a_{j2}) \\ \vdots \\ \sum_{j=1}^{n} x_j(a_{nj} + a_{jn}) \end{bmatrix} \tag{C.28}$$

$$
= \begin{bmatrix} a_{11} + a_{11} & a_{21} + a_{12} & \cdots & a_{n1} + a_{1n} \\ a_{12} + a_{21} & a_{22} + a_{22} & \cdots & a_{n2} + a_{2n} \\ \vdots & \vdots & \ddots & \vdots \\ a_{1n} + a_{n1} & a_{2n} + a_{n2} & \cdots & a_{nn} + a_{nn} \end{bmatrix} \begin{bmatrix} x_1 \\ x_2 \\ \vdots \\ x_n \end{bmatrix} \tag{C.29}
$$

$$
= \left(\mathbf{A} + \mathbf{A}^\top\right)\mathbf{x} \tag{C.30}
$$

C.6 양정부호

양정부호positive definite 또는 준양정부호positive semidefinite 행렬의 개념은 여러 가지 이유로 선형 대수와 최적화에서 흔히 나타난다. 예를 들어, 함수 $f(\mathbf{x}) = \mathbf{x}^\top \mathbf{A}\mathbf{x}$에서 만약 행렬 $\mathbf{A}$가 양정부호이면 f는 유일한 전역적 극소점을 갖는다.

x_0에서 2차 미분 가능한 함수 f의 2차 근사식은 다음과 같음을 상기하자.

$$
f(\mathbf{x}) \approx f(\mathbf{x}_0) + \nabla f(\mathbf{x}_0)^\top (\mathbf{x} - \mathbf{x}_0) + \frac{1}{2}(\mathbf{x} - \mathbf{x}_0)^\top \mathbf{H}_0 (\mathbf{x} - \mathbf{x}_0) \tag{C.31}
$$

여기서 $\mathbf{H}_0$는 $\mathbf{x}_0$에서 평가된 f의 헤시안Hessian이다. 이 유일한 전역적 극소점을 갖는다는 것을 알면 전체적 2차 근사식이 유일한 전역적 극소점을 갖는지 결정하는 데 충분하다.[6]

대칭 행렬 $\mathbf{A}$는 만약 $\mathbf{x}^\top \mathbf{A}\mathbf{X}$가 원점을 제외한 모든 포인트에 대해 양이면 양정부호다. 즉 모든 $\mathbf{x} \neq 0$에 대해서 $\mathbf{x}^\top \mathbf{A}\mathbf{X} > 0$이다.

대칭 행렬 A는 만약 $\mathbf{x}^\top \mathbf{A}\mathbf{X}$가 모든 포인트에 대해 양이면 준양정부호다. 즉 모든 $\mathbf{x}$에 대해서 $\mathbf{x}^\top \mathbf{A}\mathbf{X} \geq 0$이다.

6 구성 요소 $f(\mathbf{x}_0)$는 단지 함수를 수직으로 이동한다. 구성 요소 $\nabla f(\mathbf{x}_0)^\top(\mathbf{x} - \mathbf{x}_0)$는 2차항에 의해 지배되는 선형항이다(극소점에서 $\nabla f(\mathbf{x}_0)$는 0벡터다 – 옮긴이).

C.7 가우시안 분포

일변수 가우시안univariate Gaussian[7]에 대한 확률 밀도 함수probability density function는 다음과 같다.

$$\mathcal{N}(x \mid \mu, \nu) = \frac{1}{\sqrt{2\pi\nu}} e^{-\frac{(x-\mu)^2}{2\nu}} \tag{C.32}$$

여기서 μ는 평균이고, ν는 분산이다.[8] 분포는 그림 C.6에 그려져 있다.

어떤 분포 함수의 **누적 분포 함수**cumulative distribution function는 x를 그 분포로부터 추출한 값이 x보다 작거나 같은 값을 산출할 확률에 매핑한다. 일변수 가우시안에 대해 누적 분포 함수는 다음과 같이 주어진다.

$$\Phi(x) \equiv \frac{1}{2} + \frac{1}{2}\text{erf}\left(\frac{x-\mu}{\sigma\sqrt{2}}\right) \tag{C.33}$$

여기서 erf는 오차 함수로 다음과 같다.

$$\text{erf}(x) \equiv \frac{2}{\sqrt{\pi}} \int_0^x e^{-\tau^2} d\tau \tag{C.34}$$

7 다변수 가우시안은 8장과 15장에서 논의된다. 일변수 가우시안이 책 전체에 걸쳐 사용된다.

8 분산의 표준편차의 제곱이다.

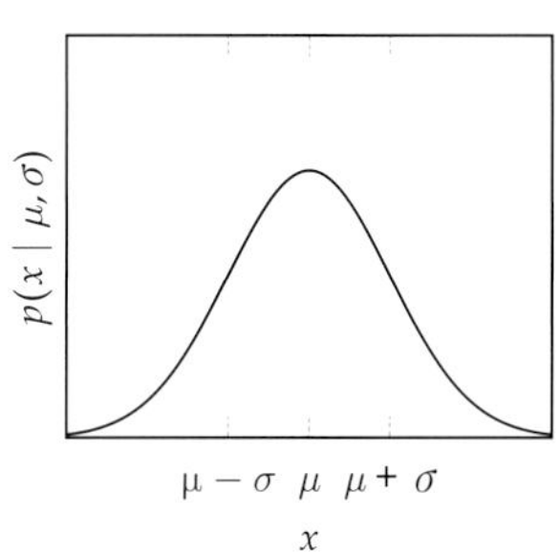

▲ **그림 C.6** 일변수 가우시안 분포 $\mathcal{N}(\mu, \nu)$

C.8 가우시안 구적

가우시안 구적Gaussian Quadrature은 함수 평가의 가중합을 사용해 적분을 근사하는 기법이다.[9] 근사식의 일반 형태는 다음과 같다.

$$\int_a^b p(x) f(x)\, dx \approx \sum_{i=1}^{m} w_i f(x_i) \tag{C.35}$$

여기서 $p(x)$는 유한 또는 무한 구간 $[a, b]$에 대해 알려진 비음 가중 함수다.[10]

9 가우시안 구적에 대한 자세한 개요를 위해서는 J. Stoer and R. Bulirsch, *Introduction to Numerical Analysis*, 3rd ed. Springer, 2002.를 참고하라.

10 가중 함수는 종종 실무적으로는 확률 밀도 함수다.

m개점 구적 규칙m-point quadrature rule은 $2m-1$차 또는 이하의 어떤 다항식도 주어진 가중 함수로 $[a, b]$ 구간에 대해 정확히 적분되도록 가우시안 구적 근사값을 정의하는 점 $x_i \in (a, b)$와 가중치 $m_i > 0$, $i \in \{1, \ldots, m\}$를 유일하게 선택하게 한다.

주어진 정의역과 가중치 함수에 대해 직교 다항식 클래스를 계산할 수 있다. $b_i(x)$를 사용해 i차수의 직교 다항식을 표기한다.[11] 차수 m의 어떤 다항식도 m차 가지의 직교 다항식의 선형 결합으로 표현할 수 있다. m개의 점 x_i가 직교 다항식 p_m의 0이 되도록 구적 규칙을 만들고, 다음의 연립 방정식을 풀어 가중치를 구한다.

11 직교 다항식은 18장에서 다뤘다.

$$\sum_{i=1}^{m} b_k(x_i)w_i = \begin{cases} \int_a^b p(x)b_0(x)^2\,dx & \text{for } k=0 \\ 0 & \text{for } k=1,\ldots,m-1 \end{cases} \tag{C.36}$$

가우스는 식 (C.36)을 구간 $[-1, 1]$에 대해서 풀었으며, 가중 함수 $p(x)=1$이다. 이 경우 직교 다항식은 르장드르 다항식Legendre polynomials이다. 알고리즘 C.1은 르장드르 다항식에 대한 가우시안 구적을 구현하고, 예제 C.3은 $[-1, 1]$ 구간의 적분에 대해 구적 규칙을 적용한다.

유계 구간 $[a, b]$에 대한 적분을 다음의 변환을 사용해 구간 $[-1, 1]$의 적분으로 변환한다.

$$\int_a^b f(x)\,dx = \frac{b-a}{2}\int_{-1}^{1} f\left(\frac{b-a}{2}x + \frac{a+b}{2}\right)dx \tag{C.37}$$

이에 따라 구적 규칙이 르장드르 다항식에 대해 사전 계산될 수 있으며, 그러고 나서 유한 구간에 대한 적분에 적용된다.[12] 예제 C.4는 이와 같은 변환을 적용하며, 알고리즘 C.2는 유한 정의역에 대해 가우시안 구적법의 적분 변환을 구현한다.

12 유사한 기법이 르게르 다항식을 사용해 $[0, \infty)$, 그리고 에르미트 다항식을 사용해 $(-\infty, \infty)$와 같은 무한 구간에 대한 적분에 적용될 수 있다.

예제 C.3 5차까지의 다항식을 정확하게 적분하는 3개항 가우시안 구적 규칙을 얻는 법

가중 함수 $p(x) = 1$일 때 $[-1, 1]$ 구간의 적분에 대해 르장드르 다항식을 고려하자. 관심 대상인 함수는 5차 다항식에 의해 잘 근사된다고 가정하자. 3개 점 가우시안 규칙을 구축한다. 이는 5차까지의 다항식에 대해 정확한 결과를 산출한다.

르장드르 3차 다항식은 $\mathrm{Le}_3(x) = \frac{5}{2}x^3 - \frac{3}{2}x$이고, $x_1 = -\sqrt{3/5}$, $x_2 = 0$, $x_3 = \sqrt{3/5}$에서 근을 갖는다. 더 작은 차수의 르장드르 다항식은 $\mathrm{Le}_0(x) = 1$, $\mathrm{Le}_1(x) = x$, $\mathrm{Le}_2(x) = \frac{3}{2}x^2 - \frac{1}{2}x$이다. 가중치가 다음의 연립 방정식을 풀어 구해진다.

$$\begin{bmatrix} \mathrm{Le}_0(-\sqrt{3/5}) & \mathrm{Le}_0(0) & \mathrm{Le}_0(\sqrt{3/5}) \\ \mathrm{Le}_1(-\sqrt{3/5}) & \mathrm{Le}_1(0) & \mathrm{Le}_1(\sqrt{3/5}) \\ \mathrm{Le}_2(-\sqrt{3/5}) & \mathrm{Le}_2(0) & \mathrm{Le}_2(\sqrt{3/5}) \end{bmatrix} \begin{bmatrix} w_1 \\ w_2 \\ w_3 \end{bmatrix} = \begin{bmatrix} \int_{-1}^{1} \mathrm{Le}_0(x)^2\, dx \\ 0 \\ 0 \end{bmatrix}$$

$$\begin{bmatrix} 1 & 1 & 1 \\ -\sqrt{3/5} & 0 & \sqrt{3/5} \\ 4/10 & -1/2 & 4/10 \end{bmatrix} \begin{bmatrix} w_1 \\ w_2 \\ w_3 \end{bmatrix} = \begin{bmatrix} 2 \\ 0 \\ 0 \end{bmatrix}$$

이는 $w_1 = w_2 = 5/9$, $w_3 = 8/9$를 산출한다.

5차 다항식 $f(x) = x^5 - 2x^4 + 3x^3 + 5x^2 + x + 4$를 적분하는 것을 고려하자. 정확한 값은 $\int_{-1}^{1} p(x)\, f(x)\, dx = 158/15 \approx 10.533$이다. 가우시안 구적 규칙은 동일한 값을 계산한다.

$$\sum_{i=1}^{3} w_i f(x_i) = \frac{5}{9} f\left(-\sqrt{\frac{3}{5}}\right) + \frac{8}{9} f(0) + \frac{5}{9} f\left(\sqrt{\frac{3}{5}}\right) \approx 10.533.$$

구간 $[-3, 5]$에 대해 $f(x) = x^5 - 2x^4 + 3x^3 + 5x^2 - x + 4$를 적분하는 것을 고려하자. 식 (C.37)을 사용해 이를 $[-1, 1]$의 적분으로 변환할 수 있다.

$$\int_{-3}^{5} f(x)\,dx = \frac{5+3}{2}\int_{-1}^{1} f\left(\frac{5+3}{2}x + \frac{5-3}{2}\right)dx = 4\int_{-1}^{1} f(4x+1)\,dx$$

예제 C.3에서 얻은 3개항 구적 규칙을 사용해 $g(x) = 4f(4x+1) = 4096x^5 + 3072x^4 + 1280y^3 + 768y^2 + 240y + 40$를 $[-1, 1]$ 구간에 대해 적분하면 다음을 얻는다.

$$\int_{-1}^{1} p(x)g(x)\,dx = \frac{5}{9}g\left(-\sqrt{3/5}\right) + \frac{8}{9}g(0) + \frac{5}{9}g\left(\sqrt{3/5}\right) = 1820.8$$

예제 C.4 유한 영역에서의 적분은 $[-1, 1]$ 구간의 적분으로 변환할 수 있으며, 르장드르 다항식에 대한 가우시안 구적 규칙을 사용해 풀 수 있다.

```
struct Quadrule
    ws
    xs
end
function quadrule_legendre(m)
    bs = [legendre(i) for i in 1 : m+1]
    xs = roots(bs[end])
    A = [bs[k](xs[i]) for k in 1 : m, i in 1 : m]
    b = zeros(m)
    b[1] = 2
    ws = A\b
    return Quadrule(ws, xs)
end
```

알고리즘 C.1 $[-1, 1]$ 구간에 대해 m개 점 르장드르 구적 규칙을 구축하는 방법. 결과 타입은 노드 xs와 가중치 ws 모두를 포함한다.

```
quadint(f, quadrule) =
    sum(w*f(x) for (w,x) in zip(quadrule.ws, quadrule.xs))
function quadint(f, quadrule, a, b)
    α = (b-a)/2
    β = (a+b)/2
    g = x -> α*f(α*x+β)
    return quadint(g, quadrule)
end
```

알고리즘 C.2 유한 정의역 $[a, b]$에 대해 주어진 구적 규칙 qunadrule을 사용해 일변수 함수 f를 적분하기 위한 함수 quadint

D
해답

연습 1.1 $x = 1$에서 $f(x) = x^3/3 - x$

연습 1.2 이는 극소점을 갖지 않는다. 즉 함수는 아래로 무계[unbounded]다.

연습 1.3 아니다. 제약식 $x \geq 1$하에 $f(x) = x$를 최소화하는 예에서 알 수 있다.

연습 1.4 함수 f는 특정 좌표에만 의존하는 다음과 같은 2개의 다른 함수로 분리될 수 있다.

$$f(x, y) = g(x) + h(y)$$

여기서 $g(x) = x^2$이고, $h(y) = y$이다. g와 h 모두 $x > y \geq 1$에 대해 강한 증가 함수다. h가 $y = 1$에서 최소화되는 반면, $x > y$의 강한 부등식으로 인해 $x \to 1$로 단지 점근만 할 수 있다. 따라서 f는 극소점이 없다.

연습 1.5 변곡점은 곡률이 변화하는 곡선 위의 점이다. x가 변곡점이 되기 위한 필요조건은 2계 미분이 0인 것이다. 2계 미분의 $f''(x) = 6x$이고, $x = 0$에서만 0이 된다.

x가 변곡점이 되는 충분조건은 2계 미분이 x 주변에서 부호를 바꾸는 것이다. 즉 $f''(x+\epsilon)$와 $f''(x-\epsilon)$가 $\epsilon \ll 1$에 대해서 반대 부호를 갖는 것이다. 이는 $x=0$에서 성립하므로 이것이 변곡점이다.

따라서 x^3-10에는 단지 하나의 변곡점이 존재한다.

연습 2.1 헤시안[Hessian]의 원소는 다음과 같은 전방 미분 방법을 사용해 계산할 수 있다.

$$H_{ij} = \frac{\partial^2 f(\mathbf{x})}{\partial x_i \partial x_j} \approx \frac{\nabla f(\mathbf{x}+h\mathbf{e}_j)_i - \nabla f(x)_i}{h}$$

여기서 $\mathbf{e}_i$는 $\mathbf{e}_i = 1$이고 다른 모든 원소가 0인 기저 벡터다.

따라서 다음을 사용해 헤시안의 j번째 열을 근사할 수 있다.

$$\mathbf{H}_{\cdot j} \approx \frac{\nabla f(\mathbf{x}+h\mathbf{e}_j) - \nabla f(x)}{h}$$

이 절차는 헤시안의 각 열에 대해서 반복된다.

연습 2.2 목적 함수에 대한 2개의 평가를 요구한다.

연습 2.3 $f'(x) = \frac{1}{x} + e^x - \frac{1}{x^2}$. x가 0에 가까울 때 $x<1$이고, 따라서 $\frac{1}{x}>1$이고, 따라서 $\frac{1}{x^2}>\frac{1}{x}>0$이고, 따라서 $-\frac{1}{x^2}$가 압도한다.

연습 2.4 복소수 스텝법으로부터 $f'(x) \approx \mathrm{Im}(2+4ih)/h = 4h/h = 4$.

연습 2.5 다음 그림을 보라.

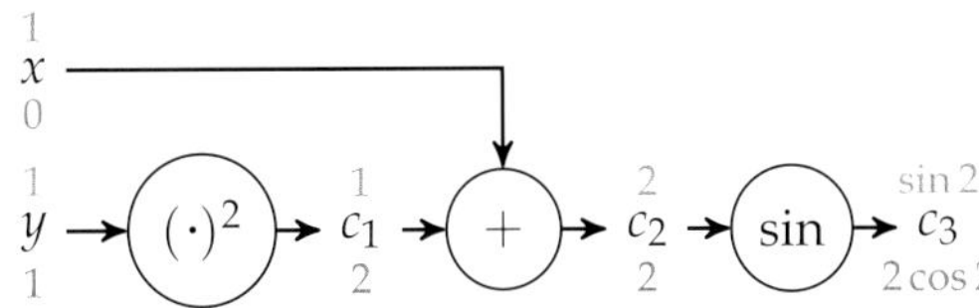

연습 2.6 다음과 같이 1계 미분을 사용한 중앙 차분를 사용해 2계 미분을 근사할 수 있다. 작은 값의 h에 대해

$$f''(x) \approx \frac{f'(x+h/2) - f'(x-h/2)}{h}$$

$f'(x+h/2)$와 $f'(x-h/2)$의 전방과 후방의 다른 추정값에 이를 대체하면 다음을 구할 수 있다.

$$\begin{aligned} f''(x) &\approx \frac{\frac{f(x+h/2+h/2)-f(x+h/2-h/2)}{h} - \frac{f(x-h/2+h/2)-f(x-h/2-h/2)}{h}}{h} \\ &= \frac{f(x+h)-f(x)}{h^2} - \frac{f(x)-f(x-h)}{h^2} \\ &= \frac{f(x+h)-2f(x)+f(x-h)}{h^2} \end{aligned}$$

연습 3.1 미분을 구할 수 없을 때 피보나치 탐색이 선호된다.

연습 3.2 슈베르트-피야브스키법은 립시츠 상수를 요구하는데 이는 알지 못할 수 있다.

연습 3.3 $f(x) = x^2$. 함수가 2차이므로 3점의 평가를 가지면 2차 모델이 이 함수를 정확히 표현한다.

연습 3.4 이진 탐색법을 사용해 $f'(x) = x - 1$의 근을 찾을 수 있다. 첫 번째 업데이트 후에 [0, 500]을 얻는다. 그리고 [0, 250], 마지막으로 [0,125]를 얻는다.

연습 3.5 아니다. 립시츠 상수는 구간 내의 모든 곳에서 미분에 대해서 유계가 되며, $f'(1) = 2(1+2) = 6$이다.

연습 3.6 아니다. 가장 좋은 방법은 피보나치 탐색이고 3의 비율로 불확실성을 줄인다. 즉 $(32-1)/3 = 10\frac{1}{3}$.

연습 4.1 $x > 0$의 $f(x) = 1/x$에 대해서 하강법을 고려하자. 극소점이 존재하지 않고, 하강법은 양의 x 방향으로 전혀 늘지 않는 스텝 크기로 영원히 진행할 것이다. 따라서 단지 스텝 크기 종료 조건에 의존하는 것은 방법이 영원히 실행되도록 할 것이다. 반면 그래디언트 크기를 기반으로 하는 종료는 이를 종료하도록 할 것이다.

$f(x) = -x$에 적용된 하강법 역시 양의 x 방향으로 영원히 실행될 것이다. 함수가 아래로 무계여서 스텝 크기 종료 조건 또는 그래디언트 크기 종료 조건 어느 것도 발동되지 않는다. 일반적으로 반복 시행수를 제한하는 추가적인 종료 조건을 포함한다.

연습 4.2 1차 울프 조건을 목적 함수에 적용하면 $6 + (-1 + \alpha)^2 \leq 7 - 2\alpha \cdot 10^{-4}$을 산출하고, 이는 $\alpha^2 - 2\alpha + 2 \cdot 10^{-4}\alpha \leq 0$으로 단순화될 수 있다. 이 식을 풀어 $\alpha \leq 2(1 - 10^{-4})$를 얻을 수 있다. 따라서 최대 스텝 크기는 $\alpha = 1.9998$이다.

연습 5.1 $\nabla f(\mathbf{x}) = 2\mathbf{A}\mathbf{x} + \mathbf{b}$.

연습 5.2 미분은 $f'(x) = 4 \times 3$이다. $x^{(1)} = 1$로부터 시작하면 다음과 같이 진행할 수 있다.

$$f'(1) = 4 \qquad \rightarrow x^{(2)} = 1 - 4 = -3 \tag{D.1}$$

$$f'(-3) = 4 * (-27) = 108 \qquad \rightarrow x^{(3)} = -3 + 108 = 105 \tag{D.2}$$

연습 5.3 큰 x에 대해서 $f'(x) = e^x - e^{-x} \approx e^x$이다. 따라서 $f'(x^{(1)}) \approx e^{10}$이고, $x^{(2)} \approx -e^{10}$이다. 만약 정확한 라인 탐색을 적용하면 $x^{(2)} = 0$. 따라서 라인탐색을 사용하지 않으면 목적 함숫값 감소를 보장할 수 있다.

연습 5.4 헤시안은 $2\mathbf{H}$이다. 그리고

$$\nabla q(\mathbf{d}) = \mathbf{d}^\top \left(\mathbf{H} + \mathbf{H}^\top\right) + \mathbf{b} = \mathbf{d}^\top (2\mathbf{H}) + \mathbf{b}.$$

그래디언트는 $\mathbf{d}=0$일 때 $\mathbf{b}$다. $\mathbf{H}$가 양정부호임을 보장할 수 없으므로 켤레 그래디언트법은 발산할 수 있다.

연습 5.5 네스테로프 모멘텀은 업데이터 자체를 업데이트한 후 이동할 위치를 고려한다.

연습 5.6 켤레 그래디언트법은 암묵적으로 함수에 대한 이전 정보를 재활용하고, 이에 따라 실무에서 더 좋은 수렴을 가져다줄 수 있다.

연습 5.7 켤레 그래디언트법은 초기에 최대 하강 방향을 따른다. 그래디언트는 다음과 같다.

$$\nabla f(x,y) = [2x+y, 2y+x] \tag{D.3}$$

이는 $(x, y)=(1, 1)$에 대해서 $[1/\sqrt{2}, 1/\sqrt{2}]$이다. 최대 하강 방향은 그래디언트 $\mathbf{d}^{(1)}=[-1/\sqrt{2}, -1/\sqrt{2}]$과 반대 방향이다.

헤시안은 다음과 같다.

$$\begin{bmatrix} 2 & 1 \\ 1 & 2 \end{bmatrix} \tag{D.4}$$

함수가 2차 함수이고 헤시안이 양정부호이므로 켤레 그래디언트법은 많아야 2번 스텝에 수렴한다. 따라서 결과로 얻는 포인트 $(x, y)=(0, 0)$는 최적점이고, 그래디언트는 $(0, 0)$이다.

연습 5.8 아니다. 만약 정확한 최소화가 수행된다면 스텝 간의 하강 방향은 직교이어야 하나, $[1, 2, 3]^\top[0, 0, -3] \neq 0$이다.

연습 6.1 2계 정보는 국지적 최소화라는 것을 보장하나, 0의 그래디언트는 필요조건이지 국지적 최적점을 보장하는 충분조건은 아니다.

연습 6.2 근에 충분히 가까운 지점에 시작한다면 뉴턴법을 선호하고, 해석적으로 미분을 계산할 수 있다. 뉴턴법은 수렴률이 더 좋다.

연습 6.3 $f'(x) = 2x$, $f''(x)$. 따라서 $x^{(2)} = x^{(1)} - 2x^{(1)}/2 = 0$. 즉 어떤 시작점에서도 한 스텝에 수렴한다.

연습 6.4 $\nabla f(\mathbf{x}) = \mathbf{H}\mathbf{x}$이고, $\nabla^2 f(\mathrm{x}) = \mathbf{H}$이며, $\mathbf{H}$가 비특이[nonsingular]이므로 $\mathbf{x}^{(2)} = \mathbf{x}^{(1)} - \mathbf{H}^{-1}\mathbf{H}\mathbf{x}^{(1)} = 0$이 성립한다. 즉 뉴턴법은 한 스텝에 수렴한다.

그래디언트 하강은 발산한다.

$$\mathbf{x}^{(2)} = [1, 1] - [1, 1000] = [0, -999] \tag{D.5}$$

$$\mathbf{x}^{(3)} = [0, -999] - [0, -1000 \cdot 999] = [0, 998001] \tag{D.6}$$

켤레 그래디언트 하강은 그래디언트 하강과 동일한 초기 탐색 방향을 사용하고, 최적화가 2차 함수이므로 둘째 스텝에서 극소점에 수렴한다.

연습 6.5 왼쪽 그림은 9번의 반복 시행 후에 부동점 단위로 근접하는 뉴턴법의 수렴을 보인다. 시컨트법은 미분을 단시 근사하므로 수렴이 느리다.

오른쪽 그림은 각각 방법에 대한 정확한 탄젠트와 근사한 탄젠트 라인을 f'에 대해 보여 준다. 시컨트법의 탄젠트 라인이 더 높은 기울기를 갖고 따라서 x축을 먼저 너무 빨리 가로지른다.

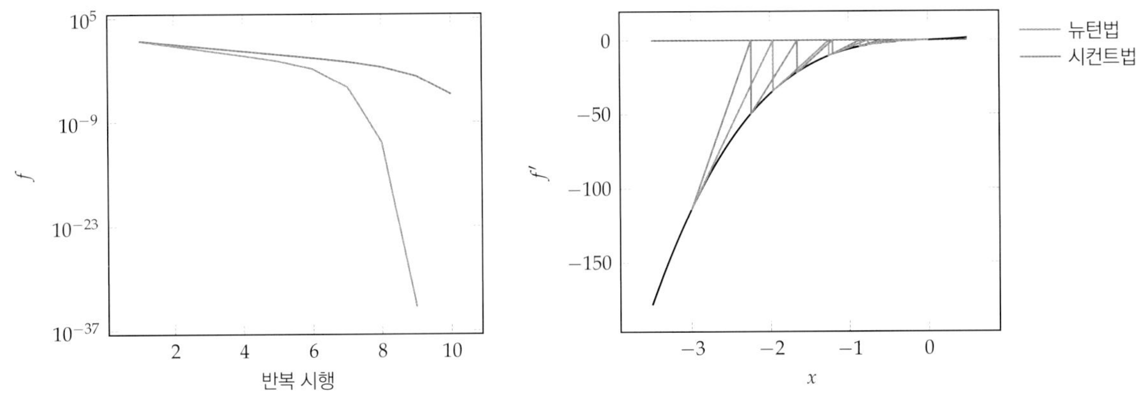

연습 6.6 함수 $f(x) = x^2 - x$에 대해서 $x^{(1)} = -1$에서 시작하는 순서열 $x^{(k+1)} = x^{(k)}/2$를 고려하자. 순서열은 명백하게 $x = 0$에 수렴하고, $f(x)$에 대한 값은 감소한다. 하지만 순서열은 최소점에 수렴하지 않는다.

연습 6.7 준뉴턴법은 헤시안 원소의 계산이나 지식을 요하지 않는다. 따라서 각 반복 시행에서 선형 시스템을 푸는 것을 요구하지 않는다.

연습 6.8 BFGS 업데이트가 $\delta^\top\gamma \approx 0$일 때 존재하지 않는다. 이 경우 단지 업데이트는 생략한다.

연습 6.9 목적 함수가 2차 함수이고, 따라서 한 스텝에 최소화할 수 있다. 그래디언트는 $\nabla f = [2(x_1 + 1),\ 2(x_2 + 3)]$이며, $\mathbf{x}^* = [-1,\ -3]$에서 0이다. 헤시안은 양정부호이고, 따라서 $\mathbf{x}^*$는 극소점이다.

연습 6.10 새로운 근사는 다음과 같은 형태를 갖는다.

$$f^{(k+1)}(\mathbf{x}) = y^{(k+1)} + \left(\mathbf{g}^{(k+1)}\right)^\top \left(\mathbf{x} - \mathbf{x}^{(k+1)}\right) + \frac{1}{2}\left(\mathbf{x} - \mathbf{x}^{(k+1)}\right)^\top \mathbf{H}^{(k+1)} \left(\mathbf{x} - \mathbf{x}^{(k+1)}\right)$$

위에서 $\mathbf{x}^{(k+1)}$에서의 참 함숫값과 그래디언트를 사용한다. 하지만 업데이트된 헤시안 $\mathbf{H}^{(k+1)}$을 요한다. 이 형태는 자동적으로 $f^{(k+1)}(\mathbf{x}^{(k+1)}) = y^{(k+1)}$와 $\nabla f^{(k+1)}(\mathbf{x}^{(k+1)}) = g^{(k+1)}$를 만족한다. 다음의 세 번째 조건을 만족하도록 새로운 헤시안을 선택한다.

$$\begin{aligned}\nabla f^{(k+1)}(\mathbf{x}^{(k)}) &= \mathbf{g}^{(k+1)} + \mathbf{H}^{(k+1)}\left(\mathbf{x}^{(k)} - \mathbf{x}^{(k+1)}\right) \\ &= \mathbf{g}^{(k+1)} - \mathbf{H}^{(k+1)}\left(\mathbf{x}^{(k+1)} - \mathbf{x}^{(k)}\right) \\ &= \mathbf{g}^{(k+1)} - \mathbf{H}^{(k+1)}\boldsymbol{\delta}^{(k+1)} \\ &= \mathbf{g}^{(k)}\end{aligned}$$

각 항을 조정하고 대입해 다음을 얻는다.

$$\mathbf{H}^{(k+1)}\boldsymbol{\delta}^{(k+1)} = \boldsymbol{\gamma}^{(k+1)}$$

만약 모든 비영 벡터에 대해 $\mathbf{x}^\top \mathbf{A}\mathbf{x} > 0$이면 행렬 $\mathbf{A}$는 양정부호임을 상기하라. 만약 시컨트식에 $\boldsymbol{\delta}^{(k+1)}$를 곱하면 다음과 같은 곡률 조건을 얻는다.

$$\left(\boldsymbol{\delta}^{(k+1)}\right)^\top \mathbf{H}^{(k+1)} \boldsymbol{\delta}^{(k+1)} = \left(\boldsymbol{\delta}^{(k+1)}\right)^\top \boldsymbol{\gamma}^{(k+1)} > 0$$

새로운 양정부호 행렬 $\mathbf{H}^{(k+1)}$을 찾는다. 모든 양정부호 행렬은 대칭이므로 새 양정부호 행렬을 계산하는 것은 $n(n+1)/2$ 변수를 특정하는 것이 필요하다. 시컨트식은 이들 변수에 n개의 조건을 부여해 무한 수의 해를 이끈다. 유일 해를 갖고자 $\mathbf{H}^{(k)}$에 가장 가까운 양정부호 행렬을 선택한다. 이 목적은 원했던 최적화 문제로 도달하게 한다.

연습 7.1 헤시안이 n^2개의 항을 가질 때 미분은 n개의 항을 가진다. 각 미분항은 유한 차분법을 사용할 때 2개의 평가가 필요하다. 즉 $f(\mathbf{x})$와 $f(\mathbf{x} + h\mathbf{e}^{(i)})$. 각 헤시안 항은 유한 차분법을 사용할 때 3개의 평가가 필요하다. 따라서 그래디언트를 근사하고자 $n+1$개의 유한 차분법이 필요하고, 헤시안을 근사하려면 n^2의 평가가 필요하다.

헤시안을 근사하는 것은 큰 값의 n에 대해서는 비용이 수행을 못할 정도로 매우 크다. 직접법은 각 스텝에서 미분 또는 헤시안을 추정할 필요가 없으므로 n^2 함수 평가를 사용해 상대적으로 더 많은 스텝을 취할 수 있다.

연습 7.2 $f(x) = xy$를 최소화하는 것을 고려하자. $x_0 = [0, 0]$이다. 어떤 좌표 방향으로 진행하는 것도 목적 함수를 줄이지 않을 것이다. 하지만 x_0는 명백히 최소점이 아니다.

연습 7.3 각 반복 시행에서 후크-지브스^Hooke-Jeeves^법은 좌표 방향을 따라서 스텝 크기 a로 $2n$개의 점을 추출한다. 어떤 점도 더 이상의 개선을 제공하지 않고, 스텝 크기가 주어진 허용값 ϵ보다 더 크지 않을 때 종료한다. 이런 방법은 흔히 후크-지브스법이 국지적 극소점의 ϵ 범위 내로 수렴할 때 종료하게 하는데 이는 극소점이 아니다. 예를 들어, 계곡이 국지적 극소점에 도달하기 전에 두 좌표 방향 사이에서 ϵ보다 더 멀리 하강할 수 있는데 후크-지브스법은 이를 탐지 못할 것이다.

연습 7.4 항공기의 날개 단면airfoil의 항력drag을 (구조적 무결성을 유지하고자) 최소 두께thickness 제약하에 최소화는 것. 수치 유체역학을 이용해 에어포일의 성능을 평가하는 것은 편미분 방정식을 요구한다. 함수가 해석적으로 알려져 있지 않으므로 미분에 대한 해석적 표현을 갖지 못한다.

연습 7.5 분할 사각형법은 구간의 중앙에서 샘플링하고 알려진 립시츠 상수로부터 도출된 유계가 가장 낮을 때는 샘플링하지 않는다.

연습 7.6 하나 이상의 구성 요소가 변하고 있으므로 순환 좌표 탐색일 수 없다. 파월법일 수 있다.

연습 8.1 교차-엔트로피법은 각 반복 시행에서 교란 파라미터를 적합화해야 한다. 불행히도 다변수 정규 분포를 적합화하는 해석적 해가 알려져 있지 않다. 대신 반복적 EM 알고리즘을 사용해 해답에 수렴한다.

연습 8.2 만약 엘리트 샘플의 수가 샘플의 전체 수에 가깝다면 결과 분포는 모집단에 가깝게 일치할 것이다. 최소화에 대한 최적 위치를 찾는 데 큰 편향이 없을 것이며, 수렴이 느릴 것이다.

연습 8.3 ν에 대한 로그 우도의 미분은 다음과 같다.

$$\begin{aligned}\frac{\partial}{\partial\nu}\ell(x \mid \mu,\nu) &= \frac{\partial}{\partial\nu}\left(-\frac{1}{2}\ln 2\pi - \frac{1}{2}\ln\nu - \frac{(x-\mu)^2}{2\nu}\right)\\ &= -\frac{1}{2\nu} + \frac{(x-\mu)^2}{2\nu^2}\end{aligned}$$

만약 평균이 이미 최적이면 두 번째 항은 0일 것이다. 따라서 미분은 $-1/2\nu$이며, ν를 감소시키면 엘리트 샘플을 추출할 확률이 증가한다. 불행히도 0에 임의로 가깝게 근접할 때 ν는 최적화된다. 그래디언트 업데이트에서 0에서의 점근은 ν가

양인 한 이를 취할 수 없을 정도로 큰 스텝 크기를 초래할 것이다.

연습 8.4 평균 $\boldsymbol{\mu}$와 공분산 Σ의 다변수 정규분포하에서의 설계점 $\mathbf{x}$의 확률밀도는 다음과 같다.

$$p(\mathbf{x} \mid \boldsymbol{\sigma}, \boldsymbol{\Sigma}) = \frac{1}{(2\pi|\boldsymbol{\Sigma}|)^{1/2}} \exp\left(-\frac{1}{2}(\mathbf{x}-\boldsymbol{\mu})^\top \boldsymbol{\Sigma}^{-1}(\mathbf{x}-\boldsymbol{\mu})\right)$$

로그 우도를 최대화하는 것으로 문제를 단순화할 수 있다.[1] 로그우도는 다음과 같다.

[1] 로그 함수는 양의 입력값에 오목하다. 따라서 $\log f(x)$를 최대화하는 것은 역시 강양(strictly positive) $f(x)$를 최대화한다.

$$\begin{aligned}
\ln p(\mathbf{x} \mid \boldsymbol{\sigma}, \boldsymbol{\Sigma}) &= -\frac{1}{2}\ln(2\pi|\boldsymbol{\Sigma}|) - \frac{1}{2}(\mathbf{x}-\boldsymbol{\mu})^\top \boldsymbol{\Sigma}^{-1}(\mathbf{x}-\boldsymbol{\mu}) \\
&= -\frac{1}{2}\ln(2\pi|\boldsymbol{\Sigma}|) - \frac{1}{2}\left(\mathbf{x}^\top \boldsymbol{\Sigma}^{-1}\mathbf{x} - 2\mathbf{x}^\top \boldsymbol{\Sigma}^{-1}\boldsymbol{\mu} + \boldsymbol{\mu}^\top \boldsymbol{\Sigma}^{-1}\boldsymbol{\mu}\right)
\end{aligned}$$

먼저 평균에 대해서 m 개별 설계점의 로그 우도를 최대화한다.

$$\begin{aligned}
\ell\left(\boldsymbol{\mu} \mid \mathbf{x}^{(1)}, \cdots, \mathbf{x}^{(m)}\right) &= \sum_{i=1}^{m} \ln p(\mathbf{x}^{(i)} \mid \boldsymbol{\mu}, \boldsymbol{\Sigma}) \\
&= \sum_{i=1}^{m} -\frac{1}{2}\ln(2\pi|\boldsymbol{\Sigma}|) - \frac{1}{2}\left(\left(\mathbf{x}^{(i)}\right)^\top \boldsymbol{\Sigma}^{-1}\mathbf{x}^{(i)} - 2\left(\mathbf{x}^{(i)}\right)^\top \boldsymbol{\Sigma}^{-1}\boldsymbol{\mu} + \boldsymbol{\mu}^\top \boldsymbol{\Sigma}^{-1}\boldsymbol{\mu}\right)
\end{aligned}$$

$\nabla_{\mathbf{z}}\mathbf{z}^\top \mathbf{A}\mathbf{z} = (\mathbf{A} + \mathbf{A}^\top)\mathbf{z}$이고, $\nabla_{\mathbf{z}}\mathbf{a}^\top \mathbf{z} = \mathbf{a}$와 Σ가 대칭이고, 양정부호이므로 Σ^{-1} 역시 대칭이라는 사실을 이용해 그래디언트를 다음과 같이 계산한다.

$$\begin{aligned}
\nabla_{\boldsymbol{\mu}}\ell\left(\boldsymbol{\mu} \mid \mathbf{x}^{(1)}, \cdots, \mathbf{x}^{(m)}\right) &= \sum_{i=1}^{m} -\frac{1}{2}\left(\nabla_{\boldsymbol{\mu}}\left(-2\left(\mathbf{x}^{(i)}\right)^\top \boldsymbol{\Sigma}^{-1}\boldsymbol{\mu}\right) + \nabla_{\boldsymbol{\mu}}\left(\boldsymbol{\mu}^\top \boldsymbol{\Sigma}^{-1}\boldsymbol{\mu}\right)\right) \\
&= \sum_{i=1}^{m}\left(\nabla_{\boldsymbol{\mu}}\left(\left(\mathbf{x}^{(i)}\right)^\top \boldsymbol{\Sigma}^{-1}\boldsymbol{\mu}\right) - \frac{1}{2}\nabla_{\boldsymbol{\mu}}\left(\boldsymbol{\mu}^\top \boldsymbol{\Sigma}^{-1}\boldsymbol{\mu}\right)\right) \\
&= \sum_{i=1}^{m} \boldsymbol{\Sigma}^{-1}\mathbf{x}^{(i)} - \boldsymbol{\Sigma}^{-1}\boldsymbol{\mu}
\end{aligned}$$

그래디언트를 0으로 놓는다.

$$\begin{aligned}
\mathbf{0} &= \sum_{i=1}^{m} \boldsymbol{\Sigma}^{-1}\mathbf{x}^{(i)} - \boldsymbol{\Sigma}^{-1}\boldsymbol{\mu} \\
\sum_{i=1}^{m} \boldsymbol{\mu} &= \sum_{i=1}^{m} \mathbf{x}^{(i)} \\
m\boldsymbol{\mu} &= \sum_{i=1}^{m} \mathbf{x}^{(i)} \\
\boldsymbol{\mu} &= \frac{1}{m}\sum_{i=1}^{m} \mathbf{x}^{(i)}
\end{aligned}$$

다음 $|\mathbf{A}^{-1}| = 1/|\mathbf{A}|$이고, $\mathbf{b}^{(i)} = \mathbf{x}^{(i)} - \boldsymbol{\mu}$라는 사실을 이용해 역공분산 $\Lambda = \Sigma^{-1}$에 대해 최대화한다.

$$\begin{aligned}
\ell\left(\boldsymbol{\Lambda} \mid \boldsymbol{\mu}, \mathbf{x}^{(1)}, \cdots, \mathbf{x}^{(m)}\right) &= \sum_{i=1}^{m} -\frac{1}{2}\ln\left(2\pi|\boldsymbol{\Lambda}|^{-1}\right) - \frac{1}{2}\left(\left(\mathbf{x}^{(i)} - \boldsymbol{\mu}\right)^{\top}\boldsymbol{\Lambda}\left(\mathbf{x}^{(i)} - \boldsymbol{\mu}\right)\right) \\
&= \sum_{i=1}^{m} \frac{1}{2}\ln(|\boldsymbol{\Lambda}|) - \frac{1}{2}\left(\mathbf{b}^{(i)}\right)^{\top}\boldsymbol{\Lambda}\mathbf{b}^{(i)}
\end{aligned}$$

$\nabla_{\mathbf{A}}|\mathbf{A}| = |\mathbf{A}|\mathbf{A}^{-\top}$이고, $\nabla_{\mathbf{A}}\mathbf{z}^{\top}\mathbf{A}\mathbf{z} = \mathbf{z}\mathbf{z}^{\top}$이라는 사실을 이용해 그래디언트를 계산한다.

$$\begin{aligned}
\nabla_{\boldsymbol{\Lambda}}\ell\left(\boldsymbol{\Lambda} \mid \boldsymbol{\mu}, \mathbf{x}^{(1)}, \cdots, \mathbf{x}^{(m)}\right) &= \sum_{i=1}^{m} \nabla_{\boldsymbol{\Lambda}}\left(\frac{1}{2}\ln(|\boldsymbol{\Lambda}|) - \frac{1}{2}\left(\mathbf{b}^{(i)}\right)^{\top}\boldsymbol{\Lambda}\mathbf{b}^{(i)}\right) \\
&= \sum_{i=1}^{m} \frac{1}{2|\boldsymbol{\Lambda}|}\nabla_{\boldsymbol{\Lambda}}|\boldsymbol{\Lambda}| - \frac{1}{2}\mathbf{b}^{(i)}\left(\mathbf{b}^{(i)}\right)^{\top} \\
&= \sum_{i=1}^{m} \frac{1}{2|\boldsymbol{\Lambda}|}|\boldsymbol{\Lambda}|\boldsymbol{\Lambda}^{-\top} - \frac{1}{2}\mathbf{b}^{(i)}\left(\mathbf{b}^{(i)}\right)^{\top} \\
&= \frac{1}{2}\sum_{i=1}^{m} \boldsymbol{\Lambda}^{-\top} - \mathbf{b}^{(i)}\left(\mathbf{b}^{(i)}\right)^{\top} \\
&= \frac{1}{2}\sum_{i=1}^{m} \boldsymbol{\Sigma} - \mathbf{b}^{(i)}\left(\mathbf{b}^{(i)}\right)^{\top}
\end{aligned}$$

그리고 그래디언트를 0으로 놓는다.

$$
\begin{aligned}
\mathbf{0} &= \frac{1}{2}\sum_{i=1}^{m} \boldsymbol{\Sigma} - \mathbf{b}^{(i)}\left(\mathbf{b}^{(i)}\right)^{\top} \\
\sum_{i=1}^{m} \boldsymbol{\Sigma} &= \sum_{i=1}^{m} \mathbf{b}^{(i)}\left(\mathbf{b}^{(i)}\right)^{\top} \\
\boldsymbol{\Sigma} &= \frac{1}{m}\sum_{i=1}^{m}\left(\mathbf{x}^{(i)} - \boldsymbol{\mu}\right)\left(\mathbf{x}^{(i)} - \boldsymbol{\mu}\right)^{\top}
\end{aligned}
$$

연습 9.1 더 좋은 목적 함숫값을 가진 개체들로 선택을 편향함으로써 생존을 적자에 편향한다.

연습 9.2 변이는 무작위성randomness을 이용해 탐험을 일으킨다. 따라서 국지적 극소점을 피하려면 필요불가결하다. 더 좋은 해가 있을 가능성이 있으면 변이율을 증가시켜 알고리즘이 이를 발견할 시간을 갖도록 한다.

연습 9.3 표준 크기 또는 개별 극소점으로 편향된 탐색을 초래하는 계수를 증가시킨다.

연습 10.1 먼저 문제를 $f(x) = x + \rho\max(-x, 0)^2$로 재구성하고, 미분을 구한다.

$$
f'(x) = \begin{cases} 1 + 2\rho x & x < 0\text{인 경우} \\ 1 & \text{그렇지 않은 경우} \end{cases} \tag{D.7}
$$

이 비제약 목적 함수는 $f'(x) = 0$으로 놓음으로써 해를 구할 수 있다. 이는 $x^* = -\frac{1}{2\rho}$의 해를 산출한다. 따라서 $\rho \to \infty$임에 따라 $x^* \to 0$을 갖는다.

연습 10.2 문제를 $f(x) = x + \rho(x < 0)$으로 재구성한다. 비제약 목적 함수는 ρ가 유한하고 x가 음의 무한대로 접근하는 한 아래로 무계다. 정확한 해는 발견되지 않지만, 2차 페널티법으로 정확한 해로 접근할 수 있다.

연습 10.3 페널티 파라미터 ρ를 증가시키고자 한다. ρ가 너무 작고 페널티 항이 유효하지 않을 수 있다. 이와 같은 경우 반복 시행점들이 함수가 페널티 항보다 더 빨리 감소하는 실행 불가능 영역에 도달할 수 있어 실행 불가능 해로 수렴할 수 있다.

연습 10.4 x_p^*가 비제약 문제의 해라고 하자. $x_p^* \ngtr 0$임을 주지한다. 그렇지 않으면 페널티는 $\min(x_p^*, 0)^2 = 0$이 될 것이고, 이는 x_p^*가 원문제의 해라는 것을 의미한다. 따라서 $x_p^* = 0$이라고 가정하자. 1계 최적 조건에 따르면 $f'(x_p^*) + \mu x_p^* = 0$이며, 이는 $f'(x_p^*) = 0$을 의미하며, 이는 다시 모순이다. 따라서 만약 최소화하는 점이 존재하면 이는 실행 불가능해야 한다.[2]

2 즉 $x \geq 0$을 충족하지 못한다. – 옮긴이

연습 10.5 정확한 해를 산출하고자 큰 페널티 ρ를 요구하지 않는다.

연습 10.6 반복 시행이 실행 불가능으로 남아 있어야만 한다.

연습 10.7 다음을 고려하자.

$$\begin{aligned} \underset{x}{\text{minimize}} \quad & x^3 \\ \text{subject to} \quad & x \geq 0 \end{aligned} \tag{D.8}$$

이는 $x^* = 0$에서 최소화된다. 페널티법을 사용해 이를 다음과 같이 재구성한다.

$$\underset{x}{\text{minimize}}\, x^3 + \rho(\min(x, 0))^2 \tag{D.9}$$

어떤 유한한 ρ에 대해서도 x가 음으로 무한대가 됨에 따라 함수는 아래로 무계가 된다. 게다가 x가 음의 무한대가 됨에 따라 함수의 경사는 무한대가 된다. 다른 말로 하면 최대 하강법을 왼쪽 멀리에서 시작하면 $x^3 + \rho x^2 \approx x^3$를 갖게 되고, 페널티는 유효하지 않고, 최대 하강법은 발산할 것이다.

연습 10.8 상수 목적 함수와 실현 가능성을 부여하는 제약식을 가진 다음과 같은 최적화 문제로서 실현 가능점을 발견할 수 있다.

$$\begin{aligned} \underset{\mathbf{x}}{\text{minimize}} \quad & 0 \\ \text{subject to} \quad & \mathbf{h}(\mathbf{x}) = \mathbf{0} \\ & \mathbf{g}(\mathbf{x}) \leq \mathbf{0} \end{aligned} \tag{D.10}$$

이와 같은 문제는 페널티법을 사용해 풀 수 있다. 실현 가능 방향으로 감소하므로 2차 페널티가 일반적으로 선택된다.

연습 10.9 문제가 제약식 경계인 $x^* = 1$에서 최소화된다. t-변환은 다음과 같은 비제약 목적 함수를 산출한다.

$$f_t(\hat{x}) = \sin\left(\frac{4}{5.5 + 4.5\frac{2\hat{x}}{1+\hat{x}^2}}\right) \tag{D.11}$$

이는 정확하게 x^*에 일치하는 $\hat{x} = -1$에서 단일의 전역적 극소점을 갖는다.

시그모이드 변화는 다음과 같은 비제약 목적 함수를 갖는다.

$$f_s(\hat{x}) = \sin\left(\frac{4}{1 + \frac{9}{1+e^{-\hat{x}}}}\right) \tag{D.12}$$

불행히도 $x = 1$의 경우의 하계 a는 단지 $\hat{x}$가 음의 무한대에 접근할 때에만 도달 가능하다. 시그모이드 변환을 사용해 얻은 비제약 최적화 문제는 해를 갖고 있지 않으며, 이 방법은 원문제의 해를 적절히 식별하지 못한다.

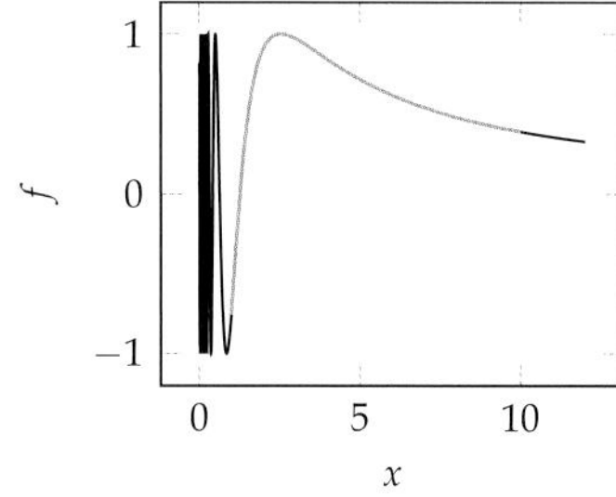

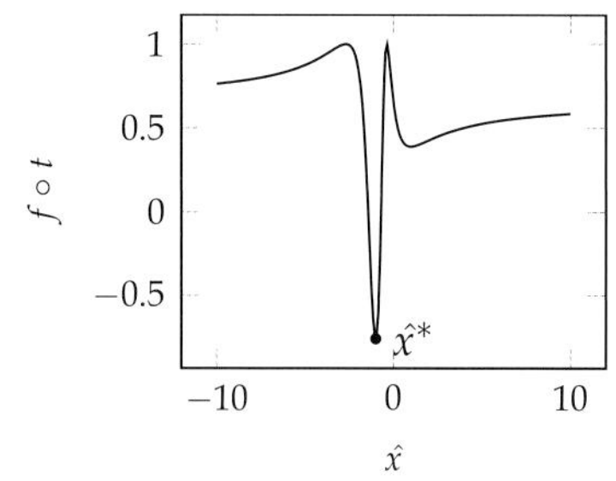

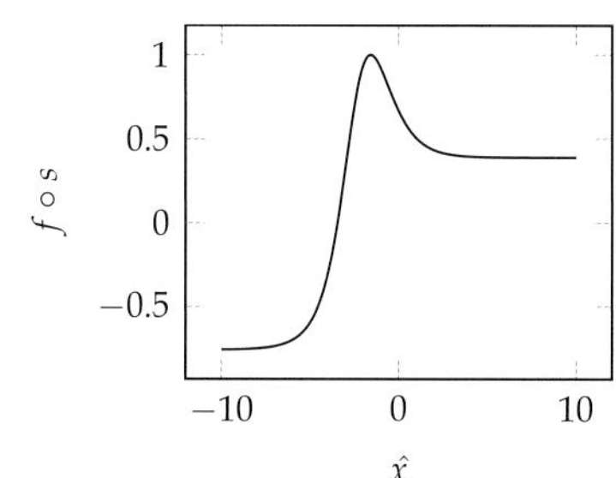

연습 10.10 제약식 $x_1 \geq 1$하에 $x_1^2 + x_2^2$를 최소화하라.

연습 10.11 x항으로 제약식을 재조정하면 다음과 같다.

$$x_1 = 6 - 2x_2 - 3x_3 \tag{D.13}$$

이 관계를 목적 함수에 대입하면 다음을 얻는다.

$$\underset{x_2, x_3}{\text{minimize}}\, x_2^2 + x_3 - (2x_2 + 3x_3 - 6)^3 \tag{D.14}$$

연습 10.12 제약식은 반드시 목적 함수와 일치해야 한다. 목적 함수의 초기점이 $[-1, -2]$이다. 제약식의 초기점은 $[a, 1]$이다. 이들이 일치하는 유일한 값은 $a = 0.5$이다.

연습 10.13 변환된 목적 함수가 $f(x) = 1 - x^2 + \rho p(x)$이다. p는 카운트 페널티count penalty 또는 2차 함수 페널티다.

$$p_{\text{count}}(x) = (|x| > 2) \qquad p_{\text{quadratic}}(x) = \max(|x| - 2, 0)^2 \tag{D.15}$$

카운트 페널티법은 최적화 프로세스에 어떤 그래디언트 정보도 제공하지 않는다. 실현 가능 영역 외부에서 초기화된 최적화 알고리즘은 실현 가능 영역으로부터 멀리 떨어지게 된다. 왜냐하면 $1 - x^2$은 원점에서 오른쪽이나 왼쪽 무한히 먼 곳으로 이동함으로써 최소화되기 때문이다. 카운트 페널티의 크기가 커서 나타나는 문제가 아니다. 작은 페널티도 유사한 문제를 유발한다.

2차 함수 페널티법은 최적화 프로세스에 그래디언트 정보를 제공해 탐색을 실현 가능 영역으로 인도한다. 매우 큰 페널티에 대해, 2차 함수 페널티법은 실행 불가능 영역에서 큰 그래디언트 값을 산출한다. 이 문제에서 페널티 미분은 다음과 같다.

$$\frac{\partial f}{\partial x} = -2x + \rho \begin{cases} 2(x-2) & x > 2\text{인 경우} \\ 2(x+2) & x < -2\text{인 경우} \\ 0 & \text{그렇지 않은 경우} \end{cases} \tag{D.16}$$

매우 큰 값의 ρ에 대해 실행 불가능 영역에서의 편미분 또한 매우 크며, 이는 최적화 방법에 문제를 일으킬 수 있다. 만약 ρ가 크지 않다면 실행 불가능 점들은 충분히 페널티가 부여되지 않아 실행 불가능 해를 산출할 수 있다.

연습 11.1 제약식에 의해 형성된 볼록 다면체의 모든 꼭짓점vertex을 평가함으로써 선형 문제를 최소화하고자 한다. 따라서 모든 꼭짓점은 잠재적 극소점이다. 꼭짓점은 활성화된 제약식의 교차로 정의된다. 모든 부등식 제약은 활성이거나 비활성이고, n개의 부등 제약식을 가정하면 2^n개 이상의 제약식 조합을 검토할 필요는 없다.

이 방법은 무계 선형 제약 최적화 문제를 무계로 정확하게 표현하지 않는다.

연습 11.2 심플렉스 방법은 각 스텝에서 목적 함수에 대해 개선하거나 목적 함수의 현재값을 보존하는 것을 보장한다. 어떤 선형 계획도 유한개의 꼭짓점을 가질 것이다. 순환이 일어나지 않도록 블랜드의 규칙Blans's rule과 같은 휴리스틱이 사용되면 심플레스법은 반드시 해에 수렴한다.

연습 11.3 여유변수 x_3를 추가해 $6x_1 + 5x_2 + x_3$를 $-3x_1 + 2x_2 + x_3 = -5$와 $x_2 \geq 0$의 제약하에서 최소화할 수 있다.

연습 11.4 현재의 반복 시행점 $\mathbf{x}$가 실현 가능하면 $\mathbf{w}^\top \mathbf{x} = b \geq 0$이다. 다음 점이 실현 가능성을 유지하기를 원한다. 따라서 $\mathbf{w}^\top(\mathbf{x} + \alpha \mathbf{d}) \geq 0$를 요구한다. 만약 α에 대해 얻어진 값이 양이면 이 α는 스텝 길이의 상계다. 만약 α에 대해 얻어진 값이 음이면 무시할 수 있다.

연습 11.5 문제를 다음과 같이 다시 쓸 수 있다.

$$\underset{\mathbf{x}}{\text{minimize}}\, \mathbf{c}^\top \mathbf{x} - \mu \sum_i \ln\left(\mathbf{A}_{\{i\}}^\top \mathbf{x}\right) \tag{D.17}$$

연습 12.1 가중합법은 파레토 경계의 비볼록 영역에서 파레토-최적점을 찾을 수 없다.

연습 12.2 비모표본법은 단지 파레토 경계의 단지 한 점만을 식별한다. 파레토 경계는 설계자에게 일련의 매우 좋은 해들 간의 트레이드오프를 알려 주기 때문에 매우 가치가 있다. 표본법은 파레토 경계에 걸쳐 펼칠 수 있으며, 파레토 경계의 근사로 사용할 수 있다.

연습 12.3

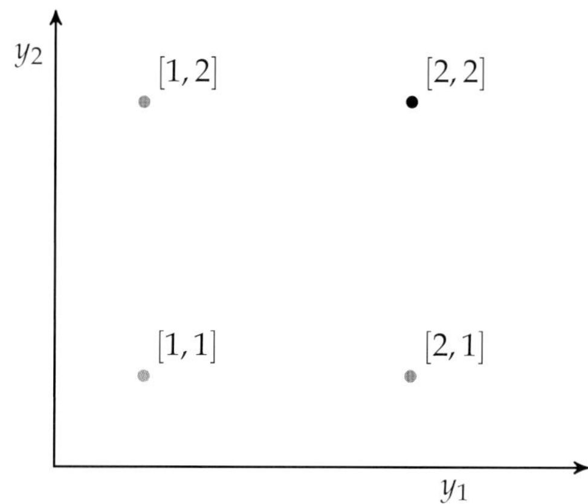

유일한 파레토-최적점은 [1, 1]이다. [1, 2]와 [2, 1]은 약파레토-최적이다.

연습 12.4 한 벡터의 '그래디언트'는 행렬이다. 2계 미분은 텐서의 사용을 요구하며, 탐색 방향에 대해 텐서식을 푸는 것은 흔히 계산적으로 부담이 크다.

연습 12.5 유일한 파레토-최적점은 $y = [0, 0]$이다. 아래 왼쪽의 나머지 점들은 약파레토-최적이다.

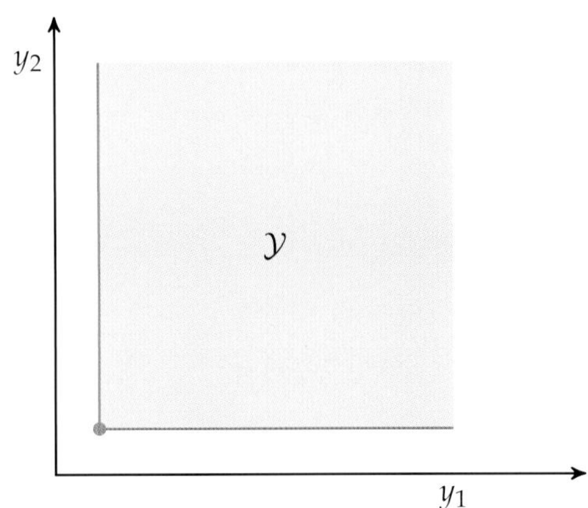

연습 12.6 이전 문제의 정사각형 기준 공간^square criterion space^을 고려하자. $\mathbf{w} = [0, 1]$을 사용해 첫째 목적에 0을 할당한다. 이는 기준 공간의 전체 바닥 모서리가 같은 값을 갖게 한다. 위에서 논의한 바와 같이 단지 $\mathbf{y} = [0, 0]$이 파레토 최적이고 나머지는 약파레토 최적이다.

연습 12.7 예를 들어, 만약 $\mathbf{y}^{\text{goal}}$이 기준집합에 있다면 목표계획 목적 함수는 $\mathbf{y}^{\text{goal}}$에 의해 최소화될 것이다. 만약 $\mathbf{y}^{\text{goal}}$ 역시 파레토 최적이 아니라면 해 역시 파레토 최적이 아니다.

연습 12.8 제약식법은 한 목적을 제외하고는 모든 목적을 제약한다. 파레토 곡선이 제약식을 변화함으로써 생성될 수 있다. 만약 첫째 목적을 제약한다면 각 최적화 문제는 다음의 형태를 갖는다.

$$\underset{x}{\text{minimize}} \quad (x-2)^2 \tag{D.18}$$

$$\text{subject to} \quad x^2 \leq c \tag{D.19}$$

제약식은 단지 $c \geq 0$에 대해서 충족된다. 이는 x가 $\pm\sqrt{c}$ 사이에서 변하는 것을 허용한다. 첫째 목적은 2로부터 x의 이격을 최소화함으로써 최속화할 수 있다. 따라서 주어진 c값에 대해 다음을 얻는다.

$$x^* = \begin{cases} 2 & c \geq 4\text{의 경우} \\ \sqrt{c} & c \in [0, 4)\text{의 경우} \\ \text{정의되지 않음} & \text{그렇지 않은 경우} \end{cases} \tag{D.20}$$

결과로 얻는 파레토 곡선은 다음과 같다.

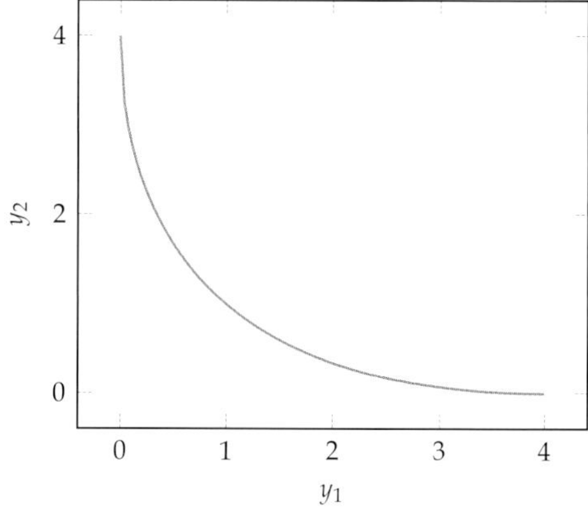

연습 12.9 기준 공간은 목적 함숫값의 공간이다. 결과 그림은 다음과 같다.

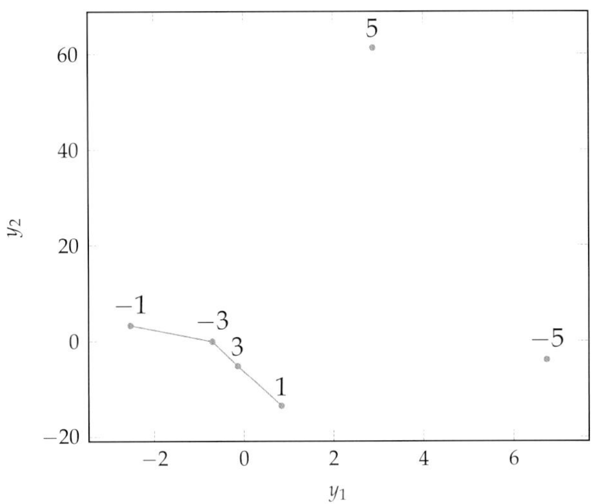

6개의 샘플점에 상응하는 근사 파레토 경계에 4개의 점이 있다는 것을 알 수 있다. 해당 설계점은 $x = \{-1, -3, 3, 1\}$이다.

연습 13.1 1차원 단위 초입방체hypercube는 $x \in [0, 1]$이고, 부피는 1이다. 이 경우 요구되는 변의 길이 ℓ은 0.5이다. 2차원 단위 초입방체는 단위 정사각형 $x_i \in [0, 1]$이고, 부피 즉 면적은 1이다. 변의 길이 1인 정사각형의 면적은 ℓ^2이므로 이를 풀면 다음과 같다.

$$\ell^2 = \frac{1}{2} \quad \Longrightarrow \quad \ell = \frac{\sqrt{2}}{2} \approx 0.707 \tag{D.21}$$

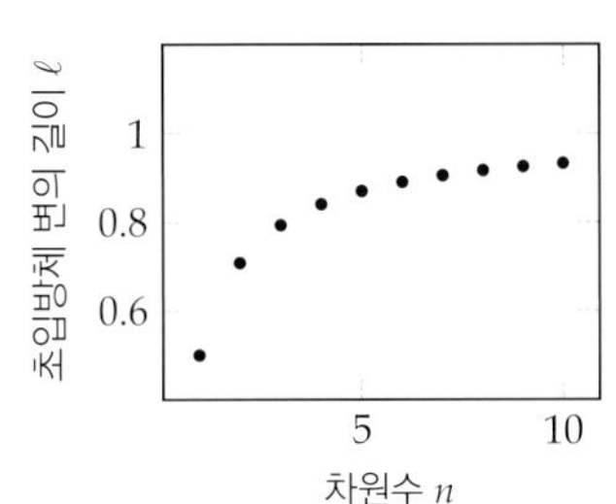

n-차원 초입방체는 부피 ℓ^n을 갖는다. 따라서

$$\ell^n = \frac{1}{2} \quad \Longrightarrow \quad \ell = 2^{-1/n} \tag{D.22}$$

변의 길이는 1에 수렴한다.

연습 13.2 무작위로 추출한 점이 표면으로부터 ϵ-거리 내에 있을 확률은 부피 간의 비율이다. 따라서 $n \to \infty$에 따라

$$P(\|x\|_2 > 1 - \epsilon) = 1 - P(\|x\|_2 < 1 - \epsilon) = 1 - (1 - \epsilon)^n \to 0 \quad \text{(D.23)}$$

연습 13.3

```
function pairwise_distances(X, p=2)
    m = length(X)
    [norm(X[i]-X[j], p) for i in 1:(m-1) for j in (i+1):m]
end
function phiq(X, q=1, p=2)
    dists = pairwise_distances(X, p)
    return sum(dists.^(-q))^(1/q)
end
X = [[cos(2π*i/10), sin(2π*i/10)] for i in 1 : 10]
@show phiq(X, 2)
```

```
phiq(X, 2) = 6.422616289332565
```

아니다. 모리스-미첼Morris-Mitchell 기준은 전적으로 쌍의 거리에 기반을 둔다. 모든 점을 같은 양만큼 이동하는 것은 쌍거리를 변화시키지 못하며, $\Phi_2(X)$를 변화시키지 못한다.

연습 13.4 유리수는 두 정수의 비율 a/b로 표기될 수 있다. 순서열은 모든 b 반복 시행을 한다.

$$\begin{aligned}
x^{(k+1)} &= x^{(k)} + \frac{a}{b} \pmod 1 \\
x^{(k)} &= x^{(0)} + k\frac{a}{b} \pmod 1 \\
&= x^{(0)} + k\frac{a}{b} + a \pmod 1 \\
&= x^{(0)} + (k+b)\frac{a}{b} \pmod 1 \\
&= x^{(k+b)}
\end{aligned}$$

연습 14.1 선형 회귀 목적 함수는 다음과 같다.

$$\|\mathbf{y} - \mathbf{X}\boldsymbol{\theta}\|_2^2$$

그래디언트를 취해서 0으로 놓으면

$$\nabla(\mathbf{y} - \mathbf{X}\boldsymbol{\theta})^\top(\mathbf{y} - \mathbf{X}\boldsymbol{\theta}) = -2\mathbf{X}^\top(\mathbf{y} - \mathbf{X}\boldsymbol{\theta}) = \mathbf{0}$$

이는 다음 정규 방정식normal equation을 산출한다.

$$\mathbf{X}^\top\mathbf{X}\boldsymbol{\theta} = \mathbf{X}^\top\mathbf{y}$$

연습 14.2 일반적인 법칙으로 더 많은 데이터가 사용 가능할 때 더 기술적인descriptive 모델이 사용돼야 한다. 만약 단지 적은 샘플만이 가능하다면 이러한 모델은 과적합되기 쉬우며, 단순한 모델(자유도가 더 낮은)이 사용돼야만 한다.

연습 14.3 다루고자 하는 모델이 매우 많은 수의 파라미터를 가질 수 있다. 이와 같은 경우 결과되는 선형 시스템은 너무 커서 파라미터 공간과 제곱으로 증가하는 메모리를 요구할 것이다. 확률적 그래디언트 하강과 반복 절차는 파라미터 공간의 크기에 선형이 메모리를 요구하고, 종종 유일하게 살아남는 해일 수 있다.

연습 14.4 단일 잔류 교차 검증 추정치는 X의 샘플 수와 같은 k로 k겹 교차 검증을 실행해 구해진다. 이는 각 다항식 차수에 대해 4겹 교차 검증을 실행해야만 한다.

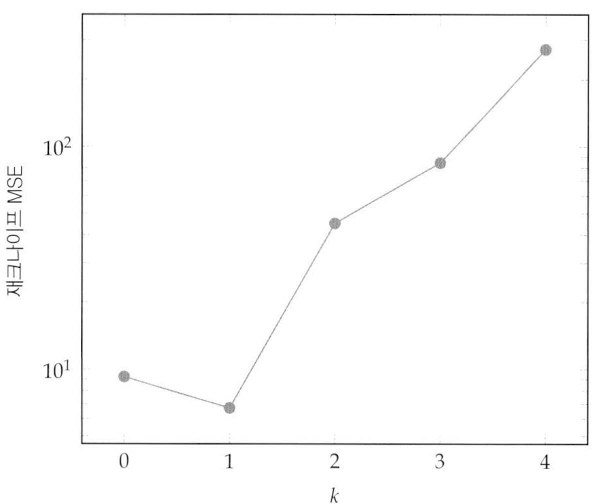

가장 낮은 평균 제곱 오차가 $k = 1$의 선형 모델에서 얻어진다. 완전한 데이터셋에 대해 새로운 선형 모델을 적합화해 파라미터를 구한다.

```
X = [[1], [2], [3], [4]]
y = [0, 5, 4, 6]
bases = polynomial_bases(1, 1)
B = [b(x) for x in X, b in bases]
θ = pinv(B)*y
@show θ

θ = [-0.5, 1.7]
```

연습 15.1 가우시안 프로세스는 비모수적nonparametric이고, 반면 선형 회귀 모델은 모수적parametric이다. 이는 모델의 자유도가 데이터의 양에 따라 증가하며, 이는 가우시안 프로세스가 최적화 프로세스 동안 편향과 분산 간의 균형을 유지하도록 한다.

연습 15.2 가우시안 프로세스의 조건부 분포를 얻으려면 식 (15.13)을 풀어야 한다. 가장 비용이 큰 연산은 $m \times m$ 행렬 $\mathbf{K}(X, X)$의 역행렬을 구해야 하는 것이며,

이는 $O(m^3)$이다.

연습 15.3 f의 미분은 다음과 같다.

$$\frac{(x^2+1)\cos(x) - 2x\sin(x)}{(x^2+1)^2}$$

아래에서 가우시안 프로세스의 예측 분포를 미분 정보가 있는 경우와 없는 경우로 그린다. $[-5, 5]$에 대한 미분 정보를 가진 예측 분포의 최대 표준편차는 $x \approx \pm 3.8$에서 근사적으로 0.377이다.

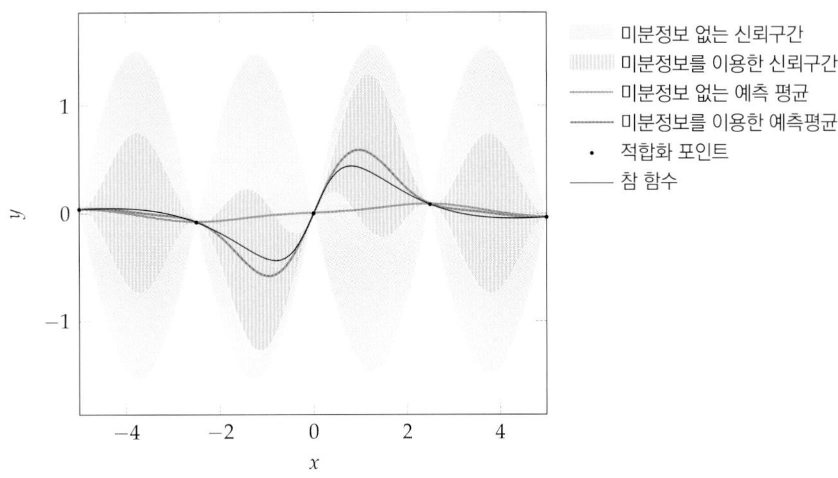

미분 정보를 결합하면 예측하는 데 더 많은 정보를 사용할 수 있으므로 신뢰 구간을 현격하게 감소시킨다. 아래에서 균등 간격 평가점의 수를 변화할 때 미분정보를 갖지 않은 경우의 가우시안 프로세스 $[-5, 5]$ 구간에 대한 예측 분포의 최대 표준편차를 그린다. 미분 정보를 가진 가우시안 프로세스를 능가하려면 적어도 8개의 점이 필요하다.

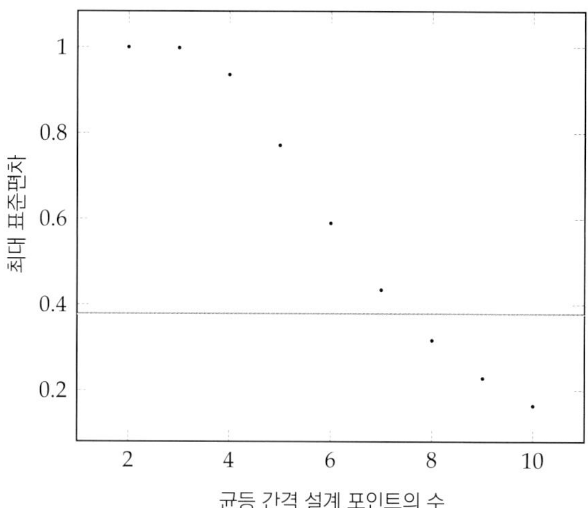

연습 15.4 이는 다음에 따라 도출될 수 있다.

$$
\begin{aligned}
k_{f\nabla}(\mathbf{x}, \mathbf{x}')_i &= \operatorname{cov}\left(f(\mathbf{x}), \frac{\partial}{\partial x_i'} f(\mathbf{x}')\right) \\
&= \mathbb{E}\left[(f(\mathbf{x}) - \mathbb{E}[f(\mathbf{x})])\left(\frac{\partial}{\partial x_i'} f(\mathbf{x}') - \mathbb{E}\left[\frac{\partial}{\partial x_i'} f(\mathbf{x}')\right]\right)\right] \\
&= \mathbb{E}\left[(f(\mathbf{x}) - \mathbb{E}[f(\mathbf{x})])\left(\frac{\partial}{\partial x_i'} f(\mathbf{x}') - \frac{\partial}{\partial x_i'}\,\mathbb{E}\left[f(\mathbf{x}')\right]\right)\right] \\
&= \mathbb{E}\left[(f(\mathbf{x}) - \mathbb{E}[f(\mathbf{x})])\frac{\partial}{\partial x_i'}\left(f(\mathbf{x}') - \mathbb{E}\left[f(\mathbf{x}')\right]\right)\right] \\
&= \frac{\partial}{\partial x_i'}\,\mathbb{E}\left[(f(\mathbf{x}) - \mathbb{E}[f(\mathbf{x})])\left(f(\mathbf{x}') - \mathbb{E}\left[f(\mathbf{x}')\right]\right)\right] \\
&= \frac{\partial}{\partial x_i'} \operatorname{cov}\left(f(\mathbf{x}), f(\mathbf{x}')\right) \\
&= \frac{\partial}{\partial x_i'} k_{ff}(\mathbf{x}, \mathbf{x}')
\end{aligned}
$$

여기서 $\mathbb{E}\left[\frac{\partial}{\partial x} f\right] = \frac{\partial}{\partial x}\mathbb{E}[f]$를 사용했다. 목적 함수가 미분 가능할 때 다음과 같이 증명할 수 있다.

$$\begin{aligned}\mathbb{E}\left[\frac{\partial}{\partial x} f\right] &= \mathbb{E}\left[\lim_{h\to 0}\frac{f(x+h)-f(x)}{h}\right] \\ &= \lim_{h\to 0}\mathbb{E}\left[\frac{f(x+h)-f(x)}{h}\right] \\ &= \lim_{h\to 0}\frac{1}{h}(\mathbb{E}[f(x+h)]-\mathbb{E}[f(x)]) \\ &= \frac{\partial}{\partial x}\mathbb{E}[f(x)]\end{aligned}$$

연습 15.5 결합 가우시안 분포를 다음과 같이 표기하자.

$$\begin{bmatrix} a \\ b \end{bmatrix} \sim \mathcal{N}\left(\begin{bmatrix} \mu_a \\ \mu_b \end{bmatrix}, \begin{bmatrix} \nu_a & \nu_c \\ \nu_c & \nu_b \end{bmatrix}\right) \tag{D.24}$$

a에 대한 한계 분포는 $\mathcal{N}(\mu_a, \nu_a)$이고, 분산은 ν_a이다. a에 대한 조건부 분포의 분산은 $\nu_a - \nu_c^2/\nu_b$이다. 원공분산 행렬이 양정부호가 되려면 ν_b는 양이어야 한다. 따라서 ν_c^2/ν_b은 양이고, $\nu_a - \nu_c^2/\nu_b \le \nu_a$이다.

조건부 분포는 a에 대한 더 많은 정보를 포함하기 때문에 조건부 분포가 한계 분포보다 더 크지 않은 분산을 가진다고 직관적으로 이해할 수 있다. 만약 a와 b의 상관관계가 있다면 b의 값을 아는 것이 a의 값에 대한 정보를 주며, 불확실성을 줄인다.

연습 15.6 일반화 오차 추정을 사용하거나 관찰된 데이터의 우도를 최대화함으로써 파라미터를 커널 함수에 맞춰 조정하거나 커널 함수를 바꿀 수 있다.

연습 15.7 우도의 곱을 최대화하는 것은 로그 우도의 합을 최대화하는 것과 같다. 아래에서 다른 점이 주어졌을 때 3번째 점의 로그 우도를 각각의 커널을 사용해 보여 준다.

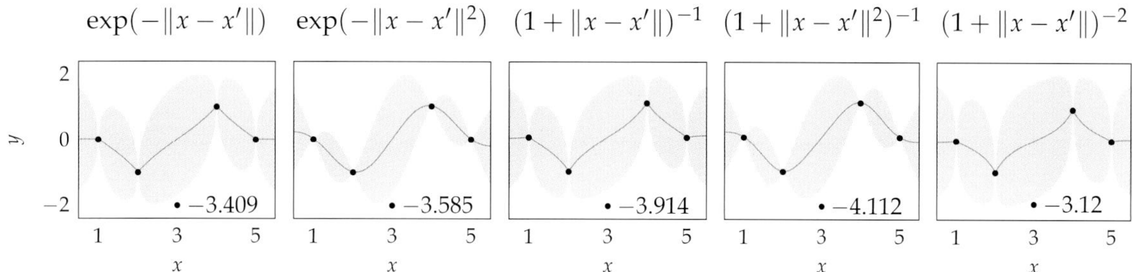

모든 다섯 겹five folds에 대해 이들 값을 계산해 각각에 대한 총 로그 우도를 계산할 수 있다.

$$
\begin{aligned}
\exp(-\|x-x'\|) &\rightarrow -8.688 \\
\exp(-\|x-x'\|^2) &\rightarrow -9.010 \\
(1+\|x-x'\|)^{-1} &\rightarrow -9.579 \\
(1+\|x-x'\|^2)^{-1} &\rightarrow -10.195 \\
(1+\|x-x'\|)^{-2} &\rightarrow -8.088
\end{aligned}
$$

단일 잔류 교차 검증을 최대화하는 커널은 유리수 2차 함수 커널 $(1+\|x-x'\|)^{-2}$이라는 것을 알 수 있다.

연습 16.1 가우시안 프로세스를 사용한 예측 기반 최적화는 동일한 점을 반복적으로 샘플링할 수 있다. 평균 0의 가우시안 프로세스를 갖고, 단일 점 $\mathbf{x}^{(1)}$에서 시작한다고 가정한다. 이는 어떤 $y^{(1)}$을 준다. 예측된 평균은 $\mathbf{x}^{(1)}$에서 단일 전역적 최소점을 갖는다. 예측 기반 최적화는 $\mathbf{x}^{(1)}$에서 샘플링을 계속한다.

연습 16.2 오차 기반 탐험은 분산을 줄이는 데 노력을 낭비하고, 함수를 적극적으로 최소화하지 않는다.

연습 16.3 가우시안 프로세스는 이것처럼 보인다.

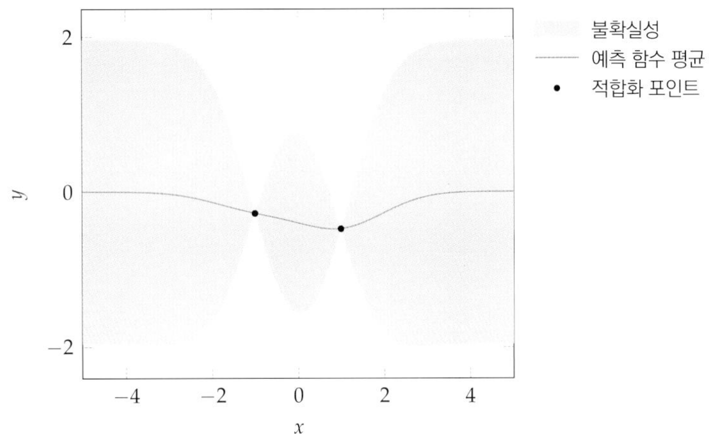

개선 확률과 기대 개선 확률은 다음과 같이 보인다.

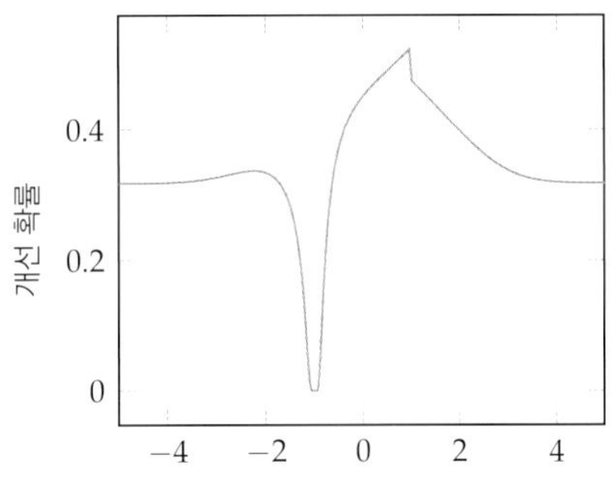

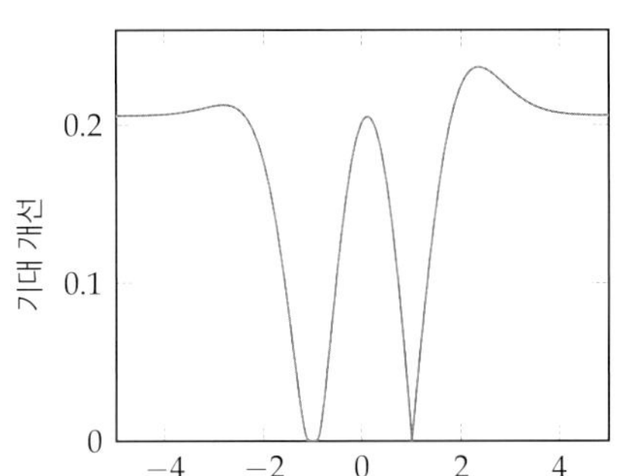

최대 개선 확률은 $x = 0.98$에서 $P = 0.523$이다.

최대 기대 개선 확률은 $x = 2.36$에서 $E = 0236$이다.

연습 17.1 목적은 $\mathbb{E}_{z \sim \mathcal{N}}[f(x+z)] - \sqrt{\text{Var}_{z \sim \mathcal{N}}[f(x+z)]}$를 최소화하는 것이다. 평균에 해당하는 첫째 항은 설계점 a에서 최소화된다. 표준편차에 해당하는 두 번째 항 또한 설계점 a에서 최소화된다. 이유는 그 위치에서 설계점에 대한 교란을 주면 출력에 큰 변이를 야기하기 때문이다. 따라서 최적 설계점은 $x^* = a$이다.

연습 17.2 결정론적 최적화 문제는 다음과 같다.

$$\begin{aligned} \underset{x}{\text{minimize}} \quad & x^2 \\ \text{subject to} \quad & \gamma x^{-2} \le 1 \end{aligned}$$

안전 비율factor of safety의 함수로 최적 횡단면 길이는 $x = \sqrt{\gamma}$이다. 따라서 각 불확실성 공식에서 횡단면 길이 대신 $\sqrt{\gamma}$를 대입해 설계점이 실패하지 않는 확률을 평가한다. 모든 설계점은 안전 비율이 1일 때 정규 분포의 대칭성으로 인해 50%의 실패 확률을 갖는다는 것을 기억하자.

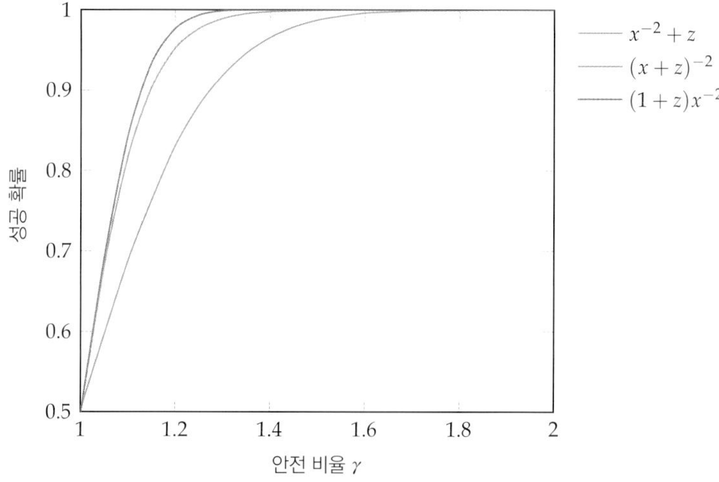

연습 17.3 그림 D.1은 무잡음 실현 가능 영역을 보인다. 잡음 없이 최적점은 음의 무한대인 x_1에 놓인다. 잡음을 갖고, 6보다 큰 크기의 어떤 특잇값도 받아들이지 않는다. 이러한 특잇값들은 약 1.973×10^{-7}%의 가능성으로 발생한다.

x_2에 대한 실현 가능 영역은 e^{x_1}과 $2e^{x_1}$ 사이에 놓인다. 잡음은 대칭이라 x_2에 대한 가장 강건한 선택은 $1.5e^{x_1}$이다.

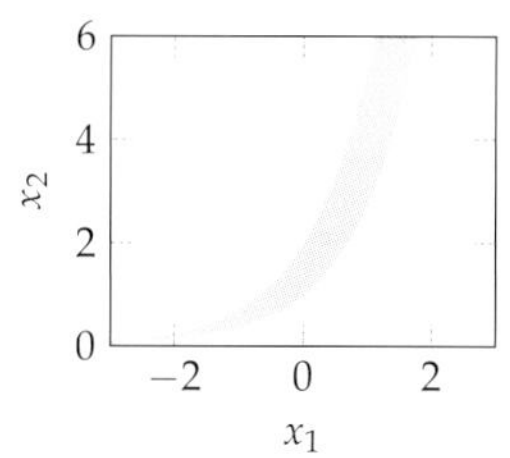

▲ **그림 D.1** 잡음이 없는(noise-free) 실현 가능 영역

x_2에 대한 실현 가능 영역의 너비는 e^{x_1}이며, 이는 x_1에 따라 증가한다. 목적 함수 역시 x_1에 따라 증가하며, 이에 따라 최적 x_1은 너비가 적어도 12인 실현 가능 영역 중 가장 낮은 값이다. 이 결과는 $x_1 = \ln 12 \approx 2.485$와 $x_2 = 18$이다.

연습 18.1 누적 분포 함수를 사용해 이들 값들을 계산할 수 있다.

```
julia> using Distributions
julia> N = Normal(0,1);
julia> cdf(N, 1) - cdf(N, -1)
0.6826894921370861
julia> cdf(N, 1)
0.841344746068543
```

따라서 샘플은 평균의 1 표준편차 내로 68.3%의 가능성으로 떨어지며, 평균에서 1 표준편차 위로 떨어질 확률은 84.1%다.

연습 18.2 샘플 평균의 정의를 대입하면서 시작한다.

$$\begin{aligned}\mathrm{Var}(\hat{\mu}) &= \mathrm{Var}\left(\frac{x^{(1)} + x^{(2)} + \cdots + x^{(m)}}{m}\right) \\ &= \mathrm{Var}\left(\frac{1}{m}x^{(1)} + \frac{1}{m}x^{(2)} + \cdots + \frac{1}{m}x^{(m)}\right)\end{aligned}$$

2개 독립 변수 합의 분산은 두 변수의 분산의 합이다. 다음이 성립한다.

$$\begin{aligned}\mathrm{Var}(\hat{\mu}) &= \mathrm{Var}\left(\frac{1}{m}x^{(1)}\right) + \mathrm{Var}\left(\frac{1}{m}x^{(2)}\right) + \cdots + \mathrm{Var}\left(\frac{1}{m}x^{(m)}\right) \\ &= \frac{1}{m^2}\mathrm{Var}\left(x^{(1)}\right) + \frac{1}{m^2}\mathrm{Var}\left(x^{(2)}\right) + \cdots + \frac{1}{m^2}\mathrm{Var}\left(x^{(m)}\right) \\ &= \frac{1}{m^2}(\nu + \nu + \cdots + \nu) \\ &= \frac{1}{m^2}(m\nu) \\ &= \frac{\nu}{m}\end{aligned}$$

연습 18.3 직교 다항식에 대한 3개항의 순환관계는 구축과 사용에 핵심이다. 도출의 핵심은 다음과 같이 z의 배수[multiple]를 하나의 기저에서 다른 기저로 이동할 수 있다는 것을 주목하는 것이다.

$$\int_{\mathcal{Z}} (zb_i(z))b_j(z)p(z)\,dz = \int_{\mathcal{Z}} b_i(z)(zb_j(z))p(z)\,dz$$

다음이 직교 다항식을 산출하는 것을 보여야만 한다.

$$b_{i+1}(z) = \begin{cases} (z-\alpha_i)b_i(z) & i=1\text{에 대해서} \\ (z-\alpha_i)b_i(z) - \beta_i b_{i-1}(z) & i>1\text{에 대해서} \end{cases}$$

$b_{i+1} - zb_i$가 적어도 i차의 다항식이라는 것을 주목하고, 따라서 이는 처음 i개의 직교 다항식의 선형 결합으로 표현할 수 있다.

$$b_{i+1}(z) - zb_i(z) = -\alpha_i b_i(z) - \beta_i b_{i-1}(z) + \sum_{j=0}^{i-2} \gamma_{ij} b_j(z)$$

여기서 α_i, β_i, γ_{ij}는 상수다.

양쪽에 b_i와 p를 곱하고 적분하면

$$\int_{\mathcal{Z}} (b_{i+1}(z) - zb_i(z))b_i(z)p(z)\,dz = \int_{\mathcal{Z}} \left(-\alpha_i b_i(z) - \beta_i b_{i-1}(z) + \sum_{j=0}^{i-2} \gamma_{ij} b_j(z)\right) b_i(z)p(z)\,dz$$

$$\begin{aligned} \int_{\mathcal{Z}} b_{i+1}(z)b_i(z)p(z)\,dz - \int_{\mathcal{Z}} zb_i(z)b_i(z)p(z)\,dz &= -\int_{\mathcal{Z}} \alpha_i b_i(z)b_i(z)p(z)\,dz - \\ &\quad - \int_{\mathcal{Z}} \beta_i b_{i-1}(z)b_i(z)p(z)\,dz + \\ &\quad + \sum_{j=0}^{i-2} \int_{\mathcal{Z}} \gamma_{ij} b_j(z)b_i(z)p(z)\,dz \\ -\int_{\mathcal{Z}} zb_i^2(z)p(z)\,dz &= -\alpha_i \int_{\mathcal{Z}} b_i^2(z)p(z)\,dz \end{aligned}$$

이는 α_i에 대한 우리의 표현을 얻는다.

$$\alpha_i = \frac{\int_{\mathcal{Z}} z b_i^2(z) p(z)\, dz}{\int_{\mathcal{Z}} b_i^2(z) p(z)\, dz}$$

$i \geq 1$일 때 β_i에 대한 표현은 대신 양변에 b_{i-1}와 p를 곱하고 적분함으로써 얻는다. 유사하게 양변에 b_k, $k < i-1$을 곱하면 다음을 얻는다.

$$-\int_{\mathcal{Z}} z b_i(z) b_k(z) p(z)\, dz = \gamma_{ik} \int_{\mathcal{Z}} b_k^2(z) p(z)\, dz$$

이동 특성을 적용하면 다음을 얻는다.

$$\int_{\mathcal{Z}} z b_i(z) b_k(z) p(z)\, dz = \int_{\mathcal{Z}} b_i(z)(z b_k(z)) p(z)\, dz = 0$$

$zb_k(z)$가 적어도 $i-1$차의 다항식이고, 직교성에 의해 적분은 0이다. 따라서 모든 γ_{ij}는 0이고, 3개항의 순환관계가 성립한다.

연습 18.4 설계 요소 x_i에 대한 f의 편미분을 이용해 그래디언트 근사값을 도출할 수 있다.

$$\frac{\partial}{\partial x_i} f(\mathbf{x}, \mathbf{z}) \approx b_1(\mathbf{z}) \frac{\partial}{\partial x_i} \theta_1(\mathbf{x}) + \cdots + b_k(\mathbf{z}) \frac{\partial}{\partial x_i} \theta_k(\mathbf{x})$$

만약 m개의 샘플을 가지면 이 편미분들을 행렬의 행태로 표현할 수 있다.

$$\begin{bmatrix} \frac{\partial}{\partial x_i} f(\mathbf{x}, \mathbf{z}^{(1)}) \\ \vdots \\ \frac{\partial}{\partial x_i} f(\mathbf{x}, \mathbf{z}^{(m)}) \end{bmatrix} \approx \begin{bmatrix} b_1(\mathbf{z}^{(1)}) & \cdots & b_k(\mathbf{z}^{(1)}) \\ \vdots & \ddots & \vdots \\ b_1(\mathbf{z}^{(m)}) & \cdots & b_k(\mathbf{z}^{(m)}) \end{bmatrix} \begin{bmatrix} \frac{\partial}{\partial x_i} \theta_1(\mathbf{x}) \\ \vdots \\ \frac{\partial}{\partial x_i} \theta_k(\mathbf{x}) \end{bmatrix}$$

의사 역행렬을 사용해 $\frac{\partial}{\partial x_i} \theta_1(\mathbf{x}), \ldots, \frac{\partial}{\partial x_i} \theta_k(\mathbf{x})$의 근사값들에 대해 풀 수 있다.

$$\begin{bmatrix} \frac{\partial}{\partial x_i}\theta_1(\mathbf{x}) \\ \vdots \\ \frac{\partial}{\partial x_i}\theta_k(\mathbf{x}) \end{bmatrix} \approx \begin{bmatrix} b_1(\mathbf{z}^{(1)}) & \cdots & b_k(\mathbf{z}^{(1)}) \\ \vdots & \ddots & \vdots \\ b_1(\mathbf{z}^{(m)}) & \cdots & b_k(\mathbf{z}^{(m)}) \end{bmatrix}^+ \begin{bmatrix} \frac{\partial}{\partial x_i}f(\mathbf{x}, \mathbf{z}^{(1)}) \\ \vdots \\ \frac{\partial}{\partial x_i}f(\mathbf{x}, \mathbf{z}^{(m)}) \end{bmatrix}$$

연습 18.5 추정된 평균과 분산은 설계변수에 의존하는 계수를 갖는다.

$$\begin{aligned} \hat{\mu}(\mathbf{x}) &= \theta_1(\mathbf{x}) \\ \hat{\nu}(\mathbf{x}) &= \sum_{i=2}^{k} \theta_i^2(\mathbf{x}) \int_{\mathcal{Z}} b_i(\mathbf{z})^2 p(\mathbf{z})\, d\mathbf{z} \end{aligned} \tag{D.25}$$

i번째 설계 요소에 대한 f_{mod}의 편미분은 다음과 같다.

$$\frac{\partial}{\partial x_i} f_{\text{mod}}(\mathbf{x}) = \alpha \frac{\partial \theta_1(\mathbf{x})}{\partial x_i} + 2(1-\alpha) \sum_{i=2}^{k} \theta_i(\mathbf{x}) \frac{\partial \theta_i(\mathbf{x})}{x_i} \int_{\mathcal{Z}} b_i(\mathbf{z})^2 p(\mathbf{z})\, d\mathbf{z} \tag{D.26}$$

식 (D.26)을 계산하려면 $\mathbf{x}$에 대한 계수의 그래디언트를 구해야 하는데 이는 연습 18.4에서 추정되고 있다.

연습 19.1 열거법은 모든 설계점을 시도한다. 각 구성 요소는 참이거나 거짓이어서 최악의 경우 2^n의 가능한 설계점을 시도해야 한다. 이 문제는 $2^3 = 8$개의 가능한 설계점을 가진다.

```
f(x) = (!x[1] || x[3]) && (x[2] || !x[3]) && (!x[1] || !x[2])
using IterTools
for x in IterTools.product([true,false], [true,false], [true,false])
    if f(x)
       @show(x)
       break
    end
end

x = (false, true, true)
```

연습 19.2 불리언 충족성 문제는 단지 유효한 해를 찾는다. 따라서 **c**를 0으로 설정한다.

제약식은 더욱 흥미롭다. 모든 정수 계획에서와 같이 **x**는 비음이고 정수로 제약된다. 더 나아가 1은 `true`에 상응하고, 0은 `false`에 상응한다고 하고, $\mathbf{x} \leq \mathbf{1}$의 제약식을 도입한다.

다음 목적 함수를 살펴보는데 ∧ 'and' 명제^statement^는 f를 각각 반드시 참인 별도의 불리언 표현식으로 나눈다. 표현식을 다음과 같이 선형 제약식으로 전환한다.

$$\begin{aligned} x_1 &\implies x_1 \geq 1 \\ x_2 \vee \neg x_3 &\implies x_2 + (1 - x_3) \geq 1 \\ \neg x_1 \vee \neg x_2 &\implies (1 - x_1) + (1 - x_2) \geq 1 \end{aligned}$$

여기서 각 표현식은 반드시 (≥ 1)을 만족해야 하고, 부정변수 $\neg x_i$는 단순히 $1 - x_i$다.

결과적으로 얻어지는 정수 선형 계획은 다음과 같다.

$$\begin{aligned} \underset{\mathbf{x}}{\text{minimize}} \quad & 0 \\ \text{subject to} \quad & x_1 \geq 1 \\ & x_2 - x_3 \geq 0 \\ & -x_1 - x_2 \geq -1 \\ & \mathbf{x} \in \mathbb{N}^3 \end{aligned}$$

이 접근법은 일반적이고, 어떤 불리언 충족성 문제도 정수 선형 계획으로 변환하는 데 사용될 수 있다.

연습 19.3 완전 단일 모듈형 행렬은 또한 정수 행렬인 역행렬을 갖는다. **A**가 완전 단일 모듈형이고, **b**는 정수인 정수 계획은 심플레스법을 사용해 정확하게 풀 수 있다.

만약 모든 정방 비특이 부분 행렬이 단일 모듈형이면 행렬은 완전 단일 모듈형이다. 단일 행렬 원소는 정방 부분 행렬이다. 1×1 행렬의 행렬식은 그 단일 원소의 절댓값이다. 단일 원소 부분 행렬은 그것이 ± 1의 행렬식을 가질 경우에만 단일 모듈형인데, 이것은 입력이 ± 1인 경우에만 발생한다. 단일 원소 부분 행렬은 또한 0을 허용하는 비특이nonsingular일 수 있다. 다른 어떤 원소는 허용되지 않으며, 따라서 모든 완전 단일 모듈형 행렬은 0, 1, 또는 -1의 원소만을 갖는다.

연습 19.4 분기 한정법을 적용하려면 분기 한정 연산을 설계점에 수행할 수 있어야 한다.[3] 0-1 배낭에 대한 결정은 각 아이템을 넣느냐 마는가 하는 것이다. 각 아이템은 따라서 아이템을 포함할지 또는 제외할지를 결정하는 분기branch를 나타낸다.

3 P. J. Koesar, "A Branch and Bound Algorithm for the Knapsack Problem," *Management Science*, vol. 13, no. 9, pp. 723–735, 1967.

이와 같은 모두 경우에 대해서 트리가 다음과 같이 구축될 수 있다.

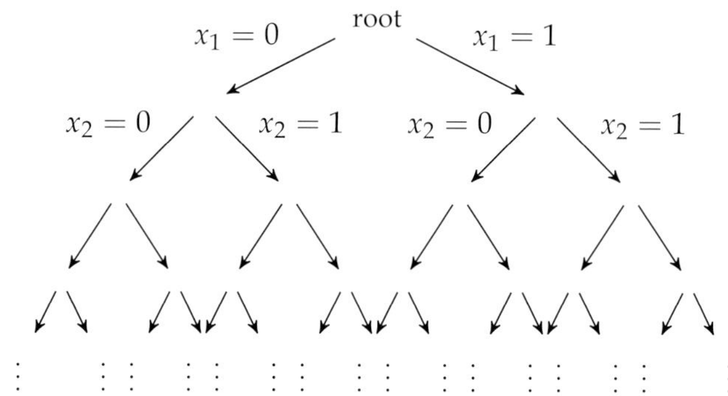

각 노드는 특정 아이템들이 이미 포함됐는지 제외됐는지의 하위 문제를 나타낸다. 하위 문제는 연관된 결정변수, 값과 제외된 가중치를 가지며, 용량은 포함된 아이템의 총 가중치만큼 유효하게 줄어든다.

분기 한정법은 한정 연산bounding operation으로부터 정보를 이용해 전체 트리를 구축하는 것을 피한다. 완화된 버전의 배낭 문제를 풀어서 유계bounds를 구축할 수 있다. 분할 가능 배낭 문제fractional knapsack problem는 아이템의 소수 값이 배분되는 것을 허용한다. 즉 $0 \leq x_i \leq 1$을 허용한다.

완화된 배낭 문제는 탐욕적 접근법으로 효율적으로 풀 수 있다. 무게 대비 가치 비율이 가장 큰 다음 아이템을 선택함으로써 아이템이 한 번에 하나씩 더해진다. 만약 충분한 용량이 남아 있다면 아이템은 $x_i = 1$로 완전히 배분된다. 만약 그렇지 않으면 소수 값이 배분돼 나머지 용량이 채워지고, 모든 나머지 아이템은 $x_i = 0$이 된다.

첫 번째 아이템에서 분기하는 것으로 시작한다. $x_1 = 0$을 가진 하위 트리는 다음의 하위 문제를 갖는다.

$$
\begin{aligned}
\underset{\mathbf{x}_{2:6}}{\text{minimize}} \quad & -\sum_{i=2}^{6} v_i x_i \\
\text{subject to} \quad & \sum_{i=2}^{6} w_i x_i \leq 20
\end{aligned}
$$

반면 $x_1 = 1$인 하위 트리는 다음의 하위 문제를 갖는다.

$$
\begin{aligned}
\underset{\mathbf{x}_{2:6}}{\text{minimize}} \quad & -9 - \sum_{i=2}^{6} v_i x_i \\
\text{subject to} \quad & \sum_{i=2}^{6} w_i x_i \leq 13
\end{aligned}
$$

탐욕적 접근법을 사용해 양 트리에 대해 하계를 구축한다.

무게 대비 가치 비율에 의해 나머지 아이템들을 정렬한다.

아이템:	6	4	5	3	2
비율:	3/4	3/5	5/9	2/4	4/8
	0.75	0.6	0.556	0.5	0.5

$x_1 = 0$인 하위 트리에 대해서 아이템 6, 4, 5를 할당한다. 그러고 나서 용량이 2밖에 남지 않기 때문에 아이템 3을 쪼개서 할당한다. 즉 $x_3 = 2/4 = 0.5$다. 하계는 따라서 $-(3 + 5 + 3 + 0.5 \cdot 2) = -12$가 된다.

$x_1 = 1$인 하위 트리에 대해서 아이템 6과 4를 할당한다. 그리고 아이템 5을 쪼개서 할당한다. 즉 $x_5 = 4/9$다. 하계는 따라서 $-(3+5+(4/9)\cdot 3) \approx -18.333$이 된다.

$x_1 = 1$인 하위 트리는 더 나은 하계를 갖는다. 따라서 알고리즘은 그 하위 문제를 분할하면서 계속한다. 마지막 해는 $x = [1, 0, 0, 0, 1, 1]$이다.

연습 20.1 다음의 6개 표현식 트리가 생성될 수 있다.

$$\begin{array}{cccccc} \mathbb{I} & \mathbb{I} & \mathbb{F} & \mathbb{R} & \mathbb{R} & \mathbb{R} \\ \downarrow & \downarrow & \downarrow & \downarrow & \downarrow & \downarrow \\ 1 & 2 & \pi & \mathbb{I} & \mathbb{I} & \mathbb{F} \\ & & & \downarrow & \downarrow & \downarrow \\ & & & 1 & 2 & \pi \end{array}$$

연습 20.2 높이 0의 단지 하나의 표현식이 존재하고 이는 빈 표현식이다. 이를 $a_0 = 1$로 표기하자. 유사하게 높이 1의 유일한 표현식이 존재하고 이는 표현식 {}이다. 이를 $a_1 = 1$로 표기하자. 깊이 2에 대해서 3개의 표현식이 존재하고, 깊이 3에 대해서 21개의 표현식이 존재하는 식으로 된다.

높이 h까지 모든 표현식을 만들었다고 가정하자. 높이 $h+1$의 모든 표현식은 다음에 의해 선택된 왼쪽과 오른쪽 하위 표현식을 가진 근 노드[root note]를 사용해 만들 수 있다.

1. 높이 h의 왼쪽 표현식과 h보다 낮은 높이의 오른쪽 표현식
2. 높이 h의 오른쪽 표현식과 h보다 낮은 높이의 왼쪽 표현식
3. 높이 h의 왼쪽과 오른쪽 표현식

이때 높이 $h+1$의 표현식의 개수는 다음과 같이 된다.[4]

$$a_{h+1} = 2a_h(a_0 + \cdots + a_{h-1}) + a_h^2$$

4 이는 OEIS 순서열 A001699에 상응한다.

연습 20.3 다음 문법과 시작 심벌 $\mathbb{I}$를 사용할 수 있다.

$$\begin{aligned}\mathbb{I} &\mapsto \mathbb{D} + 10 \times \mathbb{I} \\ \mathbb{D} &\mapsto 0 \mid 1 \mid 2 \mid 3 \mid 4 \mid 5 \mid 6 \mid 7 \mid 8 \mid 9\end{aligned}$$

연습 20.4 예외-자유의 문법을 구축하는 것은 매우 어렵다. 이와 같은 문제는 목적 함수의 예외를 포착하고 적절히 페널티를 부여함으로써 피할 수 있다.

연습 20.5 표현식 최적화 과정에서 조작된 변수의 타입을 제약해야만 하는 이유가 많이 있다. 많은 연산이 단지 특정 입력[5]에서만 유효하고, 행렬 곱셈을 위해서는 입력의 차원이 일치해야 한다. 변수들의 물리적 차원은 또 하나의 고려 사항이다. 문법은 입력변수와 그들에 대해 수행 가능한 유효한 연산의 단위에 대해서 추론해야만 한다.

예를 들어, x는 y는 $\mathrm{kg}^a\mathrm{m}^b\mathrm{s}^c$ 단위를 갖고 y는 $\mathrm{kg}^d\mathrm{m}^e\mathrm{s}^f$ 단위를 가질 때 $x \times y$는 $\mathrm{kg}^{a+d}\mathrm{m}^{b+e}\mathrm{s}^{c+f}$ 단위를 가진 값을 산출한다. x의 제곱근을 취하면 $\mathrm{kg}^{a/2}\mathrm{m}^{b/2}\mathrm{s}^{c/2}$ 단위를 가진 값을 산출한다. 더 나아가 sin과 같은 연산은 단지 단위가 없는 입력에만 적용될 수 있다.

물리적 단위를 취급하는 한 가지 접근법은 n-튜플을 표현식 트리의 각 노드에 연관시키는 것이다. 튜플은 사용자가 설정할 수 있는 허용 가능한 기본 단위에 대한 지수^exponent^를 기록한다. 만약 연관된 기본 단위가 질량, 길이, 시간이면 각 노드는 3-튜플 (a, b, c)를 갖고 $\mathrm{kg}^a\mathrm{m}^b\mathrm{s}^c$를 표현한다. 연관 문법은 생성 규칙을 할당할 때 반드시 이들 단위를 고려해야만 한다.[6]

5 전형적으로 음수의 제곱근을 취하지 않는다.

6 더 자세한 개요를 위해서는 예를 들어 A. Ratle and M. Sebag, "Genetic Programming and Domain Knowledge: Beyond the Limitations of Grammar-Guided Machine Discovery," in *International Conference on Parallel Problem Solving from Nature*, 2000을 참고하라.

연습 20.6 문법은 문자 구성 요소를 사용하는 `ExprRule.jl`을 사용해 인코딩될 수 있다.

```
grammar = @grammar begin
    S = NP * " " * VP
    NP = ADJ * " " * NP
    NP = ADJ * " " * N
```

```
    VP = V * " " * ADV
    ADJ = |(["a", "the", "big", "little", "blue", "red"])
    N = |(["mouse", "cat", "dog", "pony"])
    V = |(["ran", "sat", "slept", "ate"])
    ADV = |(["quietly", "quickly", "soundly", "happily"])
end
```

표현형[phenotype]법을 사용해 해를 구할 수 있다.

```
eval(phenotype([2,10,19,0,6], grammar, :S)[1], grammar)
```

표현형은 "little dog ate quickly"이다.

연습 20.7 시계 문제에 대한 문법을 정의한다. $\mathbb{G}_r$은 반지름 r의 톱니바퀴[gear]에 대한 심벌이고, $\mathbb{A}$는 축[axle], $\mathbb{R}$은 테[rim], $\mathbb{H}$는 바늘[hand]이라고 하자.

$$
\begin{aligned}
\mathbb{G}_r &\mapsto \mathbb{R}\,\mathbb{A} \mid \epsilon \\
\mathbb{R} &\mapsto \mathbb{R}\,\mathbb{R} \mid \mathbb{G}_r \mid \epsilon \\
\mathbb{A} &\mapsto \mathbb{A}\,\mathbb{A} \mid \mathbb{G}_r \mid \mathbb{H} \mid \epsilon
\end{aligned}
$$

이는 각 톱니바퀴가 어떤 개수의 테와 축 자식을 가질 수 있도록 한다. 표현식 ϵ는 빈 종단이다.

하나의 바늘을 가진 시계는 다음에 따라 구축될 수 있다.

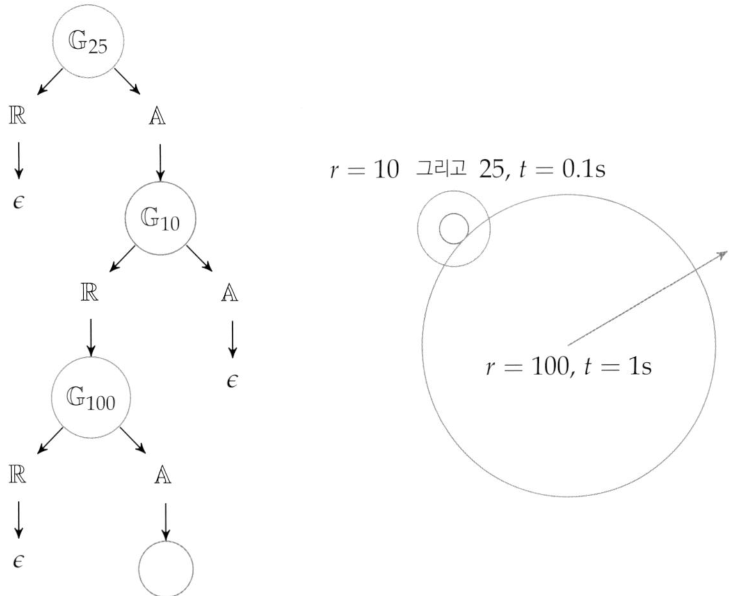

문법은 톱니바퀴의 회전 주기rotation period를 계산하지 않는다. 이는 목적 함수가 다룬다. 재귀적 절차가 작성돼 모든 바늘의 회전 주기를 계산할 수 있다. 그 후에 이 회전 주기 리스트가 사용돼 목적 함숫값을 계산한다.

연습 20.8 20장에서 다룬 어떤 방법도 4개의 4 수수께끼four 4s puzzle를 완성하는 데 사용할 수 있다. 간단한 접근법은 적절한 문법 위에서 몬테카를로 샘플링을 사용하는 것이다. 정확하게 4개의 4를 가진 샘플된 표현식은 평가되고, 만약 적절하다면 기록된다. 이 절차가 반복돼 각 정수에 대한 표현식을 구한다.

이와 같은 한 가지 문법은 다음과 같다.[7]

$$\begin{aligned}\mathbb{R} \mapsto 4 \mid 44 \mid 444 \mid 4444 \mid \mathbb{R}+\mathbb{R} \mid \mathbb{R}-\mathbb{R} \mid \mathbb{R}\times\mathbb{R} \mid \mathbb{R}/\mathbb{R} \mid \\ \mathbb{R}^{\mathbb{R}} \mid \lfloor\mathbb{R}\rfloor \mid \lceil\mathbb{R}\rceil \mid \sqrt{\mathbb{R}} \mid \mathbb{R}! \mid \Gamma(\mathbb{R})\end{aligned}$$

7 감마(gamma) 함수 $\Gamma(x)$는 팩토리얼(factorial) 함수를 확대한 것으로 실수와 복소수 입력을 받아들인다. 양의 정수 x에 대해서 이는 $(x-1)!$을 산출한다.

표현식을 가장 가까운 정수로 평가한다. 반올림된 표현식은 천장ceiling 연산 내에 포함될 수 있으며, 절사된 표현식은 바닥floor 연산 내에 포함될 수 있으며, 이와 같은 모든 연산은 유효하다.

연습 20.9 생성 규칙을 적용해서 얻은 표현이 다음과 같이 얻어진다.

$$\begin{array}{ll} \mathbb{R} \mapsto \mathbb{R} + \mathbb{R} & P = 1/12 \\ \mathbb{R} \mapsto \mathbb{F} & P = 5/12 \\ \mathbb{F} \mapsto 1.5 & P = 4/7 \\ \mathbb{R} \mapsto \mathbb{I} & P = 5/12 \\ \mathbb{I} \mapsto & P = 1/3 \end{array}$$

이는 다음 확률을 가진다.

$$\frac{1}{12}\frac{5}{12}\frac{4}{7}\frac{5}{12}\frac{1}{3} = \frac{25}{9072} \approx 0.00276$$

연습 20.10 학습 업데이트는 모든 사용된 회수count를 지우고 나서 각 생성 규칙이 적용될 때마다 생성 규칙을 증가시킨다. 5개의 적용된 규칙은 각각 한 번씩 증가돼 다음 결과를 보인다.

$$\begin{array}{ll} \mathbb{R} \mapsto \mathbb{R} + \mathbb{R} \mid \mathbb{R} \times \mathbb{R} \mid \mathbb{F} \mid \mathbb{I} & w_{\mathbb{R}} = [1, 0, 1, 1] \\ \mathbb{F} \mapsto 1.5 \mid \infty & p_{\mathbb{F}} = [1, 0] \\ \mathbb{I} \mapsto 1 \mid 2 \mid 3 & p_{\mathbb{I}} = [0, 1, 0] \end{array}$$

연습 21.11 날개 단면의 구조 안정성을 제약으로 날개 단면 형태의 양력-항력 비율lift-to-dra을 최적화하라.[8]

연습 21.12 분야 의존성 그래프가 (방향성) 트리인 문제를 고려하자. 마약 최적화가 루트로부터 시작해 위상학적 순서를 따른다면 트리를 한 번 가로지른 후에 수렴이 일어난다.

8 양력(Lift): 양력은 유체를 통과하는 물체에 의해 생기는 힘으로, 항공기가 공기에 떠 있게 해주는 힘이다. 항력(Drag): 항력은 공기를 통과하는 항공기에 대한 반대의 힘이다. 양력/항력 비율(L/D Ratio, Lift to Drag Ratio): 항공기의 공기역학적인 효율성의 지표라 할 수 있다. 많은 양력과 작은 항력을 발생한다면 그 항공기는 높은 L/D Ratio를 가진다 하겠다. 순항 중 양력과 중력의 크기가 같으므로 양력을 많이 발생하는 항공기는 많은 탑재량이 가능하다는 것이다. 또한 순항 중 추력과 항력의 크기가 같으므로 항력이 작은 항공기는 작은 추력을 필요로 한다. 이는 연료를 적게 소모해도 된다는 것이다. 그리고 연료 소모가 적다는 것은 항공기가 오랜 시간 비행할 수 있게 하며, 이는 곧 장거리 비행도 가능함을 의미한다. – 옮긴이

연습 21.3 분야 분석을 병렬로 실행할 수 있다.

연습 21.4 다분야 통합 설계 실현 가능 구조하에서 스프링-추 문제는 다음과 같다.

$$\begin{aligned} \underset{k}{\text{minimize}} \quad & f(\text{MDA}(k)) \qquad \text{subject to} \quad k > 0 \\ & \theta \leq \theta_{\text{max}} \\ & \text{MDA}(k) \ \text{수렴} \end{aligned}$$

여기서 MDA(k)는 2개의 분야 분석에 대해서 다분야 통합 분석을 수행한다. 즉 $\mathcal{A}[M] = mg\ell \cos(\mathcal{A}[\theta])$를 계산하는 로딩 분석load analysis과 $\mathcal{A}[\theta] = \mathcal{A}[M]/\mathcal{A}[k]$를 계산하는 변이 분석displacement analysis이다. 수렴된 다분야 통합 분석은 수렴을 강제하고자 추가적 반응변수response variable로 포함된다.

최적화 문제를 풀면 $k \approx 55.353$ /N를 구한다.

연습 21.5 개별 설계 실현 가능 구조하에서 스프링-추 문제는 다음과 같다.

$$\begin{aligned} \underset{k,\theta_c,M_c}{\text{minimize}} \quad & k \\ \text{subject to} \quad & k > 0 \\ & \theta_c = F_{\text{displacement}}(k, M_c) \\ & M_c = F_{\text{loads}}(\theta_c) \\ & \theta \leq \theta_{\text{max}} \end{aligned}$$

여기서 θ_c와 M_c는 최적화 기제의 제어하에 있는 추가적 결합변수다. 2개의 분야 분석이 병렬로 실행될 수 있다.

연습 21.6 협업 최적화 구조하에서 스프링-추 문제에 대한 2개 분야 최적화 문제는 다음과 같다.

$$\begin{aligned} \underset{k,M}{\text{minimize}} \quad & J_{\text{displacement}} \quad = (k_g - \mathcal{A}[k_g])^2 + (M_g - \mathcal{A}[M_g])^2 + (F_{\text{displacement}}(k_g, M_g) - \theta)^2 \\ \text{subject to} \quad & \theta_g \leq \theta_{\max} \\ & k > 0 \end{aligned}$$

와

$$\underset{\theta_g}{\text{minimize}} \quad J_{\text{loads}} = (\theta_g - \theta)^2 + (F_{\text{loads}}(\theta_g) - M)^2$$

여기서 아래첨자 g는 전역변수를 가리킨다. 전역변수는 $\mathcal{A}_g = \{k_g, \theta_g, M_g\}$이다.

시스템 레벨 최적화 문제는 다음과 같다.

$$\begin{aligned} \underset{k_g,\theta_g,M_g}{\text{minimize}} \quad & k_g \\ \text{subject to} \quad & J_{\text{structures}} = 0 \\ & J_{\text{loads}} = 0 \end{aligned}$$

참고문헌

1. N. M. Alexandrov and M. Y. Hussaini, eds., *Multidisciplinary Design Optimization: State of the Art*. SIAM, 1997 (cit. on p. 387).

2. S. Amari, "Natural Gradient Works Efficiently in Learning," *Neural Computation*, vol. 10, no. 2, pp. 251–276, 1998 (cit. on p. 90).

3. Aristotle, *Metaphysics*, trans. by W. D. Ross. 350 BCE, Book I, Part 5 (cit. on p. 2).

4. L. Armijo, "Minimization of Functions Having Lipschitz Continuous First Partial Derivatives," *Pacific Journal of Mathematics*, vol. 16, no. 1, pp. 1–3, 1966 (cit. on p. 56).

5. J. Arora, *Introduction to Optimum Design*, 4th ed. Academic Press, 2016 (cit. on p. 4).

6. R. K. Arora, *Optimization: Algorithms and Applications*. Chapman and Hall/CRC, 2015 (cit. on p. 6).

7. T. W. Athan and P. Y. Papalambros, "A Note on Weighted Criteria Methods for Compromise Solutions in Multi-Objective Optimization," *Engineering Optimization*, vol. 27, no. 2, pp. 155–176, 1996 (cit. on p. 221).

8. C. Audet and J. E. Dennis Jr., "Mesh Adaptive Direct Search Algorithms for Constrained Optimization," *SIAM Journal on Optimization*, vol. 17, no. 1, pp. 188–217, 2006 (cit. on pp. 105, 126).

9. D. A. Bader, W. E. Hart, and C. A. Phillips, "Parallel Algorithm Design for Branch and Bound," in *Tutorials on Emerging Methodologies and Applications in Operations Research*, H. J. Greenberg, ed., Kluwer Academic Press, 2004 (cit. on p. 346).

10. W. W. R. Ball, *Mathematical Recreations and Essays*. Macmillan, 1892 (cit. on p. 385).

11. D. Barber, *Bayesian Reasoning and Machine Learning*. Cambridge University Press, 2012 (cit. on p. 377).

12. A. G. Baydin, R. Cornish, D. M. Rubio, M. Schmidt, and F. Wood, "Online Learning Rate Adaptation with Hypergradient Descent," in

International Conference on Learning Representations (ICLR), 2018 (cit. on p. 82).

13. A. D. Belegundu and T. R. Chandrupatla, *Optimization Concepts and Applications in Engineering*, 2nd ed. Cambridge University Press, 2011 (cit. on p. 6).

14. R. Bellman, "On the Theory of Dynamic Programming," *Proceedings of the National Academy of Sciences of the United States of America*, vol. 38, no. 8, pp. 716–719, 1952 (cit. on p. 3).

15. R. Bellman, *Eye of the Hurricane: An Autobiography*. World Scientific, 1984 (cit. on p. 351).

16. H. Benaroya and S. M. Han, *Probability Models in Engineering and Science*. Taylor & Francis, 2005 (cit. on p. 322).

17. F. Berkenkamp, A. P. Schoellig, and A. Krause, "Safe Controller Optimization for Quadrotors with Gaussian Processes," in *IEEE International Conference on Robotics and Automation (ICRA)*, 2016 (cit. on p. 297).

18. H.-G. Beyer and B. Sendhoff, "Robust OptimOverview–A Comprehensive Survey," *Computer Methods in Applied Mechanics and Engineering*, vol. 196, no. 33, pp. 3190–3218, 2007 (cit. on p. 307).

19. T. L. Booth and R. A. Thompson, "Applying Probability Measures to Abstract Languages," *IEEE Transactions on Computers*, vol. C-22, no. 5, pp. 442–450, 1973 (cit. on p. 375).

20. C. Boutilier, R. Patrascu, P. Poupart, and D. Schuurmans, "Constraint-Based Optimization and Utility Elicitation Using the Minimax Decision Criterion," *Artificial Intelligence*, vol. 170, no. 8-9, pp. 686–713, 2006 (cit. on p. 231).

21. G. E. P. Box, W. G. Hunter, and J. S. Hunter, *Statistics for Experimenters: An Introduction to Design, Data Analysis, and Model Building*, 2nd ed. Wiley, 2005 (cit. on pp. 235, 307).

22. S. Boyd and L. Vandenberghe, *Convex Optimization*. Cambridge University Press, 2004 (cit. on pp. 6, 178, 438).

23. D. Braziunas and C. Boutilier, "Minimax Regret-Based Elicitation of Generalized Additive Utilities," in *Conference on Uncertainty in Artificial Intelligence (UAI)*, 2007(cit. on p. 231).

24. D. Braziunas and C. Boutilier, "Elicitation of Factored Utilities," *AI Magazine*, vol. 29, no. 4, pp. 79–92, 2009 (cit. on p. 230).

25. R. P. Brent, *Algorithms for Minimization Without Derivatives*. Prentice Hall, 1973 (cit. on p. 51).

26. S. J. Colley, *Vector Calculus*, 4th ed. Pearson, 2011 (cit. on p. 19).

27. V. Conitzer, "Eliciting Single-Peaked Preferences Using Comparison Queries," *Journal of Artificial Intelligence Research*, vol. 35, pp. 161–191, 2009 (cit. on p. 228).

28. S. Cook, "The Complexity of Theorem-Proving Procedures," in *ACM Symposium on Theory of Computing*, 1971 (cit. on p. 358).

29. W. Cook, A. M. Gerards, A. Schrijver, and É. Tardos, "Sensitivity Theorems in Integer Linear Programming," *Mathematical Programming*, vol. 34, no. 3, pp. 251–264, 1986 (cit. on p. 341).

30. A. Corana, M. Marchesi, C. Martini, and S. Ridella, "Minimizing Multimodal Functions of Continuous Variables with the 'Simulated Annealing' Algorithm," *ACM Transactions on Mathematical Software*, vol. 13, no. 3, pp. 262–280, 1987 (cit. on pp. 130, 132).

31. G. B. Dantzig, "Origins of the Simplex Method," in *A History of Scientific Computing*, S. G. Nash, ed., ACM, 1990, pp. 141–151 (cit. on p. 195).

32. S. Das and P. N. Suganthan, "Differential Evolution: A Survey of the State-of-the-Art," *IEEE Transactions on Evolutionary Computation*, vol. 15, no. 1, pp. 4–31, 2011 (cit. on p. 157).

33. W. C. Davidon, "Variable Metric Method for Minimization," Argonne National Laboratory, Tech. Rep. ANL-5990, 1959 (cit. on p. 92).

34. W. C. Davidon, "Variable Metric Method for Minimization," *SIAM Journal on Optimization*, vol. 1, no. 1, pp. 1–17, 1991 (cit. on p. 92).

35. A. Dean, D. Voss, and D. Draguljić, *Design and Analysis of Experiments*, 2nd ed. Springer, 2017 (cit. on p. 235).

36. K. Deb, A. Pratap, S. Agarwal, and T. Meyarivan, "A Fast and Elitist Multiobjective Genetic Algorithm: NSGA-II," *IEEE Transactions on Evolutionary Computation*, vol. 6, no. 2, pp. 182–197, 2002 (cit. on p. 223).

37. T. J. Dekker, "Finding a Zero by Means of Successive Linear Interpolation," in *Constructive Aspects of the Fundamental Theorem of Algebra*, B. Dejon and P. Henrici, eds., Interscience, 1969 (cit. on p. 51).

38. R. Descartes, "La Géométrie," in *Discours de la Méthode*. 1637 (cit. on p. 2).

39. E. D. Dolan, R. M. Lewis, and V. Torczon, "On the Local Convergence of Pattern Search," *SIAM Journal on Optimization*, vol. 14, no. 2, pp. 567–583, 2003 (cit. on p. 103).

40. M. Dorigo, G. Di Caro, and L. M. Gambardella, "Ant Algorithms for Discrete Optimization," *Artificial Life*, vol. 5, no. 2, pp. 137–172, 1999 (cit. on p. 356).

41. M. Dorigo, V. Maniezzo, and A. Colorni, "Ant System: Optimization by a Colony of Cooperating Agents," *IEEE Transactions on Systems, Man, and Cybernetics, Part B(Cybernetics)*, vol. 26, no. 1, pp. 29–41, 1996 (cit. on pp. 354, 355).

42. J. Duchi, E. Hazan, and Y. Singer, "Adaptive Subgradient Methods for Online Learning and Stochastic Optimization," *Journal of Machine Learning Research*, vol. 12, pp. 2121–2159, 2011 (cit. on p. 77).

43. R. Eberhart and J. Kennedy, "A New Optimizer Using Particle Swarm Theory," in *International Symposium on Micro Machine and Human Science*, 1995 (cit. on p. 159).

44. B. Efron, "Bootstrap Methods: Another Look at the Jackknife," *The Annals of Statistics*, vol. 7, pp. 1–26, 1979 (cit. on p. 270).

45. B. Efron, "Estimating the Error Rate of a Prediction Rule: Improvement on Cross-Validation," *Journal of the American Statistical Association*, vol. 78, no. 382, pp. 316–331, 1983 (cit. on p. 273).

46. B. Efron and R. Tibshirani, "Improvements on Cross-Validation: The .632+ Bootstrap Method," *Journal of the American Statistical Association*, vol. 92, no. 438, pp. 548–560, 1997 (cit. on p. 273).

47. Euclid, *The Elements*, trans. by D. E. Joyce. 300 BCE (cit. on p. 2). 48. R. Fletcher, Practical Methods of Optimization, 2nd ed. Wiley, 1987 (cit. on p. 92).

49. R. Fletcher and M. J. D. Powell, "A Rapidly Convergent Descent Method for Minimization," *The Computer Journal*, vol. 6, no. 2, pp. 163–168, 1963 (cit. on p. 92).

50. R. Fletcher and C. M. Reeves, "Function Minimization by Conjugate Gradients," *The Computer Journal*, vol. 7, no. 2, pp. 149–154, 1964 (cit. on p. 73).

51. J. J. Forrest and D. Goldfarb, "Steepest-Edge Simplex Algorithms for

Linear Programming," *Mathematical Programming*, vol. 57, no. 1, pp. 341–374, 1992 (cit. on p. 201).

52. A. I. J. Forrester, A. Sóbester, and A. J. Keane, "Multi-Fidelity Optimization via Surrogate Modelling," *Proceedings of the Royal Society of London A: Mathematical, Physical and Engineering Sciences*, vol. 463, no. 2088, pp. 3251–3269, 2007 (cit. on p. 244).

53. A. Forrester, A. Sobester, and A. Keane, *Engineering Design via Surrogate Modelling: A Practical Guide*. Wiley, 2008 (cit. on p. 291).

54. J. H. Friedman, "Exploratory Projection Pursuit," *Journal of the American Statistical Association*, vol. 82, no. 397, pp. 249–266, 1987 (cit. on p. 323).

55. W. Gautschi, *Orthogonal Polynomials: Computation and Approximation*. Oxford University Press, 2004 (cit. on p. 328).

56. A. Girard, C. E. Rasmussen, J. Q. Candela, and R. Murray-Smith, "Gaussian Process Priors with Uncertain Inputs—Application to Multiple-Step Ahead Time Series Forecasting," in *Advances in Neural Information Processing Systems (NIPS)*, 2003 (cit. on p. 335).

57. D. E. Goldberg, *Genetic Algorithms in Search, Optimization*, and Machine Learning. Addison-Wesley, 1989 (cit. on p. 148).

58. D. E. Goldberg and J. Richardson, "Genetic Algorithms with Sharing for Multimodal Function Optimization," in *International Conference on Genetic Algorithms*, 1987 (cit. on p. 227).

59. G. H. Golub and J. H. Welsch, "Calculation of Gauss Quadrature Rules," *Mathematics of Computation*, vol. 23, no. 106, pp. 221–230, 1969 (cit. on p. 331).

60. R. E. Gomory, "An Algorithm for Integer Solutions to Linear Programs," *Recent Advances in Mathematical Programming*, vol. 64, pp. 269–302, 1963 (cit. on p. 342).

61. I. Goodfellow, Y. Bengio, and A. Courville, *Deep Learning*. MIT Press, 2016 (cit. on p. 4).

62. A. Griewank and A. Walther, *Evaluating Derivatives: Principles and Techniques of Algorithmic Differentiation*, 2nd ed. SIAM, 2008 (cit. on p. 23).

63. S. Guo and S. Sanner, "Real-Time Multiattribute Bayesian Preference Elicitation with Pairwise Comparison Queries," in *International Conference on Artificial Intelligence and Statistics (AISTATS)*, 2010 (cit.

on p. 228).

64. B. Hajek, "Cooling Schedules for Optimal Annealing," *Mathematics of Operations Research*, vol. 13, no. 2, pp. 311–329, 1988 (cit. on p. 130).

65. T. C. Hales, "The Honeycomb Conjecture," *Discrete & Computational Geometry*, vol. 25, pp. 1–22, 2001 (cit. on p. 2).

66. J. H. Halton, "Algorithm 247: Radical-Inverse Quasi-Random Point Sequence," *Communications of the ACM*, vol. 7, no. 12, pp. 701–702, 1964 (cit. on p. 248).

67. N. Hansen, "The CMA Evolution Strategy: A Tutorial," *ArXiv*, no. 1604.00772, 2016 (cit. on p. 138).

68. N. Hansen and A. Ostermeier, "Adapting Arbitrary Normal Mutation Distributions in Evolution Strategies: The Covariance Matrix Adaptation," in *IEEE International Conference on Evolutionary Computation*, 1996 (cit. on p. 140).

69. F. M. Hemez and Y. Ben-Haim, "Info-Gap Robustness for the Correlation of Tests and Simulations of a Non-Linear Transient," *Mechanical Systems and Signal Processing*, vol. 18, no. 6, pp. 1443–1467, 2004 (cit. on p. 312).

70. G. Hinton and S. Roweis, "Stochastic Neighbor Embedding," in *Advances in Neural Information Processing Systems (NIPS)*, 2003 (cit. on p. 125).

71. R. Hooke and T. A. Jeeves, "Direct Search Solution of Numerical and Statistical Problems," *Journal of the ACM (JACM)*, vol. 8, no. 2, pp. 212–229, 1961 (cit. on p. 102).

72. H. Ishibuchi and T. Murata, "A Multi-Objective Genetic Local Search Algorithm and Its Application to Flowshop Scheduling," *IEEE Transactions on Systems, Man, and Cybernetics*, vol. 28, no. 3, pp. 392–403, 1998 (cit. on p. 225).

73. V. S. Iyengar, J. Lee, and M. Campbell, "Q-EVAL: Evaluating Multiple Attribute Items Using Queries," in *ACM Conference on Electronic Commerce*, 2001 (cit. on p. 229).

74. D. R. Jones, C. D. Perttunen, and B. E. Stuckman, "Lipschitzian Optimization Without the Lipschitz Constant," *Journal of Optimization Theory and Application*, vol. 79, no. 1, pp. 157–181, 1993 (cit. on p. 108).

75. D. Jones and M. Tamiz, *Practical Goal Programming*. Springer, 2010

(cit. on p. 219).

76. A. B. Kahn, "Topological Sorting of Large Networks," *Communications of the ACM*, vol. 5, no. 11, pp. 558–562, 1962 (cit. on p. 390).

77. L. Kallmeyer, *Parsing Beyond Context-Free Grammars*. Springer, 2010 (cit. on p. 361).

78. L. V. Kantorovich, "A New Method of Solving Some Classes of Extremal Problems," in *Proceedings of the USSR Academy of Sciences*, vol. 28, 1940 (cit. on p. 3).

79. A. F. Kaupe Jr, "Algorithm 178: Direct Search," *Communications of the ACM*, vol. 6, no. 6, pp. 313–314, 1963 (cit. on p. 104).

80. A. Keane and P. Nair, *Computational Approaches for Aerospace Design*. Wiley, 2005 (cit. on p. 6).

81. J. Kennedy, R. C. Eberhart, and Y. Shi, *Swarm Intelligence*. Morgan Kaufmann, 2001 (cit. on p. 158).

82. D. Kingma and J. Ba, "Adam: A Method for Stochastic Optimization," in *International Conference on Learning Representations (ICLR)*, 2015 (cit. on p. 79).

83. S. Kiranyaz, T. Ince, and M. Gabbouj, *Multidimensional Particle Swarm Optimization for Machine Learning and Pattern Recognition*. Springer, 2014, Section 2.1 (cit. on p. 2).

84. S. Kirkpatrick, C. D. Gelatt Jr., and M. P. Vecchi, "Optimization by Simulated Annealing," *Science*, vol. 220, no. 4598, pp. 671–680, 1983 (cit. on p. 128).

85. T. H. Kjeldsen, "A Contextualized Historical Analysis of the Kuhn-Tucker Theorem in Nonlinear Programming: The Impact of World War II," *Historia Mathematica*, vol. 27, no. 4, pp. 331–361, 2000 (cit. on p. 176).

86. L. Kocis and W. J. Whiten, "Computational Investigations of Low-Discrepancy Sequences," *ACM Transactions on Mathematical Software*, vol. 23, no. 2, pp. 266–294, 1997 (cit. on p. 249).

87. P. J. Kolesar, "A Branch and Bound Algorithm for the Knapsack Problem," *Management Science*, vol. 13, no. 9, pp. 723–735, 1967 (cit. on p. 475).

88. B. Korte and J. Vygen, *Combinatorial Optimization: Theory and Algorithms*, 5th ed. Springer, 2012 (cit. on p. 339).

89. J. R. Koza, *Genetic Programming: On the Programming of Computers by Means of Natural Selection*. MIT Press, 1992 (cit. on p. 364).

90. K. W. C. Ku and M.-W. Mak, "Exploring the Effects of Lamarckian and Baldwinian Learning in Evolving Recurrent Neural Networks," in *IEEE Congress on Evolutionary Computation (CEC)*, 1997 (cit. on p. 162).

91. L. Kuipers and H. Niederreiter, *Uniform Distribution of Sequences*. Dover, 2012 (cit. on p. 239).

92. J. C. Lagarias, J. A. Reeds, M. H. Wright, and P. E. Wright, "Convergence Properties of the Nelder–Mead Simplex Method in Low Dimensions," *SIAM Journal on Optimization*, vol. 9, no. 1, pp. 112–147, 1998 (cit. on p. 105).

93. R. Lam, K. Willcox, and D. H. Wolpert, "Bayesian Optimization with a Finite Budget: An Approximate Dynamic Programming Approach," in *Advances in Neural Information Processing Systems (NIPS)*, 2016 (cit. on p. 291).

94. A. H. Land and A. G. Doig, "An Automatic Method of Solving Discrete Programming Problems," *Econometrica*, vol. 28, no. 3, pp. 497–520, 1960 (cit. on p. 346).

95. C. Lemieux, *Monte Carlo and Quasi-Monte Carlo Sampling*. Springer, 2009 (cit. on p. 245).

96. J. R. Lepird, M. P. Owen, and M. J. Kochenderfer, "Bayesian Preference Elicitation for Multiobjective Engineering Design Optimization," *Journal of Aerospace Information Systems*, vol. 12, no. 10, pp. 634–645, 2015 (cit. on p. 228).

97. K. Levenberg, "A Method for the Solution of Certain Non-Linear Problems in Least Squares," *Quarterly of Applied Mathematics*, vol. 2, no. 2, pp. 164–168, 1944 (cit. on p. 61).

98. S. Linnainmaa, "The Representation of the Cumulative Rounding Error of an Algorithm as a Taylor Expansion of the Local Rounding Errors," Master's thesis, University of Helsinki, 1970 (cit. on p. 30).

99. M. Manfrin, "Ant Colony Optimization for the Vehicle Routing Problem," PhD thesis, Université Libre de Bruxelles, 2004 (cit. on p. 355).

100. R. T. Marler and J. S. Arora, "Survey of Multi-Objective Optimization Methods for Engineering," *Structural and Multidisciplinary Optimization*,

vol. 26, no. 6, pp. 369–395, 2004 (cit. on p. 211).

101. J. R. R. A. Martins and A. B. Lambe, "Multidisciplinary Design Optimization: A Survey of Architectures," *AIAA Journal*, vol. 51, no. 9, pp. 2049–2075, 2013 (cit. on p. 387).

102. J. R. R. A. Martins, P. Sturdza, and J. J. Alonso, "The Complex-Step Derivative Approximation," *ACM Transactions on Mathematical Software*, vol. 29, no. 3, pp. 245–262, 2003 (cit. on p. 25).

103. J. H. Mathews and K. D. Fink, *Numerical Methods Using* MATLAB, 4th ed. Pearson, 2004 (cit. on p. 24).

104. K. Miettinen, *Nonlinear Multiobjective Optimization*. Kluwer Academic Publishers, 1999 (cit. on p. 211).

105. D. J. Montana, "Strongly Typed Genetic Programming," *Evolutionary Computation*, vol. 3, no. 2, pp. 199–230, 1995 (cit. on p. 365).

106. D. C. Montgomery, *Design and Analysis of Experiments*. Wiley, 2017 (cit. on p. 235).

107. M. D. Morris and T. J. Mitchell, "Exploratory Designs for Computational Experiments," *Journal of Statistical Planning and Inference*, vol. 43, no. 3, pp. 381–402, 1995 (cit. on p. 242).

108. K. P. Murphy, *Machine Learning: A Probabilistic Perspective*. MIT Press, 2012 (cit. on pp. 254, 265).

109. S. Narayanan and S. Azarm, "On Improving Multiobjective Genetic Algorithms for Design Optimization," *Structural Optimization*, vol. 18, no. 2-3, pp. 146–155, 1999 (cit. on p. 227).

110. S. Nash and A. Sofer, *Linear and Nonlinear Programming*. McGraw-Hill, 1996 (cit. on p. 178).

111. J. A. Nelder and R. Mead, "A Simplex Method for Function Minimization," *The Computer Journal*, vol. 7, no. 4, pp. 308–313, 1965 (cit. on p. 105).

112. Y. Nesterov, "A Method of Solving a Convex Programming Problem with Convergence Rate O(1/k2)," *Soviet Mathematics Doklady*, vol. 27, no. 2, pp. 543–547, 1983 (cit. on p. 76).

113. J. Nocedal, "Updating Quasi-Newton Matrices with Limited Storage," *Mathematics of Computation*, vol. 35, no. 151, pp. 773–782, 1980 (cit. on p. 94).

114. J. Nocedal and S. J. Wright, *Numerical Optimization*, 2nd ed. Springer,

2006 (cit. on pp. 57, 189).

115. J. Nocedal and S. J. Wright, "Trust-Region Methods," in *Numerical Optimization*. Springer, 2006, pp. 66 – 100 (cit. on p. 65).

116. A. O'Hagan, "Some Bayesian Numerical Analysis," *Bayesian Statistics*, vol. 4, J. M. Bernardo, J. O. Berger, A. P. Dawid, and A. F. M. Smith, eds., pp. 345 – 363, 1992 (cit. on p. 282).

117. M. Padberg and G. Rinaldi, "A Branch-and-Cut Algorithm for the Resolution of Large-Scale Symmetric Traveling Salesman Problems," *SIAM Review*, vol. 33, no. 1, pp. 60 – 100, 1991 (cit. on p. 342).

118. P. Y. Papalambros and D. J. Wilde, *Principles of Optimal Design*. Cambridge University Press, 2017 (cit. on p. 6).

119. G.-J. Park, T.-H. Lee, K. H. Lee, and K.-H. Hwang, "Robust Design: An Overview," *AIAA Journal*, vol. 44, no. 1, pp. 181 – 191, 2006 (cit. on p. 307).

120. G. C. Pflug, "Some Remarks on the Value-at-Risk and the Conditional Value-at- Risk," in *Probabilistic Constrained Optimization: Methodology and Applications*, S. P. Uryasev, ed. Springer, 2000, pp. 272 – 281 (cit. on p. 318).

121. S. Piyavskii, "An Algorithm for Finding the Absolute Extremum of a Function," *USSR Computational Mathematics and Mathematical Physics*, vol. 12, no. 4, pp. 57 – 67, 1972 (cit. on p. 45).

122. E. Polak and G. Ribière, "Note sur la Convergence de Méthodes de Directions Conjuguées," *Revue Française d'informatique et de Recherche Opérationnelle, Série Rouge*, vol. 3, no. 1, pp. 35 – 43, 1969 (cit. on p. 73).

123. M. J. D. Powell, "An Efficient Method for Finding the Minimum of a Function of Several Variables Without Calculating Derivatives," *Computer Journal*, vol. 7, no. 2, pp. 155 – 162, 1964 (cit. on p. 100).

124. W. H. Press, S. A. Teukolsky, W. T. Vetterling, and B. P. Flannery, *Numerical Recipes in C: The Art of Scientific Computing*. Cambridge University Press, 1982, vol. 2 (cit. on p. 100).

125. C. E. Rasmussen and Z. Ghahramani, "Bayesian Monte Carlo," in *Advances in Neural Information Processing Systems (NIPS)*, 2003 (cit. on p. 335).

126. C. E. Rasmussen and C. K. I. Williams, *Gaussian Processes for Machine Learning*. MIT Press, 2006 (cit. on pp. 277, 278, 287).

127. A. Ratle and M. Sebag, "Genetic Programming and Domain Knowledge: Beyond the Limitations of Grammar-Guided Machine Discovery," in *International Conference on Parallel Problem Solving from Nature*, 2000 (cit. on p. 478).

128. I. Rechenberg, *Evolutionsstrategie Optimierung technischer Systeme nach Prinzipien der biologischen Evolution*. Frommann-Holzboog, 1973 (cit. on p. 137).

129. R. G. Regis, "On the Properties of Positive Spanning Sets and Positive Bases," *Optimization and Engineering*, vol. 17, no. 1, pp. 229–262, 2016 (cit. on p. 103).

130. A. M. Reynolds and M. A. Frye, "Free-Flight Odor Tracking in Drosophila is Consistent with an Optimal Intermittent Scale-Free Search," *PLoS ONE*, vol. 2, no. 4, e354, 2007 (cit. on p. 162).

131. R. T. Rockafellar and S. Uryasev, "Optimization of Conditional Value-at-Risk," *Journal of Risk*, vol. 2, pp. 21–42, 2000 (cit. on p. 316).

132. R. T. Rockafellar and S. Uryasev, "Conditional Value-at-Risk for General Loss Distributions," *Journal of Banking and Finance*, vol. 26, pp. 1443–1471, 2002 (cit. on p. 318).

133. H. H. Rosenbrock, "An Automatic Method for Finding the Greatest or Least Value of a Function," *The Computer Journal*, vol. 3, no. 3, pp. 175–184, 1960 (cit. on p. 430).

134. R. Y. Rubinstein and D. P. Kroese, *The Cross-Entropy Method: A Unified Approach to Combinatorial Optimization, Monte-Carlo Simulation, and Machine Learning*. Springer, 2004 (cit. on p. 133).

135. D. E. Rumelhart, G. E. Hinton, and R. J. Williams, "Learning Representations by Back-Propagating Errors," *Nature*, vol. 323, pp. 533–536, 1986 (cit. on p. 30).

136. C. Ryan, J. J. Collins, and M. O. Neill, "Grammatical Evolution: Evolving Programs for an Arbitrary Language," in *European Conference on Genetic Programming*, 1998 (cit. on p. 370).

137. T. Salimans, J. Ho, X. Chen, and I. Sutskever, "Evolution Strategies as a Scalable Alternative to Reinforcement Learning," *ArXiv*, no. 1703.03864, 2017 (cit. on p. 137).

138. R. Salustowicz and J. Schmidhuber, "Probabilistic Incremental Program Evolution," *Evolutionary Computation*, vol. 5, no. 2, pp.

123 – 141, 1997 (cit. on p. 377).

139. J. D. Schaffer, "Multiple Objective Optimization with Vector Evaluated Genetic Algorithms," in *International Conference on Genetic Algorithms and Their Applications*, 1985 (cit. on p. 221).

140. C. Schretter, L. Kobbelt, and P.-O. Dehaye, "Golden Ratio Sequences for Low-Discrepancy Sampling," *Journal of Graphics Tools*, vol. 16, no. 2, pp. 95 – 104, 2016 (cit. on p. 247).

141. A. Shapiro, D. Dentcheva, and A. Ruszczyński, *Lectures on Stochastic Programming: Modeling and Theory*, 2nd ed. SIAM, 2014 (cit. on p. 314).

142. A. Shmygelska, R. Aguirre-Hernández, and H. H. Hoos, "An Ant Colony Algorithm for the 2D HP Protein Folding Problem," in *International Workshop on Ant Algorithms (ANTS)*, 2002 (cit. on p. 355).

143. B. O. Shubert, "A Sequential Method Seeking the Global Maximum of a Function," *SIAM Journal on Numerical Analysis*, vol. 9, no. 3, pp. 379 – 388, 1972 (cit. on p. 45).

144. D. Simon, *Evolutionary Optimization Algorithms*. Wiley, 2013 (cit. on p. 162).

145. J. Sobieszczanski-Sobieski, A. Morris, and M. van Tooren, *Multidisciplinary Design Optimization Supported by Knowledge Based Engineering*. Wiley, 2015 (cit. on p. 387).

146. I. M. Sobol, "On the Distribution of Points in a Cube and the Approximate Evaluation of Integrals," *USSR Computational Mathematics and Mathematical Physics*, vol. 7, no. 4, pp. 86 – 112, 1967 (cit. on p. 249).

147. D. C. Sorensen, "Newton's Method with a Model Trust Region Modification," *SIAM Journal on Numerical Analysis*, vol. 19, no. 2, pp. 409 – 426, 1982 (cit. on p. 61).

148. K. Sörensen, "Metaheuristics—the Metaphor Exposed," *International Transactions in Operational Research*, vol. 22, no. 1, pp. 3 – 18, 2015 (cit. on p. 162).

149. T. J. Stieltjes, "Quelques Recherches sur la Théorie des Quadratures Dites Mécaniques," *Annales Scientifiques de l'École Normale Supérieure*, vol. 1, pp. 409 – 426, 1884 (cit. on p. 328).

150. J. Stoer and R. Bulirsch, *Introduction to Numerical Analysis*, 3rd ed. Springer, 2002 (cit. on pp. 89, 443).

151. M. Stone, "Cross-Validatory Choice and Assessment of Statistical Predictions," *Journal of the Royal Statistical Society*, vol. 36, no. 2, pp. 111–147, 1974 (cit. on p. 269).

152. T. Stützle, "MAX-MIN Ant System for Quadratic Assignment Problems," Technical University Darmstadt, Tech. Rep., 1997 (cit. on p. 355).

153. Y. Sui, A. Gotovos, J. Burdick, and A. Krause, "Safe Exploration for Optimization with Gaussian Processes," in *International Conference on Machine Learning (ICML)*, vol. 37, 2015 (cit. on p. 296).

154. H. Szu and R. Hartley, "Fast Simulated Annealing," *Physics Letters* A, vol. 122, no. 3-4, pp. 157–162, 1987 (cit. on p. 130).

155. G. B. Thomas, *Calculus and Analytic Geometry*, 9th ed. Addison-Wesley, 1968 (cit. on p. 22).

156. V. Torczon, "On the Convergence of Pattern Search Algorithms," *SIAM Journal of Optimization*, vol. 7, no. 1, pp. 1–25, 1997 (cit. on p. 103).

157. M. Toussaint, "The Bayesian Search Game," in *Theory and Principled Methods for the Design of Metaheuristics*, Y. Borenstein and A. Moraglio, eds. Springer, 2014, pp. 129–144 (cit. on p. 291).

158. R. J. Vanderbei, *Linear Programming: Foundations and Extensions*, 4th ed. Springer, 2014 (cit. on p. 189).

159. D. Wierstra, T. Schaul, T. Glasmachers, Y. Sun, and J. Schmidhuber, "Natural Evolution Strategies," *ArXiv*, no. 1106.4487, 2011 (cit. on p. 139).

160. H. P. Williams, *Model Building in Mathematical Programming*, 5th ed. Wiley, 2013 (cit. on p. 189).

161. D. H. Wolpert and W. G. Macready, "No Free Lunch Theorems for Optimization," *IEEE Transactions on Evolutionary Computation*, vol. 1, no. 1, pp. 67–82, 1997 (cit. on p. 6).

162. P. K. Wong, L. Y. Lo, M. L. Wong, and K. S. Leung, "Grammar-Based Genetic Programming with Bayesian Network," in *IEEE Congress on Evolutionary Computation (CEC)*, 2014 (cit. on p. 375).

163. X.-S. Yang, *Nature-Inspired Metaheuristic Algorithms*. Luniver Press, 2008 (cit. on pp. 159, 160).

164. X.-S. Yang, "A Brief History of Optimization," in *Engineering*

Optimization. Wiley, 2010, pp. 1–13 (cit. on p. 2).

165. X.-S. Yang and S. Deb, "Cuckoo Search via Lévy Flights," in *World Congress on Nature & Biologically Inspired Computing (NaBIC)*, 2009 (cit. on p. 161).

166. P. L. Yu, "Cone Convexity, Cone Extreme Points, and Nondominated Solutions in Decision Problems with Multiobjectives," *Journal of Optimization Theory and Applications*, vol. 14, no. 3, pp. 319–377, 1974 (cit. on p. 219).

167. Y. X. Yuan, "Recent Advances in Trust Region Algorithms," *Mathematical Programming*, vol. 151, no. 1, pp. 249–281, 2015 (cit. on p. 61).

168. L. Zadeh, "Optimality and Non-Scalar-Valued Performance Criteria," *IEEE Transactions on Automatic Control*, vol. 8, no. 1, pp. 59–60, 1963 (cit. on p. 218).

169. M. D. Zeiler, "ADADELTA: An Adaptive Learning Rate Method," *ArXiv*, no. 1212.5701, 2012 (cit. on p. 78).

찾아보기

ㅂ

ㅅ

ㅇ

ㅈ

ㅎ

A

B

H

I

J

K

L

M

N

T

U

V

W

X

Z

번호

실용 최적화 알고리즘

줄리아로 이해하는 최적화 알고리즘 솔루션

발 행 | 2020년 9월 25일

지은이 | 마이켈 J. 코첸더퍼 · 팀 A. 윌러
옮긴이 | 이 기 홍

펴낸이 | 권 성 준
편집장 | 황 영 주
편 집 | 조 유 나
디자인 | 박 주 란

에이콘출판주식회사
서울특별시 양천구 국회대로 287 (목동)
전화 02-2653-7600, 팩스 02-2653-0433
www.acornpub.co.kr / editor@acornpub.co.kr

ISBN 979-11-6175-456-7
http://www.acornpub.co.kr/book/algorithms-optimization

이 도서의 국립중앙도서관 출판시도서목록(CIP)은 서지정보유통지원시스템 홈페이지(http://seoji.nl.go.kr)와
국가자료공동목록시스템(http://www.nl.go.kr/kolisnet)에서 이용하실 수 있습니다.(CIP제어번호: CIP2020038720)

책값은 뒤표지에 있습니다.